W9-BMH-709

Karl Kohut, Sonia V. Rose (eds.)

La formación de la cultura virreinal

II. El siglo XVII

teci

Textos y estudios coloniales
y de la Independencia

Editores:

Karl Kohut (Universidad Católica de Eichstätt)
Sonia V. Rose (Universidad de Paris-Sorbonne)

Vol. 8

Karl Kohut
Sonia V. Rose (eds.)

La formación de la cultura virreinal

II. El siglo XVII

Vervuert - Frankfurt · Iberoamericana - Madrid

2004

Secretaria de redacción: Verena Dolle
Composición tipográfica: Vera Schubert

Bibliographic information published by Die Deutsche Bibliothek
Die Deutsche Bibliothek lists this publication in the Deutsche Nationalbibliographie;
detailed bibliographic data is available in the Internet at http: dnb.ddb.de

© Iberoamericana, Madrid 2004
Amor de Dios, 1- E-28014 Madrid
Tel.: +34 91 429 35 22
Fax: +34 91 429 53 97
info@iberoamericanalibros.com
www.ibero-americana.net

© Vervuert Verlag, Frankfurt am Main 2004
Wielandstr. 40 - D-60318 Frankfurt am Main
Tel.: +49 69 597 46 17
Fax: +49 69 597 87 43
info@iberoamericanalibros.com
www.ibero-americana.net

ISBN 84-8489-156-9 (Iberoamericana)
ISBN 3-86527-137-5 (Vervuert)

Reservados todos los derechos
Diseño de la portada: Fernando de la Jara
Este libro está impreso íntegramente en
papel ecológico blanqueado sin cloro.
Impreso en Alemania

Índice

III   Las piezas del rompecabezas: agentes sociales y coyunturas políticas

Epílogo

Introducción

El presente volumen es el tercero en el marco de un proyecto a largo plazo cuyo objetivo principal es el de investigar las líneas directrices de la formación de la cultura letrada en el continente durante el Antiguo Régimen y ayudar así a trazar un mapa de la actividad cultural e intelectual de Iberoamérica en un momento determinado.

Los inicios se remontan a 1994 cuando se reunieron en Eichstätt el grupo de investigadores alemanes que se había formado con vistas al Quinto Centenario y los miembros del Centre de Recherche Interuniversitaire sur l'Amérique Espagnole Coloniale de la Universidad de la Sorbonne Nouvelle, a los cuales se unieron investigadores de la Sociedad Mexicana de Historiadores Americanistas. Los trabajos presentados, cuyo tema central fue el trasvase de las corrientes de pensamiento europeas a América y la repercusión del descubrimiento en el pensamiento europeo (siglos XVI y XVII), fueron publicados en el volumen *Pensamiento europeo y cultura colonial* (Madrid: Iberoamericana, 1997).

Impulsados por las discusiones que tuvieron lugar durante este simposio concebimos la idea de continuar con una serie de encuentros que llenaran una laguna dentro de los estudios sobre las Indias en la época del dominio hispánico y portugués. Dada la necesidad de parcelar el campo de trabajo, optamos para ello por el criterio cronológico. Lo hicimos porque este criterio —discutible como toda periodización— tiene la ventaja de permitirnos estudiar comparativamente una serie de aspectos referentes a todo el territorio indiano dentro de un período determinado. Igualmente, nos permite evitar el anacronismo de las literaturas nacionales y enfocar los diferentes aspectos, no como hechos aislados, sino dentro del marco mental de los actores sociales, es decir, el de la monarquía universal de los Habsburgos de la cual formaban parte los reinos o provincias indianos.

Siguiendo este patrón, el segundo simposio (1997) se ciñó al período que se abre con la translación de formas de cultura en las décadas posteriores a la conquista y que se cierra en los ochenta y noventa, cuando pueden observarse manifestaciones culturales propias a las nuevas sociedades. El volumen correspondiente apareció en 2000 bajo el título *La formación de la cultura virreinal. I. La etapa inicial* (Madrid: Iberoamericana).

A éste siguió el tercer simposio —que se llevó a cabo en Eichstätt entre el 21 y el 24 de febrero de 2001—, centrado en el llamado "largo" siglo XVII, dominado, en lo cultural, por el barroco y cuyo fin coincidirá, en lo político, con el de la era de los Habsburgos. Son los trabajos discutidos en dicha oportunidad los que nos toca ahora presentar.

El volumen no pretende ofrecer una visión exhaustiva del quehacer cultural del siglo XVII; quien busque un tratamiento sistemático de temas, autores o regiones quedará, pues, frustrado. La crítica literaria y la historia cultural se han acercado al siglo XVII ya sea a través de ciertas figuras canónicas, ya sea a través de ciertos fenómenos dominantes, como el barroco o el criollismo, en gran medida unidos o de ciertos temas. En cuanto a las figuras canónicas, la investigación ha seguido centrándose (tal vez en mayor grado que antes) en ciertos autores como el Inca Garcilaso, Guamán Poma de Ayala o Sor Juana Inés de la Cruz y si bien el cánon se ha abierto, dicha apertura ha llevado a incluir a ciertos personajes que carecieron de protagonismo en su época y cuya repercusión fue exigua. Sigue por otra parte sin estudiar el campo cultural o literario dentro del cual funcionaron dichas figuras y dentro del cual adquieren sentido y profundidad. Dicho esto, y si bien el simposio no estuvo organizado en torno a personajes canónicos, la omisión de algunos de ellos no fue voluntaria y tuvo más bien que ver con la dinámica propia de todo encuentro de este tipo. En los últimos tiempos, los temas de estudio se han diversificado, trabajándose aspectos tales como las fiestas y exequias, la santidad (dentro del contexto del criollismo), el desarrollo de la crónica conventual (paralelo a la expansión de la evangelización), o la actividad cultural dentro de los conventos, en particular la literatura escrita por monjas; el teatro, la sátira han recibido continuada atención mientras que ha comenzado a revisitarse un género hasta hace poco dejado de lado, la épica. Dicha ampliación de miras se ve reflejada en los trabajos del volumen. En cuanto a ciertos fenómenos clave del siglo XVII en los cuales la investigación de los últimos años ha ahondado (tales como el barroco o el criollismo), aunque no se les concede tratamiento aparte, los mismos cortan transversalmente los tres ejes en los cuales se organizan.

En sentido amplio, el volumen intenta ser un aporte dentro de la reflexión sobre las sociedades que surgen en Indias, con características propias y compartidas, como consecuencia de la expansión europea. En sentido más restringido, nos centramos en la historia cultural e intelectual, quedando fuera de nuestro enfoque la historia institucional, política o económica, al igual que los estudios literarios definidos *strictu sensu*, es decir, exclusivamente estéticos. De ahí que demos prioridad a ciertos aspectos poco o incipientemente tratados, tales como el cultivo de la retórica, la influencia de la Antigüedad clásica, la circulación de libros, la universidad como institución gestadora de letrados, generadora y mediadora de ideas y posturas políticas, la actividad intelectual de las elites indígenas y, finalmente, la representación visual.

Puesto que los trabajos del volumen se ciñen a la cultura letrada, no es, pues, de sorprender que la mayoría se centre en las dos ciudades que fueron corte, es decir, Lima y México, y en otras que fueron focos irradiadores de cultura, tales como Santa Fé de Bogotá y Potosí. Algunos artículos, sin embargo, están dedicados a voces como las de Núñez de Pineda y Bascuñán y de Bernardo de Balbuena, quienes desarrollaron su actividad literaria alejados de los centros culturales. Hemos intentado, pues, recuperar algo de la visión geopolítica del siglo XVII según la cual tanto el Perú como la Nueva España eran provincias o reinos del extendido imperio hispánico: ignorando las separaciones establecidas en el siglo XIX, consecuencia del establecimiento de las diferentes naciones, pretendemos volver a unir lo que fue separado por los creadores de las historias nacionales, y restaurar las "connected histories", para usar el término recientemente acuñado por Sanjay Subramayan. A esta idea responde la inclusión del Brasil, demasiado a menudo dejado de lado, al cual están dedicados tres trabajos.

La preeminencia que han adquirido los llamados estudios (pos)coloniales —surgidos bajo la égida de los "Cultural Studies", de génesis británica— en la academia norteamericana, hacen difícil, en un volumen centrado en las sociedades de Antiguo Regimen, no tratar la cuestión de la orientación teórica. A pesar de que nuestra visión es historicista, en nuestro papel de organizadores no priorizamos ningún ángulo teórico, más aun, al reunir investigadores de las Américas y de Europa, formados y desarrollando su labor en academias diferentes, la pluralidad de los enfoques es casi de rigor. Quien busque teorizaciones poscoloniales, sin duda las encontrará en varios de los artículos. En cuanto a los "Atlantic Studies", su práctica y su extensión a campos no estrictamente históricos son demasiado recientes como para que aparezcan de modo explícito en este volumen. Su propuesta parece pertinente en Historia, pues presentan una alternativa a la historia regional y a la microhistoria, que han dominado el campo en las últimas décadas. Cabe sin embargo anotar que, en Literatura o Filología hispánica, los enfoques han sido y suelen ser (casi inevitablemente) "transatlánticos", en cuanto que autores, obras y movimientos son estudiados en un contexto amplio que reúne lo americano con la tradición europea y grecolatina, y ésto no sólo en literatura comparada. En este sentido, los estudios transatlánticos vuelven explícita una tendencia que ha preexistido implícitamente desde los comienzos de la crítica literaria.

Al emprender la edición de este volumen, nos hallamos ante la difícil tarea de unir el pensamiento de los investigadores, de buscar hilos que las conecten y de tejer con ellos una tela. Es inevitable que el resultado de un simposio cuyo tema abarca un siglo y un continente sea, hasta cierto punto, heterogéneo. Y no puede ser de otra manera, por la amplitud del campo, por la diversidad de las orientaciones teóricas o ideológicas de los participantes, de sus áreas de trabajo y de sus intereses del momento, siendo precisamente los resultados de su investigación en curso, sus logros, sus dudas, sus cuestionamientos lo que nos importa. La heterogeneidad, sin embargo, es sólo aparente: al examinar los artículos, en principio puntuales, el lector se dará cuenta de que de las preocupaciones de los investigadores surgen líneas directrices.

Los artículos pueden agruparse siguiendo distintos criterios, cada uno de ellos justificable. Así, podría haberse optado por una repartición por disciplinas (historia, literatura, artes visuales); por géneros (historiografía, poesía épica, satírica, protonovela); por regiones (Nueva España, Perú, Nueva Granada, Brasil). Pero fue el ordenamiento que surge de las temáticas tratadas y de las problemáticas planteadas por los autores, el que nos pareció interesante ofrecer al lector. Sin embargo, cada artículo remite a otros artículos, y debajo de la estructura visible del volumen subyacen otras estructuras virtuales.

La primera parte reúne las ponencias centradas en los procesos de translación, recepción, circulación y actualización de modelos e ideas; la segunda, aquéllas que estudian la construcción de una memoria por parte de las sociedades americanas o por los grupos que las componen y las representaciones ajenas y locales de éstos; finalmente, la tercera, aquéllas que examinan la relación entre los agentes sociales a nivel local y la de éstos con la corona dentro de una coyuntura política determinada. El volumen se cierra con un artículo que interpreta la obra de Solórzano Pereira como corolario de una línea de pensamiento y acción con respecto a Indias en el siglo XVI y antecedente del enfoque que habría de primar durante el XVII. El carácter de piedra angular de la teoría colonial de la obra nos inclinó a colocar su estudio como epílogo.

Decir que la formación de la cultura iberoamericana se basa en un proceso de translación es casi una perogrullada. Se trata de un enfoque antiguo y, por otra parte, que nace de una evidencia. Si los humanistas europeos se consideraron como el último eslabón en el proceso de *translatio studii* del centro cultural de Grecia a Roma y, de allí, a las culturas modernas, las elites letradas americanas se percibieron a sí mismas como las encargadas de prolongar la cadena hasta los confines del mundo conocido. La base teórica de este proceso fue la teoría de la imitación tan cara a los humanistas. No una imitación servil cercana a nuestro concepto de plagio (un malentendido que sobrevive en algunos trabajos modernos), sino una imitación creativa que formara, a partir de los modelos antiguos y modernos, una obra personal y original. Lo particularmente americano dentro de este proceso fue el hecho de que se desarrollara en un continente hasta ese momento desconocido y con una población que poseía una cultura propia. En la percepción europea de estas culturas se mezcló, en múltiples aleaciones, la incomprensión y el asombro con una admiración profunda y auténtica (actitud que se tradujo en el concepto de "bárbaro" cuyas múltiples acepciones son significativas; véase, para dar un solo ejemplo, la introducción de Las Casas a su *Historia de las Indias*). El punto importante dentro de este proceso es el hecho de que, en el siglo XVII, el lugar desde el cual pensaban —sobre todo México y Lima— no será ya considerado como mera extensión de los centros europeos sino como nuevo foco de irradiación cultural.

Lo dicho anteriormente muestra que el proceso de translación debe ser revisitado. Por una parte, hace falta estudiar las corrientes de pensamiento y los modelos que son trasladados, no sólo hispánicos, sino también italianos y greco-latinos, además de las modalidades de la translación; por otra, es incipiente el trabajo que traza su recepción y su difusión en los reinos indianos, en particular la circulación, actualización y recreación de esas ideas y modelos en el espacio americano por agentes sociales cuya existencia y presencia en Indias son fruto de la expansión europea.

Son varios los trabajos dentro del volumen que van en este sentido. Giuseppe Bellini esboza un amplio y erudito panorama de la presencia italiana y su influencia en la gestación de modelos literarios en Hispanoamérica mientras que João Adolfo Hansen se centra en los modelos retóricos y teológico-políticos de la representación luso-brasileira, tal como ésta se plasma en prácticas jesuitas relacionadas con la labor de catequesis y la defensa de la libertad de los indios. La apropiación de los modelos se llevaba a cabo a través del aprendizaje de la retórica, de cuya difusión en Indias Luisa López Grigera traza los lineamientos, abriendo una serie de pistas para el estudio futuro de un campo hasta ahora desatendido. Carmen de Mora, por su parte, estudia la apropiación de modelos discursivos europeos en la prosa hispanoamericana en el caso de Juan Rodríguez Freile y de Francisco Núñez de Pineda y Bascuñán, mientras que Monique Mustapha sigue la recepción de un relato del jesuita José de Acosta, la *Peregrinación de Bartolomé Lorenzo* durante el siglo XVII, dejando de lado sus aspectos ficcionales y volviéndola a encuadrar en su dimensión histórica. La recuperación de la lectura propuesta por Acosta mismo y por los primeros transmisores le permite a la estudiosa interpretar la obra dentro de las corrientes y prácticas espirituales de la época y dentro del género al cual, por su génesis, pertenece, es decir, la hagiografía. Dieter Janik sigue el hilo de la progenie literaria de la materia de Arauco, inaugurada por Alonso de Ercilla, para mostrar su reapropiación por generaciones futuras y su recreación dentro del ámbito americano. Una recontextualización del texto de Juan del Valle y Caviedes tanto en el ámbito de sus preocupaciones e intereses como en el de su circunstancia social indiana es propuesta por Pedro Lasarte. El estudioso peruano se detiene, además, en la relación de la obra de Caviedes con la de Francisco de Quevedo para proponer, sin negar la deuda de aquél para con éste, la existencia de un fondo tradicional común del cual provendría mucho del material de ambos. Finalmente, el proceso de translación de la cultura letrada puede actualizarse en gran medida debido a la circulación del escrito, ya sea en forma manuscrita o impresa. Sin negar la difusión de las obras impresas en Indias tanto en el continente mismo como en Asia o Europa —tema hasta ahora no estudiado— el movimiento del impreso parece haberse dado principalmente en un sentido (de Europa a las Indias). A través de fuentes de primera mano, Carlos Alberto González Sánchez ha centrado su estudio en este aspecto de la *translatio*, en particular en lo que hace al impacto de la tipografía europea en el Barroco hispanoamericano.

La segunda parte reúne las ponencias que tratan la cuestión de la construcción de la memoria, tema muy discutido en los últimos años y que hace de puente entre la historia y la literatura, y el de la (auto)representación. La problemática, por otra parte, aparece en segundo plano en algunos de los artículos del primer apartado y de allí que los mencionemos también en éste.

La memoria es un fenómeno individual y espiritual sujeto a un cambio continuo. Por extensión, podemos hablar de una memoria colectiva que se exterioriza en textos transmitidos a través de la tradición oral y la escrita. Tal como la memoria individual, la colectiva está también sujeta a un cambio continuo pues nuevos hechos reemplazan a los más antiguos, siendo rescatados del olvido sucesos pasados que vuelven a cobrar importancia en una situación dada. Igualmente, ambas se caracterizan por una lucha continua, consciente e inconsciente, entre el recuerdo y el olvido. Estudios recientes han mostrado lo que la sabiduría popular siempre ha intuido, es decir, que la memoria constituye una base imprescindible para la identidad. En lo que hace a la memoria colectiva, es necesario definir la colectividad a la cual se refiere, pasándose para hacerlo, en círculos concéntricos, de la familia a la nación, a través de una serie indefinida de colectividades intermedias. Aplicando estas reflexiones a las sociedades indianas del siglo XVII, cabe preguntarse por el sujeto o los sujetos de la memoria colectiva.

En principio, podemos distinguir el sujeto europeo, el indígena y el africano. Esta división esquemática que ha tenido, y tiene aun, larga vida, no se sostiene en la realidad. Primeramente, porque los grupos son en sí mismos heterogéneos, y porque, a medida que pasa el tiempo, la diversidad étnica se va multiplicando hasta hacer imposible la clasificación. Segundo, porque (como lo demuestran una serie de estudios recientes), las divisiones establecidas —por ejemplo, la de república de indios y república de españoles— no se respetaron. Lo que sí notamos a comienzos del siglo XVII, son una serie de grupos y colectividades ya formados o en vías de formación, tanto en el ámbito eclesiástico como en el civil, que reclaman poseer un denominador común. Los criollos, reunidos en instituciones que les son propias o que comienzan a dominar, pero también los indígenas de la elite, conforman grupos que necesitan una memoria que legitime su existencia y una imagen de sí mismos en la cual reconocerse y darse a conocer. Sin duda, el género historiográfico (esa masa ingente de textos agrupados bajo el título genérico de "crónica de Indias") será uno de los instrumentos privilegiados para construir la(s) memoria(s)— y para, desde nuestro punto de vista, investigarlas.

La crónica del siglo XVI es, en su esencia, portuguesa e hispana, incluso cuando retoma conscientemente las tradiciones orales indígenas, tal como es el caso de la obra de Sahagún, de Durán, de Motolinía, y sólo tangencial o indirectamente representa la memoria de una comunidad determinada. Esta situación varía a fines del siglo XVI y comienzos del XVII, cuando aparecen historias y crónicas escritas por indígenas o mestizos, siendo entre ellas las más estudiadas la primera parte de los *Comentarios reales* del Inca Garcilaso y la *Nueva corónica* de Guamán Poma de Ayala. Es a través de la imagen de la coya Chimpu Urma que Raquel Chang-Rodríguez observa, en la obra de Guamán Poma de Ayala, en la del mercedario Martín de Murúa y en las acuarelas de la colección Massimo, la cuestión de la representación del sujeto (noble) indígena. Elke Ruhnau, por su parte, estudia la construcción de una memoria local a través de los documentos de reclamación de tierras, redactados en lengua indígena pero utilizando la escritura alfabética. La estudiosa demuestra cómo dichos juicios funcionan en dos niveles: mientras que, en un nivel imperial, su función era utilitaria en tanto que reclamaban la propiedad de tierras, en un nivel regional cumplían la función de una memoria y una historia de las comunidades indígenas de la Nueva España.

Otro elemento característico de la historiografía del siglo XVII es el auge de las crónicas eclesiásticas o de convento, que consolidan y legitiman a través del discurso el movimiento de expansión evangelizadora de las órdenes religiosas y la fundación de las nuevas provincias, conventos y monasterios. Así, Rolando Carrasco Monsalve analiza en su trabajo el seguimiento de una tradición escritural y la ruptura con la misma que marca el proceso de formación textual de las crónicas eclesiásticas novohispanas.

Tal vez el elemento más importante para la construcción de una memoria local es, sin embargo, la aparición de crónicas escritas para un público local. *El Carnero*, de Juan Rodríguez Freile, constituye un ejemplo paradigmático dentro de esta evolución: la crónica se convierte en memoria que, a su vez, se erige en la base de una identidad colectiva regional. *El Carnero* es significativo también en otro sentido en tanto que en él la Historia se diluye en historias. Es cierto que este fenómeno de disolución de lo general en lo particular puede ya observarse en algunas crónicas del siglo XVI, tal el caso de la de Fernández de Oviedo, centro de interés de la investigación desde hace varios lustros. Ante la ausencia de la gran forma narrativa, la novela, los investigadores se han aproximado a dichas crónicas en búsqueda de "protonovelas" y "protocuentos", cuyo entronque con la tradición narrativa europea establece —en el apartado anterior— Carmen de Mora para el caso de *El Carnero* y de *Cautiverio feliz* de Pineda y Bascuñán.

A pesar de que el Brasil pasa a formar parte del imperio español entre 1580 y 1640, su población de origen europeo siguió considerándolo como una entidad aparte, tal como lo muestra Dietrich Briesemeister en el panorama que traza de la historiografía brasileña del siglo XVII. Esta autopercepción queda igualmente clara en el ya mencionado artículo de João Adolfo Hansen y en el de Ineke Phaf.

A la memoria de un pasado en construcción, corresponde la necesidad de una (auto)representación. Dicha representación puede ser literaria o icónica (arquitectónica, pictórica, cartográfica) y puede ser local o ajena. Ambas visiones son analizadas para el Brasil por Phaf, quien estudia la representación pictórica del mundo de las plantaciones brasileñas en los cuadros de Post, y la literaria en otras fuentes, preguntándose en qué medida la intervención holandesa contribuyó al proceso de la modernidad brasileña, tanto en lo que hace a su dinámica histórica como a su representación simbólica. La (auto)representación, por otra parte, tiene su vector privilegiado en la fiesta, fenómeno urbano que llegará a su apogeo en la época de los Austrias menores. La celebración misma (a través de la participación de las distintas instituciones y corporaciones) y la arquitectura efímera permiten a estas sociedades nuevamente conformadas representarse. Las relaciones de fiesta escritas por encargo, a menudo unen a la representación textual la visual, y permiten que dicha autorrepresentación se difunda y se perennice. Dentro de este marco, o independientemente de él, se desarrolla el teatro, que, igualmente, es un medio para las sociedades indianas de autorrepresentarse. Así lo demuestra Miguel Zugasti al pasar revista a las alegorías de América en la arquitectura efímera propia a las celebraciones y en el teatro virreinal, análisis al cual añade el de la representación desde afuera en la cartografía y en las cosmografías. Estos aspectos son igualmente tratados por Paul Firbas, quien estudia la (auto)representación que del continente americano propone Cabello Balboa y aquélla implícita en la denominación ("Perú") revelando el fondo ideológico de ambas operaciones.

El siglo XVII está marcado, como ya lo observamos, por la constitución de grupos a veces claramente identificables, como en el caso de las instituciones o de las corporaciones, y a veces de contornos porosos y de definición muy difusa, tal el caso de los criollos pero también el de la elite indígena, el de los mestizos, o el de la población de origen africano. La cuestión de la oposición entre los diferentes grupos sociales —en particular entre criollos y peninsulares— está de a poco dando paso a un enfoque que busca develar la complejidad de las situaciones dadas. Del mismo modo, paralelamente a los acercamientos que privilegian la idea de una imposición vertical por parte de los llamados grupos dominantes sobre los subalternos, se va imponiendo una línea que privilegia la idea de una perpetua y constante negociación de las partes. Son los criollos, sin duda, el grupo dominante (si puede llamárselo así), estando la elite letrada conformada en gran medida y cada vez más por criollos. El fenómeno criollo —que va adquiriendo marcada amplitud y fuerza a medida que transcurre el siglo— es, pues, una cuestión clave para entender la formación de la cultura iberoamericana. A pesar de contar con trabajos históricos de mucho peso, queda aún mucho por hacer en el estudio de sus vertientes locales o regionales, al igual que resta por investigar la formación y la actividad de los hombres de letras que le dieron forma, lo dotaron de una narración, de una iconografía. Los trabajos de la tercera parte estudian las distintas facetas del fenómeno criollo, ocupándose muchos de ellos de las relaciones entre los distintos grupos y de éstos con la corona dentro de coyunturas políticas particulares.

El proceso de colonización, es decir, de enraizamiento de una población en una tierra que le era inicialmente extraña, no habría sido posible sin la acción de los letrados. Letrados en el sentido restringido de personas con una formación en derecho que ocupan los cargos burocráticos de la administración, pero sobre todo letrados en el sentido más amplio de la expresión francesa "gens de savoir" y que incluye no sólo las ramas judicial y eclesiástica sino, entre otras, a las elites de comerciantes o de propietarios de minas. La cultura letrada (tanto en su vertiente escrita como en la oral) dominará —como, por otra parte, en Europa— el panorama cultural de la época que nos ocupa y acompañará el proceso de asentamiento y colonización de las Indias. Más aun, imprimirá su carácter en las sociedades novomundanas y será de sus filas que saldrán quienes habrán de crear "la patria criolla". La universidad, institución tempranamente instalada en las Indias hispanas, será la matriz de la cual saldrán las generaciones de letrados que habrán de ocupar paulatinamente puestos clave de poder, en el nivel local pero a menudo en el nivel imperial. Mediadora por excelencia, será la principal difusora de ideas y formas de pensamiento y, más aun, ya en el siglo XVII, su generadora. Los estudios sobre la institución, incipientes en el Perú, se encuentran bastante avanzados en el caso de la Nueva España, de lo que da una muestra Enrique González González en su estudio sobre su influencia en la formación de la cultura novohispana.

Como es sabido, la fiesta secular urbana hace posible que los participantes confirmen su ubicación en el mapa social local y permite a todos los estamentos sociales demostrar su lealtad al rey y su adhesión a los valores de la monarquía. La función de la fiesta novohispana como medio de propaganda y de aculturación es tratada por Víctor Mínguez; por su parte, Sonia Rose estudia a través de las fiestas que celebraron los mulatos de Lima por el nacimiento de Baltasar Carlos la posibilidad de participación y de inserción de este grupo dentro del entramado social.

A pesar de ser —para el caso del Perú— un fenómeno eminentemente costeño, el criollismo no lo es de modo exclusivo, tal como queda claro en el trabajo de Carmen Salazar-Soler, quien reconoce y analiza la función política que cumple la Antigüedad clásica en una serie de fiestas celebradas en Potosí a lo largo del siglo y hasta comenzado el XVIII. El mundo andino —Copacabana en este caso— está igualmente presente en el trabajo de José Antonio Mazzotti quien, a través de un personaje poco conocido, Fernando de Valverde, estudia los diferentes aspectos de un criollismo místico andino.

Si bien el estudio de la emergencia y afianzamiento de caracteres propios de las sociedades indianas (plasmados en el espíritu criollo) que las distingan de otras sigue siendo válido, cabe preguntarse si insistir en la oposición o la confrontación no es anacrónico para sociedades que no buscaban diferenciarse o separarse, sino formar parte, ubicarse en un lugar de privilegio dentro de un mapa imperial. La cuestión de la pertenencia a uno u otro mundo se encuentra planteada por dos artículos que revelan el sentido de pertenencia a este imperio por parte de los intelectuales de las sociedades indianas y que muestran la necesidad de volver a conectar lo que las historias nacionales han separado. José Antonio Rodríguez Garrido, en su trabajo, se ocupa de Lorenzo de las Llamosas, un autor que ha recibido escasa atención, tal vez precisamente por haber dejado de joven la patria y haber desarrollado su carrera en España. Sin embargo, el autor plantea la cuestión hasta ahora no tratada de su vinculación con las demandas y las expectativas de la elite criolla a fines del siglo XVII, demostrando su apoyo a la posición de ésta con respecto al poder virreinal en las últimas décadas del siglo XVII, posición particularmente clara en dos de sus comedias. Verena Dolle por su parte, analiza el caso inverso de Bernardo de Balbuena planteando la cuestión de su criollismo a través del *Bernardo*, cuya materia es un episodio del medioevo español, pero en la cual el autor inserta a través de un excurso una historia de la Nueva España que se caracteriza por una reformulación sumamente personal de la materia histórica.

El mundo iberoamericano del siglo XVII se caracteriza por la estabilización de las estructuras institucionales y políticas y marca el final del proceso de la toma de posesión (a pesar de la permanencia, claro está, de ciertas regiones no colonizadas o incluso no exploradas). Empero, debajo del orden y la dominación aparentes late una realidad difícilmente dominable. Los intentos de la Corona española por reunir y homogenizar la legislación que rige las Indias —proceso comenzado ya bajo Felipe II— pueden considerarse como expresión de la opresión imperial y colonial que ésta ejerce. Sin embargo, estos mismos intentos pueden también interpretarse como reveladores de una lucha por mantener (o ejercer efectivamente) el control sobre esta realidad que siempre amenazaba con desbordar (y, de hecho, lo hacía). Es en este contexto que hay que situar la obra de Juan de Solórzano Pereira. Si bien ésta fue concebida, en un principio, como una suma de las leyes de Indias, a lo largo de los años se convirtió en una teoría de la posesión de los territorios americanos, tanto en el aspecto interior como en el exterior. A medida que avanzaba el siglo XVII, España se veía cada vez más ante la necesidad de defender sus posesiones contra los otros poderes europeos, defensa bélica, económica, ideológica y religiosa a la vez. Retomando estas exigencias múltiples, Solórzano Pereira creó una obra que puede considerarse como la primera gran teoría colonial, escrita desde la perspectiva de la metrópoli pero que recoge la experiencia adquirida por el autor durante los más de tres lustros que pasó en el virreinato del Perú.

Aparte de los objetivos científicos de aporte a un campo de estudio, la serie de simposios dentro del proyecto pretende establecer un puente entre las academias europeas, latinoamericanas y estadounidenses, cuya diferencia en miras y agendas parece haberse ido ahondando en las últimas décadas. Las razones del extrañamiento o de la indiferencia no yacen en los medios y tienen más que ver con la autosuficiencia de las academias y con el funcionamiento interno de las redes nacionales, a menudo endogámicas. Responden, igualmente, a diferencias ideológicas profundas, diferencias que se dejan ver en particular en el campo de los estudios de las sociedades indianas durante el Antiguo Régimen, enfocadas actualmente en los Estados Unidos casi exclusivamente desde la teoría poscolonial en sus distintos avatares. En cuanto a quienes trabajan en América Latina y por razones históricas, los contactos con una de las academias o con ambas son —al menos en el caso de los investigadores de los grandes centros— asiduos, aunque la balanza se incline más hacia la relación con los Estados Unidos que con Europa. Es por eso que concebimos los simposios como una zona de encuentro, de circulación y contacto, como mediadores que establezcan algunos puentes entre tantas islas. El presente volumen constituye, así, el fruto de una

18

colaboración centrada sobre un eje historicista pero pluralista, en tanto que en ella convergen autores de diversas disciplinas y de diferentes escuelas, enfoques y metodologías.

El simposio de Eichstätt estuvo marcado por las prolongadas discusiones —y a veces agitadas, aunque amigables— durante las cuales se plantearon diversas cuestiones: el dominio de la teoría poscolonial en los estudios sobre las Indias en la academia anglo-sajona y la pertinencia de su aplicación; cuestiones de terminología pero cargadas de sentido ideológico como el uso del adjetivo "colonial"; la cuestión del estatuto legal y de la situación real de las Indias bajo el dominio político ibérico en comparación con el de las colonias inglesas, francesas y holandesas; la necesidad de cultivar la "saludable erudición europea" (tal como la denominara Mazzotti en una reseña del volumen del simposio anterior en *CLAR*), la de ahondar en el estudio de campos no muy cultivados tales como los de la tradición clásica, el neolatín y la poesía tanto épica como lírica, pero también los de la producción letrada en lenguas indígenas (a cargo de estudiosos que conozcan esas lenguas); la necesidad, a través del estudio de casos concretos, de devolver la complejidad a un mundo heterogéneo tal como lo fue el de las Indias bajo la dominación política española y portuguesa, dentro del cual convivieron poblaciones disímiles, no separadas sino en contacto y en perpetua negociación.

Este tercer simposio, al igual que los dos anteriores, ha recibido el apoyo financiero de la DFG (Consejo Nacional de Investigaciones Científicas de Alemania) y de la Universidad de Eichstätt. Vaya para ambas instituciones nuestro agradecimiento.

Alain Milhou, renombrado hispanista en el sentido amplio, miembro fundador del Centre de Recherche Interuniversitaire sur l'Amérique Espagnole Coloniale, debería haber impartido una de las charlas inaugurales del congreso. Su enfermedad no lo permitió. A su memoria va dedicado este volumen.

Karl Kohut y Sonia V. Rose
Eichstätt y París, octubre de 2003

I

RECEPCIÓN, CIRCULACIÓN
Y ACTUALIZACIÓN DE MODELOS E IDEAS

Presencia italiana en la expresión literaria hispanoamericana del siglo XVII

Giuseppe Bellini

I

Gran momento ha sido el del contacto español con Italia, ya notable en la época medieval, especialmente en el siglo XV[1], y del todo extraordinario durante el reinado en Nápoles de Alfonso el Magnánimo, rey de Aragón, Sicilia y Cerdeña, quien en 1442 entraba en la ciudad partenopea y hasta su muerte, ocurrida en 1458, hizo de la corte napolitana un centro fecundo de encuentro para las dos culturas. Un poco ingenuo y provinciano en sus entusiasmos literarios lo consideraba, con pretensiones de literato, Benedetto Croce, en su conocido libro sobre *La Spagna nella vita italiana durante la Rinascenza,* sin dejar de poner de relieve, sin embargo, que fue quien "amicó gli spagnuoli con l'umanesimo italiano e più forse ancora l'umanesimo italiano con gli spagnuoli" (Croce 1949, 34).

En otra ocasión hablé, por lo que se refiere a la literatura italiana en su trayecto hacia América, de una "comunidad" ítalo-hispano-americana renacentista (Bellini 2000), lo que confirmaba una vez más la unidad de las culturas europeas procedentes del mundo romano-cristiano, a pesar de su fragmentación, como bien puso de relieve Franco Meregalli (1974, 2), y su proyección en los territorios coloniales.

---

[1] La conquista de Sicilia en 1282, después del *Vespro,* por parte de Pedro III de Aragón y la presencia en Roma de cardenales y pontífices españoles, hasta Alejandro VI, los matrimonios políticos entre princesas españolas e hijas de papas con príncipes italianos reinantes favoreció enormemente las relaciones culturales ítalo-hispánicas. Ya el Marqués de Santillana era un perfecto italianista en sus *42 sonetos fechos al itálico modo*; Dante dominaba en la poesía alegórica de Juan de Mena y Francisco Imperial, pero ya había asomado en el elogio de doña Endrina en el Arcipreste de Hita. Dante, Petrarca y Boccaccio eran conocidos y leídos en el primer Renacimiento español. Enrique de Villena traduce al catalán y al castellano en 1427 la *Divina Comedia*; Ausias March el *Decameron* al catalán en 1429. La conocida conversación del embajador de la república de Venecia, Andrea Navagero con Juan Boscán, intensificará el italianismo en España, con la difusión de la obra de Petrarca y de tantos poetas italianos. Boscán será el traductor del *Cortegiano* de Baldassar Castiglione. Boscán y la residencia en Nápoles darán en Garcilaso el mayor poeta del Renacimiento español. Sin hablar del teatro y del influjo determinante del ambiente cultural de la corte papal romana en autores como Torres Naharro. La historia es bien conocida.

Que España hubiera experimentado el atractivo cultural de Italia es bien conocido, antes y después del Renacimiento. No fue solamente la corte napolitana centro de atracción, sino que lo fueron también la Roma papal, Florencia, Urbino, las capitales de los principados italianos que resplandecían por su cultura y en algunos casos hasta por su organización: es el caso de Venecia, tan apreciada por un viajero de la categoría intelectual de Pero Tafur, quien alababa admirado que en esa ciudad, siempre enemiga políticamente de España, se supieran "de ora en ora" noticias de todas las partes del mundo, tan grande era en ella el "mareaje" (Tafur 1986, 35).

Por otra parte, si el advenimiento al trono de los Reyes Católicos, el descubrimiento de América, y su conquista bajo el emperador Carlos V, ejercieron un atractivo poderoso en la Italia del período, fue precisamente en tiempos del César cuando los italianos se sintieron parte integrante del Imperio. No solamente Isabel la Católica mantenía a su servicio a Pietro Martire d'Anghiera y había avalado el proyecto de un genovés, Cristóforo Colombo, para el descubrimiento de un nuevo mundo, valiéndose de la contribución económica de los banqueros genoveses establecidos en Andalucía para realizarlo, sino que con frecuencia el emperador y sus sucesores confiaron a italianos cargos políticos y militares importantes: Mercurino Arborio de Gattinara fue por mucho tiempo Gran Canciller del Imperio, Andrea Doria jefe de la armada (1529), Emanuele de Saboya venció a los franceses en la batalla de San Quintín (1557), el genovés Ambrogio Spinola consiguió la victoria en Breda contra los holandeses (1626), etc.

También, por lo que atañe a los virreinatos americanos hubo cargos importantes confiados a italianos, y un Squillace y un Caracciolo fueron virreyes del Perú. Sin olvidar la importancia del aporte a la difusión de la imprenta en la Colonia: un lombardo, Giovanni Paoli, natural de Brescia, fue el introductor, en 1539, de la imprenta en la capital de la Nueva España (cf. Millares Carlo 1993, 144) (a razón de un contrato con el impresor sevillano Juan Cromberger), primeramente al servicio del obispo Juan de Zumárraga, pero ya en 1548 Paoli editaba libros bajo razón propia[2]. Un turinés, Antonio Ricciardi, en 1577 estableció un nuevo taller en México, para trasladarse pocos años después a Lima, donde en 1581, ó 1584, inauguraba la primera imprenta del Perú[3]. Detalle que no deja de llamar la atención, en el pie de imprenta ambos impresores reivindi-

---

[2] En torno a Paoli véase Millares Carlo 1953.
[3] Cf. ibíd. Méndez Plancarte (1942, I, XVI) propone el año 1581. Millares Carlo (1993, 145) aclara, haciendo referencia a Félix de Ugarteche (1943), que en 1581 Ricciardi tuvo que aplazar su actividad hasta obtener la autorización que correspondía de parte de la Real Audiencia.

can siempre su tierra de origen: "de Bressa" o "brixiensis" Paoli; "de Turín" Ricciardi.

En el ámbito más propiamente literario dos centros de italianismo relevantes se dan en México y más tarde en Lima. En la capital de la Nueva España la influencia de la poesía italiana entra oficialmente en 1546, con el poeta Gutierre de Cetina en su primer viaje, estancia breve a la que seguiría otra más larga, que concluyó con su misterioso asesinato, en junio de 1577. La joven poesía novohispana dio pronto poetas significativos: Pedro Trejo, Hernán González de Eslava y Francisco de Terrazas, a quien Cervantes alaba en la *Galatea*. Es el momento de la difusión del petrarquismo, que a Terrazas le llegaba a través de Herrera y de Camões. También hay que recordar a Lázaro Bejarano, amigo de Cetina, quien difundió en México los metros italianos. Poetas todos reunidos en la anónima antología *Flores de baria poesía*, cuyo manuscrito está fechado 1577[4].

Estos son los nombres conocidos, a los que se solía aludir tratando del italianismo en México, pero últimamente ha ido tomando importancia, a través del trabajo de investigación de Jaime J. Martínez Martín, otro poeta del período, Eugenio de Salazar (Madrid 1530-Valladolid 1602), un español que se movió desde Santo Domingo hasta Guatemala y México por sus cargos oficiales y cuya inédita *Silva de varia poesía* obliga a plantear desde nuevos fundamentos la historia de la difusión del petrarquismo en América (cf. Martínez Martín 2000). Ante todo se nos proporcionan nombres de poetas hasta ahora desconocidos —como sor Leonor de Ovando en Santo Domingo, Pedro de Liévana en Guatemala, Juan de Cigondo en México, entre otros— y una compleja influencia de Petrarca, Sannazaro, Garcilaso, Bembo y otros poetas italianos, en la elaboración original, competitiva, de un cancionero "matrimonial", en el que el poeta celebra a su esposa en vida. Se trata de una revolución con respecto a Petrarca y hay que tenerla muy en cuenta, puesto que inaugura una veta en la que podemos insertar hasta los nerudianos *Cien sonetos de amor*.

Importante es también el sentido del paisaje americano, que Salazar manifiesta en otras composiciones, églogas y poemas de circunstancia, en ello también, si bien se piensa, precursor de las que serían más tarde la *Grandeza mexicana* de Balbuena, la *Rusticatio mexicana* de Landívar, las *Odas* de Bello, los *Cantos materiales* de Gabriela Mistral, las *Alturas de Macchu Picchu* de Neruda.

En Lima la difusión del petrarquismo se debe al portugués Enrique Garcés y a un grupo entusiasta de poetas que se reunían en la *Academia Antártica*. Garcés difundía sus traducciones del poeta italiano entre sus amigos ya a partir de 1570

---

[4] Cf. la edición de Peña 1980.

y en 1591 publicaría en Madrid los *Sonetos y canciones* del aretino. Recogió elogios de Cervantes en el *Canto de Calíope*, por haber enriquecido al "Piruano reino" traduciendo en "dulce español" al poeta. Alabó los altos valores estéticos de estas traducciones Estuardo Núñez, elogios que en general podemos aceptar, aunque a veces Garcés no logra reproducir la refinada melancolía del italiano[5].

En la *Academia Antártica* al culto por Petrarca se unió el de Dante, de Ariosto y más tarde, en el nuevo clima de la Contrarreforma, de Tasso. Diego Dávalos, fundador de la Academia, tradujo la *Defensa de Damas* (1603) de Castiglione y las *Lacrime di San Pietro* de Tansillo, además de sonetos amorosos de Vittoria Colonna. Su *Miscelánea Austral*, que editó en Lima en 1602 Antonio Ricardo, permeada del neoplatonismo de León Hebreo y el *Libro di natura d'Amore* de Mario Equícola, "rezumaba" italianismo, según se expresa Alicia de Colombí-Monguió, y se presentaba como una "obra original, con sus poesías engastadas en una prosa que corre caudalosamente en lo que debió parecer prodigio de refinamiento y sabiduría" (Colombí-Monguió 1985, 87).

Con la *Academia Antártica*, de la que formaron parte poetas de la categoría de Pedro de Oña, celebrado autor de *El Arauco domado*, Lima se convirtió en un centro extraordinario de italianismo, cuya influencia llegó hasta Tunja, donde se formó el autor de las *Elegías de Varones Ilustres de Indias*, Juan de Castellanos[6].

En el área sur del continente americano se ejerció dominadora la influencia de Ariosto a través de Ercilla y su *Araucana*. Por otra parte, entusiasta de Boiardo y Ercilla fue también el Inca Garcilaso, no solamente gran descriptor épico de batallas en *La Florida* y la segunda parte de los *Comentarios Reales*, sino también traductor del italiano al castellano de los *Dialoghi d'amore* de León Hebreo. En su biblioteca el *Orlando innamorato* y el *Orlando furioso* gozaban del mismo favor que en la opinión de Cervantes, en cuyo *Quijote* el cura, durante la célebre revisión de la biblioteca del caballero andante, si rechazaba por infiel la traducción del *Furioso* realizada por Jerónimo de Urrea, se declaraba dispuesto a poner el poema de Ariosto "sobre" su cabeza en el original italiano (Cervantes Saavedra 1945, 100).

Según declara José Toribio Medina, Ercilla se sabía de memoria el poema de Ariosto y de allí que éste tenga tanta parte en *La Araucana* y por consiguiente en el poema de su discípulo Pedro de Oña.

No me demoraré más en la ilustración de este momento extraordinario del italianismo en América. Sólo recordaré aun que el anónimo autor del *Discurso*

---

[5] Núñez 1968, 21. Acerca de Garcés cf. D'Agostino 1993.
[6] En torno a Castellanos y sus *Elegías* cf. Meo Zilio 1972.

en loor de la poesía, incluído en el *Parnaso Antártico* de Diego Mexía de Fernangil[7], celebraba ya en 1602 a Antonio Falcón, director de la Academia, como imitador de Dante y Tasso. Frecuentaron el cenáculo poético limeño también eruditos italianos, como Alessandro Geraldino y el jesuita Ludovico Bertonio, que fue el iniciador de los estudios del aimara y el quechua, y, en el ámbito de las artes figurativas, dos italianos, el romano Matteo D'Alessio y el napolitano Angelino Medoro, dieron vida a una pronto floreciente escuela mestiza de pintura.

La *Miscelánea Austral* (1602) y el *Parnaso Antártico* (1608) aunque editados a comienzos del siglo XVII, documentan el floreciente italianismo en el Perú del siglo anterior, así como lo atestiguan Ercilla, Oña y Garcilaso.

II

En el siglo XVII el cambio del gusto, pasando del Renacimiento al Barroco, determina un progresivo abandono, en el ámbito de la épica, del modelo formado por el *Orlando furioso*, pero marca el éxito de otro modelo italiano, el de la *Gerusalemme liberata* de Tasso, de acuerdo con el programismo religioso del Concilio de Trento.

En una etapa intermedia se sitúa la obra del obispo Bernardo de Balbuena, autor de *La Grandeza mexicana* (1604) y del poema épico *Bernardo* (1624), además de la novela pastoril el *Siglo de Oro en las selvas de Erífile* (1608). El resto de su obra desapareció cuando el asalto de los piratas al palacio obispal de Puerto Rico.

El *Bernardo* es cronológicamente la primera obra de este autor en orden de composición, a pesar de ser la última publicada. Largo fue el período de su elaboración y, como lo indica Giovanni Meo Zilio (1967, 274), es probable que cuando decidió pasarlo a la imprenta, Balbuena lo adecuara al nuevo clima poético. Don Marcelino Menéndez y Pelayo, sin embargo, definía al autor, por el *Bernardo,* como un "segundo Ariosto", a pesar de subrayar sus límites, que se hacían concretos si se comparaba el poema con el *Orlando furioso*. En particular, el crítico le reprochaba al novohispano que no poseyera el alto sentido poético del italiano y la "blanda" ironía con que éste en su poema "corona de flores el ideal caballeresco en el momento mismo de inmolarle" (1948, I, 51).

A pesar de ello, es precisamente a través de la lección del poema ariostesco que Balbuena refuerza sus disposiciones inventivas y esa nota "muy alta de color, muy aventurera e impetuosa" a la que el sabio santanderino aludía, mien-

---

[7] Véase la edición de Trinidad Barrera (Mexía 1990).

tras destacaba la "risueña fantasía" de Ariosto, "en cuyo filtro mágico diríase que se adormece la naturaleza en un perpetuo sueño de amor" (ibíd., 50s.).

El *Bernardo* abunda en elementos y figuras que tienen su origen en el mundo de Ariosto. Oreste Macrí ha puesto de relieve como el ariostismo de Balbuena no consiste solamente en lo que subraya don Marcelino, sino también en la manera desenfadada y leve con que trata la antigua leyenda castellana del vencedor de Roncesvalles, de manera que, nacido héroe nacional, Bernardo se asimila a las figuras de Alcina, Ferraú, Angélica... (1952, 525).

La presencia de la literatura italiana en el poema no se limita, naturalmente, a Ariosto, sino que se extiende a Boiardo y se funde con la de los *Amadises* y los *Palmerines*, con la de Homero, Virgilio y Ovidio. Con los héroes homéricos Balbuena hace directas comparaciones desde el prólogo y de Virgilio, según acertadamente señala José Rojas Garcidueñas, proceden los episodios de Proteo y la figura del joven que, como Ascanio, combate en Roncesvalles (1958, 145).

Por encima de toda influencia se impone, de todos modos, la inspiración genuina de un notabilísimo poeta. Pfandl ha visto en el *Bernardo* —que, en contraste con Horne considera plenamente barroco, no renacentista—[8], la encarnación de las ideas de grandeza y dominio hispánicas, llegando a definirlo como "fantástico canto triunfal sobre la historia y la grandeza de España, penetrado del paisaje español en todas las descripciones de tierras fabulosas, impregnado de ideas españolas de dominación universal en todos sus personajes y episodios fantásticos y legendarios" (Pfandl 1933, 575).

Sin embargo, él mismo ha subrayado las presencias ariostescas y clásicas, mientras el citado Rojas Garcidueñas ha llamado la atención sobre el hecho de que Balbuena escribió su poema antes de que conociera los paisajes españoles (1958, 145, n. 135), y que si bien se inspira en Ariosto y toma del *Furioso* gran arte del tema, varios personajes y el tono general del poema, no oculta nunca sus fuentes, antes las denuncia con orgullo (ibíd., 145).

Por su parte, Giovanni Meo Zilio afirma que en el *Bernardo* encontramos, en particular, la sustancia de la postura de Ariosto, la ironía, la fantasía, el estudio sicológico de los personajes femeninos, la sensualidad, la técnica de la interrupción de la narración, para acentuar el interés en el lector. La lección está bien asimilada por Balbuena, pero con algunos límites: el moralismo "pretextuoso y condicionador de la época, el alegorismo de las sentencias convencionales, el

---

[8] Pfandl 1933, 575, n. 1. John van Horne dedicó varios estudios a Balbuena y su poema; Pfandl se refiere a *"El Bernardo" of Bernardo de Balbuena, a Study of the Poem* (1927). A Balbuena y su poema van Horne dedicó otros estudios relevantes, entre ellos "Bernardo de Balbuena y la literatura de Nueva España" (1945).

alinearse formal dentro del programismo jesuítico", todo lo cual da al poema "un aspecto aparente que no corresponde a su espíritu" (Meo Zilio 1967, 275).

Tampoco falta en el *Bernardo* la influencia de Petrarca. Fucilla lo puso de relieve en su estudio sobre el petrarquismo en España. En el libro IV el estudioso señala la octava que comienza con los versos "Ponme al sol que la seca arena abrasa,/ o donde él muere envuelto en tierna nieve", que define eficaz arreglo, con un final digno de atención, de "Ponmi ove 'l sole occide fiori e l'erba/ o dove vince lui il ghiaccio e la neve" (Fucilla 1960, 259), y en el libro VI el pasaje que comienza: "Oh venturosa España si tuvieras/ de tu Eneas un Marón segundo", que reconduce a "Se Virgilio et Omero avessin visto/ quel Sole il qual vegg'io con gli occhi miei" (ibíd., 258s.).

En cuanto al *Siglo de Oro en las selvas de Erífile*, novela pastoril igualmente anterior a la *Grandeza mexicana,* está inspirada por la *Arcadia* de Sannazaro. En su libro —que no pretende ser novela, sino una sucesión de cuadros maravillosos—, Balbuena recrea, a través de un lenguaje rico en metáforas y alegorías, un mundo delicado de ninfas y pastores, artificioso e irreal, indudablemente sugestivo, dentro de un paisaje refinado donde todo es idealización.

Además de Sannazaro, están presentes en el *Siglo de Oro* Teócrito y Virgilio, aunque Sannazaro domina y tanto es así que Marcelino Menéndez y Pelayo llegó a hablar de plagio (1943, II, 211), lo cual en realidad no es tal, puesto que Balbuena denuncia siempre su modelo[9].

Entre la *Arcadia* y el *Siglo de Oro* hay relaciones directas, sea por lo que se refiere a la estructura, sea por el artificio de fondo. Fucilla ha investigado atentamente las fuentes de la novela individuando las presencias de autores españoles, como Boscán y Garcilaso, latinos, como Virgilio, e italianos, como Petrarca además de Sannazaro, señalando, por ejemplo, la relación entre la canción "Aguas claras y puras" y "Chiare, fresche e dolci acque" del aretino, pero sobre todo abundando en la documentación de la presencia de la *Arcadia*, con una minucia que parecería justificar la crítica de don Marcelino[10].

Pero, a pesar del lustre que le daba a Balbuena el modelo italiano ya tan famoso, amplias son las zonas de su autonomía. El artista transforma sus fuentes en algo sutilmente original, dando vida a un clima que es expresión inconfun-

---

[9] Cf. a este propósito Rojas Garcidueñas 1958, 96s.

[10] Cf. de Fucilla: "Bernardo de Balbuena" (1960), y por las relaciones entre el *Siglo de Oro* y la *Arcadia*, pero también con los poetas españoles citados y Virgilio, "Bernardo de Balbuena's *Siglo de Oro* and its sources" (1947), luego con leves cambios y añadidos en *Relaciones hispanoitalianas* (1953). No aporta novedades al argumento el, por otro lado interesante, estudio de Rogelio Reyes Cano, *La Arcadia de Sannazaro en España* (1973).

dible del mundo barroco de la Nueva España. Existe también una diferencia estructural entre el *Siglo de Oro* y la *Arcadia*, que ya señalara Rojas Garcidueñas (1958, 105s.): el hecho de que, al contrario de Sannazaro, en su novela Balbuena no habla nunca en primera persona, sino que se oculta detrás de sus personajes. La *Arcadia* es, pues, punto de partida y de referencia desde el cual el autor del *Siglo de Oro* desarrolla su originalidad y se luce al mismo tiempo al imitar una obra de gran belleza, a pesar de haber sido ya algo superada en su tiempo por la *Diana* de Montemayor, pero que había gozado de gran favor; se trata pues de un modelo que enriquece en su creación acentuando el artificio[11].

El *Siglo de Oro* se remonta en su composición al período 1580-1585, pero Balbuena sigue elaborando su obra y probablemente este trabajo continuado de revisión acentúa la huella de la *Arcadia*. La celebración de la vida pastoril sigue el modelo italiano, pero tiene en cuenta, al mismo tiempo, una larga tradición hispánica de exaltación de la vida del campo: es suficiente pensar en el libro de Antonio de Guevara, *Menosprecio de corte y alabanza de aldea*. En la "Egloga III" del *Siglo de Oro* se afirma, en efecto, que "todo lo que desta primer simplicidad del mundo se desvía más a su dañosa muerte se llega" (Balbuena 1821, 65); luego Balbuena se contradice celebrando la ciudad de México, a la que más tarde dedicará todo un poema, la *Grandeza mexicana*, intención anunciada en el *Siglo de Oro*.

Según Rojas Garcidueñas la idea de celebrar a México le vino a Balbuena de la *Arcadia*, aunque en el poema se concretizó en forma distinta desde el comienzo (1958, 105s.). Es posible que la prosa XII de la novela de Sannazaro, donde se celebra la ciudad de Nápoles, inspire la "Egloga VI" del *Siglo de Oro*, donde Balbuena exalta la ciudad capital de la Nueva España, aunque, al contrario de su probable modelo, Balbuena presta atención a detalles menudos, de notable efecto artístico, que atestiguan la íntima sugestión que sobre él ejerció la extraordinaria ciudad. En su texto se repite el estupor de los conquistadores a la vista de la ciudad lagunar, como lo había manifestado Bernal Díaz del Castillo acudiendo a la evocación de las maravillas del *Amadís* (1968, I, LXXXVII, 260). Escribe Balbuena: "Mas luego que sentada encima de sus delicadas ondas vi una soberbia y populosa ciudad, no sin mucha admiración dije en mi pensamiento: esta ciudad es aquella Grandeza mejicana, de quien tantos milagros cuenta el mundo" (1821, 132).

---

[11] Editó hace algunos años el texto José Carlos González Boixo (1989). En torno a la poesía épica véanse además de los autores ya citados: Avalle Arce 1974; López Estrada 1974 y 1970.

Sigue una entusiasmada descripción de las "anchas y hermosas calles cargadas de soberbios edificios", de sus "ilustres ciudadanos", de los "galanes y ataviados mancebos", de las "hermosas y gallardas damas, discretas y cortesanas entre todas las del mundo", sin olvidar "los delicados ingenios de su florida juventud ocupados en tanta diversidad de loables estudios, donde sobre todo la divina alteza de la poesía más que en otra parte resplandece", y los conventos de monjas, "llenos de soberanas ninfas do lo mejor de aquellas lagunas en tantas maravillas resplandecen" (ibíd., 133).

A pesar de todo, la autonomía de Balbuena de sus modelos italianos se afirma en la atención que dedica al mundo en el que vive y por el cual aparece sinceramente entusiasmado. Lo confirma la *Grandeza mexicana* que, a pesar de publicarse en 1604, se remonta a 1602. José Rojas Garcidueñas llamó la atención sobre el canto VI del poema, donde aprecia la presencia feliz de la poesía bucólica, que fluye en los poetas españoles desde fuentes italianas (1958, 126). La *Grandeza mexicana* es todo lo contrario del *Siglo de Oro*. Nota correctamente José González Boixo que el elogio de México contrasta con la "alabanza" de la aldea, puesto que en su esencia es un elogio a la "corte". El crítico llama la atención sobre el canto IV, donde a su juicio aparece todo el "rencor" del poeta "hacia aquellos lugares pueblerinos en que había tenido que residir" (en: Balbuena 1988, 24).

La breve extensión de la *Grandeza mexicana* no permite detectar en ella más que una presencia difusa de la poesía de Italia. Marcelino Menéndez y Pelayo subrayando en el poema el fondo de cultura clásica e italiana deploraba que en la botánica no llegara a emanciparse de sus modelos (1948, I, 52), aunque encontraba en la celebración de México una extraordinaria congenialidad entre el tema y el autor (ibíd., 53), la compenetración positiva entre su estilo y el mundo opulento que cantaba, cuya glorificación hacía de Balbuena el "verdadero patriarca de la poesía americana y, a despecho de los necios pedantes de otros tiempos, uno de los más grandes poetas castellanos" (ibíd., 56).

III

A medida que nos adentramos en el siglo XVII se va afirmando la tendencia a considerar el poema, siguiendo los principios de la Contrarreforma, como medio de edificación; por consiguiente, se repudia el predominio de la fantasía, la ironía en favor de una seriedad esencial, la libre sensualidad por una castidad de acentos, bajo la que se oculta, sin embargo, a veces, una fuerte tensión erótica.

Esta orientación tiene su origen primero en la *Cristiade* (1535) de Gerolamo Vida, y con mayores consecuencias en la *Gerusalemme liberata* (1575) de Torquato Tasso, traducida al castellano en 1587, pero ya conocida en el mundo hispánico mucho antes. Observaba Bertini que el poema tasesco entraba en contacto con el mundo hispánico en un momento de más despierta sensibilidad y de ampliadas capacidades estéticas y también que su argumento pudo corresponder mejor a las disposiciones espirituales del pueblo español, cuyo espíritu guerrero encontraba en el argumento de la Cruzada un motivo de más encendida curiosidad (Bertini 1957, 620). No solamente eso, sino que, en su acentuación del moralismo contrarreformista, Tasso aporta al mundo hispánico la exaltación heroica de los ideales religiosos, en los que confluye también el ideal político de España. Las cualidades personales de melancolía, religiosidad y sensualidad del poeta italiano se encuentran más cerca, sin duda, del carácter español que las más extrovertidas y vitalistas de Ariosto. Tampoco hay que olvidar, a propósito de la difusión de Tasso, un detalle importante, subrayado por Meo Zilio: el estilo "oratorio", que, según el crítico "bien se adapta a gran parte de la tradición estilística hispánica [...] donde la fusión y la confusión entre oratoria y poesía tiene antiguas raíces y llega, de alguna manera, hasta nuestros días"[12].

Al comienzo del siglo XVII un breve poema en octava rima del canario Silvestre de Balboa Troya y Quesada, *Espejo de paciencia* (1608), presenta una múltiple "combinación de lecturas y recuerdos", según observa Raimundo Lazo: épicos españoles del siglo XVI, Ercilla y Barahona de Soto, Garcilaso, escritores didácticos en prosa y verso del período, el refranero y "manifestaciones folklóricas, evidentes en las numerosas sentencias moralizantes con que suelen cerrarse las pesadas octavas del relato" (1965, 29s.). El argumento es sencillo: trata de la captura del obispo fray Juan de las Cabeza y Altamirano por los corsarios capitaneados por Gilberto Girón y el sucesivo rescate realizado por un grupo de criollos de Bayamo, en la isla de Cuba, que derrotan a los captores.

Raimundo Lazo no aprecia mucho el poema de Balboa; contrariamente a Cintio Vitier, el cual destaca el hecho de que por primera vez aparece en éste reflejada la naturaleza de Cuba, a la que el poeta, entusiasta, pone, "para honrarla, en las manos ilustres de las ninfas" (1960, 23), antes de que Landívar celebre la de Guatemala en su *Rusticatio mexicana* (1871).

En el *Espejo de paciencia* hay todo un clima italianista, viven múltiples presencias que van de la *Araucana* y el *Arauco domado* a Ariosto y Tasso. Anotaba Pichardo que para todos la verdadera "sombra maternal" les venía de Italia y, en el caso de Balboa, mediaba la del *Furioso* y la de Barahona de Soto con sus *Lágrimas de Angélica,* pero sin lograr nada positivo, debido a la mediocridad del poeta (cf. ibíd., 29). Valor escaso le reconoce también Cintio Vitier (1970, 26), el cual, sin embargo, pone de relieve, además de la originalidad del

---

[12] Meo Zilio 1967, 210. En torno a la sola presencia de Tasso en España cf. Arce 1973.

Espejo de paciencia en cuanto valorizador del paisaje local, el moralismo práctico, que se expresa en estilo coloquial (1960, 29-31).

En realidad Balboa es uno de los poetas menores de la épica americana y el mérito de su poema consiste esencialmente en el hecho de que da comienzo a la poesía cubana. El poeta celebra un mínimo acto heroico, pero sobre todo presenta a Bayamo como una pequeña Arcadia, novedosa por "urbana", o cerca de ella "rural y campestre", como observa Rovira (1999, 55).

De diverso relieve y extensión es el poema de Juan de Miramontes y Zuázola, *Armas antárticas*, en veinte cantos, compuesto entre 1608 y 1615. En él también hay presencias italianas. El autor había llegado a Perú en 1586, según Luis Alberto Sánchez, procedente de Tierra Firme (1981, III, 48); su texto poético lo dedica al virrey marqués de Montesclaros. Ya el comienzo del poema atestigua el cambio de orientación en la épica americana; la fantasía está ahora al servicio de temas serios; en el caso de las *Armas antárticas,* de la interpretación de la conquista en sentido religioso edificante. Se cantan, en efecto, las armas y las proezas de "españoles católicos, valientes", que fueron a dominar gentes remotas, "poniendo al Verbo Eterno en los altares", en otro tiempo espanto del indio con "voces insolentes/ de oráculos gentílicos" (Miramontes 1978, Canto I, proemio). Por consiguiente, es fácil ver en esta orientación del poeta la influencia de Tasso, a pesar de la presencia inevitable de Ercilla, del cual, para dar un ejemplo, resulta evidente la lección en la octava 89 del canto II, donde Miramontes trata de la fortuna, tema que lleva el lector al Canto XXXIV de la *Araucana*, parte tercera.

En cuanto a Tasso, ya ha señalado Max Henríquez Ureña en los episodios de las fiestas de Rampo y de los jardines de Vilcabamba, la imitación "muy de cerca" de la "Ballata della rosa" de la *Gerusalemme liberata* (1963, 97). Por su parte, Luis Alberto Sánchez señalaba en el episodio de Pedro de Arana (cuando éste, en lucha contra el corsario Oxenham, es incitado por Estefanía, ultrajada por el inglés), un contacto posible con la *Gerusalemme* y con la *Eneida*: "trae a la memoria a la Clorinda de Tasso y la Pentesilea y la Camila de *La Eneida* (canto IX)", contacto que aparece de nuevo en el canto XIII, en la predicación de Rumiñavi (1981, III, 50).

IV

Con la *Christíada* (1611) del dominico Diego de Hojeda, el argumento religioso domina en la épica americana. En el proemio el autor declara su intención: "Canto al Hijo de Dios, humano y muerto/ con dolores y afrentas por el hombre", su pluma se bañará en el costado del crucificado y halagando con sus versos los oídos hará que su poema "asombre/ al rudo y sabio, y el cristiano gusto/ halle provecho con un deleite justo".

Hojeda vivió en el ambiente culto de Lima, formó parte de la Academia que se reunía en torno al virrey, marqués de Montesclaros, a quien dedica el poema, y luego al nuevo virrey, príncipe de Esquilache, él también poeta, conocedor de la poesía italiana, autor del épico *Nápoles recuperada*. La *Christíada* es el mayor poema épico-religioso en lengua castellana y su influencia en la sucesiva épica religiosa americana fue grande. Fuentes inspiradoras fueron los Evangelios, los Padres de la Iglesia, una extensa literatura religiosa y hagiográfica, San Agustín, Santo Tomás, el padre Suárez y por la parte literaria propiamente dicha, la *Cristiade* de Vida; amplias lecturas, no solamente de Homero y Virgilio, sino del Dante de la *Divina Commedia*, de Tasso y su *Gerusalemme liberata*, sin olvidar por supuesto a Ariosto y su *Orlando furioso,* a poetas épicos como Ercilla y Oña. Naturalmente a Hojeda le eran familiares también los poetas españoles del Renacimiento y los del gongorismo, Góngora *in primis*.

Fundamentalmente la *Christíada* sigue los cánones de la nueva orientación impuesta a la épica por la *Gerusalemme liberata*: acción *in medias res*, héroe central, unidad de acción, lugar y tiempo, programismo de índole religiosa, que se manifiesta en una atmósfera mística, sin que por eso falte una nota de sensualidad, "en aras de la acostumbrada tolerancia preceptista de la época", como señala Meo Zilio (1967, 268).

En el libro VII Dante preside, con Vida, la concepción del infierno, repartido en "grandes calabozos" en los que están penando, según su culpa, los condenados ("Las mazamorras de horror y presos llenas"), mientras que Judas, como traidor de Cristo, reúne sobre sí todas las penas. Procede de la influencia dantesca el sentido apocalíptico de las representaciones: la ciudad infernal "que en vivas llamas arde", evoca la ciudad de Dite, el canto X del *Inferno*, y dantescos son los calabozos de los condenados, variación de los "gironi" de Dante, y el "sulfúreo fuego". Se acerca, al contrario, a la *Gerusalemme liberata* —aunque Tasso mismo se inspira en Virgilio, al *De rapto Proserpinae* de Claudiano, a Dante, a Ariosto, a Vida— la descripción de las "mil furias y quimeras/ bravas y oscuridades verdaderas" y sobre todo la representación del suelo, envenenado y ponzoñoso. En la quinta octava del canto IV, en efecto, Tasso, siguiendo a Vida, presenta los monstruos horrendos del infierno, y lo mismo hace, autónomamente y simplificando, Hojeda. Porque el poeta verdadero, y lo era Hojeda, nunca se deja dominar por sus modelos. Lo podemos observar también en la poderosa descripción de la demora de Lucifer, horrible al estilo dantesco, pero plenamente original por las imágenes y la estructura.

Tasso está presente también en otros detalles sobre los que es inútil insistir. Contribuciones de gran valor al argumento ha dado Frank Pierce (1950), siempre destacando la originalidad de Hojeda por encima de sus fuentes inspiradoras.

V

Siguiendo la corriente ya indicada, la épica barroca produce toda una serie de poemas dedicados a ensalzar la figura y la vida de San Ignacio de Loyola, empezando por el *Ignacio de Cantabria* (1639), de Pedro de Oña, donde el ariostismo que triunfaba en el *Arauco domado* es sustituido por el programismo religioso. En lugar de lo "deleitable" el poeta hace profesión de buscar el "bien honesto", dirigiéndose hacia éxitos artísticos indudablemente inferiores. Lo mismo había ocurrido con el *Vasauro* (1635), donde un improviso sentido del pecado le quita vida a los episodios de amor, hasta en la descripción de los castos amores entre Fernando y la mora Fatima, personajes que nos llevan a Rinaldo y Armida de la *Gerusalemme*. De vez en cuando, sin embargo, asoma alguna sensualidad artísticamente vitalista, como cuando Fernando le desabrocha el corpiño a Fatima, desmayada. Pero, volviendo al *Ignacio*, éste representa el momento más comprometido de Oña en sentido religioso, siendo sus fuentes inspiradoras Dante y Tasso, pero más directamente Hojeda.

Igualmente documento de una cultura en la que entran Dante, Ariosto y Tasso es el *San Ignacio de Loyola, poema heróico*, de Hernando Domínguez Camargo, publicado en 1666. Otro testimonio, a pesar del enjundioso estudio que le ha dedicado Giovanni Meo Zilio (1967), de las maravillas y los estragos del Barroco en la épica americana. El jesuita conocía seguramente la *Araucana*, además del *San Ignacio de Loyola* (1617) de Antonio de Escobar y Mendoza, y otro poema homónimo de 1613, obra de Alonso Díaz. Es probable que Camargo absorbiera en Tunja la influencia del italianismo local en ámbito jesuita, en evidente contacto con la limeña Academia antártica. Directas debieron de ser las lecturas de Tasso, a cuyo programa se adhiere. Y sin embargo no debía de quedar indiferente frente al derroche de fantasía de Ariosto, aunque todo acaba en su poema por fundirse en los esquemas aristotélico-tasescos que ya prevalecían (cf. ibíd., 204).

El triunfo del Barroco acaba, no por anular, mas sí por atenuar en gran parte la influencia italiana en América. La poesía de Italia ha pasado a ser definitivamente fondo de cultura. Sor Juana Inés de la Cruz conocía no solamente a Maquiavelo, a quien condenaba por sus ideas políticas expresadas en *Il Principe*, sino que tampoco desconocía a Petrarca. En su rica biblioteca, donde abundaban los textos del mundo clásico y medieval, la monja debía de poseer, según opina Octavio Paz (1983, 325-328), textos de Garcilaso, de Polo de Medina, Alarcón,

Lope y Calderón, Quevedo y fray Luis de León, además de San Juan de la Cruz, novelas picarescas, libros de caballerías, novelas pastoriles, el *Don Quijote* y, como se deduce de sus textos, la *Araucana,* el *Orlando furioso* y la *Gerusalemme liberata,* los poemas de Balbuena y, entre otros más, el *Canzoniere* de Petrarca, en original o en la traducción de Garcés, y probablemente algo de Boccaccio. Debía de conocer el italiano, además del latín y el portugués, y ciertamente ejercía sobre la monja gran atracción una Roma fabulosa, enriquecida por las rarezas orientales del padre Atanasio Kircher.

No sin razón afirmaba Estuardo Núñez que sin el caudal de la poesía italiana del Trescientos al Seiscientos la literatura americana de los siglos XVI y XVII "no habría tenido las altas expresiones que alcanzó con el Inca Garcilaso, Ercilla, Oña, Avalos, las poetisas anónimas del Perú, Hojeda y el Lunarejo" (1968, 32s.). Porque también en el *Apologético en favor de Góngora* (1662), de Juan de Espinosa Medrano, es posible detectar la presencia de Pontano, Valla, el Boccalini de los *Discorsi politici e avvisi del Parnaso,* y en su poesía y su teatro la huella, hecha ya sangre propia, de la poesía italiana. Los siglos XVIII, XIX y XX, por su parte, verán renovarse en América la vigorosa presencia de Italia.

Bibliografía

Arce, Joaquín. 1973. *Tasso y la poesía española. Repercusión literaria y confrontación lingüística.* Barcelona: Planeta.

Avalle Arce, Juan B. [2]1975 [1974]. *La novela pastoril española.* Madrid: Istmo.

Balbuena, Bernardo de. 1821. *Siglo de Oro y Grandeza Mexicana.* Madrid: Ibarra.

—. 1945. *El Bernardo o Victoria de Roncesvalles.* En: *Poemas épicos.* Vol. I. Madrid: Atlas (BAE, 17), 139-399.

—. 1988. *Grandeza mexicana.* Edición crítica de José Carlos González Boixo. Roma: Bulzoni Editore.

—. 1989. *Siglo de Oro en las Selvas de Erífile.* Edición, introducción y notas de José Carlos González Boixo. Xalapa: Universidad Veracruzana.

Bellini, Giuseppe. 2000. Italia, España, Hispanoamérica: una Comunidad literaria Renacentista. En: *Investidura de los Profesores Doctores Giuseppe Bellini y José M.ª Blázquez Martínez como Doctores 'Honoris Causa'.* Salamanca: Universidad de Salamanca, Secretaría General, 13-33.

Bertini, Giovanni Maria. 1957. Torquato Tasso e il Rinascimento spagnolo. En: Antonio Banfi *et al. Torquato Tasso*. Milano: Marzorati, 607-671.

Cervantes Saavedra, Miguel de. 1945. *El Ingenioso Hidalgo Don Quijote de la Mancha*. Madrid: Ediciones "Fax".

Colombí-Monguió, Alicia de. 1985. *Petrarquismo peruano: Diego Dávalos y Figueroa y la poesía de la "Miscelánea Austral"*. London: Tamesis Books.

Croce, Benedetto. [4]1949 [1915]. *La Spagna nella vita italiana durante la Rinascenza*. Bari: Laterza & Figli.

D'Agostino, Alfonso. 1993. Enrique Garcés, traduttore del Petrarca. En: Aldo Albònico (ed.). *Libri, idee, uomini tra l'America iberica, l'Italia e la Sicilia. Atti del Convegno di Messina*. Roma: Bulzoni Editore, 131-148.

Díaz del Castillo, Bernal. [6]1968 [1942]. *Historia verdadera de la conquista de México*. Edición de Joaquín Ramírez Cabañas. 2 vols. México: Editorial Porrúa.

Fucilla, Joseph G. 1947. Bernardo de Balbuena's *Siglo de Oro* and its sources. En: *Hispanic Review* 15, 101-119.

—. 1953. *Relaciones hispanoitalianas*. Madrid: Revista de Filología Española.

—. 1960. *Estudios sobre el petrarquismo en España*. Madrid: CSIC (Revista de Filología Española. Anexo, 72).

Henríquez Ureña, Max. 1963. Desarrollo histórico de la cultura en la América Española durante la época colonial. En: íd. *El retorno de los galeones y otros ensayos*. México: De Andrea, 59-148.

Hojeda, Diego de. 1867. *La Christíada*. Madrid: Atlas (BAE, 17).

Horne, John van. 1927. *"El Bernardo" of Bernardo de Balbuena, a Study of the Poem*. Urbana: The University of Illinois Press.

—. 1945. Bernardo de Balbuena y la literatura de Nueva España. En: *Arbor* 3, 8, 205-214.

Lazo, Raimundo. 1965. *La literatura cubana*. México: UNAM.

López Estrada, Francisco. 1970. Un libro pastoril mexicano: *Siglo de Oro* de Bernardo de Balbuena. En: *Anuario de Estudios Americanos* [Sevilla] 27, 787-813.

—. 1974. *Los libros de pastores en la literatura española*. Madrid: Gredos.

Macrí, Oreste. 1952. L'Ariosto e la letteratura spagnola. En: *Letterature Moderne* 3, 5, 515-543.

Martínez Martín, Jaime J. 2000. *Eugenio de Salazar y la poesía novohispana.* 2 tomos. Madrid: Facultad de Filología de la UNED.

Méndez Plancarte, Alfonso. 1942. *Poetas novohispanos (1521-1621).* 3 vols. México: UNAM.

Menéndez y Pelayo, Marcelino. 1943. Orígenes de la novela. 4 vols. Santander: CSIC.

—. 1948. *Historia de la poesía hispanoamericana.* 2 vols. Madrid: CSIC.

Meo Zilio, Giovanni. 1967. *Estudio sobre Hernando Domínguez Camargo y su "San Ignacio de Loyola, Poema heroico".* Messina-Firenze: D'Anna.

—. 1972. *Estudio sobre Juan de Castellanos.* Firenze: Valmartina.

Meregalli, Franco. 1974. *Presenza della letteratura spagnola in Italia.* Firenze: Sansoni.

Mexía de Fernangil, Diego. 1990. *Primera parte del Parnaso Antártico de Obras amatorias.* Edición facsímil e introducción de Trinidad Barrera. Roma: Bulzoni Editore.

Millares Carlo, Agustín. 1953. *Juan Pablos primer impresor que a esta tierra vino.* México: Librería de Manuel Porrúa.

—. 51993 [1971]. *Introducción a la historia del libro y de las bibliotecas.* México: Fondo de Cultura Económica.

Miramontes y Zuázola, Juan de. 1978. *Armas antárticas.* Prólogo y cronología de Rodrigo Miró. Caracas: Biblioteca Ayacucho.

Núñez, Estuardo. 1968. *Las letras de Italia en el Perú.* Lima: Universidad Nacional de San Marcos.

Paz, Octavio. 31983 [1982]. *Sor Juana Inés de la Cruz o las trampas de la fe.* México: Fondo de Cultura Económica.

Peña, Margarita (ed.). 1980. *Flores de baria poesía.* México: UNAM.

Pfandl, Ludwig. 1933. *Historia de la literatura nacional española en la Edad de Oro.* Barcelona: Gili.

Pierce, Frank. 1950. The Poetic Hell in Hojeda's *La Christiada*: imitation and originality. En: *Estudios dedicados a Menéndez Pidal*. Vol. IV. Madrid: CSIC, 469-508.

Reyes Cano, Rogelio. 1973. *La Arcadia de Sannazaro en España*. Sevilla: Católica Española (Anales de la Universidad Hispalense, Filosofía y Letras, 16).

Rojas Garcidueñas, José. 1958. *Bernardo de Balbuena: la vida y la obra*. México: UNAM.

Rovira, José Carlos. 1999. Echi dell'epica e dell'Arcadia italiana a Cuba: l'*Espejo de paciencia* di Silvestre de Balboa. En: íd. *Tre referenti italiani nella tradizione ispano-americana*. Macerata: Pubblicazioni dell'Università di Macerata, 110.

Sánchez, Luis Alberto. [5]1981 [1928-1935]. *La literatura peruana: derrotero para una historia cultural del Perú*. 5 vols. Lima: Meija Baca.

Tafur, Pero. 1986. *Andanças é viajes por diversas partes del mundo avidos*. Edición de Giuseppe Bellini. Roma: Bulzoni Editore.

Ugarteche, Félix de. 1943. *Pequeña historia de la imprenta en América*. Buenos Aires: Imprenta López.

Vitier, Cintio. 1960. Prólogo. En: Silvestre de Balboa. *Espejo de paciencia*. La Habana: Depto. de Estudios Hispánicos, Universidad Central de Las Villas, 7-35.

—. [2]1970 [1958]. *Lo cubano en la poesía*. La Habana: Instituto del Libro.

O Pe. Antônio Vieira e a defesa da liberdade dos índios na missão jesuítica no Maranhão e Grão Pará (1652-1661)

João Adolfo Hansen

Nesta comunicação, vou tratar da defesa da liberdade dos índios das missões do Maranhão e Grão Pará pelo Pe. Antônio Vieira, entre 1652 e 1661. Nesse tempo, o domínio colonial português na América era composto de dois Estados, o Estado do Brasil, correspondente à Bahia e capitanias do Sudeste, como o Espírito Santo, o Rio de Janeiro e São Vicente, e o Estado do Maranhão e Grão Pará. Este tinha sido criado por um decreto real no tempo de Felipe III de Espanha, em 13/6/1621, e correspondia aproximadamente ao território dos atuais Estados do Ceará, Piauí, Maranhão, Pará e partes de Tocantins e do Amazonas. Na prática de Vieira, ambos os Estados transcendem os limites político-administrativos regionais e metropolitanos, pois são regiões espirituais, concebidas como o espaço-tempo de uma prática missionária de caráter profético fundamentada na metafísica neo-escolástica (cf. Santos 1997, 12). Como chefe da missão, Vieira conta com o favor da Coroa, mas tem seu poder limitado pela disciplina da Companhia de Jesus e condicionado por suas alianças com facções da aristocracia portuguesa, pela oposição do Santo Ofício da Inquisição e de algumas ordens religiosas do Maranhão, como os carmelitas e os mercedários, além de governadores inimigos da sua prática. Ela é ordenada segundo a teologia-política neo-escolástica que fundamenta a razão de Estado da política católica portuguesa. A doutrina prescreve que, para a conservação e a ampliação do poder, é necessária a tranqüilidade da alma dos indivíduos como concórdia das ordens e paz do bem-comum do Reino. No caso da liberdade dos índios, como fundamento dessa concórdia, Vieira opõe a noção de "interesse", do jesuíta Giovanni Botero (*Della raggione di Stato*, 1588), ao princípio maquiavélico e hobbesiano da "guerra de todos contra todos". Conforme Vieira, é pela concórdia de todos os indivíduos do Reino que se obtém a coincidência dos interesses particulares como totalidade jurídico-metafísica do todo do corpo místico do Império. Os interesses particulares devem subordinar-se à paz do "bem comum", enfim, como condição para realizarem proporcionalmente seus fins particulares. A liberdade dos índios é um dos meios para realizar virtuosamente o "bem comum" do Reino. É dessa perspectiva que Vieira define a escravidão indígena como vício moral e político dos colonos escravistas, propondo que a desordem das partes individuais acarreta a ruína do todo do "bem comum". Vieira defendeu os índios no Maranhão e Grão Pará, entre os anos de 1652 e 1661; em 1694, interveio novamente contra os bandeirantes paulistas que atacavam as missões do

Paraguai. Nessa defesa, não se encontra o nosso pressuposto etnográfico. Padre formado na lição de Vitoria e Las Casas, Vieira retoma a doutrina da catequese sistematizada no século XVI, no Estado do Brasil, por Nóbrega, Anchieta e Cardim. Não concebe o índio antropologicamente, como diferença cultural, mas cristãmente, como "próximo": afirma que é selvagem e boçal, porque seus costumes abomináveis o fazem desmemoriado do Verbo eterno; mas que sempre é próximo, pois é homem iluminado pela luz natural da Graça inata. Vieira segue a diretiva agostiniana da *caritas* que ordena fazer o bem mesmo que seja à força: segundo Vieira, é preferível que o selvagem seja cativo, mas com a alma salva pelo batismo, a que viva a liberdade natural do mato, mas com a alma danada no Inferno[1].

Desde a expulsão dos jesuítas pelo Marquês de Pombal, em 1759, é polêmico o sentido da atuação da Companhia de Jesus no Brasil e no Maranhão e Grão Pará[2]. Para muitos historiadores portugueses e brasileiros, a defesa dos índios

---

[1] Defendendo a versão católica oficial, os inacianos definem o índio como ser humano criado por Deus e dotado da luz natural, mas concedem que é um homem desmemoriado da verdadeira lei, a lei eterna. Logo, defendem a urgência de salvar-lhe a alma imortal, fornecendo-lhe a memória da justiça e do Bem por meio de leis positivas justas. O projeto catequético é homólogo da conquista da terra, pois ocupa espiritualmente o vazio que é constituído pela carência de Bem e pela produção de almas assim como o vazio pressuposto do território é ocupado militarmente. O que significa disciplinar os corpos por meio de práticas que produzem outra percepção para ele, como o aldeamento ao lado das vilas portuguesas, a proibição do nomadismo, das guerras intertribais e dos rituais antropofágicos, o encobrimento da nudez com roupas que evidenciam o senso cristão do pecado, a obrigação à monogamia, a audição repetida da palavra de Deus e a descontextualização da língua do índio em novas formas. É o caso da poesia em tupi do Pe. Anchieta, no século XVI, que imprime ao tupi uma métrica e acentuação que ele não conhece, fazendo o índio que recita os poemas respirar catolicamente. Principalmente, implica subordinar o tempo dos catequizados ao trabalho proposto como categoria transcendente ou, como dizia Horkheimer, como ideologia ascética em que religião e poder se fundem intimamente. Aqueles que não aceitam a catequese e tentam impedi-la são eliminados, caso dos *karaiba* tupis, xamãs que iam de tribo em tribo falando de *Mair Moñan*, a terra sem mal, dizendo que era preciso ouvir a voz dos mortos exigindo a carne dos inimigos; que a água do batismo matava; que os portugueses só queriam roubar as terras, violentar as mulheres e escravizar os homens. Segundo o imaginário da caça às bruxas que então campeia na Europa, os *karaiba* tupis são "feiticeiros" e, sempre que necessário *ad maiorem Dei gloriam*, eliminados pelo braço da justiça secular dos governadores.

[2] Na reconstituição da prática de Vieira, devemos considerar as relações da Companhia de Jesus com Roma, com a Coroa portuguesa e com a sociedade colonial. O exame das várias interpretações dessas relações evidencia que o sentido da ação missionária está subordinado às posições ideológicas dos estudiosos do papel da Igreja Católica na Colônia. Desde a expulsão dos jesuítas pelo Marquês de Pombal, em 1759, são polêmicas. Autores do século XIX, como

feita pela Companhia de Jesus em termos neo-escolásticos que os integra ao corpo místico do Império português aparece ora como processo civilizatório louvável, ora como arcaísmo medieval, ora como ideologia colonialista que realiza os interesses monopolistas da razão de Estado da Coroa. Vieira sempre defende a liberdade dos índios, mas não a dos escravos africanos. Seu silêncio, que no Brasil é censurado por adeptos da teologia da libertação, é interpretado como compromisso objetivo da Companhia de Jesus com o escravismo colonial. A defesa da liberdade dos índios realizada com perigo da própria vida por homens admiráveis, como Nóbrega e Vieira, segundo o propósito neo-escolástico de justiça, é *objetivamente* uma peça fundamental na constituição e manutenção do monopólio do tráfico negreiro pela Coroa portuguesa na competição comercial com os holandeses, franceses e espanhóis. Para outros autores, a profecia do Quinto Império, que Vieira começa a formular nos anos de 1640 e que inclui o Novo Mundo, é sofística, supersticiosa e fantástica, como aqueles fósseis intelectuais pré-iluministas de que Paolo Rossi trata no seu livro sobre a *clavis universalis*.

É útil reiterar que a prática missionária e profética de Vieira se inclui no conjunto das práticas messiânicas e anti-espanholas que, desde o desaparecimento do rei D. Sebastião em Alcácer-Quibir, em 1578, e principalmente depois que Felipe II de Espanha assumiu o trono de Portugal, em 1580, passaram a afirmar que o rei português voltaria e que o país ficaria livre da dominação dos Habsburgos. Pelo menos enquanto Vieira foi valido do rei D. João IV e da rainha D. Luísa de Gusmão, entre 1641 e 1662, a profecia do Quinto Império teve eficácia prática, aglutinando facções luso-brasileiras da nobreza de Portugal e da plebe, como comerciantes e banqueiros cristãos-novos, na luta da Restauração e na oposição ao Santo Ofício. É preciso evitar apriorismos e reconstituir, segundo os critérios específicos do tempo de Vieira, os modelos teológico-políticos que ele adapta às várias circunstâncias da sua prática[3]. Nesta comunicação, proponho a

---

Capistrano de Abreu, Joaquim Nabuco, Rui Barbosa, Eduardo Prado e Afrânio Peixoto, são geralmente apologéticos da prática jesuítica. No século XX, a perspectiva de religiosos historiadores do clero, como Lugon, Hoornaert, Serafim Leite, também é apologética, com algumas ressalvas. No Brasil, a partir da década de 1930, a antropologia relativiza o universalismo cristão (Lévi-Strauss, Métraux, Baldus, Pierre Clastres, Hélène Clastres, Baeta Neves, Viveiros de Castro). Estudiosos marxistas associam a ação da Companhia diretamente ao projeto colonialista. Florestan Fernandes cunhou a expressão "destribalização" para significar a destruição dos padrões culturais indígenas pela catequese jesuítica.

[3] No Brasil, este trabalho vem sendo feito pelo Professor Alcir Pécora, do Instituto de Estudos da Linguagem, Universidade Estadual de Campinas (UNICAMP), que é hoje um dos maiores conhecedores de Vieira. Pécora acaba de organizar uma edição crítica de 50 sermões

reconstituição da particularidade do tempo curto da sua ação institucional como padre, pregador, diplomata e secretário do rei D. João IV, pois ela evidencia modelos teológico-políticos e retórico-poéticos de longa duração que organizam a *forma mentis* da Companhia de Jesus na difusão da política católica da monarquia portuguesa. É neste sentido que deve ser entendida a profecia do Quinto Império, que Vieira expõe em várias obras. Desde a década de 1640, quando viajou a Portugal pela primeira vez para levar o apoio do Brasil ao Duque de Bragança, o rei D. João IV, que então liderava a guerra da Restauração, Vieira tornou-se influente como pregador da Capela Real, confessor do rei e diplomata enviado à França, aos Países Baixos e a Roma. É nesse tempo que começa a formular a profecia. Ela é ordenada por um modelo sacramental que supõe Deus como Causa primeira e final da natureza e da história. As autoridades que Vieira lê para confirmar o modelo profético são, principalmente, os livros bíblicos de *Daniel* e *Isaías;* as *Trovas* do sapateiro português de Trancoso, Gonçalo Eanes Bandarra, que no século XVI profetizou a volta de um Esperado ou Encoberto; o texto *De procuranda*, do jesuíta espanhol José de Acosta; o livro *Esperança de Israel*, do rabino de Amsterdão, Manassés ben Israel; os textos canônicos dos Padres e Doutores da Igreja, em geral, além dos tratados doutrinários da Segunda Escolástica, principalmente os de Vitoria, Mariana, de Soto, Cajetano, Botero e Suárez. Comparando os casos interpretados nesses textos com os acontecimentos do Império Português na América, Vieira estabelece concordâncias analógicas entre eles segundo um modelo sacramental[4]. Em suas obras proféticas,

---

de Vieira (2000). Um segundo volume deverá editar a obra profética e um terceiro, de que sou responsável, publicará as cartas de Vieira. Tanto o livro principal de Pécora, *Teatro do Sacramento* (1992a), como seu ensaio "Vieira e a condução do índio ao corpo místico do Império" são fundamentais para o tema desta comunicação, pois neles o autor trata das conceituações neo-escolásticas de "liberdade" e "justiça" correntes na argumentação teológico-política de Vieira. Também deve ser lembrado o magnífico trabalho da professora Adma Fadul Muhana, que editou os textos do processo de Vieira na Inquisição Portuguesa (1995), pondo ao alcance dos pesquisadores as fontes primárias que são a condição primeira da crítica aos anacronismos correntes sobre o jesuíta na historiografia e nas letras.

[4] Em abril de 1659, em Camutá, na Amazônia, Vieira redigiu a carta que endereçou a seu amigo, o padre jesuíta André Fernandes, eleito Bispo do Japão. A carta, que ficaria conhecida como a "Carta do Bispo do Japão", é uma exposição detalhada das idéias de Vieira sobre as *Trovas* de Bandarra. Aníbal Pinto de Castro (1997, 125) propõe que Vieira as converte "[...] no fundamento de uma nova concepção de sebastianismo, segundo a qual o regresso do Encoberto não traria já D. Sebastião, mas significava o advento de D. João IV, e fazendo delas, por conseguinte, a base essencial da sua crença no Quinto Império e na inevitabilidade da ressurreição do Rei".

História do Futuro, Esperanças de Portugal e *Clavis Prophetarum*, também nos sermões e cartas, concebe o Novo Mundo como parte essencial do plano de salvação da Providência. Para demonstrar a destinação mística da América, aplica o método hermenêutico da *allegoria in factis* patrística e escolástica, estabelecendo concordâncias analógicas de atribuição, proporção e proporcionalidade entre homens e eventos da Bíblia e homens e eventos do seu presente. Alcir Pécora, que hoje é um dos maiores conhecedores de Vieira, lembrou recentemente que, para o cristão medieval, como afirma Auerbach, a exegese era um método geral de apreensão da realidade. A semântica de realidades proféticas também é o método aplicado por Vieira às coisas do Brasil e do Maranhão, com uma diferença histórica fundamental, como já demonstrou Pécora em seus outros trabalhos sobre o jesuíta. Basicamente, Pécora evidencia que, ao interpretar os eventos contemporâneos, Vieira afirma ter instrumentos mais eficazes que seus antecessores pois, sendo o último a fazer a exegese, conta com mais exemplos que comprovam irrefutavelmente a ação da Providência na história. É neste sentido que escreve, na sua obra profética *História do Futuro*, que o "tempo é o melhor intérprete das Escrituras" (Pécora 2000, 12). Diferentemente dos autores medievais, sua profecia visa a centralização do absolutismo monárquico, no que segue fielmente a lição de *Della raggione di stato* (1588), de Giovanni Botero, e de *Defensio fidei* (1614), de Francisco Suárez. É útil dizer que toda a sua obra pressupõe o conceito teológico-político de "corpo místico" da "política católica" reconfirmada no Concílio de Trento. Na sua prática, o conceito define o todo do reino português como unidade da vontade dos indivíduos, estamentos e ordens alienados do poder e subordinados como uma única vontade unificada à pessoa mística do rei em um pacto de sujeição. Na expressão "corpo místico" assim operada, convergem duas articulações: uma delas é teológica, o "corpo de Cristo", a hóstia consagrada pela Eucaristia, e, por extensão, a *respublica christiana*, o corpo da Igreja. A outra articulação é jurídica, oriunda da teoria da *corporatio*, a corporação romana, e da noção medieval de *universitas,* e, principalmente, relacionada à doutrina da *persona publica*, nome dado por Santo Tomás de Aquino à noção jurídica de *persona ficta* ou *persona repraesentata*. Os juristas contrarreformados juntaram à noção de *respublica* a de *corpus mysticum*, fundando com ambas a de *corpo político*. No caso de Vieira, a doutrina suareziana do *pactum subjectionis* do todo do reino como "corpo místico", essencial na centralização do poder monárquico e na conceituação do "bem comum", define o estatuto jurídico da sua prática catequética no Maranhão e Grão Pará.

Lutero e outros reformados afirmam que o poder decorre diretamente de Deus, que envia os reis para imporem ordem à anarquia dos homens corrompidos pelo pecado original. Por meio dos jesuítas, a Igreja portuguesa combate a tese reformada, afirmando que Deus certamente é origem do poder, como *causa universalis* ou causa universal da natureza e da história, mas não causa direta do mesmo, pois o poder decorre do pacto de sujeição. Logo, é útil considerar a concepção de Direito Natural que estrutura a *forma mentis* dos súditos no pacto de sujeição, pois é a mesma concepção que define o estatuto jurídico de "pessoa humana" que Vieira aplica aos índios do Maranhão contra as pretensões escravistas dos colonos. Como demonstrou António Manuel Hespanha, a noção corrente de Direito em Portugal, no século XVII, postulava neo-escolasticamente que, antes de ser uma vontade (*voluntas*), o Direito era uma razão (*ratio, proportio, commensuratio, ordo, ius, juízo, prudência*) (Xavier e Hespanha 1993, 124s.). A teoria fundamentava o Direito ou as leis positivas do reino na luz natural da Graça inata, que tem por modelo a lei eterna de Deus, por isso o dito "direito comum " ou "ordinário" (*ius commune, opinio communis,* "praxística") tradicionalmente escapava ao arbítrio da razão de Estado absoluta, que era a esfera própria da vontade da *persona ficta* ou *mystica* do rei. Era consensual que o direito ordinário existia independentemente, antes da sua volição pelo rei; também era consenso que o conhecimento e a aplicação do Direito dependiam de um saber específico, que devia ser repetido por uma categoria também específica de letrados formados no curso de Cânones ministrado pelos jesuítas na Universidade de Coimbra e repetido nos cursos superiores de Teologia de seus colégios e seminários do Brasil e do Maranhão. Em uma carta de 1659 para o rei D. Afonso VI, Vieira afirma que "os primeiros e maiores instrumentos da conservação e aumento dessa monarquia são os ministros da pregação e propagação da Fé, para que Deus a instituiu e levantou no mundo"[5]. E no seu texto "Defesa do livro intitulado 'Quinto Império'", de 1665-1666, afirma que o Papa e os pregadores evangélicos enviados pelo Papa que agem na América são "instrumentos imediatos" da conversão do mundo que contam com o apoio de um "instrumento temporal e remoto", um "imperador zelosíssimo", que protege os pregadores (cf. Mendes 1989, 100).

Essa forma mental é organizada como uma jurisprudência de "bons usos", ou seja, um sistema de juízos legais de cunho casuísta e virtualmente polêmico. Seu fundamento é a *auctoritas* dos textos canônicos e da *traditio* reconfirmados no Concílio de Trento. Tal *forma mentis* inclui-se naturalmente na concepção corporativa da sociedade fundada na teologia-política de um *telos* ou *causa final,* que determina a hierarquia de suas espécies criadas segundo a analogia de proporção. Santo Tomás de Aquino definiu a mesma hierarquia como unidade de integração ou unidade de ordenação —*unitas ordinis*— prevendo, por comparação

---

[5] Carta LXXXVI - Ao rei D. Afonso VI, 28/11/1659. Em: Vieira 1925, I, 570.

com as diversas partes do corpo humano, uma função diversa para cada estamento ou ordem do todo político, em conformidade com sua natureza postulada de parte. Esse é o modelo que Vieira atualiza, quando defende os índios da escravidão ilegítima. Santo Tomás prevê a impossibilidade de haver um poder concentrado totalmente na cabeça mandante. No século XVII, na doutrina política da monarquia portuguesa, é central a noção referida de "bem comum". O "bem comum" é definido como a paz social que nasce da tranqüilidade da alma das ordens, estamentos e indivíduos do reino. A doutrina do "bem comum" implica a necessidade da repressão de partes do corpo místico que tendem à autonomia, mesmo quando a parte insubordinada é o rei, que pode ser deposto ou morto. Depois da Restauração, quando a Coroa portuguesa passa a monopolizar a violência militar, fiscal, legal e judicial, a doutrina do "bem comum" é reforçada por dispositivos sócio-culturais de interiorização da violência, que vinham sendo aplicados desde a segunda metade do século XVI, como o ensino e as maneiras sistematizadas pela etiqueta. A catequese dos índios é pautada por esses mesmos princípios teológico-políticos. Na luta contra os colonos do Maranhão, Vieira afirma que a escravidão dos índios é ilegal e ilegítima, pois contraria a lei natural, desobedece às leis positivas, como "heresia" maquiavélica que destrói a paz do "bem comum".

Quero ainda lembrar alguns dos condicionamentos da ação de Vieira no Maranhão e Grão Pará. Pressuponho que a obra de um homem da *devotio moderna* não se dissocia dos acontecimentos de uma vida inteiramente orientada para a ação. Em 1641, aos 33 anos, voltou a Portugal pela primeira vez. Como disse, levava o apoio do governador-geral do Brasil, o Marquês de Montalvão, ao Duque de Bragança, D. João IV, na guerra contra Castela. Sua fama de orador sacro o antecedia e o rei o nomeou pregador da Capela Real. Em 1/1/1642, aniversário de D. João IV, pregou o sermão dos *Bons Anos*. Na peroração, quando comenta o versículo do Pai Nosso, *adveniat Regnum Tuum*, profetiza que o rei vivo e presente, D. João IV, dá continuidade ao rei morto e ausente, D. Sebastião, cumprindo a promessa feita por Deus a D. Afonso Henriques na batalha de Ourique. No momento em que prega, afirma, já chegou o Reino que Portugal já foi, mas ainda está para chegar o Reino que Portugal há-de ser, depois dos impérios caldeu, persa, grego e romano, como Quinto Império do mundo. Para seu advento, como afirma em outras obras, as verdadeiras minas do Brasil e do Maranhão são as almas dos selvagens, negros e colonos, pois a salvação delas pela missão da Companhia de Jesus está prevista pela Providência como fundamento da redenção da história universal a ser realizada por Portugal.

Segundo o cristianismo, a obra da criação não terminou. Para colaborar na livre escolha dos futuros contingentes, era necessário libertar o Brasil dos calvinistas holandeses que então ocupavam Pernambuco e outras regiões do Nordeste. As guerras da Restauração portuguesa esgotavam o tesouro e Vieira propôs ao rei que a Coroa recorresse aos capitais dos judeus e cristãos-novos portugueses refugiados na Holanda. A WIC, a *West Indische Compagnie* holandesa, pedia três milhões de cruzados para devolver Pernambuco. Inicialmente, Vieira pretendia levantar o dinheiro junto aos comerciantes judeus de Flandres e da França e viajou, em 1646, para Paris e Ruão. Nada conseguiu e foi para Haia. Em março de 1647, de volta a Lisboa, redigiu um documento pelo qual D. João IV se comprometia a pagar os três milhões de cruzados pedidos pela *WIC* em prestações anuais de seiscentos mil cruzados, recebendo em troca Pernambuco e outros territórios ocupados pelos holandeses no Nordeste do Brasil, em Angola e em São Tomé. Nesse mesmo ano de 1647, fez a proposta que o tornou grande inimigo do Santo Ofício: a Inquisição portuguesa, que costumava confiscar os bens dos judeus e cristãos-novos, atenuaria os "estilos" usados por eles. Em troca, eles fariam empréstimos de seus capitais à Coroa. Em agosto de 1647, sempre conspirando contra Castela, Vieira viajou novamente à França, para avistar-se com o cardeal Mazarino. Seu plano era contratar o casamento de D. Teodósio, filho menor de D. João IV, com Mademoiselle de Montpensier, filha do duque de Orléans. Se o casamento se realizasse, D. João IV abdicaria e iria para o Brasil, enquanto o pai da noiva seria regente de Portugal durante a menoridade do Príncipe. Novamente, o plano fracassou e Vieira foi mais uma vez à Holanda, com papéis que o autorizavam a fazer o embaixador português em Haia, Francisco de Sousa Coutinho, trocar Pernambuco pela paz no Brasil e na África. Nesse tempo, Vieira fez contato com um rabino da sinagoga de Amsterdão, Manassés ben Israel, que em 1640 tinha escrito um texto profético, *Esperança de Israel*. Vieira o imitou em 1659, quando estava na Amazônia, na carta que escreveu de Camutá para o Pe. André Fernandes, futuro Bispo do Japão. A carta ficou conhecida como *Esperanças de Portugal*. Nela, Vieira expõe o fundamento figural de sua concepção de história, afirmando que as *Trovas* do Bandarra devem ser interpretadas como um texto canônico, pois Bandarra é um verdadeiro profeta, como um patriarca hebreu. Com Manassés ben Israel, Vieira parece ter discutido o destino das tribos perdidas de Israel, a restituição de Judá e o advento de Cristo, temas que aparecem em suas cartas e obras proféticas posteriores que tratam do papel providencial a ser desempenhado pelo Novo Mundo e pelos índios brasileiros. Conhecidos como exímios arqueiros, os índios formariam um exército cristão para combater os turcos na Europa, antes do advento do Messias. Na Holanda, as negociações da compra de Pernambuco falharam novamente. Em outubro de 1648, vinte propostas de Vieira referentes aos negócios com Flandres foram apreciadas e rejeitadas em várias instâncias da Corte, como o Tribunal do Desembargo do Paço, a Mesa de Consciência e Ordens, a Câmara de Lisboa, o Conselho da Guerra, o Conselho da Fazenda etc. Vencido, mas não derrotado, escreveu um texto rebatendo a rejeição. Era denso e D. João IV o apelidou de "Papel forte". Mas sem resultados. Em fevereiro de 1649, Vieira conseguiu um alvará real que tornava possível organizar companhias de comércio para o Brasil e o Maranhão. Novamente, os capitais judaicos as financiariam. Em troca, a Inquisição não confiscaria os bens dos negociantes que fossem condenados. Imediatamente, o Santo Ofício fez contato com a Cúria Romana e pediu instruções, dando mostras públicas de oposição contra ele. Como valido do rei, passou a atacar os oponentes dominicanos com grande destemor, como ocorre no *Sermão da Primeira Sexta-Feira da Quaresma* ou no *Sermão da Dominga Vigésima Segunda depois do Pentecostes*. Apesar da proteção do rei, os superiores da Companhia de Jesus julgaram ser de prudência enviá-lo para as missões do Maranhão e Grão Pará. Em janeiro de 1650, ainda foi enviado à Itália com uma missão dupla: negociar o casamento do príncipe D. Teodósio com uma princesa espanhola e, ao mesmo tempo, conspirar contra a Espanha, tentando sublevar o Reino de Nápoles então dominado por Madri. O plano foi descoberto e o embaixador espanhol, duque do Infantado, ameaçou-o de morte, intimando o Geral da Companhia a ordenar que saísse de Roma. Em junho de 1650, voltou para Portugal. Nomeado chefe da missão do Maranhão e Grão Pará, deixou Lisboa em 25/11/1651. Depois de parar em Cabo Verde, chegou a S. Luís do Maranhão em 16/1/1652.

No Maranhão e Grão Pará, desde o início do século XVII, quando a Companhia de Jesus tinha estabelecido a missão, os colonos interessados na mão-de-obra indígena e os jesuítas que detinham o monopólio do poder espiritual e temporal sobre os aldeamentos de índios catequizados estavam em luta. A Companhia de Jesus era irredutível na defesa da liberdade dos índios aldeados. Por sua vez, os colonos e outras ordens religiosas, como os carmelitas, mercedários e capuchinhos, além de muitos governadores e funcionários da administração portuguesa, acusavam os jesuítas de monopolizarem o trabalho indígena nas propriedades da Companhia. Os padres fundamentavam a defesa da liberdade dos índios aldeados obedecendo à bula papal *Sublimis Deus,* de 1537, que declara herética a tese de que os *occidentales et meridionales indos* não são humanos, podendo ser mortos ou escravizados. Na defesa, mantinham as diretrizes estabelecidas no século XVI.

Assim, é útil lembrar que, nos primeiros trinta anos depois da chegada de Cabral a Porto Seguro, em 1500, os portugueses estabeleceram relações de troca com as tribos tupis do litoral, principalmente na forma do escambo. Os indígenas forneciam mão-de-obra e o ibirapitanga, o pau-brasil, em troca de quinquilharias e objetos de ferro (cf. Marchant 1943). Os autos teatrais e as cartas do Pe. José de Anchieta, que atuou no Brasil entre 1553 e 1597, evidenciam que os franceses que tentaram ocupar o Rio de Janeiro e partes do Norte e do Nordeste foram aliados dos tupinambás, tamoios, caetés e potiguaras, tornando-se inimigos dos inimigos desses grupos, tupiniquins e tabajaras, que foram aliados dos portugueses. No comércio com as tribos e na disputa territorial, os contatos iniciais capitalizaram o dado cultural nuclear da memória social dos grupos tupis do litoral, a vingança e a guerra intertribal. A obra de Jean de Léry, *Voyage au Brésil* (1580), informa que os huguenotes franceses se dedicaram às trocas esporádicas, ao contrário dos portugueses, que desde cedo se dedicaram à agricultura extensiva. As relações dos franceses com os índios foram geralmente pacíficas e, devido à crença calvinista na predestinação, os textos de cronistas reformados que fizeram contato com as tribos demonstram certa isenção de juízo quanto às práticas dos selvagens, como a guerra, a antropofagia, a poligamia e a nudez, considerando-os parceiros comerciais. Villegagnon, contudo, classifica o indígena de *bête portant la figure humaine* e Le Testu faz do desconhecimento de Deus a razão da existência do *sauvage*. Nos primeiros tempos da conquista territorial, entre 1500 e 1530, o padrão de contato e de trocas esporádicas dos portugueses com os índios foi semelhante ao dos franceses, mas seu catolicismo interpretava a cultura indígena de modo diverso. Principalmente depois de 1549, quando chegou a primeira missão da Companhia de Jesus comandada pelo Pe. Manuel da Nóbrega, acompanhando o primeiro Governador-geral, Tomé de Sousa, a negação da presença da luz natural da Graça inata no selvagem passou a ser um dos principais argumentos dos colonos nas disputas com os jesuítas. As capitanias hereditárias adotadas pela Coroa até 1534 como modelo colonizador tinham fracassado devido às enormes distâncias e ao descentramento dos núcleos colonizadores, que eram um alvo fácil da resistência indígena. É só a partir de 1549 que ocorre a mudança efetiva da estratégia colonizadora com o estabelecimento do Governo-geral. O novo modelo de colonização baseava-se em três frentes: exploração e defesa militar do território, agricultura extensiva e conquista espiritual. A grande propriedade açucareira, estabelecida inicialmente no Nordeste, onde as terras de massapé são extremamente férteis e não existe a barreira da Serra do Mar do Sudeste, produziu a escravização sistemática dos índios, acompanhada das "guerras justas" de extermínio e escravização das tribos declaradas bárbaras e inimigas[6]. As polêmicas sobre a escravidão e a "guerra

---

[6] Mas sabe-se que já nos primeiros anos do século XVI várias expedições portuguesas e espanholas foram enviadas ao Atlântico Sul, como as de Américo Vespúcio (1501); Solis (1512; 1515); João de Lisboa (1515); Fernão de Magalhães (1520); Loyasa (1525): Sebastião Caboto

justa" relacionam-se intimamente ao padrão de ocupação territorial. Inicialmente, houve duas frentes principais: no Nordeste, a Bahia e Pernambuco, que eram regiões do cultivo do açúcar e de demanda crescente de mão-de-obra escrava; no Sul, a capitania de São Vicente e, no planalto acima da Serra do Mar, a vila de São Paulo de Piratininga, fundada em 1554 pelos jesuítas. Em São Vicente, a caça do "gentio da terra" foi uma das principais atividades econômicas dos habitantes, principalmente no século XVII, depois que os holandeses ocuparam as praças fornecedoras de negros em Angola[7].

A primeira lei portuguesa oficial sobre a liberdade dos índios foi decretada pelo rei D. Sebastião em 20/3/1570. Proibia escravizar índios já catequizados e aldeados pelos jesuítas, mas determinava que seria possível escravizá-los por razões graves, como a antropofagia, numa "guerra justa", doutrinada segundo a conceituação de "guerra justa" de Santo Agostinho: era "justa", por exemplo, quando era feita como defesa contra bárbaros inimigos como os que "costumam atacar os portugueses ou a outros gentios para os comerem" (Thomas 1981, 221). Na prática, a lei era suficientemente elástica para que qualquer grupo indígena selvagem ainda não-catequizado e aldeado pelos jesuítas pudesse ser considerado "bárbaro" pelos colonos. Formalmente, a lei de 1570 protegia os índios postos nas aldeias sob a autoridade dos padres; ao mesmo tempo, fornecia justificativas jurídicas manipuladas pelos colonos e traficantes de escravos para guerrear, capturar e escravizar índios que viviam a liberdade natural do mato. Foi, por exemplo, o que aconteceu com os caetés, que em 1556 devoraram o bispo Sardinha, quando o navio deste naufragou nas costas do Nordeste. Declarou-se uma guerra justa contra eles e os caetés já catequizados e aldeados também foram escravizados pelos colonos, apesar da oposição dos jesuítas. Essa estrutura se mantêm até o século XVII. Novas leis sobre os índios foram baixadas pelos reis espanhóis em 1587, 1595, 1596, 1609, 1611, 1618, 1628, 1638 e pelos reis portugueses, depois da Restauração. Todas elas regulam o direito de escravizar índios, a redução deles em aldeias e a regulamentação do seu trabalho (cf. Thomas 1981, 213). Em todos os casos —e lembro novamente a doutrina portuguesa da sociedade como "corpo místico" em que a desigualdade é natural—

(1526); Diego Garcia (1526); Martim Afonso de Sousa (1530). Quase todas elas aprisionaram e escravizaram índios que habitavam o atual território do Brasil.

[7] O historiador Taunay afirma que, no século XVI, para uma população de mais ou menos 4.000 almas livres, havia cerca de 70.000 escravos índios na capitania de São Vicente. No início do século XVII, segundo os jesuítas, uma só bandeira ou expedição paulista teria capturado 300.000 guaranis nas terras do Guairá, no atual Paraguai, que estavam reduzidos a 20.000 quando a bandeira regressou a São Paulo (citado por Rodríguez Molas 1985, 33).

a própria instituição da escravatura não é posta em questão. O que se discute nos textos de Nóbrega, Anchieta, Luís da Grã e Fernão Cardim, no século XVI, e nos de Vieira, no século XVII, são as condições em que a posse de escravos indígenas é não só legal, mas legítima. De modo geral, os jesuítas consideram legítima a posse cristã que garante a salvação da alma.

É fundamental, no caso, lembrar a triangulação Lisboa-Brasil-África. Os portugueses ocupam sítios estratégicos no Congo desde as expedições feitas no século XV por Diogo Cão. A jurisprudência que se foi acumulando sobre a escravização de africanos, realizada desde 1474, foi a principal fonte de referência da legislação sobre a escravidão indígena e da "guerra justa", principalmente nas propostas jesuíticas de substituir a mão-de-obra indígena pela africana. No século XV, os contatos portugueses com a África negra começaram como aliança e amizade. Como Boxer (1981) demonstrou, vários homens do Congo, de Angola e de Mombaça receberam títulos portugueses de conde, marquês e duque. O rei D. Manuel, de Portugal, trocou correspondência com o rei negro Afonso I, do Congo, tratando-o como irmão. Já em 1575, os portugueses estabelecidos em Luanda trocavam mercadorias e escravos com os comerciantes holandeses de Amsterdão e Antuérpia. Enquanto procuram prata no interior de Angola, os portugueses transportam escravos para as plantações de cana-de-açúcar da Bahia e Pernambuco. A partir de 1580, com a União Ibérica, o abastecimento português de escravos negros estendeu-se para as regiões dominadas pelos espanhóis no Novo Mundo.

Os cronistas portugueses justificam o tráfico negreiro cristãmente. Na *Crônica dos Feitos da Guiné*, por exemplo, Gomes Eanes de Zurara narra os horrores do tráfico, mas propõe ao rei D. Henrique que os negros convertidos ao cristianismo terão suas almas salvas. No século XVII, encontramos o mesmo argumento em Vieira, no *Sermão XIV do Rosário* que pregou em 1633 aos escravos de um engenho baiano. Nele, reconhece que os negros sofrem como Cristo e mais que Cristo no que chama o "doce Inferno" dos engenhos de açúcar. Mas afirma que devem conformar-se, pois terão o pagamento do cativeiro no Céu. Antônio José Saraiva lembrou, com lucidez, que a guerra e a pirataria nas costas da África eram apresentadas aos contemporâneos dos primeiros navegadores portugueses como um prosseguimento das guerras de cruzada contra os mouros feitas havia séculos pelos cristãos da Espanha. Em 16 de junho de 1452, o rei português obteve do Papa Nicolau V um breve que lhe dava o direito de invadir e submeter os territórios em poder dos sarracenos, pagãos e infiéis inimigos de Cristo, podendo escravizar seus habitantes. Quando as caravelas portuguesas chegam à África e começam o tráfico negreiro, afirma-se em Portugal que é feito com justiça, pois os escravos são uma presa obtida em ataques a infiéis inimigos da fé cristã. Desde o início, a escravidão dos negros foi definida como "guerra justa" ou guerra contra infiéis. Com o desenvolvimento das colônias americanas, o tráfico se tornou um magnífico negócio para a Coroa e as pilhagens do início foram substituídas pela sistematicidade do comércio com os sobas, chefes africanos que vendiam escravos capturados em guerras intertribais. Como presa obtida numa guerra classificada como "guerra justa", segundo o imaginário da cruzada ou como mercadorias trocadas e compradas, os negros são definidos como escravos nos papéis portugueses. Muitas vezes, por meio de argumentos teológicos: são descendentes de Cam, o filho amaldiçoado de Noé. Neste sentido, os jesuítas, como Nóbrega, Anchieta e Vieira propõem a importação de africanos para a América em substituição dos escravos indígenas: "Sem negros, Pernambuco não existe, e, sem Angola, não existem negros", dizia Vieira em 1648. Isso porque, como afirma, "o Brasil tem o corpo na América e a alma na África" (Vieira 1925, I, 243). Lembro que, nos séculos XVI e XVII, a instituição portuguesa do padroado conferia à Coroa poder imediato sobre o clero, pois o rei nomeava os bispos das dioceses e podia vetar o nome dos religiosos que as ocupariam. Nesse sentido, desde a missão de Nóbrega, em 1549, a Companhia de Jesus foi um dos principais agentes na execução das determinações políticas, religiosas e econômicas da Coroa. Entre elas, a escravidão negra.

Quanto aos índios, poderíamos dizer, com Foucault, que o fato brutal da invasão e da ocupação dos territórios habitados pelos povos classificados como "selvagens", invasão e ocupação sempre acompanhadas de massacres e espantosa variedade de atrocidades, antecede lógica e cronologicamente toda discussão jurídica sobre a legitimidade da escravização deles ou sobre a "guerra justa" contra eles (Foucault 1997, 24). As discussões de Vitoria, Molina, Oviedo, Acosta, Gómara, Las Casas, Sepúlveda, na área espanhola, e de Nóbrega, Anchieta, Cardim e Vieira, na portuguesa, adaptam-se *objetivamente* aos acontecimentos, sendo produzidas por eles ou pela mediação deles, não importa a intenção particular dos agentes, que muitas vezes é admiravelmente justa. As discussões têm necessariamente que também incluir como determinação do seu sentido o dado primeiro, bruto e objetivo da invasão. A defesa da liberdade indígena é acompanhada da regulação do direito de escravizá-lo ou de fazer a guerra contra ele, determinando as condições e os momentos em que seria "guerra justa" ou situação de exceção. Também é preciso dizer que, nos séculos XVI e XVII, nos dois Estados portugueses da América, quando a perspectiva da verdade religiosa divulgada pelos jesuítas produz uma alma para o indígena, que é classificado, no ato, como "inconstante", "boçal", "animal", "cão", "perro", "porco", "gentio", "selvagem" e "bárbaro", produz a carência do Bem das instituições portuguesas que cabe à Companhia de Jesus suplementar.

Quando Vieira chegou a São Luís do Maranhão, uma ordem-régia que libertava os índios escravizados causava tumulto. Ele e os outros padres recém-desembarcados sofreram agressões dos colonos e quase foram expulsos. Os colonos argumentavam, com total razão, que eram demasiado pobres para comprar escravos africanos e que a economia do Maranhão, algodão, açúcar, mandioca, extração de madeiras e pesca, dependia diretamente do braço indígena. Atualmente, historiadores brasileiros, como Luís Felipe de Alencastro, demonstram que a defesa da liberdade dos índios produzia a dependência colonial da mão-de-obra africana. A dependência fazia com que os colonos se "recolonizassem", garantindo à Coroa um sobrelucro advindo das mercadorias exportadas e do tráfico negreiro (cf. Alencastro 2000).

Os colonos do Maranhão e Grão Pará sempre alegam que os índios são bárbaros, inconstantes, irracionais, animais, cães e porcos; em decorrência, que sua servidão é legítima. A língua tupi não tem os fonemas /f/, /l/ e /r/ e a ausência é interpretada, nos séculos XVI e XVII, como falta de Fé, de Lei e de Rei, tornando-se um lugar-comum nos discursos dos colonos partidários da escravidão e do extermínio que afirmam que o indígena é "escravo por natureza". Um dos fundamentos dessa alegação é a idéia da *Política* aristotélica que Juan Ginés de Sepúlveda retoma no texto *Democrates alter* : é próprio do inferior subordinar-se ao superior. A Companhia de Jesus julgava heresia a tese da "servidão natural" dos índios. A tese afirma que são naturalmente escravos porque as leis positivas de suas sociedades não se fundamentam na Revelação. Para os jesuítas, a afirmação é análoga à de Lutero acerca da *lex peccati*, a lei do Pecado, que corrompe a natureza humana impedindo-a de participar na luz natural da Graça. Em 1556, no *Diálogo sobre a conversão do gentio*, o Pe. Nóbrega já tinha negado a tese de Sepúlveda, afirmando que o selvagem é homem, pois tem as três faculdades que definem a pessoa humana escolasticamente, vontade, memória e inteligência. Conforme Nóbrega, a natureza do selvagem é inclinada ao mal, *prona ad malum*, porque está corrompida por costumes abomináveis; mas o índio também conhece a luz da Graça inata. Assim, propõe Nóbrega, o fundamento da missão jesuítica é a caridade, que corrige os selvagens e salva-lhes as almas. As regras que Vieira aplica na catequese, aldeamento e defesa da liberdade dos índios do Maranhão seguem as que foram estabelecidas por Nóbrega. Em uma carta de 8/5/1558, Nóbrega determina as seguintes leis para os índios: proibir que comam carne humana e façam guerra sem licença do Governador; obrigá-los a ter uma só mulher; obrigá-los a vestir-se, pois têm muito algodão, pelo menos depois que forem cristãos; proibir os xamãs, que Nóbrega chama de "feiticeiros"; mantê-los em justiça entre si e com os cristãos; fixá-los em aldeamentos e probir o nomadismo;

dar-lhes terrras suficientes para viverem entre cristãos com os padres da Companhia para os doutrinarem (Nóbrega 1954, 450).

No Maranhão, Vieira usa a oratória deliberativa tentando persuadir os colonos a obedecerem a essas leis. Um de seus principais argumentos, que repete nos sermões, propõe uma inversão: são os colonos que devem servir aos índios, demonstrando o amor e a caridade de verdadeiros cristãos para com os que não conhecem a Cristo. No *Sermão da Primeira Dominga da Quaresma*, que pregou em São Luís, em 16/1/1653, e que ficou conhecido como *Sermão das Tentações*, usa o mesmo argumento e tenta intimidar os colonos com o medo da perdição da alma, usando uma demonstração silogística perfeita:

> Todo o homem, que deve serviço, ou liberdade alheia, e podendo-a restituir, não restitui; é certo que se condena; todos, ou quase todos os homens do Maranhão devem serviços, e liberdades alheias, e podendo restituir, não as restituem; logo, todos, ou quase todos se condenam (Vieira 1959, III, 13).

No mesmo sermão, Vieira propõe organizar o cativeiro indígena: só podem ser escravizados os índios que estão "em corda", ou seja, os prisioneiros de outros índios que são resgatados pelos colonos para impedir que sejam comidos. Também podem ser escravizados os índios que já são escravos de seus inimigos e os que são aprisionados em "guerra justa". Nos casos em que essas condições não se aplicassem, os índios seriam libertados e postos nas aldeias sob a jurisdição da Companhia de Jesus. Obviamente, os colonos não concordaram. Nos novos conflitos, os jesuítas são ameaçados de morte, sofrem violências físicas e morais, são expulsos dos aldeamentos ou impedidos de realizar a catequese. Numa carta de 1656 para seu amigo, o Pe. André Fernandes, Vieira afirma que os jesuítas vivem "um inferno abreviado". Em 20 de maio de 1653, expõe a D. João IV o que chama de "causas de até agora se ter feito tão pouco fruto" a missão jesuítica, dizendo que escreve "em nome de todas as almas que nestas vastíssimas terras de V. M. estão continuamente descendo ao inferno, por falta de quem as doutrine" (Vieira 1925, I, 314). A carta evidencia o principal móvel da presença jesuítica no Maranhão: converter os índios e integrá-los ao corpo místico do Império. Na conversão, o pressuposto de que têm alma que não conhece Cristo e que, portanto, deve ser salva, fundamenta o sentido de dever cristão da missão. Importa ao padre antes de tudo salvar-lhes a alma. Ainda em 23 de maio de 1653, escrevendo ao Provincial, Vieira relata procedimentos dos jesuítas quanto ao cativeiro dos índios, dizendo que uma vez por semana os padres tomam lição da língua da terra (o tupi) para se fazerem hábeis na conversão (ibíd., 327). Além disso, duas vezes por semana, propõem-se lições de casos de consciência. Nelas, ele e os outros discutem o seguinte: qual obrigação têm os padres acerca do pecado habitual em que vivem os moradores com os cativeiros dos índios? concluindo que seria prudente nada lhes falar do assunto, a menos que fosse mencionado no confessionário. Evitando o confronto, Vieira vai para o Pará, aonde chega em 5/10/1653 e navega pelo rio dos Tocantins, fazendo contato com várias tribos não-tupis. Voltando ao Maranhão, prega em 22/3/1654 o *Sermão da Quinta Dominga da Quaresma*, também conhecido como *Sermão das Mentiras*. No exórdio, promete ao auditório que vai dizer injúrias e insultá-lo, pois falará de uma "grande desonra": no Maranhão não há verdade. Aqui, Vieira retoma a etimologia do termo "maranha", armadilha, mentira, falsidade, fazendo com que "Maranhão" seja a "grande maranha" para acusar os colonos, governadores e religiosos de outras ordens de mentir e caluniar os jesuítas. Numa *amplificatio* da tópica, faz com que o "M", do termo "Maranhão", contamine com a mentira os vários verbos relacionados aos pecados dos colonos[8].

Em 1661, Vieira tinha reclamado ao rei que nenhuma proposta dos moradores do Maranhão quanto à liberdade dos índios poderia ser resolvida sem que ele fosse ouvido antes[9]. Diz então que, se o respeito pela Igreja, pela fé e pela salvação de milhares de almas de índios não fosse importante, a menor coisa que se arriscava era o Estado. Em 6/4/1654, logo depois de pregar o *Sermão das Mentiras*, enviou a D. João IV uma carta com 19 "remédios" que deviam regular a questão do trabalho indígena e do poder temporal e espiritual da Companhia de Jesus sobre os índios aldeados: os governadores não mais teriam jurisdição sobre os índios; os índios teriam um Procurador Geral em cada capitania; os índios seriam totalmente subordinados aos jesuítas; no início de cada ano seria feita uma lista de todos os índios de serviço e de todos os moradores da capitania, para dividi-los pelos moradores como trabalhadores assalariados; o número de aldeamentos indígenas seria reduzido para facilitar e melhorar o controle; os índios só poderiam trabalhar 4 meses fora de suas aldeias; nenhum índio deveria trabalhar sem que antes fosse pago; todas as semanas ou depois de 15 dias

---

[8] Cf.: "E se as letras deste abecedário se repartissem pelos Estados de Portugal, que letra tocaria ao nosso Maranhão? Não há dúvida que M. M. Maranhão, M. murmurar, M. motejar, M. maldizer, M. malsinar, M. mexericar e sobretudo M. mentir: mentir com as palavras, mentir com as obras, mentir com os pensamentos, que de todos, e por todos os modos aqui se mente. Novelas, e novelos são as duas moedas correntes desta terra; mas têm uma diferença, que as novelas armam-se sobre nada, e os novelos armam-se sobre muito, para tudo ser moeda falsa" (1959, IV, 156).

[9] "Como eu fui o que criei esta missão por ordem de V. M., e assisti a tudo o que sobre ela se dispôs; eu só tenho as notícias fundamentais de tudo, e só posso informar e alegar das razões por que se ordenaram os particulares dela, e os gravíssimos danos que do contrário se seguem" (Carta de 1661 ao rei D. Alfonso VI, em: Vieira 1925, I, 589).

haveria uma feira onde os índios venderiam seus produtos; somente os jesuítas poderiam entrar no sertão para fazer contato com as tribos selvagens; uma única ordem religiosa, a ser nomeada pelo rei, seria responsável pelos índios; nenhum deles poderia ser trazido do sertão sem antes haver plantações e aldeias para eles; os índios de corda seriam resgatados etc.[10]. As violências dos colonos contra os padres se intensificavam e Vieira decidiu ir a Lisboa para tentar influenciar favoravelmente a Corte. Antes de viajar, pregou em 13/6/1654 o *sermão de Santo Antônio*. Conta-se que dramaticamente, pois teria saído da igreja para falar ao mar. No sermão, as várias espécies de peixes alegorizam as várias espécies de corruptos e corrupções do Maranhão. Data da Quaresma de 1655 o *sermão da Sexagésima*, que pregou na Capela Real de Lisboa. Nele, Vieira critica os "estilos cultos", as agudezas gongóricas usadas no púlpito pelos seus rivais dominicanos, que controlavam a Inquisição, como o mais famoso deles, Frei Domingos de São Tomás. Novamente, o sermão alegoriza a grande questão político-econômica do reino, os capitais judaicos. Vieira fundamenta sua argumentação no conceito predicável extraído de *Mateus, XIII, 3, Ecce exiit qui seminat, seminare,* "Eis saiu o que semeia a semear", desenvolvendo-o palavra por palavra e acrescentando-lhe *semen suum,* "a sua semente". Se o leitor do sermão da Sexagésima não considera a situação polêmica do Maranhão e Grão Pará, pode ser levado a crer que Vieira trata apenas do pregador evangélico e da doutrina retórica da oratória. Mas efetivamente fala de si mesmo e dos jesuítas das missões para atacar o Santo Ofício da Inquisição quando critica o estilo do seu maior pregador, Frei Domingos de São Tomás. Afirmando que há duas espécies de pregadores, "os que ficam" e "os que saem", pergunta ironicamente o que acontecerá aos pregadores no Dia do Juízo e afirma que "Os de cá achar-vos-eis com mais paço; os de lá, com mais passos" (Vieira 1959, I, 4). Ou seja, "os que ficam" e pregam na Corte, como os dominicanos da Inquisição contrários ao projeto de fundação de companhias de comércio financiadas pelos capitais judaicos, serão julgados pelo seu apego às coisas do mundo; "os que saem" a pregar nas missões, como os jesuítas do Maranhão, com ações virtuosas e sofrimentos, serão julgados por suas obras. No domingo seguinte, a Quinquagésima, Frei Domingos de São Tomás respondeu. Mas Vieira não retomou a diatribe. Em 9/4/1655, Vieira obteve uma provisão régia com medidas favoráveis aos jesuítas e aos índios dos Estados do Brasil e do Maranhão e Grão Pará. Em 16/4/1655, voltou para o Maranhão e pôs imediatamente em prática a ordem real. A provisão régia determinava que os colonos não mais podiam

---

[10] Carta LXIX. Ao Rei D. João IV (6/4/1654) (ibíd., 431-441).

declarar guerra contra os índios sem autorização da Coroa; os índios catequizados seriam aldeados e governados por seus chefes com a orientação da Companhia de Jesus; as expedições que fossem ao sertão para resgatar "índios de
corda" teriam seus comandantes indicados pelos jesuítas. A reação dos civis e
eclesiásticos foi extremamente violenta, mas o governador, André Vidal de
Negreiros, apoiava a Companhia de Jesus e prendeu, julgou e degredou os
responsáveis pelos tumultos. A vitória durou pouco: o rei D. João IV morreu em
6/11/1656. A profecia do Quinto Império não se havia cumprido quando o rei
estava vivo; logo, na medida em que o rei é essencial no seu projeto salvífico,
Vieira afirmou que D. João IV ia ressuscitar. As *Trovas* do Bandarra e o *Livro
de Daniel* permitiam profetizá-lo. Em 4 de abril de 1654, em uma carta para D.
João IV, fala da corrupção de dois governadores do Maranhão e Grão Pará e "do
sangue e do suor dos tristes dos índios". Depois da morte do rei, Vieira retomou
os termos dessa carta e passou a definir a escravização dos índios e a violência
contra os jesuítas como heresia. A heresia passa a ser uma das principais tópicas
de sua invenção. Assim, em uma carta que escreve ao novo rei, D. Afonso VI,
em 20/4/1657, Vieira fala da responsabilidade portuguesa no genocídio de
índios. O rei tinha 14 anos e podemos supor que ele se dirigia efetivamente à
Regente, a rainha-mãe D. Luísa de Gusmão, de quem era valido, e ao Conselho
Ultramarino. Cito trecho da carta:

> Em espaço de quarenta anos se mataram e se destruíram por esta
> costa e sertões mais de dois milhões de índios, e mais de quinhentas
> povoações como grandes cidades, e disto nunca se viu castigo. [...]
> nos anos de mil seiscentos cincoenta e cinco, se cativaram no rio das
> Amazonas dois mil índios, entre os quais muitos eram amigos e
> aliados dos portugueses, e vassalos de V.M., tudo contra a disposi-
> ção da lei que veio naquele ano a este Estado, e tudo mandado obrar
> pelos mesmos que tinham maior obrigação de fazer observar a mes-
> ma lei (Vieira 1925, I, 468).

Ainda afirma que não houve nenhum secular ou religioso que zelasse pela
salvação das almas dos índios e que foram para o Inferno. Por isso, declara que
os adversários dos jesuítas estão instigados pelo demônio "[...] para impedir o
bem espiritual tanto dos portugueses como dos índios, que uns com os outros se
iam ao inferno". Seu principal argumento relaciona-se com a sua profecia: a
escravidão dos índios contraria radicalmente a destinação divina de Portugal
como nação universalizadora da cristandade:

> Os outros reinos da cristandade [...] têm por fim a conservação dos
> vassalos, em ordem à felicidade temporal nesta vida, e à felicidade

eterna na outra: o reino de Portugal, de mais deste fim universal a todos, tem por fim particular e próprio a propagação e a extensão da fé católica nas terras dos gentios, para que Deus o levantou e instituiu; e quanto Portugal mais se ajustar com este fim, tanto mais certa e segura será sua conservação; e quanto mais se desviar dele, tanto mais duvidosa e arriscada (ibíd., 470).

Em 22/5/1661, os colonos expulsaram os jesuítas dos aldeamentos e do Colégio. Prisioneiro em uma casa particular, Vieira escreve ao rei para relatar as razões dos colonos e afirmar a sua. Propõe três causas para a rebelião: foi determinada pela publicação de uma carta enviada ao rei, em 1659, que tornou conhecido o seu relato sobre o que ocorria no Maranhão e Grão Pará; foi determinada pelo fato de ter sido publicada a carta que escreveu para o Bispo do Japão, também em 1659. Na carta, Vieira pede a intercessão do Bispo junto ao rei e acusa, entre os transgressores da proibição de escravizar índios, também os religiosos do Carmo. Segundo Vieira, suas cartas foram enviadas a Portugal no mesmo navio em que viajava Frei Estêvão da Natividade, o Provincial do Carmo. O navio foi tomado por piratas franceses e Frei Estêvão teria aproveitado a ocasião para roubar o documento, mantendo-o em segredo até a morte do Bispo, para depois enviá-la aos frades do Carmo, que as teriam publicado com a finalidade de produzir a sublevação do povo do Maranhão contra os jesuítas e contra ele, Vieira. A terceira causa da rebelião dos colonos é, como alega, a prisão que ele, Vieira, determinou, como castigo exemplar, do índio Lopo de Sousa Guarapaúba, chefe de uma aldeia. Segundo Vieira, Guarapaúba já era cristão, mas mantinha a abominação dos hábitos selvagens anteriores à conversão e também escravizava e vendia índios livres. Quando Guarapaúba foi preso, sua aldeia se amotinou. Assim, conforme a versão de Vieira, são pessoas eclesiásticas e seculares e ministros do rei que insuflam o levante que destrói a unidade do corpo místico do Estado. Pede medidas urgentes e põe a Companhia de Jesus no centro da questão:

> [...] por guardarmos as leis de V. M., e porque damos conta a V. M. dos excessos com que são desprezadas, e porque defendemos a liberdade e justiça dos miseráveis índios cristãos e que de presente se vão convertendo, e sobretudo porque somos estorvo aos infinitos pecados de injustiça que neste Estado se cometiam, somos afrontados, presos e lançados fora dele (ibíd., 587).

Em 1658, Vieira foi nomeado Visitador Geral das missões do Brasil. Apesar da autoridade do cargo, aumentou a oposição contra ele. Quando foi para o Pará, aconteceu-lhe o mesmo que havia ocorrido em maio de 1661. Foi preso e expulso pelos colonos de Belém, em agosto de 1661. Voltando para Portugal, o Santo Ofício da Inquisição o esperava para interrogá-lo sobre sua interpretação das *Trovas* de Bandarra que havia se tornado pública com a publicação da carta para o Bispo do Japão. Em 6/1/1662, Vieira pregou o sermão que talvez seja, como propõe Thomas Cohen (1998, 99), o mais importante que jamais pregou sobre o Brasil, o *sermão da Epifania*. Nele demonstra o seu humor colérico e, ao mesmo tempo, a determinação de incluir os colonos que expulsaram os jesuítas do Maranhão e Grão Pará no seu projeto salvífico. No exórdio, afirma que está mudo e que será o *Evangelho* que falará por ele. A data da Epifania comemora o mistério da vocação e a conversão dos gentios à Fé. Segundo Vieira, até o dia em que está pregando, a Igreja comemorou, na data, o nascimento de Cristo. No dia em que prega, diz, a data celebra o nascimento da Cristandade, que resulta da incorporação do Novo Mundo à missão jesuítica. Ao mesmo tempo, comemora-se na Epifania a humanidade de Jesus Cristo visitado pelos três reis Magos. Aqui, cita o texto bíblico e seus intérpretes para afirmar que os Magos eram três porque representavam a Ásia, a África e a Europa, mas não a América, que faltava. O quarto rei esperado é o que traz a América para Cristo e é um rei português, ou melhor, um rei formado de reis portugueses dos séculos XV e XVI, D. João II, D. Manuel e D. João III:

> Para melhor inteligência destas duas vocações, ou destas duas Epifa-
> nias, havemos de supor que neste mesmo mundo em diferentes
> tempos houve dois mundos: o Mundo Velho, que conheceram os
> Antigos, e o Mundo Novo, que eles e o mesmo mundo não conhe-
> ceu, até que os Portugueses o descobriram (Vieira 1959, II, 5).

Logo, os Descobrimentos portugueses significaram a segunda e nova criação do mundo: na primeira, Deus o faz só; na segunda, os Portugueses são suas causas segundas:

> Este é o fim para que Deus entre todas as nações escolheu a nossa
> com o ilustre nome de pura na Fé, e amada pela piedade: estas são
> as gentes estranhas e remotas, aonde nos prometeu que havíamos de
> levar seu Santíssimo Nome: este é o império seu, que por nós quis
> amplificar e em nós estabelecer; e esta é, foi, e será sempre a maior
> e a melhor glória do valor, do zelo, da religião e da cristandade
> portuguesa (ibíd., 10).

Aqui, a interpretação profética dos acontecimentos do Maranhão é feita, mais uma vez, segundo quatro pressupostos metafísicos e quatro procedimentos retórico-hermenêuticos. O primeiro deles postula a identidade do conceito indeterminado de Deus. O segundo afirma as semelhanças dos tempos históricos.

O terceiro propõe a oposição ou a diferença dos predicados dos tempos históricos, que são diversos e diferentes, porque são semelhantes e não idênticos. O quarto deles é, finalmente, a analogia do juízo, que estabelece as concordâncias entre os tempos ou as proporções que revelam o projeto divino que orienta a história. Ou seja: Vieira interpreta os conflitos do Maranhão por meio de duas premissas escolásticas. A primeira afirma que "Deus é ato puro, absoluto e eterno"; a segunda especifica que o conceito de Deus é absolutamente indeterminado e não se revela totalmente para o intelecto humano. A premissa de Deus como Causa primeira e final da Natureza e da História implica a conclusão de que todos os seres são seus efeitos e signos, ou seja, todos são criados pela mesma Causa e Coisa e, por isso, todos são semelhantes, pois todos participam na sua origem, a substância divina, segundo duas leis. A primeira é a proporção: "Deus é para todos". A segunda é a proporcionalidade: "Deus é hierarquicamente para todos". Assim, enquanto cita o Pseudo-Dionísio e Santo Tomás, Vieira afirma que todos os seres, do anjo ao mineral, são semelhantes entre si porque semelhantes à sua Causa. É a semelhança dos seres que fundamenta sua defesa dos índios. Conforme Vieira, também o tempo é criado, mas a história humana, que é uma das figuras do tempo, ainda não terminou e exige a participação de todos os homens do reino para que se cumpra o sentido que a Providência divina atribui a Portugal. As diferenças temporais, por exemplo a vida do profeta Daniel que interpreta os sonhos do rei Nabudonosor e a sua vida de jesuíta que aconselha os reis de Portugal, são definidas neo-escolasticamente como conceitos reflexos ou predicados de Deus. Outra operação de Vieira consiste em demonstrar que a única Coisa que se repete absolutamente idêntico a si no tempo é efetivamente o conceito indeterminado de Deus. Como se trata do conceito de um ser infinitamente perfeito, Vieira o representa como irrepresentável, ou seja, como absolutamente fora de todo tempo, de toda história e de todo conceito. No texto de *Clavis Prophetarum*, por exemplo, o conceito de identidade divina é sempre referido com as formas da indeterminação— *perfeito, absoluto, eterno, infinito*. No discurso de Vieira, a identidade divina é totalmente vazia, ou seja, não tem conteúdo em si, mas é operada como um dos termos lógicos da relação de analogia. Dizendo-o de outro modo, a identidade do conceito vazio de Deus é um termo proporcionado aos acontecimentos formalmente diferentes dos quais ela é origem e fim, como diz Deleuze (cf. 1968, 337-349). Assim, sendo distribuídos e hierarquizados segundo a identidade de Deus, os homens e os acontecimentos do *Velho* e do *Novo Testamento* e os homens e os acontecimentos de Portugal refletem-se uns aos outros pela relação com o único termo que apresenta um sentido comum a todos eles, a identidade divina, e por isso todos são análogos. Deus é eterno, absoluto e infinito, ou seja, um conceito sempre idêntico em toda a multiplicidade e a diferença dos eventos. Nos diversos espaços e tempos históricos, segundo Vieira, as coisas, as ações, os homens e os eventos se distinguem em número e passam, porque são finitos e particulares; mas o conceito que os cria e fundamenta, Deus, é sempre absolutamente o mesmo, eterno e infinito, quando se repete neles, ou seja, absolutamente indeterminado. Logo, na representação de *Clavis Prophetarum*, assim como na *História do Futuro*, nos sermões e nas cartas de Vieira, a história nunca se repete, mas o que sempre se repete idêntico em toda ela é o seu fundamento, que é sempre o Mesmo, idêntico a si, nas diferenças temporais. Aqui, o tempo histórico é uma progressão linear que tem a forma de uma espiral ascendente que se abre para os futuros contingentes. A progressão demonstra que, no acontecimento que ocorre agora, Deus se repete como já se repetiu antes em todas as falas e eventos que já ocorreram no tempo. O que se repete, enfim, nos vários momentos diversos e diferentes do tempo é o princípio comum de identidade de todos eles que, sendo sua Causa analógica, atravessa a todos, fazendo com que sejam eventos semelhantes entre si pela proporcionalidade e, simultaneamente, diferentes entre si pela proporção. Podemos dizer, enfim, que a repetição que os une como acontecimentos não é a da simples semelhança deles como acontecimentos temporais, pois a semelhança é apenas um predicado da proporcionalidade deles como espécies criadas por Deus. A repetição que os une aparece, textualmente, como o resultado dos atos do juízo de Vieira, que escreve estabelecendo a proporção de uma medida analógica comum a eles como participação de vários graus. Vieira não pensa que o mundo seja uma ilusão: cada evento é histórico e tem ser próprio, pois há livre-arbítrio; mas, como o tempo é criado, nenhum evento temporal tem relação de igualdade com Deus, nem pode tê-la: cada evento apresenta proporcionalidade entre a sua natureza interior e o divino. Como Sentido primeiro, Deus é substância metafísica e disso decorre a analogia de proporção dos seres criados com Ele. Pensando-os por meio da proporção, Vieira ordena os acontecimentos da Bíblia por meio de um conceito serial de analogia que os relaciona com a identidade divina segundo vários graus de participação. E isso porque, nos acontecimentos, Deus é Ato ou a atualidade da analogia de proporcionalidade, ou seja, Deus é o termo comum que inclui toda a criação na semelhança, mas o seu conceito implica também a analogia de proporção, que anima todos os seres criados como diferenças incluídas e hierarquizadas. Não se trata de temporalidade mítica ou cíclica; nem de panteísmo; nem, muito menos, de postular que o mundo histórico é ilusão ou aparência. Vieira é um homem da *devotio moderna*, um jesuíta ortodoxo.

Assim, quando estabelece a concordância analógica entre tempos históricos diversos, Vieira demonstra que são plenamente reais, como tempos ocorridos ou históricos, mas que também têm um sentido transcendente, demonstrando a eficácia da sua Causa eficiente. No caso do *Sermão da Epifania*, a concordância entre o tempo do nascimento de Cristo e o tempo do descobrimento do Brasil estabelece que a visita dos Magos é o antitipo onde está latente o descobrimento do Brasil, o tipo que torna patente a verdade do projeto providencial do protótipo, Deus. Depois de acusar os colonos e os grandes do Reino que permitem a *heresia*[11] que impede a realização do projeto da Providência, Vieira novamente relaciona a liberdade dos índios à missão profética de Portugal:

> A razão é, porque o reino de Portugal, enquanto reino e enquanto monarquia, está obrigado, não só de caridade mas de justiça, a procurar efetivamente a conversão e salvação dos gentios, à qual muitos deles por sua incapacidade e ignorância invencível não estão obrigados. Tem esta obrigação Portugal enquanto reino, porque este foi o fim particular para que Cristo o fundou e instituiu, como consta da mesma instituição. E tem esta obrigação enquanto monarquia, porque este foi o intento e contrato com que os Sumos Pontífices lhe concederam o direito das conquistas, como consta de tantas Bulas apostólicas. E como o fundamento e base do reino de Portugal, por ambos os títulos, é a propagação da Fé, e conversão das almas dos gentios, não só perderão infalivelmente as suas todos aqueles sobre quem carrega esta obrigação, se se descuidarem ou não cuidarem muito dela; mas o mesmo reino e monarquia, tirada e perdida a base sobre que foi fundado, fará naquela conquista a ruína que em tantas outras partes tem experimentado; e no-lo tirará o Senhor, que no-lo deu, como a maus colonos [...] (ibíd., 58).

---

[11] "Quem havia de crer que em uma colônia chamada de Portugueses se visse a Igreja sem obediência, as censuras sem temor, o sacerdócio sem respeito, e as pessoas, e lugares sagrados sem imunidade? Quem havia de crer que houvessem de arrancar violentamente de seus claustros aos Religiosos, e levá-los presos entre beleguins e espadas nuas pelas ruas públicas, e tê-los aferrolhados, e com guardas, até os desterrarem? Quem havia de crer que com a mesma violência e afronta lançassem de suas cristandades aos pregadores do Evangelho, com escândalo nunca imaginado dos antigos cristãos, sem pejo dos novamente convertidos, e à vista dos gentios atônitos e pasmados? [...] Não falo dos autores, e executores destes sacrilégios, tantas vezes, e por tantos títulos, excomungados, porque lá lhe ficam Papas que os absolvam. Mas que será dos pobres, e miseráveis índios, que são a presa, e os despojos de toda esta guerra? [...] E que a tudo isto se atrevessem, e atrevam homens com nomes de Portugueses, e em tempo de Rei português?" (Vieira 1959, II, 12).

Comparando os jesuítas à estrela dos reis Magos, Vieira aplica uma analogia de proporção: assim como a estrela conduziu os Magos a Cristo, os jesuítas conduzem a quarta porção do mundo, os não-cristãos da América, para a Igreja missionária. Depois de estabelecer outras concordâncias entre os Magos, a estrela e os jesuítas, diz admiravelmente: "Mas vamos seguindo a estrela" (ibíd., 25), afirmando que não vai apenas acusar o pecado dos colonos portugueses contra os jesuítas portugueses na América. É pecado gravíssimo, mas todos os homens do reino devem seguir a lição cristã do "Amai-vos uns aos outros", perdoando-se os colonos[12] em nome da paz e da concórdia do "bem comum"[13].

---

[12] Antes de propor os "remédios" para os pecados, Vieira defende a Companhia de Jesus das acusações dos colonos. Os colonos afirmam que a defesa da liberdade dos índios é interesseira e injusta: interesseira, porque os jesuítas pretenderiam ter os índios a seu serviço exclusivo; e injusta, porque impedem que prestem serviços a outros. Vieira defende a Companhia afirmando que são os padres que servem aos índios, assim como Cristo, que não veio para ser servido, mas para servir. Outra acusação afirma que os jesuítas defendem os índios porque não querem que sirvam ao povo. Aqui, Vieira reafirma sua concepção neoescolástica de "liberdade": "Não é minha tenção que não haja escravos; antes procurei nesta corte, como é notório e se pode ver da minha proposta, que se fizesse, como se fez, uma junta dos maiores letrados sobre este ponto, e se declarassem como se declararam por lei (que lá está registrada) as causas do cativeiro lícito. Mas porque nós queremos só os lícitos, e defendemos (proibimos) os ilícitos, por isso nos não querem naquela terra, e nos lançam dela" (ibíd., 45). Vieira ainda propõe "remédios": "O primeiro e fundamental de todos era que aquelas terras fossem povoadas com gente de melhores costumes, e verdadeiramente cristã". Aqui, critica a colonização com degredados e fala da contradição de o regimento dos Governadores determinar que a vida dos portugueses deve ser honesta para servir de exemplo na conversão dos índios e, ao mesmo tempo,"[...] os povoadores que se mandam para as mesmas terras são os criminosos e malfeitores tirados do fundo das enxovias, e levados a embarcar em grilhões" (ibíd., 49). Outro "remédio" é "[...]a boa eleição dos sujeitos a quem se comete o governo" (ibíd., 50). Outro, ainda, "[...] é que as Congregações eclesiásticas daquele estado sejam compostas de tais sujeitos, que saibam dizer a verdade e que a queiram dizer" (ibíd., 53). O último "remédio" "é que todos (os remédios) que forem necessários para a boa administração e cultura daquelas almas, se lhes devem não só conceder, mas aplicar efetivamente, sem os mesmos gentios, ou novamente cristãos (nem outrem por eles) o pedirem ou procurarem" (ibíd., 56).

[13] Em Vieira, o tempo progride em linha reta, porque é o tempo da ortodoxia católica, mas, diferentemente da temporalidade progressista do Iluminismo, é a história humana que está subordinada ao tempo criado por Deus como uma de suas figuras. O tempo é finito porque é criado, mas ainda não está acabado e, por isso, exige a participação dos homens que, no presente, colaboram no seu aperfeiçoamento rumo ao Apocalipse e à salvação da alma. A idéia de que os homens constroem a história com a substância do tempo participado pela substância metafísica de Deus faz com que Vieira afirme que há, certamente, um modelo para essa construção. Esse modelo é o passado, que retorna continuamente sobre o presente. O retorno não é, porém, simples repetição do que já houve. O tempo não é cíclico, como no mito, porque

O sermão comoveu a família real e a nobreza. Naquele momento, porém, Vieira já tinha perdido o apoio da Coroa. Uma conspiração conduzida pelo Conde de Castelo Melhor, D. Luís de Vasconcelos e Sousa, seu inimigo, tinha afastado a rainha do trono, em 1662, substituindo-a por D. Afonso VI, uma criança com problemas mentais. Em 12/12/1663, o Conselho Ultramarino emitiu uma provisão determinando que os jesuítas perdiam toda jurisdição temporal nos assuntos indígenas do Brasil e do Maranhão e Grão Pará. A jurisdição espiritual ficava repartida por todas as Ordens religiosas. A Câmara, não mais os jesuítas, determinaria a divisão dos índios caçados nas entradas do sertão. Todos os jesuítas poderiam retornar para as regiões donde haviam sido expulsos. Menos Antônio Vieira. Em fevereiro de 1663, ele se transferiu do Colégio do Porto para o Colégio de Coimbra, onde ficou recluso. No final de maio, foi notificado a comparecer ao Tribunal do Santo Ofício da cidade. A principal acusação contra

---

não é, porém, simples repetição do que já houve. O tempo não é cíclico, como no mito, porque cada época do passado é sempre própria, particular, histórica e nunca se repete. Mas algo se repete na história subordinada ao tempo, quando o passado retorna sobre o presente: é o Idêntico, Deus, que faz o passado e o presente ser figuras temporais da sua Vontade. O passado é um tempo gasto, por isso, mas a interpretação da sua ruína revela as várias repetições da identidade do conceito indeterminado de Deus que já ocorreram. Obviamente, como os tempos não se repetem, eles nunca são idênticos, mas apenas semelhantes, ou seja, diversos e diferentes. A semelhança deles decorre do fato de que em todos eles Deus é presente, pois é eterno, aconselhando em todos eles a ação justa para o livre-arbítrio dos homens. Nas obras de Vieira, por isso, o discurso da história é definido e operado como um ornato da identidade divina, segundo a oposição complementar de *finito/infinito* que caracteriza as práticas portuguesas do século XVII. Assim, também em *Clavis Prophetarum*, ele define a natureza e a história como sendo um efeito criado e um signo reflexo da Causa primeira que também é sua Causa final. Com essa concepção, quando interpreta os textos da Bíblia, os textos dos comentaristas canônicos, as *Trovas* de Bandarra e vários outros, ele estabelece concordância analógica entre os homens e os acontecimentos do passado e os homens e os acontecimentos do presente do Império Português, interpretando uns e outros como antitipos e tipos, ou seja, como figuras especulares dos futuros contingentes em que pela segunda vez virá o Protótipo, Cristo, que os cria e recebe de volta. Por isso, Vieira unifica a monstruosa multiplicidade dos negócios políticos, econômicos e religiosos de Portugal por meio do sentido transcendente que propõe como causa e sentido de todos eles. A unificação decorre do fato de interpretar a circunstância histórica como um signo ou uma causa segunda da vontade de Deus, pesquisando a presença da essência divina praticamente, nas múltiplas espécies de suas figurações históricas. A interpretação metafísica do tempo não se separa nunca do sentido político da ação e podemos definir a representação de Vieira como um dispositivo aplicado para levar as vontades individuais do Império, os escravos negros, os índios bravos, os índios catequizados, os colonos, os plebeus, a nobreza e os príncipes da Casa Real, a se tornarem uma única vontade unificada como o corpo místico de uma nação universalizadora da verdadeira fé.

ele era tratar as *Trovas* de Bandarra como texto canônico. Mas havia várias outras razões que se acumulavam desde o tempo de suas viagens à Holanda e à França. Entre elas, a defesa profética da liberdade dos índios do Maranhão e do Brasil também punha o Santo Ofício contra ele. Depois de cinco anos e meio de humilhações e sofrimentos físicos, a sentença foi proferida. Vieira não sairia em auto-da-fé porque se retratara de todos os seus erros, mas teria de ouvir a sentença em pé frente aos Inquisidores e outros religiosos e autoridades. Era a véspera do Natal de 1667.

Bibliografia

Alencastro, Luís Felipe de. 2000. A teoria negreira jesuíta. Em: *O Trato dos Viventes. Formação do Brasil no Atlântico Sul. Séculos XVI e XVII*. São Paulo: Companhia das Letras, 168-180.

Azevedo, João Lúcio de. 1918. *História de António Vieira*. Com factos e documentos novos. 2 vols. Lisboa: Livraria Clássica Editora.

Besselaar, José van den. 1981. *António Vieira: o homem, a obra, as idéias*. Lisboa: Ministério da Educação e Ciência (Biblioteca Breve, 58).

Boxer, Charles. 1981. *A Igreja e a expansão ibérica (1440-1770)*. Lisboa: Edições 70.

Castro, Aníbal Pinto de. 1997. *António Vieira. Uma síntese do barroco luso-brasileiro*. Lisboa: CTT Correios de Portugal.

Cidade, Hernâni (ed.). 1957. *Defesa Perante o Tribunal do Santo Ofício*. Prefácio, transcrição e notas. 2 vols. Salvador: Livraria Progresso Editora.

Cohen, Thomas. 1998. *The Fire of Tongues. António Vieira and the Missionary Church in Brazil and Portugal*. Stanford, California: Stanford University Press.

Deleuze, Gilles. 1968. *Différence et répétition*. Paris: PUF.

Foucault, Michel. 1997. *"Il faut défendre la société". Cours au Collège de France, 1976*. Paris: Gallimard/Seuil.

Marchant, Alexander. 1943. *Do escambo à escravidão. As relações econômicas de portugueses e índios na colonização do Brasil 1500-1580*. São Paulo: Nacional (Brasiliana, 225).

Mendes, Margarida Vieira. 1989. *A oratória barroca de vieira*. Lisboa: Editorial Caminho.

Muhana, Adma Fadul (ed.). Transcrição, glossário e notas.1995. *Os Autos do Processo de Vieira na Inquisição*. São Paulo/Salvador: Editora da Universidade Estadual Paulista/Fundação Cultural do Estado da Bahia.

Nóbrega S. J., Pe. Manuel da. 1954. Cartas da Baía, 8/5/1558. Em: Serafim Leite S. J. (org.). *Cartas dos primeiros jesuítas do Brasil*. 3 vols. São Paulo: Comissão do IV Centenário da Cidade de São Paulo, vol. II.

Pécora, Antônio Alcir Bernárdez. 1992a. *Teatro do sacramento. A unidade teológico-político-retórica dos Sermões de Vieira*. São Paulo/Campinas: EDUSP/EDUNICAMP.

—. 1992b. Vieira, o índio e o corpo místico. Em: Adauto Novaes (org.). *Tempo e história*. São Paulo: Companhia das Letras/Secretaria Municipal de Cultura.

—. 2000. Introdução: Sermoës: O modelo sacramental. Em: Vieira, 11-25).

Rodríguez Molas, Ricardo. 1985. *Los sometidos de la Conquista. Argentina, Bolivia, Paraguay*. Buenos Aires: Centro Editor de América Latina.

Santos, Beatriz Catão Cruz. 1997. *O pináculo do templo. O sermão do Padre Antônio Vieira e o Maranhão do século XVII*. Brasília: Editora Universidade de Brasília.

Thomas, George. 1981. *Política indigenista dos portugueses no Brasil (1500-1640)*. São Paulo: Loyola.

Vieira, Padre António. 1959. *Sermões. Obras completas do Padre António Vieira*. Prefaciado e rev. pelo Rev. Padre Gonçalo Alves. 15 vols. Porto: Lello & Irmão, Editores (Obras Primas da Literatura Portuguesa).

—. 2000. *Sermões de Vieira*. Organizado por Antônio Alcir Bernárdez Pécora. São Paulo: Hedra.

—. 1982. *História do futuro*. Introdução, atualização e notas por Maria Leonor Carvalhão Buescu. Lisboa: Imprensa Nacional/Casa da Moeda.

—. 1925. *Cartas do Padre António Vieira*. Coordenadas e anotadas por João Lúcio de Azevedo. 3 tomos. Coimbra: Imprensa da Universidade.

—. 1992. *Apologia das coisas profetizadas*. Transcrição, glossário e notas de Adma Fadul Muhana. Lisboa: Cotovia.

Xavier, Ângela Barreo; António Manuel Hespanha. 1993. A representação de sociedade e do Poder. Em: José Mattoso (dir.). *História de Portugal. O Antigo Regime (1620-1807)*. Lisboa: Editorial Estampa, 121-155.

Apuntes para un estudio de la tradición retórica en Hispanoamérica en el siglo XVII

Luisa López Grigera

Puesto que el tema propuesto no es fácil, dada su amplitud y la dificultad para hallar documentación sobre la materia, lo único que puedo tentar es un panorama general en los territorios del Nuevo Mundo, por aquellos años, de las disciplinas denominadas retórica en el Viejo, considerando a ésta tal como la restaura el Renacimiento dentro de la tradición grecolatina en los *studia humanitatis*. Pero conviene recordar que el término incluía la epistolografía (que se aprendía en el curso de gramática), la poética, el arte de predicación y la historiografía. Precisamente de la tardía Antigüedad, a través de la Edad Media pasará al Renacimiento un nuevo género, el sermón, pero totalmente renovado. La literaturización de la retórica, es decir su fusión con la poética, ya se había producido en el mundo antiguo, de modo que no hay que preguntarse en qué momento del Renacimiento se produjo tal fenómeno[1].

Cuando Colón llega a América estas disciplinas están renaciendo en las universidades españolas y limpiándose de sus resabios medievales. Humanistas italianos habían estado en el último cuarto de siglo tanto en las "cortes" ya fuera de los Reyes o de grandes señores, como en las universidades, especialmente en Salamanca, introduciendo las nuevas corrientes, especialmente la imitación de Cicerón. Precisamente el primer virrey de México, don Antonio de Mendoza, hijo del conde de Tendilla y biznieto del marqués de Santillana, se había educado en su casa con humanistas italianos o formados en Italia (véase Nader 1978 y 1979). Por otra parte en el último cuarto del siglo que acabamos de dejar, la retórica ha sido revalorada tanto en Europa como en América y por eso es natural que hoy nos interese trazar un esbozo de lo que pudo haber sido la tradición de esta disciplina en el XVII del Nuevo Mundo. Algunos trabajos pioneros tenemos

---

[1] Que este problema debió de haber interesado particularmente en el siglo que consideramos, nos los demuestra Lope de Vega en una de las epístolas de "La Circe" (poema barroco de 1624) en el que escribe a un receptor desconocido explicándole la íntima relación de poética y retórica y le dice que don Francisco de Quevedo estaba escribiendo un discurso sobre cómo los retóricos ejemplifican con poesía. Precisamente el ejemplar de la *Retórica* de Aristóteles anotado de puño y letra de Quevedo que tuve la enorme suerte de encontrar, es una prueba de ello, pues don Francisco escribe en la portada del ejemplar: "Advertido en todos los lugares que pertenezen a la Poetica i a los Poetas i en algunos anotados. Por don Francisco de Quevedo Villegas" (en: López Grigera 1998, 101).

como los de Rivas Sacconi (1949) para Colombia, de hace medio siglo; y los de Osorio Romero (1979; 1980) para México tres décadas posteriores. De hace apenas un lustro es el libro de Abbott (1996) en el que presenta cómo influyó lo que podríamos llamar la tradición retórica en los dos grandes virreinatos: México y Perú, desde comienzos de su establecimiento hasta fines del siglo XVII. El primer tratado de Osorio sólo se ocupa de la enseñanza de la retórica en los colegios de la Compañía de Jesús, pero, si recordamos que desde el último cuarto del XVI en la misma España los jesuitas se ocuparon casi exclusivamente de la enseñanza de la gramática y la retórica, absorbiendo —tras largas polémicas— los cursos de las escuelas menores, conocer lo que ellos hicieron nos ofrece un punto de observación valioso. Del libro de Abbott sólo los dos últimos capítulos caerían dentro de nuestro interés ya que se refieren al siglo XVII: al Inca Garcilaso de la Vega y al jesuita José de Arriaga. El moderno enfoque de Abbott organizado en función de la oposición "uno mismo"/ "el otro" recuerda otro punto que, si bien no podremos tratarlo aquí, debemos advertir que merece estudios futuros: en el capítulo dedicado a fray Bernardino de Sahagún, presenta al misionero escuchando "al otro" en los indígenas y tratando de captar sus procedimientos de persuasión, para ofrecerle luego su propio mensaje construido con la persuasividad del que va a ser persuadido. Claro que este hecho tan moderno es muy antiguo también porque era uno de los requisitos del "decoro" retórico: adecuar el discurso al emisor, al receptor y al objeto mentado. Ese interés retórico por el receptor del mensaje nos abre una puerta para el conocimiento actual de lo que podríamos llamar la retórica indígena[2].

Quisiera poder trazar un esquema de las principales corrientes que siguió la retórica española en el siglo XVII, ya que los ecos de esas corrientes llegaron a los distintos centros del Nuevo Mundo, que durante los primeros cuarenta años del siglo se extienden desde el Río de la Plata hasta más allá del Rio Grande. Debo aclarar que a veces uso —se me escapa— el término "barroco"[3], término equívoco procedente de las artes plásticas, aunque difícilmente podría delimitar ni sus características ni su extensión. Con todo debo empezar recordando los últimos años del XVI porque en la retórica como en todas las cosas los movi-

---

[2] Así es como se interesa y recoge los métodos de los aztecas en el arte de los discursos de sus jefes políticos y religiosos conservados por tradición oral, llamados *Huehuehtlahtolli*. Abbott (1996) estudia el sistema de estos discursos a través de los que fray Bernardino insertó en su *Historia General de Nueva España*, lo que le lleva a concluir que la retórica es una disciplina que se da en todas las sociedades, orales o letradas.

[3] Como decía mi maestro Diego Angulo Iñiguez, el término "barroco" es una muleta que usamos mientras no somos capaces de caminar por nuestros propios pies.

mientos no se inician ni acaban con el caer de las centurias en el calendario. En efecto, en lo que toca a las teorías del arte retórica se había producido en España, a fines del segundo tercio del siglo, un movimiento ramista formado tanto por un grupo de discípulos directos de Ramus, como Pedro Juan Núñez, profesor en las universidades de Valencia, Zaragoza y Barcelona, o seguidores entusiastas de sus teorías, como el Brocense y su círculo en Salamanca. Por otra parte un discípulo directo de Justo Lipsio —Andrés Scotto, que se jactaba de divulgar el lipsismo y su canon de autores de la Edad de Plata latina— enseñó retórica en la Universidad de Toledo a partir de 1580 y más tarde en la de Zaragoza, después de haber residido unos años en Salamanca. Y en España, como en toda Europa, la segunda mitad del siglo está marcada por el influjo de las retóricas griegas, la de Aristóteles y las de otros autores menores que han desarrollado muy especialmente lo relativo a la *elocutio*. Fenómeno que coincidirá con el hecho de que el ramismo deja sólo la *elocutio* como disciplina retórica, mientras que *inventio*, *dispositio* y *memoria* pasan a constituir la dialéctica. Siempre dentro del *ars rhetorica,* los jesuitas consideran que el modelo imitable es Cicerón, aunque en el curso supremo de la disciplina sus estudiantes usaban tanto la *Retórica* como la *Poética* de Aristóteles. Por otra parte, en algo tan importante para los primeros siglos de la América colonial como fué la historiografía, conviene recordar que el influjo de Lipsio es fundamental para la imitación de Tácito; y que el modelo historiográfico propuesto por los griegos menores es Tucídides, especialmente por Dionisio de Halicarnaso, casi más que Herodoto. En cuanto a la predicación llamada postridentina, al unísono con la predicación también protestante de la época, se caracteriza por dar enorme importancia a la amplificación y a las formas destinadas a mover los afectos (véase Shuger 1988, cap. II). Un teorizador como fray Luis de Granada[4], indudablemente postridentino, da enorme importancia a la amplificación y a la evidencia. En su última obra, *Introducción al Símbolo de la Fe*, agrega, al final de la Quinta y última parte, un ensayo titulado "Breve tratado en que se declara de la manera que se podrá proponer la fe a los infieles que deseen convertirse a ella" (Salamanca, 1584). Es un breve tratado en diez capítulos donde Granada explica que a los que quieren convertirse no se les pueden explicar inmediatamente los "misterios" del cristianismo, porque no creen aún, sino que hay que llevarlos por la vía de la racionalidad a demostrarles que hay un Dios, y cuales son sus grandezas, y que el hombre está obligado a amar a Dios sobre todas las cosas y a amar al hombre como a sí mismo, ya que esos son los dos principios básicos del cristianismo. Los

---

[4] Hay que recordar que si bien fray Luis de Granada es español por su nacimiento y porque escribió casi toda su obra en español, vivió desde 1556 hasta su muerte en 1588, en Portugal.

"misterios" se enseñarán cuando el que quiere convertirse ya tenga fe. Y aunque explícitamente fray Luis de Granada se refiere a que "porque en las Indias Orientales hay algunos Reyes Gentiles que desean abrazar nuestra santa fe y religión parecióme proponer aquí alguna forma como esto se puede más comodamente hacer" sin embargo se puede aplicar a los de las Indias Occidentales (1582).

Sobre las corrientes de la retórica española del siglo XVII no contábamos hasta ahora con ningún estudio, pero tenemos uno muy reciente de Elena Artaza (2000b), indiscutible autoridad sobre la retórica de los siglos de oro en España. Después de hacer un análisis comparativo de los textos publicados en esos años en la península, afirma:

> Parece que el ramismo, que entraba con fuerza en el SXVII de la mano de Céspedes y Patón [yerno del Brocense el primero y discípulo el segundo], va perdiendo vigor hasta desaparecer por completo en el *Mercurio* de 1621 [de Ximénez Patón], o apurando las cosas, con el *Culto* [*Sevillano* de Juan de Robles] de 1631; que en su lugar toman la batuta, sobre todo en los años diez, los manuales jesuíticos de enseñanza y predicación que siguen las pautas convencionales grecolatinas, pero dando ahora una importancia capital a la elocución, a la amplificación y sobre todo, a los *Progymnasmata* como método práctico para ello (ibíd., 65).

La profesora Artaza demuestra precisamente que en ese primer tercio del XVII todos los tratados coinciden en dar enorme importancia a diversas formas de amplificación y "van cambiando la usada cantera oratoria clásica y patrística por la de autores literarios y sacros contemporáneos o ligeramente anteriores" (ibíd.). También advierte que en las dos décadas siguientes "empieza a adquirir protagonismo la polémica sobre el *optimum genus praedicatorum* y el papel que le corresponde a la *obscuritas* y al uso de las agudezas en el púlpito" (ibíd.). Es decir que ya están anticipando las discusiones sobre la oratoria predicativa, escolar y literaria que llamamos "barroca", que al hacerse más compleja nos lleva de la mano a aquellos estilos vituperados en el *fray Gerundio de Campazas*.

La segunda mitad del siglo se va a dividir por un lado entre la exageración de los rasgos "barroquistas", y por otro en la aparición hacia los años de 1680 de un movimiento preilustrado que también va a tener en la península su eco en los estilos (véase Arizpe 2000, 34s.).

En mi presentación panorámica voy a referirme a dos aspectos: primero, el relativo a la enseñanza; y segundo, a los tratados de dichas disciplinas escritos o editados en el Nuevo Mundo en el siglo XVII. Hubiera querido finalmente mostrar algo de la presencia de estas disciplinas en la producción literaria de aquellos años, pero el espacio no lo permite. Como es natural todo apenas esbozado, o mejor, como una introducción al estudio que entre muchos debemos emprender.

1. Enseñanza de la retórica

Al hablar de enseñanza de la retórica en los siglos XVI y XVII, tanto en Europa como en América, se sobreentienden varias disciplinas: los preceptos —el arte— que generalmente los enseñaba un profesor joven, no siendo la mayoría de los manuales conservados más que eso. Mientras que la clase del catedrático tenía la mayor importancia: en ella comentaba los textos clásicos griegos y latinos, mostrando a sus estudiantes cómo se habían usado en ellos los preceptos de retórica y de poética, tanto los relativos a la *inventio*, como a la *dispositio*, y a la *elocutio*. La tercera parte de estos estudios eran las ejercitaciones, los famosos trabajos que llevaban el nombre griego de *progymnasmata*, por medio de los que el estudiante aprendía a escribir distintos tipos de textos breves, que más tarde se combinaban formando una obra extensa[5]. Los estatutos de las universidades establecen estas diferencias de cursos, y la *Ratio Studiorum* de los jesuitas, construida sobre los modelos de las universidades europeas, muestran claramente su distribución, incluso de las horas del día, para ello. Como es bien sabido la *Ratio* —que empieza a aplicarse en América a principios del XVII— establecía un ciclo de tres cursos de gramática latina y griega, uno de humanidades y otro de retórica (oratoria y poética). En los tres cursos de gramática se empezaban a enseñar las figuras de elocución y la composición de cartas. Pero los estudios propiamente retóricos comenzaban en el cuarto curso, el de Humanidades, cuyo objetivo era "poner los fundamentos de la elocuencia [...], con triple base: el conocimiento de la lengua, una moderada erudición y una breve información sobre los preceptos relativos a la oratoria. [...] En cuanto a preceptos, se explicará una breve suma de la retórica de Cipriano" (Labrador 1986, 99s.). Los ejercicios de composición en este nivel consistían en

> componer versos, cambiar un poema de un género en otro, imitar algún pasaje, escribir en griego y otros ejercicios parecidos.
> [...] en el primer semestre [...] escriban los discípulos de propia cosecha, después de explicarles algún género epistolar e indicarles como modelo las cartas de Cicerón y Plinio. En el segundo semestre deben estimular el ingenio y componer primero *chrías*, luego ex-

---

[5] Obras como el *Quijote*, el *Guzmán de Alfarache*, están formadas por una serie de pequeños ejercicios de *progymnasmata* ensamblados en una historia mayor.

ordios, narraciones, amplificaciones, sobre un argumento fácil y amplio (ibíd., 102s.).

Eran de precepto unos ejercicios que generaron ciertos textos hispanoamericanos, del tipo de los conocidos básicamente por el *Neptuno Alegórico* de Sor Juana:

> fíjese [en las paredes] alguna composición de prosa breve, como serían inscripciones de escudos, de templos, de sepulcros, de jardines, de estatuas; o también descripciones de una ciudad, de un puerto, de un ejército; lo mismo que narraciones, como las empresas de algún santo; o, por fin paradojas (ibíd., 104).

El curso específico de la retórica era el quinto:

> [Adiestrar] al discípulo para la elocuencia perfecta, que comprende dos disciplinas fundamentales, la oratoria y la poética. [...] Los preceptos: [...] los libros retóricos de Cicerón, con la *Retórica*, y, si parecieren bien, la *Poética* de Aristóteles.
>
> El estilo [...] se ha de aprender casi exclusivamente de Cicerón [...].
>
> La erudición debe tomarse de la historia, de las costumbres de los pueblos, de los testimonios de escritores y de cualquier rama del saber (ibíd., 91s.).

Los ejercicios mandados eran:

> imitar algún pasaje de un orador o un poeta; hacer una descripción de un jardín, un templo, una tempestad, o cosas semejantes; expresar de varios modos una misma frase; [...] componer epigramas, inscripciones, epitafios; entresacar frases ya latinas, ya griegas, de los buenos oradores y poetas; acomodar figuras retóricas a determinadas materias; sacar de los lugares retóricos y tópicos abundancia de argumentos en favor de cualquier tesis (ibíd., 94).

Ignacio Osorio Romero, en su obra *Colegios y profesores jesuitas* (1979), usando manuscritos conservados especialmente en archivos y bibliotecas mejicanas, transcribe textos compuestos por profesores y estudiantes en latín —y alguno en español— de aquellos años que reseña[6]. Los ejercicios que edita son poemas de

---

[6] Osorio Romero reconstruye igualmente la lista de profesores de retórica en varias ciudades de la Nueva España. Sólo para la ciudad de México contamos en la primera década del XVII con una veintena de profesores dedicados a la enseñanza del latín, de las humanidades y de la retórica (Osorio 1979, 20, 32, 47s.).

diverso tipo: epigramas, epitafios, jeroglíficos, emblemas, descripciones, chrías, elogios, vituperios, etc. Muy temprano, en 1578, en la fiesta del 1° de noviembre, para celebrar la llegada de ciertas "reliquias", los jesuitas de México hicieron una celebración que podríamos llamar "barroca": arcos triunfales con dibujos, grabados, epitafios, emblemas, etc.[7]. Otro fruto de las clases de retórica de la compañía fueron las múltiples piezas de teatro llamado "escolar" conservadas, y que ahora empiezan a publicarse y estudiarse[8]. "Durante los cinco primeros años del siglo XVII la provincia puso en práctica la *ratio studiorum* que Claudio Acquaviva aprobó en 1599" (Osorio Romero 1979, 113s.). En 1608 al celebrar la festividad de San Ildefonso dice que "aquella tarde se representó un coloquio muy bien acabado, lleno de mucha erudición y agudeza de conceptos con muy buena poesía y gran aparato" (ibíd., 117). Un asunto interesante que recoge Osorio es el de los temas de los certámenes poéticos para los que se proponía una alegoría del Hijo de Dios: por ejemplo el de la Navidad de 1672 proponía para el niño Jesús la alegoría de Aquiles, el de 1676 la de Júpiter. Y curiosamente la de 1679, hecha por el predicador Pedro de Avendaño "llamado el Vieyra mexicano", el "Certamen poético en que bajo la alegoría de Sol se celebra a Jesús recién nacido en el portal de Belén" (ibíd., 149). Registra una multitud de alegorías de la mitología clásica que hacia 1680 nos acercan a lo referente a la luz, al diamante, a los temas que, como ya están viendo los historiadores de diferentes ámbitos, se escogen en España y representan un pórtico de la Ilustración.

Pero, aunque para otros sitios del Nuevo Mundo no contamos con estudios tan detallados, y los *Monumenta* tanto mexicanos como peruanos han detenido su publicación a principios del XVII, con la ayuda del libro de Santos (1992) y a través de otros documentos de diverso tipo, intentaré hilvanar algo. En efecto, se comprueba que en el siglo XVII se habían establecido colegios de jesuitas en casi todas las ciudades de cierta importancia del extenso territorio de América. Esos colegios en su mayor parte sólo impartían la gramática y algunos la retórica, muy pocos la filosofía y la teología. Los que alcanzaban estas cátedras procuraban convertirse en universidades, pero con muchas dificultades, lo mismo en Bogotá al norte, que en Córdoba del Tucumán al sur. Pero colegios donde se enseñaban rudimentos de retórica sí los hubo en el XVII muy ampliamente difundidos, sobre todo a partir de la segunda década del siglo: por ejemplo, en

---

[7] Véase la carta del Padre Morales al Padre Mercuriano (*Carta* 1579), de la cual hay un ejemplar en la Biblioteca de la Universidad de Harvard. Osorio (1979, 32-44) publica varios de los textos latinos con que decoraban arcos, emblemas, etc.

[8] Véase Mínguez 1997. Para el ámbito germánico, véase Wimmer 1982.

Guatemala, sabemos que dichos estudios existían en forma privada aun antes de contar con universidad. Tenemos datos interesantes en este sentido en la obra de Fuentes y Guzmán, de la que ya hablaremos.

Del enorme territorio del entonces virreinato del Perú, sabemos que en la universidad se enseñaba latín y retórica en los colegios menores, hasta que los jesuitas en sus propios colegios reemplazan, como había sucedido en España, la enseñanza del latín por la universidad. Así, ésta se dedica a la medicina, el derecho y la teología. De los colegios de jesuitas podemos deducir que también se hacían estudios similares a los de México, con ejercicios prácticos de trascendencia social en las ciudades. Por otro lado están las fiestas, por ejemplo la de la definición del dogma de la Inmaculada, 1619, fue celebrada en Lima con carros triunfales, representaciones, poesías de diverso tipo, sermones, etc. Esto no sólo organizado por los jesuitas sino por todas las órdenes religiosas con estudios.

En el estilo y la invención de todos los escritores coloniales de los que conservamos algo se advierten sin ninguna duda sus preocupaciones temáticas al día, lo mismo que sus gustos y modas estilísticas. El estilo historiográfico del Inca Garcilaso ya hace muchos años que Menéndez y Pelayo demostró procedía de la imitación de Tácito. Por otro lado sabemos los intereses en materia retórica del Inca: el jesuita cordobés Francisco de Castro le dedica su *De arte rhetorica* (Córdoba, 1611), manualito que lleva un poema encomiástico en latín escrito por don Luis de Góngora. Otro mestizo jesuita, Blas Valera, escribía en un latín impecable y, según Garcilaso, habría compuesto una historia del antiguo Perú en dicha lengua. De Lima saldrán valiosos eruditos como Antonio de León Pinelo y su hermano Juan Rodríguez de León, al que veremos más adelante en México.

Todavía conviene insertar, en el punto disciplinar que le corresponde, un trabajo que todos conocemos, el *Apologético en favor de D. Luis de Góngora, príncipe de los poetas líricos de España, contra Manuel de Faria y Sousa, caballero portugués* (Lima, 1662) de Juan de Espinosa Medrano. Tardío comentario del arte y estilo de las *Soledades*, de gran mérito por los acertados juicios y la finura de sus análisis, que revela el interés por las teorías poéticas que se tenía en puntos tan alejados.

En su obra *El latín en Colombia*, Rivas Sacconi (1949) ha mostrado que los estudios de latín empiezan desde 1563 en el convento de los dominicos. El arzobispo Zapata de Cárdenas instaló en 1580 el seminario de San Luis con un "preceptor de latín y de retórica" (ibíd., 42s.). Los jesuitas se instalan a principios del XVII y establecen un colegio con enseñanza prioritaria de la latinidad. Como es bien sabido la universidad —Colegio mayor de Nuestra Señora del Rosario— es fundación de 1653 del dominico fray Cristóbal de Torres, amigo de

Quevedo, que le dedicó en 1634 su edición de *La Cuna y la Sepultura*. A fines del siglo los agustinos abren su colegio de San Nicolás. Pero Rivas Sacconi recuerda algo indubitable que solemos olvidar: "la labor cumplida por los preceptores particulares en la enseñanza de las humanidades especialmente antes del establecimiento de clases públicas" (ibíd., 45). Rivas Sacconi presenta algunas de las grandes personalidades que escribieron en latín en Colombia en el siglo XVII, pero casi no usa para nada el nombre de retórica, lo reemplaza por literatura: para su generación la retórica tenía muy mal sentido, la poética podía aceptarse, pero no la retórica. También muestra cómo en Colombia se escribió teatro universitario en latín, no necesariamente en los colegios de los jesuitas, como hemos visto de México.

En un sitio tan alejado entonces de las grandes ciudades, Córdoba del Tucumán, se funda universidad muy a principios del XVII. El obispo Trejo y Sanabria, que la dotó, la encomienda a los jesuitas, que estuvieron en ella hasta su expulsión. Las obras poéticas y en prosa del cordobés Luis de Tejeda son una prueba de la presencia de los estilos peninsulares y europeos en un sitio tan remoto. Aunque en Paraguay se ocuparon los jesuitas más de la evangelización de los indígenas también llegaron a formar algunos jóvenes. *La Argentina* manuscrita de Ruy Díaz de Guzmán es una muestra de ello.

2. Tratados de retórica usados y compuestos en América en el siglo XVII

En 1604 se imprimen en la ciudad de México un par de tratados escolares hechos por el jesuita español, profesor en esa ciudad, Bernardino Llanos: *Illustrium autorum collectanea ad usum studiosae iuventutis facta*. Los textos impresos son: *Liber de conscribendis epistolis* del jesuita Bartolomé Bravo, *Progymnasmata ex Rhetoricis institutionibus* de Pedro Juan Núñez y *De optimo genere poematis*, una parte del *Liber de Arte Poetica* del mismo Bartolomé Bravo[9]. Este libro último, que es muy raro en bibliotecas españolas, se conserva en un ejemplar de la primera edición en la Biblioteca Nacional de México, lo mismo que los *Progymnasmata* de Juan de Mal Lara.

De 1605 es otra antología del padre Llanos (México): *Poeticarum institutionum liber, variis ethnicorum, christianorumque exemplis illustratus, ad usum studiosae iuventutis*. Una selección de 512 páginas de textos de autores clásicos grecolatinos y renacentistas neolatinos. Curiosamente para una fecha temprana,

---

[9] El profesor Joaquín Pascual Barea prepara una edición anotada de esta poética casi desconocida.

contiene varios ejemplos de "laberintos". Estas obras de Llanos se reimprimen varias veces a lo largo del siglo. También se imprime en México el *De Arte Rhetorica* de Cipriano Suárez, en 1621. De 1632 es otra selección de textos de teoría preparada por el jesuita Tomás González. Del mismo año los *Quinque libri rhetoricae* de Baltasar López. En 1641 se imprime otra antología poética latina del jesuita Pedro de Salas. En 1646, Juan Ruíz imprime en México los *De arte Rhetorica libri tres* de Tomás González. Ese mismo año, y del mismo autor, la viuda de Bernardo Calderón imprime una *Summa totius Rhetoricae*. En el 52 y 53 se vuelven a imprimir ambos libros, que no son la misma cosa. Los tres libros de retórica se vuelven a reimprimir en 1683. Sabemos que otro jesuita, que enseñó retórica en México y que fue buen poeta latino y castellano, dejó manuscrito un tratado de retórica. Por otra parte, yo localicé en la Biblioteca Nacional de México una traducción castellana de fines del XVII del *Cannocchialle Aristotelico* de Emanuele Tesauro.

Juan Rodríguez de León, hermano de Antonio de León Pinelo, que nació en Perú y ejerció su sacerdocio en Puebla, entre otros sitios, en 1638 publicó en Madrid un arte de predicación con el título de *El predicador de las gentes San Pablo*. No tiene la estructura tradicional de las retóricas sino que trata de presentar la imitación de San Pablo. No vamos a intentar interpretaciones de por qué este hijo de conversos perseguidos por la inquisición de Lima, escoge como modelo a San Pablo, judío predicador de los gentiles. Sí interesa advertir que dedica el primer libro a enumerar la erudición que debe poseer el predicador, que abarca todas las disciplinas humanísticas, filosóficas, científicas (medicina, cirugía, geometría, cosmografía, hidrografía, etc.), además de teología. Es interesante que dedica el tercer libro de su tratado a ayudar al predicador, especialmente en lo que toca a la adecuación de su palabra al auditorio —otra vez nos encontramos con el concepto retórico de "decoro". Él también dedica atención a las diferencias de la predicación para los "gentiles de las Indias", a lo que dedica un capítulo entero, el décimo. Sobre la imitación del estilo propone algo distinto: imitar a San Pablo, sólo que dentro de los clásicos latinos encuentra que el que más se acerca al del apóstol es el de Séneca. Precisamente la imitación del estilo del filósofo hispano-latino se había puesto de moda a fines del XVI como sustituto imitable de Cicerón. Los autores por él citados son el Pseudo Longino, del tratado de *Lo Sublime*, y Justo Lipsio, que era la posmodernidad de aquellos momentos.

A principios del siglo, en 1619, un español ya radicado en Perú, el jesuita Pablo José de Arriaga, publica su *Rhetoris Christiani partes septem* (Lyon, 1619). Del Perú, es también otro texto manuscrito que se conserva en la Biblioteca Nacional de Madrid: se trata de un breve diálogo latino entre un alumno de retórica y su maestro. El autor se llama José Villegas[10].

Francisco Antonio de Fuentes y Guzmán nos deja la noticia de que el jesuita Salvador de la Puente, que había sido su profesor de retórica en Guatemala había escrito un tratado de retórica en el que él mismo encontró los preceptos que le sirvieron para escribir. El mismo Fuentes y Guzmán escribió hacia fines del siglo unos *Preceptos historiales* que estuvieron inéditos hasta mediados del siglo XX (1969). Están compuestos por seis "tratados": sobre la dignidad de la historia, sus partes definibles, partes potenciales, partes integrantes, estilo y elegancia y estilo de las vidas de hombres ilustres. Apoyado en la distinción que hace Aristóteles en la *Poética* entre la historia, que narra la verdad, y la epopeya, que narra la ficción, Fuentes y Guzmán considera que el "ánima de la historia es la verdad". En las partes integrantes de la historia incluye el exordio, la descripción —que para él es el uso de la *hipotyposis* o *evidentia*—, la digresión, las oraciones, los encomios, discursos y pronóstico. En esto último recomienda la parquedad.

Aunque no nos interese la retórica como disciplina, el solo hecho de que nos pusiéramos a desenterrar de archivos y bibliotecas del Viejo y del Nuevo Mundo los ejercicios escolares hechos a lo largo y lo ancho del continente, cambiaría la historia de la literatura hispanoamericana colonial. Yo misma estoy preparando la edición de dos cancioneros inéditos en castellano compuestos en su mayoría por un jesuita que, si bien nació en Cádiz, se trasladó a México con su familia a los doce años. Allí se formó con los jesuitas y en la Compañía entró. Fue profesor de retórica, sin contar otros cargos de importancia que tuvo. No se trata de un Garcilaso de la Vega, pero es un buen poeta. Los poemas se pueden fechar entre 1580 y 1612. Y como los suyos, hay muchos otros textos que están esperando que una mano paciente los resucite. En la Biblioteca Nacional de Madrid, hace años hallé un manuscrito de ejercicios de retórica de un colegio de jesuitas. No me he detenido nunca a estudiarlo en detalle, pero parecería peninsular. He publicado de él una lista de "Las cosas que más comúnmente describen los que predican", que es un pequeño recetario de cómo describir varios sitios (López Grigera 1995, 148-150). Pero tengo localizado otro de Córdoba del Tucumán de mediados del siglo XVIII, escrito en parte en latín y parte en castellano, como el de Madrid.

No he hecho más que un paseo superficial por algunos de los múltiples aspectos de la tradición retórica que se vivió en la América Hispánica durante el siglo XVII. Hacen falta muchas investigaciones de archivo, muchas exhumacio-

---

[10] Ms. 17.667, titulado "Varios de Lima". Los textos limeños son del XVII, pero hay una "Descripción de las grandezas de Santiago de Chile", de 1740.

nes de textos que duermen en bibliotecas tanto de Europa como de América, muchos estudios sobre la enseñanza de las distintas disciplinas, de las personalidades que escribieron, por países y por ciudades. Sólo así podremos estar en condiciones de trazar un mapa de las teorías literarias sustentadas en nuestra América Hispánica en aquel siglo, que los europeos llamaban "de hierro", aunque allá lo que se buscaba eran el oro y la plata.

Bibliografía

Abbott, Don Paul. 1996. *Rhetoric in the New World. Rhetorical Theory and Practice in Colonial Spanish America*. Columbia: South Carolina Press.

Arizpe, Víctor. 2000. Don Gaspar Ibáñez de Segovia, marqués de Mondejar; un novator de la segunda mitad del siglo XVII. En: Artaza, 31-43.

Artaza, Elena *et al.* 2000a. *Estudios de Filología y Retórica en Homenaje a Luisa López Grigera*. Bilbao: Universidad de Deusto.

—. 2000b. Las retóricas barrocas (1600-1650). Estudio introductorio. En: íd. *et al.*, 45-66.

Carta del Padre Pedro de Morales de la Compañía de Jesús. 1579. Para el muy ilustre reverendo Padre Everardo Mercuriano, General de la misma Compañía. México: Antonio Ricardo.

Fuentes y Guzmán, Francisco Antonio de. 1969. *Preceptos historiales*. En: *Obras históricas de don Francisco Antonio de Fuentes y Guzmán*. Edición y estudio preliminar de Carmelo Sáenz de Santa María. Vol. I. Madrid: Atlas (BAE, 230), 1-51.

Labrador, Carmen *et al.* 1986. *La "Ratio Studiorum" de los jesuitas*. Madrid: Universidad Pontificia de Comillas.

López Grigera, Luisa. 1995. *La Retórica en la España del Siglo de Oro*. Salamanca: Universidad.

—. 1998. *Anotaciones de Quevedo a la Retórica de Aristóteles*. Salamanca: Por la autora.

Mínguez, Víctor. 1997. *Emblemática y cultura simbólica en la Valencia barroca. Jeroglíficos, enigmas, divisas y laberintos*. Valencia: Edicions Alfons el Magnànim, Institució Valenciana d'Estudis i Investigació.

Nader, Helen. 1978. 'The Greek Commander' Hernán Núñez de Toledo, Spanish Humanist and Civic Leader. En: *Renaissance Quarterly* 31, 4, 463-485.

—. 1979. *The Mendoza Family in the Spanish Renaissance, 1350 to 1550.* New Brunswick: Rutgers University Press.

Núñez, Pedro Juan. 1578. *Progymnasmata ex Rhetoricis institutionibus.* Barcelona.

Osorio Romero, Ignacio. 1979. *Colegios y profesores jesuitas que enseñaron latín en Nueva España (1572-1767).* Mexico: UNAM.

—. 1980. *Floresta de gramática, poética y retórica en Nueva España (1521-1767).* Mexico: UNAM.

Rivas Sacconi, José. 1949. *El latín en Colombia. Bosquejo histórico del humanismo colombiano.* Bogotá: Instituto Caro y Cuervo.

Santos Hernández, Ángel. 1992. *Los jesuitas en América.* Madrid: Editorial MAPFRE.

Shuger, Debora K. 1988. *Sacred Rhetoric. The Christian Grand Style in the English Renaissance.* Princeton: Princeton University Press.

Wimmer, Ruprecht. 1982. *Jesuitentheater: Didaktik und Fest: das Exemplum des ägyptischen Joseph auf den deutschen Bühnen der Gesellschaft Jesu.* Frankfurt: Klostermann.

La apropiación de modelos discursivos europeos en la prosa hispanoamericana del siglo XVII

Carmen de Mora

El contenido de esta ponencia procede de un estudio que he llevado a cabo sobre tres textos hispanoamericanos del siglo XVII escritos por autores criollos: *El Carnero* (1636-1638) de Juan Rodríguez Freile, el *Cautiverio feliz* (1673) de Francisco Núñez de Pineda y Bascuñán e *Infortunios de Alonso Ramírez* (1690) de Carlos de Sigüenza y Góngora[1]. Tres textos de naturaleza híbrida y heterogénea —en particular los dos primeros— que nos resultan inclasificables y a los que algunos críticos consideraron como protonovelas. Cuando nos hacemos preguntas sobre el porqué de tan compleja escritura, las respuestas deben buscarse tanto en los asuntos tratados como en las lecturas y en la formación cultural de los autores; es preciso conocer el acceso que el criollo tuvo a la cultura europea y las condiciones sociales y políticas que se vivían en las Colonias. Como han mostrado, entre otros, los estudios de Osorio Romero —sus tesis para la cultura novohispana pueden extenderse a otras regiones— "el aprendizaje de la lengua latina (gramática y poética), junto con la retórica, era la primera tarea a que se dedicaba por cinco años todo estudiante" (1980, 10). Y los ejercicios de redacción y de memoria que realizaban pudieron constituir un acicate para futuros escritores. En el siglo XVII, tanto en los virreinatos de México y Perú como en los demás reinos recién creados, la educación jesuítica fue la predominante y la encargada de ilustrar a la juventud criolla. A través de sus enseñanzas y del tratado *De arte rhetorica* de Cipriano Suárez incorporaron los autores clásicos a la cultura moderna; y por esa vía penetró el humanismo grecolatino en la cultura hispanoamericana. Núñez de Pineda y Sigüenza y Góngora estudiaron en colegios de jesuitas y, dada la homogeneidad de su enseñanza en todo el Nuevo Mundo, en aquella época, es lógico pensar que recibieron una formación muy parecida, diferente, eso sí, en duración e intensidad. Rodríguez Freile probablemente estudió en el seminario de San Luis, fundado por el arzobispo fray Luis Zapata de Cárdenas, donde se enseñaba lengua latina y retórica entre otras disciplinas.

---

[1] Véase mi libro *Escritura e identidad criollas. Modalidades discursivas en la prosa hispanoamericana del siglo XVII* (2001). Aquí, con objeto de no extenderme demasiado, me centraré sólo en *El Carnero* y el *Cautiverio feliz*.

Pero esta base educativa no es suficiente para comprender el proceso formativo del escritor criollo. En el estudio de la prosa del siglo XVII no puede prescindirse de los modelos narrativos que operaban en la literatura española de los Siglos de Oro y la preceptiva que los regía, porque mejor o peor conocidos y asimilados, esos eran los textos que se leyeron en el Nuevo Mundo. Como es sabido, a partir del Renacimiento, junto con el prestigio del mundo clásico, resurge un interés por la preceptiva literaria basado sobre todo en las poéticas de Aristóteles y Horacio. El problema surge cuando se trata de géneros como la *novella* y la novela cuya existencia no estaba prevista en la teoría de la época clásica. Ante esa situación, la salida más frecuente en el Renacimiento fue aplicar a las ficciones no dramáticas los mismos criterios formales que para la épica, y concebirlas como una épica en prosa. Puesto que estamos hablando de la teoría de la novela del siglo XVII, remontándonos a sus orígenes, es decir, al momento en que surge, en la época renacentista, no es inútil señalar la especificidad del Renacimiento español, su manera de conciliar el pensamiento clásico y el cristiano y de mantener un pensamiento medieval integrado a la vez por pensadores cristianos y por autores clásicos muy divulgados durante la Edad Media. Así, en la teoría literaria del Renacimiento español el aspecto más relevante es la mezcla del discurso clásico, el eclesiástico y el bíblico. Esta situación también concierne al *exemplum*, un componente fundamental de las obras que se tratan aquí. "No por azar —escribe Aragüés Aldaz— la propia insistencia postridentina en el valor del ejemplo había de fundarse en la conciliación de la retórica clásica y la oratoria evangélica" (1999, 148).

Los criterios aristotélicos de posibilidad y unidad fijados en su *Poética,* que tanta repercusión habían tenido en la poesía, fueron suplantados con el tiempo por nuevos criterios retóricos, sobre todo ciceronianos, presentes en los marcos de las *novellas*, en las intervenciones del narrador y en las técnicas narrativas: la ruptura de la linealidad con el propósito de suspender la atención del lector, las digresiones, la dramatización, la interpolación de elementos humorísticos, anticipaciones, etc., son las que sustentan la verosimilitud de la *novella.*

Creo que los modelos narrativos de la *novella* y el *exemplum* se encuentran en la base de la composición de diversos textos en prosa del XVII en Hispanoamérica; con respecto al segundo, no me refiero tanto al *exemplum* retórico, manejado en numerosas ocasiones por Rodríguez Freile y Núñez de Pineda, basado en los *dicta et facta* de los grandes hombres del pasado, como a la narración ejemplar que, a partir del siglo XV, empieza a adoptar rasgos típicos de la *novella* en una fase de su evolución en que bajo el moralista asoma el cuentista con el propósito de interesar y divertir a lectores y oyentes. En España, el *exemplum* era un elemento fundamental de la tradición retórica de la novelística, que solía enunciarse en los prólogos desde el siglo XII hasta Cervantes (Pabst 1972, 185). Y ello debido a la censura rigurosa que alejaba a las novelas cortas españolas de la libertad que desde Boccaccio había logrado la *novella* italiana, cuyo trasplante a España conoció no pocas dificultades. Podría decirse que Rodríguez Freile y Núñez de Pineda constituyen dos muestras diferentes de ejemplaridad. El contenido moralmente dudoso y anti-ejemplar de los casos contemporáneos referidos en *El Carnero* lo aproximan al espíritu más moderno de la *novella*. En cambio, en el *Cautiverio feliz* la presencia avasalladora de lo ejemplar histórico, bíblico-religioso o moral, la mirada constante al pasado, lo aproximan a los escritos religiosos y doctrinales de la prosa medieval. Esto, en términos generales, porque no sólo Rodríguez Freile, sino también el autor chileno empleaban recursos que se utilizaban en las *novellas* del Siglo de Oro. Es justo reconocer, además, que, junto al ejemplo retórico tradicional, Núñez de Pineda recurre a las técnicas amplificatorias que llevarían al ejemplo a convertirse en auténticas narraciones de carácter cuentístico o novelesco, y, que tanto éxito tuvieron a partir del Renacimiento. Así dos textos coincidentes en tantos puntos —principalmente en el ataque a las instituciones coloniales y en la conciencia criolla— revelan la coexistencia, todavía en el siglo XVII, de esas dos tendencias en pugna que aún presentará bajo otra faz la primera novela hispanoamericana, *Periquillo Sarniento*.

El Carnero

En las líneas que siguen propongo algunos ejemplos textuales que demuestran la utilización y apropiación de formas discursivas y, sobre todo, narrativas, por parte de estos autores criollos para construir obras de naturaleza supuestamente historiográfica. Empezando por Rodríguez Freile, traeré a colación un fragmento muy citado, "la metáfora de la doncella huérfana", una especie de alegoría que el autor introduce en el capítulo V para justificar las digresiones y citas eruditas y, sobre todo, para explicar la estructura del libro:

> Paréceme que ha de haber muchos que digan: ¿qué tiene que ver la conquista del Nuevo Reino, costumbres y ritos de sus naturales, con los lugares de la Escritura y Testamento viejo y otras historias antiguas? Curioso lector, respondo: que esta doncella es huérfana y aunque hermosa y cuidada de todos, y porque es llegado el día de sus bodas y desposorios, para componerla es menester pedir ropas y joyas prestadas, para que salga a vistas; y de los mejores jardines coger las más graciosas flores para la mesa de sus convidados: si alguno le agradare, vuelva a cada uno lo que fuere suyo, haciendo

con ella lo del ave de la fábula: y esta respuesta sirva a toda la obra (Rodríguez Freile 1968, 82).

Raquel Chang propone la siguiente interpretación: la doncella es Nueva Granada; huérfana porque su historia carece de conquistas y hazañas famosas:

> Para realzarla es imprescindible decorarla con "joyas prestadas" que no son otras que las referencias bíblicas, al mundo antiguo y a la patrística, que desembocan en los razonamientos filosófico-morales. Ellos apoyan las opiniones de Rodríguez Freile, adornan el relato de los acontecimientos neogranadinos y los ubican en un marco cristiano católico (1974, 180s.).

Por su parte, Susan Herman (1983) distingue dos planos en la metáfora de la doncella; uno, las ropas y joyas prestadas para vestir a la doncella; otro, las más graciosas flores para la mesa de los convidados, es decir, para los lectores curiosos. Por tanto, las más graciosas flores de los mejores jardines no se refieren a las reflexiones moralizantes sino a los casos. Así en el capítulo IX se lee: "En ínterin que llega el primer presidente de este Reino, quiero coger dos flores del jardín de Santa Fe de Bogotá, Nuevo Reino de Granada; y sea la primera lo sucedido al señor obispo don fray Juan de los Barrios con la Real Audiencia" (Rodríguez Freile 1968, 137). Y más adelante:

> La segunda flor nació también en esta plaza, que fue aquel papel que pusieron en las paredes del Cabildo de ella, los años atrás, que trataba de las muertes de los dos oidores Góngora y Galarza, pérdida de la Capitana, su general y gente, sobre el paraje de la Bermuda, que pasó así (ibíd.).

La alusión a las flores era muy frecuente en los títulos y dedicatorias de las obras literarias en el siglo XVI. Por citar un par de ejemplos, Antonio de Torquemada publicó un *Jardín de flores curiosas* (1570), y en la Dedicatoria al lector de la *Floresta Española* de Melchor de Santa Cruz se dice: "De aquesta Floresta, discreto lector,/ donde hay tanta copia de rosas y flores,/ de mucha virtud, olor y colores,/ escoxga el que es sabio, de aquí lo mejor" (1966, 117).

Habría que distinguir entonces dos planos en la metáfora de la doncella: uno, las ropas y joyas prestadas para vestir a la doncella; otro, las más graciosas flores para la mesa de los convidados, es decir, para los lectores curiosos. Se trata en este segundo caso del *topos* del regalo, bastante usual en los prólogos novelísticos. La asociación entre alimento o comida y palabra —sugerida en el texto de Rodríguez Freile en el término "mesa"— posee un carácter ritual que sirve de introducción al relato o al poema. En los cuentos de tradición oral se han conservado también fórmulas alusivas a tales prácticas. La asociación entre alimento y palabra se ha perpetuado igualmente en la tradición de los banquetes, donde los comensales alternan los bocados con los dichos. La petición u ofrecimiento de comida y bebida se presenta muy a menudo como un preludio del relato y suele aparecer en los protocolos de la narración (Moner 1989, 164).

Creo que la fuente más probable de esta metáfora es la primera novela de Boccaccio que penetró en España, no en su versión original sino en una refundición latina hecha por Petrarca, con el título de *De obedientia ac fide uxoria*, es decir "la historia de la humilde y paciente Griselda" —en términos de Menéndez Pelayo—, última historia del *Decamerón*[2]. Antonio de Torquemada en sus *Coloquios satíricos* (1553) y Juan de Timoneda en *El Patrañuelo* fueron los primeros cuentistas del siglo XVI en inspirarse en Boccaccio y recoger esta historia. Bernat Metge, prosista catalán, lo puso en lengua vulgar y pronto se convirtió en una historia popularísima que solía entretener las veladas de invierno. Escribe Menéndez Pelayo a propósito de la enorme difusión que tuvo en España la versión de Petrarca:

> Y del Petrarca proceden también por vía directa o indirecta la Patra-
> ña segunda de Timoneda; la *Comedia muy ejemplar de la Marquesa*
> *de Saluzia*, del representante Navarro, que sigue al mismo Timone-
> da [...], y hasta los romances vulgares de Griselda y Gualtero, que
> andan en pliegos de cordel todavía. Sólo puede dudarse en cuanto a
> la comedia de Lope de Vega, *El exemplo de casadas y prueba de*
> *paciencia*, porque trató con mayor libertad este argumento, que
> según dice él mismo andaba figurado hasta en los naipes de Francia
> y Castilla (1943, III, 11s.).

Dicha historia cuenta la de un marqués de Saluzzo que eligió por esposa a una doncella hija de un vasallo suyo muy pobre a la que hubo que "vestir y aderes-çar como a novia el día de su boda" y que además era muy querida de todos. El marqués, para saber hasta dónde llegaba su obediencia y bondad la sometió a varias pruebas y una de ellas era hacerla regresar a casa de su padre con su dote para que él pudiera casarse con la hija de un conde. Entonces ella le respondió:

---

[2] Menéndez Pelayo 1943, III, 11. La influencia de Boccaccio en los cuentos y asuntos dramáticos españoles fue mayor en el siglo XVII que en el siglo XVI. Romera Castillo (1981) ha comentado extensamente la enorme repercusión del texto de Boccaccio en la literatura española y analizado las semejanzas y diferencias entre la novela X-10 del *Decamerón*, la historia de Griselda, y la segunda Patraña de *El Patrañuelo*, basada en la novela de Juan de Timoneda, y *El ejemplo de casadas y prueba de paciencia* de Lope de Vega.

"A lo que dizes que lleve conmigo mi dote, ya sabes, sennor, que no traxe ál sino la fe, y desnuda sallí de casa de mi padre y vestida de tus pannos los quales me plaze desnudar ante tí" (1943, 9s.).

La idea fundamental de la metáfora, es decir la doncella pobre que debe ser vestida para casarse y a la que en un momento dado se le puede obligar a restituir lo que recibió porque no le pertenecía, está en la *novella* de Boccaccio. Lo que no aparece en él y sí en Rodríguez Freile es que la doncella es huérfana; pero puesto que con esa historia el escritor santafereño estaba alegorizando la situación de Nueva Granada con respecto a la Metrópoli, y de su propia obra, no es extraño que hiciera huérfana a la doncella; por lo demás, tratándose de una historia tan popular, si la versión que conocía era oral pudo haber sufrido cambios. Este detalle refuerza la idea de un escritor aficionado a las narraciones y la intertextualidad de *El Carnero* con otras obras ficticias o de tradición oral[3].

Si atendemos al componente más perdurable de este libro, los casos, pueden distinguirse dos grandes variantes: en primer lugar, los judiciales reales protagonizados por representantes de la Corona española en el Nuevo Reino de Granada (presidentes, gobernadores, oidores, arzobispos y otras personalidades), basados en el discurso forense, que están narrados con las características de la *novella*. Y no sólo en la estructura de las acciones y funciones, analizadas por Benso (1977), sino en otros aspectos más complejos. En segundo lugar, están los casos más bien anecdóticos, en los que intervienen personajes poco representativos y que coinciden con la *novella* en la utilización de fuentes muy diversas inspiradas en formas narrativas breves fronterizas con aquélla (farsas jocosas, facecias, vidas de santos, leyendas o anécdotas). A semejanza de lo que sucede con las citas eruditas, las fuentes utilizadas por el autor para las historias más imaginativas permanecen silenciadas, y su adaptación guarda no pocas afinidades con la llevada a cabo por Juan Timoneda en *El Patrañuelo*: "unir a un sistema de *amplificatio* y *abbreviatio* cambios situacionales del lugar en que se desarrolla la acción, de los personajes, y de la acción en sí misma de las historias narradas" (Cuartero Sancho 1990, 15s.). Otro recurso que comparte Rodríguez Freile con el valenciano es el "sistema de incrustación", esto es, "la introducción dentro de un esquema argumental de elementos de otras historias" (ibíd., 16). Es lo que sucede, por ejemplo en el caso denominado "El indio del Pirú" que será analizado más adelante.

Dentro de los episodios anecdóticos tenemos, por ejemplo, el de Bustamante, escribano de Mompox, que fue seducido por el diablo en forma de mujer (cap.

---

[3] Para Pupo-Walker "el signo primordial de *El carnero* reside concretamente en la intertextualidad creativa y en su sentido paródico" (1978, 358).

XX)[4]; o el de García de Vargas, que mató a su mujer debido a un error, por haber malinterpretado como adulterio las señas que le hizo un sordomudo para indicarle que en su casa habían matado a un becerro (cap. XVI); o la anécdota del hombre sin narices (cap. XV), bastante inverosímil y próxima al chiste. Un tal Campuzano tenía un hermano en Cuzco que había recibido una afrenta de un hombre rico llamado Palomino; para vengarlo, Campuzano viajó al Cuzco y se dirigió a la casa del tal Palomino donde mantuvo una dura pelea con éste y con sus soldados en la que le arrancaron las narices. Lo divertido de la anécdota es que Campuzano no se dio cuenta hasta que su hermano se lo hizo notar:

— "¿Qué ha sucedido, hermano; sin narices venís?"
— "¿Sin narices?", dijo el Campuzano, que hasta entonces no las había echado de menos, con la cólera.
— "¡Pues he de volver por ellas, voto a Dios!"
   Y entrando en la casa otra vez las sacó ya frías. Abrióse el brazo para calentarlas con la sangre, y tampoco tuvo remedio (Rodríguez Freile 1968, 244s.).

Y apunta el relator: "Servíanle unas de barro, muy al natural. Esta fue la causa porque vino a este Reyno y por la que le llevaron preso a Lima" (ibíd.). Es muy probable que este desenlace inverosímil no fuera total invención de Rodríguez Freile sino transformación de algún cuentecillo tradicional. En la Patraña décima de Timoneda, se refiere el caso de una mujer a quien le cortaron las narices, que a su vez es una adaptación de otra historia muy popular y adaptada por Boccaccio. La mujer, Marquina, esposa de un barbero, para poder comprarse un cadenón de oro que su marido le había prometido y no le llegó a comprar, se prestó a hacer las veces de Celestina a cambio del dinero necesario para obtener el preciado objeto. Aunque después de pasar no pocas dificultades se salió con la suya, perdió las narices en la empresa. El origen de la patraña —como ha mostrado Romera Castillo (1983)— es el cuento siete del *Calila e Dimna* titulado "El carpintero (zapatero), el barbero y sus mujeres". En todas las anécdotas el elemento común es la pérdida de las narices (ibíd.). No está demás recordar que esta parte del cuerpo siempre se ha prestado con más facilidad a la sátira y al chiste, tal como se observa en Quevedo.

   De amplia tradición es también la protagonista de "Un negocio con Juana García", prototipo de la hechicera emparejada con la ramera que aparece en tantos textos del Siglo de Oro y cuya raíz estaría en la Circe de la *Odisea*. Creo

---

[4] La asociación de la mujer con el diablo y el deseo es un tema bíblico de enorme fortuna y particularmente fértil en la literatura fantástica del siglo XVIII (Lewis, Cazotte, Potocki).

que la historia de Juana García, además de la fuente celestinesca, reconocida por la crítica, tiene, al menos, otras tres fuentes probables. La primera es el *Corbacho*, de Martínez de Toledo, en cuya Segunda Parte (cap. XIII) se describe a una alcahueta que podría ser el modelo de Juana García:

> Desto son causa unas viejas matronas, malditas de Dios e de sus santos, enemigas de la Virgen Santa María; que desque ellas non son para el mundo nin las quieren tanto, [...], e entonçe toman ofiçio de alcayuetas, fechizeras e adevinadoras por fazer perder las otras como ellas. ¡O malditas descomulgadas, disfamadoras, traidoras, alevosas, dignas de todas bivas ser quemadas! ¡Quántas preñadas fazen mover por la verguença del mundo, así casadas, biudas, monjas e aun desposadas! (Martínez de Toledo 1987, 197)

La segunda es *La lozana andaluza* de Francisco Delicado: Juana García comparte con el personaje de la Lozana dos de los oficios de ésta: prostituta y alcahueta; en el Mamotreto XXV aparece el motivo del paño, de la tela, y de unas mangas, asociado a la cortesana; el bacín de agua, relacionado con una parturienta; y se alude a la costumbre de regalar a las cortesanas paño o tela para vestirse. Por último, la tercera fuente podría hallarse en el Cuento 98 de *Buen Aviso y Portacuentos* de Juan Timoneda. Se refiere allí la anécdota de un ladrón que le robó a un jurado la gramalla (una prenda de paño finísimo de grana) de su casa, y cuando la enseñó a un compañero éste lo alentó para que regresara a la casa por el capirón, reto que el ladrón aceptó: "Pues yo te certifico que te la daré en las manos antes de mucho" (Timoneda 1990a, 195). Fingiendo, pues, ante la esposa del juez, que era éste quien le había encargado recoger el capirón de grana, consiguió que ella se lo entregase. Cuando se dieron cuenta del engaño, el juez y su esposa se rieron de la gran astucia del ladrón. Es cierto que las anécdotas difieren, mas no puede soslayarse la coincidencia en el motivo de la tela color de grana y en la tarea de conseguir una parte de la prenda en circunstancias muy difíciles. Recordemos el fragmento correspondiente de *El Carnero*:

> En esto metió el sastre las tijeras y cortó una manga, y echósela en el hombro. Dijo la comadre a la preñada:
> — "¿Queréis que le quite aquella manga a aquel sastre?"
> Respondióle:
> — "Pues cómo se la habéis de quitar?"
> Respondióle:
> — "Como vos queráis, yo se la quitaré".
> Dijo la señora:
> — "Pues quitádsela, comadre mía, por vida vuestra".

Apenas acabó la razón cuando le dijo:
— "Pues vedla ahí, y le dio la manga" (1968, 139).

Otro caso interesante en esta misma línea es " El indio del Pirú", el único en que el protagonista es un indio, y representa una de las vertientes, la peyorativa, en que los indígenas son tratados en *El Carnero*. El indio, que había cometido un robo en la caja real, fue descubierto y conducido a la cárcel. Durante la confesión le quitaron un tocado de seda que llevaba y descubrieron que tenía las orejas cortadas, señal inequívoca de que se trataba de un ladrón, por lo que le dieron tormento. Y entre los célebres hurtos que había hecho en Perú y en la Gobernación de Popayán, confesó uno milagroso que había cometido en la Catedral de esa ciudad y que no había sido descubierto. Se trataba del robo de una corona, un collar de perlas de la Virgen y una lámpara. El ladrón, cargado con la lámpara, la corona y el collar, no podía encontrar la puerta de su casa. Después del segundo intento se dirigió a la puerta de la Iglesia y allí soltó la lámpara, corona y madeja. En realidad, la anécdota que Rodríguez Freile atribuye al indio no es más que la adaptación de uno de los milagros de la Virgen, cuya extraordinaria difusión está ligada al lugar central que le corresponde al culto a la Virgen en la doctrina cristiana. Es posible que Rodríguez Freile leyera el milagro en alguno de los Mariales, textos de carácter misceláneo, donde se funden ejemplos, milagros, sermones de la Virgen y otras piezas dedicadas a la madre del Salvador. O, mejor, pudo haberse inspirado en los *Milagros de Nuestra Señora* de Gonzalo de Berceo (Milagro XXIV "La iglesia despojada"), donde se cuenta la misma anécdota en otra situación y contexto, con dos personajes, un clérigo y un lego, en lugar de uno solo.

A través de estos ejemplos, se verifica cómo el autor aprovecha los casos verdaderos pero también las fuentes literarias para contar de forma amena la realidad social santafereña. La ambientación americana del caso y la ocultación de la fuente, a la que no hace ninguna referencia, demuestra la manera en que, a través de los escritores criollos, se fue implantando el imaginario literario español en aquellas tierras y creando a partir de él una cultura propia.

Pero lo que me interesa también del caso de "El indio del Pirú" es que pone de manifiesto la destreza narrativa de Rodríguez Freile, que le permite manipular a su gusto el interés de los lectores y prepararles el ánimo tanto para lo trágico como para lo cómico o, como en esta ocasión, sorprenderlos. Un simple elemento descriptivo adquiere la tonalidad de prolepsis tácita. Al presentar el caso, se detiene el narrador en explicar que iba el indio muy bien vestido de seda, con espada y daga, y que solía llevar un tocado blanco en la cabeza que le tapaba hasta las orejas. Pero, según hemos visto, el tocado pasa de ser puro componente descriptivo de una historia a elemento seminal de otra historia con visos maravillosos. El tocado no es sólo un factor de ocultación semántica sino también narrativa. Oculta la condición de ladrón del indio, oculta el robo de la iglesia de Popayán y le oculta al lector que se trata de una anticipación.

El Cautiverio feliz

En cuanto a los modelos literarios adoptados por el *Cautiverio feliz*, se ha reconocido el de la literatura política, de los tratados sobre el gobierno de príncipes o *de regimine principum,* para las numerosas reflexiones políticas y sociales que recorren este libro (discurso deliberativo). La parte propiamente novelesca, que narra el cautiverio de Francisco Núñez de Pineda a manos de los araucanos tras haber sido apresado en la batalla de las Cangrejeras en 1629, está escrita siguiendo el modelo del *exemplum* y de la *novella*. No obstante, la narración del cautiverio, a pesar de constituir el eje estructural del libro, se halla interrumpida de forma sistemática porque no es lo que verdaderamente le interesa al autor; es más bien una cantera de argumentos para la causa que defiende: explicar las razones de la prolongación de las guerras en el reino de Chile.

En otro lugar[5], ya he desarrollado la importancia del *exemplum* en esta obra, en particular, en la narración del cautiverio, casi toda ella construida con arreglo a un criterio de ejemplaridad. La trama de la historia, en efecto, se subordina a un orden establecido a partir de una concepción moral cristiana. Lejos estamos del criterio unitario y lógico propuesto por Aristóteles; aquí todo se reduce a si se actúa o no de acuerdo con unos principios morales de ejemplaridad cristiana. De ello dependerá que las consecuencias de los hechos sean buenas o malas; que haya paz o haya guerra; que los indios se conviertan en amigos o enemigos; de ello resulta, en fin, el positivo desenlace de la trama más que de las gestiones del gobernador.

Por otra parte, la utilización de modelos novelescos en la obra es evidente, en particular el de los relatos de cautiverio, aunque también hay que señalar el precedente de un texto historiográfico del siglo XVI igualmente emparentado con ese género: los *Naufragios* de Álvar Núñez Cabeza de Vaca. En primer lugar, se trata también de una narración autobiográfica; el autor es personaje de su obra, vive como cautivo entre los indios, describe sus costumbres, ejerce de curandero y se preocupa con religiosidad extraordinaria de adoctrinar a los indios en el cristianismo. No obstante, las diferencias entre los dos autores en las

---

[5] Me refiero a la ponencia que presenté en el XXXIII Congreso del Instituto Internacional de Literatura Iberoamericana, celebrado en junio de 2000 en Salamanca, con el título de "El estatuto del *exemplum* en el *Cautiverio feliz*". Dicho texto ha sido publicado en *Anales de Literatura chilena* (2000).

descripciones del mundo indígena son notables. En Núñez de Pineda el propósito primordial está supeditado a su ataque contra la esclavitud, lo que de ninguna manera aparece en Cabeza de Vaca. Se utiliza el paradigma, pero el contenido ideológico es considerablemente más poderoso en Núñez de Pineda.

Volviendo al modelo de los relatos de cautiverio de la literatura española, la vida de cautivo entre los turcos era pretexto para tratar las cuestiones religiosas, la vida familiar y social y las costumbres ciudadanas; es lo que sucede en una obra paradigmática del género, *Viaje a Turquía* (1557), de carácter autobiográfico al estilo del *Lazarillo*. Cervantes, desde los *Tratos de Argel*, su primera obra sobre temas turcos, hasta *Persiles y Segismunda*, dignificará el tema del cautiverio que fue un verdadero lugar común en la literatura del XVII. En sus obras, particularmente en *Tratos de Argel*, *Baños de Argel* y *El Cautivo,* los musulmanes serán alabados por sus cualidades morales. En las obras de cautiverio se diseña, además, una descripción de la vida turca que abarca numerosos aspectos; las costumbres, la vida administrativa (los consejos, las audiencias de los embajadores, la justicia), la vida religiosa y social, la poligamia, el matrimonio, los funerales, las supersticiones; esto es, todo lo que forma parte de la organización social (Mas 1967, I). Estos mismos aspectos, naturalmente, solían tratarse en las descripciones de la vida indígena. Pero, además, los turcos compartían con ellos (los indígenas) la reputación de curanderos ya sea por el conocimiento de hierbas medicinales, ya por la práctica de la brujería y de la magia. Todas esas cuestiones están tratadas en el *Cautiverio feliz*, incluidos los episodios amorosos, propios de las turquerías, que aquí se ven frustrados, sin embargo, por los escrúpulos religiosos y morales del cautivo.

Más allá de los aspectos temáticos del cautiverio, me referiré, aunque sea de forma somera, a los procedimientos novelescos de que tanto ha hablado la crítica, pero que no suelen desarrollarse. Entre ellos se encuentran el título, las funciones del narrador, las llamadas de atención a los lectores, el recurso de la sermocinación y los micro-relatos especulares.

El título

Una característica de la *novella* es su tendencia a explicitar en el título el contenido de la acción dramática, que queda de esa manera anunciado antes de comenzar el relato (Laspéras 1987, 211). El título dual del libro de Núñez de Pineda, *Cautiverio feliz, y razón de las guerras dilatadas de Chile* liga dos elementos de diferente naturaleza, uno personal y otro de interés público. Puesto que con la *novella* sólo se relaciona la primera parte del título "Cautiverio feliz" me centraré exclusivamente en ella. El título oximorónico —que no era extraño en las *novellas* del Siglo de Oro— constituye una irónica llamada de atención al lector, cuando no una provocación, pues los cautiverios felices son los más asombrosos por lo raro; pero a la vez desdramatiza el contenido, ya que, desde el punto de vista del lector, las situaciones narrativas de felicidad no crean expectativas ni interés. A mi ver, en un autor tan dado a la reflexión y a la argumentación, el título —*Cautiverio feliz*— sería uno de los elementos de una antítesis —el otro elemento queda ausente— que quedará desvelada a lo largo del libro: cautiverio feliz entre los indios vs. cautiverio infeliz entre los españoles (esclavitud). En buena parte, el libro de Núñez de Pineda es una protesta razonada y fundamentada contra la esclavitud de los indios en Chile legalizada por Real Cédula en 1608.

El narrador

La historia del *Cautiverio feliz* está contada en forma de relato autobiográfico; aparentemente el narrador continúa, pues, la tradición historiográfica en que la veracidad de los hechos se sostenía a partir de "lo visto y lo vivido" erigiéndose en testigo presencial o protagonista de los mismos. Pero no hay que olvidar que en el siglo XVII fueron bastante comunes las relaciones autobiográficas de excautivos, soldados y clérigos:

> Si en los novelistas menores del siglo XVII el motivo tiene casi siempre su origen en Cervantes y Haedo, la modalidad auto-biográfica parece espontánea, aunque siempre queda la posibilidad de que su primer impulso fuera el resultado de la moda impuesta por los numerosos relatos de cautivos en Haedo, los cuales son, de hecho, pequeñas biografías "cautiverescas" (Camamis 1977, 202).

Muchas de estas narraciones referían una triste experiencia de cautiverio (Spadaccini/Talens 1988) marcada por el deseo de libertad, por soportar crueles castigos a manos de los captores[6] y acogerse a la esperanza de una intervención milagrosa propiciada por las continuas oraciones; tales características aparecen también en los dos textos comentados. Otro rasgo era la falta de información sobre los protagonistas a expensas de los hechos. Refiriéndose a esta cuestión se pregunta Margarita Levisi:

> Thus we are confronted head on with the problem of the autobiographical genre in this period: if this soldier only narrates adventures

---

[6] A pesar de que el cautiverio de Núñez de Pineda fue feliz, según se indica en el título de la obra, no dejó de padecer el sufrimiento de convivir con extraños, lejos de su ambiente familiar, ni la angustia de saberse amenazado por los caciques cordilleranos.

without the slightest allusion to his inner self or its development, how can we justify the inclusion of his Life in a genre whose defining charasteristic is precisely that of revealing the individuals's evolution? (1988, 104)

Lo cierto es que en aquella época la caracterización de la personalidad individual no se solía mostrar a través de los procesos internos de la conciencia o autoconciencia, sino de las actuaciones y los hechos, o, dicho de otro modo, la actividad era más importante que la teoría. Sobre todo porque los soldados que escribían relaciones y memoriales esperaban, a través de ellos, recibir alguna compensación, circunstancia que también se produce en *Cautiverio*. Claro que esta obra, al pertenecer a un escritor culto, reviste un carácter literario ausente casi siempre en los testimonios de soldados, que solían ser escritores ocasionales. Núñez de Pineda se esfuerza por mostrar un comportamiento ejemplar acorde con los criterios morales y religiosos de su tiempo, pero nunca sabremos si contó toda la verdad sobre su cautiverio, y presumiblemente no lo hizo. El relato de Núñez de Pineda, a pesar de su extensión, no se detiene apenas en los pormenores de su vida interior, salvo en dos o tres ocasiones, pues, como su máxima preocupación era ofrecer a los lectores una imagen de sí mismo calcada de las hagiografías, no podemos estar seguros de su sinceridad. Levisi precisa al respecto que, en general, la posición del escritor autobiográfico es la de quien ajusta la historia narrada al deseo de que sea bien acogida, por tanto, nunca se da en él una actitud de total independencia (1988, 113).

La representación del lector

El lector empírico[7] —como se sabe— es aquel cuya huella se puede rastrear en las dedicatorias y cuyo nombre a veces figura en el frontispicio. El *Cautiverio feliz* está dedicado al rey Carlos II, lo que significa que su mirada estaba puesta en la Corte española. El hecho de que, además, uno de los discursos manejados por el autor siga el modelo *De regimine principum* confirma dicha suposición. Sin embargo, dentro del libro, el autor se dirige continuamente al "discreto lector", que sería, naturalmente, el lector ideal. En Núñez de Pineda puede identificarse con el "lector cortesano" a cuya benevolencia encomienda la obra en el poema que cierra el libro, esto es, un lector culto y competente capaz de entender el alcance de sus escritos y de mostrarse amistoso.

El segundo nivel corresponde al lector "implícito" (Iser), modelo de competencia literaria, que se sitúa dentro del texto, en su estructura misma. Para

---

[7] Utilizo la expresión de Didier Coste (1980, 354-371).

Núñez de Pineda ese es el lector "discreto y curioso" que sabrá interpretar adecuadamente sus ideas en oposición al vulgo incrédulo que duda de las virtudes de los justos. Tenemos aquí un caso de lector "bicéfalo", en términos de Cayuela (1996). Ese lector bicéfalo tiene un carácter antitético, siempre en oposición, o es el lector discreto de quien el autor espera una lectura correcta de la obra o, por el contrario, es el vulgo o son los "contemplativos lisonjeros" enemigos de toda verdad. Las llamadas de atención a estos lectores son numerosas a lo largo de la obra.

Sermocinación

Uno de los recursos que se utilizan en la *narratio*, en el *Cautiverio*, es la sermocinación (*sermocinatio*), lo que la aproxima a la *novella* y la comedia del Siglo de Oro por la interpolación de diálogos entre los personajes[8], aunque conviene recordar que, más que diálogos se trata de discursos que Núñez de Pineda pone en boca de los caciques indígenas, que asumen en esos momentos la función enunciativa mientras que el cautivo Núñez de Pineda se convierte en receptor interno de esos discursos. No olvidemos que la técnica de cifrar el mensaje de la obra en discursos atribuidos a los principales personajes fue una forma muy utilizada por los humanistas italianos como Bruni, heredera, a su vez, de los historiadores clásicos (Tucídides, Tácito y Tito Livio). El Inca Garcilaso fue uno de los principales seguidores de esta tendencia. La función de ellos no sólo consiste en darle variedad a la narración mediante la mezcla de lo oral y lo escrito, sino que tiene que ver fundamentalmente con el carácter persuasivo del discurso de Núñez de Pineda. Antes de que, en las crónicas y obras literarias, se presentara a los indios dotados de notable capacidad retórica y de expresión, dentro de un estilo elevado, o, al menos medio, ya se venía haciendo algo parecido con moros y turcos desde la Edad Media. Dada la identificación que se solía hacer en las crónicas de Indias entre indígenas, por un lado, moros y turcos, por otro, por tener en común el ser infieles, el tratamiento que tanto los cronistas de Indias como los escritores de ficción daban a los indios en la literatura bien podría estar inspirado en la presencia turca en la tradición literaria

---

[8] Como es sabido, desde el siglo XVI surge en España una tendencia a la literatura dialogada que se mantiene en el siglo XVII. El diálogo representaba una marca de cultura y erudición que mostraba la capacidad dialéctica del personaje, y, por extensión, se empezaron a introducir diálogos retóricos en boca de personajes habitualmente excluidos de ellos, como los turcos o los indígenas.

española[9]. Los diálogos y discursos de Núñez de Pineda parecen sacados de las comedias del Siglo de Oro, incluso cuando interviene el propio relator. Pero sobre todo, los discursos de los indígenas están encaminados a ofrecer los argumentos (*argumentatio* o epiqueirémata) y pruebas en los que se basará el narrador en la *confirmatio*. Mediante ellos se defiende la causa de los indígenas y se refutan los argumentos de los españoles.

Micro-relatos especulares

En la narrativa española del siglo XVII el relato especular era una de las estrategias manejadas por los novelistas para encauzar la interpretación de sus obras; así señala Laspéras que "L'idée de récit spéculaire inaugurée dans la nouvelle par Cervantès ne restera pas sans écho. Antonio Liñán y Verdugo, Alonso J. Salas Barbadillo, Alonso de Castillo Solórzano et María de Zayas se la sont appropiée tour à tour" (1987, 223).

En el *Cautiverio feliz* encontramos numerosos ejemplos de representaciones en abismo con distintas funciones; varias vienen dadas a través de los sueños.

Cuando el cautivo Núñez de Pineda se encontraba en casa del cacique Colpoche les cuenta a los niños un sueño, donde se combina lo alegórico con lo chistoso en la solución final, que simboliza su propia situación y la fortaleza de ánimo de que hace gala:

> les conté algunas patrañas y ficciones, como fué decirles que habia visto venir un toro bravo y feroz echando fuego y centellas por la boca, y encima de él uno como *huinca*, que quiere decir un hombre español; y que el toro embravecido procuraba echarlo abajo con los cuernos, haciendo muchas dilijencias por matarlo, dando por una y otra parte vueltas a menudo y espantosos bramidos; y el que estaba encima dél con gran sosiego y humildad, firme como una roca se tenia. Quedaron admirados los muchachos de haber oido sueño tan notable, y el hijo de mi camarada me preguntó cuidadoso, que quién era el *huinca* o español que estaba sobre el toro encaramado; a cuyas razones entre chanza y burla respondí diciendo: andad, amigo, vos y preguntádselo al toro que lo traia a cuestas, que yo no le pude conocer ni saber quién era (Pineda y Bascuñán 1863, 60).

---

[9] Esta corriente iría desde los romances de frontera hasta las *novellas* de gusto morisco y los *romances nuevos* de fines del siglo XVI; Ginés Pérez de Hita favoreció la moda que se impuso a todos los géneros literarios del siglo XVII (Mas 1967, II, 358).

A través de éste y otros muchos ejemplos se aprecia una vertiente de la complejidad barroca de Núñez de Pineda, quien siguiendo la tradición de los relatos de cautivos, recurre a la técnica del relato dentro del relato; en unos casos a través del sueño, alegorizando determinadas situaciones; en otras, anticipándolas o emulándolas mediante analepsis y prolepsis en forma de narraciones especulares que contribuyen a reforzar parte de la ideología de fondo que actúa sobre el texto: ante todo la vindicación de la figura social del excautivo y militar Núñez de Pineda.

Conclusiones

Existe en las obras tratadas un cruce entre modelos muy distintos tomados de la historiografía, de novelas y obras de entretenimiento, de textos religiosos (hagiografías y *Acta Sanctorum*) y políticos, y de la dramaturgia del Siglo de Oro; pero, sobre todo, los escritores tuvieron en cuenta aquellos paradigmas narrativos que más favorecían el propósito didáctico y moralizante, muy barroco, que guiaba a los autores: el *exemplum* y la *novella*. Aquí me he ceñido exclusivamene a los rasgos emparentados con la *novella*, pero igualmente pueden identificarse los de otros modos discursivos. Este uso de la tradición literaria a base de motivos y de técnicas, no obedece a un deseo de simple imitación de modelos europeos, sino a la asimilación de unos parámetros culturales que les sirvieron para hablar de forma más amena y a tono con el gusto literario imperante sobre las tensiones y conflictos de la sociedad de la época en las regiones americanas y hacerse comprender mejor ante los posibles lectores metropolitanos.

Bibliografía

Aragüés Aldaz, José. 1999. *Deus Concionator. Mundo predicado y retórica del exemplum en los Siglos de Oro*. Amsterdam/Atlanta: Rodopi.

Benso, Silvia. 1977. La técnica narrativa de Juan Rodríguez Freyle. En: *Thesaurus* 32, 1, 95-124.

Camamis, George. 1977. *Estudios sobre el cautiverio en el Siglo de Oro*. Madrid: Gredos.

Cayuela, Anne. 1996. *Le paratexte au siècle d'or. Prose romanesque, livres et lecteurs en Espagne au XVIIe siècle*. Génève: Librairie Droz.

Chang-Rodríguez, Raquel. 1974a. Apuntes sobre sociedad y literatura hispanoamericana en el siglo XVII. En: *Cuadernos Americanos* 4, 131-144.

—. 1974b. El "prólogo al lector" de *El Carnero*: guía para su lectura. En: *Thesaurus* 19, 1, 178-181.

Coste, Didier. 1980. Trois conceptions du lecteur et leur contribution à une théorie du texte littéraire. En: *Poétique* 41, 354-371.

Cuartero Sancho, María Pilar. 1990. Introducción a *El Patrañuelo* de Juan Timoneda. Ver Timoneda, 9-46.

Herman, Susan. 1983. Conquista y descubrimiento del Nuevo Reino de Granada. En: *Boletín Cultural y Bibliográfico* 20, 1, 77-85.

Laspéras, Jean-Michel. 1987. *La nouvelle en Espagne au Siècle d'Or*. Montpellier: Éditions du Castillet.

Levisi, Margarita.1988. Golden Age Autobiography: Story and History. En: Spadaccini/Talens 1988, 97-117.

Martínez de Toledo, Alfonso. 1987. *Arcipreste de Talavera o Corbacho*. Edición de Michael Gerli. Madrid: Cátedra.

Mas, Albert. 1967. *Les turcs dans la littérature espagnole du siècle d'o*r. 2 vols. Paris: Centre de Recherches Hispaniques.

Menéndez Pelayo, Marcelino. 1943. *Orígenes de la novela*. Edición preparada por D. Enrique Sánchez Reyes. Santander: Aldus S.A. de Artes Gráficas, t. III.

Moner, Michel. 1989. *Cervantès conteur. Écrits et paroles*. Madrid: Casa de Velázquez.

Mora, Carmen de. 2000. El estatuto del *exemplum* en el *Cautiverio feliz*. En: *Anales de Literatura chilena* 1, 1, 13-19.

—. 2001. *Escritura e identidad criollas. Modalidades discursivas en la prosa hispanoamericana del siglo XVII*. Amsterdam/New York: Rodopi.

Osorio Romero, Ignacio. 1980. *Floresta de gramática, poética y retórica en Nueva España (1521-1567)*. México: UNAM.

Pabst, Walter. 1972. *La novela corta en la teoría y en la creación literaria*. Madrid: Gredos.

Pineda y Bascuñán, Francisco. 1863. *Cautiverio feliz, y razón de las guerras dilatadas de Chile*. Santiago: Imprenta del Ferrocarril (Colección de Historiadores de Chile y documentos relativos a la Historia Nacional, 3).

Pupo-Walker, Enrique. 1982. *La vocación literaria del pensamiento histórico*. Madrid: Gredos.

Rodríguez Freile, Juan. 1968. *Conquista y descubrimiento del Nuevo Reino de Granada*. Notas explicativas de Miguel Aguilera. Medellín: Editorial Bedout.

Romera Castillo, José. 1981. *Estudios sobre "El Conde Lucanor"*. Madrid: UNED.

—. 1983. *En torno a "El Patrañuelo"*. Madrid: UNED.

Santa Cruz, Melchor de. 1996. *Floresta Española*. Edición de Maximiliano Cabañas. Madrid: Cátedra.

Spadaccini, Nicholas; Jenaro Talens (eds.). 1988. *Autobiography in Early Modern Spain*. Minneapolis: The Prisma Institute.

Timoneda, Juan de. 1990a. *Buen Aviso y Portacuentos. El sobremesa y alivio de Caminantes*. Edición crítica de María Pilar Cuartero; Maxime Chevalier. Madrid: Espasa-Calpe.

—. 1990b. *El Patrañuelo*. Edición de María Pilar Cuartero Sancho. Madrid: Espasa-Calpe.

La *Peregrinación de Bartolomé Lorenzo* de José de Acosta y su recepción en el siglo XVII

Monique Mustapha

Pour Alain Milhou
In memoriam

Últimamente la crítica literaria se ha interesado por un "escrito menor" del padre Acosta, la *Peregrinación de Bartolomé Lorenzo*[1]. Siguiendo las sugerencias de José Juan Arrom (1978; 1982), quien veía en este relato una anticipación de las novelas hispanoamericanas, los críticos analizaron las estructuras narrativas del escrito acostiano, asimilándolo a una novela bizantina o de aventuras (Lienhard 1982; Graniela 1988), o estudiaron sus características lingüísticas como muestra de la americanización de la lengua castellana (Enguita Utrillo 1988). Este tipo de enfoque no carece de interés, ni pertinencia: al ser elaborado el relato acostiano con fines de edificación, resulta muy natural que el autor se haya cuidado de manejar un amplio abanico de recursos destinados a propiciar una lectura deleitosa. No deja de sorprender sin embargo, que los críticos se hayan preocupado por estudiar la ficcionalización novelesca del relato acostiano, antes de examinar los rasgos típicamente hagiográficos que lo caracterizan. En reacción contra la propensión a tratar la *Peregrinación* como un texto de ficción José Anadón (1988) recordó la necesidad de tomar en cuenta la dimensión histórica del hermano Lorenzo, en un estudio muy bien documentado, preciso e interesante, que evoca también el carácter edificante del texto acostiano. Coincidimos con José Anadón en que es preciso tener presente la realidad histórica del hermano Lorenzo (realidad fácil de comprobar en la documentación de la Compañía). Pero, tal como fue elaborado y transmitido, el relato de la *Peregrinación* participa de una tradición literaria, la de la literatura hagiográfica, y es lo que nos proponemos estudiar aquí. Para ello examinaremos sucesivamente la recepción del texto en el siglo XVII, la lectura que los primeros transmisores y el mismo Acosta sugerían, así como los posibles límites de dicha lectura.

La primera recepción de la *Peregrinación de Bartolomé Lorenzo* se dió en el seno mismo de la Compañía. Por la carta dedicatoria al general Aquaviva que

---

[1] Adoptamos la fórmula empleada por Francisco Mateos en su edición de las obras de Acosta (1954) quien, bajo el título de "escritos menores", reunió varias cartas, informes y relaciones del jesuita, junto con la *Peregrinación*.

encabeza ciertos manuscritos, podemos saber que el texto fue mandado a Roma en el mes de mayo de 1586, poco después de haber sido elaborado. Fue el inicio de una amplia transmisión manuscrita. Tanto los bibliógrafos de la Compañía (Backer/Sommervogel 1890, I, 38; Uriarte/Lecina 1925, I, 29) como los primeros editores de la *Peregrinación* (Fernández Duro 1899 y Arrom 1982, XLII-XLIII) mencionan la existencia de varias copias en archivos europeos, restos probables de los numerosos ejemplares que circularon en la Compañía durante el siglo XVII según informa el padre Andrade (1666, 759b); la atención de los estudiosos se ha centrado en particular en las dos copias que se conservan actualmente en los fondos de la Real Academia de la Historia en Madrid, ambas procedentes de antiguos fondos jesuíticos, y que sirvieron para ediciones modernas[2]. Paralelamente a esta transmisión en Europa, cabe rastrear una transmisión en el Perú a través de las historias de la provincia peruana de la Compañía elaboradas en el siglo XVII: tanto la *Crónica anónima* de 1600[3] como la *Historia* redactada por el padre Giovanni Anello Oliva (1998)[4] incluyen entre los casos dignos de memoria y admiración un breve relato de la vida del hermano Bartolomé Lorenzo; y si bien estas versiones difieren bastante de los manuscritos madrileños, no dejan de atestiguar que la memoria de este hermano permanecía viva y se transmitía. Según testimonio de Torres Saldamando (1882, 148-153), el padre Ignacio de Arbieto (1585-1676), al redactar una historia también inédita de la Compañía recogió a su vez el relato de la vida del hermano Lorenzo. Pero en todos los casos mencionados, se trataba a las claras de una difusión interna ya que ninguna de estas historias llegó a editarse en el siglo XVII[5]. De hecho las

---

[2] La primera copia (Jesuitas 189) está incluida en un tomo de copias sacadas en el siglo XVII; fue editada por Mateos quien describe el manuscrito (Acosta 1954, XLIII, 304-320). El segundo manuscrito (Muñoz 91) es una copia sacada en 1778 por Juan Bautista Muñoz a partir de otra "escrita a principios del reinado de Felipe IV por un jesuita de la provincia de Castilla" según explica al final (fol. 46r.). Lo editó Fernández Duro (Acosta 1899).

[3] Anónimo 1944, I, 461-463. Se trata de una versión muy abreviada de la vida del hermano Lorenzo; evoca tan sólo el viaje y estancia en La Española y Jamaica, pero añade una evocación de la vida de Lorenzo después de ingresar en la Compañía.

[4] Hemos manejado la edición dada por Gálvez, edición basada en el manuscrito conservado en Londres. La vida de Bartolomé Lorenzo no figura en esta copia; pero según las tablas que sí figuran al final, nos enteramos de que ocupaba el cap. 9 del libro IV (Oliva 1998, 297). Una "tabla general de cosas notables de toda la historia" permite hacerse una idea de los episodios recogidos por Oliva (ibíd., 305, 310).

[5] La *Crónica anónima* fue publicada por primera vez en 1944 por Mateos; la *Historia* de Oliva [1631] se editó en 1895 a partir de un manuscrito existente en Lima y en 1998 fue editada por Gálvez a partir del manuscrito conservado en Londres. La *Historia del Perú y de las fundaciones que ha hecho en él la Compañía de Jesús* [1665] de Ignacio Arbieto, conocida sólo

copias conocidas no permiten establecer que se diera una transmisón fuera de la orden, aunque tampoco excluyen esta posibilidad. Hubo que esperar el año 1666 para que la *Peregrinación* pudiera estar al alcance de un público más amplio, y exterior a la Compañía, al ser incluida en el volumen V de los *Varones ilustres en Santidad, letras y zelo de las almas de la Compañía de Jesús* (Andrade 1666, 759b-784b). El título del volumen es bastante revelador de las razones que movieron al padre Andrade a reanudar la publicación iniciada por Nieremberg. Según lo explica en la dedicatoria al obispo de Sigüenza (ibíd., fols. 2r.-4v.), compuso esta selección para "encender los ánimos en el amor de la virtud a los que le leyeren [el libro] con su ejemplo", y para contrarrestar las críticas proferidas por los heréticos contra la Iglesia, recordando a "los que gloriosamente honraron la Iglesia con sus virtudes", un proyecto acorde con el de San Jerónimo en el *De viris illustribus*, cuyo modelo Andrade tuvo presente al emprender esta edición. Se trata, pues, de proponer una defensa de la Compañía a través de la visión edificante de sus miembros. Una meta a la que respondían también las primeras historias de la Compañía elaboradas en los albores del XVII[6], y siguieron respondiendo las diferentes publicaciones de la orden en las que se incluyó la *Peregrinación* a lo largo del XVIII (Oviedo 1755) y del XIX (Cappa 1892; Andrade 1889). Sólo a finales del XIX y en el siglo XX se dieron ediciones destinadas a satisfacer la curiosidad erudita o científica, es decir las de Fernández Duro, Mateos, Arrom y Antinucci (Acosta 1899; 1954; 1982; 1993).

Frente a una transmisión de este tipo, parece pues interesante examinar las pistas de lectura sugeridas por Acosta y por el primer editor, el padre Andrade. En efecto, tanto uno como otro acompañan el relato con un comentario. En la carta dedicatoria al padre general, Acosta indica de manera bastante sobria que le movió a escribir esta relación el espectáculo de las grandes prendas del hermano Lorenzo ("vi en nuestro colegio de Lima un hermano coadjutor de cuya modestia, silencio y perpetuo trabajar me edifiqué mucho; y tratándole más entendí ser hombre de mucha oración y penitencia")[7] comparadas con la vida

---

por la cita que hacen de ella los historiadores de la Compañía y los bibliógrafos, sigue sin publicarse. En el estudio preliminar a la *Crónica anónima*, Mateos presenta un panorama de las primeras historias de la provincia del Perú de la Compañía de Jesús, examinando la filiación entre los diferentes textos (Anónimo 1944, I, 64-76).

[6] Se suele considerar que la redacción de estas historias es consecuencia de la directiva dada por el general Aquaviva hacia 1600 pidiendo que se reunieran los materiales necesarios en cada provincia.

[7] Los dos manuscritos conservados en la Academia de la Historia presentan diferencias que afectan esencialmente la formulación. No es aquí el lugar de analizar estas diferencias, trabajo que reservamos para otra ocasión. Por razones de comodidad citamos según la edición ofrecida por Mateos en la BAE (1954).

aventurera que éste había tenido antes de ingresar en la Compañía. En otros términos, lo que intentó captar fue el proceso de una vocación y conversión. Y así lo confirma al concluir la relación diciendo: "Con esto, sin dar más largas a su vocación, dejó los azúcares y se vino a Lima con el padre Cristóbal Sánchez, donde el padre provincial Portillo lo recibió como hermano coadjutor" (Acosta 1954, 320b).

A su vez, el padre Andrade hace hincapié en esta conversión, y la comenta con énfasis: en el pequeño prólogo que encabeza el relato, observa que Dios es admirable en sus santos no sólo por "las obras milagrosas que obra en ellos y por ellos, que exceden a toda la capacidad humana y engendran admiración", sino por los medios sorprendentes y admirables que usa para atraerlos a su servicio y hacerlos santos, aun cuando estos medios parecen opuestos a la santidad (Andrade 1666, 759b).

Efectivamente, si nos atenemos a su contenido, la relación se presenta como la evocación de un itinerario espiritual. La peregrinación de Bartolomé Lorenzo desde las costas de la península ibérica hasta Lima, motivada por razones mundanas (huye de su país para escapar de la justicia después de verse comprometido en un lance poco claro), acaba con un desenlace piadoso ya que el fugitivo se consagra a la devoción e ingresa en la orden de San Ignacio. Es decir que las Indias, inicialmente presentadas como el consabido refugio de los que querían huir de su condición en Europa o que querían enriquecerse, terminan apareciendo como el lugar de una posible accesión a una vida recogida y desprovista de codicia. El relato acostiano saca pues su ejemplaridad de una inversión temática liminar de la que encontraremos otros ejemplos. De momento notemos que esta ejemplaridad explica la estructura del relato: el itinerario de Lorenzo desde Portugal hasta Perú viene indicado de manera bastante precisa tanto a nivel topográfico como cronológico: el cronista cuida de mencionar los diferentes sitios por los que pasa Lorenzo (Canarias, Cabo Verde, La Española, Jamaica, Nombre de Dios, Panamá, Cabo de los Manglares, Puerto Viejo, Guayaquil, Jipijapa, Loja, Cuenca, Piura, Trujillo, Chancay, Lima) así como indica el tiempo transcurrido en cada etapa y menciona reiteradamente a personajes reales o lugares precisos; pero estas precisiones se combinan con elementos confusos y borrosos: resulta difícil o hasta imposible identificar todos los lugares citados en el relato, y más aun cuando falta el nombre de los lugares visitados. En la penúltima etapa por ejemplo, cuando Lorenzo se ve alistado contra su voluntad en una expedición de entrada, ni los términos empleados para presentar la meta perseguida ("*cierta entrada* o conquista que aderezaba para *no sé qué tierra del reino de Quito*", "una compañía que enviaba el capitán a *ciertos pueblos de indios* para traerlos a Puerto Viejo"[8]), ni la descripción de las dificultades del camino ("Era el camino en todo extremo trabajoso, subiendo unas tierras altísimas y agrísimas, pasaban grandes ríos y gran parte del camino se iba por los ríos arriba", 1954, 318a) permiten una localización exacta. De forma análoga, un cómputo completo de los años transcurridos desde la salida de Portugal hasta la entrada en Lima se revela imposible. En cambio el relato viene ritmado por dos temas recurrentes: la intervención divina que rescata a Lorenzo de varios peligros protegiéndolo de la muerte (tempestades y naufragios, ataque de toros, sierpes, tigres, niguas, terremotos, etc.)[9], y la inclinación cada vez más marcada de Lorenzo por llevar una vida retirada y dedicarse a la devoción. La falta de rigor en los datos temporales y espaciales, difícil de explicar en un relato que pretende ceñirse a la realidad, se aclara si la referimos a la intención real y profunda que vertebra la obra: lo que importa al cronista no es ofrecer un cuadro históricamente exacto, sino mostrar cómo Bartolomé Lorenzo llegó a su paradero final: el encuentro con los jesuitas y el llamamiento de la vida espiritual.

Es interesante observar que, si bien Acosta se contenta con indicar que se trata de una conversión, Andrade añade al texto de la peregrinación otro comentario aduciendo dos autoridades: Filón y San Jerónimo. Después de transcribir la peregrinación de Bartolomé Lorenzo, explica:

> las peregrinaciones de Abraham, dixo Filón que avían sido preparaciones y como noviciado de su perfección y santidad para las grandes mercedes que Dios le quería hazer y los favores tan singulares como le hizo después. Así podemos entender que las peregrinaciones tan trabajosas como largas deste santo hermano fueron prevenciones y pruebas como de riguroso noviciado para las mercedes que Dios le quería hazer e le hizo en la religión; que como dize San Jerónimo a quien Dios le quiere enseñar la ciencia celestial y superior a la humana le descarna primero de todo afecto terrestre para hazerle capaz de recibirla (Andrade 1666, 781).

Como es bien sabido, tanto Filón como San Jerónimo están estrechamente ligados al surgimiento y desarrollo del movimiento monástico primitivo, y a la exaltación del desierto. Cabe preguntarse pues si la comparación de Andrade es mera interpretación suya, o si enfatiza unos elementos presentes en el texto acostiano. Podemos efectivamente rastrear el empleo de la palabra "desierto" en algún episodio de la *Peregrinación*. Pero se trata de un empleo ocasional que no

---

[8] Acosta 317b; el subrayado es nuestro.
[9] Son trece ocurrencias, presentes en todos los episodios y etapas del viaje.

vuelve a repetirse. En cambio el relato menciona en varias ocasiones que Lorenzo hacía vida solitaria y gustaba de ella (cinco ocurrencias), que quería huir del bullicio de las gentes (dos), o que no tenía temor a la soledad (dos), palabras y nociones esas muy afines a la temática del desierto. Siguiendo esta pista, intentaremos rastrear las alusiones a temas tópicos y típicos del movimiento eremítico.

Como ya lo hemos notado, el itinerario de B. Lorenzo se presenta como una migración desde la tierra natal hasta las Indias; una migración que le separa definitivamente de su familia y tierra, y le conduce a un mundo totalmente extraño, desconocido, en el que se pierde repetidas veces como lo resaltan los numerosos empleos (11) del verbo "perderse", y en el que se ve confrontado con situaciones inauditas; son los múltiples peligros debidos a la violencia de la naturaleza, de la fauna, o de los hombres, y de los que escapa milagrosamente. Esta situación de extrañeza provoca en Lorenzo un cambio profundo, tanto espiritual como material. Desde el punto de vista material, va perdiendo poco a poco todos los bienes materiales, no sólo los dineros que el padre le había entregado en el momento de la salida, sino también sus vestidos, la salud y hasta las costumbres dietarias. Este proceso de desnudamiento viene acompañado por una modificación moral: Lorenzo pierde todo tipo de afición a la hacienda, manifiesta tener grandes cualidades (ecuanimidad, paciencia, sumisión a la voluntad divina, valor, resistencia física y moral) y se entrega cada vez que lo puede a la vida solitaria: a lo largo de las primeras etapas de la migración, vemos aparecer de manera recurrente la mención de su gusto por la vida en el campo, y su rechazo de la vida turbulenta y agitada de las ciudades; y manifiesta dos preocupaciones: evitar la ociosidad (se dedica al trabajo manual, agrícola o artesanal) y rezar (gusta de refugiarse en alguna iglesia, ermita o convento).

Este breve recuento de los temas en torno a los que se organiza el relato ofrece un parentezco evidente con algunos temas propios del eremitismo: por definición, el monje es solitario, adepto de la soledad, enemigo del bullicio de las ciudades; de ahí la huida al desierto, donde la soledad favorece la búsqueda de Dios, y donde las fuerzas del anacoreta se templan en la lucha con fuerzas y seres hostiles. Además la organización del relato en forma de migración evoca las meditaciones de Filón sobre la migración de Abraham, así como el despojamiento cada vez más absoluto de Lorenzo puede aparecer como una ilustración de la célebre fórmula de San Jerónimo *nudos amat eremus* (en: *Ad Heliodorum*, Ep. 14, 1). Por si nos cupiera alguna duda, en medio del camino recorrido por Lorenzo se desarrolla un episodio de vida en el desierto: se trata de su estancia cerca de Nata, "en la costa hacia Panamá", después de su frustrado intento de ir a una de las islas vecinas de Panamá a "hacer vida en el campo" (1954, 312a-b). En este episodio, todos los detalles relativos a la vida de Lorenzo evocan la vida de los padres del desierto: al arribar a esta parte de la costa, Lorenzo y sus compañeros de viaje encuentran a un clérigo, "un viejo venerable, con barba y cabello largo como era forzoso tenerlo en este desierto" (ibíd., 313a). Después de compartir algunos días la vida del clérigo, Lorenzo se instala en un lugar apartado que le permite hacer vida solitaria, pero bastante cercano para que pueda reunirse con el clérigo los domingos para oír misa, lo cual no deja de evocar a los anacoretas de Egipto; el trabajo manual al que se dedica Lorenzo, su habitación, su dieta, vestido y aseo se asemejan a las austeridades de los padres del desierto; tanto es así que, al surgir de improviso un barco en aquellos parajes a los ocho meses de instalarse él allí, los navegantes descubren una visión que les extraña, pero que no deja de ser sugestiva para un lector conocedor del monaquismo primitivo:

> espantáronse extrañamente de ver un hombre en aquel traje y figura; la barba le había crecido más abajo de la cinta, el cabello, como de un salvaje, crecido y muy descompuesto; vestido y tocado casi todo de hojas de biaos (ibíd., 314b).

Pero es evidente que, por muy sugestivos que sean, estos elementos no dejan de ser alusivos e incluso irónicos. En el episodio que estamos comentando, si bien se establece entre Lorenzo y el clérigo viejo una relación de novicio a abad que recuerda las costumbres de los cenobitas de Egipto, éste último sigue preso de las ataduras mundanas: tiene un barco, negros, cultiva maíz y no se resuelve en abandonar estas posesiones; en cuanto a Lorenzo, si bien llega a tener el aspecto físico, el atuendo y las costumbres de un asceta del desierto, todas estas reminiscencias aparecen como disfrazadas bajo elementos exóticos, típicos del Nuevo Mundo (el mayor tormento que sufre son los mosquitos, no le achacan las niguas, su vestido es de hojas de biaos, se alimenta con maíz, etc.).

Otro tanto podemos observar si examinamos la organización global del relato: a diferencia de San Antonio, modelo por antonomasia de los ascetas del desierto, Lorenzo no eligió la vida eremítica y su exilio no resulta de una respuesta generosa al llamamiento divino. Salió de Portugal por motivos mundanos y con una meta mundana, ir a las Indias; a los pocos meses de dejar su tierra, apenas llegado a La Española, siente un gran desprendimiento de las cosas mundanas y desprecio de la hacienda; lo cual no impide que prosiga su ruta hacia Tierra Firme y que, llegado a Nombre de Dios, decida pasar al Perú, sinónimo en aquella época de tierra riquísima, sin que el lector pueda comprender por qué se obstina así; parece llegar al desierto de manera fortuita, y tampoco se puede decir que su itinerario espiritual corresponda con la búsqueda consciente y voluntaria del conocimiento de Dios. Su devoción, sincera y constante por cierto, es espontánea: no sabe decir lo que siente, usa oraciones no aprendidas, etc. Desde luego siempre media la posibilidad de que se nos muestre aquí cuán difícil resulta para los hombres desprenderse del mundo y elegir una vida virtuosa. De hecho todo el itinerario de Lorenzo parece obedecer a dos fuerzas contradictorias que alternativamente le atraen y le rechazan: en cada etapa de su recorrido, para escapar de la agitación y peligros de la vida en sociedad o del brazo de la justicia, huye hacia algún lugar apartado, y se encuentra en el campo, que por lo demás le gusta; pero la naturaleza indiana a su vez le hostiga y el fugitivo vuelve a su primera estancia entre los hombres que también vuelven a actuar como un adefesio. Esta tensión se produce en La Española, en Jamaica, en Panamá y en Puerto Viejo. Es evidente que esta estructura se presta a una serie de cuadros de la vida colonial no desprovistos de fuerza satírica que la crítica literaria ha comentado destacando entre otras cosas la presencia de temas de resonancia lascasiana (Arrom 1978), o de elementos exóticos parecidos a las curiosidades transmitidas por las cartas edificantes. Y es verdad que, reuniendo todas estas estampas sería posible formar un cuadro bastante nutrido de la sociedad colonial en aquellos tiempos. Pero también es evidente que, al trazar estos cuadros, el cronista introduce una serie de inversiones en la temática del desierto. Es así como, durante su estancia en La Española, Lorenzo pretende ir a buscar la soledad y recogimiento trasladándose a unas minas; en cuanto a la naturaleza en la que peregrina, corresponde por su aspereza y violencia con la naturaleza que pone a prueba la resistencia de los anacoretas; pero es todo lo contrario de un desierto por lo menos de la imagen del desierto que se desprende de las obras de Filón[10].

Es muy posible que el padre Andrade se haya percatado de estos límites ya que añade al relato acostiano dos series de elementos, indicando claramente que se trata de unas añadiduras: por una parte introduce en el relato unos intertítulos que lo dividen en cinco capítulos, y por otra parte, después de transcribir la *Peregrinación*, la completa con una evocación de la vida que llevó el hermano Lorenzo después de ingresar en la Compañía[11].

Tratándose de los intertítulos, Andrade explica que los puso para dividir la relación "en cinco párrafos que sean como los descansos de una escalera larga

---

[10] La bibliografía relativa a la elaboración literaria del tema del desierto por Filón es abundante. Hemos utilizado en particular los estudios de Guillaumont (1979).

[11] Bajo el título de "Vida y peregrinaciones del venerable hermano Bartolomé Lorenzo de la provincia del Perú", Andrade publica: un pequeño prólogo (1666, 759b-760a), la carta de Acosta al padre Aquaviva (760b-761a), la relación de Acosta (761a-781a), un comentario final y la evocación de la vida ejemplar de Bartolomé Lorenzo después de entrar en la Compañía (781a-784b).

para evitar prolijidad" (Andrade 1666, 760). Y efectivamente las divisiones así marcadas corresponden con los diferentes escenarios de la trayectoria de Lorenzo (Viaje de ida y estancia en la Española; Jamaica; traslado a Tierra Firme y viaje de Nombre de Dios a Panamá; costa de Panamá; viaje hasta Perú por las tierras de Quito)[12]; pero cabe preguntarse si la comparación con la "escalera" no iba destinada a sugerir que la peregrinación de Lorenzo había sido como la subida hacia una vida espiritual plena, imagen muy acorde con las temáticas de la literatura ascética pero no muy conforme con la evolución de Lorenzo, que no sigue un progreso regular.

En cuanto a la segunda añadidura ("la vida ejemplar que hizo este bendito hermano" en la Compañía) ofrece unos elementos muy sugestivos. Según esta relación, el hermano Lorenzo habría vivido "en una granja o cortijo" del colegio de Lima, dedicándose durante el día a la labor del campo en ayuda de sus hermanos, y retirándose después del anochecer en una "choza o casa pajiza sin género de reparo", donde se entregaba a prácticas austeras dignas de algún anacoreta. Esta descripción se caracteriza por su carácter compuesto. Todos los elementos relativos a la actividad agrícola del hermano Lorenzo concuerdan con los datos que los catálogos de la Compañía en el Perú ofrecen: los catálogos de 1583 y 1595 lo definen como "labrador" (Egaña 1961, 236; 1970, 759), y Plaza, en el catálogo de 1576, explicaba: "ayuda en la huerta" y "tiene talento para hortelano" (1958, 130); no así las prácticas austeras de Lorenzo que ninguno de estos catálogos menciona[13]. Es de notar que esta descripción, Andrade no la inventa: se encuentra ya en la *Crónica anónima* de 1600 y hasta donde puede saberse en la *Historia* de Oliva; lo cual parece sugerir que Andrade recoge una imagen ya tradicional en la Compañía. Al proceder así se muestra fiel al método que anunciaba en el prólogo al lector (1600, fol. 6r.): utilizar las relaciones solicitadas de las diferentes provincias para acercarse en la medida de lo posible a la realidad histórica. Pero no se contenta con reproducir los datos contenidos en la

---

[12] He aquí los intertítulos: 1. Peregrinación del hermano Lorenzo antes de entrar en la Compañía, su patria y padres, y la ocasión con que salió de su tierra y se embarcó para las Indias; 2. Passa de la isla de Santo Domingo a la de Xamaica, peregrina por ella con nuevos riesgos de la vida; 3. Passa a Panamá, padece enfermedades, cae en manos de ladrones y tiene otras aventuras; 4. Haze vida ermitaña en una soledad, vuelve a embarcarse, hiérenle de muerte y llega a pueblo de Españoles adonde cobra salud; 5. Sale forzado a la guerra contra los Indios, huye de la milicia y llega a Lima después de varias aventuras.

[13] No será de más citar lo que dice el P. Plaza: "El hermano Bartolomé Lorenzo [...] ayuda en la huerta, tiene mediana salud, mediano ingenio y juizio; talento para hortelano. Es humilde y obediente, es aplicado al exercicio de la oración, está quieto y consolado en la vocación de la Compañía" (Egaña 1958, 130).

Crónica anónima: los amplifica y comenta, llegando hasta comparar a Lorenzo con San Antonio (en sus mortificaciones éste habría recibido "consolaciones de Dios como se lee de San Antonio abad en su vida") y aduciendo precisamente las referencias a Filón y San Jerónimo que ya hemos mentado. Es decir que estamos frente a una tentativa evidente por asemejar al hermano Lorenzo con un asceta del desierto. Frente a esta interpretación cabe preguntarse si Andrade altera radicalmente lo elaborado por Acosta.

Volvamos pues a examinar el relato acostiano, teniendo en cuenta los dos autores citados por Andrade, cuyas obras nos consta que Acosta conocía (cita a uno y otro en la *Historia natural y moral de las Indias*).

Una comparación entre Acosta y Filón, en la perspectiva que llevamos aquí, nos conduce a reexaminar el tema del desierto, es decir a tomar en cuenta la elaboración de dicho tema por este último. Para Filón, el desierto es desde luego lugar de vida solitaria, pero al tomar como punto de referencia la migración de los hebreos en el desierto, el filosófo alejandrino lo define como una naturaleza árida, un lugar puro precisamente por ser árido y, por tanto, purificador. Basta leer cualquiera de los episodios de la *Peregrinación* para darse cuenta de que en este relato la naturaleza es cualquier cosa menos árida: la tierra por la que peregrina el hermano Lorenzo es tierra fragosa, invadida por pantanos, lagunas y ríos, cubierta de una vegetación tupidísima que no permite al viajero orientarse y lo deja incomunicado. Es evidente que esta profusión de aguas y plantas puede favorecer la vida solitaria y constituir un factor de purificación al imponer al viajero pruebas con qué templar su valor y paciencia. Pero también es evidente que si Acosta tenía presente la temática elaborada por Filón, ofreció en su relato una representación física del "desierto" que es una contra-imagen del desierto filónico. Algunos críticos interpretaron la desmesura del paisaje evocado por Acosta como una primeriza representación de lo que iba a ser la imagen tópica de la naturaleza americana (Anadón 1988). Y no les falta razón. Creemos sin embargo, que no se puede descartar la referencia devota y el juego con el tema del desierto.

La obra de San Jerónimo puede prestarse a imitaciones más variadas y sugestivas. Recordemos que este padre no sólo vivió en el desierto, sino que hizo repetidas veces el elogio del desierto (en las epístolas n° 3 a Rufino, n° 14 a Heliodoro y n° 22 a Eustoquio, entre otras), y que aprovechó su corta estancia en el desierto para redactar la vida de tres ascetas, Paulo, Malco e Hilarión. Además, es de notar que San Jerónimo, que gusta de usar frases e imágenes tomadas de Virgilio, Horacio y otros poetas antiguos, constituía un modelo literario para los religiosos dotados de la formación que Acosta había recibido. Puede ser por tanto interesante rastrear unas posibles analogías entre sus obras y el relato acostiano. Desde luego no se trata de hacer un recuento exaustivo, sino de destacar algunos temas o estampas sugestivos[14].

Para empezar su relato de la *Peregrinación*, Acosta adopta una actitud análoga a la del autor de la *Vida de Malco*. En el prólogo de esta obra, San Jerónimo explica que, en su juventud, conoció a su héroe, sintió curiosidad al observer la vida que éste llevaba, solicitó el testimonio de los vecinos y consiguió por fin las confidencias de Malco; su relato está pues basado en observaciones reales. De manera análoga, Acosta cuenta lo que pudo conocer y observar, y transmite el testimonio de su biografado y de otros testigos. Así lo explica al padre general en la carta dedicatoria que acompaña el relato:

> El primer año que vine de España al Perú [...] vi en nuestro colegio de Lima un hermano coadjutor de cuya modestia, silencio y perpetuo trabajar me edifiqué mucho. Y oyendo decir a otros que antes de ser de la compañía se había visto en grandes y varios peligros [...] procuré entender más en particular sus cosas (1954, 304b).

Y protesta que su relato es verdadero: "De la certidumbre de lo que aquí refiero no dudé ni dudará nadie que conociere la verdad y simplicidad de este hermano" (ibíd., 305a).

Bartolomé Lorenzo huye de su casa y tierra forzado por las circunstancias y, forzado también por las circunstancias, descubre el encanto de la vida solitaria y se aficiona a ella. Esto puede recordar la situación de Paulo, quien huyó de su casa impelido por la necesidad, y transformó un ingreso obligado en la vida ascética en elección de vida. Pero Paulo es un mozo virtuoso; huye de la persecución para guardar la fe cristiana y huye del odio de su cuñado para salvar su vida. En el caso de Lorenzo se trata de sustraerse a un castigo merecido y a la justicia; una amenaza que sigue presente en casi todas las etapas de su itinerario y acaba por funcionar como un resorte recurrente del proceso narrativo ya que, cuando Lorenzo vuelve a la vida en sociedad, las persecuciones vuelven a amenazarle y él por tanto huye a la soledad: el temor a la justicia provoca la salida de Portugal, y la misma situación se repite en Montechristi, en la Yaguana, en Jamaica; la persecución de los enemigos (capitanes, gobernadores, etc. dispuestos incluso a matarle) ritma el recorrido hacia Perú, y al llegar a Piura le encarcelan. Desde luego los peligros que amenazan a Lorenzo son consecuencia de las pasiones y violencias que agitan a la sociedad colonial. Es decir que la atención del lector está orientada hacia la evocación de esta sociedad. Entre los

---

[14] Para una situación de la obra de San Jerónimo en la literatura del movimiento monástico, véase el estudio de Vogüé (1991-93).

peligros que Lorenzo tiene que enfrentar están también las enfermedades que le achacan: originadas por la naturaleza, o consecuencia de la violencia de los hombres, éstas someten de manera recurrente su paciencia y valor a dura prueba; otra analogía con la vida de Paulo, aunque también encontramos aquí un eco de un tema tópico de las crónicas de Indias: la mención recurrente de que la tierra prueba a los conquistadores.

Además de estos temas que afectan la organización misma del relato, otros detalles aluden al modelo de Jerónimo: esto se puede observar en particular en dos secuencias curiosas, el encuentro con los cimarrones y la experiencia eremítica en Nata. Como se sabe, la llegada de Lorenzo a Nata es fruto del azar; Lorenzo quería pasar a una de las islas próximas a la costa de Panamá a hacer vida en "el campo"; pero el barco en que iba fue echado a la costa por la tempestad y por culpa de la impericia de los marineros. Es evidente que el relato aquí se basa en elementos reales, tanto geográficos (presencia de islas en estos parajes) como humanos (el gusto de Bartolomé Lorenzo por la vida en el campo y las condiciones difíciles de la navegación en esta parte están ampliamente documentados). En el relato de Acosta, sin embargo, el proyecto de Lorenzo surge de improviso y el lugar elegido para realizarlo puede parecer curioso. La lógica de esta elección aparece más clara si, en vez de buscar un fundamento en la realidad (¿qué tipo de vida se podía llevar en las islas del Pacífico?), intentamos situar la empresa de Lorenzo en la tradición monástica primitiva. En la primitiva Iglesia romana, después del tiempo de los mártires vino el tiempo de los ermitas que, a falta de suplicio, daban testimonio de su fe abrazando la vida solitaria a imitación de los padres del desierto; para ello buscaban refugio en las islas del Mediterráneo que se fueron poblando de ermitas. Es una experiencia evocada por San Ambrosio en su comentario al tercer día de la creación (*Hexameron*, III), y de la que también hace mención San Jerónimo al evocar la figura de Bonosio (*Ad Rufinum*, Ep. III, 4-5; *Ad Chromatium, Jovinum, Eusebium*, Ep. VII, 3-4). Al intentar retirarse a una isla, Lorenzo sigue pues un ejemplo ascético antiguo y perfectamente acuñado. Pero el relato de Acosta es alusivo y las diferencias son obvias: Bonosio estaba solo en una isla cercada por un mar violento (símbolo del mundo) y, en este ambiente hóstil que San Jerónimo compara con el paraíso, se dedicaba a hacer lecturas piadosas y dar alabanzas a Dios. Lorenzo no logra alcanzar la isla deseada; víctima de tempestades, tiene que arribar a la costa de Panamá, cerca de Nata, y hace vida solitaria en una especie de islote semejante a una prisión, un espacio cercado por una vegetación tupidísima, que Acosta evoca diciendo:

> informándose Lorenzo del clérigo de la calidad de esta tierra se halló
> muy atajado, porque estaba entre dos ríos grandes que el uno no se

podía pasar a nado por su arrebatada corriente, y a la una banda tenía indios caribes y a la otra una montaña espesísima sin término ni fin que se le supiese [...] Como se vido de todas partes atajado [...] (1954, 313a).

Durante su largo camino Lorenzo llega por cierto a abordar a algunas islas, pero no son islas desiertas sino refugio de maleantes como la Isla de Cocos, o pobladas por una sociedad turbulenta como La Española, Jamaica o Cabo Verde. Es decir que la temática heredada de la literatura ascética está disfrazada bajo un ropaje hispanoamericano, y finalmente invertida.

Algo parecido podemos observar en el episodio del encuentro con los cimarrones en el camino de Nombre de Dios a Panamá. En este caso también el relato tiene como fundamento datos tomados de la realidad: la presencia de cimarrones en esta zona y el peligro que representaban para los viajeros quedan ampliamente documentados; así como el candor de Bartolomé Lorenzo parece confirmado por los catálogos jesuitas de la provincia del Perú: recordemos que en 1576, Plaza le definía como de "mediano ingenio y juizio" (Egaña 1958, 130). Pero el encuentro con bandidos y ladrones era también una escena tópica de los relatos hagiográficos desde las aventuras de Hilarión (otro héroe biografiado por Jerónimo) que no sólo burló el acecho de los bandidos del desierto palestino, sino que incluso provocó su conversión. Lorenzo no consigue la conversión de los cimarrones, pero sí logra obtener su ayuda, de forma que la célebre fórmula de San Jerónimo *Nudus latrones non timet* también podría servir de comentario al desenlace de su aventura. Destacaremos un último detalle: en Nata Bartolomé Lorenzo viste una túnica hecha con hojas de árboles, y, cuando le descubren los marinos que le llevarán al Perú, viste una túnica de hojas de biaos que aparece como la transposición hispanoamericana de la túnica de palmas que Paulo vestía, la cual procedía ya de una larga tradición eremítica.

El relato de Acosta ofrece pues una serie de analogías con temáticas y escenas características de la literatura relativa al desierto. Esto no quiere decir que se trate de elementos inventados: nada nos permite dudar de la existencia del hermano Lorenzo ni de la base real de lo contado en la *Peregrinación*. Pero sabemos que Acosta no se contentó con repetir lo que Lorenzo le había contado, sino que elaboró su relación a partir de los apuntamientos que había tomado, abreviándolos y eligiendo algunos episodios, según él mismo lo explica al padre general (1954, 304). Parece pues evidente que reelaboró los datos recogidos, y, al ordenar el relato, es muy posible que se valiera de los modelos que las vidas de ermitas redactadas por San Jerónimo y otros autores ofrecían. Pero no imitó servilmente sino que, al proyectar temas o imágenes sacados de la realidad hispanoamericana en los esquemas propios de la literatura del desierto, operó una serie de alusiones e inversiones.

En todo caso, hay una diferencia profunda entre el hermano Lorenzo y los ermitas del desierto: a la hora de reconocer la vocación divina, cuando Lorenzo decide obedecerla, no ingresa en una orden monástica, sino en la Compañía; Acosta nos explica que los padres agustinos de Piura le convidaron "que fuese fraile", pero "él jamás pudo resolverse a ello"; en cambio, al conocer a los padres jesuitas en La Barranca, se sintió atraído por su modo de ser:

> Él no sabía qué religión era la Compañía de Jesús, ni tenía noticia de ella; pero miró mucho aquellos Padres, y pareciéronle bien; y especialmente notó su mucha caridad en no negarse a nadie, por bajas que fuesen las personas, y que con todos trataban de su salvación. Y también le agradó mucho que a sus solas en la posada guardaban grande recogimiento, y el ver que traían hábito común de clérigos le tiró la inclinación, porque siempre se le había hecho de mal ponerse capilla (ibíd., 320b).

La preferencia manifestada por Lorenzo es evidentemente elogiosa para la Compañía. En este sentido la primera parte de la explicación ofrecida por Acosta participa de la defensa acostumbrada de una orden por uno de sus miembros. Incluso obedece a una regla propia de la Compañía: tanto en las cartas anuas como en las demás relaciones que mandaban a Roma, los religiosos debían recoger datos relativos al acogimiento favorable que habían recibido al llegar a alguna ciudad y a la buena impresión que habían dejado en los hombres que encontraban por primera vez a miembros de la Compañía. La justificación final en cambio permite destacar una característica distintiva de la Compañía: el ser una orden de clérigos regulares, dedicados a tareas activas, llamados a mezclarse con los laicos en los que piensan ejercer su influencia, y por tanto exentos de la sumisión a la regla y disciplina monacales. Nos recuerda tanto las condiciones en las que fue creado el Instituto como las dificultades con que tuvo que enfrentarse desde un principio; y remite en particular a los primeros años de la presencia de la orden en el Perú. Pero, precisamente, al afirmar que Lorenzo se sentía atraído por la regla de los clérigos regulares Acosta sugiere que, por más dado a la penitencia y a la oración que estuviese, Lorenzo no podía llegar a identificarse con la vida monacal de los padres del desierto. La evocación de los últimos años de vida de Bartolomé Lorenzo, tal y como Andrade los describe, ofrece en cambio una analogía muy fuerte con las mortificaciones, austeridades y penitencias de esos primeros monjes. El detalle de la choza en particular, tan exigua que a penas si cabía Lorenzo en ella, parece directamente imitado de la vida de Paulo. ¿Cómo explicar esta discrepancia?

Como lo hemos observado ya, Andrade reproduce el relato acostiano en su totalidad; y si llega a modificarlo, es añadiendo unos comentarios o describiendo la vida que Lorenzo hizo en la Compañía, capítulo este que parece conforme a una imagen ya tradicional en la Compañía. Para intentar una respuesta, parece pues que pueda ser útil situar la versión dada por Andrade y la relación enviada a Roma por Acosta en el contexto en que fueron elaboradas.

Cuando Acosta elaboró y envió la *Peregrinación* a Roma, es muy probable que lo hiciera respondiendo a problemáticas personales. Pretender fechar la redacción de Acosta de manera precisa es al parecer una tarea ardua; pero podemos avanzar aproximadamente los años 1576 a 1586 ya que recogió la confesión de Lorenzo siendo provincial (cargo que ejerció de enero de 1576 a mayo de 1581), y firmó la carta dedicatoria al padre general a 8 de mayo de 1586. La concepción y elaboración de este relato coincide pues con el decenio en que Acosta idea sus diferentes obras; y no es de extrañar que existan ecos y analogías entre la *Peregrinación* y el *De procuranda Indorum salute* o la *Historia natural y moral de las Indias*. Veamos algunos de estos elementos.

En su tratado misiológico Acosta toma en cuenta la realidad colonial; sabido es que este tratado, en su versión inicial, contenía críticas acérrimas de los conquistadores y colonos, y que esta versión fue censurada. Para quien haya leido el manuscrito conservado en Salamanca (Salamanca, 1576) o la reciente edición de este tratado publicada en la colección *Corpus Hispanorum de Pace* (Acosta 1984-87), existe una semejanza evidente por ejemplo entre el episodio de la entrada "a ciertos pueblos de indios del reino de Quito" en que Lorenzo se ve alistado a pesar suyo, y los capítulos del *De procuranda* en los que Acosta define cuál debe ser la conducta de los misioneros que acompañen a capitanes en las entradas y cuál la conducta del capitán cristiano, critica la manera en que se dió la conquista, la actitud de los soldados con los indios, o examina la licitud de la guerra[15]. Pero, incluso cuando las situaciones o anécdotas referidas en la *Peregrinación* parecen totalmente ajenas a los problemas debatidos en el *De procuranda*, existe una tonalidad común: la inversión liminar que hemos notado, según la cual, para Lorenzo, las Indias no son un lugar de perdición sino de redención, participa de la misma actitud criticista que informa el tratado misiológico, pero las cosas están enfocadas de manera inversa en uno y otro escrito.

---

[15] Para captar mejor las coincidencias y analogías es preferible consultar el texto no censurado, que aparece precisamente en el manuscrito de Salamanca (1576) y la edición del *Corpus Hispanorum de Pace*. Hemos estudiado esta censura en un artículo (1985) y en nuestra tesis (1989).

Existe también una serie de puntos de contacto entre la *Peregrinación* y la *Historia natural y moral*. A la hora de evocar ciertos aspectos de la naturaleza de las Indias, y para dar una base más sólida a sus descripciones, Acosta invoca el testimonio de Bartolomé Lorenzo, mencionando incluso las aventuras del hermano y la relación que escribió de su peregrinación; estas citas no son muy numerosas: no pasan de cuatro[16]; pero no dejan por ello de ser significativas. Muestran que la preocupación por ceñirse a la verdad afirmada en la carta dedicatoria al padre Aquaviva coincide con la intención testimonial que informa la *Historia*. Pero las dos obras participan además de la misma preocupación edificante. En la *Peregrinación* la descripción de las curiosidades de la naturaleza indiana viene a reforzar la idea de que el hombre puede, y debe, reconocer la mano de Dios en sus obras naturales; al retomar algunos detalles de esta relación en su historia, Acosta confirmaba la intención básica de la *Historia natural y moral*: proponer al lector una lectura edificante de la naturaleza. Lectura edificante perfectamente acorde con el humanismo devoto que estaba instalándose en aquel fin de siglo, y al que Acosta se aboca. Es decir que, además de las circunstancias personales, es preciso tomar en cuenta la evolución propia de la Compañía.

Acosta no explica por qué hacia 1586 se puso a redactar las aventuras de Lorenzo. Además de sus circunstancias personales (estaba reuniendo los materiales necesarios para terminar los libros de la *Historia* dedicados a la naturaleza), pudo incidir en su proyecto el impulso dado a la espiritualidad jesuita por el nuevo general Claudio Aquaviva[17]. Apenas elegido (1581), éste mandó a los responsables de provincias y colegios y luego a todos los miembros de la orden una serie de directivas; citemos entre otras la carta de 1581 recordando a los prepósitos la responsabilidad que tenían en el progreso espiritual de sus religiosos, la de 1583 dirigida a todos los miembros de la Compañía e incitándoles a cuidar de su reforma moral, y la directiva solicitando que los materiales necesarios a la redacción de una historia de la orden fuesen reunidos. En este contexto puede parecer lógico que Acosta haya tomado el trabajo de formalizar la confesión del hermano Lorenzo para comunicarla al prepósito general. Pero también podemos notar cómo, al evocar la devoción de Lorenzo, se atiene a formulaciones neutras: la característica esencial de esta devoción es la espontaneidad y la simpleza; Lorenzo no aprendió las oraciones que utiliza, se somete a la voluntad

---

[16] *Historia natural y moral de las Indias*, Lib. III, caps. 15 y 27; Lib. IV, caps. 20 y 30. Además de estas referencias explícitas habría que destacar algunas analogías en la descripción de plantas (mamey, ceibas), alimentos (pan cazabi) y animales (puercos, vacas).

[17] Para este apartado hemos utilizado los estudios del padre Guibert (1941 y 1953).

divina, no sabe decir lo que siente, ya lo hemos notado; y cuando empieza a usar la oración de manera más específica, Acosta se limita a indicar que esta devoción coincide con el momento en que viene a su conocimiento el jubileo que traían "unos padres de la Compañía". Esta discreción se comprende si pensamos que ya en tiempos del P. Borja y durante el gobierno del P. Mercuriano, predecesores de Aquaviva, se había desarrollado en la Compañía un debate en torno al uso de la oración mental, y que se dieron varios casos de jesuitas atraidos por la vía contemplativa que solicitaron permiso para pasar a la Cartuja. El debate fue zanjado por Aquaviva algunos años más tarde; en la carta de 8 de mayo de 1590, éste recordó que, efectivamente, para los hijos de San Ignacio, la oración debe siempre tender a una meta práctica; pero que si los jesuitas deben estar dispuestos a dejar los halagos de la contemplación cuando el servicio de Dios lo requiere, no por eso les está vedado dedicarse a la oración y contemplación en los momentos que el trabajo apostólico deje libres. Pero esta directiva intervino sólo en 1590; cuando el P. Acosta escribía la *Peregrinación*, la cuestión estaba todavía pendiente. Como provincial que había sido, Acosta estaba perfectamente informado de la prudencia necesaria frente a este tipo de problema, así como pudo conocer directamente el caso de algunos jesuitas propensos a esta forma de oración. Citaremos tan sólo dos ejemplos: el del padre Álvarez de Paz en Lima, y el de Alonso Sánchez, cuya afición a la vida ascética inquietaba a los superiores y con quien Acosta regresó a España en 1587. Al pasar por alto la evocación de las devociones que pudo observar en Lorenzo, da pues una muestra más de su conocida prudencia y nos sugiere al mismo tiempo que por su parte se sentiría poco adicto a la devoción contemplativa y totalmente convencido de que la joven provincia peruana necesitaba ante todo obreros dispuestos a actuar.

Las relaciones relativas al hermano Lorenzo elaboradas en el siglo XVII se insertan en un contexto muy diferente. Emitidas entre 1600 (*Crónica anónima*), 1631 (Oliva) y 1665 (Arbieto), en época posterior a la directiva de Aquaviva de 1590, son contemporáneas de la aparición de una abundante literatura espiritual jesuita específica (Guibert 1941 y 1953), y de la elaboración de las primeras historias de la Compañía que debían incluir capítulos dedicados a recordar la santidad y virtudes de los padres más insignes que murieron en cada colegio o provincia, así como los casos de vocaciones insignes de los religiosos. En este contexto es lógico que hayan reelaborado el relato de la vida del hermano Lorenzo con vistas a la edificación de los miembros de la orden y del público potencial, seleccionando los episodios que podían convenir para la redacción de una vida edificante como se estilaba en los necrologios de la orden (difusión interna) y poniendo énfasis en los episodios más curiosos y sugestivos de la intervención divina como los encuentros con sierpes y tigres (difusión externa). En cuanto al padre Andrade, compuso su antología de vidas edificantes en Europa, unos 80 años después del envío del documento por Acosta, es decir en una coyuntura espacial y temporal muy alejada del ambiente misionero que pudo caracterizar los primeros decenios de la provincia del Perú. Es muy natural que haya privilegiado los temas que encajaban con el género literario de las vidas edificantes tan en boga en esa época, un género literario al que dedicó una parte de su actividad bien como autor[18], bien como editor. Así como es natural que haya insistido en los aspectos que coincidían con su propia preocupación por los manuales de devoción de los que fue autor prolífico. En esta perspectiva, las referencias al ejemplo de los padres del desierto ofrecían particular interés si pensamos en la importancia que cobraba el modelo literario de autores como San Jerónimo o San Atanasio.

Esto nos confirma que para apreciar debidamente la *Peregrinación de Bartolomé Lorenzo* se ha de tener en cuenta las corrientes hagiográficas en las que se inserta, y de las que saca su sentido y estructura. Desde luego, como las cartas edificantes y demás relatos de edificación podía también incluir y difundir datos informativos, curiosos o exóticos, y ser elaborada según métodos narrativos elaborados. Pero, a la hora de apreciar la elaboración ficcional, parece necesario recurrir al modelo de las vidas edificantes y eremíticas.

Para terminar, destacaremos la "peregrinación" del relato acostiano: enviado a Roma en 1586 parece haber circulado ampliamente en Europa donde fue también editado en 1666. Pero, al ser incluido en el V volumen de los *Varones ilustres* del padre Andrade, volvió al Perú junto con otros numerosos tratados de devoción de este autor: la biblioteca del colegio de San Pablo de Lima contaba con unos diez títulos suyos, y por supuesto la serie completa de los *Varones ilustres* de Andrade amén de un número impresionante de vidas de santos compuestas por varios autores (Jesuitas 363-J). Una prueba más de que la transmisión de la *Peregrinación del hermano Bartolomé Lorenzo* refleja la evolución del sentimiento religioso y que las corrientes y prácticas espirituales constituyen una clave importante para calibrar la especificidad del escrito de Acosta.

---

[18] Sabido es que Andrade es autor de varias vidas de santos y religiosos ejemplares algunas de las cuales figuraban en la biblioteca del colegio de San Pablo de Lima (Jesuitas, 363-J).

Bibliografía

I. Manuscritos

Acosta, José de. *Peregrinación de Bartolomé Lorenzo antes de entrar en la compañía.* Madrid Real Academia de la Historia (RAH), Jesuitas 189, fols. 15r.-31v.

—. *Peregrinación de Bartolomé Lorenzo, hermano de la compañía.* Madrid, RAH, Muñoz 91, fols. 20r.-46v.

—. 1576. *De procuranda indorum salute libri sex.* Salamanca, Biblioteca Universitaria, ms. 121.

—. *Catálogo de la librería del colegio de San Pablo de Lima.* Madrid, Archivo Histórico Nacional, ms. Jesuitas 363-J.

II. Impresos

Acosta, José de. 1984-1987. *De procuranda indorum salute.* Edición de Luciano Pereña *et al.* 2 vols. Madrid: CSIC (*Corpus Hispanorum de Pace*, 23-24).

—. 1899. *Peregrinación por las Indias occidentales en el siglo XVI.* Edición de Cesáreo Fernández Duro. En: *Boletín de la Real Academia de la Historia* 35, 226-257.

—. 1954. *Obras del P. José de Acosta de la Compañía de Jesús.* Edición de Francisco Mateos, S.I. Madrid: Atlas (BAE, 173).

—. 1982. *Peregrinación de Bartolomé Lorenzo antes de entrar en la Compañía.* Prólogo de José Juan Arrom. Lima: Petro Perú.

—. 1993. *Le peregrinazioni di Bartolomé Lorenzo.* A cura de Fausta Antinucci. Palermo: Sellerio (Il divano, 62).

Anadón, José. 1988. El padre Acosta y la personalidad histórica del hermano Lorenzo. En: *Cuadernos Americanos* 12, 12-38.

Andrade, Alonso de. S.I. 1666. *Varones ilustres en Santidad, letras y zelo de las almas de la Compañía de Jesús.* Madrid: J. Fernández de Buendía. T. V.

—. 1889. *Varones ilustres en Santidad, letras y zelo de las almas de la Compañía de Jesús.* Bilbao: s.e. T. IV.

Anónimo. 1944. *Historia general de la Compañía de Jesús en la provincia del Perú. Crónica anónima de 1600 que trata del establecimiento y misiones de la Compañía de Jesús en los países de habla española en la América meridional.* Edición a cargo de Francisco Mateos, S.I. 2 vols. Madrid: CSIC, I, 461-463 (322-24 del ms.).

Arrom, José Juan. 1978. Precursores de la narrativa hispanoamericana. J. de Acosta o la ficción como biografía. En: *Revista Iberoamericana* 44, 369-383.

—. 1982. Ver Acosta.

Backer, Aloïs de; Carlos Sommervogel. 1890. *Bibliothèque de la Compagnie de Jésus.* Bruxelles/Paris: Picard. T. I.

Cappa, Ricardo. 1892. *Propagación de N.S. de Lourdes.* Madrid: Librería Católica de G. del Amo.

Egaña, Antonio de (ed.). 1958. *Monumenta Peruana (1576-80).* Romae: IHSI. T. II.

— (ed.). 1961. *Monumenta Peruana (1581-85).* Romae: IHSI. T. III.

— (ed.). 1970. *Monumenta Peruana (1592-95).* Romae: IHSI. T. V.

Enguita Utrillo, José María. 1988. El americanismo léxico en la *Peregrinación de Bartolomé Lorenzo.* En: *Anuario de lingüística hispánica* 4, 127-145.

Fernández Duro, Cesáreo. 1899. Ver Acosta.

Graniela, Magda. 1988. Textualidad y conquista en *Peregrinación de Bartolomé Lorenzo.* En: *Actas del XXXIV Congreso Internacional de Literatura Iberoamericana.* Barcelona: Universidad de Barcelona, T. I, 403-411.

Guibert, Joseph de, S.I. 1941. Le généralat d'Aquaviva (1581-1615). Sa place dans la spiritualité de la Compagnie de Jésus. En: *Archivum historicum Societatis Iesu* 10, 59-93.

—. 1953. *La spiritualité de la Compagnie de Jésus.* Rome: IHSI.

Guillaumont, Antoine. 1979. *Aux origines du monachisme chrétien. Pour une phénoménologie du monachisme.* Bellefontaine: Abbaye de Bellefontaine. (Arts. "Philon et les origines du monachisme", 25-37 y "La conception du désert chez les moines d'Égypte", 69-87).

Jerónimo, San. 1982. *Correspondance.* Édition bilingue. 2ème tirage. París: Collection des Universités de France. T. 1. Lettres I-XXII: 3, À Rufin; 7, À Chromatius, Jovinus, Eusèbe; 14, À Héliodore.

Lienhard, Martin. 1982. Una novela hispana, 1586 (José Acosta, *La Peregrinación de Bartolomé Lorenzo*). En: *Miscellanea de Estudios hispánicos* [Montserrat], 175-185.

Mustapha, Monique. 1985. L'après-lascasisme au Pérou chez les pères de la Compagnie de Jésus. En: *Ibero-Amerikanisches Archiv* 11, 267-281.

—. 1989. *Humanisme et Nouveau Monde. Études sur la pensée de José de Acosta*. Tesis de Estado inédita, Université de la Sorbonne Nouvelle, París III. En microficha: Lille: Atelier National des Thèses.

Oliva, Giovanni Anello. 1998 [1631]. *Historia del reino y provincias del Perú y varones insignes en santidad de la Compañía de Jesús*. Edición de Carlos Gálvez Peña. Lima: Pontificia Universidad Católica del Perú.

Oviedo, Juan Antonio de, S.I. 1755. *Elogios de muchos hermanos coadjutores de la Compañía de Jesús que en las quatro partes del mundo han florecido con grandes créditos de santidad*. México: Imprenta de la viuda de J. Bernardo de Hogal.

Torres Saldamando, Enrique. 1882. *Los antiguos jesuitas del Perú. Biografías y apuntes para su historia*. Lima: Imprenta Liberal.

Uriarte, José; Mariano Lecina. 1925. *Biblioteca de escritores de la Compañía de Jesús pertenecientes a la antigua asistencia de España desde sus orígenes hasta el año de 1773*. Madrid: Imp. de la viuda de López de Horno. T. I.

Vogüé, Adalbert de. 1991-1993. *Histoire littéraire du mouvement monastique dans l'Antiquité*. Paris: Cerf (Collection Patrimoines). T. I-II.

La "materia de Arauco" y su productividad literaria

Dieter Janik

Como quiera que se la llame: "literatura colonial" o —dicho de otro modo más cauto— "la literatura de la época colonial", la noción de "literatura" se torna problemática. Desde nuestra perspectiva actual, la existencia de una literatura supone el funcionamiento de la misma como institución social. Es precisamente la institución literaria la que contribuye a establecer convenciones y tradiciones literarias que al mismo tiempo se traducen en el éxito y la pervivencia de determinados géneros literarios. Cuando miramos lo que queda de la producción literaria del siglo XVII en las Indias Occidentales, nos enfrentamos con una elevada cantidad de textos de inspiración y finalidad muy distintas a los que no es fácil contextualizar o integrar en esquemas evolutivos. Sabemos que ciertos grupos de textos son la expresión de determinadas prácticas culturales, vigentes en los virreinatos, sin que podamos captarlas bien en cuanto a su intensidad, difusión y duración. Así, sabemos que ya a mediados del siglo XVI hubo en Santo Domingo círculos cultos cuyos miembros escribían e intercambiaban entre sí poesías (véase Henríquez Ureña 1936, 89ss. y 145ss.). Juan de Castellanos, por su parte, nos ha contado de la tertulia que se había formado en su casa de Tunja. Por otro lado, tenemos suficientes datos para hacernos una idea aproximada de las diversiones y fiestas en las cortes virreinales, que incluían lecturas y juegos poéticos. Es una lástima que solamente una parte muy limitada de estas obras fuese guardada en forma manuscrita o incluso legada a la posteridad en forma impresa. Es el caso de las obras cortesanas de Sor Juana Inés de la Cruz, que forman una isla firme dentro de un mar de producciones similares, desgraciadamente perdidas. La obra de Sor Juana nos da al mismo tiempo acceso a la práctica teatral de aquella época y a la función religiosa de gran parte de la producción poética en las ciudades más grandes de América. Las obras y textos que conocemos están estrechamente ligados a estas prácticas culturales cuya continuidad estaba asegurada únicamente en las cortes de Nueva España y Perú y en algunas sedes catedralicias[1]. Fuera de estas producciones literarias, encontramos o bien obras aisladas, difíciles de clasificar, o bien lo que quisiera llamar galaxias literarias. Se trata de conjuntos de textos heterogéneos estimulados por un mismo núcleo histórico y textual, cuyo entramado literario y cultural sólo descubre la mirada atenta del crítico literario. Trataré de presentar y explicar esta

---

[1] Para el caso de México véase Recchia 1993.

hipótesis —que espero sea aceptada en el contexto de este simposio— a partir de lo que he llamado "la materia de Arauco"[2]. Para evitar desde el comienzo un malentendido posible, advierto que no me propongo delinear una vez más la historia de la recepción de la *Araucana* de Alonso de Ercilla, aunque voy a referirme a una serie de obras que pertenecen a esa línea de estudios.

Lo que ha cautivado mi atención y mi curiosidad es la cantidad asombrosa de textos, muy distintos entre sí, escritos a raíz de los sucesos bélicos en el sur de Chile. La expedición militar cuyo escenario fue el "término del orbe limitado" —como dirá en algún momento Alonso de Ercilla (1979, c. 35, estr. 5)— ha sido la empresa conquistadora menos gloriosa de las impulsadas por la Corona. Hay una desproporción manifiesta entre la importancia histórica muy relativa de las guerras de Chile y su eco literario. La "materia de Arauco" es un conglomerado de textos historiográficos y literarios permeables en las dos direcciones. Algunos tempranos relatos historiográficos —además de la experiencia personal y la ambición literaria del autor— habrán inspirado y fundamentado la producción de una obra épica singular: *La Araucana*. Este poema ha suscitado otras obras similares que, a su vez, han sido motivo de una prolongación de la historiografía en forma épica. A estos efectos recíprocos hay que agregar otros impulsos temático-literarios que influyeron en la acogida de la materia de Arauco y de algunos temas ercillanos en otros géneros literarios ya existentes. Para facilitar la visión de conjunto de los procesos textuales aludidos los resumo en un esquema cronológico y genérico.

---

[2] La expresión "materia de Arauco" es un calco de la terminología medievalista francesa que, por ejemplo, resumió la tradición multifacética originada en el ciclo del rey Arturo en la fórmula "matière de Bretagne". En el caso de las Indias, hay otro grupo de textos inspirado por Hernán Cortés.

La materia de Arauco[3]

Fechas históricas	Cronistas/ Historiadores	Ercilla: La Araucana	Romanceros	Épica colonial	Teatro Comedia (C) / Auto sacr. (AS)
1540-1550	Cartas de Pedro de Valdivia (1545-1552)				
1550-1560	La crónica y relación copiosa... Gerónimo de Vivar (?) (1558)				
1560-1570		Alonso de Ercilla La Araucana. Primera Parte (1569)			
1570-1580	Historia de Chile de Alonso de Góngora Marmolejo (1575)	Primera y Segunda Parte de La Araucana (1578)			
1580-1590	Crónica del reino de Chile de Mariño de Lobera/B. de Escobar (1584)	Tercera Parte de La Araucana (1589)	Flor de varios romances Pedro Moncayo (1589) 'Por los cristalinos ojos'		
1590-1600		Primera, Segunda y Tercera Partes de La Araucana (1590)	Flor de varios romances nuevos, Pedro de Moncayo (1591) (3 romances) Sexta Parte Pedro Flores (1593) (12 romances)	1) Pedro de Oña Arauco domado (1596, Lima) (1605, Madrid) 2) Diego de Santistevan Osorio La Araucana. Partes IV y V, Salamanca 1597	
1600-1610			Romancero general 1604 (15 romances)	3) Diego Arias de Saavedra Purén indómito (comienzos XVII)	Ricardo de Turia La belígera española (1610, C)
1610-1620				4) Las guerras de Chile (La guerra de Chile- ca. 1620)	
1620-1630					Lope de Vega Arauco domado (1625, C) Lope de Vega (?) La Araucana (1630, AS)

---

[3] En esta tabla he considerado únicamente las obras aparecidas hasta el año 1630. La lista de las obras no es completa. Una descripción casi exhaustiva que tiene en cuenta particularmente la producción teatral se encuentra en el libro de Lerzundi 1996, 12-17.

En lo que he llamado la "materia de Arauco" se entrecruzan y se sobreponen, en diversas formas, dos procesos, a saber uno histórico y otro literario. El proceso histórico fue puesto en marcha por la invasión de los territorios de los pueblos de Chile iniciada por el conquistador Pedro de Valdivia en el año 1540. El sometimiento de éstos y una primera fase de pacificación desembocaron en un levantamiento cuya señal fue dada por el asesinato de Valdivia en Tucapel, en el año 1553. La expedición militar y punitiva de la cual formó parte Alonso de Ercilla, en el curso de los años 1557/1558, fue exitosa en la medida en que los españoles lograron capturar y ejecutar al jefe militar de los pueblos de Arauco, Caupolicán. Pero esta victoria no constituyó sino un afianzamiento pasajero del dominio español en las regiones situadas al sur de la ciudad de Chillán, antes San Bartolomé de Gamboa. Una larga serie de gobernadores de Chile, enviados al sur de la provincia por distintos virreyes del Perú, lucharon con constante esfuerzo y graves pérdidas contra las alianzas militares siempre renovadas de los pueblos indígenas. Esta situación perduró más de setenta años y aun después, ya que hasta muy entrado el siglo XIX no se llegó a una pacificación definitiva (véase Blancpain 1990). ¿Que tenía de épico este enfrentamiento tenaz? El conflicto presenta las características mínimas de la temática digna de una epopeya: un ejército de valientes invasores por un lado, y, por otro lado, una alianza de defensores indígenas no menos guerreros y valerosos. Todo el resto es literatura.

En su Introducción a *La Araucana* de Alonso de Ercilla, Marcos A. Morínigo (1979, 25) ha constatado que, según su recuento minucioso, sólo la sexta parte de los versos de las tres partes relatan sucesos en los que Ercilla estuvo presente como soldado y testigo. Precisamente, la *Primera Parte* de 1569, a la cual el autor español debió su temprano renombre de poeta épico hispano, está basada casi exclusivamente en otros textos, historiográficos, y en diversas fuentes orales. El texto más interesante al respecto es la *Crónica y relación copiosa y verdadera de los Reinos de Chile,* atribuida a Gerónimo de Vivar, que contiene la elección del jefe militar de los araucanos, Caupolicán, gracias a la prueba del madero[4]. Este importante episodio, que Ercilla relata extensamente en el canto II, fue puesto en duda por Mariño de Lobera, que interrumpe su versión de la elección diciendo:

> En efecto, estuvieron estos doce electores tan unánimes, que sin contradicción alguna, eligieron a un indio noble y rico llamado Cau-

---

[4] Véase Sáez-Godoy 1979, 206. La atribución de la crónica al soldado Gerónimo de Vivar fue puesta en duda con argumentos contundentes por Giorgio Antei (1990), que considera como autor a Juan de Cárdenas, secretario de cartas de Pedro de Valdivia.

polican, de tantos bríos cuanto parece significar aun la misma hinchazón del nombre, y de tanto valor, sagacidad y prudencia, que más parecía de senador romano que de bárbaro chilense. No quiero dejar de advertir al lector sobre este punto, que si acaso leyere la historia llamada *Araucana*, compuesta por el ilustrísimo poeta don Alonso de Ercilla, vaya con tiento en el dar el legítimo sentido a las palabras con que pondera el largo tiempo que este Caupolican tuvo en sus hombros un pesadísimo madero, arrojándole después un gran trecho de sí, como cosa en que consistía su elección, por estar determinado que el que más tiempo sustentase aquel madero fuese electo; en lo cual, me refiero a su historia, avisando aquí al lector que entienda que este caballero habla como poeta con exageración hiperbólica, la cual es tan necesaria para hacer excelente su poesía, como lo es para mi historia el ser verdadera sin usar de las licencias que Horacio concede a los poetas (Mariño de Lobera 1960, 331).

Mariño de Lobera cita después toda una serie de ejemplos sacados de los poetas antiguos más famosos, volviendo después con estas palabras a la obra de Ercilla:

poniendo empero resguardo a que entienda el lector que no por esto deja de ser verdad comúnmente lo que escribe, pues una ficción no quita el crédito a la poesía. Y así verá el lector que en las más concuerda con lo que aquí se escribe, que es lo que pasó en efecto de verdad (ibíd.)

Mariño de Lobera, por su lado, no conocía el texto manuscrito de Gerónimo de Vivar que, en el capítulo CXVII de su obra, describe con abundancia de detalles la prueba física organizada con un "troço de palo grande y pesado"[5].

En cuanto a los romances basados en *La Araucana* de Ercilla, lo más sorprendente es la rapidez con la cual determinados motivos y escenas de la epopeya fueron plasmados en el estilo de romances nuevos. La primera pieza, de 1589, abre todo un ciclo de romances amorosos centrados en la pareja Guacolda-Lautaro, episodio que corresponde al canto XIII.

Otros romances —históricos— siguen el hilo de la historia narrada por Ercilla deteniéndose en momentos cruciales de la contienda. El interés del público por estas piezas se hace manifiesto a través de su inclusión en varias de las antologías

---

[5] La relación de los textos de Ercilla, Vivar y Mariño de Lobera ya fue estudiada por Durand (1978) y Antei (1986, 29ss.) Antei insiste, con buenos argumentos, en que Ercilla tenía conocimiento del manuscrito de Vivar. Ello, sin embargo, no prueba, como él mismo reconoce, la "fidelidad etnohistórica" de la prueba del madero.

más actuales de la época y su acogida en las distintas ediciones del *Romancero general* a partir del año 1600[6]. Volviendo al motivo de la prueba del madero se imponen dos observaciones. La primera es que el motivo reaparece también en los romances. La segunda concierne a su tratamiento literario, que se desvía del plan de la epopeya. El *Nono Romance* de los *Nueve Romances en que se contiene la tercera parte de la Araucana* lleva el título siguiente: "Nono Romance. De la nueva elección de General en Chile, después de la muerte del Caupolicán".

Como se desprende de este resumen, el motivo de la prueba ha sido trasladado a otro momento de la guerra entre españoles y araucanos[7]. Tal como fue el caso en la obra de Ercilla, es otra vez el cacique anciano Colocolo quien dirige la elección y propone la prueba, pero son otros los protagonistas y rivales. Cito las palabras de Colocolo:

> "Que pues la gente de España
> nos tiene tan oprimidos,
> y mucha gente nos falta,
> es bien que con gran silencio
> la nueva elección se haga
> y sea hecha en el varón
> que aquella viga pesada
> tuvo más sobre sus hombros
> fuera del muerto que falta."

> Lincoya dixo: "yo soy
> aquel que más se aventaja,
> y el que más valor mostró
> en la elección pasada,
> pués sólo el Caupolicán
> con seis horas de ventaja,
> me ganó, después que treinta
> sufrí en mi hombro la carga" (en: Lerzundi 1978, 117s.).

---

[6] Los romances son fácilmente accesibles en la edición de Lerzundi 1978. El editor, en su Introducción, ha resumido las investigaciones anteriores (José Toribio Medina, José María de Cossío y Antonio Rodríguez-Moñino).

[7] Ercilla (1979, II, 359) describe los preparativos de la segunda elección en el canto XXXIV de su obra, destacando una vez más el papel conciliador de "Colocolo, sagaz y cauto viejo", sin volver, sin embargo, al tema de la prueba del madero. Usa después el artificio de la *digressio* para apartarse del escenario de la elección del nuevo general araucano.

La cifra es exacta y prueba que el autor del romance ha leído bien el canto II de Ercilla, aun cuando se apartara después del contexto ercillano.

Con ello no se agota aún la fortuna literaria de la prueba del madero, porque ha sido precisamente a esta escena dramática a la que Lope de Vega ha dado un tratamiento a lo divino en su auto sacramental *La Araucana*. El editor y autor de las observaciones preliminares de la edición de la Biblioteca de Autores Españoles, Marcelino Menéndez Pelayo, tildó la obra de "pieza disparatadísima", impresión que el lector moderno ratificará sin problema (Vega 1963, 239). Es una invención desmesurada que introduce a Colocolo como eremita y bautista. Se lo presenta como "cacique que tiene potestad divina". Este anuncia al que va a ser el redentor de Arauco:

> La luz
> que ilumina los distritos
> de Arauco, es Caupolicán,
> y yo soy quien la publico:
> decir quiere el poderoso
> en nuestra lengua, y se ha visto
> esta verdad en el santo
> Caupolicán con prodigios
> y señales milagrosas (ibíd., 419).

Cuando se levanta un altercado entre Rengo, Tucapel y Colocolo acerca de quién, entre los caciques araucanos, merece la mayor gloria, llega —acompañado por canciones solemnes— el propio Caupolicán como el salvador prometido al Arauco. Se repite, en forma alegórica, la lucha por la preeminencia entre los caciques que no quieren reconocer sin más la autoridad de Caupolicán. Rengo invita a la prueba del madero:

> Eso no, que ser espero
> su capitán, y así quiero
> que rija Arauco y su gente,
> el que más tiempo sustente
> en sus hombros un madero (ibíd., 425).

Con la respuesta de Caupolicán se anuncia la transformación a lo divino de esta prueba, ya que bajo la apariencia del cacique indio se esconde el propio Cristo.

> Mío el gobierno ha de ser;
> que Isaías, con asombros,
> lo puso sobre mis hombros,
> y mi reino y mi poder,

> sabed lo viene a poner
> en el madero, y ansí
> hoy en el madero aquí
> comenzará mi gobierno,
> sobre los siglos eterno,
> que todo es eterno en mí (ibíd.).

En las espaldas de Caupolicán el madero se transforma en cruz, y esta "figura del madero" vence a todas las otras figuras. Para terminar, Caupolicán invita a los indios de Arauco a la celebración de la Eucaristía. Aproximadamente 70 años después de la muerte de Caupolicán, quien, antes de su ejecución atroz, había pedido y obtenido el bautismo cristiano, esta divinización del gran enemigo de los míseros soldados españoles parece una ficción harto atrevida, pero que está en consonancia con tantas otras creaciones del imaginario barroco español.

La interrelación y la intertextualidad entre *La Araucana* de Ercilla y los demás poemas épico-históricos, escritos con la intención declarada o no de rivalizar con el gran modelo, ha sido ya tema de varios estudios. La rivalidad literaria es particularmente manifiesta en el caso de *Arauco domado* de Pedro de Oña ya que su autor —temáticamente hablando— cubre la misma serie de acontecimientos históricos que Ercilla, enfocándolos sin embargo desde otra perspectiva política y siguiendo en ello intereses personales distintos. No voy a insistir en este paralelo (véase Rodríguez 1981).

Existe otra pareja épica menos estudiada, sobre la que quisiera llamar la atención. Se trata, por un lado, de la extensa obra épica —en octavas reales— *Purén indómito*. La segunda obra no lleva título original, pero es conocida desde la primera impresión del manuscrito por José Toribio Medina, en 1888, bajo el título de *Las guerras de Chile*. La primera obra, *Purén indómito,* ha sido considerada desde el siglo XVII obra de Fernando Álvarez de Toledo, atribución errónea, corregida recién en 1984 por el editor moderno de la obra, Mario Ferreccio Podestá, quien establece a Diego Arias de Saavedra como autor (véase Arias de Saavedra 1984, 34-49). La autoría de la segunda obra también es dudosa, ya que varios estudiosos han cuestionado seriamente el nombre propuesto por José Toribio Medina, que, sin embargo, sigue repitiéndose en muchas historias literarias: Juan Mendoza Monteagudo[8]. Más interesante que este debate sobre los verdaderos autores es el hecho de que las dos obras se superponen en

---

[8] Ferreccio Podestá ha desvirtuado la propuesta de Medina y otras hipótesis, sin lograr, por su cuenta, resolver el enigma de la autoría. Véase el Prólogo a su reedición de la obra (Anónimo 1996, 14-22).

cuanto a determinados acontecimientos históricos narrados. *La guerra de Chile*
(como la titula Ferreccio Podestá) es obra posterior a *Purén indómito,* pero los
dos poemas tratan los mismos años del gobernador Francisco de Quiñones, aun
cuando el relato histórico de *La guerra de Chile* se extiende hasta el segundo
gobierno de Alonso de Rivera (1612-1615)[9]. Ciertamente, los dos poemas son
epopeyas históricas que siguen la huella de *La Araucana* de Alonso de Ercilla.
Sin embargo, no se trata sencillamente de imitaciones, ya que cada obra intenta
proseguir, a su modo, la tarea de historiar las nuevas luchas entre españoles y
araucanos, surgidas a cortos intervalos después de los sucesos bélicos vividos y
descriptos por Ercilla. A Caupolicán y Lincoya han sucedido Pelentaro y An-
ganamón[10]. Otros capitanes españoles han reemplazado a los jefes militares de
los años 50. Sublevaciones de indios, asaltos a los fuertes de los españoles,
batallas campales, refriegas, avances y retiradas, ardides y trampas, todos estos
conocidos elementos forman el hilo de la narración histórica. Los autores describen atroces escenas de lucha, cuerpo a cuerpo, y obedecen, en muchos aspectos, a las exigencias del género.

Lo que llama la atención del lector moderno son los distintos procedimientos
empleados para dramatizar los eventos, para dar relieve humano a los protagonistas de los dos campos enemigos y para interrumpir de vez en cuando la serie
de las acciones bélicas. *Purén indómito* es un poema muy largo, articulado en
XXIV cantos de 1932 octavas reales, centrado en el relato desilusionado de la
guerra[11]. En el caso de *La guerra de Chile* se trata de una obra trunca, incompleta, que termina al final del canto XI. A pesar de numerosas coincidencias en
la trama de las dos obras, *La guerra de Chile* demuestra una elaboración literaria
mucho más consciente y más refinada. No comparto la conclusión de José
Toribio Medina en su "Introducción biográfica" a la obra, donde dice:

> Cualquiera que sea el mérito literario de las *Guerras de Chile*, no
> debemos olvidar al juzgar el libro del poeta chileno, que sus versos
> se amoldan siempre a la verdad de los sucesos que narra, que vivió
> y escribió en el más pobre y apartado rincón de la tierra, sin mode-
> los, sin estímulo y sin pretensiones, y, por fin, que habiendo dejado
> su obra inconclusa y sin pulir, habría podido esperarse de su talento
> mucho más de lo que en realidad ha legado (en: Mendoza Monteagu-
> do 1888, XXVI).

[9] Esta es la conclusión de Medina (1888, 245, n. 2).
[10] 'Pelentaro' en *La guerra de Chile,* 'Pelantaro' en *Purén indómito.*
[11] Véase el estudio de Rodríguez (2000) y el libro de Triviños (1994).

Es difícil entender por qué Medina dice que el autor de *Guerras de Chile* no tuvo modelos. Tenía, ante todo, un gran modelo: *La Araucana* de Alonso de Ercilla. Lo menciona elogiosamente en la sexta estrofa del canto primero como aquel autor que hizo la primera descripción de Chile, citando *in extenso* la séptima estrofa del poema de Ercilla, que también es la séptima de *La guerra de Chile*: "Es Chile norte sur de gran longura"[12].

Pero el autor de *La guerra de Chile* se propone ir más lejos que Ercilla ampliando el cuadro geográfico trazado por Ercilla y suministrando al mismo tiempo una descripción más completa de su gente. En la estructura de *La guerra de Chile* se repiten muchos rasgos del poema ercillano. El autor del poema no sólo reconoce su deuda para con el modelo admirado, sino que toma abiertamente partido por él frente a la actitud severa de Don García Hurtado de Mendoza:

> Tras éste vino a prueba don García
> de la braveza indómita *chilcana*,
> de cuyos claros hechos no es vacía,
> aunque calló su esfuerzo, *El araucana*:
> tuya, marqués, la culpa fue aquel día
> d'escurecer tu gloria soberana,
> pues con tan raro autor así te hubiste,
> que su sublime voz enmudeciste (canto I, oct. 61).

Es opinión común de la crítica que tanto el poema épico de Pedro de Oña, *Arauco domado,* como la comedia de Lope de Vega que lleva el mismo título, constituyen el desagravio literario de García Hurtado de Mendoza a instancias de su familia (véase Dixon 1993).

Merece destacarse sobre todo la observación moralista de los excesos y errores de los dos partidos beligerantes. Al igual que Ercilla, el autor de *La guerra de Chile* resume sus juicios en agudas sentencias que concluyen a menudo las octavas. Valga como ejemplo una cita del canto II:

> morir quieren vengados, no rend[id]o[s],
> que mal se va a la muerte sin vengarse:

---

[12] "Es Chile norte sur de gran longura,/ costa del nuevo Mar del Sur llamado;/ tendrá de leste a oeste de angostura/ cien millas por lo más ancho tomado;/ bajo del polo antártico en altura/ de veinte y siete grados prolongado,/ por donde el Mar Océano y Chileno/ mezclan sus aguas por angosto seno". Esta cita y las que siguen corresponden a la edición crítica de Ferreccio Podestá. En estos versos de *La guerra de Chile* se notan ligeras modificaciones del texto ercillano.

siempre el morir rendido es despreciada
y un vengado morir es muerte honrada (canto II, oct. 16).

Podrían citarse otras escenas y discursos en los que aparece con contornos netos el modelo ercillano. Pero de mayor interés literario es otra influencia apenas sospechada en un poema épico concebido tan fuera de los ámbitos cultos de Europa, a saber, la influencia visible e incontestable de *Os Lusíadas* de Luís de Camões[13]. Quisiera presentar sólo dos episodios. El primero se encuentra al final del canto VIII, cuando un marinero anciano levanta la voz ante los soldados que se habían comprometido a defender el fuerte fronterizo más apartado:

¡Oh!, mal haya el primero que, ambiciando
la ajena patria y libre señoría,
salió a hierro absuluto trasgresando
la ley universal de la paz pía:
causa a quien, peregrinos miserando,
hecha costumbre ya la tiranía,
buscando los ajenos y sus males
imitan hoy los míseros mortales.

¡Mal hayas otra vez, mal hayas, hombre,
mal hayas otras ciento, Marte isano,
y mal haya también contigo el nombre,
el nombre que te da el aplauso humano,
pues, por lo que adquiriste el gran renombre,
eras digno, iniquísimo tirano,
de no te[n]ello nunca entre la gente
que así sigue tu bélico acidente! (canto VIII, oct. 630s.)

¿Quién no recuerda aquí el eco del discurso furioso que el *velho de Restelo* dirigió a la flota portuguesa a punto de salir a su gran empresa?:

Oh, maldito o primeiro que, no mundo,
nas ondas velas pôs em seco lenho!
dino da eterna pena do Profundo,
se é justa a justa Lei que sigo e tenho!
nunca juízo algum, alto e profundo,
nem cítara sonora ou vivo engenho,

---

[13] En su libro, Nicolopulos (2000) ha demostrado la influencia de Camões en la elaboración de la *Segunda Parte de la Araucana*.

te dê por isso fama nem memória,
mas contigo se acabe o nome e glória!
(Camões 1972, canto IV, estr. 102)

Si faltara otra prueba, bastaría leer aquel episodio del canto XI de *La guerra de Chile* donde en la figura monstruosa "de sombra y agua hecha" renace el Adamastor de Camões, monstruo marino descrito en el canto V de *Os Lusíadas*.

A modo de conclusión

Como se ha podido observar, las obras que se inspiran en la "materia de Arauco" pertenecen a géneros textuales y tradiciones literarias muy diversas. Lo que justifica estudiarlas en conjunto, cruzando las fronteras de los dominios culturales y sociales en los cuales están insertas, es, en primer lugar, el hecho de que proceden todas de una experiencia histórica concreta, perfectamente definida en cuanto al momento y al espacio. La memoria testimonial vertida en el molde del relato escrito ha dado lugar, partiendo de un punto cero, a una ramificación literaria sorprendente. Es la variedad poética inscrita en el poema heroico de Ercilla la que ha posibilitado la adaptación de determinados episodios y motivos a géneros "literarios" tan distantes como el romance, el auto sacramental o la comedia.

El lazo que une todas las obras del corpus araucano es la conciencia y actividad literaria de la época, que explota la materia de Arauco según los intereses ideológicos dominantes. Esta explotación obedece a la estilización literaria y formal requerida para la presentación pública de los mensajes ideológicos de la sociedad española de aquel período: la visión imperial, la gloria de las armas españolas, el poder de la fe cristiana, la excelencia de la poesía española, el prestigio de las familias de alta nobleza. Cada texto del corpus araucano se subordina de algún modo a estos fines distintos pero coherentes. Estas obras —inspiradas, en última instancia, en los sucesos bélicos de la región antártica— pertenecen por lo tanto a un espacio literario único y homogéneo. No es posible, según mi criterio, atribuir algunas de ellas a la literatura española y otras a la literatura hispanoamericana (o chilena) naciente. Dicha observación hace surgir la pregunta de cuándo y dónde se sitúan los comienzos de una genuina diferenciación entre las letras españolas y las americanas.

Bibliografía

Anónimo. 1996. *La guerra de Chile*. Edición de Mario Ferreccio Podestá y Raïssa Kordić Riquelme. Santiago de Chile: Universidad de Chile.

Antei, Giorgio. 1986. *Poesía e historia. Cuestiones de historiografía chilena primitiva*. Bogotá: Universidad Nacional de Colombia, Facultad de Artes.

—. 1990. L'invenzione del regno del Cile. En: *La imagen del indio en la Europa moderna*. Sevilla: CSIC, 237-288.

Arias de Saavedra, Diego. 1984. *Purén indómito*. Edición de Mario Ferreccio Podestá. Estudio preliminar de Mario Rodríguez Fernández. Concepción: Biblioteca Nacional.

Blancpain, Jean-Pierre. 1990. *Les araucans et la frontière dans l'histoire du Chili des origines au XIXe siècle. Une épopée américaine*. Frankfurt am Main: Vervuert.

Camões, Luís de. 1972. *Os Lusíadas*. Leitura, prefácio e notas de Álvaro Júlio da Costa Pimpão. Lisboa: Instituto de Alta Cultura.

Dixon, Victor. 1993. Lope de Vega, Chile and a Propaganda campaign. En: *Bulletin of Hispanic Studies* 70, 1, 79-95.

Durand, José. 1978. Caupolicán, clave historial y épica de "La Araucana". En: *Revue de littérature comparée* 52, 367-389.

Ercilla, Alonso de. 1979. *La Araucana*. Edición de Marcos A. Morínigo e Isaías Lerner. 2 vols. Madrid: Castalia.

Ferreccio Podestá, Mario. 1984. Véase Arias de Saavedra.

Henríquez Ureña, Pedro. 1936. *La cultura y las letras coloniales en Santo Domingo*. Buenos Aires: Facultad de Filosofía y Letras de la Universidad de Buenos Aires.

Lerzundi, Patricio. 1978. *Romances basados en 'La Araucana'*. Madrid: Playor.

—. 1996. *Arauco en el teatro del Siglo de Oro*. Valencia: Albatros Ed.

Mariño de Lobera, Pedro. 1960. *Crónica del Reino de Chile*. En: *Crónicas del Reino de Chile*. Edición y estudio preliminar de Francisco Esteve Barba. Madrid: Atlas (BAE, 131).

Medina, José Toribio. 1888. Véase Mendoza Monteagudo.

Mendoza Monteagudo, Juan de. 1888. *Las guerras de Chile. Poema histórico por el Sargento Mayor Don Juan Mendoza Monteagudo*. Publicado con una introducción, notas e ilustraciones por José Toribio Medina. Santiago de Chile: Imprenta Ercilla.

Menéndez y Pelayo, Marcelino. 1963. Véase Vega Carpio.

Nicolopulos, James. 2000. *The Poetics of Empire in the Indies. Prophecy and Imitation in* La Araucana *and* Os Lusíadas. University Park, PA: The Pennsylvania State University Press.

Recchia, Giovanna. 1993. *Espacio teatral en la ciudad de México. Siglos XVI-XVIII*. México: DR INBA.

Rodríguez Fernández, Mario. 1981. Un caso de imaginación colonizada: "Arauco domado" de Pedro de Oña. En: *Acta Literaria* [Universidad de Concepción, Chile] 6, 79-92.

—. 2000. "Un juego de ajedrez mal entablado": las estrategias del poder en *Purén indómito*. En: *Acta Literaria* 25, 101-121.

Triviños, Gilberto. 1994. *La polilla de la guerra en el reino de Chile*. Santiago: Editorial La Noria.

Vega Carpio, Félix Lope de. 1963. *Obras de Lope de Vega: VII. Autos y Coloquios II*. Edición de Marcelino Menéndez Pelayo. Madrid: Atlas (BAE, 158).

Vivar, Gerónimo de. 1979 [1558]. *Crónica y relación copiosa y verdadera de los Reinos de Chile*. Edición de Leopoldo Sáez-Godoy. Berlín: Colloquium Verlag.

Algunas reflexiones en torno a una relación literaria: Juan del Valle y Caviedes y Francisco de Quevedo

Pedro Lasarte

Es ya un lugar común de la literatura colonial hispanoamericana el pensar en Francisco de Quevedo como precursor inmediato del escritor del virreinato del Perú, Juan del Valle y Caviedes, el "Quevedo peruano", como se le ha llamado en muchas ocasiones. Aunque no es mi intención en este breve ensayo añadir a las ya reconocidas relaciones textuales entre los dos escritores, sí cabría notar que la reciente lectura crítica hecha por Luis García-Abrines Calvo (1993-94) en su edición a las obras de Valle y Caviedes anota unas setenta referencias a Quevedo[1]. Creo que la sugerencia de un número tan elevado sí requiere que se mire con cierto cuidado si en realidad en muchos de esos casos se trata de una influencia directa de un autor al otro, o si es coincidencia que toca un mismo tema; es decir, cabe diferenciar entre lo que puede ser transmisión textual inmediata y lo que es sólo parte de una larga tradición satírico-burlesca a la cual pertenecen las obras de ambos escritores[2]. Sin negar la imitación por parte de Quevedo de fuentes clásicas o populares, a la vez se reconoce que mucha de su temática satírica, y su agudeza jocosa —y a ratos escatológica— recogía un sinnúmero de lugares comunes de la tradición literaria y folklórica[3]. Ahora, claro está, Quevedo contextualiza esa tradición dentro de sus propias preocupaciones e intereses; y lo mismo se puede decir sobre Valle y Caviedes. Pero, en fin, todo este material introductorio no creo que sea nada nuevo para el especialista en poesía de los Siglos de Oro. Queda, entonces, como mero prefacio para pasar de inmediato a ciertas reflexiones sobre la relación literaria entre estos dos autores, Francisco de Quevedo y Juan del Valle y Caviedes. Debo advertir, sin embargo, que mi aproximación a estos escritores no me lleva a comparaciones textuales, sino más bien a centrarme en el estudio de un poema de Valle y Caviedes. Sólo

---

[1] De los muchos estudios que notan diversas relaciones textuales entre los autores (y también ciertas diferencias) se destacan Carilla 1949, 222-229 y Bellini 1966, 107-122.

[2] Mi comprensión de la poesía "satírico-burlesca" se basa en las ideas de Arellano, para quien en este tipo de poema coexisten la intención de censura moral y el estilo burlesco (es decir, el que se orienta hacia la "diversión risible que procede del alarde estilístico") (1987, 37).

[3] Así lo ha mostrado Chevalier, quien advierte, por ejemplo, que al calor de las figuras y los textos 'fáciles' de la tradición oral "brotó una literatura aguda al que pertenece buena parte de la obra quevediana" (1992, 9).

como dato para establecer un referente temporal, Quevedo muere en 1645 y Valle en 1698.

Es interesante notar que en el ámbito de la crítica norteamericana más reciente, al buscarse una inequívoca ideología del autor en la sátira de Valle y Caviedes, no sin cierta ambivalencia, se ha llegado a una polarización significativa. Por un lado se piensa que la obra del escritor virreinal, como expresión satírica, entrega una crítica contestaria y subversiva del sistema colonial. Así, por ejemplo, leemos que su sátira

> supone una crítica social [...] consciente y dirigida a destruir la sacralidad con que el sistema social intenta reproducirse a través de las tipificaciones que sanciona positivamente [...] [como] por ejemplo, autoridades, profesiones, posiciones de notoriedad, [y] normas válidas de comportamiento[4].

Pero por otro lado, opuestamente, hay otros que conjeturan —y traduzco— que "la poesía de Valle y Caviedes conlleva una base ideológica conservadora que refleja la clase dominante de la sociedad estatal española" (Costigan 1994, 93).

Habría, entonces, que recapacitar sobre estas encontradas interpretaciones. Mi primera observación es que las posibles ambigüedades que se pueden hallar en la obra de Valle y Caviedes responden a la naturaleza contradictoria del sistema ideológico mismo desde el cual escribe, y en el cual se inscriben sus textos. Es decir, su obra no se sitúa fuera de la ideología operante, sino que forma parte de ella: en última instancia su poesía no trasciende o resuelve contradicciones sociales —deseo éste que, creo, es el que precisamente puede desembocar en la mencionada contradicción crítica, la de argumentar a favor de un Valle y Caviedes adversario o un Valle y Caviedes defensor de la hegemonía política y cultural del virreinato[5]. Él y su obra son receptores y transmisores de la ideología colonial, proceso compuesto por un diálogo de diversas prácticas discursivas, muchas de ellas en armonía, otras en tensión. Y entre estas prácticas

---

[4] Vidal 1985, 126. De modo semejante, Johnson, por ejemplo, aboga por el carácter subversivo de la sátira, y a través de ella, nos dice, el poeta "expresa [...] reservas hacia la estabilidad de la sociedad virreinal y aun más, de las posesiones españolas ultramarinas en general" (1993, 39. Traducción mía).

[5] Higgins estudia a Valle y Caviedes bajo una aproximación semejante. Por ejemplo, uno de sus estudios concluye con las siguientes palabras: "Caviedes' discourse moves continually between the axes of transgression and regulation, and the very ambivalence of his satirical poetry illustrates how colonial power is not only expressed overtly in the various kinds of official texts, such as the *crónica* and the *relación*, but is also woven into the fabric of apparently critical modes of discourse" (1999, 117).

discursivas se hallaría, precisamente, la poesía de Quevedo como discurso literario que participaba en la formación de la mentalidad cultural del virreinato.

La poesía satírica de Valle y Caviedes, como se ha dicho, indudablemente trasluce muchas referencias directas a la obra de Quevedo, pero una que resalta, la cual voy a observar de cerca aquí, es la de un poema cuyo título, con algunas variaciones en los manuscritos originales, dice: "Los efectos del protomedicato de don Francisco de Bermejo sabrá el curioso en este romance, escrito por el alma de Quevedo, que anda penando en sátiras". El poema aborda la temática preferida del escritor virreinal, la sátira de médicos —algo tópico de toda la tradición satírica— y que también recoge Quevedo en numerosas ocasiones, entre ellas, por ejemplo, en *El sueño del infierno* (1972, 158), *El sueño del juicio final* (ibíd., 73-79), *El sueño de la muerte*, (ibíd., 188) y *La hora de todos* (1975, 72). Curiosamente, sin embargo, en la sátira de Valle y Caviedes, a diferencia de la de Quevedo, el tópico literario se entrelaza más directamente con la circunstancia social, al aproximarse críticamente no sólo a la práctica médica en general, sino también a un número de médicos contemporáneos —vecinos, diría yo— del propio Valle y Caviedes, e identificados con sus nombres verdaderos, diferencia, creo, importante entre los dos autores, y sobre la cual regresaré más adelante.

Para empezar, cabría resumir este poema cuyo título anuncia que fue "escrito por el alma de Quevedo". Allí se relata la siguiente situación de modo jocoso, burlesco e irónico: "Ossera", Protomédico del Perú, ha fallecido, y el importante puesto burocrático es heredado por un colega, otro médico llamado "Bermejo". El cambio de mando es presentado con las siguientes estrofas, de sátira mordaz:

> Protoverdugo de herencia
> Osera a Bermejo hizo,
> por su última y postrera
> disposición de jüicio.
> Su heredero era forzoso
> porque el tal Osera dijo
> que Bermejo, de sus cascos
> sólo llenaba el vacío (44, 1-8)[6].

Hay que notar algo típico tanto de Valle y Caviedes como de Quevedo: que el lenguaje satírico-burlesco, por medio de la polisemia, abre el discurso a una variada gama de lecturas posibles, reclamando cierta ambigüedad interpretativa. Me gustaría destacar que la referencia leída sobre "la última y postrera disposi-

---

[6] Cito de la edición de María Leticia Cáceres *et al.* (1990). El número del poema, según su edición, va seguido de la numeración de versos.

ción" de Ossera arroja un cómico sentido escatológico. Según el Diccionario de la Real Academia (1992), "postrera" es "la parte más retirada de un lugar", y "disposición" la "soltura en despachar las cosas". La agilidad mental para poner en acción sus pensamientos y legar el puesto a Bermejo se lee entonces como una última evacuación intestinal de Ossera, este protomédico que ahora se halla bajo tierra. Aun más, su poco alcance intelectual se reitera en la siguiente estrofa, ya que, según Ossera, sólo Bermejo llenaba el "vacío de sus cascos" —es decir el vacío de su cabeza.

La sátira hacia Ossera, además de abrirse a una serie de formas populares del ataque jocoso, se centra, entonces, sobre la incapacidad intelectual del médico. Ya veremos por qué. Después de estos versos introductorios, el poema pasa a una descripción cómica de la facha del recién nombrado Protomédico Bermejo. Éste hace alarde de su nuevo puesto llevando todas las vestimentas apropiadas para su profesión, vestimentas y adornos rígidamente prescritos por la ley, pero también algo que ya se había convertido en blanco tópico de la sátira, y que recoge el mismo Quevedo en su *Sueño de la muerte*[7]. En el poema de Valle y Caviedes se alude, por ejemplo, a los ignorantes latinajos y aforismos propios del llamado "médico latino", y a sus anillos y collares[8]. Cabe citar estos versos:

> Empuñó el puesto, y muy grave,
> dando al Cielo gracias, dijo:
> *gratias a Deum* en su
> mal latín de solecismos.
>
> Heredó el cargo, y al punto,
> añadiéndole a lo erguido
> de su natural, la herencia,
> se espetó más de aforismos.
>
> Entiesóse de cogote;
> sacó el pecho, y el hocico
> lo torció de mal agrado,
> con vista y ceño de rico.
> [...]
> Autorizóse de galas,
> y multiplicando anillos,

[7] "Fueron entrando unos médicos a caballo en unas mulas [...] guantes en infusión, doblados como los que curan; sortijón en el pulgar con piedra tan grande, que cuando toma el pulso pronostica al enfermo la losa" (1972, 187-189).

[8] Las categorías de la medicina eran: físico o doctor en medicina, cirujano latino, cirujano romancista, flebotomista y boticario o farmacéutico (García Cáceres 1999, 52).

añadió esta liga docta
a su ignorante esportillo.
Nuevo aderezo a la mula,
también de gala le hizo,
porque lo bruto quedase
de todo punto vestido.
Hinchándose de Galeno,
de Hipócrates embutido,
disfrazó en sabia corteza
su rudo centro nativo (44, 9-36)[9].

Regresemos ahora a la ya mencionada diferencia entre los dos autores; es decir las diferentes relaciones satíricas que establecen con la burla de la práctica de la medicina. Ignacio Arellano ha dicho muy acertadamente que la sátira de médicos es antiquísima, pero que algunos de los motivos que usa Quevedo no lo son ya que se trata de "la hiperbolización de los atributos reales de médicos del siglo XVII" (1987, 88). Para el caso de Valle y Caviedes diría yo que también, como lo es precisamente su referencia al uso de vestimentas prescritas por ley; pero a la vez hay, creo, en él, un subtexto diferente que le lleva al ataque *ad hominem*, algo que debe mirarse en el espacio y momento coloniales en los cuales se rescriben los mismos tópicos literarios. Quevedo, se sabe, sí atacó directamente a ciertas personas, pero por lo general se trataba de miembros de los grupos letrados o intelectuales que tocaban más directamente su experiencia social inmediata, como lo fue Góngora[10]. Para el caso del Perú de Valle y Caviedes los médicos se hallarían en situaciones sociales más significativas, sobre todo al mirárseles como actores de la conflictiva interacción entre criollos y peninsulares, como veremos más adelante. Por otro lado, la facilidad hacia el ataque individual podría pensarse también como un desborde de la práctica del vejamen personal, ejercicio en boga en academias y funciones oficiales, y burla vituperativa que, dicho sea de paso, la cultura popular todavía le sigue atribuyendo al limeño, el llamado "cochineo criollo". Todo esto es algo muy interesante, y que

---

[9] García Cáceres (1999) nos recuerda que "durante el virreinato de don Luis Jerónimo Fernández de Cabrera y Bobadilla, mejor conocido como el conde de Chinchón, en la primera mitad del siglo XVII, décadas antes de la maduración de Caviedes, se estableció la obligación de los doctores en medicina de vestir con ciertos atuendos". Y añade que esto fue descrito por Valdizán en *La Facultad de Medicina de Lima, 1811-1911* (ibíd., 143, n. 44). Véase también Reedy 1964.

[10] Según Arellano, "el grupo de 'sátiras personales' de la edición de Blecua apenas alcanza un 3,5% del total burlesco" (1987, 122).

se debería explorar más, pero no es esa aquí mi intención. Lo que sí hay que enfatizar es que Ossera y Bermejo efectivamente fueron médicos coetáneos del poeta y que el evento satirizado sí ocurrió. Ahora, ¿quiénes eran estos personajes? Felizmente el infatigable Guillermo Lohmann Villena nos proporciona los datos pertinentes.

Don José Miguel de Ossera y Estella, nacido en Zaragoza, había sido médico de don Juan José de Austria antes de llegar al Nuevo Mundo —hacia 1688— con el séquito del virrey conde de la Monclova; ésto en calidad de Médico de Cámara. Ossera hizo uso de su cercanía al virrey para lograr una serie de beneficios o puestos, algo que no fue bien visto por algunos de sus contemporáneos. Lohmann Villena documenta el hecho, por ejemplo, que el virrey tuvo que hacer grandes contribuciones a la hermandad del Hospital de San Andrés para que se permitiera que Ossera prestase allí sus servicios. Y es importante notar que los hermanos del hospital se opusieron al nombramiento del peninsular Ossera porque dudaban de su capacidad profesional e intelectual, ya que "desconocía el temperamento de la tierra y la virtualidad de los fármacos locales" (Valle y Caviedes 1991, 865). No obstante, el virrey logró salirse con las suyas— favor éste, entre otros, que Ossera responde en un certamen poético con un largo romance de alabanza. Ossera, finalmente, a instancias del virrey, en 1690, es nombrado a la facultad de la Universidad de San Marcos; ésto a pesar de carecer de las credenciales necesarias: fue graduado de Zaragoza y no de Salamanca, Valladolid, Alcalá, o Bolonia, como se hallaba estipulado en la *Recopilación de Leyes de las Indias* (ibíd., 866). Pero el conde de la Monclova, su virrey, nuevamente logra que el Fiscal de la Audiencia subsane tal requisito, apelando a la "pericia" del postulante, pero claro, enfatizando que esto no quedaría como "precedente". De allí pasa a ser protomédico, puesto que al morir en 1692 deja vacante y que de inmediato ocupa nuestro otro personaje, Bermejo.

Este otro fue Francisco Bermejo y Roldán, hidalgo criollo, quien, como hemos visto, asume la Cátedra de Prima y recibe el título de Protomédico en el año 1692 (ibíd., 837), algo que, nuevamente según documentación de Lohmann Villena, venía pretendiendo desde 1672. Ahora, éste, por su estrecha relación con el arzobispo (virrey entonces) Melchor Liñán y Cisneros, de quien era Médico de Cámara, casi es nombrado al cargo en 1678 cuando el puesto se hallaba vacante. Pero a pesar de la insistencia del virrey no se logró el nombramiento porque Bermejo no era titular de la Cátedra de Prima de Medicina de la Universidad de San Marcos, puesto para el que tuvo que esperar hasta 1692, año en el que, con la muerte de Ossera, reemplaza a este último como Protomédico del virreinato del Perú. Cabe añadir que Bermejo también ejerció la rectoría de la Universidad de San Marcos. Es decir, era un personaje de importancia dentro del sistema virreinal peruano y un buen representante de la hidalguía criolla que ejercía presión para asumir lugares de importancia y poder en el sistema colonial.

Pausemos un momento, entonces. En un sentido general, el poema de Valle y Caviedes, además de divertir con sus burlas y juegos semánticos, es rico en alusiones históricas y sociales en torno a las arbitrariedades y los favoritismos que se daban en el virreinato del Peru; y ésta es la situación histórica a la cual se adaptan los tópicos de la sátira de médicos[11]. Pero hay, creo, un contenido suplementario que queda por rescatar, suplemento que existe porque el discurso satírico —como veremos más adelante— se compenetra con un espacio que podríamos llamar un espacio "real" de la ciudad, en contraposición al espacio que nos podría entregar el discurso histórico convencional[12]. Veamos ahora, entonces, qué más podría leer algún otro vecino de la Lima colonial, lector cómplice, por así llamarlo, que tendría en la mano algún pliego suelto o algún manuscrito con este poema de Valle y Caviedes, poema que le llevaría a la carcajada o a la rabia, o quizás a las dos cosas. Regresemos al texto para aislar algunas referencias que pueden ampliar nuestra lectura.

En la sátira de Ossera se había enfatizado su falta de conocimiento, su "casco" vacío y su "diarrea" intelectual, por así decirlo —sin duda lugares comunes de la escatología burlesca. Pero a raíz del contexto en el cual hemos visto a Ossera podríamos desligar otras connotaciones más. Este médico, recordemos, era peninsular y había llegado al Perú con el séquito del virrey conde de la Monclova en calidad de Médico de Cámara. Vimos también cómo su cercanía a la corte y al favor del virrey le lograron puestos para los cuales, se decía, no estaba intelectualmente capacitado, incapacidad debida a su condición de peninsular, de no conocer —repito la cita— "el temperamento de la tierra y la virtualidad de los fármacos locales". Creo que el lector coetáneo de Valle y Caviedes estaría muy consciente de la situación que subyace en la burla de la abreviada capacidad de Ossera. Tales eventos y realidades políticos se hablaban, se comentaban. Eran sin duda tema de reflexión entre los varios grupos sociales que habitaban la ciudad de Lima. Al respecto cabría traer a colación algunas palabras del historiador Bernard Lavallé, quien resume muchas quejas de la época:

---

[11] Sobre las arbitrariedades y contradicciones entre la legislación y la práctica de la medicina en el virreinato del Perú, véase John Tate Lanning 1985, 45-57 y *pássim*, y García Cáceres 1999, 52.

[12] Cabría aclarar, sin embargo, que al hablar del carácter suplementario de la sátira no me refiero a una posición privilegiada que podría darnos una "verdad" esencial o trascendente.

los criollos argumentaban que no se debía nombrar en América en detrimento de los hijos de la tierra y beneméritos a peninsulares cuyo escaso conocimiento del medio, cuya codicia [...] cuyo poco o ningún apego al bien común local hacían que en el fondo se despreocuparan por lo que pudiera resultar de su gestión (2000, 41).

Uno de estos criollos a los cuales se refiere Lavallé habría sido Fray Buenaventura de Salinas y Córdova, quien en su *Memorial de las historias del nuevo mundo Pirú* (1630) critica burlonamente el oportunismo de los peninsulares. Dice, por ejemplo, con palabras irónicas, que éstos,

> en llegando a Panama, el rio de Chagre, y el mar del Sur los bautiza, y pone vn Don a cada vno: y en llegando a esta Ciudad de Reyes, todos se visten de seda, decienden de don Pelayo, y de los Godos, y Archigodos, van a Palacio, pretenden rentas, y oficios, y en las Iglesias se afirman en dos colunas, abiertas como el Coloso de Rodas, y mandan dezir Missas por el alma del buen Cid (1957, 246).

Hay que preguntarse, entonces, ¿es la sátira hacia Ossera una crítica que tiene ecos de las reiteradas quejas de los criollos hacia la imposición y el favoritismo ejercidos por los peninsulares? ¿Es ésta una posición criollista de Valle y Caviedes? Pareciera serlo, pero veremos que el asunto es más complejo. Sigamos adelante con el poema para acercarnos ahora a la sátira del otro, del nuevo protomédico, Bermejo. Recordemos que, jocosamente, según el poema éste

> Heredó el cargo, y al punto,
> añadiéndole a lo erguido
> de su *natural, la herencia,*
> se espetó más de aforismos (44,13-16, subrayado mío).

Y que luego,

> Hinchándose de Galeno,
> de Hipócrates embutido,
> disfrazó en sabia corteza
> su *rudo centro nativo* (44, 34-37, subrayado mío).

Creo que estas dos estrofas encierran otra referencia interesante a las encontradas relaciones entre criollos y peninsulares. Recordemos que Bermejo, quien ha heredado el puesto del peninsular Ossera, era un criollo, un criollo representante de la élite local que por su propio lado competía por situaciones de control o poder. Si miramos de cerca el texto de Valle y Caviedes veremos que recoge, veladamente, una creencia muy divulgada en la época, que servía para denigrar al criollo (y cito nuevamente de Lavallé 1993, 110):

en repetidas ocasiones —todavía a finales del siglo XVII— eminentes 'especialistas' españoles se preguntaban sin rodeos si, con el tiempo, bajo los efectos de la naturaleza americana conjugada con condiciones de vida particulares y con influencias astrales específicas, los criollos no vendrían a ser un día semejantes, en todo, a los indios.

Y, claro está, al indio se le consideraba como ser inferior en muchos aspectos, entre ellos el intelectual. Un ejemplo temprano de estas denigraciones sería la queja de Bernardino de Sahagún, para quien los hijos de peninsulares nacidos en América "en el aspecto parecen españoles y en las condiciones no los son;" y añade que se cría una gente "así española como india, que es intolerable de regir y pesadísima de salvar" (1981, III, 160). De modo semejante, hacia 1602, el dominico Juan de la Puente, en su *Conveniencia de las dos monarquías*, escribía que "los cielos de América inducen la inconstancia, la lascivia y la mentira: vicios característicos de los indios y que las constelaciones hacen también características de los españoles que nacen y se crían aquí" (en: Brading 1991, 299. Traducción mía). Pero regresemos, entonces, al poema para ver cómo esta otra posición —de queja hacia la inferioridad del criollo— también se inserta en esas dos estrofas del poema de Valle y Caviedes.

Bermejo, se nos dice, "de su natural, la herencia/ se espetó de aforismos"; es decir, literalmente, por haber heredado el puesto hace suyo el discurso propio del médico (los aforismos). Pero si acudimos al *Diccionario de Autoridades*, hallamos allí otra lectura posible. El vocablo *natural* significó también "genio índole, o inclinación propia de cada uno", y *heredar* fue "metaphoricamente [...] las costumbres y propriedades que tiene la persona como naturales; y así se dice heredó de sus padres el valor, heredó la mala condición, heredó el nombre". Esos versos que hemos visto, entonces, además de referir en un sentido literal al reemplazo del protomedicato, conllevan una reflexión en torno a la supuesta, y ya mencionada, inferioridad intelectual del criollo, la cual es "heredada" por su propia "naturaleza"[13]. Esto último se reitera en la siguiente estrofa al aludirse al "rudo centro nativo" de Bermejo. Hay que ver que *nativo*, en el *Diccionario de*

---

[13] Cabría observar que la puntuación de los versos citados es, en este caso, una conjetura editorial de Cáceres *et al.* 1990. La edición de García-Abrines Calvo (1993-94), por ejemplo, entrega una puntuación algo diferente. Allí se lee "de su natural la herencia,/ se espetó más de aforismos". En general, sobre los problemas de lectura y crítica textual en las obras de Valle y Caviedes, consúltese el artículo reciente de Arellano (2000).

Autoridades (1737) es "lo que nace naturalmente, o lo que es perteneciente al nacimiento"; y una de las acepciones de *rudo* es "el que tiene dificultad grande en sus potencias, para percibir, aprender o explicar lo que estudia o enseña". Creo que el lector contemporáneo y vecino de Valle y Caviedes aduciría estas connotaciones del poema en torno a la supuesta debilidad intelectual del criollo Bermejo y por lo tanto su incapacidad para ejercer la medicina. Estos otros versos aluden, entonces, a una posición anti-criolla bastante divulgada en la época, de la cual ya hemos visto algunos ejemplos. Pero, ¿no es esto una visión inversa a la que acabábamos de ver en la sátira hacia Ossera?

¿Cual sería, entonces, la posición de Valle y Caviedes ante este conflicto? A través de su sátira hacia Ossera parece ser portavoz de las quejas de los criollos ante las arbitrariedades y supuestas monopolizaciones de puestos de importancia. Pero por otro lado –opuesto– en función de la burla hacia Bermejo, el poeta parece hacerse eco de las reiteradas denigraciones hechas hacia los criollos. He aquí, creo, un ejemplo de las contradicciones a las cuales se aludía al principio de este ensayo, y que han desembocado en lecturas contradictorias. Sin duda Valle y Caviedes, persona histórica, comerciante, minero, arbitrista, apegado a la corte, tuvo preferencias, alianzas y enemistades, pero su obra, en condición de sátira literaria, nos entrega una heterogénea y contradictoria variedad de voces, o discursos sociales y políticos que constituían la vida de su Lima virreinal.

Pero regresemos al poema una vez más: uno de los ejercicios del protomedicato de la época era el de examinar a los pretendientes a puestos médicos. Los versos que siguen a los que acabamos de mirar dramatizan precisamente, de una manera jocosa, el examen oral, o proceso de preguntas y respuestas entre el protomédico Bermejo y un nuevo pretendiente a la profesión, a quien se le identifica sólo como "el Inglés". El lector de la época sin duda se reiría mucho de este examen, sabiendo que fue un procedimiento instaurado a instancias del mismo Bermejo, quien lo exige en un memorial a la corona, acudiendo al hecho, algo olvidado, que así se estipulaba en la *Recopilación de Leyes de las Indias* (en: Valle y Caviedes 1993-94, 837). Ahora, este "Inglés" a quien le toca interrogar, nos enteramos, es en verdad un verdugo que quiere llegar a ser médico —equívoco que da lugar a un número de juxtaposiciones que desarrollan la dialogía principal del poema, la de médico=verdugo. No estaría demás recordar que la primera figura que satiriza Quevedo en *La hora de todos* es la del médico, con una ecuación similar entre médico y verdugo. Nos dice, por ejemplo: "yéndose a ojeo de calenturas, paso entre paso, un médico en su mula, le cogió la Hora y se hallo de verdugo, perneando sobre un enfermo, diziendo: *Credo* en lugar de *Recipe*, con aforismo escurridizo" (1975, 72).

Ese es Quevedo, pero miremos ahora algunas de las anfibologías lingüísticas en torno a la equivalencia médico-verdugo en Valle y Caviedes. En cierto momento del intercambio entre Bermejo y el Inglés, el primero interroga:

> Decidme, ¿Qué son azotes?
> Y él [el Inglés] respondió: Señor mío,
> los que se dan con la penca.
> Y el Proto respondió: Amigo,
> ventosa y fricaciones,
> decid. Muy a los principios
> estáis en el Verdugado,
> y os he de privar de oficio.
> Mas, decid, ¿qué es degollar?
> Y el verdugo, ya mohíno,
> le respondió: Es el cortar
> la cabeza con cuchillo.
> De medio a medio la erráis,
> porque aquí habéis respondido
> por la cabeza, lo que
> son sangrías del tobillo (44, 61-76)[14].
> etc.

El proceso interrogatorio llevado a cabo entre Bermejo y el Inglés, el examen, resulta ser demasiado difícil para el postulante: el cruce de códigos con que juega la sátira está fuera de su alcance. El inglés no entiende, por ejemplo, que el "empalar" es "dar jeringas" o que el "descuartizar" es "operar." Así, pues, ante su incompetencia, exclama Bermejo: "Pero basta ya de examen/ porque en lo que aquí os he oído/ conozco que no valéis/ para ser médico, un higo" (44, 153-56). El Inglés, entonces, desaprueba el examen. Después de todo, él es un mero verdugo, no un proto-verdugo, como lo habría de ser un médico.

Pero hay que concluir: y no me olvido de Quevedo. Algunas de las posiciones a las cuales hemos aludido —sobre todo las que se exponían como ideas divulgadas en contra del peninsular o el criollo— por lo general se encuentran registradas en fuentes de naturaleza documental: crónicas, cartas, memoriales, etc. Así, por ejemplo, la defensa del criollo y crítica del peninsular en el ya visto Salinas y Córdova, o la denigración de los criollos que leímos en Sahagún y Juan de la Puente. No pretendo diferenciar en un sentido tradicional obra histórica de

---

[14] Cabe notar que la edición de Cáceres *et al.* (1990) a ratos se equivoca en la numeración de los versos del poema, y parece errar al separar las cuartetas entre los versos 63 y 64.

obra poética: ambas textualizan, en diversos grados, varios aspectos de la realidad, y ambas se hallan formalizadas por un número de prácticas discursivas que componen la ideología colonial peruana. Pero la sátira, a través de su voluntad de descentralización del sujeto y de polisemia, se nutre de un lenguaje concebido no sólo por el documento oficial, sino también por la tropología o el conocimiento propio del transeúnte, como diría Michel de Certeau (1988). El poema que hemos visto, ante un mismo referente, los criollos, los peninsulares, y el protomedicato —cabe reiterar algo obvio— tiene una aproximación diferente a la del discurso histórico. Nos entrega no una visión, según la terminología de De Certeau, solar, sino una visión de transeúnte: en la poesía satírica de Valle se oyen un número de voces cotidianas en enfrentamiento mútuo, en conflictiva relación. ¿Qué pensaba el poeta sobre la sociedad virreinal? ¿Quiénes eran sus aliados y quiénes sus adversarios? No creo que se pueda llegar a una respuesta. Tratándose de una obra literaria, y satírica, el rescate de una posición ideológica inequívoca es, creo, tarea compleja y poco viable. Por otro lado, mi impresión es que Valle y Caviedes sí estaba muy consciente de la naturaleza globalizante, por así, decirlo, del género y su permeabilidad o capacidad para dialogar con una variedad de discursos, contradictorios muchos de ellos: no olvidemos el sentido etimológico del vocablo "sátira", el de *satura*, u "olla podrida de manjares varios", según Corominas (1954).

Las obras de Valle y Caviedes a cada paso reflexionan sobre sí mismas: predilección muy conocida para el imaginario barroco, ya sea español o de Indias. En el poema que hemos visto, la falta de comunicación entre el proto-médico Bermejo y el Inglés se basa en la naturaleza dialógica del lenguaje, en su capacidad para el doble sentido. El poema expresa, entonces, las reglas de su juego: la del discurso polivalente, contradictorio y heterogéneo. Asimismo, para regresar al tema inicial de esta ponencia, creo que la conciencia que tenía Valle y Caviedes del género satírico como "suma" de prácticas discursivas, le lleva, burlescamente claro está, a reconocer que en sus poemas se escucha la voz del "alma" de Quevedo. Tal reconocimiento, sin embargo, a la vez tematiza o reitera la posición crítica ante el referente social y las complejas subjetividades coloniales que expresa el poema.

Para el caso, habría, entonces, que mirar otro texto que también trae a colación la ancestoría literaria. Se trata de un interesante poema en el cual la persona satírica de Valle y Caviedes, autodenominándose "doctor de médicos" (43, 121), le aclara al lector que su vituperación de la medicina ha de tomarse en serio. Esto, claro está, no sin una típica mueca burlona:

> No son capricho mis versos,
> como los médicos piensan

> y publican que es manía
> y agudo ingenioso tema.
> Y porque vean se engañan,
> traeré aquí los que cooperan
> conmigo en este dictamen,
> para apoyo de mi idea (43, 141-48).

Y de inmediato el poema pasa revista a todo un catálogo de escritores y satíricos que se han enfrentado con la medicina: he contado cuarenta, desde San Agustín, pasando, entre otros, por Sócrates, Plutarco, Diógenes, Cicerón, Tito Livio, Juvenal, Epicteto, Alfonso el Sabio, Quevedo, Cáncer, Villamediana, hasta llegar a parar en el dramaturgo Moreto. Lo que es notorio es que en este poema, en el cual se enumera la tradición, Quevedo es sólo uno de cuarenta, y merece sólo cuatro versos. Hay que preguntarse entonces: ¿es ésta una manera de relativizar la importancia de Quevedo en su obra? No sé. Queda claro que la mera mención es reconocimiento elogioso de la deuda, pero quizás se encierre allí el reparo que ha de ser una deuda problemática, o mediatizada, por así decirlo.

Repito entonces: el poema de Valle y Caviedes escrito por el "alma de Quevedo" se entronca directamente con una tradición literaria europea, y reconoce su deuda con el gran satírico español, pero esa tradición se recontextualiza para entregarnos, como hemos visto, un referente diverso, una sociedad española diferente, con preocupaciones y realidades distintas. Para terminar, cabría reiterar que Quevedo sirve como palimpsesto cultural: su alma, como el "alma" de toda la literatura española, alienta la literatura del siglo XVII peruano, pero Valle y Caviedes estaría consciente, creo, que las dos cosas no eran una y la misma, diferenciación que a lo largo de los siglos venideros se tornaría, para los hispanoamericanos, en asunto de gran preocupación cultural.

Bibliografía

Arellano, Ignacio. 1984. *Poesía satírico-burlesca de Quevedo*. Pamplona: Ediciones Universidad de Navarra.

—. 1987. *Jacinto Alonso Maluenda y su poesía jocosa*. Pamplona: Ediciones Universidad de Navarra.

—. 2000. Problemas textuales y anotación de la obra poética de Juan del Valle y Caviedes. En: íd.; José Antonio Mazzotti (eds.). *Edición e interpretación de textos andinos*. Pamplona: Universidad de Navarra, 161-176.

Bellini, Giuseppe. 1966. *Quevedo in America*. Milano: La Goliardica.

Brading, David A. 1991. *The First America*. Cambridge: Cambridge University Press.

Carilla, Emilio. 1949. *Quevedo (entre dos centenarios)*. Tucumán: Universidad Nacional de Tucumán.

Certeau, Michel de. 1988. *The Practice of Everyday Life*. Berkeley: University of California Press.

Chevalier, Maxime. 1992. *Quevedo y su tiempo: la agudeza verbal*. Barcelona: Editorial Crítica.

Corominas, Joan. 1954. *Diccionario crítico etimológico de la lengua castellana*. 4 tomos. Madrid: Gredos.

Costigan, Lucia Helena S. 1994. Colonial Literature and Social Reality in Brazil and the Viceroyalty of Peru: The Satirical Poetry of Gregório de Matos and Juan del Valle y Caviedes. En: Francisco Javier Cevallos-Candau; Jeffrey A. Cole; Nina M. Scott; Nicomedez Suárez Arauz (eds.). *Coded Encounters. Writing, Gender, and Ethnicity in Colonial Latin America*. Amherst: University of Massachusetts Press, 87-100.

García Cáceres, Uriel. 1999. *Juan del Valle y Caviedes: Cronista de la medicina*. Lima: Banco Central de Reserva del Perú y Universidad Peruana Cayetano Heredia.

Higgins, Antony. 1999. No Laughing Matter: Norm and Transgression in the Satirical Poetry of Juan del Valle y Caviedes. En: *Bulletin of Hispanic Studies* 76, 109-120.

Johnson, Julie Greer. 1993. *Satire in Colonial Spanish America*. Austin: University of Texas Press.

Lanning, John Tate. 1985. *The Royal Protomedicato: The Regulation of the Medical Professions in the Spanish Empire*. Edición de John Jay TePaske. Durham, N.C.: Duke University Press.

Lavallé, Bernard. 1993. *Las promesas ambiguas. Ensayos sobre el criollismo colonial en los Andes*. Lima: Pontificia Universidad Católica del Perú.

—. 2000. El criollismo y los pactos fundamentales del imperio americano de los Habsburgos. En: José Antonio Mazzotti (ed.). *Agencias criollas. La ambigüedad "colonial" en las letras hispanoamericanas*. Pittsburgh: Instituto Internacional de Literatura Iberoamericana, 37-53.

Quevedo, Francisco de. 1972. *Sueños y discursos*. Edición de Felipe C. R. Maldonado. Madrid: Castalia.

—. 1975. *La hora de todos*. Edición de Luisa López Grigera. Madrid: Castalia.

Reedy, Daniel. 1964. Signs and Symbols of Doctors in the "Diente del Parnaso". En: *Hispania* 47, 705-710.

Sahagún, Bernardino de. 1981. *Historia general de las cosas de la Nueva España*. Edición de Ángel María Garibay K. 4 vols. México: Editorial Porrúa.

Salinas y Córdova, Buenaventura de. 1957. *Memorial de las historias del Nvevo Mvndo Pirv*. Introducción de Luis E. Valcárcel y un estudio sobre el autor de Warren L. Cook. Lima: Universidad Nacional Mayor de San Marcos.

Vidal, Hernando. 1985. *Socio-historia de la literatura hispanoamericana: tres lecturas orgánicas*. Minneapolis: Institute for the Study of Ideologies and Literature.

Valle y Caviedes, Juan del. 1990. *Obra completa*. Edición de María Leticia Cáceres, A.C.I., Luis Jaime Cisneros y Guillermo Lohmann Villena. Lima: Banco de Crédito del Perú.

—. 1993-94. *Obra poética*. Edición de Luis García-Abrines Calvo. 2 vols. Jaén: Diputación Provincial de Jaén.

El impacto de la tipografía europea en el Barroco hispanoamericano

Carlos Alberto González Sánchez

> Son la Cuna y la Sepultura el principio de la vida y el fin della,
> y con ser al juizio del divertimiento las dos mayores distancias,
> la vista desengañada no sólo las ve confines, sino juntas,
> con oficios recíprocos y convertidos en sí propios;
> siendo verdad que la cuna empieça a ser sepultura,
> y la sepultura cuna a la postrera vida.
>
> Francisco de Quevedo, *La cuna y la sepultura*

1. Una cultura compleja: el Barroco

A estas alturas casi nadie duda del protagonismo de la imprenta en la occidentalización de las Indias. Desde un principio, nada más inaugurarse la empresa descubridora, va a ser un instrumento al servicio de la difusión de la civilización europea en los emergentes confines de la esfera terrestre y, decididamente, un indispensable nexo de unión cultural entre el Viejo y el Nuevo Mundo. Gracias, en buena medida, al arte tipográfico, al libro, los movimientos intelectuales de la Europa moderna, del Renacimiento a la Ilustración, cruzan la "mar océana", arraigan y fructifican en América; incluso, y así lo he comprobado yo mismo, y otros, lo hicieron con una rapidez sorprendente[1]. En efecto, las novedades editoriales, en función de la demanda y, consecuentemente, de los intereses mercantiles que la satisfacen, llegaban al otro lado del Atlántico al poco tiempo de ponerse en circulación. Este deslumbrante trasiego de ideas y textos, puntales de una apertura y dinamismo del pensamiento injusta y conscientemente negados en muchas ocasiones, animó a I. A. Leonard, en 1949 (1979, 12), a manifestar que el color negro de la leyenda sobre la colonización española, sin llegar al otro extremo del blanco, debería ser gris pálido. Con un criterio parecido, pero en fechas más recientes, J. Lafaye (1990) se atreve a defender que la política cultural española en Indias fue eminentemente creativa, estimulante y, en cierto modo, coherente, rasgos que desprende de acciones oficiales como la fundación de

---

[1] Sobre la eclosión de las ideas europeas en Indias son de sumo interés las iniciativas editoriales, derivadas de los encuentros académicos que organizan, llevadas a cabo por K. Kohut y S. V. Rose (1997 y 2000). También es muy útil otra obra colectiva compilada por Hampe Martínez (1999).

universidades, el fomento de la importación de libros y el establecimiento de la imprenta. Siguiendo a mis mayores, en esta ocasión intentaré profundizar en el impacto que los libros exportados desde España, o mejor, determinados géneros literarios característicos del Barroco peninsular, tuvieron en la cultura virreinal del siglo XVII y contribuyeron a desarrollar en ella, junto a los factores autóctonos, la mentalidad barroca original y simbiótica de las posesiones hispanas de ultramar. En la labor, como vengo haciendo desde hace unos años, me serviré de una muestra, de la primera mitad del siglo XVII, de los impresos que mercaderes y pasajeros embarcaban y registraban en los navíos prestos a marchar hacia Indias, a la que agregaré otra de los que, ya fuera para uso comercial o particular, poseían los españoles, una parte de ellos, residentes en aquellas latitudes[2]. De este modo podremos apreciar no sólo el, de acuerdo a las trabas de los inventarios *post mortem*, resbaladizo universo del consumo privado sino también el de la oferta mercantil, terreno, este último, más seguro, a la hora de extraer conclusiones, por responder los productos tipográficos negociados a los fríos cálculos aritméticos de la demanda o, lo que es lo mismo, de los beneficios a obtener según los gustos y modas en escena. En cualquier caso, los perfiles resultantes no difieren en mucho y corroboran las tendencias dibujadas en la historiografía de tiempos recientes. Partimos, en definitiva, de un conjunto de libros muy homogéneo, y constante en la cronología delimitada, capaz de ofrecernos una idea aproximada de la cultura gráfica europea en circulación en las Indias del Seiscientos o de la Edad Barroca.

---

[2] Esta información la obtuve en dos fuentes especialmente útiles a los fines planteados. Se trata de las series *Registros de Ida de Navíos*, memorias de todo lo que transportaban las flotas de la Carrera de Indias, y *Autos de Bienes de Difuntos* o documentación derivada de la repatriación de las propiedades, convertidas en numerario, de los españoles que fallecían en el Nuevo Mundo sin herederos. Ambas pertenecen a la sección de Contratación del Archivo General de Indias: la primera cubre los legajos 1.080 a 1.450, 1.451 a 1.785 y 2.835 a 2.839; y la segunda, del 197 al 584, 920 a 984 y 5.575 a 5.709. Con la intención de ahorrar espacio, para una descripción y valoración crítica de las dos en el campo de la historia cultural, remito a mi trabajo al respecto (1999). Además de Leonard, también se refieren a dichos repertorios Torre Revello (1940), Leal (1987) y Hampe Martínez (1996). Si bien, el mejor conocedor de la exportación de productos tipográficos al Nuevo Mundo es Rueda Rámirez (1999), autor de la tesis de licenciatura inédita: *El comercio de libros con América en los inicios del siglo XVII: el registro de ida de navíos en los años 1601-1610*, Universidad de Sevilla, 1998. Este último investigador, a quien además debo agradecer el suministro de información cuantitativa imprescindible en este trabajo, realiza su tesis doctoral, de próxima lectura, sobre el envío de libros a América en la primera mitad del siglo XVII.

El término Barroco, conforme a las interpretaciones historiográficas del tercio final del siglo XX, lo empleo para aludir a un concepto de época: a la cultura de un periodo de tiempo definido que se refleja en las múltiples facetas (económicas, políticas, sociales, religiosas, mentales, etc.) de la vida; porque existió un hombre barroco que desplegó una manera peculiar de afrontar y entender la realidad. Hemos superado, pues, una visión peyorativa del fenómeno, procedente del Setecientos, como una ruptura radical de los parámetros renacentistas (Wölfflin 1888), o como la expresión estilística de una civilización católica (Weisbach 1921), exclusivamente aplicada a las artes plásticas. Poco después de los tratadistas alemanes, B. Croce (1925) hablará de una Edad Barroca con unas características constitutivas que generan una mentalidad propia; y E. d'Ors (1934) de un prototipo decadente y recurrente en la evolución histórica de las sociedades. No obstante, y hasta la irrupción del modélico estudio de Maravall (1975), no se definirá del todo la noción de época o de una etapa de la historia, entre 1600 y 1680, con su fase más representativa de 1600 a 1650, desplegada en Occidente y en sus áreas de expansión colonial, cuya fisonomía viene dada por la crisis secular que la distingue y, preferentemente, por las soluciones que le ofrecen los grupos sociales activos (el Rey, la aristocracia, la jerarquía eclesiástica, la alta burguesía y los ricos labradores)[3]. Este ilustre historiador, por tanto, centrará sus inquietudes intelectuales en la identificación de una cultura conservadora, dirigida, masiva y urbana, que, ante los reveses inherentes a los contratiempos del siglo, persigue la reafirmación del sistema monárquico-señorial en el que se asientan las prerrogativas de las élites y, a través de actitudes disciplinadas y homogéneas, la sumisión a sus intereses del resto de la comunidad.

Es cierto, siquiera para la primera mitad del XVII en Europa, que hubo una crisis, real y en las conciencias, o, al menos, una serie de cambios bruscos y

---

[3] Una magnífica introducción al Barroco, y a la que remito para una revisión historiográfica más amplia y estados de la cuestión, es la que hacen Rodríguez San Pedro y Sánchez Lora (2000). La cronología que incluyo es la que ofrece Maravall (1975); sin embargo, cabría una posibilidad más dilatada que cubriría el último tercio del siglo XVI y la primera mitad del XVIII. En España su fase de plenitud coincide con el reinado de Felipe IV, aunque puede tener desde 1570, cuando se invierte la coyuntura económica y al calor de la Contrarreforma, una etapa temprana, y de 1680 a 1750 otra tardía, extremada y de lenta disolución. Al igual, su geografía cultural, algunos la restringen a Europa occidental, con resonancias en la oriental, y a las regiones del mundo (América) especialmente conectadas a ella. Es más, y como veremos, Braudel lo vincula directamente a la Contrarreforma y a los países que la lideraron: Italia y España. También son de interés D'Ors (1934), Díaz-Plaja (1983), García Cárcel (1999), Rodríguez de la Flor (1999 y 2002), Rodríguez San Pedro (1988) y Valverde (1980).

reajustes con sus efectos negativos (demográficos, económicos y sociales en primer lugar) que, como en otras fases históricas similares, provocaron inseguridades, alteraciones gubernamentales y exasperación religiosa; pero, por suceder después de las optimistas expectativas del Renacimiento, se perciben de una manera más virulenta. Ello no impide que, tal vez, Maravall se exceda en una concepción del Barroco, demasiado arcaizante y conservadora, en la que sobresale un organigrama atento a la neutralización de las ideas capaces de cuestionar el sistema establecido. Objeciones a esta versión caben varias. De entrada, la primacía de los estamentos privilegiados como promotores culturales no implica que todos los creadores trabajaran a sus órdenes y al amparo de su poder económico; ni que el arte, las fiestas, la literatura y el teatro fueran siempre vehículos de una propaganda interesada en difundir una imagen ideal y mediatizada de las cosas. Evidentemente, la crítica y la sátira coexistieron con la manipulación, recurriendo a artífices mercenarios, de las conductas y el imaginario. Por ello, hoy día se tiende a rechazar una civilización gregaria y unitaria y, en cambio, se prefiere otra más diversificada, llena de contrastes en sus manifestaciones y en la que interviene la voluntad de los consumidores.

Sea como fuere, el Barroco, en parte debido a la crisis, transcurre en un mundo hecho de apariencias y lleno de amenazas, incertidumbres, contradicciones, desengaños, violencias y paradojas; de hombres que, de tanto convivir con la muerte, con miserias espirituales y materiales, derrochan pesimismo y melancólicos sentimientos de caducidad, cansancio vital y derrota causantes de desesperación, hedonismo o renuncia estoica[4]. De ahí que impere la huida hacia adelante para superar el desánimo, la desesperanza y el miedo o, dicho de otra manera, la sustitución de la realidad hostil por una pararrealidad, menos desagradable y más atractiva, exhibicionista y teatral, organizada en apariencias y, mediante la saturación de los sentidos, gobernada desde la emoción. Había, claro está, que mejorar la imagen que la sociedad tenía de sí misma, ofertándole un modelo, distinto al renacentista, realista, en el que se gustara, reconociera y, en última instancia, se convenciera de la bondad de los valores e instituciones que la regían. La finalidad no era otra que, impresionando a los ojos y los oídos, elevar la condición humana y, a la vez, minimizar la disidencia y enaltecer la obediencia y la satisfacción. En este clima barroco, algo apocalíptico y catártico, cualquier cosa, la vida en suma, se teatraliza: el arte, las creencias, el dinero, la muerte, la pobreza y el poder devienen en espectáculos cotidianos que, resaltan-

---

[4] El neoestoicismo es uno de los frentes del pensamiento político dominantes en el siglo XVII, que tuvo en Indias una repercusión notoria y poco conocida. Una buena aproximación al tema es la de Schmidt (1997). No dejan de ser valiosos Abellán (1981) y Maravall (1984).

do la inconsistencia y vanidad de lo terreno, aleccionan, conmueven, distraen, evaden de una aparatosa realidad y deleitan.

La religión, el único medio de salvación en una atmósfera asfixiante, va a tener una función compensatoria y didáctica de primer orden. Aliada a las componendas del Trono, se ajustará a los esquemas de la confesionalización, el método, sobrado en violencia, de imposición del credo oficial, y de un premeditado disciplinamiento social que, en beneficio de la Iglesia y del Estado, busca las prácticas religiosas y los comportamientos cívicos ideales de una comunidad homogénea y unitaria. A decir de E. Orozco (1977), si no todo el Barroco, como querían Weisbach y Braudel, es catolicismo militante, tampoco se puede entender sin la Contrarreforma; porque una parte importante de sus manifestaciones y de su sensibilidad adquieren consistencia en la regeneración que experimenta la Iglesia de Roma debido, prioritariamente, a las expansivas corrientes ascéticas y devocionales que impregnan la época. Cultura barroca y Contrarreforma forman un binomio de difícil disociación. No obstante, y de ahí la respuesta de Orozco a su obra, Maravall considera desmedido el protagonismo dado al fenómeno religioso frente a los factores ideológicos y socio-políticos, a las estructuras de poder que él coloca en la cúspide de los determinantes[5].

Lo variopinto de las interpretaciones esbozadas no hace más que poner de relieve la complejidad del tema y los múltiples puntos de vista desde los que se puede enfocar. Nadie tiene la razón y todos la tienen en idéntica proporción. Mas siempre, y de acuerdo a mis investigaciones, me ha parecido muy equilibrada la de Orozco, porque, sin negar la opción de su colega "oponente", no hace otra cosa que llamar la atención sobre la importancia de la religión, y dentro de ella de la espiritualidad contrarreformista, en el Barroco, circunstancia de la que, frecuentemente, prescindía Maravall cuando seleccionaba discursos ideológicos representativos y a la hora de brindar explicaciones. Ciertamente, y refiriéndome ya a la cuestión que va a centrar mi atención, entre los libros que circulaban en el siglo XVII, en España y en los que deja ver la documentación disponible, son mayoría (en torno al 60%) los de asuntos religiosos. Los adiestrados en estas lides saben que entonces la lectura era fundamentalmente un ejercicio intensivo y sagrado, pues la vida no tenía otra meta que Dios y la salvación del alma. Algo muy parecido ocurre con el material tipográfico que se enviaba a Indias y en el

---

[5] La obra que Emilio Orozco dedicó al Barroco, como puede apreciarse en la bibliografía final, es extensísima. En ella, de suma utilidad, porque recoge una colección de artículos del autor difícil de consultar en sus publicaciones originales, es su *Introducción al Barroco* (1988), en la que está la respuesta a la tesis de Maravall: "Sobre el Barroco, expresión de una estructura histórica. Los determinantes socio-políticos y religiosos" (I, 247-268).

que allí circulaba, concretamente, en los registros de navíos de la primera mitad del Seiscientos aproximadamente el 65% de los impresos anotados corresponden a disciplinas religiosas, porcentaje que, prácticamente, se repite (el 60%) en la estructura temática que deparan los 600 inventarios *post mortem* de inmigrantes españoles, residentes en Nueva España y Perú entre 1600 y 1680, manejados[6].

2. Paradigmas de la religiosidad: ascética y espiritualidad

La maqueta libraria que obtuve en su momento vuelve a ratificar las tesis de Orozco si despejamos el género más representativo del contenido global de las muestras seleccionadas, es decir, computando no sólo la sección religiosa sino también la de textos laicos. Efectivamente, ningún capítulo de la clasificación realizada hace sombra a la literatura ascética-espiritual, apartado que acumula el 37% en los registros de naos, el 27% en los inventarios de bienes y, por reafirmar la información con otros vehículos de la oferta comercial, el 28% en el cajón (tienda portátil) limeño de un mercader ambulante de 1619[7]. Las cifras hablan por sí solas y no requieren más comentarios, únicamente advertir que este liderazgo, en el consumo y en las sugerencias tipográficas, lo encontramos de nuevo en los estudios realizados para España y el resto de países católicos de Europa[8]. Por tanto, el conocimiento y estudio de las creaciones culturales del

---

[6] Muy parecidas son las conclusiones a las que, tras examinar un interesante conjunto de bibliotecas privadas coloniales, llega T. Hampe (1996). La tendencia también la confirman los estudiosos del libro en Indias que cité al principio. No obstante, una información autorizada procede de Nicolás Antonio (1696), concretamente del análisis estadístico al que García Cárcel (1999) sometió su *Bibliotheca Hispana Nova*, en la que el insigne bibliófilo recoge la producción tipográfica española entre 1500 y 1684, periodo de tiempo donde se contabilizan 3.918 autores, de los que 3.407 son clérigos.

[7] Me refiero al negocio de un vendedor de libros y ropas viejas, de nombre Cristóbal Hernández, fallecido en Lima en 1619. Se trata de un mercader que trabaja con libros de una comprobada popularidad y consumo no especializado, algo que resulta del mayor interés frente a la información, normalmente referida a las élites letradas, de la documentación al uso. Todo lo relativo a este personaje puede verse en mi estudio sobre la circulación del libro en el Nuevo Mundo (1999, 117-152).

[8] Para el caso español, y con objeto de no enumerar una larguísima lista de autores y obras, remito al estado de la cuestión que destacados expertos pusieron al día en un encuentro científico que tuvo lugar en la Casa de Velázquez de Madrid, recogido en el número monográfico del *Bulletin Hispanique* 99, 1 (1997), titulado *Les Livres des Espagnols à l'Époque Moderne*; también al realizado por Peña Díaz (1996 y 1997). Para Europa, aunque necesita actualización, Petrucci (1990). Nicolás Antonio (1696), de nuevo nos ofrece un índice muy sugerente; efectivamente, el apartado, uno de los más suculentos, que denomina "*Ascetica sive Spiritualia*" recoge unos 600 autores y unas 750 obras. El gran conocedor de la materia en la actualidad, M. Andrés (1994), elaboró un inventario con 1.200 títulos de 1485 a 1750.

Barroco hispánico no puede esquivar una vertiente intelectual tan difundida y notoria en su tiempo. Pero, la cuestión gana en interés cuando comprobamos que la espiritualidad no es una temática, como suele suceder con una significativa proporción de los libros enumerados en los inventarios particulares, estrechamente vinculada a determinados estratos socio-profesionales, o sea, a individuos cuya dedicación laboral la hacía de alguna manera imprescindible. Detengámonos en su distribución sociológica.

Entre las pertenencias de los españoles de Indias estudiados, la mitad de los libros espirituales la encontramos en los inventarios de clérigos; y el 50% restante en aquellos para los que la documentación no especifica dedicación laboral (17,5%), mercaderes (14%), militares (10,7%), funcionarios (4%), profesiones libres (2%) y artesanos (1,8%)[9]. El género, obviamente, no es del todo privativo del estamento eclesiástico y también satisface la devoción de una gama social extensa y heterogénea, en la que predomina, al lado de las minorías letradas habituales, el lector, mejor poseedor, medio urbano (mercaderes, militares y artesanos), que notablemente incrementó el establecimiento y desarrollo de la imprenta. Muy llamativa resulta la oscilación hacia los extremos de los porcentajes superiores: por un lado, el del grupo (el clero) que exhibe, en general, la mayor cuantía de libros, y, en teoría, una mejor formación intelectual, y una situación económica desahogada; y por el otro, el que, según los mismos conceptos, ocupa la última posición (los indeterminados). Esta polarización nos sitúa frente a distintos usos y funciones, o formas de apropiación, dependiendo de la capacitación, decisión y necesidad de cada cual.

Se trata, en resumidas cuentas, de una literatura de elevado consumo (que en el siglo XVII comienza a ser de "masas") y ofertada a amplias capas de la población, rasgos diferenciales que voluntariamente buscaron sus autores sirviéndose de dos instrumentos imprescindibles para conseguirlos: la lengua vernácula y la tipografía. Ambos posibilitaron la ruptura del monopolio de los religiosos en el género y, lo más importante, el acceso de los laicos, mediante la lectura o la audición, a unos textos, que pretenden atajar vicios, consolidar virtudes ideales

---

[9] Las gentes sin profesión definida o indeterminados suelen ser inmigrantes aventureros con poco tiempo de estancia en Indias, circunstancia que explica el que no tengan asiento ni trabajo estable. Normalmente, y mientras encontraban acomodo, laboraban en lo que podían y les rendía mejores beneficios; por ello, e iniciando así su ascenso económico o simplemente su supervivencia, es habitual verlos como mercaderes ambulantes o haciendo valer su condición superior en los pueblos de indios. Sus libros podían ser otra de la mercadería con la que negociaban. De otro lado, los militares, la mayoría grados superiores, son todos hidalgos y, muchos, mercaderes y propietarios rurales. Para una caracterización más precisa de los grupos sociales remito a mi libro (1995, 153-165).

y ofrecer ejercicios de oración mental, en los que podían encontrar recursos piadosos tanto los principiantes como los experimentados en la materia. Este afán vulgarizador es muy común en las declaraciones de intenciones de los autores; sirva de ejemplo la del afamado jesuita Luis de la Puente en su *Guía espiritual*:

> antes es muy provechosa para todos los estados, porque las materias que ay en él, son convenientes para todos, y contienen doctrina que se sienta en los coraçones [...] de suerte que si eres principiante, hallarás aquí el modo como has de estudiar la ciencia del propio conocimiento (1676, 5).

Una prueba contundente de la alta popularidad detectada la tenemos en los inventarios que contienen algún que otro libro suelto, documentos, frecuentemente correspondientes a los estratos económico-sociales inferiores y a los de una alfabetización nula o rudimentaria, en los que casi en exclusiva suelen constar los títulos más representativos de la nómina contabilizada. Hemos de considerar, no obstante, que aquellos impresos podían cumplir otras funciones propias de una sociedad sacralizada y distintas a la de una lectura en situaciones diversas (individual silenciosa y colectiva en voz alta). Entre las utilidades alternativas primaría la de símbolos u objetos de culto, fetiches o talismanes, cuya naturaleza los convierte en intercesores celestiales; así, la simple posesión podía garantizar protección frente a circunstancias adversas y asegurar un potencial mirífico y salvífico a unos hombres necesitados de esperanzas. No en vano, la reducción del tamaño que desde mediados del siglo XVI van experimentando estos productos tipográficos, hasta formatos, en 8º y 16º, fácilmente transportables (de bolsillo diríamos hoy) y, gracias a su multiplicación mecánica, más baratos, evidencia, además del éxito editorial, una interesante diversidad de usos. Al respecto, todavía recuerdo, de mi niñez, a las personas que en las iglesias rezaban con un pequeño misal u otro devocionario en las manos, librillos que jamás leían. No olvido, tampoco, las imágenes que a menudo los ilustran y que pueden ser otro de los móviles fundamentales de la posesión. He aquí el consejo al respecto de un brillante asceta, el del agustino Pedro Maldonado:

> y aunque no sea más que el bulto de los libros trae gran provecho, como las armas que los Reyes tienen en sus Atarazanas, aunque no se usen, pero estar allí de respeto, para la ocasión, acobarda al enemigo (1609, 66).

La espiritualidad que, de acuerdo a mi información, circulaba en las Indias del XVII corresponde a la que la jerarquía eclesiástica española impulsó durante la Contrarreforma, es decir, a una literatura que movilizará vitalmente los valores apostólicos de una Iglesia militante y que, de la mano de los jesuitas, alcanzó su máximo apogeo, en cantidad más que en calidad, en el Barroco. Sus discursos, aunque muchos estudiosos, y debido a la promoción que hacen de la oración interior, suelen encasillarlos genéricamente en la mística, en realidad presentan una marcada impronta ascética que los distancia de la oración mental metódica o de quietud (la mística propiamente dicha), una práctica afectiva y voluntarista, en consonancia con la contemplación abstracta e intelectual neoplatónica del Pseudo-Dionisio, que desde la baja Edad Media y hasta mediados del Quinientos adoptó una excelsa nómina de espirituales españoles entusiasmados con Erasmo y la *devotio moderna* (Francisco de Osuna, Bernardino de Laredo, Juan de Cazalla, Bernabé de Palma, Francisco de Borja, Luis de Granada, Francisco de Evia, Bartolomé de Carranza, etc.). Mas toda esta corriente fue aniquilada en los tiempos recios del inquisidor Valdés, quien, como los teólogos dominicos tradicionalistas Melchor Cano y Alonso de Montúfar (arzobispo de México en 1554), sentía una visceral aversión hacia el misticismo de masas, estado anímico que le llevó a prohibir cualquier texto en lo más mínimo semejante a los parámetros protestantes. A su Índice de 1559 fueron a parar religiosos de la talla de Luis de Granada, Diego de Estella y Juan de Ávila, autores que en lo sucesivo tuvieron que adaptarse al celo ortodoxo impuesto. A partir de aquí se consolidó la ascética o, en pos de la perfección cristiana, la purificación moral a través de la ejercitación del espíritu y la oración mental imaginativa o realista ignaciana, modalidad esta última que, siguiendo a Ludolfo de Sajonia y Tomás de Kempis, optaba, aislando el arquetipo a imitar, por la meditación de lo concreto en vez de lo abstracto[10].

Lo más representativo del género en la América del Barroco está en los impertérritos y paradigmáticos alemanes bajomedievales Ludolfo de Sajonia (*Vita Christi*), Tomás de Kempis (*Comptentus mundi*) y el parisino Joan Gerson (*De imitatione Christi*). Pero, sobre todo, en una exquisita serie de religiosos escritores españoles de la segunda mitad del XVI, la edad dorada dice Andrés (1994), que se van a constituir en la semilla de la literatura devota barroca y a perpetuar en las preferencias de los consumidores hasta finales del XVIII: Juan de Ávila (*Audi, filia*), Diego de Estella (*Libro de la vanidad del mundo*), Esteban de Salazar (*Discursos del Credo*), Cristóbal de Fonseca (*Tratado del amor de Dios*), Gaspar de Astete (*El modo de rezar el rosario*), Pedro Malón de Chaide (*La conversión de la Magdalena*), Francisco Ortiz Lucio (*Horas devotísimas*), Antonio Álvarez (*Silva espiritual*), Juan de los Ángeles (*Manual de vida perfec-*

---

[10] Sobre este género literario religioso se ha escrito mucho, pero, que no haya mencionado, voy a destacar a Bataillon (1983), Andrés (1976 y 1994), Marcos (1980), Cuevas (1980), Sainz Rodríguez (1983), Caro Baroja (1985), Sánchez Lora (1988) y Certeau (1993).

ta), Luis de León (*De los nombres de Cristo*), Juan González de Critana (*El perfecto cristiano*), San Pedro de Alcántara (*Tratado de la oración*), Alonso de Madrid (*Arte de servir a Dios*), Felipe Meneses (*Luz del alma cristiana*), Rodrigo de Solís (*Arte dada del mismo Dios*), Pedro de Valderrama (*Ejercicios espirituales*), etc. Sin duda, destaca esta partida por ser la aportación hispana más brillante y original a la literatura religiosa de la Europa moderna, consecuencia, para Bataillon (1983), del impacto que tuvieron las ideas de Erasmo en España. No obstante, y como puntualiza García Cárcel (1999), haríamos mal en considerarla al completo una herencia directa de las propuestas del gran humanista holandés, pues ya en el siglo XV se observan destellos de la *devotio moderna*, ansias de reforma de la Iglesia y críticas a la escolástica[11].

Al lado de los anteriores aparece un conjunto diverso en el que van a ir despuntando autores del primer tercio del Seiscientos, algunos de los cuales se publicarán en Indias: Luis de Rebolledo, Juan de Pineda, Héctor Pinto, Ludovico Blosio, Alonso de la Veracruz, Juan de Bonilla, Miguel de Comalada, Pedro Sánchez de Acre, Alonso de Ledesma, Lorenzo Zamora, Pedro de Oña, Antonio Álvarez, Pablo José de Arriaga, Pedro Maldonado, Pedro Calderón de Carranza, Antonio Rojas, Jerónimo de Segorbe, José de Jesús María, Baltasar Pacheco, Alonso de Herrera, José Luquián, Alonso Rodríguez, Luis de la Puente, Martín de Lanaja, Tomás de Jesús, Gaspar de los Reyes, Nicolás de Arnaya, Juan Jiménez, Antonio de Torres, Onofrio Menescal, Diego de Retana, Juan de la Fuente y Diego Pérez. Como ocurría en la relación de arriba, las órdenes religiosas predominantes son las de San Francisco, Santo Domingo y, menos, San Agustín; aunque, a medida que avanza el siglo va aumentando el número de jesuitas. Esta riada de nombres, muy superior a la hallada en la documentación del siglo XVI, muestra a las claras la eclosión de la espiritualidad ascética durante el Barroco hispanoamericano; sin embargo, es de advertir que avistamos el momento en el que se produce su inflación y adquiere los distintivos, mediocres, de un género de "masas" o alta difusión y vulgarización, los que, a la vez, caracterizan su decadencia estilística en el último tercio del XVII. Poco tiene que ver la pericia literaria de los maestros del Quinientos, incluso atendiendo a su segmento menos competitivo, con el discurso desmesurado, manierista, hiperbólico y tópico del libro devocional barroco. Ahora bien, en todos son preferentes

---

[11] Del éxito de los autores y textos enumerados dan una prueba irrefutable el número de ediciones que merecieron en su época. Así, la *Guía de pecadores* de fray Luis de Granada tuvo 81; el *Libro de la vanidad del mundo* de Diego de Estella, 26; sus *Meditaciones devotísimas*, 19; los *Discursos del Credo* de Esteban de Salazar, 8; los *Triunfos del amor de Dios* de Juan de los Ángeles, más de 5 (véase Andrés 1994, 54).

unos mensajes destinados a organizar, mediante la posesión y uso del texto, las pautas de conducta cotidiana de los fieles y los gestos que la cúpula eclesiástica veía convenientes y necesarios en la práctica piadosa. El franciscano Diego de Estella emplea un topos repetido hasta la saciedad:

> La lección de los santos libros nos enseña el camino derecho de vivir, los exemplos nos provocan a imitación y do ha de ser el ánima recreada, en los quales más has de buscar la consolación espiritual que la sabiduría: no leas por ser tenido por docto, sino por ser devoto[12].

Mas nadie logró la resonancia del dominico fray Luis de Granada. Me atrevo a afirmar que, gracias al efecto multiplicador de las prensas tipográficas, fue el escritor, considerando cualquier apartado temático de la muestra, más difundido en las Indias de los siglos XVI y XVII; baste decir que, de 1583 a 1650, hemos podido contar, en registros de navíos e inventarios de bienes de difuntos, una cantidad de ejemplares de su exitoso *Libro de la oración y meditación* que supera ampliamente los 10.000. Incluso nuestro librero ambulante Cristóbal Hernández, un humilde negociante curtido en las plazas de villas y ciudades, cara a la generalidad del público lector, en 1619 depositaba en su efímero local mercantil de Lima 325 unidades; tal vez por ello, los expertos lo consideran el libro, con 229 ediciones en castellano, más leído en el mundo hispánico durante la alta Edad Moderna. Este texto, tras ser prohibida por Valdés en 1559 la edición lisboeta de 1554, apareció corregido y revisado en 1566, año a partir del cual se va a convertir en el manual más divulgado de la ascética postridentina. Su prosa sencilla, elegante y colorista, cargada de efectismo emocional, le aseguró un éxito muy prolongado entre eclesiásticos y laicos, una acogida, como sucedió con las demás obras del ilustre dominico (especialmente la *Introducción al Símbolo de la Fe* y el *Memorial de la vida cristiana*), que Sainz Rodríguez (1983) achaca a su excelente estilo retórico, solidez doctrinal y, sobre todo, a la dignificación de la oración vocal y del ritual externo, formas de la religiosidad, aconsejables y asequibles al común de los fieles, promovidas en el Barroco y la Contrarreforma. M. Andrés (1994), por su parte, incide en una divulgación teórico-práctica de la oración mental y las virtudes cristianas ejemplares, cardinales y teologales, cuya finalidad consiste en acrecentar la caridad y la gracia y,

---

[12] 1597, 96. A la lectura espiritual ha dedicado dos números monográficos la revista portuguesa *Via spiritus* (1997 y 1998). Sobre la importancia del libro religioso en el Barroco debemos destacar a Álvarez Santaló (1989, 1990 y 1999a y b) y F. Bouza (1995).

en última instancia, conducir al cielo almas sin distinción de estados. Las palabras del ilustre dominico son del todo explícitas:

> Finalmente, si quieres desarraigar de tu ánima todos los vicios y plantar en su lugar las plantas de las virtudes, seas hombre de oración. Y demás de esto, si quieres subir a la alteza de la contemplación y gozar de los dulces abrazos del esposo, ejercítate en la oración [...] y vemos cada día muchas personas simples, las cuales han alcançado todas estas cosas susodichas y otras mayores mediante el ejercicio de la oración[13].

Una notoria circulación, dentro de la espiritualidad del Barroco constatada, tuvieron las biografías de Cristo, en tanto que son puntuales las de la Virgen. Estas composiciones narrativas interesadamente enfatizan la Pasión y muerte del Hijo de Dios, momentos decisivos del cristianismo que en la génesis de la Modernidad adquieren una trascendencia singular en el culto religioso. El mensaje evangélico de la humanidad doliente y finita de Cristo será interpretado, especialmente en coyunturas críticas, como un acto de amor desinteresado que el hombre pecador no merece y debe imitar si quiere alcanzar las bondades del más allá; tal fue el cometido del Cartujano, Gerson y Kempis. Sin embargo, el grueso del capítulo, y en número considerable, lo integran religiosos españoles del XVI y principios del XVII, algunos ya mencionados: en primerísimo lugar Cristóbal de Fonseca (*Vida de Cristo Nuestro Señor*), seguido de Francisco Tenorio (*Passio duorum*), Juan de Padilla (*Retablo de la vida de Cristo*), Luis de Tovar (*Triunfos de Nuestro Señor Jesu Christo*), Pedro de Medina (*Historia gloriosa y excelencias de la esclarecida cruz de nuestro señor Jesu Christo*), Francisco Hernández Blasco (*Universal redempción, passión, muerte y resurrección de Jesu Christo*), Francisco Sánchez del Campo (*Tratado de devotíssimas e muy lastimosas contemplaciones de la passio del hijo de Dios...*) y Bernardino de Castro (*Triunphus Jesu Christi*). En general, este es un capítulo singular dentro de la ascética postridentina que, como todos los tratados enumerados anteriormente, busca conmover y sorprender al lector u oyente para despertarle su compasión y devoción. Esta técnica es una forma más de asegurar una garantía dogmática frente a los peligros de la aventura espiritual de los reformadores, objetivo que facilita el énfasis puesto en la Pasión de Cristo y en los dolores de María. De ahí, y para una comunicación directa con el receptor, la composición de unos relatos cargados de elementos descriptivos, figurativos y realistas, resor-

---

[13] 1566, 84. Sobre la circulación de su obra en la Península trabajaron Dadson (1998) y Resina Rodrigues (1988); en Perú, Miró Quesada (1982). Para Europa, véase Petrucci (1990).

tes irracionales que favoreció el pesimismo barroco y la Compañía de Jesús durante el siglo XVII (Orozco 1975). Rotundamente sentenciará Diego de Estella (1597, 42): "Si sabes a Christo harto sabes".

Todavía más me llamó la atención la escasa variedad de los *ars moriendi* (o "artes de bien morir"), un apartado que creía diverso de acuerdo a la importancia dada a la muerte en la religiosidad barroca. Aquí, y en lo esencial, se reduce, aunque en buen número, a las *Cincuenta oraciones fúnebres* de Luis de Rebolledo, las *Postrimerías del hombre* de Pedro de Oña, el *Tratado del juicio final* de Nicolás Díaz, la *Victoria de la muerte* de Alonso de Orozco y a la popularísima *Agonía del tránsito de la muerte* de Alejo Venegas, un escritor laico en medio del protagonismo absoluto de religiosos. El texto de Venegas, el de mayor repercusión en la época de Carlos V, según Bataillon, tuvo un modelo en la *Praeparatio ad mortem* de Erasmo de Rotterdam; no obstante, el del español está impregnado de ascesis y acentúa el ritual externo que debe acompañar la muerte (invocaciones, bendiciones, letanías, plegarias, rogativas y sentencias), prácticas que abominaba el holandés y que explican su acogida en el siglo XVII (Bataillon 1983, 565). No abusa, en cambio, del macabrismo característico del género durante el Barroco, periodo de tiempo en el que la muerte pasa a ser el momento decisivo y en torno al cual debe girar la vida del creyente si quiere salvarse. El discurso eclesiástico, mediante la pedagogía del miedo y conforme la moral católica, convierte el arte de bien morir en arte de bien vivir, pues Trento eliminó el argumento humanista basado en un arrepentimiento final e independientemente de una vida, sin dejar de ser meritoria, no acorde a la fe que se profesa. En la Contrarreforma, por tanto, la muerte educa y canaliza los comportamientos del hombre, al que se pretenderá alejar de las glorias terrenas y, con el fin de anular su cara terrorífica, abocarlo hacia la meditación de un paso tan trascendental; Juan de Ávila lo atestigua con pericia:

> Pensad cómo caeréis mala en la cama, y cómo habéis de sudar el sudor de la muerte. Levantarse ha el pecho, quebrantarse han los ojos, perderse ha el color de la cara. Amortajarán después vuestro cuerpo, ¿qué tal estará vuestro cuerpo debajo de la tierra? Considerad y mirad con muy gran atención y despacio vuestro cuerpo tendido en la sepultura (1997, 116).

3. Artificios, miedo y piedad

La estética religiosa que difunde la literatura en descripción, como acabamos de apreciar, sobrevalora lo plástico y real, lo emocional y sensible. Efectivamente, el tipo de meditación imaginativa que fomenta, del que fray Luis de Granada es el maestro indiscutible, se ajusta a los parámetros de la composición de lugar ignaciana o a la representación mental, dentro de unos cauces estrictamente definidos y en un contexto físico concreto, de la humanidad de Cristo o las postrimerías del hombre, fórmula de la oración interior que se desarrolla a través de motivos sensoriales y visuales. El fin no es otro que golpear los sentidos del creyente para dirigirle su religiosidad, y su vida en general, y provocarle, así, las conductas y reacciones emotivas deseadas y, a la vez, útiles a los intereses del poder político: arrepentimiento, compasión, humildad, miedo, obediencia, paciencia, piedad, satisfacción, etc. He aquí el consejo de un escritor, San Pedro de Alcántara, diestro en el ejercicio:

> avemos de figurar cada cosa destas de la manera que ella es, y hazer cuenta que en el propio lugar donde estamos, passa todo aquello en presencia nuestra. Ir con el pensamiento a Jerusalén a meditar las cosas que allí passaron en sus propios lugares (1699, 85).

y el de San Ignacio en su *Libro de los ejercicios espirituales*:

> composición, viendo el lugar; será aquí con la vista imaginativa ver el camino desde Nazaret a Bethlém, considerando la longura, la anchura, y si llano o si por valles o cuestas sea el tal camino; asimismo mirando el lugar o espelunca del nacimiento, quán grande, quán pequeño, quán baxo... (en: Andrés 1996, 97).

Por ello, los autores emplean una técnica de comunicación directa e inmediata con lectores o auditores, a los que se invita a participar en una escena meditativa, cual si la tuviesen delante, con llamadas de atención en segunda persona (*oye, toca, mira*)[14]. De este modo, querían anular los peligros de la lectura íntima y solitaria, sin otro mediador distinto al libro, que predispone el texto y que podría dar rienda suelta a las experiencias de la libre imaginación propias de la mística. Mas el método tampoco excluye una lectura en voz alta y colectiva en un acto público de los habituales en aquel tiempo (autos de fe, homilías, misiones, sermones, etc.); en definitiva, ahora prima la sujeción a las normas establecidas, la acción sobre la contemplación en unos impresos accesibles al pueblo sencillo y de una utilidad fuera de dudas para los predicadores. Leamos al maestro por antonomasia:

---

[14] También debemos tener en cuenta la formación retórica de los autores, quienes recurriendo a la "inventio", buscando más persuadir que demostrar, componían figuras, de tradición clásica (de Cicerón por ejemplo), para mover los afectos; por ello era del mismo modo habitual la "evidentia": expresar las cosas como si fueran pintura. Para estos derroteros de la retórica, una disciplina básica en la enseñanza media y superior de la época, y en la de cualquier escritor, es imprescindible López Grigera (1994, 133-139).

Mira pues al Señor en su agonía y considera no sólo las angustias de su ánima, sino también la figura de este sagrado rostro. Suele el sudor acudir a la frente y a la cara; pues si salía por todo el cuerpo de Jesús la sangre y corría hasta el suelo, ¿qué tal estaría aquella tan clara frente que alumbra la luz, y aquella cara tan reverenciada del cielo, estando como estaba toda goteada y cubierta de sudor de sangre? (Granada 1566, 59)

Ciertamente, la predicación es uno de los objetivos prioritarios que los espirituales conceden a sus tratados, cometido imprescindible como medio de difusión masivo y en función de lo decretado en Trento, donde la pastoral, con todos los instrumentos necesarios a su servicio, se convirtió en una de las obligaciones fundamentales del clero y en el mejor método, al lado del icónico-visual, para extender y consolidar la ideología eclesiástica en el conjunto de una sociedad mayoritariamente analfabeta y en la que el discurso hablado era el eslabón entre el libro y las gentes sin la formación necesaria para su lectura. No es de extrañar, pues, que los autores, en pos del disciplinamiento y la buena orientación espiritual de la sociedad, ordenaran sus escritos siendo conscientes de la utilización que los clérigos van a hacer de ellos en sermones, homilías, dominicas, discursos cuaresmales, etc. Es el caso, entre muchos, del cartujo Esteban de Salazar:

Y assí confío en nuestro señor, que será este librito de mucho uso, assí para los que en cumplimiento del decreto del Sancto Concilio Tridentino, enseñan al pueblo christiano la doctrina (1586, 3).

En cualquier caso, estamos ante un modo de dirección socio-psicológica, de mentalización y sensibilización, del individuo que entonces era, igualmente, factible desde el teatro y el púlpito, escenarios habituales en las fiestas religiosas y en los que las clases dominantes activaban toda una artillería didáctica y emotiva encaminada a anular los deseos de rebeldía y justicia social en la población, a la que se le convencía, mediante una devoción espectacular y violenta y el ejemplo de Cristo y los santos, de la utilidad de sus sufrimientos como vehículo para alcanzar el goce eterno[15].

No parece fortuito que en la Contrarreforma, y así lo dispuso Trento y lo propagaron los jesuitas, el templo haga las veces de una escena y tramoya teatral para cumplir, a lo divino dice Orozco (1969), la función social que en los asun-

---

[15] Al respecto es muy esclarecedor E. Orozco: "Sobre la teatralización del templo y la función religiosa en el Barroco: el predicador y el comediante" (1988, I, 269-294). También Maravall (1990), Sánchez Lora (1995) y J. L. Bouza Álvarez (1990).

tos mundanos ejerce el teatro; y el predicador, la de un comediante cuyo éxito y resultados dependerán de sus dotes declamatorias y de los artificios auxiliares que emplee en sus funciones. A esta teatralidad efectista y mecanismos de acción psicológica, ideales en los sermones, responde el derroche decorativo de las iglesias y los recursos retóricos y sensitivos (imágenes, olores, cenizas, calaveras, etc.) que utilizan los clérigos para hacer de la predicación un espectáculo atrayente, divertido, aleccionador y conmovedor. Un buen orador podía, sin muchos esfuerzos y apelando a los pecados y al miedo a la condenación, provocar en un auditorio sentimientos de culpa y llevarle a creer, al arrepentimiento y al autocastigo de sus faltas; es más, sobraron ocasiones en las que el sermón terminaba acompañado de emociones fuertes: gritos, llantos, inculpaciones públicas, flagelaciones y otras penitencias. Veamos qué dice el jesuita Martín de la Naja, cómo no, curtido en estas lides en *El misionero perfecto* (Zaragoza, 1678): "El mostrar al auditorio una calavera, hablando con ella el predicador, es espectáculo tan provechoso, que no solamente despierta emoción en los corazones, sino que también ataja abusos y escándalos públicos"; de su correligionario Gerónimo López, afamado predicador, relata:

> Era tan grande la emoción que despertaba en el auditorio, que le era preciso parar un rato, dando lugar a que cesase el llanto, y se moderase el fervor, porque con el ruido de las voces, gemidos y bofetadas que se daba el auditorio, no se pudiera percibir palabra del predicador[16].

Desde los planteamientos abordados resulta lógico pensar que el género ascético-espiritual puede tener también como finalidad el entretenimiento, eso sí, cristiano. Esta fue la pretensión del franciscano Antonio Álvarez (1590, 5):

> Para sustentar y entretener en ella los siervos de Dios, los mismos ratos que el mundo trae los suyos tan distraydos y mal empleados [...]: Pues este es el intento desta sylvezilla, hazer una manera de entretenimiento christiano en la consideración de los divinos mysterios.

No cabe duda de la posibilidad que se daba a los hombres de distraerse de los problemas vitales, de elevarse a instancias superiores, ocupándoles la mente en la meditación de cosas divinas. Si bien, los verdaderos móviles de la evasión radican en el abismo de maravillas y prodigios que, al estilo de los Amadises y Esplandianes, y todas las maléficas ficciones, que querían desterrar, colman los

---

[16] En: Sánchez Lora 1988, 290. Recientemente ha aparecido publicada la tesis doctoral de Núñez Beltrán (2000) sobre la oratoria sagrada en el Barroco.

textos devocionales del Barroco. Milagros y portentos sirven a las gentes para huir de un complejo y difícil avatar vital cotidiano y acariciar efectos sobrenaturales, los del poder divino, portadores de esperanza o de la confirmación de su pérdida. Pero este continuo anhelo del trasmundo dio lugar a las extravagancias y los esoterismos vistos con recelo y suspicacia por algunos de los defensores de la ortodoxia católica. Apariciones, revelaciones, arrobos, estigmas, alucinaciones, magos, brujas, acciones del demonio y una diversa suerte de intercesores celestiales y sus referentes simbólicos (reliquias, imágenes, rezos, etc.) estuvieron a la orden del día, no sólo en la creencia de los sectores populares sino también en la de las élites, incluso las eclesiásticas que, a menudo, las fomentaban. Sin embargo, hubo quienes las negaron y, en mayor medida, quienes, como los inquisidores, quisieron diferenciar lo verdadero de lo falso, las acciones divinas de las demoniacas; porque, normalmente, los que las rechazaban lo hacían no por ser invenciones sino por tratarse de artimañas del maligno. En efecto, en el Barroco el demonio sale del infierno y se transforma en un ser físico que actúa sobre los hombres y las cosas cotidianas.

Pues bien, y para comprender mejor una opinión común en torno a este entramado mágico, quiero traer a colación unos comentarios del benedictino Leandro de Granada, escritor de un tratado sobre apariciones y visiones de gran aceptación durante el siglo XVII que, en principio, concibió a modo de estudio introductorio para la traducción que hizo de la *Vida y revelaciones de Santa Gertrudis la Magna*. En él advierte:

> Y si alguno dixere que esto de revelaciones y tratos espirituales, apartados del sentido ordinario, no conviene que ande en romance, porque los flacos no tomen ocasión de cayda [...] advierta que aunque no es justo que las revelaciones falsas salgan a la luz, a las verdaderas, como son las que se pretenden declarar en este libro, les es debido el manifestarlas, reverenciarlas y estimarlas (1607, 6).

Más adelante, y tras aceptar que la melancolía (depresión) es madre de muchos engaños, justifica su decisión de la manera siguiente: "porque en los libros de mystica ay muchas cosas que no se pueden entender, no teniendo noticia desta materia de revelaciones" (ibíd.).

En las claves irracionales y mágicas de la religiosidad está la fuga barroca, deseo y experiencia que Sánchez Lora (1988, 145) define como el conjunto de prácticas transgresoras de la norma que, sin violentar el sistema de creencias, lo desarrollarán de modo diferente al establecido. Este piélago de supersticiones, o frontera, en las fechas imperceptible, entre lo racional y extrarracional, en los impresos a los que nos referimos es accesible gracias a la atrición, al castigo eterno y a la represión institucional que transmite la meditación, repulsiva, espeluznante y macabra (la putrefacción de los cuerpos y el acopio de vanidades que, al igual, recrea la pintura del tiempo), de las postrimerías y la muerte, de lo transitorio de la existencia humana y sus glorias terrenales. Mas, para quienes cumplieran la norma ortodoxa y sagrada, se ofrecía la bondad infinita del más allá, una meta a la que se podía llegar imitando las vidas célebres en piedad y santidad, argumento de otro género literario, la hagiografía, no menos maravilloso y exitoso en el siglo XVII. Fray Luis de Granada, de nuevo, da la pauta a seguir:

> Procuré acompañar esta doctrina con algunas historias, y vidas de Sanctos, traydas a sus propósitos, y estas las más suaves, que yo hallé, y más auténticas: porque como la historia sea cosa apazible, quise recrear, y cevar al Christiano Lector con estos bocados tan suaves (1585, 10).

Una pedagogía, en definitiva, que, conforme a la visión negativa del hombre, tendrá en el miedo el núcleo generatriz del arrepentimiento de los fieles.

Irremediablemente, la espiritualidad contrarreformista quiso perpetuar en las masas la condición de pecadora y el sentimiento de culpabilidad consecuente, ofertándoles, a cambio y pese a sus miserias, una solución eficaz que, mediante el uso y posesión del libro ascético, justifica, porque es la voluntad de Dios, el sistema político-social y contribuye a lograr la salvación eterna. De la tipografía, por tanto, utilizaron, con unos fines muy precisos (había muchos otros que denostaron), su enorme potencial multiplicador y publicístico, o sea, la posibilidad, con los impedimentos propios de la época, de poner en circulación un número ilimitado de textos en cualquier sitio y de llevarlos a las manos de cualquiera. Teniendo en cuenta estas circunstancias, resulta normal encontrar alegatos en favor del libro, sólo de los buenos, semejantes al de Esteban de Salazar:

> Es grande utilidad que se sigue de que muchos autores escrivan muchos libros de un mesmo argumento. Assí porque no todos los libros llegan a todas partes, como porque diversos autores satisfazen mejor a la diversidad de los ingenios: como porque es necesario y conviene, que según las ocasiones y variedad del tiempo, se proponga la doctrina Christiana a los fieles (1586, 6).

El fin, y como fuere, consiste en formar buenos cristianos de acuerdo a la manera de vivir, sentir y expresar la religión que interesaba a las élites sociales y se transmitía en la predicación, en la confesión auricular y en la literatura piadosa examinada, la que, por cierto, circulaba en unos productos tipográficos cuyos títulos (empleando términos como arte, guía, gobierno, norte, ejercicio, escala, práctica, traza...) denotan su condición técnica; de ahí que en ocasiones me haya referido a ella hablando de manuales y tratados.

El estudio del impacto de la literatura española en el Barroco indiano podría haber continuado con el análisis de la exportación y circulación de géneros laicos como la comedia y sus asuntos sacros, históricos, legendarios o de enredos amorosos y de honras, o sea, el teatro que, para muchos estudiosos, defiende los valores de la sociedad monárquico-señorial y que tanto gustó en la América hispana. También del *Quijote* y la novela picaresca (el *Guzmán de Alfarache* sobre todo) con su crítico y humorístico realismo moralizante; pero, el protagonismo certero de los libros ascético-espirituales inclinó mis intenciones hacia una materia que, a diferencia de lo que suele suceder en otros capítulos, no era una mera excepción en manos de unos cuantos clérigos, funcionarios o profesionales. Según acabamos de ver, era una sección de textos, de composición sencilla y afán divulgativo, en la que compartían la afición y el deber amplias y variopintas capas de la población, desde un virrey, un obispo o un notario hasta un humilde artesano o un español ambulante y pobre. Idénticas razones, y entre otras y distintas creaciones culturales con una naturaleza similar, hicieron que Maravall viera en el Barroco la primera cultura de masas de la historia. Por tanto, no he abordado una cuestión atípica, ni ocasional, sino un episodio de la historia del libro y la lectura en los primeros tiempos de la tipografía que nos muestra la influencia decisiva de la imprenta en la consolidación social de unos discursos promovidos desde arriba y con la voluntad de acaparar la atención del mayor número de lectores y oyentes del Viejo y del Nuevo Mundo.

Al final, todo ello influiría en la conformación de una época barroca sincrética y original al otro lado del Atlántico, donde, y a pesar de vivir una coyuntura económica, en teoría, opuesta a la de la Península (Romano 1993), se va a desarrollar un Barroco con personalidad particular, tanto a causa de la progresiva aculturación occidental como del palpitante dinamismo de una innovadora y multifacética sociedad a la que le afectan un vertiginoso cúmulo de novedades de compleja asimilación. Y es que las Indias también estaban en crisis, entendiendo por tal concepto algo más que una oscilación de la economía a la baja o unas connotaciones peyorativas de algunas variables esenciales en el devenir del hombre. Crisis, según el Diccionario de la Real Academia, significa cambio (de orden físico, histórico o espiritual) en el desarrollo de un proceso, reconversión de los valores, reajustes, sustitución drástica de unas estructuras por otras. Desde estas perspectivas, claro está que a la América del siglo XVII le afectaron los acontecimientos de Occidente. Allí transcurrían años fructíferos, los que permitieron amasar las fortunas que financiaron las artes, y se produjeron transformaciones ante las que reaccionaron, en defensa del orden colonial establecido, las autoridades españolas de las dos orillas y los distintos grupos sociales del Nuevo Continente, sobre todo los de las gentes activas y descontentas que ya se sentían americanas (criollos) y querían manifestar una identidad propia, mediante unos símbolos y un lenguaje específicos, frente a la metrópoli, y los peninsulares. Sus deseos e inquietudes se van a plasmar en una literatura, sin desechar las raíces comunes con la importada, distinta y de la pluma de escritores y pensadores autóctonos.

Aquel Barroco de las Indias, del mismo modo, ofrecía una extremosidad exuberante, en colores, imágenes y fantasías, a mestizos, negros y naturales, quienes encontraron en las extravagancias de la religiosidad, en la fuga y el trasmundo de la espiritualidad, cauces para las reminiscencias de sus creencias y ritos ancestrales. La religión, inevitablemente, se convierte en el principal factor de cohesión social, más en unos inabarcables e inmensos territorios donde la cristianización todavía es una empresa en marcha que amplía, sociológicamente hablando, y refuerza la razón de ser de la Contrarreforma, un plan estratégico, para la comunidad en su conjunto, que pretendía la imposición de la ortodoxia y el credo oficial y el disciplinamiento, para dirigirla y gobernarla mejor, de la sociedad. De ahí la urgente necesidad de vidas piadosas ejemplares y santas, y sus referentes simbólicos, pruebas de la presencia de Dios (ciudades, santuarios, reliquias, milagros, fiestas, etc.), que demostraran y propagaran los logros de la misión, la equiparación a la devoción europea y la madurez de una novedosa civilización cristiana. En cualquier caso, el Barroco marcó un hito más, desmesurado, teatral y paradójico, como no podía ser de otra manera en el extremado ser hispánico, en la historia de nuestros amores y odios o, si quieren, de nuestras pasiones compartidas.

Bibliografía

Abellán, José Luis. 1981. *Historia crítica del pensamiento español*. Vol. 3. Madrid: Espasa-Calpe.

Alberro, Solange. 1999. *El águila y la cruz*. México: Fondo de Cultura Económica.

Alcántara, San Pedro de. 1699. *Tratado de la oración y meditación*. Sevilla: Lucas Martín de Hermosilla.

Álvarez, Antonio. 1590. *Primera parte de la sylva espiritual de varias consideraciones*. Zaragoza: Pedro Puig.

Álvarez Santaló, León Carlos. 1989. La oferta de pautas de conducta cotidiana y cimentación de valores en el libro devocional del barroco: un ensayo metodológico. En *Archivo Hispalense* [Sevilla] 220, 127-150.

—. 1990. El texto devoto en el Antiguo Régimen: el laberinto de la consolación. En: *Chronica Nova* [Granada] 18, 9-35.

—. 1992. La religiosidad barroca: la violencia devastadora del modelo ideológico. En: *Gremios, hermandades y cofradías*. San Fernando: Ayuntamiento de San Fernando, 77-87.

—. 1999a. Religiosidad moderna y cultura lectora en la España de los siglos XVI al XVIII. En: Antonio Luis Cortés; Miguel Luis López-Guadalupe Muñoz (eds.). *Estudios sobre Iglesia y sociedad en Andalucía en la Edad Moderna*. Granada: Universidad de Granada, 225-266.

—. 1999b. La escenografía del milagro hagiográfico y la construcción del imaginario colectivo. En: Salvador Rodríguez (ed.). *Religión y cultura*. Sevilla: Fundación Machado, vol. 2, 141-172.

Andrés, Melquiades. 1976. *Los recogidos. Nueva visión de la mística española (1500-1700)*. Madrid: Fundación Universitaria Española.

— 1994. *Historia de la mística de la Edad de Oro en España y América*. Madrid: Biblioteca de Autores Cristianos.

— 1996. *Historia de la mística de la Edad de Oro en España y América. Antología*. Madrid: Biblioteca de Autores Cristianos.

Antonio, Nicolás. 1996 [1696]. *Bibliotheca Hispana Nova*. Madrid: Visor.

Ávila, Juan de. 1997. *Audi, filia*. Madrid: San Pablo.

Bataillon, Marcel. 1983. *Erasmo y España*. México: Fondo de Cultura Económica.

Bouza Álvarez, Fernando. 1995. Contrarreforma y tipografía. ¿Nada más que rosarios en las manos? En: *Cuadernos de Historia Moderna* [Madrid] 16, 73-87.

Bouza Álvarez, José Luis. 1990. *Religiosidad contrarreformista y cultura simbólica del Barroco*. Madrid: CSIC.

Brading, David A. 1993. *Orbe indiano. De la monarquía católica a la república criolla, 1492-1867*. México: Fondo de Cultura Económica.

Caro Baroja, Julio. 1985. *Las formas complejas de la vida religiosa (siglos XVI y XVII)*. Madrid: Sarpe.

—. 1992. *Vidas mágicas e Inquisición*. 2 vols. Madrid: Istmo.

Certeau, Michel de. 1993. *La fábula mística*. México: Universidad Iberoamericana.

Chartier, Roger. 1995. Normas y conductas: el arte de morir, 1450-1600. En: íd. *Sociedad y escritura en la Edad Moderna*. México: Instituto Mora, 37-71.

Chocano Mena, Magdalena. 2000. *La América colonial (1492-1763). Cultura y vida cotidiana*. Madrid: Síntesis.

Christian, William A. 1981. *Apparitions in Late Medieval and Renaissance Spain*. Princeton: Princeton University Press.

Cuevas, Cristóbal. 1980. Santa Teresa, San Juan de la Cruz y la literatura espiritual. En: Francisco Rico (ed.). *Historia y crítica de la literatura española*. Barcelona: Crítica, vol. 2, 490-500.

Dadson, Trevor. 1998. Las obras de fray Luis de Granada en las bibliotecas particulares españolas. En: íd. *Libros, lectores y lecturas*. Madrid: Arco/Libros, 51-70.

Díaz-Plaja, Guillermo. 1983. *El espíritu del Barroco*. Barcelona: Apolo.

D'Ors, Eugenio. 1934. *Lo Barroco*. Madrid: Aguilar.

Estella, Diego de. 1597. *Primera parte del libro de la vanidad del mundo*. Alcalá de Henares: Juan Gracián.

García Cárcel, Ricardo. 1999. *Las culturas del Siglo de Oro*. Madrid: Historia 16.

González Sánchez, Carlos Alberto. 1995. *Dineros de ventura. La varia fortuna de la emigración a Indias (siglos XVI y XVII)*. Sevilla: Servicio de Publicaciones de la Universidad de Sevilla.

—.1999. *Los mundos del libro. Medios de difusión de la cultura occidental en las Indias de los siglos XVI y XVII*. Sevilla: Servicio de Publicaciones de la Universidad de Sevilla-Diputación Provincial de Sevilla.

Granada, Leandro de. 1607. *Luz de las maravillas que Dios ha obrado [...]*. Valladolid: Herederos de Diego Fernandez de Córdova.

Granada, Luis de. 1566. *Libro de la oración y meditación*. Salamanca: Andrea Portonariis.

—. 1585. *Introducción al Símbolo de la Fe*. Salamanca: Herederos de M. Gast.

Groult, Pierre. 1976. *Los místicos de los Países Bajos y la literatura española del siglo XVI.* 2 vols. Madrid: Fundación Universitaria Española.

Hampe Martínez, Teodoro. 1996. *Bibliotecas privadas en el mundo colonial.* Madrid: Iberoamericana.

— (ed.). 1999. *La tradición clásica en el Perú virreinal.* Lima: Sociedad Peruana de Estudios Clásicos-Fondo Editorial Universidad Nacional Mayor de San Marcos.

Kohut, Karl; Sonia V. Rose (eds.). 1997. *Pensamiento europeo y cultura colonial.* Madrid: Iberoamericana (teci, 4).

—; — (eds.). 2000. *La formación de la cultura virreinal. I: La etapa inicial.* Madrid: Iberoamericana (teci, 6).

Lafaye, Jack. 1990. Literatura y vida intelectual en la América española colonial. En: Leslie Bethell (ed.). *Historia de América Latina.* Barcelona: Crítica, vol. 4, 229-261.

Leal, Ildefonso. 1987. *Libros y bibliotecas en Venezuela colonial (1633-1767).* Caracas: Academia Nacional de la Historia.

Leonard, Irving A. 1979 [1953]. *Los libros del conquistador.* México: Fondo de Cultura Económica.

—. 1990. *La época barroca en el México colonial.* México: Fondo de Cultura Económica.

López Grigera, Luisa. 1994. *La retórica en la España del Siglo de Oro.* Salamanca: Universidad de Salamanca.

Maldonado, Pedro. 1609. *Traça y exercicios de un oratorio.* Lisboa: Jorge Rodrigues.

Maravall, José Antonio. 1975. *La cultura del Barroco.* Barcelona: Ariel.

—. 1984. *Estudios de historia del pensamiento español.* 3 vols. Madrid: Cultura Hispánica.

—. 1990. *Teatro y literatura en la sociedad barroca.* Barcelona: Crítica.

Marcos, Balbino. 1980. Literatura religiosa en el Siglo de Oro español. En: Ricardo García Villoslada (ed.). *Historia de la Iglesia en España.* Madrid: Biblioteca de Autores Cristianos, vol. III-2º, 443-552.

Martínez Gil, Fernando. 1991. *Muerte y sociedad en la España de los Austrias.* Madrid: Siglo XXI.

Mazzotti, José Antonio (ed.). 2000. *Agencias criollas. La ambiugüedad "colonial" en las letras hispanoamericanas*. Pittsburgh: Universidad de Pittsburgh.

Miró Quesada, Aurelio. 1982. Fray Luis de Granada en el Perú. En: *Revista de la Universidad Católica* [Lima] 11-12, 13-20.

Núñez Beltrán, Miguel Ángel. 2000. *La oratoria sagrada de la época del Barroco*. Sevilla: Fundación Focus.

Orozco, Emilio. 1969. *El teatro y la teatralidad del Barroco*. Barcelona: Planeta.

—. 1975. *Manierismo y Barroco*. Madrid: Cátedra.

—. 1977. *Mística, plástica y barroco*. Madrid: Copsa.

—. 1988. *Introducción al Barroco*. 2 vols. Granada: Universidad de Granada.

Peña Díaz, Manuel. 1996. *Cataluña en el Renacimiento. Libros y lenguas*. Lérida: Milenio.

—. 1997. *El laberinto de los libros*. Madrid: Fundación Germán Sánchez Ruipérez-Pirámide.

Petrucci, Armando (ed.). 1990. *Libros, editores y público en la Europa moderna*. Valencia: Alfons el Magnànim.

Puente, Luis de la. 1676. *Guía espiritual*. Valencia: Imprenta del Reino.

Resina Rodrigues, María Idalina. 1988. *Fray Luis de Granada y la literatura de espiritualidad en Portugal (1554-1632)*. Madrid: Fundación Universitaria Española.

Rodríguez de la Flor, Fernando. 1999. *La península metafísica. Arte, literatura y pensamiento en la España de la Contrarreforma*. Madrid: Biblioteca Nueva.

—. 2002. *Barroco*. Madrid: Cátedra.

Rodríguez San Pedro, Luis E. 1988. *Lo Barroco. La cultura de un conflicto*. Salamanca: Plaza Universitaria.

—; José Luis Sánchez Lora. 2000. *Historia de España. Los siglos XVI y XVII. Cultura y vida cotidiana*. Madrid: Síntesis.

Romano, Ruggiero. 1993. *Coyunturas opuestas. Las crisis del siglo XVII en Europa e Hispanoamérica*. México: Fondo de Cultura Económica.

Rueda Ramírez, Pedro. 1999. La circulación de libros entre el viejo y el nuevo mundo en la Sevilla de finales del siglo XVI y comienzos del siglo XVII. En: *Cuadernos de Historia Moderna* [Madrid] 22, 79-105.

Salazar, Esteban de. 1586. *Veinte discursos sobre el credo.* Sevilla: Andrea Pescioni y Juan de León.

Sánchez Lora, José Luis. 1988. *Mujeres, conventos y formas de la religiosidad barroca.* Madrid: Fundación Universitaria Española.

—. 1989. Claves mágicas de la religiosidad barroca. En: León Carlos Álvarez Santaló; María Jesús Buxó; Salvador Rodríguez (eds.). *La religiosidad popular.* Barcelona: Anthropos, vol. 2, 125-145.

—. 1995. Barroco y simulación: cultura de ojos y apariencias, desengaño de ojos y apariencias. En: *Cultura y culturas en la historia* [Salamanca] 94, 75-86.

Sainz Rodríguez, Pedro. 1983. *Antología de la literatura espiritual española. Siglo XVI.* 2 vols. Madrid: Fundación Universitaria Española.

Schmidt, Peer. 1997. Neoestoicismo y disciplinamiento social en Iberoamérica (siglo XVII). En: Kohut/Rose, 205-237.

Soriano Triguero, Carmen. 1997. Inquisición, beatas y falsarios en el siglo XVII: pautas del Santo Oficio para examinar visiones y apariciones. En: Antonio Mestre Sanchís; Enrique Giménez López (coords.). *Disidencias y exilios en la España moderna.* Alicante: Universidad de Alicante, 253-262.

Torre Revello, José. 1940. *El libro, la imprenta y el periodismo en América durante la dominación española.* Buenos Aires: Jacobo Peuser.

Valverde, José María. 1980. *El Barroco. Una visión de conjunto.* Barcelona: Montesinos.

Via Spiritus. Leituras e espiritualidade na Península Ibérica na Época Moderna. 1997, 4.

Via Spiritus. Livros e correntes de espiritualidade em Portugal no tempo de Felipe II. 1998, 5.

Wagner, Klaus. 1996. Descubrimientos e imprenta. En: *Viagens e Viajantes no Atlântico Quinhentista.* Lisboa: Colibri, 233-242.

Weisbach, Werner. 1948. *El Barroco, arte de la Contrarreforma.* Madrid: Espasa-Calpe.

Wölfflin, Heinrich. 1986. *Renacimiento y Barroco.* Barcelona: Paidós.

II

CONSTRUCCIÓN DE UNA MEMORIA

Y (AUTO)REPRESENTACIÓN

La otra literatura novohispana:
textos en lenguas indígenas en escritura alfabética

Elke Ruhnau

Los indígenas de la Nueva España tuvieron desde el período preclásico de la época prehispánica su propia cultura escrita. En efecto, a través de los siglos se habían ido formando, en diferentes regiones, varios sistemas de escritura procedentes de la codificación de signos llevada a cabo por sabios de la cultura La Venta, que se había desarrollado en el litoral del Golfo de México (s. VIII - V a.C.). De todos estos sistemas, la escritura de los mayas fue la más elaborada. Con estos signos, el escriba maya podía escribir fonemas, sílabas y palabras, con las cuales podía formar frases según las reglas gramaticales. De allí que la escritura maya fuera capaz de expresar, de forma diferenciada y bien exacta, incluso conceptos abstractos. En México Central y en Oaxaca, región situada en el litoral del Océano Pacífico en el sur de México, existieron escrituras pictográfico-ideográficas, siendo el componente oral parte integral de los discursos fijados y de la literatura de estas regiones. Los pictogramas e ideogramas de los textos escritos servían, en primer lugar, como ayuda mnemotécnica para los textos orales (Ruhnau 2000, 336).

Cuando los españoles conquistaron lo que hoy es México y crearon la Nueva España, existía entre los indígenas, desde hacía muchos siglos, una tradición literaria. Por esta razón no sorprende que adoptaran en poco tiempo la escritura alfabética europea traída por los españoles. A mediados del siglo XVI los escribas indígenas comenzaron a escribir textos con la "nueva" escritura, y con el tiempo crearon literaturas típicamente indígenas que se diferenciaban bastante, no sólo de la literatura prehispánica sino también de la europea, a pesar de que se nutrieran de ambas fuentes. En este contexto, entendemos el concepto de "literatura" en un sentido más amplio que abarca no sólo textos ceñidos a elevados criterios estéticos y formales sino también en el sentido de cada texto escrito que transmite alguna información con sentido propio, tales como liquidaciones de impuestos, cartas personales u oficiales, menúes, horarios, además de novelas y comedias populares (Hess *et al.* 1989, 206s.).

La nueva literatura indígena, que en el siglo XVII adoptó rasgos distintivos, estaba escrita en lenguas indígenas pero en escritura alfabética, por autores indígenas. Fue escrita, en primer lugar, para un público indígena, pero en ciertos casos, tales como testamentos, peticiones o acciones posesorias, también para españoles. Los autores se servían de las lenguas indígenas porque sus textos, incluso aquéllos cuyos destinatarios eran las autoridades españolas, contenían informaciones específicamente dirigidas al público indígena y que no tenían relevancia —o sólo poca— para aquéllas. Los escribanos o autores de los textos, como miembros de la élite indígena, sabían español y eran absolutamente capaces de redactar documentos oficiales en este idioma. Los textos escritos en náhuatl, la lengua predominante en el México Central, reflejan claramente la tradición de la escritura pictográfica prehispánica y la transmisión oral de informaciones, lo mismo que los distintos estilos de la narración y oración con un uso muy amplio de metáforas. Si bien a la literatura náhuatl le falta —con excepción de la poesía— lo que podríamos denominar "literatura culta", los autores usaban una retórica textual y estilística bastante refinada y artística aun en textos de corte pragmático (Lockhart 1992, 375).

La mayoría de los textos escritos en lenguas indígenas con escritura alfabética proceden de dos regiones: de la zona maya y de México Central, incluyendo Oaxaca. Los textos en lenguas maya reflejan la situación geográfico-cultural de la región, donde se debe distinguir entre las tierras bajas que abarcan la península de Yucatán, hoy en día perteneciente a México, el territorio actual de Belize y la selva del Petén guatemalteco, y el altiplano que hoy forma parte de Guatemala. Los textos conservados de las tierras bajas fueron escritos en su mayor parte en maya-yucateco, hoy y en el pasado, idioma predominante en la península de Yucatán así como en Belize. En el altiplano, con su multitud de diferentes lenguas maya, la mayoría de los textos fue redactada en maya-quiché, y el resto en los idiomas maya-cakchiquel, kekchí, tzutujil, mam y pokomchí.

En la zona maya, el florecimiento de la nueva literatura no tuvo lugar en el siglo XVII sino en los siglos XVIII y XIX, cuando fueron redactados, por la mayor parte, los textos en maya-yucateco. Los escritos de los siglos XVI y XVII forman una minoría y abarcan casi únicamente textos históricos y títulos de tierras. Entre los mayas del altiplano, por otra parte, la nueva literatura floreció en el siglo XVI, siendo el título de tierra el género predominante. Durante el siglo XVII, la producción de textos disminuyó considerablemente, y el único texto importante de los siglos posteriores es el drama titulado "Rabinal Achi".

En México Central la nueva literatura fue redactada casi exclusivamente en lengua náhuatl. Esporádicamente se encuentran también textos en otros idiomas de México Central y Oaxaca, así como el tarasco, otomí, matlatzinco, mixteco y popoloca. El náhuatl es el idioma predominante de la nueva literatura indígena de México Central, muy superior en número de textos a la de la zona maya. Esta literatura en náhuatl floreció en el siglo XVII, desarrollando rasgos específicos que la distinguen de la del siglo XVI. Es a ella que se refieren, en primer lugar, las reflexiones siguientes.

Por su forma y su contenido, los textos de la nueva literatura indígena abarcan diferentes géneros textuales. Existen textos historiográficos —casi todos redactados en forma de anales—, títulos de tierras —que muchas veces incluyen la historia de ciertas comunidades indígenas y genealogías de familias de la élite—, testamentos, cartas privadas u oficiales, así como correspondencia entre los cabildos de comunidades indígenas, pedimentos, y quejas y demás documentos, tales como contratos de compraventa, documentos de cesión, escrituras de propiedad, y protocolos. Poesía, oraciones y dramas fueron compuestos en forma escrita solamente por escribas nahuatlatos.

Los textos anteriores muestran la situación de aculturación en la que se encontraban los indígenas en la época colonial temprana, puesto que su interacción con los españoles implica igualmente una interacción con conceptos políticos, sociales, económicos, administrativos y religiosos occidentales, completamente diferentes de aquellos con los que estaban familiarizados. Al escribir testamentos, cartas y demás tipos de documentos oficiales, los escribanos indígenas adoptaron géneros textuales europeos; sin embargo, no los seguían ciegamente, sino que los modificaban para asimilarlos a las nociones indígenas. Los anales, los títulos de tierras, la poesía y las oraciones del México Central representan géneros textuales que tienen su origen en la época prehispánica, pero que, sin embargo, muestran particularidades que resultan de la interacción de la cultura indígena con la europea. Las autoridades coloniales forzaron a los indígenas, por ejemplo, a adoptar el concepto de la propiedad individual de la tierra, que era desconocido en la época prehispánica. Por otro lado, la poesía y las oraciones eran géneros de la literatura oral antes de la conquista, y los indígenas continuarán cultivándolos pero sirviéndose, consecuentemente, del nuevo sistema de escritura europea. Por último, en el género dramático se mezclan tradiciones europeas, como el misterio o el auto, y tradiciones indígenas, así como rituales religiosos públicos que tenían carácter de espectáculo.

Algunos anales indígenas abarcan solamente la época prehispánica, otros continúan hasta la época colonial o empiezan su relato con sucesos que tuvieron lugar después de la Conquista. Los anales que abarcan la época prehispánica tratan frecuentemente, no sólo la historia precolombina en el sentido estricto sino también la religión, la mitología, el calendario y la adivinación prehispánicas. Además, pueden contener listas de pueblos conquistados y sujetos a otros, de tributos, de soberanos sometidos, así como de funcionarios de cabildos indígenas coloniales y genealogías (Tschohl 1990, 149). Hasta cierto punto, los anales redactados después de la Conquista reemplazaron distintos géneros de literatura prehispánica tales como calendarios, tratados religiosos o libros de adivinación que habían dejado de elaborarse bajo el dominio español. Los autores de los anales centromexicanos presentaban la historia prehispánica y colonial casi exclusivamente según la interpretación particular de sus pueblos de nacimiento, dando como resultado relaciones tendenciosas que no sólo se centran en la historia particular de los distintos pueblos sino que también caracterizan a cada uno de ellos como el más poderoso e importante[1]. El carácter tendencioso de estos relatos historiográficos y otros rasgos prueban que los anales en lengua náhuatl fueron escritos siguiendo la tradición historiográfica precolombina. Los autores no adoptaron las formas historiográficas europeas introducidas por los españoles, con excepción del nahuatlato Chimalpahin Quauhtlehuanitzin que redacta anales titulados "Diferentes Historias Originales" siguiendo el patrón de la *historia mundi*, forma historiográfica europea que interpreta la historia en el sentido cristiano de la época[2]. Por último, los historiadores indígenas del México Central dataron los acontecimientos relatados no sólo por medio del calendario europeo sino también del indígena (León-Portilla 1980, 94).

Desde mediados del siglo XVII hasta las primeras décadas del XVIII, estuvo en uso en México Central un tipo especial de títulos de tierras, escritos en náhuatl, por medio de los cuales las comunidades indígenas trataban de proteger su derecho a sus tierras comunales. Estos documentos, que se diferencian bastante de los títulos de tierras del siglo XVI, eran la consecuencia del aumento de litigios por las tierras, fruto del crecimiento de la población, tanto indígena como criolla novohispana. A pesar de que fueron presentados en gran número, las cortes coloniales por diversas razones casi nunca los aprobaron (Lockhart 1992, 411). Para demostrar que los habitantes indígenas de algún pueblo eran los posesores legítimos de las tierras en cuestión, los escribanos relataban la toma de posesión de las tierras por sus antepasados míticos a la manera de la tradición oral (Lockhart 1992, 415s.); describían además las particularidades de las tierras, así como las de sus linderos (Robertson 1973, 255s.). Otro asunto tratado por los títulos de tierras de este tipo son los acuerdos a los cuales presuntamente llegaron, en el siglo XVI, los funcionarios indígenas de ciertos pueblos vecinos en presencia de algunos oficiales españoles (Lockhart 1992, 415; Robertson 1973, 255). La mención de dichos acuerdos y el hecho que en el siglo XVI algún oficial español o el mismo virrey afirmaran el derecho de una comunidad indígena en particular a su tierra comunal, permitía a los escribanos sugerir que la propiedad había sido certificada aunque en el pasado no hubiera sido redactado ningún documento oficial (Lockhart 1992, 415; Robertson 1973, 255).

---

[1] León-Portilla 1980, 94; Ruhnau 1999a, 423s.; 1999b, 32s.; 2000, 334s., 338ss.
[2] Romero Galván en: Chimalpahin 1983, 44ss.; Ruhnau 1998, 198s.

Las oraciones en náhuatl escritas en el siglo XVI se perfilan como un género extraordinario de la literatura oral azteca que no sólo tiene rasgos de literatura culta, sino que también por su carácter exhortativo fueron uno de los medios principales para transmitir los valores y las normas de la sociedad azteca de una generación a otra (Hinz 1990, 280). La poesía náhuatl fue puesta por escrito en dos antologías tituladas "Cantares mexicanos" y "Romances de los señores de Nueva España". Ambas fueron redactadas en el siglo XVI, los "Cantares" en los años '50 y '60 (Lockhart 1992, 397), y los "Romances" a fines del siglo o a comienzos del XVII (ibíd., 393). Los textos presentan una poesía típicamente indígena, cuyo carácter es completamente diferente del de los textos poéticos conocidos en Europa. La poesía náhuatl no era declamada, sino cantada. Como obras de canto que eran, los textos poéticos en náhuatl, acompañados de música instrumental y de danzas, formaban parte de complejas representaciones musicales (Hinz 1990, 276; Lockhart 1992, 393s.). La mayoría de los textos poéticos conservados habían sido compuestos como textos orales en la época prehispánica y fueron puestos por escrito en el siglo XVI. Otros, sin embargo, fueron compuestos aparentemente en la época colonial dado que se refieren a la religión cristiana[3]. Estos últimos textos representan una poesía náhuatl verdaderamente "nueva", poesía que, por otra parte, no sobrevivirá al siglo XVI y que carece de continuación en el siglo XVII (Lockhart 1992, 399). En las últimas décadas del siglo XVI, sin embargo, nació otro tipo de poesía náhuatl, claramente distinta de la de la época prehispánica. Poetas anónimos compusieron textos poéticos para cantos de coro polifónicos compuestos por Hernando Franco quien, desde 1570 hasta 1585, sirvió sucesivamente de Maestro de Capilla de la Catedral de Guatemala y de la de México (Gembero Ustárroz 1999).

Poco después de la Conquista, los indígenas centromexicanos dejaron de llevar a cabo las actuaciones musicales que habían sido elemento típico de la vida cultural prehispánica. Los españoles, especialmente los religiosos, estaban sin duda en desacuerdo con estos espectáculos dado su carácter "pagano". A partir de los años treinta del siglo XVI, los dramas en forma de misterio reemplazaron a los espectáculos tradicionales (Burkhart 1996, 42s.). Escritos en náhuatl, tratan asuntos cristianos tales como la Historia Sagrada, vidas de santos y mártires, milagros bíblicos o aspectos de la moral cristiana (Burkhart 1996, 42; Lockhart 1992, 401), que reflejan el canon temático de los autos para el día del Corpus Christi representados en España en el siglo XVI (Burkhart 1996, 19). En los siglos XVI y XVII estos dramas gozaban de gran popularidad entre los indígenas centromexicanos y eran redactados en gran número. Algunos pueblos tenían

---

[3] Garibay 1987, I, 157; Hinz 1990, 279; Karttunen 1995, 8.

dramas propios que eran representados solamente por sus habitantes; en el caso de que el drama tratase de la leyenda del patrono del pueblo, se lo ponía en escena cada año en su día (Lockhart 1992, 407, 409).

Los rasgos específicos de la literatura náhuatl que se van formando a partir del año 1600 no pueden ser considerados sin tener en cuenta el desarrollo literario del siglo XVI. Ya en los primeros años después de la Conquista, varios escribas nahuatlatos empezaron a redactar textos en escritura alfabética —por ejemplo, el documento titulado "Ordenanza del Señor Quauhtemoc" del año 1528—, pero no llegaron a producir textos en el nuevo modo de escritura en gran escala antes de los años cuarenta. En esta etapa temprana de la nueva literatura náhuatl, los autores usaban ambos sistemas de escritura, el alfabético europeo y el pictográfico indígena. Algunos redactaron documentos solamente en el modo pictográfico mientras que otros usaban la escritura tradicional y la "nueva" una al lado de la otra. En el caso de que el mismo asunto fuera explicado utilizando ambas formas, el texto alfabético era más o menos una transcripción del pictográfico (Lockhart 1992, 348; Ruhnau 2000, 336). La mayoría de los textos de esta etapa son anales, listas de tributos y tributarios, así como registros catastrales.

A partir del año 1570, el componente pictográfico de los documentos indígenas comienza a disminuir sucesivamente al mismo tiempo que el número de textos escritos solamente en escritura alfabética aumenta rápidamente. Un nuevo género textual redactado exclusivamente en el modo alfabético aparece por entonces: las cartas, de carácter tanto privado como oficial (Lockhart 1992, 366s.). Para finales del siglo XVI, los autores de los anales han ido perdiendo cada vez más el interés por la historia precolombina y centrando su atención en la época colonial. Los anales muestran hasta qué punto sus autores sabían exactamente cómo funcionaba el régimen colonial español y el grado de integración de los jefes de las comunidades en el aparato administrativo colonial (Ruhnau 2000, 333ss., 341s.).

En el siglo XVII, la escritura pictográfica perdió casi por completo la función de transmitir informaciones. Lo más importante se comunicaba exclusivamente por el modo alfabético y muchas veces los pictogramas se convertían en meros elementos decorativos (Lockhart 1992, 351, 357). Las exhortaciones a los herederos, que constituyen un rasgo típico de los testamentos de indígenas y que no se encuentran en los de criollos, ya no se expresan sino por fórmulas estandarizadas (Lockhart 1992, 369). Todos los anales redactados a partir del año 1600 tratan, aparte de la historia prehispánica, la contemporánea o exclusivamente la historia temprana novohispana. Queda claro en ellos —en particular cuando se trata la historia precolombina— la distancia mental de los autores hacia esta época y hacia el siglo XVI. Se encuentran en los anales, además, simplificaciones léxicas y estilísticas de la lengua náhuatl, evidentes, entre otros, en el amplio uso de hispanismos en lugar de neologismos en náhuatl o perífrasis (Lockhart 1992, 386s.). Los títulos de tierras ya mencionados constituyen, por su parte, un nuevo género textual nacido a mediados del siglo XVII.

En último lugar, queremos ocuparnos de las informaciones comunicadas mediante la literatura náhuatl a los indígenas en particular. Cabe señalar que no fueron sólo los anales, dramas y poesía los redactados en lengua indígena, sino también textos dirigidos a las autoridades coloniales españolas, que habría sido más apropiado redactar en español. Es éste un aspecto en el que valdría la pena indagar.

Los analistas indígenas no intentaban explicar al público hispanoparlante la historia precolombina o la interpretación indígena de ella— tal como había sido el caso de autores españoles que, en los siglos XVI y XVII, habían compuesto obras sobre la historia prehispánica, como es el caso de la *Monarquía indiana* del franciscano Juan de Torquemada, de la *Historia de las Indias de Nueva España* del dominicano Diego Durán y de la *Historia ecclesiástica indiana* del franciscano Jerónimo de Mendieta. Los analistas indígenas tampoco tenían la intención de mostrar a los españoles la percepción de los indígenas de la historia colonial: los anales en náhuatl se dirigían exclusivamente al público indígena con la intención de determinar y afirmar la identidad indígena y fortalecer la conciencia colectiva. Dado su objetivo, los autores no tenían escrúpulo alguno en interpretar acontecimientos históricos y contemporáneos desde una perspectiva propangadística (Ruhnau 2000, 333s., 338ss.). En su mayoría, los analistas se centraban en la historia de sus pueblos natales, pretendiendo que éstos eran de suma importancia y reclamando para ellos una posición de autoridad, no sólo en la época prehispánica sino también en la colonial[4]. Al sugerir un paralelismo entre el régimen colonial español y el precolombino, los autores intentaban probar que el sistema político-social indígena continuaba existiendo, aun cuando fuera bajo otra forma. Los relatos sobre la época prehispánica tenían por objeto mantener viva la conciencia de la propia historia entre los indígenas. Además, servían para legitimar el derecho de la élite indígena a participar en el régimen colonial, por lo menos a nivel municipal, y el derecho de la gente autóctona a conservar sus costumbres políticas, sociales y económicas. Los derechos que los jefes de las comunidades indígenas hicieron valer se basaban en su pertenencia a dinastías prehispánicas. Los anales en náhuatl, incluso los que se redactaron en el siglo XVII en escritura alfabética y que tratan tanto de la historia prehispánica

---

[4] León-Portilla 1980, 93s.; Lockhart 1992, 384; Ruhnau 1999a, 421, 423s.

como de la colonial, probablemente no habrían sido reconocidos por los españoles como obras históricas, dado que reflejan el concepto precolombino de historiografía que se distingue básicamente del europeo. La historiografía indígena no distinguía entre asuntos "reales" y míticos. Consecuentemente, los analistas relataron hechos políticos, sociales y económicos y catástrofes naturales que habían afectado la vida de la comunidad y hechos míticos uno al lado del otro. El gran interés que los cronistas tuvieron por los asuntos eclesiásticos y por la actividad de los religiosos podría tener sus raíces en este concepto prehispánico de la historiografía. A los indígenas les resultaba más fácil concebir la nueva realidad impuesta por el régimen colonial español, porque podían incorporarla a la concepción de la historia con la que estaban familiarizados.

Después de la Conquista, algunos poemas en náhuatl fueron transcritos en el modo alfabético pero no traducidos al español. Los receptores de estos textos líricos eran, en primer lugar, los miembros de la élite indígena que los tenían en gran estima en tanto que documentos de la estética verbal náhuatl y vector de conceptos filosóficos y religiosos tradicionales indígenas. Por otro lado, los textos poéticos, en su calidad de obras cantadas, conservaban la memoria de las representaciones musicales precolombinas (Karttunen 1995, 13). Solamente unos pocos españoles, en general religiosos, se interesaron por la poesía náhuatl; así, la misma fue puesta por escrito por iniciativa de algunos frailes que, en gran cantidad de casos, podían leer y comprender textos en este idioma.

Los dramas en náhuatl redactados después de la Conquista forman un género literario que resulta del proceso de aculturación por el cual pasaron los indígenas. Si bien no existía nada comparable en la literatura precolombina, ya sea escrita u oral, los dramas traían a la memoria las representaciones musicales de la época prehispánica (Burkhart 1996, 43ss.). Por ejemplo, algunos diálogos de un drama de principios del siglo XVII tienen por tema la leyenda de los tres Reyes Magos, pero su estructura formal refleja la de los poemas en náhuatl. Más aun, en los monólogos y diálogos de los dramas en náhuatl se encuentran, muchas veces, los medios estilísticos de las oraciones precolombinas (Burkhart 1996, 45; Lockhart 1992, 405). El carácter de misterio de dichas piezas servía para instruir a los indígenas en la doctrina cristiana, para consolidar su fe y para hacerles comprender la moral, de allí que pareciera oportuno escribirlos en náhuatl (Burkhart 1996, 43, 47). Sin embargo, al uso de la lengua materna de los indígenas para asegurar que éstos comprendieran el contenido esencial de los dramas se le unía la necesidad de emplear elementos conceptuales de la ideología indígena para facilitar la transmisión de la doctrina cristiana (ibíd., 42, 45ss.).

Los distintos títulos de tierras de la segunda mitad del siglo XVII se dirigían, a primera vista, a las autoridades coloniales españolas. A pesar de que casi nunca eran aprobados judicialmente, continuaron siendo redactados por escribanos de un gran número de comunidades indígenas, sobre todo las que ya estaban en posesión de títulos aprobados por cortes coloniales desde hacía mucho tiempo (Lockhart 1992, 411, 413). Parece que estos títulos estaban dirigidos fundamentalmente a los habitantes de las comunidades, confirmándoles que ellos eran los propietarios legítimos de las tierras comunales. Los títulos funcionaban, además, como crónicas locales que tenían que mantener vivo el recuerdo del pasado precortesiano y colonial dado que narraban la historia particular de las comunidades de una manera que se puede caracterizar de "folclórica" y anecdótica (ibíd., 411ss.). Algunos investigadores piensan que estos títulos de tierras son documentos falsificados con ánimo de dolo, para engañar a las autoridades coloniales, dado que en su mayoría ofrecen fechas de redacción del siglo XVI aunque fueron escritos en el XVII. Un grupo especial de estos títulos, nombrado "Códices Techialoyan" (por el pueblo donde apareció el primer ejemplar), corrobora la sospecha. Todos los "Códices Techialoyan" fueron elaborados probablemente en un solo taller donde los documentos fueron tratados para que parecieran más antiguos de lo que eran en realidad. Los escribanos usaron papel indígena bastante grueso que ennegrecieron con humo para sugerir un origen más antiguo. Además, intentaron imitar el estilo náhuatl del siglo XVI e ilustraron los documentos con dibujos que parecen datar del mismo siglo[5]. Lo que contradice la hipótesis de la falsificación es la ineficacia de las tentativas de estafa que, con su ayuda, fueron presuntamente cometidas. A pesar de que —como ya dijimos— estos títulos casi nunca fueron aprobados judicialmente, sus autores continuaban redactándolos en gran número.

Demandas y quejas de representantes de familias o comunidades indígenas, dirigidos a las autoridades coloniales españolas, traían informaciones para receptores indígenas, tan importantes que los documentos no fueron redactados en español sino en náhuatl. Sus autores, usando minuciosamente las fórmulas de cortesía necesarias y las estrategias retóricas apropiadas, demostraban al público indígena que abogaban con toda fuerza por el bien común. Mediante tales elementos retóricos, las cabezas de familias y jefes de cabildos indígenas legitimaban su autoridad.

Las distintas informaciones dirigidas a corporaciones indígenas que se encuentran en los testamentos escritos en náhuatl llaman igualmente la atención. Cada uno de estos testamentos, haciendo gala, en primer lugar, de ser un documento legal, contiene amplias exhortaciones del testador pidiendo a los testigos, a quienes les sería leído, que respetaran las disposiciones testamentarias. Aparte

---

[5] Lockhart 1992, 413ss.; Robertson 1973, 254, 259ss.

de los herederos, sus parientes y sus vecinos, representantes del cabildo indígena y a veces acreedores del testador podían actuar como testigos (Lockhart 1992, 368, 370). La lectura del testamento a estas personas debió de confirmar el derecho de propiedad del testador, que le permitía disponer de la herencia (ibíd., 370s.).

Finalmente, los contratos de compraventa y los documentos de cesión fueron redactados en náhuatl aunque tenían la calidad de documentos legales para mostrar a los respectivos habitantes de comunidades indígenas los derechos de propiedad de los nuevos dueños (ibíd., 371).

Bibliografía

Anónimo. 1952. *Ordenanza del Señor Quauhtemoc*. Paleografía, traducción y noticia introductoria de Silvia Rendón. New Orleans: Middle American Research Institute/The Tulane University of Louisiana (Philological and Documentary Studies, II, 2).

Bierhorst, John. 1985. *Cantares mexicanos. Songs of the Aztecs*. Stanford: Stanford University Press.

Brasseur de Bourbourg, Charles-Étienne. 1862. *Grammaire de la langue quichée espagnole-française [...], servant d'introduction au Rabinal Achi, drame indigène*. Paris: A. Bertrand.

Burkhart, Louise M. 1996. *Holy Wednesday. A Nahua Drama from Early Colonial Mexico*. Philadelphia: University of Pennsylvania Press.

Carmack, Robert. 1973. *Quichean Civilization*. Berkeley and Los Angeles: University of California Press.

Chimalpahin Cuauhtlehuanitzin, Domingo. 1949-52. *Diferentes Historias Originales de los Reynos de Colhuacan, México y de Otras Provincias*. Manuscrito Mexicano N° 74. Edición de Ernst Mengin. 3 vols. Kopenhagen: Munksgaard (Corpus Codicorum Americanorum Medii Aevi).

—.1983. *Octava Relación*. Introducción, estudio, paleografía, versión castellana y notas de José Rubén Romero Galván. México D.F.: UNAM.

Durán, Diego. 1967. *Historia de las Indias de Nueva España e Islas de Tierra Firme*. Edición de Ángel María Garibay K. 2 vols. México D.F.: Porrúa.

Garibay K., Ángel María (ed.). 1963. *Romances de los señores de Nueva España*. México D.F.: UNAM.

—. 1987. *Historia de la literatura náhuatl*. 2 vols. México D.F.: Porrúa.

Gembero Ustárroz, María. [en prensa]. Las "Informaciones de Oficio y Parte" como fuente para la historia musical iberoamericana de la época colonial: estudios de unas informaciones sobre el Maestro de Capilla Hernando Franco. Conferencia dada en el XII Congreso Internacional de AHILA (Asociación de Historiadores Latinoamericanistas Europeos) Oporto, 21-25 de septiembre de 1999.

Gibson, Charles; John B. Glass. 1975. A Census of Middle American Prose Manuscripts in the Native Historical Tradition. En: Howard F. Cline (ed.). *Handbook of Middle American Indians*, vol. 15. Austin: University of Texas Press, 322-400.

Glass, John B.; Donald Robertson. 1973. A Census of Native Middle American Pictorial Manuscripts. En: Howard F. Cline (ed.). *Handbook of Middle American Indians*, vol. 14. Austin: University of Texas Press, 81-252.

Hess, Rainer, *et al.* 1989. *Literaturwissenschaftliches Wörterbuch für Romanisten*. Tübingen: Francke.

Hinz, Eike. 1990. Indianische Literatur. En: Ulrich Köhler (ed.). *Alt-Amerikanistik*. Berlin: Dietrich Reimer, 275-288.

Karttunen, Frances. 1995. Cuicapixqueh: Antonio Valeriano, Juan Bautista de Pomar, and náhuatl poetry. En: *Latin American Indian Literatures Journal* 11, 1, 4-20.

León-Portilla, Miguel. 1980. *Toltecayotl. Aspectos de la cultura náhuatl*. México D.F.: Fondo de Cultura Económica.

Lockhart, James. 1992. *The Nahua after the Conquest*. Stanford: Stanford University Press.

Mendieta, Jerónimo de. 1945. *Historia ecclesiástica indiana*. 2 vols. México D.F.: Chávez Hayhoe.

Reyes García, Luis. 1988. *Documentos sobre tierras y señoríos en Cuauhtinchan*. México D.F.: Fondo de Cultura Económica.

Robertson, Donald. 1973. Techialoyan Manuscripts and Paintings with a Catalog. En: Howard F. Cline (ed.). *Handbook of Middle American Indians*, vol. 14. Austin: University of Texas Press, 253-280.

Ruhnau, Elke. 1998. Consolidating the Indians' Christian Faith. An Indian Author's Objectives in Writing a Universal History. En: *Journal de la Société des Américanistes* 84, 2, 197-208.

—. 1999a. Chalco und der Rest der Welt. Die *Diferentes Historias Originales* des Chimalpahin Quauhtlehuanitzin. En: Carmen Arellano Hoffmann; Peer Schmidt (eds.). *Die Bücher der Maya, Mixteken und Azteken.* Frankfurt a. M.: Vervuert, 419-443.

—. 1999b. The Problem of Identity in Prehispanic Central Mexico. National, Regional or Local Focus? En: Andreas Koechert; Barbara Pfeiler (eds.). *Interculturalidad e identidad indígena.* Hannover: Verlag für Ethnologie (Universität Bremen, Colección Americana, 4), 27-38.

—. 2000. *Titlaca in nican Nueva España* (Somos la gente aquí en Nueva España): La historia novohispana según los historiadores indígenas (siglo XVI y principios del XVII). In: Karl Kohut; Sonia V. Rose (eds.). *La formación de la cultura virreinal. I. La etapa inicial.* Frankfurt a. M./Madrid: Vervuert/ Iberoamericana (Textos y estudios coloniales y de la Independencia, 6), 333-344.

Torquemada, Juan de. 1969. *Monarquía indiana.* Edición facsimilar. 3 vols. México D.F.: Porrúa.

Tschohl, Peter. 1990. Die wortschriftlichen Quellen zum Aztekenreich. En: Ulrich Köhler (ed.). *Alt-Amerikanistik.* Berlin: Dietrich Reimer, 145-159.

El *Valeroso Lucideno* y el *Castrioto Lusitano*
Historiografía y patriotismo en el Brasil del siglo XVII[*]

Dietrich Briesemeister

Para comienzos del siglo XVII, la historiografía del Brasil apenas si abarca el tiempo transcurrido desde el descubrimiento de la "Tierra de Santa Cruz", en 1500. En general, es la obra de *reinóis*, naturales del reino, de religiosos y misioneros —algunos extranjeros— o de colonos letrados, que en los trances difíciles de la colonización ponen por escrito noticias de las "cosas memorables". Observaciones personales y descripciones del país constituyen la relación sumaria del pasado o la crónica de la actualidad vivida y presentan, en cierto modo, una "América abreviada", título muy significativo del informe modesto de João de Sousa Ferreira sobre el Marañón. Historia moral e historia natural se juntan y se complementan tradicionalmente.

Un ejemplo magnífico lo ofrece el franciscano fray Cristóvão de Lisboa (1583-1652), hermano de Manuel Severim de Faria. Como misionero y defensor de los indios en el Marañón y Gran Pará, redactó su *Historia dos animaes, e arvores do Maranhão* en 1627, libro ilustrado con dibujos anteriores a Willem Piso y Georg Marggraf, que permaneció inédito hasta nuestros días (2000). A diferencia de los virreinatos hispanoamericanos ningún libro referente a las "cousas do Brasil" fue impreso en el territorio colonial. En el llamado Estado del Brasil, por ley, toda la producción de libros tenía que pasar a las imprentas establecidas exclusivamente en la metrópoli bajo el control de la censura. No es éste el lugar de someter al análisis detallado el valor documental y socio-político de los escritos historiográficos que abundan a lo largo del siglo XVII, cuando no sólo avanza el proceso de la exploración de los inmensos espacios interiores y su ocupación, sino que también aumentan los conflictos internacionales entre las potencias europeas con sus aspiraciones hegemónicas en el mundo extraeuropeo. Huelga decir que la formación de la cultura iberoamericana colonial se funda y se refleja visiblemente, por un lado, en el fuerte desarrollo de la historiografía como justificación de la empresa misionera y colonizadora, y, por otro lado, como afirmación de la naciente conciencia criolla. Aquí nos interesan en particular algunos aspectos de la elaboración literaria y retórica de obras historiográficas, y no tanto su dimensión documental, más o menos fidedigna en cuanto a la (re)construcción de la historia. Sirvan de ejemplo algunas obras luso-brasi-

[*] Le agradezco al señor Rolando Carrasco Monsalve la revisión del texto de mi artículo.

leñas del siglo XVII, que demuestran hasta cierto grado la nivelación entre historiografía y literatura, o, dicho de otra manera, no manifiestan una clara diferenciación metódica y genérica entre la narración histórica y su realización formal literaria.

Entre la voluminosa producción de los historiadores y cronistas, tanto eclesiásticos como profanos, hemos escogido una obra de fray Manuel do Salvador Calado (1584-1654), de la Orden de San Pablo Ermitaño, que ya por su título llamativo *O Valeroso Lvcideno, e Trivmpho da Liberdade* (Lisboa, 1648) rebasa los límites tipológicos del género, es decir, entre poesía épica y "tratado" histórico en prosa.

Contexto histórico

El establecimiento de la Nueva Holanda y la guerra con las Provincias Unidas de los Países Bajos (1624-1654) y su Compañía de las Indias Occidentales, fundada en 1621, polarizaron violentamente la atención durante buena parte del siglo XVII y constituyen el tema central de la historiografía luso-brasileña de la época. La obra del monje es una de las primeras sobre el asunto, publicada en 1648 con el visto bueno del Cronista mayor del Reino de Portugal, padre Doctor Francisco Brandão, abad bernardino, pero puesta en el Índice en 1655. Con un nuevo frontispicio salió otra vez en 1668. Después de haber vivido más de veinte años en el Brasil (1624-1646), el religioso escribió su obra de regreso a Portugal. Solamente llegó a la imprenta la primera parte, la continuación se conserva inédita en la Biblioteca Municipal do Porto y hay otra copia en la Biblioteca Nacional en Río de Janeiro.

Es curioso observar, tanto por la fecha de publicación como en el empeño épico-panegírico y en el propósito apologético, las coincidencias de la obra de fray Manuel con el ámbito holandés. Frans Plante, pastor en el séquito del conde de Nassau-Siegen, había compuesto la *Mauritias. Hoc est rerum ab illustrissimo Heroe Ioanne Mauritio, Comite Nassoviae et in Occidentali India gestarum descriptio poetica*[1], y el erudito Caspar Barlaeus había redactado su *Rerum per octennium in Brasilia, et alibi nuper gestarum, sub praefectura illustrissimi Comitis I. Mauritii [...] historia* (Amsterdam, 1647), libro de lujo tipográfico adornado de espléndidos grabados del artista Frans Post.

Fray Manuel do Salvador fue un apasionado testigo de los acontecimientos que narra y comenta, prácticamente en primera persona, introduciéndose entre los protagonistas bajo su nombre de fraile. Por un lado, hace alarde de sus

---

[1] Leiden, 1647. La epopeya ya estaba terminada dos años antes (ver Eekhout 1979).

contactos confidenciales con Juan Mauricio, conde (más tarde príncipe) de Nassau-Siegen (1604-1679), llamado "Brasilianus Americanus", quien, entre 1636 y 1644, fuera gobernador general y jefe militar de la Nueva Holanda en la Ciudad de Mauricio, cerca de Recife. Pero, por otra parte, el fraile fue uno de los instigadores más intrépidos que fortaleció la obstinada oposición de los pernambucanos contra la dominación de los holandeses. En el prólogo, el sacerdote, predicador, combatiente, historiador y poeta escribe: "me achei presente, com a espada em huma mão, e com a lingua ocupada na propagação e defensão da Fe Catholica"[2] contra los herejes bárbaros. Consecuentemente escribió su obra "entre as Musas e o Marcial", fórmula que señala bien la ambigüedad del libro entre las grandes pretensiones del vuelo épico y el combate encarnizado. La primera parte termina en 1646, cuando fray Manuel se embarcó precipitada —y clandestinamente— "em habito de secular" rumbo a Portugal, con la misión de presentar ante el rey la instancia urgente de auxilio y protección, para que se logre la "empresa da liberdade"[3].

Por su carácter testimonial la obra de fray Calado se inserta en una trayectoria de la temprana historiografía sobre el Brasil. Ya el primer relato monográfico impreso en lengua portuguesa y dedicado al tema, la *Historia da prouincia sancta Cruz, a que vulgarmente chamamos Brasil* (Lisboa, 1576) de Pedro de Magalhães de Gândavo, describe la realidad del Nuevo Mundo en buena parte sobre la base de las propias experiencias y observaciones de su autor[4]. Consciente del inmenso potencial del país, éste tiene la intención de incentivar la inmigración de sus compatriotas para que participen en la empresa ultramarina de colonización. Además de un breve esbozo histórico sobre el descubrimiento y establecimiento de los portugueses, ofrece también informaciones sobre la flora, fauna, la vida y costumbres de los indígenas, así como de la situación actual.

---

[2] De la serie de comentarios, diarios, memorias e historias sobre la "guerra santa" contra el régimen de la Compañía Comercial de las Indias Occidentales cabe destacar las siguientes obras portuguesas: Duarte de Albuquerque Coelho: *Memorias diarias de la guerra del Brasil [...] empeçando desde MDCXXX* (Madrid, 1654); Francisco de Brito Freire: *Nova Lusitania, Historia da guerra brasilica* (Lisboa, 1675); fray Rafael de Jesús: *Castrioto Lusitano ou Historia da guerra entre o Brasil e a Holanda* (Lisboa, 1679), del cual hablaremos más adelante; Diogo Lopes de Santiago, *História da guerra de Pernambuco* (publicada sólo en 1943) y el carmelita portugués frei João José de Santa Teresa, en italiano: *Istoria delle guerre del Regno del Brasile accadute tra la Corona di Portogallo, e la Republica di Olanda* (Roma, 1698). Véase para el conjunto Moraes 1983; Rodrigues 1949; Herkenhoff 1999.

[3] Sobre Calado, véase Mello 1954.

[4] Edición moderna por Maria da Graça Pericão y comentario de Jorge Couto en Albuquerque 1989.

Antecede un *Summario da terra do Brasil* (*ca.* 1570), dirigido al rey (Biblioteca Nacional, Lisboa). Fiel a las convenciones retóricas del *Länderlob* (*laus patriae*) y del *locus amoenus* de uso obligatorio en las descripciones geográfico-históricas, Gândavo realza la provincia brasileña y su naturaleza como "sem contradição a melhor para a vida do homem", como paraíso terrenal "em gram maneira deleitosa e aprazível" envuelto en perpetua primavera, semejante a los meses de abril o mayo en Portugal. Hasta la *Historia da America portugueza* de Sebastião da Rocha Pitta (Lisboa, 1730) el elogio efusivo de la tierra, su naturaleza y riqueza, dará comienzo obligatorio a tantos manuales sobre el Brasil.

Movido por la curiosidad y por la apremiante falta de documentación de archivos, Gabriel Soares de Sousa (*ca.* 1540-1591) apunta en su *Noticia do Brasil. Descrição verdadeira da costa daquele Estado que pertence à Coroa do Reino de Portugal*[5] "muitas lembranças por escrito" después de haber vivido más de 17 años en el Brasil como propietario de un ingenio de azúcar. Con su obra presenta un "memorial das grandezas da Baía" (o de las "grandezas e estranhezas desta provincia", "estranheza" en el sentido de curiosidades). Este repositorio de las más diversas noticias sobre geografía, etnología, animales y plantas, cumple con una finalidad utilitaria muy concreta. Las copias manuscritas que circularon ampliamente sirvieron también de fuente de información para historiadores como Pedro de Mariz, fray Vicente do Salvador[6] y Simão de Vasconcelos S.I.

El jesuita Fernão Cardim (1540/48-1625) dejó tres escritos de gran valor documental que se publicaron bajo el título moderno de *Tratados da terra e gente do Brasil*[7].

Finalmente se atribuyen a Ambrosio Fernandes Brandão (*ca.* 1560-1630), cristiano nuevo y dueño de ingenios, seis *Diálogos das grandezas do Brasil* de 1618[8], en que Brandônio, portavoz evidente del propio autor y representante del nuevo saber adquirido por experiencia, discute en tono crítico con Alviano, es-

---

[5] Edición comentada de Albuquerque 1989.

[6] La *História do Brasil* del fraile franciscano es el primer intento de un autor portugués de resumir el acontecer histórico en tierras brasileñas. El libro fue redactado en 1627.

[7] Salió por primera vez en versión inglesa con el título *A Treatise of Brasill written by a Portugall which had long lived there* en Samuel Purchas, *Pvrchas his pilgrimes. The Seventh Booke*, Londres 1625. Para la edición moderna, véase Cardim 1997. Es también muy interesante, pero poco conocido, el tratado del jesuita João António Andreoni, *Cultura e opulência do Brasil por suas drogas e minas*, publicado bajo el pseudónimo de André João Antonil. La edición fue confiscada y destruida (para una edición moderna, véase Antonil 1989).

[8] Brandão 1943; véase también *Dicionário de história de Portugal* s.a., t. 1, 373-382, y Serrão 1973, 337-340.

céptico y tradicional en su modo de pensar, sobre las riquezas y miserias del Brasil en aquel entonces.

De todos estos escritos tempranos que informan sobre la actualidad del joven Brasil aún "sin historia", como dirá Hegel desde la perspectiva del Viejo Mundo, se desprende una amplia gama terminológica para designar el género: sumario, memorial, tratado, historia y aun diálogo. Variantes significativas no sólo con respecto a sus diferentes funciones y usos, sino también aclaratorias en cuanto a las vacilaciones formales de las obras mencionadas, cuyo común denominador es la obsesión por autentificar el relato como testimonio, de dar una "verdadera descripción" o "historia", arraigada en la experiencia.

La obra de fray Manuel Calado queda en suspenso entre el "tratado" y la "historia" para, al fin y al cabo, verse adornada de un título fuera de lo común y con evidente resonancia épica, *O Valeroso Lvcideno, e Trivmpho da Liberda-de*. En cierto momento el autor había pensado en *Olinda libertada*, rótulo fácilmente asociable con el poema épico-heroico de Torquato Tasso, *La Gerusa-lemme liberata* (1581), dos veces traducido al español, y, que además cuenta con una versión portuguesa.

El Triunfo de la Libertad o "Morrão as tyrannias e viua a liberdade"

En su relación de actualidad política y militar fray Manuel Calado trata de la sublevación contra los holandeses acaudillada por el indio dom António Felipe Camarão[9], el negro Henrique Dias y el mulato João Fernandes Vieira, natural de la isla de Madeira (+1681), "dandome materia para o assumpto que tomei para fazer este tratado" (60), como decía Calado[10]. Vieira, dueño de cinco ingenios de azúcar, experimentó una ascensión social y material vertiginosa en Pernambuco. Es uno de los jefes de la revuelta "em nome da liberdade divina" contra el régimen holandés. Con su tropa mal pertrechada derrotó al ejército abigarrado de Juan Mauricio de Nassau en la batalla de Tabocas, cerca de Recife. Calado le otorga el título honorífico de *Valeroso Lucideno*.

Con *O Valeroso Lvcideno, e Trivmpho da Liberdade* fray Manuel do Salvador Calado dejó una obra desigual e incompleta, redactada no por encargo oficial, sino, por lo visto, como tarea personal, emprendida en medio del bullicio

---

[9] En un arranque de exaltación patriótica Calado le caracterizó como "Indio Brasiliano, o mais leal vassalo, que Sua Magestade tem nesta America, e o mais amigo dos Portugueses que todos os que ate agora tem auido, nem de presente ha em toda a terra do Brasil, e o mais valeroso e ardiloso na guerra" (164s.). Sobre João Fernandes Vieira véanse Mello 1956 y 1967.

[10] Cito por la edición de 1648, colocando el número de página entre paréntesis después de cada cita. Para una descripción de dicho ejemplar véase Koppel 1986.

y de su labor pastoral. Calado no cuida mucho ni la expresión estilística ni la composición narrativa, que sigue los acontecimientos ocurridos en el nordeste entre 1630 y 1646, fecha en que vuelve a Lisboa. Le mueve a escribir su protagonismo político y su experiencia de testigo, con lo cual la crónica adquiere a trechos un carácter autobiográfico y justificativo. La obra es, por lo demás, una miscelánea algo disforme que incluye sermones elaborados con toda pompa retórica y erudición teológica, requerida en ocasiones solemnes, discursos ante las autoridades, reflexiones morales, recuerdos y no pocos versos épicos.

Los sermones integrados en el discurso historiográfico en lugares destacados —al inicio del libro, con motivo del advenimiento del rey Juan IV y la restauración de la dinastía de Bragança—, resaltan la función parenética y propagandística del texto. Ofrecen algunos ejemplos ilustrativos más para el repertorio de la oratoria sagrada colonial, al lado de su famoso contemporáneo António Vieira, Eusébio de Matos (1629-1692), António de Sá (1620-1678) y otros tantos religiosos predicadores.

La crónica se abre con un sermón expiatorio sobre el pecado como origen de todos los males. La exhortación expone básicamente una teología de la historia, que se funda en la tipología del buen caudillo prefigurado en el Antiguo Testamento por el capitán Josué, quien como sucesor de Moisés recibe de Dios el mandato de conducir al pueblo de Israel a la Tierra Prometida, situada más allá del río Jordán. Josué toma la ciudad de Jericó, pero es vencido por el rey de Hai, como castigo infligido por Dios, porque Ajab pecó contra la orden expresa de Josué de no merodear. Para aplacar la cólera divina fue lapidado a muerte y Josué finalmente triunfó sobre el rey de Hai. Con su simbolismo alusivo este episodio sirve de ejemplo aleccionador, aplicado a la conquista de Olinda y su final liberación del gobierno tiránico de los holandeses. La dominación de los herejes es el merecido flagelo divino por los pecados que habían cometido los habitantes.

En el sermón se inserta una descripción retórica de Olinda, equiparable en lo pictórico con los grabados de Frans Post incluidos en la mencionada historia de Barlaeus. Es una pieza antológica del encomio tradicional de ciudades. Culmina con la comparación tópica sobrepujante (*Übersteigerungsvergleich*, para usar un término de Ernst Robert Curtius): "tudo erão delicias, e não parecia esta terra senão um retrato do terreal paraíso" (10) antes de que se desdorara aquella región tan hermosa "con gran desafuero", como lamenta Calado, fustigando la decadencia moral, tanto entre la propia "gente brasilica", como también bajo el gobierno holandés. "De Olinda a Olanda não ha ahí mais que a mudança de hum i em a", exclama en un juego fácil de palabras.

En tal situación surgen el capitán indio António Camarão, aquel "mancebo mamaluco mui esforçado, e atreuido", Domingos Fernandes Calabar y, sobre todo, João Fernandes Vieira, como héroes dignos de Josué, libertadores de la patria y protectores del pueblo.

Al inicio del libro segundo, nos encontramos con otra arenga proferida con motivo de la entronización del rey Juan IV en 1640, la que medita con mucho adorno erudito sobre los designios de la Providencia divina en la historia de Portugal. Son lecciones doctrinales que dan al relato cronístico una dimensión transcendente y un sentido moral.

Poesía épica y relato histórico

Como ya fue señalado, el título del libro de fray Manuel do Salvador tiene un sabor épico, caballeresco y heroico. En efecto, dentro de los relatos cronísticos, apuntes de diario y cuadros animados, aparecen con frecuencia extensos fragmentos de poesía en octavas y algunas composiciones líricas (cantos, plegarias). La alternancia de partes expositivas en prosa con composiciones métricas constituye la característica del prosimetro, que tiene una larga trayectoria literaria desde la antigüedad clásica (véase Pabst 1994). En la literatura medieval, el prosimetro se usaba, sobre todo, para textos hagiográficos o historiográficos. Fray Calado retoma un procedimiento formal poco usual en la literatura luso-brasileña de su tiempo. El parentesco de la épica con la narración histórica es naturalmente obvio. La poesía épica da cuenta de acciones memorables por heroicas, patrióticas o nacionales, que son ejemplares en su mensaje y poseen un significado simbólico trascendental para un pueblo o público lector determinado. La estrategia del discurso de fray Calado es ennoblecer y exaltar a la figura de Vieira "entre as Musas e o Marcial", es decir entre el oficio poético y las acciones guerrilleras de las milicias. Si el padre Manuel Adrião en una poesía dedicatoria compara a Calado con Tácito, queda claro que la alabanza hiperbólica se reduce a una mera lisonja poco adecuada a su talante de historiador.

Para explicar el recurso épico de Calado dentro de su narración en prosa, baste remitir a fray Vicente do Salvador, de Bahia. A petición de Manuel Severim de Faria, el misionero franciscano había redactado la primera *Historia do Brasil* en su tierra natal. Afirma en el prólogo que después de haber terminado la obra en 1627 (que no fue impresa sino en 1889) instó "a um amigo que a mesma historia compusesse em verso". Se ignora si de veras se elaboró tal versión metrificada de la historia, pero es significativo el hecho que el fraile pretendiera se hiciera. No es cierto tampoco que Calado conociera esta propuesta, que fue quizás una preocupación peculiar del religioso por embellecer su obra de erudición. Por otra parte, Plante, en su *Mauritias*, aspira igualmente a dar una *descriptio poetica* de los hechos de Juan Mauricio conde de Nassau-Siegen.

Calado no sigue un criterio funcional ni estructural preciso al alternar prosa y metro. Los versos que señalan esta transición son muy pedestres en su recurso al principio de *variatio delectat*: "me pareceo cousa justa o tornarla [historia] a escreuer em uerso, para maior entretenimento dos leitores, e para dar mais alento aos nossos soldados" (326). En otro momento da fin a la narración versificada de los sucesos con una anti-invocación irónica a las Musas:

> Descansemos hum pouco, amada Musa,
> Porque temos jornada trabalhosa,
> E quem anda por breñas não escusa
> Gozar de alguma hora deleitosa
> Deixemos da cabeça de Medusa
> A cabeleira falsa, e portentosa,
> E para andar por todo o Vniverso
> Fale a prosa, e descanse hum pouco o verso (212);

o se le ocurre terminar abruptamente el canto

> Agora, amada Musa, descansemos
> Porque já não me atreuo a cantar tanto,
> Outras ocasiones cedo feremos,
> Nas quaes começaremos nouo canto.
> Agora os parabens, e as graças demos (231).

Tales versos poco inspirados confirman la impresión de que el metro es para Calado un mero ejercicio formal y un elemento puramente decorativo que imita la técnica épica. Cantando la "milagrosa victoria" de Tabocas, Calado afirma: "para que ao curioso leitor seja mais agradauel o quero escreuer por maior em verso refrescando na memoria a curiosidade da poesia, a que no principio de minha mocidade fui algum tanto inclinado" (207). Así, el verso sirve de puro recurso mnemotécnico.

Calado inaugura el libro primero con una declarada retractación de la tópica invocación de las Musas, que son reemplazadas por otras instancias ortodoxas:

> Das phantasticas Musas eu não quero Fauor (2).

Sin embargo, el inicio épico imita el ejemplo clásico:

> A Liberdade restaurada canto,
> Obrada por a espada Portuguesa,
> Guiada pela luz do Polo Santo, [!]
> (terrena obra, mas celeste empresa),

pero sigue diciendo que no se asombra

> Circes, e Medea [!]
> Transformações de sem fingido encanto.
> Nem de Homero enuejo a fertil vea,
> Nem Sirenas me causão grande espanto;
> Porque quem canta ao certo, não recea
> E quem pura verdade estima tanto
> Bem pode escreuer glorias, e mais penas,
> Tendo a intacta Virgem por Mecenas (1).

Por consiguiente, en su fervor religioso-patriótico invoca a la Virgen, su Mecenas, como única fuente de inspiración "Vos escolho por minha amada Musa".

> Cantemos pois (ò Musa) os bens que achei
> No arriscado discurso desta guerra,
> Tu faràs o compasso, eu cantarei
> Marauilhas do ceo, feitas na terra.
> Tu seràs o Piloto, e eu serei
> A não, que da mentira se desterra,
> Tu leuaràs o leme, e a bandeira,
> E eu nauegarei desta maneira (2).

Calado aparentemente relaciona la poesía con ficciones, acordándose del famoso dicho "los poetas fingen" o mienten. Insiste en que su obra de historia, tanto en prosa como en verso, no es sino "verdad pura" y "evidencia":

> Relatarei aquí verdades puras,
> Porque aprendi por larga experiencia
> A não julgar jà mais por conjeituras (ibíd.).

Tal propósito está de acuerdo con las atestaciones censorias que anteceden al libro. En ellas Duarte de Conceição certifica que el autor "conta, e escreue com toda a certeza, e verdade, como testimunha de vista".

A pesar de las revocaciones tajantes al marco mitológico del poema épico, Calado se empeña en artilugios como la composición de versos bilingües mixtos en latín y en portugués —de moda desde el siglo XVI— que pone en boca de António Felipe Camarão como plegaria en acción de gracias después de la victoria (306-309).

La poesía épica de fray Calado adolece no sólo del servilismo estilístico y de una forma híbrida poco lograda, sino que también, por su falta de inspiración y pobreza conceptual carece de atractivo y valor estético. Pero, con todo, la vena épica constituye un rasgo importante de la literatura colonial brasileña. Los autores de composiciones panegíricas y narrativas de los virreinatos rivalizan con los poetas metropolitanos, pues el género épico sigue siendo considerado el más noble para comprobar la habilidad del poeta. Del "tratado" de Calado podemos recuperar un "rústico canto" como testimonio curioso y significativo de las aspiraciones épicas en la Colonia. Desde el inicio se observa una notable presencia de la épica tanto en latín como en portugués. El primer documento poético-histórico relacionado con el Brasil y compuesto, además, en el Nuevo Mundo, es el *Excellentissimo, singvlarisque fidei ac pietatis viro Mendo de Saa, Avstralis, sev Brasilicae Indiae praesidi praestantissimo* (Coimbra, 1563). Se trata de una epopeya en 2463 versos latinos que compuso el jesuita padre José de Anchieta[11]. El tema y el protagonista del poema es el tercer gobernador general del Brasil Mem de Sá (1558-1573), quien combatió la invasión de los franceses que intentaron establecer una colonia en Río de Janeiro. Su hijo hizo imprimir el poema anónimamente en Coimbra para convencer a las autoridades portuguesas de que prestaran una urgente ayuda a la defensa de Río.

Otro ejemplo de pervivencia de la épica (latina) en el Brasil nos la da el jesuita Simão de Vasconcelos (1597-1671) en su obra publicada en Lisboa en 1663, *Chrónica da Companhia de Jesu do Estado do Brasil e do que obrarão seus filhos nesta parte do Nouo Mundo* (1977). Al final de la primera historia de las misiones jesuitas en el Brasil (1549-1570), Vasconcellos reproduce el texto de un poema *De Beata Virgine Dei Matre Maria* con 5000 versos que compuso José de Anchieta. Vasconcelos lo añadió de nuevo en su *Vida do venerable padre Ioseph de Anchieta da Companhia de Iesv, tavmatvrgo do Nouo Mundo, na Prouincia do Brasil* (Lisboa, 1672).

Repercusiones intertextuales e ideológicas

Hay un eco muy curioso del *Valeroso Lvcideno,* treinta años después de su primera aparición, en la obra de fray Rafael de Jesús (1614-1693), titulado *Castrioto lvsitano. Parte I. Entrepresa, e restavração de Pernambuco e das Capitanias confinantes. Varios, e bellicos svccessos entre Portuguezes e Belgas. Acontecidos pello discurso de vinte quatro annos, e tirados de noticias, relações e memorias certas [...] Offerecidos a Ioão Fernandes Vieira Castrioto Lusitano* (Lisboa, 1679). El abad benedictino era también Cronista mayor del Reino. Mientras que el subtítulo corresponde a la obra de Calado —ni siquiera falta la "parte primera" y es evidente que el benedictino se apoya fuertemente en fray

---

[11] Para la edición del texto véase Anchieta 1992. Sobre la cuestión del autor véase Leite 1963 y Briesemeister 2002.

Manuel do Salvador—, el sobrenombre arcádico del celebrado héroe, el gobernador João Fernandes Vieira, fue substituido por "Castrioto Lusitano". El reemplazo obedece al deseo de crear por referencia histórica a un tipo ejemplar o
mítico de libertador de la patria, como fue el caso en Alemania con Arminio (o
Hermann), quien teniendo la ciudadanía romana y el rango nobiliario de caballero derrotó como jefe de los germanos al ejército romano bajo el mando de
Varo (en el año 9 d. C.) o en Portugal con Viriato. Tales personajes tienen una
larga secuela literaria. Rafael de Jesús se reapropia de la figura entonces exótica
de Castrioto —y no de Viriato—, rey famoso de Epiro o Albania, llamado igualmente Skanderbeg (en turco Iskender-Beg, lo que significa señor Alejandro) o
Gjergj Kastriota (*ca.* 1405-1468)[12]. Castrioto es el héroe nacional albanés:
estando como rehén al servicio del Sultán, se convirtió al Islam y se escapó para
repeler, como capitán general de Albania, los ataques otomanos después de
haber abrazado de nuevo la fe cristiana. En 1457 infligió una derrota aplastante
al ejército turco. Los hechos del valiente Skanderbeg —celebrados en cantos
épicos populares de los albaneses— fueron difundidos por toda Europa a través
de la *Vita et res praeclare gestae Georgii Castriotae* (Roma, 1508) del sacerdote
albanés Marinus Barletius, quien mezcla inextricablemente historia y leyenda. El
libro fue traducido al portugués por Francisco de Paiva de Andrade en 1567
(*Cronica do valeroso principe e invencivel Jorge Castrioto*). Andrade, archivero
de la Torre do Tombo y Cronista mayor del Reino, es también autor de *O
primeiro cerco que os Turcos puserão há fortaleza de Diu nas partes da India,
defendida pollos Portugueses* (Coimbra, 1589), una crónica rimada en veinte
cantos.

La versión castellana de la crónica de Jorge Castrioto es de la autoría de Juan
Ochoa de la Salde, lleva el título *Chronica del Esforçado Principe y Capitan
Jorge Castrioto Rey de Epiro o Albania*, y fue publicada en Lisboa 1588, bajo
la dominación filipina, probablemente como gesto de oposición velada contra
España. Del mismo año hay otro libro también publicado en Lisboa en castellano
de Luis de Meneses, *Exemplar de virtudes morales en la vida de Jorge Castrioto
llamado Scanderbeg*. Es sorprendente que aun cuarenta años después del fin de
la unión con España, fray Rafael de Jesús, quien nunca estuvo en el Brasil, se
haya servido de una figura emblemática de antaño, Skanderbeg, para ensalzar la
resistencia de los pernambucanos contra la dominación holandesa bajo el mando
militar del legendario João Fernandes Vieira, muerto en 1681. Y, para colmo,

---

[12] Para el éxito europeo de la historia de Skanderbeg, véase Frenzel 1988, 699-702. Juan
Pérez de Montalbán escribió un auto sacramental *Escanderbech* (*ca.* 1630) sobre la reconversión del héroe.

del *Castrioto lusitano* existe en la Biblioteca Nacional de Río de Janeiro una libre adaptación latina, probablemente de finales del siglo XVII.

Conclusión

Aunque el libro de fray Manuel do Salvador Calado, escrito por un testigo presencial, ciertamente posee un valor documental, no es una obra de calidad literaria. No sin falsa modestia el fraile admite en su prólogo al lector, "que esta empresa da liberdade da Patria, em defensão da Fe de Christo, pedia outro Escritor mais defecado, e mais docto", pero a éste le faltaría la "evidencia" que posee un testigo, puesto que establece una gran diferencia entre "o que escreue como testimunha de vista, e o de ouuida". Calado toma la pluma movido por el patriotismo más acendrado, que hace de su "Tratado" triunfalista un texto fundacional para el futuro discurso de la brasilianidad con su propia armazón ideológica. Es una de las crónicas escritas desde Indias que afirma la naciente conciencia criolla y la de una "Brasilica America". En forma híbrida y desmañada, Calado ensalza con su *Valeroso Lvcideno* la gesta impactante de los nordestinos en su lucha por la libertad e independencia. Comparándolo con los resultados historiográficos y científicos del erudito Caspar Barlaeus (*Rerum per octennium in Brasilia, et alibi nuper gestarum [...] historia*, Amsterdam, 1647), para no hablar del médico Willem Piso y Georg Marggraf, cartógrafo y naturalista de Sajonia (*Historia naturalis Brasiliae*, Leiden, 1648), se hace patente la distancia no sólo en cuanto a la esmerada presentación tipográfica con profusión de grabados artísticos, sino sobre todo en lo que se refiere al rigor científico y arte de escribir. Barlaeus, Piso y Marggraf representan los mejores resultados de las investigaciones que se desarrollaron durante el episodio del gobierno de Juan Mauricio conde de Nassau-Siegen. Ellos echan los cimientos del saber enciclopédico europeo sobre el Brasil y forman el canon en el campo de la geografía, ciencia natural e historia colonial hasta que, a principios del siglo XIX, las grandes expediciones (Spix-Martius, Langsdorff y Maximiliano de Wied-Neuwied) inauguran una nueva fase de la exploración. Para el ámbito de la "Nova Lusitania", el *Valeroso Lvcideno* es un paso expresivo en el lento proceso identitario y un augurio modesto de la vena épica que brotará plenamente en el siglo XVIII con el *Uraguay* de José Basílio da Gama (Lisboa, 1769), el *Caramuru* de fray José de Santa Rita Durão (Lisboa, 1781) o *Vila Rica* de Cláudio Manuel da Costa. Calado está articulando un espíritu de creciente regionalización y una conciencia de la particularidad no sólo frente a las grandes divisiones territoriales y administrativas del Brasil colonial, sino también con respecto a la lejana metrópoli europea cuyo auxilio tarda mucho en llegar. Si Calado vacila entre historia y epopeya, Sebastião da Rocha Pitta (1660-1738) de Salvador, logró con su *Historia da America portuguesa* de 1730 un poema en prosa, según decía Francisco Adolfo Varnhagen; o, en palabras de Sílvio Romero, "uma espécie de hino patriótico que é quase uma novela histórica recheada de descrições, fábulas e divagações".

Bibliografía

Albuquerque, Luís de (ed.). 1989. *O reconhecimento do Brasil*. Lisboa: Alfa.

Anchieta, José de. 1992. *De gestis Mendi de Saa, Poema epicum*. Con versión castellana de José M. Fornell Lombardo. Monachil [Granada]: Edición propia.

Antonil, André João [=João António Andreoni]. 1989 [1711]. *Cultura e opulência do Brasil por suas drogas e minas*. Edición moderna de Isabel Castro Henriques y Alfredo Margarido. Lisboa: Alfa.

Brandão, Ambrosio Fernandes. 1943 [1618]. *Diálogos das grandezas do Brasil*. Edición y notas de Rodolfo García. Rio de Janeiro: Edições Dois Mundos.

Briesemeister, Dietrich. 2002. Das erste Brasilienepos: José de Anchietas *De gestis Mendi de Saa* (1563). En: Sybille Große; Axel Schönberger; en colaboración con Cornelia Döll y Christine Hundt (eds.). *Ex oriente lux. Festschrift für Eberhard Gärtner*. Frankfurt/Main: Valentis, 545-565.

Calado, Manuel do Salvador. 1648. *O Valeroso Lvcideno, e Trivmpho da Liberdade*. Lisboa: Paulo Craesbeeck.

—. 1943 [1648]. *O Valeroso Lvcideno, e Trivmpho da Liberdade*. Edición moderna. São Paulo: Ed. Cultura.

Cardim, Fernão. 1997. *Tratado da terra e gente do Brasil*. Edición, introducción y notas de Ana Maria de Azevedo. Lisboa: Comissão Nacional para as Comemorações dos Descobrimentos Portugueses.

Carvalho, Luís de. 1992. *De gestis* ... Atribuido a José de Anchieta (véase Anchieta).

Dicionário de história de Portugal. S.a. T. 1. Porto: Livraria Figueirinhas.

Eekhout, R.A. 1979. The *Mauritias*. A Neo-Latin Epic by Franciscus Plante. En: Ernst van den Boogaart; Hendrik R. Hoetink; Peter J. Whitehead (eds.). *Johan Maurits van Nassau-Siegen 1604-1679. A Humanist Prince in Europe and Brazil*. La Haya: Mauritshuis, 377-393.

Frenzel, Elisabeth. [7]1988. *Stoffe der Weltliteratur*. Stuttgart: Kröner.

Gândavo, Pedro de Magalhães de. 1989 [1576]. *Historia da prouincia sancta Cruz, a que vulgarmente chamamos Brasil*. Edición moderna por Maria da Graça Pericão y comentario de Jorge Couto. En: Albuquerque.

Herkenhoff, Paulo (ed.). 1999. *O Brasil e os Holandeses. 1630-1654*. Rio de Janeiro: Sextante Artes.

Koppel, Susanne. 1986. *O Valeroso Lvcideno, e Trivmpho da Liberdade*. Ejemplar de la Brasilien-Bibliothek der Robert Bosch GmbH, n° 107. En: íd. (ed.). *Brasilien-Bibliothek der Robert Bosch GmbH*. Vol. 1. Stuttgart: dva, 118s.

Leite, Serafim. 1963. O Poema de Mem de Sá e a pseudo-autoria do padre José de Anchieta. En: *Brotéria* 76, 316-327.

Lisboa, Cristóvão de. 2000 [1627]. *Historia dos animaes, e arvores do Maranhão*. Edição de José E. Mendes Ferrão, Luís F. Mendes, Maria Cândida Liberato. Lisboa: Imprensa Nacional.

Mello, José António Gonsalves de. 1954. *Frei Manuel Calado do Salvador, religioso da ordem de São Paulo, pregador apostólico por Sua Santidade, cronista da Restauração*. Recife: Universidade de Recife.

—. 1956. *João Fernandes Vieira. Mestre do Campo do Terço da Infantaria de Pernambuco*. Recife: Universidade.

—. 1967. *Restauradores de Pernambuco. Biografias de figuras do século XVII que defenderam e consolidaram a unidade brasileira*. Recife: Universidade.

Moraes, Rubens Borba. ²1983. *Bibliographia Brasiliana. Rare Books About Brazil Published from 1504 to 1900 and Works by Brazilian Authors of the Colonial Period*. Rio de Janeiro: Kosmos.

Pabst, Bernhard. 1994. *Prosimetrum. Tradition und Wandel einer Literaturform zwischen Spätantike und Spätmittelalter*. Köln: Böhlau.

Rodrigues, José Honório. 1949. *Historiografia e bibliografia do domínio holandês no Brasil*. Rio de Janeiro: Instituto Nacional do Livro.

Salvador, Vicente do. ⁷1982 [1627]. *História do Brasil*. Edición de Capistrano de Abreu, Rodolfo García y Fr. Venâncio Willecke OFM. Belo Horizonte/São Paulo: Itatiaia/USP.

Serrão, Joel Veríssimo. 1973. *A historiografia portuguesa*. 3 vols. Lisboa: Verbo.

Sousa, Gabriel Soares de. 1989 [1587]. *Noticia do Brasil. Descrição verdadeira da costa daquele Estado que pertence à Coroa do Reino de Portugal.* Edición comentada de Luís de Albuquerque. En: Albuquerque.

Vasconcelos, Simão de. 1977 [1663]. *Chrónica da Companhia de Jesu do Estado do Brasil e do que obrarão seus filhos nesta parte do Nouo Mundo.* Edición de Serafim Leite. Petrópolis: Vozes.

Brasil en la encrucijada de la modernidad: el período holandés (1630-1654)

Ineke Phaf-Rheinberger

No fue sino a partir del siglo XX que los estudios de historia cultural en el Brasil comenzaron a indagar el proceso de formación de una modernidad brasileña, concibiéndola como reacción a la colonización holandesa (1630-1654) en el Nordeste del país. Los ejemplos abundan. En el catálogo de la XXIV Bienal de São Paulo, Luis Pérez Oramas celebra al paisajista holandés Frans Post como descubridor del paisaje americano (Herkenhoff 1998). Un año después, Paulo Herkenhoff (1999) editó una serie de artículos ilustrados sobre los aspectos iconográficos, científicos y literarios del período holandés. Por su parte, José Ramos Tinhorão (2000), ha estudiado el contraste existente entre la organización de fiestas y celebraciones de holandeses y brasileños en esta época. Estas referencias dan ya una primera impresión de la importancia que los brasileños atribuyen al período de la colonización holandesa. También fuera de Brasil existen investigadores sobre la misma, tales como José van den Besselaar, Ernst van den Boogaart, Frits Smulders, Peter Whitehead y Marinus Boeseman, cuyas obras brindan información indispensable acerca de esta experiencia. No es sin embargo de sorprender que se observe una diferencia de perspectiva. En el caso de los estudios brasileños, se trata de una contextualización de los sucesos ocurridos en la zona holandesa en relación con los del Brasil portugués, un tema en el que los especialistas extranjeros no suelen profundizar con el mismo rigor. La curiosidad por el período holandés puede sintetizarse en una pregunta, centrada en la cuestión de la modernidad, es decir, en la percepción sociocultural del medio ambiente urbano: ¿en qué medida contribuyó la intervención holandesa al proceso de la modernidad brasileña, tanto en lo que hace a su dinámica histórica como a su representación simbólica? Estos factores están estrechamente conectados con la expansión y el sistema colonial europeos del siglo XVII, de allí que sea interesante explorar las reflexiones sobre la modernidad a partir de los planteamientos brasileños. Es esto lo que me propongo hacer, centrándome para ello en tres personajes claves en este sentido: 1) Frans Post (1612-1680); 2) João Fernandes Vieira (*ca.* 1602-1681); y 3) el padre António Vieira (1608-1697).

1. Frans Post y el paisaje de Brasil

Se puede datar, sin lugar a duda, el momento cuando nace en Brasil el interés histórico por el período holandés, pues éste prácticamente coincide con el escándalo producido por la publicación de *Casa grande y senzala* por Gilberto Freyre en 1933. Roberto Ventura (2001), en un ensayo con el mismo título, recuerda las reacciones inmediatas a esta primera edición. Al citar observaciones que hablan de una revolución o del efecto del cometa Halley por un lado y, de pornografía, subversión o comunismo por otro, Ventura arguye que con la obra de Freyre se inició una larga tradición de estudios sobre el fenómeno de la plantación en el Nordeste de Brasil. De acuerdo con Freyre, la "casa grande" y la "senzala" constituyen el núcleo dinámico, dentro de la colonia portuguesa, de una sociedad patriarcal desarrollada como modelo. Este argumento fue ampliado y cuestionado por una larga lista de publicaciones muy bien documentadas, entre las que destacan las de José Antônio Gonsalves de Mello, primo y amigo de Freyre y, como él, del estado de Pernambuco. Cabe notar que, a proposición de Freyre, Mello aprendió el holandés y trabajó durante mucho tiempo en los archivos en Holanda.

El libro más famoso de Mello es *Tempo dos flamengos. Influencia da ocupação holandesa na vida e na cultura do norte do Brasil*, cuya primera edición data de 1947. En él, el autor traza una distinción muy clara entre los dos polos urbanos del Brasil: el patriarcal "Bahía-Olinda" de la aristocracia rural y el moderno "Recife-Mauricia" de los holandeses. Estos últimos, que residieron en Recife y en Mauricia, la nueva ciudad construida por ellos en la isla de António Vaz, no lograron extender su influencia hacia el interior. Su estrategia fue aprovecharse económicamente de las fuentes de la riqueza, es decir de la madera (*pau*), y del producto de las plantaciones, cuya infraestructura habían encontrado ya implantada al llegar al país. Mello concluye en una obra más reciente que: "E assim a vida rural continuou na inteira dependencia dos luso-brasileiros, embora por todo os holandeses fosse proclamada a [má fé dos portugueses]" (2000, 47). Basándose en el estudio meticuloso de documentos en archivos holandeses, Mello logra reconstruir el panorama de una sociedad moderna sitiada, que vive de las importaciones y exportaciones sin tener un *hinterland* para alimentar a sus propios ciudadanos. Observa que la palabra "hambre" se repite con frecuencia en los manuscritos, además de constatar las crueldades cometidas durante las expediciones o las defensas armadas.

El historiador de Pernambuco ilustra las páginas de su libro sobre el período de dominación flamenca con láminas que reproducen fragmentos de las obras del pintor holandés Frans Post, quien vivió en Brasil entre 1637 y 1644 como pintor de la corte del gobernador, el conde Johan Maurits van Nassau-Siegen (1604-1679). Actualmente, no hay en Brasil otro pintor del siglo XVII que sea más popular que Frans Post. El interés por su obra es enorme y el valor que se le confiere contrasta con su recepción en Holanda, donde se lo considera uno más entre los paisajistas de la época. Este entusiasmo por Post comenzó con Joaquim de Sousa-Leão, representante diplomático de Brasil en La Haya en los años cincuenta y proveniente de una familia señorial del Nordeste, propietaria de la plantación *Morenos* en la que la familia imperial había estado en visita oficial en 1859 (véase Sousa-Leão 1959). Sousa-Leão redactó el primer catálogo de las obras de Post (1937) en conmemoración del tricentenario de su llegada a Brasil. En él, pone de relieve los esfuerzos de los investigadores brasileños en las últimas décadas del siglo XIX por ubicar las obras de Post en Europa, y hace hincapié en dos desplazamientos de aristócratas europeos al Brasil que habrán de enriquecer la vida científica y artística de la futura nación. En el primer caso, el del viaje del conde de Nassau, Sousa-Leão habla de "o ideal de civilização" llevado por él y, en el segundo, refiriéndose al exilio del rey de Portugal debido a la ocupación napoleónica, de "o advento de um imperio, projectado para a India, mas realizado no Brasil" (1937, 11s.).

El ideal de la civilización consiste, en este caso, en la dinámica creada por una representación intelectual y artística que documenta las estrategias y perspectivas del buen gobierno nobiliario. Sousa-Leão menciona que, en La Haya, el conde Johan Maurits, por su calidad de gobernador de Brasil, fue conocido como "Mauricio el brasileño", "para differençal-o dos demais parentes" (ibíd., 12), mientras que el palacio construido por él, la Casa Mauritiana (*Mauritshuis*, hoy museo), llevaba el apodo "Casa de Azúcar" (*Suikerhuis*, Vries 1953, 27). Tales apelativos muestran cómo era percibida la imagen del conde por el común de la gente en La Haya. Así, al acentuar esta distinción —Brasil y azúcar— Post estaba obviamente en sintonía con las expectativas del conde y del público de la época. Prueba de lo anterior es que recibió precios razonables por sus lienzos y de que fue mejor pagado que los demás paisajistas holandeses, según lo muestran ciertos inventarios.

En la mayoría de los estudios se discute la diferencia entre las obras que Post pintó o dibujó en Brasil y las que realizó después de su regreso a Holanda. No es sólo la técnica la que marca esta distinción —lienzos de mayor tamaño, más variedad en la gama de colores brillantes, o una virtuosidad plástica superior—, pues los cambios en ésta pueden atribuirse al ingreso de Post en la Cofradía de San Lucas en Haarlem, en 1646. Ribeiro Couto, gran amigo de Sousa-Leão, con quien visitó minuciosamente los museos europeos en busca de las obras de Post, apunta algunas características —válidas hasta hoy— que permiten definir esta diferencia. Así, descubre los paralelos entre la obra de Post y la de los otros paisajistas como Ruijsdael y Meindert Hobbema (Couto 1942, 9) para luego argumentar que la obra de Post permite visualizar las informaciones que traen las crónicas sobre Brasil, es decir, que su obra ofrece la primera posibilidad de identificarse visualmente con la vida socio-económica de la colonia. Por último, Couto se extraña de la poca influencia que parece haber tenido la arquitectura holandesa en los lienzos que Post pintara durante los 36 años que vivió en su ciudad natal holandesa después de su regreso del Brasil. Couto celebra, pues, la "brasileñidad" de Post y a su obra como una fuente de gran riqueza para la memoria histórica del Nordeste. Irónicamente, señala que el conde de Nassau, al referirse a las obras que Post pintara en Brasil, lo hizo "negligentemente [...] [como] de 'Africa'" (ibíd.).

Luego de los trabajos anteriores, se han descubierto una serie de datos y obras desconocidas de Post[1]. A Beatriz y Pedro Corrêa do Lago debemos una investigación reciente (1999), en la cual se esfuerzan por reconstruir el contenido de los lienzos que Post pintara en Brasil. De acuerdo con sus cálculos, deben de haber existido 18 lienzos pequeños, todos del mismo tamaño (*ca.* 15 x 88 cms.), donados por el conde de Nassau al rey de Francia poco antes de su muerte. De estos 18 lienzos se conocen siete: cuatro se encuentran en el Louvre, en París, y tres en colecciones privadas. Los Corrêa do Lago sostienen que

> De fato, os sete quadros hoje conhecidos deixam claro que a serie de 18 (dezoito) deve ter representado um dos conjuntos de obras mais fascinantes dentre as produzidas no seculo XVII (1999, 244).

La comparación de los grabados y acuarelas que realizara en Brasil con las copias de sus obras llevadas a cabo en Francia en el siglo XVIII, les permiten establecer que Post documentó los lugares estratégicos conquistados por los holandeses: Itamaracá, Castrum Mauritii, Fortaleza Ceulen, Puerto Calvo, Fortaleza Frederik Hendrik, Ciudad Frederica, etc.[2]. La técnica pictórica que Post

---

[1] En 1953 se organizó una exposición en la Mauritshuis en La Haya, en colaboración con la Casa Real de Holanda y con el mismo Sousa-Leão, bajo la dirección del director del museo, Bob de Vries. Otra actividad importante, realizada en La Haya, fue la documentación hasta aquella fecha más completa de las obras del arte, ciencia y arquitectura del conde Johan Maurits, bajo la direccion de Ernst van den Boogaart (1979). Whitehead, por su parte, escribió con Boeseman otro volumen abarcador sobre el tema (1989).

[2] El conde Johan Maurits regaló los dieciocho lienzos pintados en Brasil al rey de Francia en 1678. El pintor francés Thiery los copió en su integridad en 1721. A partir de entonces, once cuadros pasan por perdidos. Los siete cuadros conocidos son: 1) Vista de Itamaracá con Fortaleza Orange, 1631, Mauritshuis / La Haya; 2) El Río San Francisco con Castrum Mauritii, 1638, Louvre; 3) El Carro de Bueyes con Vila Formosa de Serinhaem, 1638, Louvre; 4) Fortaleza Ceulen con el Río Grande, 1638, Louvre; 5) Puerto Calvo, 1639, F. Correo, Louvre; 6) Ciudad Frederica en Paraíba, 1638, New York ; 7) Fortaleza Frederik Hendrik en la Isla de António Vaz, 1640, New York. Las tres obras, probablemente pintadas por Post y copiadas por Thiery, son: 8) Alagoas do Sul; 9) Cabo de Santo Agostinho; 10) Recife. Las ocho obras posiblemente pintadas por Post y, en este caso, copiadas por Thiery, son: 11) Olinda; 12) Igarassu; 13) Siara = Ceará; 14) Parayba; 15) Arx Principis Guilielmi; 16) Maranhão; 17)

aplica es característica del género paisajista holandés: las perspectivas panorámicas con el cielo alto y el horizonte bajo, la atención prestada a los árboles, los personajes que caminan como paseando por las carreteras, así como el paisaje acuático. Sin embargo, no cabe duda de que el escenario no es Holanda sino el Brasil, debido a la vegetación, la fauna, los edificios y las fisonomías humanas. Es notable que, de acuerdo con esta reconstrucción de los temas retratados, el énfasis en los edificios y las construcciones holandesas sea más explícito en los lienzos brasileños que en los pintados en Holanda, donde son las características luso-brasileñas las que están más acentuadas.

2. João Fernandes Vieira y la Rebelión de Pernambuco

Cuando Post regresó con el conde de Nassau a Holanda en el verano de 1644, ya habían comenzado las negociaciones diplomáticas para preparar la Paz de Westfalia, firmada en octubre de 1648 y con la cual se dan por concluidas tanto la Guerra de los Treinta Años como la de los Ochenta Años entre Holanda y España. Uno de los puntos delicados al margen de estas negociaciones fue la posición de Portugal. Después de la revuelta que la independizara de España —con la que había estado unida de 1580 a 1640 durante la llamada Unión de las dos Coronas— Portugal necesitaba buscar aliados a nivel europeo para asegurar sus posesiones ultramarinas. El punto clave era Brasil, la colonia más rica, una de cuyas regiones más prósperas quedaba parcialmente bajo el mando de la Compañía de las Indias Occidentales (WIC). Para dar peso a la reclamación de este territorio, el conde de Nassau necesitaba explicitar sus puntos de vista en torno a algunos problemas que tenía con la Compañía, bajo cuyo servicio había fungido como gobernador de 1637 a 1644. Encargó entonces a Caspar Barlaeus (1567-1648), catedrático del *Atheneum Illustre* de Amsterdam, que redactara una obra que tocara estas cuestiones y a Frans Post que la ilustrara. El resultado fue uno de los libros más voluminosos sobre la expansión a las Indias Occidentales, *Rerum per octennium in Brasilia et alibi nuper gestarum* (1647), editado en la casa de Blaeu en Amsterdam. El libro contiene 32 grabados de Post, firmados en 1645, y un texto de Barlaeus redactado en latín. En éste, Barlaeus elucida los motivos que llevaron a la fundación de la Compañía, en 1621, citando con precisión cada una de las expediciones hacia las Américas y África financiadas a lo largo de los años. De esta manera, el texto no se limita exclusivamente a Brasil, sino que incluye asimismo la costa occidental de África, el Caribe, el Río de la

---

Friburgum; 18) Boa Vista. Los Corrêa do Lago distinguen entre obras probables y obras posibles basándose en sus informaciones y en documentación al respecto.

Plata, Chile y el Perú. Los detalles que brinda sobre las batallas y expediciones, la economía, los ingresos, la estrategia de los enemigos, etc. revelan que debe de haber estado muy bien informado sobre la situación en las Indias Occidentales. Su biógrafo Worp señala que, para 1622, Barlaeus poseía 21 volúmenes sobre el tema en su biblioteca privada, los cuales vendió entonces a la recién fundada Compañía. Además, es sabido que la obra en cuatro volúmenes de Jan de Laet, *Iaerlyck verhael van de verrichtinghen der geoctroyeerde West Indische compagnie o Verdadera relación de las acciones de la Compañía de las Indias Occidentales*, legítimamente autorizada (La Haya, 1644) también le habrá proporcionado material actualizado sobre el tema (Phaf-Rheinberger 2002).

De acuerdo con la argumentación de Mello, la obra historiográfica de Barlaeus y la pictórica de Post pertenecen al polo urbano "Recife-Mauricia". Sin embargo, no son ellos los únicos en manifestar su punto de vista pues igualmente lo hacen los representantes del polo señorial "Olinda-Bahía". El historiador pernambucano enfatiza, en este sentido, la importancia de *O Valeroso Lucideno e triumpho da liberdade* (1648), de fray Manuel Calado (1584-1654): "I would go so far as to say that Calado's account should be placed on a level with the work of Barlaeus, as a basic text on the history of the Dutch presence in this part of the New World" (Mello 1979, 255). El conde de Nassau le había permitido a este fraile portugués decir misa y vivir en la ciudad Mauricia, donde los muchachos holandeses le gritaban por la calle: *Rut Papa* ("véte, partidario del Papa"), *esquelmen* ("pícaro", en el sentido de ladrón), *jurquent* ("hijo de puta") o *deduvel* ("demonio") (ibíd.).

El protagonista de la obra de fray Calado es el héroe João Fernandes Vieira, el capitán de infantería y líder de la Rebelión de Pernambuco contra los holandeses en 1645. Probablemente mulato e hijo ilegítimo, nacido en Funchal (Madeira), llegó a Brasil a los once años sin medios propios. En su libro más reciente, Mello (2000) investiga la vida de Vieira tomando el volumen de Calado como una de sus fuentes más fidedignas:

> A Pernambuco chega humilde e pobre [...]
> E assim para buscar a honesta vida
> Serve a um mercador por a comida. [...]
> Sai-se do Arrecife incontinenti [...]
> Busca a um mercador rico e honrado
> Que tinha o trato grosso em demasia,
> E logo sente o peito afeiçoado
> Ao modo agencial da mercancia:
> Na arte se faz mui destro e consumado,
> Nota as grandes ganâncias que ali havia,

Compra, vende, chatina e mercadeja
E aos vizinhos causa grande inveja (2000, 30).

Mello caracteriza a João Fernandes Vieira como un "homem ativo e ambicioso, inteligente" (ibíd., 31), poniendo de relieve su asombrosa actividad financiera, su amistad con el holandés Stachouwer y su rivalidad con Gaspar Dias Ferreira, un converso portugués. Para enfatizar su visión estratégica, el historiador subraya los estrechos contactos de Vieira con la aristocracia rural de Olinda, nunca interrumpidos y aún confirmados por su matrimonio con la hija de uno de sus representantes más fieles a Portugal, y como él mismo originario de Madeira. Cuando las noticias de la restauración de la corona lusitana llegaron a Brasil en 1641, los holandeses negociaron inmediatamente una tregua con los portugueses. De acuerdo con su lógica, por estar ellos en guerra con los españoles, los últimos acontecimientos los unían a los portugueses en la lucha contra España. La Rebelión de Pernambuco rompió la tregua y, por lo tanto, fue considerada desde la perspectiva holandesa como una traición.

Luís Palacin (1986) ha explicado los motivos de la Rebelión de Pernambuco de 1645, ocurrida poco después del regreso del conde de Nassau y de su corte a Holanda. Con miras a explicar los motivos de los sublevados, reproduce una larga cita de Calado:

> Pois se os holandeses, depois que entraram em Pernambuco, nunca trataram de outra coisa mais que adquirir para si, roubar e destruir toda a substância da terra, e quando mais furtavam, muito mais desejavam de furtar, como faz o hidrópico doente, que com o beber lhe cresce maior secura (1986, 96).

Los sublevados, según Palacin, formaban parte de la aristocracia azucarera, cuya mentalidad se caracterizaba por: 1) el desprecio de la mentalidad comercial; 2) el fervor monárquico; 3) la religión como ideología. El primer punto nos parece controvertido, en cuanto que los señores de los ingenios representaban intereses económicos parecidos a los de los holandeses. Sin embargo, combinado con los otros argumentos, este punto se perfila con más claridad.

Palacin subraya la conciencia ética de la religión católica, que sirve como contraste con las normas implícitas en la retórica protestante y fría de Barlaeus. Considera que a este profesor de ética en un país protestante le era imposible compartir con los dueños de los ingenios las mismas preocupaciones y dejar fuera la dinámica de los puros intereses comerciales la que orientara su pensamiento.

Por su parte, Mello señala que fue precisamente este factor económico el que Vieira supo maniobrar con brillantez. Basándose en informes y cartas, demuestra que Vieira se destacaba entre sus contemporáneos por sus profundos conocimientos de la situación financiera y por su experiencia en la organización de la plantación azucarera y el negocio que ésta implica. Pese a su colaboración con los holandeses, solía organizar opulentos banquetes para la aristocracia rural y siempre rendía tributo a la religión católica. El historiador considera que "cremos que foi principalmente a sua fé religiosa que impediu que Vieira se transformasse de colaborador em colaboracionista dos flamengos" (2000, 65). Sigue luego a Vieira, paso a paso, en su carrera: de mozo a procurador de una plantación azucarera; de propietario a capitán de infantería; de gobernador de Parayba y luego de Angola a vecino de los más influyentes de Pernambuco. De tal modo, el recorrido de Vieira aparece como una carrera ejemplar en la colonia, casi podríamos ver en ella la realización del *American dream* —si no hubiera ocurrido en tiempos de guerra y de desigualdades cívicas desequilibradas.

3. La Paz de Westfalia y el padre António Vieira

Mientras tanto, Portugal se enfrentaba al problema de tener que negociar la recuperación de Brasil a nivel europeo, pues estuvo en guerra con España hasta febrero de 1668[3]. El convenio bilateral entre España y Holanda de enero de 1648 dejaba en claro que no podía contar con Holanda como aliado contra los Habsburgos. Por lo tanto, era necesario pedir ayuda a Francia e Inglaterra, países ambos enemistados con la República. En estos años de las negociaciones de la Paz de Westfalia comenzó a surgir la estrella del padre António Vieira, el famoso jesuita nacido en Portugal, quien estaba familiarizado con el problema holandés. En el primer documento conocido de su mano, de septiembre del año 1626, el padre Vieira comenta la ocupación holandesa de la ciudad de Bahía, de 1624 a 1625. Se trata del informe anual (en este caso bienal) de la congregación jesuita en Brasil dirigida al General de la Compañía. El estilo del texto es sumamente revelador. El joven jesuita describe a cada uno de los padres muertos en los últimos dos años, enfatizando la santidad de sus vidas. Los padres eran originarios tanto de Brasil y Portugal como de África. Uno de ellos, el padre António Fernandes, nacido en Madeira, parece haber sido particularmente iluminado: al sumergir sus manos en el guarapo a punto de hervir en el tacho de un ingenio, las mismas salieron ilesas. Esta santidad colectiva contrastaba considerablemente con los actos iconoclastas de los holandeses, quienes se especializaban en destruir con furor las imágenes santas de las iglesias.

---

[3] "The recovery of Brazil was the salvation of Portugal. The sugar and slave trades provided it with resources for continuing the struggle with Spain, and helped to stimulate foreign interest in its survival as an independent State" (Elliot 1966, 351).

Los intereses económicos no juegan un papel en este primer documento del padre Vieira, aunque sí se refiere a los ataques holandeses a los ingenios. Al redactar, dice obedecer a una racionalidad de los argumentos, ordenados "à causa do sentimento", de acuerdo con la desgracia y la tormenta que se cirnieron sobre Bahía, además de la lucha "à morte por sua fe e rei" (1970, 13). Mientras que el padre Vieira narra que los padres huyeron de la ciudad a una "aldeia" (un pueblo indígena bajo jurisdicción portuguesa), no dedica palabra alguna a la situación de la esclavitud de los africanos. Narra sin emoción que los "nossos" mandaron a un africano de Guinea a la ciudad ocupada, con las manos cortadas y con un papel colgando sobre el pecho que contenía las condiciones de la entrega.

Poco después de la restauración de la monarquía, el padre Vieira se embarcó hacia Portugal. Al llegar, en 1641, se convirtió en el favorito del nuevo rey João IV, quien le encargó una de las misiones diplomáticas más prestigiosas por aquel entonces, enviándole a Francia y a Holanda. El primer viaje lo realizó de febrero a julio de 1646, y el segundo de agosto de 1647 a noviembre de 1648. Una vez más, nos hallamos en los años decisivos de las negociaciones de la Paz de Westfalia. El padre Vieira se carteó con el marqués de Niza, embajador de Portugal en Francia, sobre la ruptura de la tregua en Brasil. En una de sus cartas, escrita en julio de 1647 en Lisboa, el padre expresaba su opinión sobre la Rebelión de Pernambuco:

> a guerra de Pernambuco foi a total ruina da reputaçam de nosso Reino, porque não só nos odiou com esta gente e nos fez estar em duvida de ficar fora dos Tratados de Munster, mas fez mostrar com o dedo o pouco que podiamos, porque chegando os da Companhia em Pernambuco a tanta miséria, como se sabe, não poderão lança-los fora e estando em defença, vão tomar Taparica (en: Mello 2000, 184).

A partir de ese momento, pese a la Rebelión de Pernambuco, la tarea principal fue la de negociar la tregua; de allí que el padre Vieira considerara la venta de Pernambuco a los holandeses como un camino viable para llegar a un acuerdo legal y, por lo tanto, pacífico.

En su segundo viaje a Francia y Holanda el padre Vieira se esfuerza por obtener la ayuda financiera de las comunidades sefardíes de Rouen, Amsterdam y Hamburgo. A partir de este momento, el padre comienza a sentirse desgarrado entre los "novos cristianos", convertidos al cristianismo después de la expulsión de la religión judaica del istmo ibérico en la década de los 90 del siglo XV, y las comunidades sefarditas que podían vivir su religión en público en el exilio europeo. Repetidas veces se refiere a sus visitas a Amsterdam y a sus contactos con comerciantes sefardíes. En la introducción a su edición del *Sermão de Sto.*

Antonio aos peixes (1654), Rodrigues Lapa (Vieira 1940) concluye que el problema de los conversos se convirtió en una verdadera obsesión para el padre. En este sentido, cabe destacar una de sus cartas, dirigida desde La Haya al ya mencionado embajador portugués ante Francia, el marqués de Niza. El 3 de febrero de 1648, el padre informa que los Estados Generales holandeses acababan de entregarle un documento de protesta sobre un auto de fe, en el cual la Inquisición había condenado a tres judíos de Recife a abjurar de su religión. Es probable que se tratara del caso del mártir Isaac de Castro y sus correligionarios, quemados vivos en la hoguera en diciembre de 1647, caso analizado por Günter Boehm (1992). Apoyándose en otros estudios de Mello, Boehm traza la trayectoria de Castro, que había nacido en Francia y emigrado a Pernambuco vía Amsterdam. De allí pasó a Bahía, el "país de la idolatría" para los judíos de Amsterdam, donde fue apresado y enviado a Lisboa para ser procesado por la Inquisición. Boehm cita una de las declaraciones hechas por Castro durante el interrogatorio, en la cual declara que "estaba seguro de que la prosperidad de Holanda se originaba en el hecho de que allí habían sido acogidos los judíos, que tenían para ellos la bendición de Dios" (1992, 195).

Es interesante detenerse en la información que proporciona el libro de Boehm sobre João Fernandes Vieira, mencionado en tres ocasiones. La primera es en el contexto del cobro de impuestos de la Compañía de las Indias Occidentales. Dicha tarea estuvo en manos de particulares, el 70% de los cuales fueron, en un momento dado, judíos, disminuyendo este porcentaje al 9,7% sólo en 1641. Por aquel entonces, según Boehm, "casi dos tercios del total ofrecido, la considerable suma de 193.000 florines, fueron adjudicados a João Fernandes Vieira" (1992, 78). La segunda mención es en el marco de la aversión de los rebeldes lusobrasileños hacia los judíos de Recife. Boehm recuerda la denuncia de algunos conversos portugueses —entre ellos un Moses de Cunha— a los holandeses después de la toma de Maranhão, en febrero de 1644:

> A éste [De Cunha] llamó vivamente la atención el que algunos residentes, como João Fernandes Vieira, hubieran enviado sus joyas y platería a Bahía y estuvieran vendiendo sus esclavos y bueyes, cosa que obviamente perjudicaría la marcha de sus propiedades agrícolas (1992, 29).

Por último, al consultar la información en el *Inventario portugués* sobre la Congregación "Zur Israel" en Recife, Boehm descubre que la sinagoga fue traspasada al matrimonio Vieira en septiembre de 1656. A su vez, João Fernandes Vieira y su esposa María Cesar donaron la casa de la anterior Rua dos Judeos a los padres de la Congregación del Oratorio de Santo Amaro en 1679, a fin de que este lugar resulte en loor de dios, Nuestro Señor, [...] donde en otro tiempo fue ofendida su divina Majestad [...] y para que se ponga en el frontispicio de la propiedad el escudo de armas de dicha Congregación y un título que diga que, antiguamente, fue este lugar sinagoga de judíos (ibíd., 64).

Estas actividades de João Fernandes Vieira en Brasil en favor de los luso-brasileños demuestran el sabotaje a los holandeses, la rivalidad económica con los judíos y la visión discriminadora ante los mismos. João Fernandes Vieira, en Brasil y en Portugal el "Libertador de la Libertad Divina", es considerado en Holanda como el traidor de la tregua jurídica. Fue el padre Vieira quien tuvo que negociar esta situación precaria con los holandeses, por lo que recibió, a su vez, el apodo de "Judas do Brasil" entre los portugueses. Mello lo considera un "apodo merecido, parece-nos"[4]. Los argumentos del padre Vieira y del embajador portugués Sousa Coutinho en La Haya a favor de la venta de Pernambuco a Holanda coincidieron con el momento en el que los luso-brasileños empezaron a triunfar en Brasil y en África. Por consiguiente, el rey João IV cambió de estrategia, motivado tal vez por el contenido del libro de fray Calado, un antiguo protegido suyo, que abogaba por la legitimación de la Rebelión de Pernambuco. El padre Vieira tenía menos confianza en el éxito de este asunto, tal como se desprende del *Papel Forte* de 1648, en el cual repite que los holandeses amenazan el imperio portugués en sus territorios ultramarinos. Dados sus contactos y debates con los sefardíes de Amsterdam, documentados en muchas fuentes (Falbel 1999), y a pesar de todo su esfuerzo diplomático, el padre Vieira —concluye Rodrigues Lapa— fue trágicamente consciente de que la colonia portuguesa nunca otorgaría la libertad religiosa a los conversos. Ello no sólo produjo una profunda frustración en su ánimo, sino que lo hizo aún más sospechoso de judaizante ante la Inquisición.

4. El discurso de la modernidad

Es posible que la rivalidad entre los judíos de Recife y la aristocracia rural brasileña fuera mucho más pronunciada de lo que Mello sugiere en sus estudios.

---

[4] 2000, 192. "Por mais simpatia que tenhamos, como temos, à figura de Sousa Coutinho (e basta ter lido a sua correspondência para sentir a sua inteligência e para perceber que, mais do que epistológrafo, deve ter sido um fino *causeur*), que de si mesmo dizia ser 'Portugues velho, mas não dos que chamam o bom tempo', força é reconhecer que aqueles sentimentos lhe escureceram, e ao Padre Vieira, a visão, a ponto de perderem a noção do interesse de sua pátria" (ibíd.).

En primer lugar, es importante fijarse en el estilo de *O Valeroso Lucideno* de fray Calado, quien había regresado a Portugal en 1646, probablemente con el manuscrito en su equipaje. En éste, hallamos las líneas siguientes:

> Avia em Parnãbuco dous homês, que privavão muito com o Principo Ioão Mauricio Conde de Nasao, & com os do supremo, & politico Concelho dos Olandeses, & ambos mui encontrados na vida, & costumes, hum se chamava Ioão Fernandes Vieira, & outro Gaspar Dias Ferreira; Hu tratava de grangear sua vida, & tambem a amizade dos Olandeses com dispendio de sua fazenda, & o outro tratava de seu proprio interesse, & de fazer ricos aos Olandeses a cusada fazenda, & fangue dos moradores (1648, 55).

El estilo —que refleja la actitud diferente de los dos hombres— se hace cada vez más explícito a lo largo del argumento de fray Calado. Mello se refiere sólo a algunos de los factores de esta rivalidad, sin profundizar en la dinámica interna de la misma. Recuerda que Gaspar Diaz Ferreira partió con su amigo el conde de Nassau a Holanda en 1644. Allí, colaboró con el padre Vieira en el asunto de la venta de Pernambuco. Tiempo después, fue acusado por los holandeses de haber actuado como traidor. A pesar de haber sido condenado a la cárcel en Holanda, logró refugiarse en Portugal, donde permanecería hasta su muerte ocupando funciones de confianza en la administración del gobierno. Calado arguye que en Brasil, obviamente, le fue imposible a Diaz Ferreira establecer buenos contactos con la aristocracia rural: "Exatamente o oposto de Gaspar Dias Ferreira, que de tal forma se desvinculou dos naturais, que teve de abandonar o Recife quando daqui partiu, e volta à Holanda, o conde de Nassau, seu amigo" (en: Mello 2000, 65). Nachman Falbel, en su artículo sobre el rabbi Menasseh Ben Israel, escribe que el padre Vieira, preocupado por la rehabilitación económica de Portugal, vió en los judíos y en los conversos una fuerza indispensable para reestablecer el bienestar del reino portugués (1999, 166s.). Herkenhoff, en su introducción al mismo volumen, insiste en el impacto del padre Vieira en la retórica de la comunidad sefardí. Cita en este sentido a Harm den Boer (1995), quien ha demostrado la deuda de la literatura sefardí para con el Barroco ibérico, siendo notable la influencia bíblica en sus sermones y en la literatura rabínica. El poeta más célebre de la comunidad sefardí de Amsterdam fue don Miguel Daniel Levi de Barrios (1635-1701), el cronista de la congregación. En uno de sus poemas panegíricos subraya el activo papel de los sefardíes en la lucha contra los portugueses: "Con el Hollandio en el Brasil ardiente/ Se opone al Portugues la Nation santa./ Y este ane en buda al imperial quebrante,/ Que la amenaça con furor ambiente" (Nassy 1966, 10). En otros versos explica el papel de los dos rabinos Moses Raphael de Aguilar y Isaac Aboab da Fonseca (Boehm 1992,

44s., 49s.), o el de Abraham Cohen, otro amigo incondicionalmente leal al conde en Brasil (ibíd., 84-86).

Es de suponer que este discurso panegírico resultara completamente sospechoso para el capitán Vieira, un hombre práctico y, además, católico. Sus "defectos" (mulato e ilegítimo) no le impidieron hacer una carrera impresionante en Brasil y en África, ni morir como terrateniente rico y muy respetado en Pernambuco. Palacin opina que la herejía y la tolerancia al culto judaico por parte de los holandeses eran considerados como los pecados más graves por la aristocracia rural brasileña (1986, 108). Pone en claro que, para ella, el ascenso social corría paralelo a la resistencia contra los holandeses. Citando a Braudel, habla de la traición de esta burguesía rural del siglo XVII, en cuanto a que ésta aspiraba al estatus de noble a pesar de descender de quienes "trabajaban con las manos". Ni la sumisión de los indígenas ni la esclavitud de los africanos le parecían a esta aristocracia rural temas de relevancia, así, Palacin observa que el camino hacia la reivindicación de la libertad, para los luso-brasileños, se llevaba a cabo "num mundo humano edificado sobre a opressão mais férrea de quatro quintos da população" (1986, 97). Por lo que toca a este último aspecto, Palacin concluye que Holanda fué más abierta al considerar diversas opciones de tolerancia religiosa. Valdría la pena profundizar en este punto más sistemáticamente. Es obvio que la modernidad mercantilista luso-brasileña comenzó con un antisemitismo muy pronunciado debido a la rivalidad económica implicada en la ideología religiosa. La obra de Mello demuestra que es indispensable investigar algunos aspectos íntimos de este conflicto en Brasil. Por su parte, Boehm se refiere a varios casos en los que los holandeses tampoco respondieron con el debido agradecimiento a la lealtad combativa de la población hebrea en favor de su causa. Así, pues, hace falta consultar más fuentes sobre este problemático aspecto, tanto en Brasil como en Holanda y Portugal, con el fin de conocer las circunstancias concretas.

Por el momento, podemos sin embargo apuntar que fue la rivalidad entre una minoría étnica y religiosa urbana y la aristocracia rural la que habría marcado, en el siglo XVII, la encrucijada de la modernidad en el Brasil, modernidad cuyas dudas y certezas quedan aún por aclarar.

Bibliografia

Barlaeus, Caspar. 1647. *Rerum per octennium in Brasilia et alibi nuper gestarum, sub praefectura Illustrissimi Comitis I. Mauricii.* Amsterdam: Iohannis Blaeu.

Boehm, Günter. 1992. *Los sefardíes en los dominios holandeses de América del Sur y del Caribe. 1630-1750.* Frankfurt am Main: Vervuert.

Boer, Harm den. 1995. *La literatura sefardí de Amsterdam.* Salamanca: Instituto Internacional de Estudios Sefardíes.

Boogaart, Ernst van den (ed.). 1979. *Johan Maurits van Nassau-Siegen, 1604-1679. A Humanist Prince in Europe and Brasil.* Den Haag: De Johan Maurits van Nassau Stichting.

Calado, Manoel Frei. 1648. *O Valeroso Lucideno e triumpho da liberdade.* Lisboa: Paulo Craesbeeck, Impressor & Iiureiro das Ordês Militares.

Couto, Ribeiro. 1942. *Exposição Frans Post.* Rio de Janeiro: Ministerio da Educação e Saúde.

Elliott, John. 1966. *Imperial Spain 1469-1716.* New York: The New American Library.

Falbel, Nachman. 1999. Menasseh ben Israel e o Brasil. En: Herkenhoff, 160-175.

Freyre, Gilberto. 1970. *The Masters and the Slaves. A Study in the Development of Brazilian Civilization.* Transl. Samuel Putnam. New York: Knopf.

—. 1979. Maurits von Nassau-Siegen from a Brazilian viewpoint. En: van den Boogaart, 256-267.

Herkenhoff, Paulo (ed.). 1998. *XXIV Bienal de São Paulo. Núcleo histórico: antropofagia e histórias de canibalismos.* São Paulo: Fundação do Bienal.

— (ed.). 1999. *O Brasil e os Holandeses, 1630-1654.* Rio de Janeiro: Sexta Artes.

Lago, Beatriz y Pedro Corrêa do. 1999. Os quadros de Post pintados no Brasil. En: Herkenhoff, 238-268.

Mello, José Antônio Gonsalves de. 1979. Vincent Joachim Soler in Dutch Brasil. En: van den Boogaart, 247-255.

—. 1987 [1947]. *Tempo dos flamengos. Influencias da ocupação holandesa na vida e na cultura do norte do Brasil.* Prefacio de Gilberto Freyre. Recife: Editora Massangana 3.

—. 2000. *João Fernandes Vieira. Mestre-de-Campo do Terço de Infantaria de Pernambuco.* Lisboa: Commissão Nacional para as Comemorações dos Descobrimentos Portugueses.

Nassy, David Isaac de Cohen. 1966 [1688]. *Essai historique sur la colonie de Surinam*. Amsterdam: S. Emmering, reprint.

Palacin, Luís. 1986. *Vieira e a visão trágica do barroco*. São Paulo: Instituto Nacional do Livro.

Pérez Oramas, Luis. 1998. Paisagem e fundação: Frans Post e a invenção da paisagem americana. En: Herkenhoff, 102-110.

Phaf-Rheinberger, Ineke. 2002. Caspar Barlaeus y la ética de una expansión global: *Mercator sapiens* (1632) y *Rerum per octennium in Brasilia* (1647). En: Dietrich Briesemeister; Axelius Schönberger (eds.). *De litteris Neolatinis in America Meridionali Portugallia, Hispania, Italia cultis*. Francofurti Moienani: Valentia, 123-136.

Sousa-Leão, Joaquim de. 1937. *Frans Post. Seis quadros brasileiros*. Rio de Janeiro: Estado de Pernambuco.

—. 1953. Frans Post en Albert Eckhout. En: Vries, 19-25.

—. 1959. *Morenos. Notas historicas sobre o engenho no centenario do actual solar*. Rio de Janeiro/Amsterdam: Colibri.

—. 1973. *Frans Post*. Rio de Janeiro/Amsterdam: Colibri.

Tinhorão, José Ramos. 2000. *As festas no Brasil colonial*. São Paulo: Editora 34.

Ventura, Roberto. 2000. *Casa-grande & senzala*. São Paulo: Publifolha.

Vieira, António. 1940. *Sermão de Sto Antonio aos peixes (13 juni 1653) e Carta a D. Afonso VI*. Prefacio de Rodrigues Lapa. Lisboa: Centro de Estudos por Correspondência.

—. 1970. *Cartas. I, 1626-1661*. Coord. e anotadas por João Lúcio de Azevedo. São Paulo: Imprensa Nacional.

Vries, Bob de (ed.). 1953. *Maurits de Braziliaan en het Mauritshuis*. Den Haag: Mauritshuis.

Whitehead, Peter James Palmer; Marinus Boeseman. 1989. *A Portrait of Dutch 17th Century Brazil. Animals, Plants and People by the Artists of John Maurits van Nassau-Siegen*. Amsterdam: North-Holland Pub. Co.

Worp, Jan Adolf. 1885-1889. Caspar van Baerle. En: *Oud-Holland*. Año 3, 1885: 241-265; año 4, 1886: 24-36, 172-189, 241-253; año 5, 1887: 93-125; año 6, 1888: 87-102, 241-274; año 7, 1889: 89-128.

El proceso de formación textual en las crónicas eclesiásticas novohispanas. Apuntes para una revisión crítico-literaria*

Rolando Carrasco Monsalve

"La historia eclesiástica es una rama que debe estudiarse por separado": con esta observación, Walter Mignolo, en su ya célebre ensayo "Cartas, crónicas y relaciones del descubrimiento y la conquista" (1982), habría de enunciar una de las tareas que en el campo de los estudios literarios sobre el período colonial, aún resta por explorar. La historiografía religiosa colonial, dentro de una amplia variedad de formas discursivas (crónicas, relaciones misionales, diarios de viajes, historias generales, relatos hagiográficos, sermones, etc.), requiere de nuevos esfuerzos de investigación, tendientes a profundizar en estos repertorios bibliográficos. Desde el pionero trabajo de Ernest Burrus (1973), la agrupación de amplios sectores de la producción espiritual americana, de acuerdo a su pertenencia a las diferentes órdenes (franciscanos, dominicos, agustinos, jesuitas), como también según el tratamiento de las culturas prehispánicas y la realidad geográfica americana, ha resultado determinante para la investigación histórica y antropológica que, en los últimos decenios, se ha visto incrementada por nuevos aportes bibliográficos, especialmente referidos a la vida religiosa del México colonial (Rubial/García 1991).

Las crónicas eclesiásticas, representan una fuente de relevancia para la comprensión del surgimiento de la Iglesia indiana y la aculturación espiritual de los pueblos prehispánicos[1]. Sin embargo, la tarea de reflexión en torno a este amplio corpus documental de crónicas americanas escritas por religiosos —destacando entre otros, los ensayos de Rosa Camelo (1984), Asunción Lavrin (1989), José Rabasa (1996), Luque Alcaide (1999)—, aún permite advertir la enunciación de aspectos teóricos incipientemente analizados, sobre todo, en relación con el proceso de formación textual de una parte representativa de la producción eclesiástica de origen novohispano en los orígenes de la cultura virreinal. Dicho as-

* Quisiera expresar mis agradecimientos al Dr. Dietrich Briesemeister por sus sugerencias al presente ensayo, asimismo al Servicio Alemán de Intercambio Académico (DAAD), que hiciera posible esta investigación en el Ibero-Amerikanisches Institut de Berlín (2000-2002). Finalmente, a la Facultad de Filosofía y Humanidades de la Universidad de Chile, por su constante apoyo durante el desarrollo de mi estancia doctoral en Alemania.
[1] Para una contextualización de este proceso durante el siglo XVI en Nueva España, cabe destacar la obra de Ricard 1986.

pecto delimita un problema de *tipología textual*[2], que exige clarificar el estatuto de una variedad de fuentes, que tuvieron como rasgo central la narración de la empresa evangelizadora franciscana de mediados del siglo XVI y durante el siglo XVII en Nueva España. Nuestro objetivo, apunta a trazar los deslindes de un campo de reflexión que, sin desconocer los aportes precedentes, plantea algunas interrogantes sobre ciertos aspectos que determinaron tanto la "producción" como "recepción" de un corpus representativo de la historiografía franciscana colonial. Para tales efectos, distinguiremos dos momentos metodológicos, que coordinadamente nos advierten sobre algunas problemáticas en el análisis del proceso de formación textual de las crónicas eclesiásticas novohispanas:

• En primer lugar, determinaremos las modalidades de percepción que se pueden distinguir en la conciencia crítico-bibliográfica, especialmente referida a los catálogos, epítomes y bibliotecas. Dicha tarea implica abordar la selección de vastos campos de la producción eclesiástica española y americana, con especial atención en este trabajo a las fuentes franciscanas del México colonial. Una mirada crítica sobre estos repertorios, nos permitirá identificar no sólo la constitución de un corpus americano, sino también los criterios de clasificación y valoración que operaron durante el siglo XVII.

• En segundo lugar, abordaremos las tensiones entre la realidad extratextual (histórica) y los componentes textuales en juego, identificables en los "prólogos" y "dedicatorias al lector". La inscripción de la voz autorial representa un aspecto de interés para advertir el valor más o menos programático que los mismos cronistas atribuyeron a su acto de escritura, las problemáticas asociadas a la circulación textual y su confrontación con los nuevos aportes críticos.

I. Repertorios bibliográficos y corpus evangelizador novohispano

Las bibliotecas y los discursos bio-bibliográficos, tienen antecedentes importantes ya en el siglo XVII. La recopilación, clasificación y valoración de amplios campos de la producción española y americana, nos permite abordar estos repertorios como una suerte de conciencia histórica, en que crítica e historiogra-

---

[2] Cf. Mignolo 1981. La importancia de esta consideración "crítico-literaria" debe ser entendida más bien desde el punto de vista del cambio de paradigma propuesto por Mignolo y Adorno, en relación a una sustitución del término "literatura colonial" por "discurso colonial". De esta forma, la posibilidad de una reconceptualización retórico-discursiva de las crónicas franciscanas novohispanas, debe atender a la constitución de las redes textuales que confluyen en un proceso de formación discursiva —con alcances para la tradición oral y los sistemas de representación pictográficos—, en el cual conviene distinguir la perspectiva de enunciación que asumieron los cronistas en torno a la narración de la conquista espiritual de los pueblos prehispánicos.

fía literaria aparecen entremezcladas. La recuperación descriptiva de estas fuentes, en el contexto de los vínculos entre la metrópolis y la colonia, corresponde a un nudo central dentro de las modalidades de organización del saber y de la producción textual referida a dichos conocimientos, sean estos de origen profano y, en el caso específico de nuestra aproximación, de orden religioso. Para Beatriz González Stephan, trataríase de

> una voluntad organizadora de diversas obras publicadas o manuscritas; una conciencia espacio-temporal con la capacidad de diseñar el perfil cultural de vastas zonas geográficas en atención a una secuencia histórica, que si bien en un principio fue muy simple, fue adquiriendo complejidad en la medida que se avecinaba la independencia (1993, 18).

Uno de los repertorios bibliográficos importantes del siglo XVII es el *Epítome* (1629) de Antonio de León Pinelo[3]. La agrupación de amplios sectores de la producción eclesiástica en el contexto de su *Biblioteca occidental*, incluye bajo la clasificación genérica de "historia", a un conjunto de cronistas franciscanos, agrupados temáticamente en tres modalidades narrativas, es decir, sucesos vinculados a las culturas indígenas, la historia espiritual de las provincias y los relatos hagiográficos:

TÍTULO XVII. Historia de los indios occidentales: Fray Toribio de Benavente o Motolinía, *Relación de las cosas, idolatrías ritos y ceremonias de la Nueva España* (1541), fray Juan de Torquemada, *Monarquía Indiana* (1615).

TÍTULO XX. Historia de religiones y religiosos: Consigna León Pinelo la escritura de una obra que trata de las "fundaciones de los conventos de San Francisco, vidas de sus religiosos y viajes de los primeros y otras cosas", probablemente, se trate de la *Relación de la provincia del Santo Evangelio* de fray Pedro de Oroz (1585). Además cita a fray Gerónimo de Mendieta, *Historia eclesiástica indiana* (1596); fray Alonso de la Rea, *Crónica de la provincia de San Pedro y San Pablo de Michoacán* (1643); fray Baltasar de Medina, *Crónica de la Provincia de San Diego de México* (1682); y de fray Agustín de Vetancur, *Crónica de la Provincia del santo Evangelio de México* (Cuarta parte del *Teatro mexicano*, 1697).

---

[3] Para la presente revisión, se ha confrontado la segunda edición del *Epítome* (1737), a cargo de D. Andrés González de Barcia Carbillado y Zúñiga, con la edición de 1629 (Millares Carlo 1958).

TÍTULO XXIII. Historias de varones ilustres, y santos de Indias: Fr. Agustín de Vetancur, *Menologio franciscano* (1697), integrada a la edición de *Teatro Mexicano*.

Otro repertorio bibliográfico corresponde a la *Bibliotheca Hispana Nova* (1672) del bibliógrafo español Nicolás Antonio, quien en su Índice VII, plantea las materias en que se divide el saber teológico (Antonio 1788, 535). La jerarquización y catalogación de las diversas piezas bibliográficas incluidas en sus XXIII títulos, conllevan implícitamente una perspectiva ideológica que apunta a sustentar la magnificencia del *orbis christianus* en España como en sus posesiones de ultramar. No están exentas de este catálogo las fuentes referidas al Nuevo Mundo, como tampoco aquellas no escritas en latín, sin embargo carece de una conciencia bibliográfica, tendiente a "diferenciar" la producción americana, como en el caso de León Pinelo.

El mencionado Índice VII, cataloga las diversas fuentes correspondientes a la materia histórica-teológica en un marco epistémico, que ofrece dos observaciones de interés:

a) Por un lado, al determinar las modalidades de recepción y clasificación de un conjunto de obras referidas a la evangelización franciscana en Nueva España, confirma ciertos rasgos tipológicos previamente enunciados en el *Epítome* de León Pinelo, fuente que le serviría de base. La variedad de registros bibliográficos, jerarquizados temáticamente por Nicolás Antonio, permite distinguir un breve repertorio americano, bajo la clasificación del "Arte Histórica" (627-660). Aquí encontramos parte de la producción evangelizadora franciscana, sirva sólo como ejemplo:

Historia Universal Sacra y Profana: *Historia eclesiástica indiana* de fray Gerónimo de Mendieta.

Historia perpetua (descripciones, elogios de reinos, provincias): *De moribus Indorum. De los Ritos e idolatrías de Nueva España* de fray Toribio de Benavente o Motolinía; *Monarquía hispánica* de fray Juan de Torquemada.

Historia religiosa de la orden franciscana: *Crónica de la provincia de Michoacán* de fray Alfonso de la Rea.

Las distintas modalidades de jerarquización textual aquí observadas, no sólo traducen la diversidad de un corpus de crónicas religiosas, sino también la dificultad de su encasillamiento específico. Pese a lo anterior, en la crítica sobre estas fuentes franciscanas se observa una tendencia a identificar dos ámbitos diferenciados. Por un lado, *crónicas generales* que refieren sucesos de los primeros tiempos de la evangelización y de las culturas prehispánicas: Motolinía (1541),

Mendieta (1596), Torquemada (1615). Por otro lado, *crónicas provinciales* que narran la historia de la evangelización en un territorio determinado, con énfasis en la finalidad edificante y apologética de las principales figuras de su misión: De la Rea (1635), Medina (1682), Vetancur (1697). Las limitaciones que impone esta clasificación, plantean un primer problema teórico en torno al corpus evangelizador novohispano, ya advertido por Elsa Cecilia Frost:

> Cabe señalar que esta división padece —como todas— del grave defecto de ser artificial. Los temas se entrelazan y en ocasiones la colocación de las obras es más que dudosa. Así por ejemplo, fray Jerónimo de Mendieta y fray Juan de Torquemada escribieron crónicas generales sobre los trabajos de su orden en tierras novohispanas con un sesgo apologético muy marcado, pero en Mendieta se encuentra también, mucho más elaborada que en Motolinía, una teología de la historia y en Torquemada —que recoge por orden superior lo escrito por sus hermanos de hábito— no sólo se mantiene claramente la visión providencialista del acontecer humano, sino que se añaden datos sobre la historia y las costumbres indígenas [...]. Por otro lado, las noticias de Motolinía o de Mendieta sobre la cultura indígena son indispensables para el etnohistoriador. Los ejemplos podrían multiplicarse, pues no existe escrito alguno que pueda considerarse "puro"[4].

Sin pretender agregar nuevas clasificaciones a las ya existentes, se advierte una jerarquización operante sobre la base de constataciones textuales, que restringen el vocablo "historia" al ámbito de las acciones (*res gestae*), sin poner suficientemente de relieve la especificidad del nivel narrativo (*rerum gestarum*) de las diferentes tipologías, sean éstas "crónicas", "relaciones" o "historias"; como tampoco el grado de vinculación que éstas poseen con la preceptiva historiográfica y las modalidades retórico-discursivas de los siglos XVI y XVII[5]. Este aspecto nos remite a una segunda observación en relación a la obra de Nicolás Antonio.

---

[4] 1983, 289s. Elsa Cecilia Frost en esta cita comenta su clasificación de las fuentes historiográficas franciscanas en tres tipos: "circunstanciales" (Torquemada), "etnográficas" (Sahagún) y de "especulación teológica" (Motolinía).

[5] En relación con este aspecto, Mignolo señala que hasta finales del siglo XVI y principios del XVII, la ambigüedad del vocablo *historia* se mantiene, ya sea para designar el dominio de los objetos y la narración que debe dar cuenta de ellos. Será hasta principios del siglo XVII en que la formación discursiva acoge este nuevo vocablo "histórica" y con ello un nuevo nivel de consideración, el correspondiente a la preceptiva (metatexto) que se equipara a la poética y a la retórica (Mignolo 1981, 366-372).

b) La *Bibliotheca Hispana Nova*, enuncia un nuevo nivel preceptivo o histórico, para designar las fuentes que durante las postrimerías del siglo XVI, preceptuaron el discurso historiográfico europeo y, probablemente, americano. Entre otras figuran las obras de Sebastián Fox Morcillo (*De conscribenda historia*, 1557); Juan Costa (*De conscribenda historia libri duo*, 1591); Jerónimo de San José (*Genio de la historia*, 1651); Tomás Tamayo de Vargas (*Provechos de la historia y uso de ella*, 1616*)*. Se agrega a este listado, la composición de Luis de Cabrera y Córdoba, *De Historia, para entenderla y escribirla* (1611), tratado que ofrece una sistematización de interés para la historia eclesiástica, por su manera de abordar el problema de la división entre la historia "divina" y "humana":

> Divídese la historia en *divina* y *humana*. La *divina* en *sagrada*, que trata de la religión y de lo que le toca, como la escritura santa, y teología positiva; y en *eclesiástica*, como son los cánones, determinaciones de concilios y pontífices, sus vidas, las de los santos y el gobierno de la iglesia. La historia *humana* es natural, como la que escribieron de los animales y plantas Aristóteles y Plinio, y es *moral*, que es narración de los dichos y hechos. Esta es *particular* que narra la vida, virtudes y vicios de alguno, y *pública*, que los hechos de muchos. La *divina* enseña religión, la *humana*, prudencia, la *natural*, ciencia y todas deleitan (Cabrera de Córdoba 1948, 34).

Con esta referencia, podemos constatar que la historia eclesiástica y sus respectivas modalidades discursivas, no estuvieron al margen de la preceptiva peninsular del siglo XVII[6]. Resta indagar en la producción de tratadistas como Baltasar de Céspedes, quien escribe hacia 1600 su *Discurso de las letras humanas llamado el humanista* y el citado fray Jerónimo de San José con su *Genio de la historia* (1651), obra en que —a juicio de Santiago Montero Díaz— "culmina el proceso de liberación iniciado por nuestros escritores frente a la vieja retórica" (Montero Díaz 1941, 36). Dicha afirmación nos viene a plantear un hecho central que, tanto en el plano de la historia "humana" como "divina" no podemos obviar, la estrecha vinculación que existió en el proceso de formación discursiva colonial entre la historiografía y la retórica.

La retórica fijó las bases de una codificación, que ofreció al clero regular no sólo una preparación más sólida en el *arte concionatoria*, sino también un código

---

[6] Deberíamos incluir en estas referencias no sólo a preceptistas, sino también a teólogos como Melchor Cano con su *De locis theologici* (1562), cf. Popán 1957.

de producción textual para su labor cronística[7]. Este principio confiere a la narración histórica un valor persuasivo y, como tal, nos remite al conjunto de sistematizaciones preceptivas ya estudiadas, entre otros, por Karl Kohut (1973) y Luisa López Grigera (1994). A mi modo de entender, la incorporación de este ámbito de reflexión en el análisis de las crónicas eclesiásticas novohispanas, plantea un primer nivel de reflexión metatextual que debe estar en relación con el contexto situacional y social novohispano, con el objeto de advertir su influencia en los procesos de textualización e interpretación durante el período colonial.

II. Texto y contexto en la historia eclesiástica novohispana

La relación entre el contexto pragmático y los procesos de textualización, nos advierten sobre la función del texto como medio estratégico, en el que deberíamos considerar no sólo las condiciones cognitivas de la recepción, sino también el contexto situacional y social (Zimmermann 1984). Desde esta perspectiva, un fenómeno de relevancia, es el cambio desde el predominio de una historia "general, moral y natural" durante el siglo XVI, hacia una "historia particular" en el siglo XVII (Mignolo 1982, 78). En el orden espiritual novohispano, constituye un fenómeno en el que destacan dos aspectos caracterizadores: la pragmática de circulación textual de la crónica general y la emergencia de la conciencia criolla en el relato provincial, elementos que convendría tener presentes para el estudio de la génesis y transformación retórico-discursiva de los relatos evangelizadores americanos.

1. Del manuscrito al libro, ¿un episodio de censura?

Resulta ya un aspecto conocido que las aspiraciones vicariales de los monarcas españoles, se hicieron efectivas en América gracias a su intervención en el gobierno espiritual del Nuevo Mundo. Los privilegios que Roma concedió a la Corona, afectaron no sólo a la administración económica y espiritual de la emergente Iglesia, sino también al control de la información americana (Borges 1961). Ya sea restringiendo el paso a personas particulares, o bien a través de la censura de manuscritos o informes confidenciales, la información referida a América debía ser concordante con la política oficial (Borges 1960). Razón por la cual, la supervisión realizada por el Consejo de Indias y la acción del embajador de su Majestad en Roma, forman parte de un episodio importante en torno

---

[7] En relación a la concepción de código de producción textual desde el punto de vista retórico, cf. López Grigera 1989.

a la censura y difusión del libro e ideas referidas al mundo colonial americano. Si bien ya existen evidencias documentales sobre el influjo de las colecciones bibliográficas que circularon en los virreinatos de México (Kropfinger-von Kügelgen 1973) y Perú (Hampe Martínez 1996), falta poner en relación de qué modo la censura española del siglo XVI influyó en la impresión de las crónicas eclesiásticas americanas que eran encargadas desde Roma. A este respecto, cabe hacer presente que la censura procedió no sólo de instancias regias como el Consejo de Indias, sino también del Tribunal de la Inquisición en México, las autoridades eclesiásticas locales, e incluso, la orden respectiva (Lavrin 1989, 14).

Ciertamente la impresión de libros españoles durante el siglo XVI, estaba imbuida de un conjunto de medidas precautorias que con el advenimiento de Felipe II se hicieron más restrictivas. La pragmática de circulación textual hacia mediados del siglo XVI —referida incluso a libros heréticos—

> quita precisamente a las dignidades eclesiásticas la facultad de cen-
> surarlos, concentrando todos los poderes en el Consejo. Aún libros
> de contenido netamente religioso, devocionarios y misales, tienen
> que pasar por la censura del Rey, salvo si se trata de reimpresiones
> (Friede 1959, 52).

Un ejemplo representativo de este fenómeno es el que corresponde a la obra de fray Gerónimo de Mendieta, quien es designado por el Ministro General de la Orden, fray Cristóbal de Cheffontaines (1571), para recoger la historia de la propia provincia franciscana[8]. La *Relación* (1585) de fray Pedro de Oroz como la *Historia eclesiástica indiana* (finalizada en 1596), constituyen respuestas oficiales a un nuevo requerimiento, esta vez, emanado del aquel entonces electo Ministro General de la Orden, fray Francisco Gonzaga, quien sería el encargado de la composición de una crónica general con la historia y situación de todas las provincias franciscanas del mundo. En 1583, se despacha a las provincias una

---

[8] Tal como señala el texto de la "Obediencia del General de la Orden, transmitido a fray Gerónimo de Mendieta, a fin de que cumpla con su labor cronística, habría de ser "[...] tomado de cualquiera de las provincias de España un compañero a vuestro gusto, pero que vaya de su voluntad [...] volvais a la dicha provincia del Santo Evangelio. Y porque en los años pasados han obrado los santos religiosos de nuestra Orden en la conversión de los gentiles, muchas cosas dignas de memoria, os mandamos que hagais una historia en lengua española". Cf. Mendieta 1973, I, 260-262.

"obedientia" conjuntamente a una "alenitio"[9], para recoger las informaciones que integrarán su *De origine Seraphicae religionis Franciscanae* (Gonzaga 1587). En el caso de la obra de Mendieta, el "Prólogo al devoto lector" de fray Joan de Domayquia, ya explicita uno de los factores que caracterizan este proceso de configuración textual:

> Y no es de perder, para mayor autoridad de lo que en ella escribe, lo que dijo poco tiempo antes que diese el alma a su Autor [...], y es que no dice cosa en esta historia que no la hubiese visto por sus propios ojos, y las que no vio las supo de personas fidedignas que las vieron, y de relaciones y testimonios autorizados de escribanos, y de papeles que halló en los archivos de los conventos: y las más memorables que sucedieron a los doce primeros religiosos hijos de nuestro seráfico Padre (que como otros doce apóstoles obraron la conversión de aquellas naciones bárbaras), esas casi las dejaron escritas dos de ellos, que fueron el santo padre Fr. Francisco Jiménez en la vida que escribió del santo Fr. Martín de Valencia, y el santo padre Fr. Toribio de Motolinía en un borrador que dejó escrito de su mano, y en él todo lo que sucedió a los doce santos en la dicha conquista, como lo vio por sus ojos (en: Mendieta 1973, 5).

El tópico de la palabra "investida", se suma a un nuevo elemento que estará presente en el proceso de formación discursiva anterior al siglo XVII: el rescate de la tradición que debía "ajustarse" a las pautas de una codificación textual (*alenitio*)[10]. Ya sea a través del conocimiento experiencial fruto de la acción misionera, como mediante la referencia a fuentes documentales, la *Historia eclesiástica indiana* se construye sobre la base de un principio de selección de materiales diversos que acogen una particular perspectiva de enunciación. Aquel

---

[9] La *Relación* de Oroz, encargada por el ministro general, fray Francisco de Gonzaga, ha sido atribuida también a fray Gerónimo de Mendieta y Francisco Suárez (cf. Oroz 1973). Cabe señalar que la *Obedientia* fue una forma de carta en la que se insertaban los nombres de las personas y lugares a quienes iba remitido el mandato del ministro general; mientras la *Alenitio*, consistía en un conjunto de instrucciones que —al igual que las 50 preguntas que integran la *Instrucción y Memoria* que regularon la naturaleza compositiva de *las Relaciones de Indias* (Paso y Troncoso 1905)—, debían servir como código de producción textual para la elaboración de los relatos de la conquista espiritual. Los seis puntos que caracterizan la *alenitio* pueden verse en Pérez-Lila 1973, 254s., apéndice I, nota 3.

[10] No sólo cabe mencionar en esta línea el texto de fray Pedro Oroz, fray Jerónimo de Mendieta y fray Francisco Suárez, sino también la *Descripción de la Provincia de los Apóstoles de San Pedro y San Pablo en las Indias de la Nueva España* (1581) de fray Diego Muñoz.

acto que Mendieta definiera en el Prólogo del Libro II, como un "sacar lo que está contenido en los libros"[11], además de traducir una metodología histórica de carácter intertextual constituye la base para una nueva *dispositio* narrativa referida a la conversión de los indios de Nueva España y los primeros tiempos de la Iglesia indiana, desde una perspectiva de enunciación crítica frente al orden metropolitano.

Según ha planteado John Leddy Phelan, la vinculación del fraile con la tradición mística de los franciscanos, que desde el siglo XIII estaban imbuidos de profecías apocalípticas y mesiánicas, transforma su obra en un instrumento de controversia que tiene sus consecuencias mediante el silenciamiento del manuscrito. El hecho de que esta crónica general no llegara a publicarse, plantea la teoría de una prohibición emanada del Consejo de Indias o de los superiores de su propia orden, como resultado de sus revelaciones apocalípticas y la crítica a las condiciones políticas y eclesiásticas de la Nueva España durante el reinado de Felipe II (Phelan 1972, 157).

Las marcas de la tradición

En 1615 habría de publicarse en Sevilla, *Monarquía indiana* de fray Juan de Torquemada, originando con ello los más enconados debates sobre la originalidad y aporte de este libro. En la obra de Torquemada la aspiración a una síntesis histórica de los hechos sobre la conquista espiritual de Nueva España, obedece a un requerimiento del Comisario general de Indias, quien propone "se encargue recoger todas las relaciones y escritos, así como los que el padre fray Gerónimo de Mendieta dejó en esta razón"[12]. Para un estudioso como García Icazbalceta, esta fue la base para plantear la acusación de "plagiario", debido a la incorporación casi literal, del manuscrito de Mendieta (en: Mendieta 1945, VII-XXXII), a pesar de sus explícitas vinculaciones con la tradición historiográfica franciscana colonial:

> Muchas razones me movieron a los principios a poner mano en esta historia de las cuales es una haber sido mucho de ellos trabajos muy sudados de religiosos de la orden de mi seráfico padre San

---

[11] Mendieta 1973, 81s. Las referencias precedentes corresponderían a los diversos tratados elaborados por Andrés de Olmos y fray Toribio de Benavente o Motolinía, los que han sido analizados por Baudot 1983, cap. IV y VI.

[12] El texto aquí mencionado corresponde a la Carta Nuncupatoria de fray Bernardo Salva (comisario general de Indias) a la *Monarquía indiana*, Madrid, 6 de abril de 1609. Cf. Torquemada 1975-1983, I, XXIs.

Francisco, especialmente de los padres Fray Toribio Motolinia y fray Francisco Ximénez (como dejamos dicho), fray Bernardino de Sahagún y fray Gerónimo de Mendieta, que después de ellos añadió otras y por ser de su orden quiso ponerlo en estilo sucesivo histórico. Otra fue ser yo tan aficionado a esta pobre gente indiana y querer excusarlos, ya que no totalmente en sus errores y cegueras, al menos en la parte que puedo no condenarlos y sacar a luz todas las cosas con que se conservaron en sus repúblicas gentílicas, que los excusa del título bestial que nuestros españoles les habían dado. Otra es haber más de veinte años que traía esta guerra, con el deseo de escribir esta Monarquía y historia indiana (Torquemada 1975-1983, I, XXXI).

Particularmente, la referencia a Mendieta, ha sido una de las más analizadas, con el objeto de establecer las correspondencias entre las obras de ambos cronistas franciscanos. Sin embargo, un hecho central que diferencia la postura de éstos puede ser aquella que John Phelan distinguiera en relación a la heterodoxia política, y no religiosa de Mendieta, para explicar el revisionismo historiográfico de la obra de Torquemada:

No es de sorprender que Torquemada aprovechara lo que Mendieta había hecho, pero políticamente era necesario que pasara la *Monarquía* como su propio trabajo. Tal vez no quiso identificar demasiado su obra con la de Mendieta, vista con poco favor por el Consejo de Indias por el atrevimiento de sus acusaciones apocalípticas. Estos frailes no tenían tampoco un sentido rígido de la propiedad privada de las ideas. Escribían no como historiadores individuales, sino como cronistas de su orden. Por otra parte, Torquemada recibió órdenes de sus superiores de aprovechar todos los trabajos históricos disponibles, en especial los de Mendieta. El cargo de plagio obscurece la importancia de uno de los temas fundamentales de la *Monarquía indiana*. ¿Cómo usó Torquemada a Mendieta y cuál es la significación de sus alteraciones? (Phelan 1972, 158s.)

La supresión de las observaciones ofensivas por parte de Torquemada, tanto a los españoles como al clero secular, para la historiografía tradicional da cuenta de una actitud más moderada frente al misticismo apocalíptico de Mendieta, o como señalara Pérez-Lila, más en concordancia con el gusto barroco de la época (1973, 84-86). Sin embargo, este episodio que sirve de ejemplo para caracterizar los factores que intervinieron en la modalidad de circulación textual de las crónicas religiosas americanas en las postrimerías del siglo XVI, plantea nuevas interrogantes desde un revisionismo crítico que debería considerar dos aspectos centrales para una actualizada caracterización:

1. En primer lugar, identificamos en este proceso de formación textual un conjunto de fuentes, signadas por el registro de la evangelización franciscana en Nueva España. Desde las *Relaciones* de Motolinía y Pedro de Oroz, a las obras de Mendieta y Torquemada, advertimos un mecanismo de *apropiación textual*. De ahí que la noción de "plagio", atribuida a la composición de Torquemada, resuelve de manera simplista la interrogante de fondo sobre la naturaleza retórico-compositiva de este conjunto de textos. ¿De qué modo el proceso de formación textual de estas crónicas permite advertir el valor de estas fuentes como "variaciones elocutivas", operantes sobre la base de una resignificación de los materiales seleccionados, que responden a ciertos modelos retórico-teológicos de dominación. En torno a los cuales cabría distinguir la discusión de conceptos como "posesión", "propiedad", "emulación" o "imitación" textual producidas por el recurso de la cita[13]?

2. Por otro lado, en la caracterización de estas obras como ejemplos de la historiografía medieval, debido a la expectativa de la consumación de los siglos y la esperanza escatológica —lo que hipotéticamente habría incidido en la perspectiva de enunciación de estos relatos y el silenciamiento del manuscrito de Mendieta— no ha sido menos conflictiva su vinculación con las categorías de *milenarismo*, *escatología* y *utopía*, que aportes como el de Phelan (1956) y Georges Baudot (1983), sancionaran para el proceso de evangelización americano, desde el punto de vista de una interpretación escatológica de corte joaquinista. Los planteamientos revisionistas de Elsa Cecilia Frost (1980), Lino Gómez Canedo (1993), Ignasi Saranyana y Ana de Zaballa Beascochea (1995; 1999) han reconceptualizado la influencia milenarista que se identificara en las primeras figuras de la evangelización novohispana. Aspecto de relevancia, si consideramos su posible incidencia, tanto en la redefinición de las tipologías que se han elaborado sobre las principales corrientes político-eclesiásticas (franciscanos, dominicos, jesuitas) que influyeron en la creación del dominio colonial (Assadourian 1988), como asimismo, para la determinación de sus proyecciones en el corpus evangelizador franciscano, especialmente en torno a la construcción de una alteridad ideológica y políticamente dirigida

---

[13] Tal como me advirtiera el Dr. João Adolfo Hansen durante el desarrollo del Simposio, la discusión de los modelos retórico y teológico-políticos de representación durante el siglo XVII, plantea una nueva perspectiva de análisis que exige reconsiderar conceptualmente diversas categorías, tales como "emulación" e "imitación", referidas al contexto de producción de las crónicas eclesiásticas novohispanas.

que no puede desligarse de los marcos discursivos (autobiográficos, jurídicos, hagiográficos, etc.) que durante el siglo XVI y XVII determinan su codificación retórica, cuestionando el efecto de verosimilitud de una aparente "objetividad etnográfica" con que se han estudiado estas fuentes (Rabasa 1996). El alcance de estos planteamientos en torno a las crónicas generales debe hacerse extensivo a la evaluación de un nuevo corpus americano, en que la crónica provincial asume un rol significativo, como transmisora de una nueva espiritualidad americana para el siglo XVII.

2. Crónica provincial y conciencia criolla

A partir del último cuarto del siglo XVI, un cambio importante que se ha advertido en el desarrollo de la historiografía eclesiástica colonial, es el surgimiento de las crónicas provinciales. Caracterizadas por una focalización narrativa, limitada al espacio de la provincia de evangelización, sus autores son frailes pertenecientes a las mismas instituciones religiosas, quienes son designados para dejar testimonio de las hazañas espirituales. A diferencia de las crónicas generales, en su mayoría estos relatos fueron impresos en la época en que se escribieron, con lo cual la finalidad apologética de sus provincias mendicantes resulta de particular importancia, pese al progresivo influjo secularizador en la vida colonial y la decadencia del primitivo espíritu apostólico.

Cabe señalar que la intencionalidad de estas fuentes es doble, por un lado, presentar los modelos apologéticos de la vida cristiana de los primeros evangelizadores y, por otro, exaltar los valores de sus institutos frente a los ataques del episcopado (Camelo 1984). El tránsito desde la "utopía" evangelizadora de la primera mitad del siglo XVI hacia una nueva etapa de religiosidad criolla durante el siglo XVII (Morales Valerio 1988), conlleva el fortalecimiento de una práctica historiográfica basada en modelos hagiográficos con una finalidad propagandística. En esta línea situaríamos la nota al lector de Alonso de la Rea para su *Crónica de la Provincia de Michoacán* (1643), cuando propone la importancia de que "alabes a Dios en sus siervos, y en la grandeza de una provincia tan pequeña" (Rea 1882, XII), es decir, referir la vida de los religiosos que en ella han actuado, sus éxitos en la evangelización y sus milagros. En este listado, no es menos importante el *Libro Segundo de la Crónica Miscelánea de la Sancta Provincia de Xalisco* (1653) de fray Antonio Tello y, especialmente, las obras de fray Baltasar de Medina (1682) y Agustín de Vetancur (1697). Interesa destacar la labor cronística de este último fraile, por un doble motivo para la historiografía provincial del siglo XVII:

> Bien pudiera excusar el escribir cosas y casos de este Nuevo Mundo, pues de él, y en particular de la Nueva España, han escrito

autores más graves; pero muchas cosas dejaron algunos de alcanzar; otros añadieron algunas cosas que llegaron á saber, y los más no escribieron muchas que después se han llegado a descubrir, que el tiempo es el mas sabio de la naturaleza, y es, como dice Tertuliano, el que descubre lo escondido y revela lo secreto (Vetancur 1870-1871, XV).

La obra de Vetancur, según advertimos en su prólogo, más que una mera reiteración de los contenidos de los historiadores de Nueva España, se plantea la continuidad de la historia de la Orden hasta su tiempo, liberando la narración de aquellas pesadas disquisiciones que ocuparon gran parte de sus fuentes, en especial *Monarquía indiana*. Pero asimismo, justifica su acto narrativo, a partir de una variante antes no observada en los cronistas evangelizadores, su origen mexicano:

Se hace callar á los que piensan que ya se dijo todo, siendo así que mucho se descubre y mucho más se ha de ir descubriendo, porque no obsta lo que se descubre de nuevo á lo antiguo que se supo: imitaré á los escritores en estas materias sacando, como quinta esencia, lo más cierto de todos, siguiendo á los que las vieron ó han estado en estas partes informados: añadiré en los antiguos lo que después con la experiencia y curiosidad han investigado los modernos: seré más breve de lo que la materia pide, y mas largo de lo que mi asunto profesa. A lo primero me enfrenta el haber otros escrito aquesta historia; á lo segundo me obliga el ser nacido en esta tierra, deseando pagar lo que debo en lo que de ella escribo (ibíd.).

La postura y legitimidad de su voz enunciativa se construye desde un "locus de enunciación novohispano", de ahí que afirme Vetancur que "el que con la experiencia ha llegado al conocimiento de lo individual de algunos puntos, puede sin temor hablar de ellas" (ibíd., XVI). Elemento de vital importancia que se suma una resignificación de la escritura —a través de una nueva concepción del estilo—, que si bien persigue la finalidad edificante, no es menos consciente de la condición de sus destinatarios, ya ajenos a las preocupaciones espirituales de los momentos fundacionales de las crónicas de Motolinía y Mendieta.

Semejante observación, es una constante en el "Prólogo" a la obra de fray Baltasar de Medina. La concepción del destinatario parece revestir una singular importancia en la medida que determina el estilo y la naturaleza compositiva de su relato, otorgando valiosos datos históricos para todo tipo de lectores, según refiere en el prólogo:

4. El sabio desea literales textos de citas. El menos entendido se embaraza, si le corta el latín el corriente del lenguaje castellano, que va bebiendo tal vez sediento y ancioso. El que escribe es deudor de uno, y otro. Para el Docto van al margen [...]. Para el que no entiende Gramática, se traducen en el cuerpo de los Capítulos los lugares, pagado con ambas escrituras a diversos gustos y Acreedores.

Allí hallarán los *curiosos antojadizos* de novedades tal vez alguna cita, que les pique la golozina; corran a las fuentes, y beberán a su gusto. Los Religiosos, para quien principalmente escribo, tiene a los márgenes, noticias de casos, y cuestiones regulares, que registradas donde se alegan, pueden ser de utilidad a resoluciones morales, de algunas dudas Monásticas (Medina 1977, s.p.).

La inscripción autorial que aquí destacamos no sólo da una justificación de los principios compositivos de su tratado, sino también la concepción de un lector heterogéneo, cuyas motivaciones requieren ser captadas por las prodigiosas acciones de los varones dieguinos de su provincia. Dos rasgos que resultan interesantes de advertir, son el alcance del componente hagiográfico y la conciencia identitaria que subyace en esta tipología discursiva. Las "ilustres vidas de los religiosos ejemplares", bajo la semblanza de frailes milagrosos, traducen los alcances de un modelo retórico-hagiográfico que sirvió de imitación, tanto para laicos como regulares, en el contexto de un proceso de criollización del discurso evangelizador novohispano (Rubial/García 1991, 47-87).

Distante ya varias generaciones de los idearios "utópicos" de los primeros cronistas peninsulares, Medina escribe la crónica de una orden nacida en México, la historia de la provincia franciscana de los dieguinos descalzos de la Nueva España (Sandoval 1970), con lo cual siembra —como en el caso de Vetancur— los incipientes trazos de una religiosidad criolla. Aquella que todavía falta por descubrir, desde el punto de vista de la recepción de estas crónicas en la sociedad colonial del siglo XVII, con el objeto de profundizar a partir de este conjunto de apuntes en aquella observación que realizara Roger Chartier:

Descifradas a partir de esquemas mentales y afectivos que constituyen la cultura propia (en el sentido antropológico) de las comunidades que las reciben, las obras se tornan, en reciprocidad, una fuente preciosa para reflexionar sobre lo esencial, a saber, la construcción del lazo social, la conciencia de la subjetividad, la relación con lo sagrado (Chartier 1992, VII).

238

Bibliografía

Fuentes

Antonio, Nicolás. 1788 [1672]. *Bibliotheca Hispana Nova*. Tomus Secundus. Matriti: Apud viudam et heredes Joachimi de Ibarra Typographi Regii.

Cabrera de Córdoba, Luis. 1948. *De Historia para entenderla y escribirla*. Edición, estudio preliminar y notas por Santiago Montero Díaz. Madrid: Instituto de Estudios Políticos.

Gonzaga, Francisco de. 1587. *De origine Seraphicae religionis Franciscanae eiusque progressibus, de regularis observantiae institutione, forma administrationis ac legibus, admirabilique eius propagatione*. Roma: s.e.

León Pinelo, Antonio de. 1737. *Epítome de la Biblioteca Oriental, y Occidental, Náutica y Geográfica de don Antonio de León Pinelo*. Madrid: Francisco Martínez Abad, en la calle del Olivo Baxo.

—. 1958 [1629]. *El Epítome de Pinelo, primera bibliografía del Nuevo Mundo*. Edición de Agustín Millares Carlo. Washington: Pan American Unión.

Medina, Baltasar de. 1977 [1682]. *Crónica de la santa provincia de San Diego de México*. México: Ed. Academia Literaria.

Mendieta, Gerónimo de. 1945 [1596]. *Historia eclesiástica indiana*. México, D.F.: Editorial Salvador Chávez Hayhoe.

—. 1973 [1596]. *Historia eclesiástica indiana*. 2 vols. Madrid: Atlas (BAE, 260-261).

Muñoz, Diego.1922 [1581]. Descripción de la Provincia de los Apóstoles de San Pedro y San Pablo en las Indias de la Nueva España. En: Atanasio López. Misiones o doctrinas de Michoacán y Jalisco (Méjico) en el siglo XVI 1525-1585. En: *Archivo Ibero-Americano* (Madrid) 54, 383-425.

Oroz, Pedro de. 1972 [1584-1586]. *The Oroz relación, or Relation of the Descripción of the Holy Gospel Province in New Spain, and the Lives of the Founders and other Noteworthy Men of Said Province*. Traducción y edición de Angélico Chávez, O.F.M. Washington: Academy of American Franciscan History.

—; Gerónimo de Mendieta; Francisco Suárez. 1973 [1581]. Descripción de la Relación de la Provincia del Santo Evangelio, que es en las Indias Occidentales que llaman la Nueva España. En: Mendieta, vol. II, Apéndice I, 263-290.

Paso y Troncoso, Francisco del. 1905. Instrucción y memoria de las relaciones que se han de hazer, para la descripción de las Yndias, que su Magestad manda hazer, para el buen govierno y ennoblescimiento dellas. En: *Papeles de Nueva España. Segunda Serie. Geografía y Estadística.* Tomo IV. Madrid: Est. Tipográfico "Sucesores de Rivadeneyra", Impresores de la Real Casa,1-7.

Rea, Alonso de la. 1882 [1643]. *Chrónica de la Orden de Nuestro Padre San Francisco, Provincia de San Pedro y San Pablo de Michoacán en la Nueva España.* México: Imprenta de J. R. Barbedillo.

Tello, Antonio. 1891 [1653]. *Libro segundo de la crónica miscelánea, en que se trata de la conquista espiritual y temporal de la santa provincia de Xalisco en el nuevo reino de la Galicia y Nueva Viscaya y descubrimiento del Nuevo México.* Guadalajara: Imprenta de La República Literaria.

Torquemada, Juan de. 1975-1983 [1615]. *Monarquía indiana.* 7 vols. México: Universidad Nacional Autónoma de México.

Vetancur, Agustín de. 1870-71 [1697]. *Teatro Mexicano, descripción breve de los sucesos ejemplares, históricos, políticos, militares y religiosos del Nuevo Mundo occidental de las Indias.* México: Imprenta de I. Escalante y Cía.

Estudios

Assadourian, Carlos Sempat. 1988. Memoriales de Gerónimo de Mendieta. En: *Historia Mexicana* [México] 3, 357-422.

Baudot, Georges. 1983 [1977]. *Utopía e historia en México: los primeros cronistas de la civilización mexicana (1520-1569).* Madrid: Espasa-Calpe.

Borges, Pedro O.F.M. 1960. Un reformador de Indias y de la Orden franciscana bajo Felipe II: Alonso de Maldonado de Buendía, O.F.M. En: *Archivo Ibero-Americano* [Madrid], segunda época, 20, 79, 281-337.

—. 1961. La Santa Sede y América en el siglo XVI. En: *Estudios Americanos* [Sevilla] 21, 107, 141-168.

Burrus, Ernest S.J. 1973. Religious Chroniclers and Historians: A Summary with Annotated Bibliography. En: Robert Wauchope (ed.). *Handbook of Middle American Indians. Guide to Ethno-historical Sources.* Part II. Vol. XIII. Austin: University of Texas Press, 138-185.

Camelo, Rosa. 1984. La crónica provincial como fuente para la historia. En: Sociedad mexicana de antropología (ed.). *Investigaciones recientes en el área Maya. Mesa Redonda.* San Cristóbal de las Casas, Chiapas. 21-27 de junio de 1981. Chiapas: Ed. Bartolomé de Las Casas. Tomo III, 579-585.

Chartier, Roger. 1992. *El mundo como representación. Historia cultural: entre práctica y representación.* Barcelona: Gedisa.

Friede, Juan. 1959. La censura española del siglo XVI y los libros de historia de América. En: *Revista de Historia de América* [México] 47, 45-94.

Frost, Elsa Cecilia. 1980. A New Millenarian: Georges Baudot. En: *The Americas* [Washington] 36, 515-526.

—. 1983. Cronistas franciscanos de la Nueva España. Siglo XVI. En: Francisco Morales, O.F.M. (ed.). *Franciscan Presence in the Americas. Essays on the Activities of the Franciscan Friars in the Americas, 1492-1900.* Potomac, Maryland: Academy of American Franciscan History, 287-307.

Gómez Canedo, Lino. 1993. Milenarismo, escatología y utopía en la evangelización de América. En: José Luis Soto Pérez (comp.). *Evangelización, cultura y promoción social. Ensayos y estudios críticos sobre la contribución franciscana a los orígenes cristianos de México (siglos XVI-XVII).* México: Porrúa, 151-158.

González Stephan, Beatriz. 1993. Sujeto criollo / conciencia histórica: La historiografía literaria en el período colonial. En: José Anadón (ed.). *Ruptura de la conciencia hispanoamericana. Época colonial.* México: Fondo de Cultura Económica, 15-57.

Hampe Martínez, Teodoro. 1996. *Bibliotecas privadas en el mundo colonial. La difusión de libros e ideas en el virreinato del Perú (siglos XVI-XVII).* Frankfurt/Madrid: Vervuert/Iberoamericana.

Kohut, Karl. 1973. *Las teorías literarias en España y Portugal durante los siglos XVI y XVII.* Madrid: CSIC.

Kropfinger-von Kügelgen, Helga.1973. Europäischer Buchexport von Sevilla nach Neuspanien im Jahre 1586. En: Wilhelm Lauer (ed.). *Das Mexiko-Projekt der Deutschen Forschungsgemeinschaft.* Wiesbaden: Franz Steiner Verlag, 5-105.

Lavrin, Asunción. 1989. Misión de la Historia e historiografía de la Iglesia en el período colonial americano. En: *Suplemento de Anuario de Estudios Americanos. Sección historiografía y Bibliografía* 46, 2, 11-54.

López Grigera, Luisa. 1989. La retórica como teoría y código de análisis literario. En: Graciela Reyes (ed.). *Teorías literarias en la actualidad*. Madrid: El Arquero, 135-166.

—. 1994. *La retórica en la España del Siglo de Oro*. Salamanca: Universidad.

Luque Alcaide, Elisa. 1999. Las crónicas americanas escritas por religiosos. En: Saranyana, 531-611.

Mignolo, Walter. 1981. El metatexto historiográfico y la Historiografía indiana. En: *Modern Language Notes* 96, 2, 358-402.

—. 1982. Cartas, crónicas y relaciones del descubrimiento y la conquista. En: Luis Iñigo Madrigal (ed.). *Historia de la literatura hispanoamericana*. Tomo I. Época colonial. Madrid: Cátedra, 57-116.

Montero Díaz, Santiago. 1941. La doctrina de la historia en los tratadistas españoles del siglo de Oro. En: *Hispania. Revista española de Historia* [Madrid] 4, 3-39.

Morales Valerio, Francisco. 1988. Criollización de la orden franciscana en Nueva España. Siglo XVI. En: *Actas del II congreso internacional sobre los franciscanos en el Nuevo Mundo (Siglo XVI)*. La Rábida, 21-26 de septiembre de 1987. Madrid: Ed. Deimos, 661-684.

Pérez-Lila, Francisco Solano. 1973. Estudio preliminar. En: Mendieta, vol. I, IX-CXI.

Phelan, John Leddy. 1972 [1956]. *El reino milenario de los franciscanos en el Nuevo Mundo*. México: Universidad Nacional Autónoma de México.

Popán, Flavio. 1957. Conexión de la historia con la teología, según Melchor Cano. En: *Verdad y Vida* (Madrid) 60, 445-475.

Rabasa, José. 1996: Crónicas religiosas del siglo XVI. En: Beatriz Garza Cuarón; Georges Baudot (coords.). *Historia de la literatura mexicana: desde sus orígenes hasta nuestros días*. Vol. 1: *Las literaturas amerindias de México y la literatura en español del siglo XVI*. México: Siglo XXI Editores, 321-350.

Ricard, Robert. 1986 [1933]. *La conquista espiritual de México. Ensayo sobre el apostolado y los métodos de las órdenes mendicantes en la Nueva España de 1523-24 a 1572*. México: Fondo de Cultura Económica.

Rubial García, Antonio; Clara García Ayluardo. 1991. *La vida religiosa en el México colonial. Un acercamiento bibliográfico*. México: Universidad Iberoamericana, Departamento de Historia.

Sandoval, Fernando. 1970. Baltasar de Medina y la crónica de los dieguinos. En: *Historia Mexicana* [México] 3, 319-346.

Saranyana, Josep Ignasi (dir.). 1999. *Teología en América Latina. Desde los orígenes a la Guerra de Sucesión (1493-1715)*. Vol. I. Frankfurt/Madrid: Vervuert/Iberoamericana.

—; Ana de Zaballa Beascochea. 1990. La discusión sobre el joaquinismo novohispano en el siglo XVI en la historiografía reciente. En: *Quinto Centenario* [Madrid] 16, 173-189.

—; Ana de Zaballa Beascochea. 1995. *Joaquín de Fiore y América*. Pamplona: Ediciones Eunate.

Zaballa Beascochea, Ana de. 1999. Joaquinismo, utopías, milenarismos y mesianismos en la América Central. En: Saranyana, 613-687.

Zimmermann, Klaus. 1984. Estructura comunicativa y tipología de textos. En: *Estudios de Lingüística Aplicada* [México] 2, 3, 93-125.

Las veleidades de la representación: Guaman Poma, Murúa y la Coya Chimpu Urma[*]

Raquel Chang-Rodríguez

Un conocido refrán chino reza: "Una imagen vale por mil palabras". Quizá imbuidos por este saber milenario difundido en el Occidente a través de las memorias de Marco Polo, quienes escribieron sobre América se percataron de la importancia de la imagen para dar a entender el nuevo mundo a los habitantes del viejo. Sea por ésta u otras razones, las crónicas y relaciones sobre las Indias Occidentales frecuentemente muestran el cruce de imagen y letra. Comenzó a ocurrir esto cuando los autores, ansiosos de dejar constancia de los aconteci-mientos, tomaron la pluma para contar y dibujar la singularidad americana, o la describieron a grabadistas y pintores europeos quienes la representaron de acuerdo con parámetros de la época, marcados por un imaginario deseoso de confirmar en América los mitos clásicos.

En la representación del aborigen americano, por ejemplo, hallamos imágenes sumamente impactantes en la colección de *Viajes* [*Collectiones peregrinationum In Indiam Orientalem et Indiam Occidentalem* (Frankfurt 1590-1634)] ilustrada por Theodore de Bry (1528-98). Allí el amerindio aparece dibujado conforme a los patrones clásicos de la representación del cuerpo humano— la otra alternativa hubiera sido pintarlo como un ser monstruoso y, por tanto carente de humani-dad[1]. En otras crónicas encontramos imágenes ambivalentes: algunas se atienen a la realidad y otras llevan la impronta del imaginario europeo, como sucede en

[*] Llevé a cabo la investigación resumida en este trabajo con el apoyo de la beca # 668140 otorgada por la PSC-CUNY Research Foundation de la City University of New York cuyo patrocinio agradezco. Le doy las gracias a Juan M. Ossio por compartir conmigo la imagen de la Coya Chimpu Urma en versión del manuscrito Poyanne (1590), así llamado por haber reposado por un tiempo en el colegio jesuita de Poyanne, Francia, y actualmente en manos del coleccionista irlandés Sean Galvin. Agradezco asimismo los comentarios de los colegas reunidos en febrero de 2001 en el simposio auspiciado por la Universidad Católica de Eichstätt, y a Karl Kohut y Sonia Rose, los organizadores del evento, la invitación que permitió un fluido intercambio de ideas en torno a la cultura colonial iberoamericana del siglo XVII.

[1] Ilustraciones de este grabadista se incluyeron en la traducción al latín de la *Brevísima relación de la destrucción de las Indias* (1552), la *Narratio regionum indiarum per Hispanos quosdam devastatarum verissima* del fraile dominico Bartolomé de las Casas, publicada en Frankfurt (1598). Es notable la figura de la reina Anacaona, de miembros estilizados, cabellos largos, frente ceñida con corona aun en el momento de la muerte. Para un análisis de estas imágenes, véase Bucher 1981.

la primera parte de la *Crónica del Perú* (Sevilla, 1553) de Pedro de Cieza de León[2]. En uno de sus grabados, el diablo impide la vida virtuosa de los habitantes del virreinato del Perú (cap. XIX, xxii); en otro, el lago Titicaca figura como un canal veneciano (cap. CIII, cxviiv). No obstante, el grabadista ofrece una imagen muy certera del cerro de Potosí (cap. CIX, cxxiiv).

Las *Relaciones geográficas de Indias*

Desde una perspectiva administrativa la importancia de la imagen como vehículo para describir el mundo americano y regirlo de acuerdo con los intereses de la Corona, se afirma en las *Relaciones geográficas de Indias,* cuestionario oficializado en 1571 e impreso y distribuido en 1577, bajo el reinado de Felipe II. Las instrucciones de la Real Cédula de 1577 eran muy claras:

> en los pueblos y ciudades, donde los gobernadores y corregidores, y personas de gobierno residieren harán las relaciones de ellos, o encargarán a personas inteligentes de las cosas de la tierra, que las hagan, según el tenor de las dichas memorias (en: Solano/Ponce 1988, 81).

El cuestionario original, como explicó Jiménez de la Espada, quedó finalmente reducido a cincuenta interrogaciones[3]. Las preguntas 10, 42 y 47 pedían representaciones "pintura[s]" (mapa o plano) de puertos y ciudades[4].

Como respuesta a estas peticiones, los corresponsales de la Nueva España proporcionaron 91 mapas o pinturas (Cline 1972, 194); los de la zona peruana enviaron cinco mapas o pinturas (van de Guchte 1992, 94). Aunque la mayoría de los mapas son anónimos, en varios de la zona mesoamericana se aprecia la

---

[2] He consultado el original sevillano y la edición de Amberes (1554) en los fondos de la Hispanic Society of America. Como era común entonces, ninguna de estas ediciones consigna el nombre del artista encargado de los grabados, repetidos con algunas variantes en la edición de Amberes. Cf., por ejemplo, el dedicado a las tentaciones, presidido por el demonio.

[3] Cline 1972, 191. Se pueden clasificar en cuatro apartados: 1) las enderazadas a detallar las ciudades españolas; 2) las dirigidas a informar sobre los asentamientos indígenas; 3) las orientadas hacia los hábitos y costumbres de sus habitantes; y 4) las encaminadas a describir puertos e islas (ibíd.).

[4] La pregunta 10 solicitaba la descripción del "sitio y asiento" de los pueblos y la "traça de ellos" (Jiménez de la Espada 1965, I, 87; Cline 1972, 235); la 42 pedía una descripción de puertos y desembarcaderos "y la figura y traça de ellos en pintura, como quiera que sea en vn papel, por donde se pueda ver la forma y talle que tienen"(en: Jiménez de la Espada 1965, I, 89); la 47 pide "los nombres de las islas pertenecientes a la costa, y porque se llaman assi, la forma y figura de ellas en pintura (si pudiera ser) y el largo y ancho..." (en: ibíd.).

intervención de dibujantes nativos[5]. De este modo las *Relaciones geográficas* traen al centro de la representación a una nueva categoría de sujetos sociales: los indios ladinos[6], versados en las lenguas nativas (quechua, aimara, náhuatl) y en las diversas formas de conservar el saber de las culturas americanas (quipus, glifos, libros pintados), y, al mismo tiempo, capacitados para hablar y escribir el castellano. Los miembros de esta nueva categoría social entran en el diálogo transcultural; *de facto* y *de jure* se constituyen en las "personas inteligentes", los peritos que contestan las preguntas cuyas respuestas la Corona demanda y los administradores coloniales ignoran. Son el puente entre mundos diversos pues su manera de entender y acoplar el saber americano y el europeo marca el espacio de la representación ora icónica, ora lingüística. En el despliegue de tan singular cornucopia cultural aprendemos nuevamente a "leer" letra e imagen (López-Baralt 1993).

Religión y representación

Como la Corona, la Iglesia, conocedora de la importancia de la imagen, la empleó en la catequización de los neófitos americanos. Para obviar las dificultades lingüísticas y facilitar la comprensión de los puntos teológicos más complejos, los religiosos se valieron de representaciones escénicas de carácter devocional y de estampas y óleos. Los esfuerzos catequéticos y los métodos para hacerlos llegar por las vías más efectivas a los neófitos americanos se multiplicaron a raíz del Concilio de Trento (1545-47, 1551-52, 1562-63), cuando se decretó el aprovechamiento de medios visuales para divulgar aspectos claves del dogma católico. Acatando la orden de Felipe II, el texto de estas ordenanzas se leyó desde el púlpito en todo su vasto imperio; específicamente en Lima estos decretos se divulgaron en 1565 y 1566 (Vargas Ugarte 1954, III, 26s.)[7]. Como con-

---

[5] El mapa de Cholula (1581) por ejemplo, presenta el trazado de damero, con dibujos de iglesias y montañas; a la vez, encontramos en el centro un decorado nativo y descripciones en lengua náhuatl. En otros, como el de Meztitlan (1579), la ciudad y sus alrededores (montañas, caminos, campos) nos recuerdan los paisajes europeos de estampas devocionales de frecuente tráfico en la catequización de neófitos indígenas, y de los óleos religiosos que por entonces comenzaban a adornar iglesias, capillas y conventos (Gutiérrez-Witt 1992, 63). Sobre las *Relaciones* véase Mundy 1996.

[6] Sobre el tema en la zona andina, véase Adorno 1991.

[7] En lo referente a la comunicación visual, las estipulaciones de la Sesión XXV de estas ordenanzas son notables: los religiosos deben instruir en el "uso legítimo de las imágenes"; que "por medio de las historias de los misterios de nuestra redención contenidas en pinturas y otras representaciones, la gente se instruya y se forme en los artículos de la fe..." (en: Tord 1989, 168).

firman documentos coetáneos, la política tridentina fue rápidamente adoptada en el virreinato del Perú[8].

Para ayudar en la producción de imágenes que habría de propiciar la conversión de los nativos y adornar templos, colegios y conventos, llegaron al Perú pintores europeos. Entre los más destacados están los italianos Bernardo Bitti, Angelino Medoro y Mateo Pérez de Alesio. La obra de Bitti, el mejor pintor de la Compañía de Jesús, tuvo mayor repercusión porque trabajó y formó discípulos en Lima, Cuzco, Juli y Potosí (Gisbert 1986, 23s.). Sin duda, para comienzos del siglo XVII, Cuzco ya se había convertido en un centro artístico donde los maestros del Viejo Mundo formaban a notables discípulos del Nuevo[9] y ambos grupos se congregaban en talleres para producir pinturas, esculturas y otros objetos necesarios para el culto[10]. Se ha especulado que el cronista indígena Guaman Poma de Ayala recibió instrucción en el arte pictórico en estos talleres (Gisbert 1992, 85s.).

Felipe Guaman Poma de Ayala y Martín de Murúa

En el altiplano andino Guaman Poma conoció a Martín de Murúa, fraile mercedario y autor de dos crónicas o versiones ilustradas sobre la historia incaica y la temprana colonia. Se ha confirmado que el intercambio entre ellos tuvo lugar en la provincia de Aymaraes, actual departamento de Apurimac, entre los años 1604 y 1606 (Ossio 1998). Teniendo en cuenta la detallada descripción del cronista andino de los conflictos del fraile mercedario con indígenas de varios pueblos de esa zona[11], Rolena Adorno considera que Guaman Poma y Murúa interactuaron durante un período sostenido (2000, lv). Por entonces, Guaman Poma estaba empeñado en la redacción de *Primer nueva corónica y buen gobierno*, ilustrada con 398 dibujos a tinta[12]; por su parte, Murúa ya había completado su *Historia del origen y genealogía real de los reyes incas del Perú* (1590). Conoci-

---

[8] El texto del *Sínodo quitense. Constituciones para curas de indios* (1570), instruye a los sacerdotes que les expliquen a sus feligreses indígenas que las imágenes son un tipo de escritura (López-Baralt 1988, 173).

[9] Es representativa de estos esfuerzos la obra de Diego Quispe Tito (1611-81) y de Basilio Santa Cruz Pumacallao, dos artistas indígenas.

[10] Conviene notar que, además de las pinturas especialmente creadas para el culto, circularon libros con grabados, grabados sueltos (Estabridis, s.n.p.) y estampas distribuidas a la población iletrada por sacerdotes ansiosos de afirmar el mensaje evangelizador (López-Baralt 1988, 178).

[11] Yanaca, Poco Uanca, Pacica, Pichiua (Adorno 2000, liv).

[12] Para 1585 Guaman Poma ya había comenzado la redacción de su obra (véase la cronología en Adorno *et al.* 1992).

da como manuscrito Poyanne[13], esta primera versión de la crónica del fraile mercedario está ilustrada con 112 acuarelas. Una copia de ella se conoce como manuscrito Loyola. La segunda versión revisada y conocida con el título de *Historia general del Pirú* (*ca.* 1616), ha llegado a nosotros en el llamado manuscrito Wellington[14] y contiene 37 acuarelas.

Comentarios de Guaman Poma sobre la preparación y comportamiento del historiador mercedario corroboran el intercambio entre los dos autores. El primero critica los maltratos del segundo a la población nativa, si bien lo reconoce como "gran letrado" (1980, II, 521). También lo acusa de haber querido "quitar[le]" la mujer (ibíd., 920), lo dibuja y lo apostrofa "fraile Merzenario" (ibíd., 661). Al señalar algunas de sus fuentes, el cronista andino justiprecia muy negativamente la labor historiográfica de Murúa:

> Y escriuió otro libro fray Martín de Morúa de la horden de Nuestra Señora de las Merzedes de Redención de Cautibos; escribió de la historia de los Yngas. Comensó a escriuir y no acabó para mejor dezir ni comensó ni acabó porque no deglara de dónde prosedió el Ynga ni cómo ni de qué manera ni por dónde ni declara si le benia el derecho y de cómo se acabó todo su linage (1980, III, 1090).

Investigaciones comparativas de estas obras han señalado la similitud de la estructura formal de *Primer nueva corónica* y de la *Historia del origen y genealogía real de los reyes incas del Perú*, o sea, la versión Loyola del manuscrito Poyanne de Murúa[15], así como atribuido varios grabados de la versión Wellington del manuscrito del mercedario al cronista andino (Mendizábal Losack 1963; Ossio 1985). Sobre esta última cuestión, Juan M. Ossio ha afirmado que como "Murúa en todo momento ignora al cronista indígena", seguramente el mercedario copió al indio (1985, iii). Las tres crónicas incluyen la historia ilustrada de la genealogía real del Tahuantinsuyu donde cada Inca figura acompañado de su Coya. Consecuentemente, cabe preguntar qué noticias hay de una tradición andina en la cual pudiera encajar la representación de los reyes y reinas del Incario, y si estos cronistas estaban al tanto de ella.

---

[13] El cronista indica que la terminó para 1590. Constantino Bayle publicó en 1946 una versión del manuscrito Poyanne, basada en una copia de éste que reposaba en los fondos bibliográficos del colegio jesuita de Loyola, España. Esta copia se conoce como manuscrito Loyola.

[14] Citamos la versión Wellington por la edición de Ballesteros Gaibrois (1980). El manuscrito Wellington se encuentra en los fondos del J. Paul Getty Museum en Los Angeles, California.

[15] Mendizábal Losack 1963; Murra 1992. Murra ha hecho énfasis en la clasificación de la población andina en diez "calles" hecha tanto por Murúa como por Guaman Poma, semejanza señalada por Rowe (1958).

La tradición andina y la representación de las genealogías reales

En 1572 el virrey Francisco de Toledo le encargó a Pedro Sarmiento de Gamboa (1532-92), entonces cosmógrafo mayor y cronista del Perú, una historia del Tahuantinsuyu basada en las versiones orales contadas por los miembros de los grupos familiares reales o panacas. Por encargo de Toledo, dibujantes indios crearon una versión pictórica de esa historia que también incluía los sucesos escritos en español en cenefas o bordes. Como ha explicado Catherine Julien, estas pinturas se desplegaron en ceremonia pública y su texto fue leído en quechua a la nobleza incaica con el propósito de verificar su autenticidad. Más tarde, porciones de esta *Historia índica*, título dado después al manuscrito de Sarmiento de Gamboa, también se leyeron en ceremonia pública (Julien 1999, 61s.). En 1572 Toledo envió a Felipe II el manuscrito de Sarmiento de Gamboa y los cuatro "paños" pintados por andinos. En letras e imágenes, tres de los lienzos narraban el reinado y las hazañas de cada Inca y los pintaban en compañía de las Coyas[16]; el cuarto ofrecía un árbol genealógico[17] de la dinastía incaica hasta 1572[18]. Con otros objetos europeos, los lienzos se expusieron en la "Casa del Tesoro", cercana al Alcázar de Madrid, hasta que un incendio los destruyó en 1734. Por otro lado, algunos cronistas, entre ellos Sarmiento de Gamboa, Cristóbal de Molina "el cuzqueño" y Bernabé Cobo, se refirieron en sus escritos a tablas con la pintura de los soberanos y sus hazañas que se guardaban celosamente; sin embargo, ninguno indica haberlas visto[19].

En la Primera Parte de los *Comentarios Reales* (1609), el Inca Garcilaso de la Vega describe un lienzo de 1603 enviado por sus parientes con el propósito de gestionar mercedes para los descendientes de Paullu, el Inca tildado de colaboracionista[20]. Hay acuerdo en que las representaciones enviadas a este autor

---

[16] Su tamaño era: 4,25 varas x 3,75 varas [3,55 m x 3,13 m]; 4,33 varas x 3,75 varas [3,62 m x 3,13 m]; 4,75 varas x 3,75 varas [3,97 m x 3,13 m] (Julien 1999, 76). No sería desacertado suponer que los soberanos podían haber figurado de cuerpo entero.

[17] Medía 6,67 varas x 1,83 varas [5,58 m x 1,53 m] (Julien 1999, 76).

[18] Gisbert 1980, 117; Julien 1999, 61s. Gisbert afirmó que para pintar los lienzos, Toledo utilizó indígenas pues el virrey explicó que éstos se habían hecho "conforme a los oficiales de esta tierra" (1980, 117). Julien confirma el aserto (1999).

[19] Gisbert 1980; Cummins 1994; Julien 1999. Para un resumen de estos comentarios, cf. Iwasaki Cauti (1986).

[20] "y para mayor verificación y demonstración embiaron pintado en vara y media de tafetán blanco de la China el árbol real, descendiendo desde Manco Cápac hasta Huaina Cápac y su hijo Paullu. Venían los Incas pintados en su traje antiguo. En las cabeças traían la borla colorada y en las orejas sus orejeras; y en las manos sendas partesanas en lugar de cetro real;

por sus familiares cuzqueños sirvieron de modelo a la primera iconografía conocida de los reyes incas publicada en la "Década Quinta" de la *Historia general de los hechos de los castellanos* (1615), de Antonio de Herrera (Gisbert 1980, 119). Asimismo, se cree que en la catedral del Cuzco se conservó por mucho tiempo una copia del "árbol genealógico" de los reyes incas preparado a solicitud del virrey Toledo. Se ha especulado también que éste sirvió de base para el "tafetán" enviado a Garcilaso en 1603, y para la genealogía reproducida en 1747 por encargo de don Juan Bustamante Carlos Inga, descendiente de la realeza incaica en busca de un título nobiliario castellano[21]. Asimismo se ha aseverado que la serie de Incas incluida en el manuscrito Mindlin (*ca.* 1838) de la obra de Justo Apu Sahuaraura, está basada en el "árbol" dinástico enviado a España por descendientes de Paullu y comentado por el Inca Garcilaso (Flores Espinoza 2001, 39).

En el caso de la representación de la figura humana, ciertamente los pintores indígenas coloniales recibieron entrenamiento para reproducir vírgenes, santos, ángeles, imprescindibles en la imaginería religiosa europea que adornó iglesias y capillas, y contribuyó a propagar el dogma entre los nuevos súbditos del imperio español. Tampoco debemos olvidar que, durante el período colonial, tipos de *keros* o vasos ceremoniales, en cerámica, metal y madera, se adornaron con figuras humanas cuya representación distaba mucho de las imágenes de carácter geométrico de los *keros* incaicos[22].

Es muy probable que la inclusión de ambos integrantes de la pareja real en las crónicas comentadas y muy en particular en la de Guaman Poma de Ayala, obedezca al principio de complementariedad que regulaba las relaciones en el mundo andino y que captó tan bien Joan de Santacruz Pachacuti Yamqui Salca-maygua en el dibujo del altar de Coricancha de su *Relación de las antigüedades deste reyno del Pirú* (*ca.* 1613). Al mismo tiempo, como advirtieron Raúl Porras Barrenechea (1986 [1962]) y José Juan Arrom (1973), y confirmara más recien-temente Juan Ossio (1985), el cronista mercedario parece tener una particular afición a temas sensuales, asociados a la representación de la mujer[23]. En este

---

venían pintados de los pechos arriba, y no más" (1943, vol. 2, IX, xl, 295s.). En cuanto a una matización de la actuación de Paullu, véase Lamana (2001).

[21] Gisbert 1980, 118s. Igualmente se ha comentado que otra copia de ese lienzo base tole-dano, con veinticuatro medallones de los reyes y reinas del Incario, fue entregada en el siglo XIX a un viajero francés, Paul Marcoy, por una familia cuzqueña descendiente de la antigua realeza incaica (ibíd.).

[22] La distinción entre los dos estilos, el formal asociado con el Incario y el libre influido por la colonia, la hizo Rowe (1961).

[23] Sobre el tema véase Chang-Rodríguez 1999c.

sentido, vale recordar la historia de la relación prohibida entre la ñusta Chuqui-llanto y el pastor Acoitapia: allí la primera mete mágicamente en su bordón al segundo y lo lleva a sus aposentos donde tienen relaciones[24].

Veamos cómo ambos cronistas explican la inclusión de las genealogías y las transformaciones que sufre Chimpu Urma, segunda Coya y consorte de Sinchi Roca, en cada una de estas versiones —el manuscrito Poyanne, *Primer nueva corónica* y el manuscrito Wellington. Me concentro en esta coya porque puedo presentar su imagen, examinar el comentario correspondiente tanto en la obra de Guaman Poma como en las versiones de la historia incaica pergeñadas por Murúa, ofrecer una representación posterior de Chimpu Urma y relacionarla con estas fuentes para finalmente proponer, de modo tentativo, posibles vínculos y algunas interrogaciones.

La Coya Chimpo, Chinbo Vrma, o Chympo

1. La versión Poyanne-Loyola de la *Historia* (1590) de Murúa

Murúa terminó la *Historia del origen y genealogía real de los reyes incas del Perú,* o sea, la versión Poyanne o primera redacción de su manuscrito, para 1590. Esta crónica relata en imagen y letra los hechos de los soberanos del Tahuantinsuyu y seguramente fue la que Guaman Poma conoció y criticó. En ella el cronista mercedario describe a la Coya Chimpo (véase ilustración 1, p. 260) como "discreta y de gran entendimiento", de buen corazón, muy estimada por sus vasallos (1946, 84). Asimismo, esta biografía aporta detalles de tintes sensuales sobre el entorno palaciego. Las damas al servicio de Chimpo eran ñustas muy hermosas, aderezadas con gargantillas de perlas y ajorcas de oro. Las muy blancas y "del todo doncellas", andaban "todas desnudas" a pedido de la Coya[25]; las otras vivían con ella en palacio. Según explica Murúa, "tenían por hermosura muy grande tuviesen los muslos y pantorrillas muy gruesas, y así las apretaban por abajo y encima de las rodillas" (ibíd.). La descripción no registra ninguna preferencia de la soberana por las flores.

Gracias a la generosidad de Juan M. Ossio, quien prepara la edición facsimi-lar del manuscrito Poyanne, muestro aquí la imagen de la Coya Chimpo. Los colores de su vestimenta corresponden exactamente a los que emplea Guaman

---

[24] Figura en el Libro I, capítulo xci y xcii de la *Historia* (cf. la edición de Ballesteros Gaibrois). Fue analizada por Arrom (1973), desde una perspectiva literaria.

[25] La ilustración de la Coya Chimpo pertenece al manuscrito Poyanne; las citas corres-ponden a la edición de Bayle (1946), basada en el manuscrito Loyola, copia del Poyanne. Como nos recordó Miguel Zugasti en el diálogo que siguió a mi presentación, en la época, "desnudo" no implicaba necesariamente sin ninguna ropa.

Poma en *Primer nueva corónica* (1980, I, 123) para describir el traje de esta reina: la manta es de color amarillo y con listas, la faja "de uerde muy entonada" y la falda encarnada; en la versión Poyanne figura sin las rayas pero con tres hileras de *tucapus*. Por tocado Chimpo lleva una vincha o corona roja con adornos triangulados, de la cual parece desprenderse un velo. Todo ello refuerza la hipótesis, aproximada primero por Mendizábal Losack (1963, 161-163) y avanzada después por Rolena Adorno (2000, 47) de que Guaman Poma parece describir a incas y coyas recordando imágenes ya vistas; esto se hace evidente por sus referencias a las piezas de la vestimenta de cada reina y el detalle de los colores de la indumentaria.

Si bien la descripción del cronista mercedario no registra la preferencia de la Coya por las flores, la reina mira detalladamente a lo que parecería ser la flor de la cantuta o "flor del Inca", pose por otro lado no infrecuente en los retratos de damas de la nobleza europea donde flores o animalitos (perros, gatos, por ejemplo) figuraban frecuentemente. En pose de corte manierista, la mano izquierda de Chimpo, desde nuestra perspectiva, descansa sobre la cadera mientras la rodilla parece ligeramente doblada e inclinada hacia la derecha. Tal postura nos recuerda a la de las vírgenes que figuraban en estampas y óleos coloniales, y en particular una pintura de Bernardo Bitti de fines del siglo XVI, "La Virgen y el niño"[26].

2. *Primer nueva corónica y buen gobierno* (1615) de Guaman Poma de Ayala

Después de detallar el origen, vida y hazañas de los doce incas tradicionales (termina con Guascar), retratar a cada uno, notar el paso del gobierno a "Felipe III Inga" (1980, I, 118) y dar varios consejos de conducta cívica y médica, Guaman Poma pasa a ofrecer en dibujos y palabras "La primera historia de las reinas, coia", rematada con un "Prólogo", en realidad epílogo, dirigido a "los letores mugeres"[27]. En el caso de Chinbo Vrma (véase ilustración 2, p. 261), la consorte de Sinchi Roca, comenta:

> Era muy hermosa y morena como la primera casta de su madre. Y fue delgada, amiga de tener rramelletes y flores, *ynquilcona,* en las manos y de tener un jardín de flores. Y fue pacible con todos sus bazallos. Y tenía su *lliclla* [manta] de color amarilla y lo del medio azul escuro y el *acxo* [falda] de encarnado de Maras y su *chunbe* [faja de cintura] de uerde muy entonada (1980, I, 123).

---

[26] La reproduce Teresa Gisbert (1992, 81).
[27] Ibíd., 144. Sobre el tema, véase Chang-Rodríguez (2001).

Sabemos, además, que su marido la amaba mucho, que era celosa, que fue muy rica, y que murió en el Cuzco a la edad de ochenta años[28]. Según explica Guaman Poma, durante el gobierno de esta pareja, nació, falleció y resucitó Jesucristo; por gracia del Espíritu Santo, los apóstoles comenzaron a predicar y San Bartolomé llegó al Tahuantinsuyu.

En cuanto a la representación icónica, Chinbu Vrma está ubicada en el centro del espacio pictórico y así lo refuerza la pequeña alfombra. Por su disposición plana y pose rígida, asociamos la imagen de esta soberana[29] a las figuras humanas que adornan los *keros* coloniales[30]. No obstante, llaman la atención ciertas disonancias: las flores en ambas manos, las macetas que recalcarían esta preferencia y el enlosado del piso para darle perspectiva al dibujo, ligan la imagen al interés de pintores renacentistas en singularizar el ambiente de acuerdo con la persona retratada (Mendizábal Losack 1963, 163). ¿Se percató Guaman Poma de estas preferencias europeas en talleres pictóricos cuzqueños y las empleó en sus dibujos para hacer más atrayentes y familiares a las reinas del Incario?

3. La versión Wellington de la *Historia* (*ca.* 1616) de Murúa

En la versión Wellington de su *Historia*, Murúa repite la ordenación de los hechos en torno a cada rey o inca; el cronista explica además por qué cada reina o coya tiene su capítulo: "por particulariçar más y dar mayor claridad a esta historia he querido hazer de cada Coya y Reyna su cap[ítul]o junto al de su marido, por haziendo después particular tratado dellas, causaría en los letores confusión, que es lo que más procuro huir" (1962-64, I, iv, 28). Al describir a la segunda coya, la llama Chympo o Chimpo (véase ilustración 3, p. 262), resalta el parecido —tanto en el físico como en su gusto por la pompa— a su madre Mama Huaco y nota su generosidad con todos los vasallos. Si bien el mercedario se regodea en describir el lujoso vestuario y la deslumbrante belleza de las damas a su servicio, esta versión omite el paseo, por orden de la coya, de las vírgenes "desnudas" que figura en la primera versión. Sí repite la preferencia de las damas por los muslos y las pantorrillas gordas y el método empleado para lograrlo:

---

[28] Sobre los vínculos de estas descripciones con crónicas españolas y con el retratismo de la época, véanse Adorno (2000) y Chang-Rodríguez (2001).

[29] Esta aseveración vale para la representación de la genealogía real en *Primer nueva corónica y buen gobierno*.

[30] Mendizábal Losack ya notó la similitud de esta coya con la de Mama Huaco en el manuscrito Wellington de Murúa (1963, 163).

[andaban] pomposamente arreadas con axorcas de oro y vestiduras preciosas; tenían por gran gala y hermosura tener los muslos y pantorrillas muy gruesas, y ansí se apretauan por baxo y encima de las rodillas con gran cuidado y diligencia (ibíd., 31).

La representación gráfica de la coya retiene su cabello largo así como las flores, ahora convertidas en ramillete de rosas, en la mano derecha. En contraste con el del dibujo de Guaman Poma, el enlosado es de tres tipos (baldosas blancas, rojas y verdes); y las sandalias u *oxotas*, tan evidentes en la gráfica del cronista indígena, apenas se distinguen. Ahora la coya mira de frente y pone en evidencia su regordete brazo izquierdo que reposa sobre el área púbica. El manto pudo estar pintado de amarillo y la falda de rojo, si bien el deterioro de los colores no permite asegurarlo; sin embargo, el *tocapu* de la faja con su triangulación, es muy diferente al de los grabados anteriores. No sorprende que, dado su interés en los textiles, el cronista mercedario haya añadido otros detalles en la vestimenta: la ropa alrededor del cuello y el borde superior e inferior de la falda repiten en dos franjas (una mayor y otra menor) el elaborado *tocapu* de cuadros; una nueva hilera está adornada con pajaritos; la *lliclla* o manta es rayada y larga; el alfiler o *tupu* que asegura la manta aparece más detallado; la coya sostiene en la mano izquierda un elaborado pañuelo que bien puede corresponder al del tocado pues tiene la cabeza al descubierto y ceñida por una vincha. El único rastro de su gusto por las flores sería el estilizado ramillete donde las cantutas se han transformado en rosas.

En otra vuelta de tuerca, la Coya Chimbo Hurma (véase ilustración 4, p. 263) ahora caracterizada como delgada, hermosa y amante de flores y macetas, aparece nuevamente en los retratos de la colección Massimo examinados por Juan Carlos Estenssoro. Éstos fueron delineados a tinta y completados con acuarela entre 1654 y 1658 por un miniaturista italiano, Antonio Maria Antonazzi, quien acompañó a Camillo II Massimo (Roma, 1620-77) a España cuando residió en ese país (1654-58) desempeñándose como nuncio apostólico[31]. Acertadamente, Estenssoro pregunta si estas acuarelas fueron hechas a vista de originales, y si es así qué originales[32]: ¿los paños comisionados por Toledo y por entonces

---

[31] Estenssoro 1994. Son nueve retratos: ocho de incas (Mayta Capac, Inca Yupanqui, Manco Capac, Viracocha Inca, Lloque Yupanqui, Pachacutec, Inca Roca, Yaguar Guaca), y uno de coya (Chimpo Urma, la segunda coya). Estas acuarelas formarían parte de un libro sobre dioses y gobernantes paganos que por entonces compilaba el nuncio (ibíd., 405-409).

[32] Por la descripción de los gobernantes y los colores empleados, Estenssoro opina que las representaciones aparentemente encargadas por el nuncio apostólico italiano están ligadas a *Primer nueva corónica* y plantea la hipótesis de una fuente común tanto para los dibujos a tinta de Guaman Poma como para los de la colección Massimo— ¿los "paños" toledanos?

expuestos en la Casa del Tesoro, el manuscrito ilustrado de Guaman Poma, una de las versiones de la historia incaica de Murúa[33]? A estos interrogantes habría que añadir otros. Volviendo la mirada al Perú: ¿Vieron Guaman Poma y Murúa la copia de la iconografía toledana presuntamente en la catedral del Cuzco? ¿Tuvieron estos cronistas acceso a la supuesta copia de la genealogía incaica guardada en el Cuzco por descendientes de la nobleza nativa? ¿Se compusieron las imágenes que ilustran las crónicas de Murúa en un taller cuzqueño con participación del cronista indígena y otros pintores nativos? ¿Acaso Murúa, al leer las descripciones de las coyas y ver la representación pictórica de ellas hecha por Guaman Poma, intentó imitar, en la segunda versión de su *Historia*, el estilo del historiador y dibujante andino?

Este recorrido por las instancias que han marcado la representación de las genealogías de los soberanos del Tahuantinsuyu y particularmente de Chimpu Urma, la segunda coya, muestra, en el terreno académico, la urgencia de completar nuevas ediciones de los manuscritos de Murúa, así como la relevancia del trabajo interdisciplinario para desentrañar el significado de tan complejos documentos. Asimismo, invita a escuchar la voz de sujetos sociales que, atenazados por contradictorios intereses, intentan acoplar el saber americano y el europeo, y participar de algún modo en el debate cultural. Tal debate comienza a configurar la tantas veces veleidosa personalidad cultural americana. Vista de este modo, la imagen de la coya Chimpu Urma vale las mil palabras del proverbio chino porque ella espejea este arduo proceso. En los albores del siglo XVII, cuando se afirma la conciencia criolla, su figura concita y compendia los esfuerzos de los primeros dibujantes de los "paños"; los planes del virrey Toledo y sus cronistas; las ambiciones de la postergada nobleza incaica; la capacidad de las "castas" que mezclaban colores e ideas en los talleres cuzqueños; los reclamos de un indio ladino a la vez "autor y artista"[34]; los esfuerzos de un fraile mercedario que revisa y rehace los dibujos y capítulos de su crónica y defiende a los criollos. Todo ello se erige en cifra y símbolo de una singular coyuntura cultural cuya complejidad y significado sin duda despliegan los estudios ofrecidos en este volumen.

---

[33] Por el inventario de bienes de Toledo, sabemos que trajo a la Península otras imágenes pinceladas en los Andes, por ejemplo, de la descripción del cerro de Huancavelica, de un Inca con un sol o una estrella, de Guamanga y la rebelión de Manco Inca. Ver el inventario de sus bienes en Julien 1999, 86-89.

[34] En feliz caracterización de Mercedes López-Baralt (1993).

Bibliografía

Adorno, Rolena. 1991. Images of Indios Ladinos in Early Colonial Peru. En: Kenneth J. Andrien; íd. (eds.). *Transatlantic Encounters. Europeans and Andeans in the Sixteenth Century*. Berkeley: University of California Press, 231-269.

—. 2000 [1986]. *Guaman Poma. Writing and Resistance in Colonial Peru.* 2nd ed. with a new introduction. Austin: University of Texas Press.

— et al. (eds.) 1992. *Guaman Poma de Ayala. The Colonial Art of an Andean Author*. New York: Americas Society.

Arrom, José Juan. 1973. Precursores coloniales del cuento hispanoamericano: fray Martín de Murúa y el idilio indianista. En: Enrique Pupo-Walker (ed.). *El cuento hispanoamericano ante la crítica*. Madrid: Castalia, 24-36.

Barnes, Monica. 1994. The Gilcrease Inca Portraits and the Historical Tradition of Guaman Poma de Ayala. En: Margot Beyersdorff; Sabine Dedenbach-Salazar Sáenz (eds.). *Andean Oral Traditions: Discourse and Literatures/ Tradiciones orales andinas: discurso y literatura*. Bonn: Holos (Bonner Amerikanistische Studien/Estudios Americanistas de Bonn, 24), 223-256.

—. 1996. A Lost Inca History. En: *Latin American Indian Literatures Journal* 12, 2, 117-131.

Bucher, Bernadette. 1981 [1977]. *Icon and Conquest: A Structural Analysis of the Illustrations of De Bry's "Great Voyages"*. Chicago: University of Chicago Press.

Chang-Rodríguez, Raquel. 1988. *La apropiación del signo: tres cronistas indígenas del Perú*. Tempe: Center for Latin American Studies, Arizona State University.

—. 1995. Las ciudades de *Primer nueva corónica* y los mapas de las *Relaciones geográficas de Indias*: un posible vínculo. En: *Revista de Crítica Literaria Latinoamericana* 31, 41, 95-120.

—. 1999a. *Hidden Messages: Representation and Resistance in Andean Colonial Drama*. Lewisburg: Bucknell University Press.

—. 1999b. Retratos, reyes y ropas en la *Historia general del Pirú* (c. 1616) de Martín de Murúa. En: *Mélanges María Soledad Carrasco Urgoiti*. Vol. 2. Zaghouan, Tunisia: Fondation Temimi pour la Recherche Scientifique et l'Information, 577-586.

—. 1999c. Las coyas incaicas y la complementariedad andina en la *Historia* (c. 1616) de Martín de Murúa. En: *Studi Ispanici*, 11-27.

—. 2001. Iconos inestables: el caso de la coya Chuquillanto en *Primer nueva corónica y buen gobierno* (1615). En: Francesca Cantú (ed.). *Guaman Poma y Blas Valera. Tradición andina e historia colonial.* Actas del Coloquio Internacional, Instituto Italo-Latinoamericano, Roma, 29-30 de septiembre de 1999. Roma: Antonio Pellicani, 293-312, 203-231.

Cline, Howard F. 1972. The *Relaciones geográficas* of the Spanish Indies, 1577-1648. En: Robert Wauchope (ed.). *Handbook of Middle American Indians*. Vol. 12. Austin: University of Texas Press, 183-242.

Cummins, Thomas B. F. 1991. We are the Other: Peruvian Portraits of Colonial *Kurakakuna*. En: Kenneth J. Andrien; Rolena Adorno (eds). *Transatlantic Encounters. Europeans and Andeans in the Sixteenth Century.* Berkeley: University of California Press, 203-231.

—. 1994. Representation in the Sixteenth Century and the Colonial Image of the Inca. En: Elizabeth Hill Boone; Walter D. Mignolo (eds.). *Writing without Words. Alternative Literacies in Mesoamerica and the Andes*. Durham: Duke University Press, 188-219.

—. 1996. A Tale of Two Cities: Cuzco, Lima, and the Construction of Colonial Representation. En: Diane Fane (ed.). *Converging Cultures. Art and Identity in Spanish America*. New York: The Brooklyn Museum, 157-170.

Danforth, Susan. 1991. *Encountering the New World 1493-1800*. Catalogue of an Exhibition with an Introduction by William H. McNeill. Providence: The John Carter Brown Library.

Estenssoro Fuchs, Juan Carlos. 1994. Los Incas del Cardenal: las acuarelas de la colección Massimo. En: *Revista Andina* 12, 2, 403-413.

Flores Espinoza, Javier. 2001. Estudio. En: *Recuerdos de la monarquía peruana o Bosquejo de la historia de los Incas. Compendio Breve* [ca. 1838]. De Justo Apu Sahuaraura Inca. Proyecto y dirección de Rafael Varón Gabai. Texto explicativo de Teresa Gisbert. Transcripción de Lorena Toledo Valdez y Javier Flores Espinoza. Lima: Fundación Telefónica, 13-46.

Garcilaso de la Vega, Inca. 1943 [1609]. *Comentarios Reales*. Edición de Ángel Rosenblat con prólogo de Ricardo Rojas. 2 vols. Buenos Aires: Emecé.

Gisbert, Teresa. 1980. *Iconografía y mitos indígenas en el arte*. La Paz: Gisbert Libreros Editores.

—. 1986. Andean Painting. En: *Gloria in Excelsis. The Virgin and Angels in Viceregal Painting of Peru and Bolivia*. Guests Curators Barbara Duncan and Teresa Gisbert. New York: Center for Inter-American Relations [Americas Society], 22-31.

—. 1992. The Artistic World of Felipe Guaman Poma de Ayala. En Adorno *et al.*, 75-91.

—. 1999. *El paraíso de los pájaros parlantes. La imagen del otro en la cultura andina*. La Paz: Plural.

Guaman Poma de Ayala, Felipe. 1980 [1615]. *Primer nueva corónica y buen gobierno*. Edición de John V. Murra y Rolena Adorno. Traducciones y análisis textual del quechua de Jorge L. Urioste. 3 vols. México: Siglo XXI.

—. 2001 [1615]. *Primer nueva corónica y buen gobierno*. Edición facsimilar digitalizada. Biblioteca Real de Copenhague. Con la asesoría de Rolena Adorno. < http://www.kb.dk/elib/mss/poma/ > 23 de mayo de 2001.

Guchte, Maarten van de. 1992. Invention and Assimilation: European Engravings of Guaman Poma de Ayala. En: Adorno *et al.*, 92-109.

Gutiérrez-Witt, Laura. 1992. Mapping Mesoamerica in the Sixteenth Century: The Merger of Traditions in the *Relaciones geográficas*. En: Dave Oliphant (ed.). *Náhuatl to "Rayuela". The Latin American Collection at Texas*. Austin: University of Texas Press, 55-67.

Iwasaki Cauti, Fernando. 1986. Las panacas del Cuzco y la pintura incaica. En: *Revista de Indias* 46, 177, 59-74.

Jiménez de la Espada, Marcos (ed.). 1965 [1881-97]. *Relaciones geográficas de Indias*. Estudio preliminar de José Urbano Martínez Cabrera. 3 vols. Madrid: Atlas (BAE, 183-185).

Johnson, Julie Greer. 1988. *The Book in the Americas. The Role of Books and Printing in the Development of Culture and Society in Colonial Latin America*. Catalogue of an Exhibition. With a Bibliographic Supplement by Susan L. Newbury. Providence, RI: John Carter Brown Library.

Julien, Catherine J. 1999. History and Art in Translation: The *Paños* and Other Objects Collected by Francisco de Toledo. En: *Colonial Latin American Review* 8, 1, 61-89.

Lamana, Gonzalo. 2001. Definir y dominar. Los lugares grises en el Cuzco hacia 1540. En: *Colonial Latin American Review* 10, 1, 25-48.

Lavallé, Bernard. 2000. Fray Martín de Murúa y los orígenes del discurso criollista en el Perú de comienzos del siglo XVII. En: Karl Kohut; Sonia V. Rose (eds.). *La formación de la cultura virreinal. I: La etapa inicial*. Frankfurt/Madrid: Vervuert/Iberoamericana, 375-386.

López-Baralt, Mercedes. 1988. *Icono y conquista. Guaman Poma de Ayala*. Madrid: Hiperión.

—. 1993. *Guaman Poma autor y artista*. Lima: Pontificia Universidad Católica del Perú.

Mendizábal Losack, Emilio. 1961. Don Phelipe Guamán Poma de Ayala, Señor y Príncipe, último Quellcacamayoc. En: *Revista del Museo Nacional* 30, 228-330.

—. 1963. Las dos versiones de Murúa. En: *Revista del Museo Nacional* 32, 153-185.

Mundy, Barbara. 1996. *The Mapping of New Spain: Indigenous Cartography and the Maps of the "Relaciones geográficas"*. Chicago: University of Chicago Press.

Murra, John V. 1992. Guaman Poma's Sources. En: Adorno *et al.*, 60-66.

Murúa, Martín de. 1946 [*ca.* 1590]. *Historia del origen y genealogía real de los reyes incas del Perú*. Introducción y arreglo de Constantino Bayle S. J. Madrid: CSIC.

—. 1962-64 [*ca.* 1616]. *Historia general del Perú, origen y descendencia de los Incas*. Introducción y notas de Manuel Ballesteros Gaibrois. 2 vols. Madrid: CSIC, Instituto Fernández de Oviedo.

Ossio, Juan M. 1985. *Los retratos de los incas en la Crónica de fray Martín de Murúa*. Lima: Cofide.

—. 1998. El original del manuscrito Loyola de Fray Martín de Murúa. En: *Colonial Latin American Review* 7, 2, 271-278.

Pease G. Y., Franklin. 1995. *Las crónicas y los Andes*. Lima: FCE-PUCP.

Porras Barrenechea, Raúl. 1986 [1962]. *Los cronistas del Perú*. Edición, prólogo y notas de Franklin Pease, bibliografía de Félix Álvarez Brun y Graciela Sánchez Cerro, revisada, aumentada y actualizada por Oswaldo Holguín Callo. Lima: Banco de Crédito.

Rose, Sonia V. 1999. Moctezuma, varón ilustre: su retrato en López de Gómara, Cervantes de Salazar y Díaz del Castillo. En: Karl Kohut; íd. (eds.). *Pensamiento europeo y cultura colonial.* Frankfurt/Madrid: Vervuert/ Iberoamericana, 68-97.

Rowe, John H. 1958. The Age Grades of the Inca Census. En: Paul Rivet (ed.). *Miscellanea Paul Rivet.* Vol. 2. México: UNAM, 499-522.

—. 1961. The Chronology of Inca Wooden Cups. En: Samuel K. Lothrop (ed.). *Essays in Pre-Columbian Art and Archeology.* Cambridge, MA: Harvard University Press, 317-341.

Sarmiento de Gamboa, Pedro. 1965 [1572]. *Historia índica.* Edición de Carmelo Sáenz de Santa María. Apéndice al vol. 4 de *Obras Completas* del Inca Garcilaso de la Vega. Madrid: Atlas (BAE, 135).

Silverblatt, Irene. 1987. *Moon, Sun, and Witches. Gender Ideologies and Class in Inca and Colonial Peru.* Princeton: Princeton University Press.

Solano, Francisco de; Pilar Ponce (eds.). 1988a. *Cuestionarios para la formación de las "Relaciones geográficas de Indias", siglos XVI y XVII.* Madrid: CSIC.

—. 1988b. Significación y tipologías de los cuestionarios de Indias. En: íd./ Ponce, xvii-xxvii.

Tord, Luis Enrique. 1989. La pintura virreinal en el Cusco. En: *Pintura en el virreinato del Perú. Colección arte y tesoros del Perú.* Lima: Banco de Crédito, 167-197.

Vargas Ugarte, Rubén. 1951-54. *Concilios limenses: 1551-1772.* 3 vols. Lima: Talleres Gráficos de la Tipografía Peruana.

Zuidema, R. Tom. 1994. Guaman Poma between the Arts of Europe and the Andes. En: *Colonial Latin American Review* 3, 1, 37-85.

Ilustración 1: La Coya Chimpo, versión del manuscrito Poyanne (imagen cortesía de Juan M. Ossio).

Ilustración 2: La Coya Chinbo Vrma, *Primer nueva corónica y buen gobierno* (1980 [1615], I, 122).

Ilustración 3: La Coya Chympo o Chimpo, versión del manuscrito Wellington, fol. 9v. (en: Ossio 1985, ilust. viii).

Ilustración 4: La Coya Chimbo Hurma, colección Massimo (en: Estenssoro 1994).

La geografía antártica y el nombre del Perú

Paul Firbas

ophiritas piruleros sepultados en el
olvido hasta nuestros tiempos
Cabello de Balboa, *Miscelánea antártica*

La formación de una cultura colonial, desde el punto de vista de un grupo de escritores peninsulares establecidos en el Perú a finales del XVI, fue un proceso de memoria y de reescritura de viejos textos del mundo clásico y medieval. Así entendida, estos inicios pueden pensarse como una forma descentrada, oblicua e inventiva de leer y recordar las tradiciones del Viejo Mundo a partir de las experiencias de la colonia.

En el proceso de formación de esta cultura ocupan un lugar central la *geografía*, definida, literalmente, como una escritura sobre la tierra; y la *toponimia*, actividad básica del colonialismo, es decir, el acto de nombrar lugares, de producir identidades nuevas o de borrar violentamente las identidades nativas.

En este sentido, en las siguientes páginas estudio la geografía del continente sudamericano en la *Miscelánea antártica* de Cabello de Balboa dentro de las tensiones imperiales de finales del siglo XVI, y reviso los relatos etimológicos sobre el nombre del "Perú" como breves narraciones fundacionales. Finalmente propongo otra etimología para este topónimo, vinculada a la cosmografía medieval europea, vigente a principios del siglo XVI. El hallazgo del nombre del "Perú" en el discurso cosmográfico se hace posible a través de la visibilidad del término antártico en el virreinato entre los años de 1586 y 1610.

El monstruo antártico

En primer lugar, la palabra "antártico", mucho más antigua que "Perú", emerge en el virreinato hacia finales del siglo XVI. Es vocablo de la cultura clásica que había llegado a América con las armas y las letras de la conquista. Hasta ese entonces, varios nombres —"Perú", la "Nueva Castilla" y los más comprensivos: "Indias", "Nuevo Mundo" y "América", éste último usado generalmente fuera del mundo español— designaban la vasta región sudamericana bajo el dominio político de España. Los diferentes nombres compiten y coexisten, pero no con la misma capacidad evocativa ni intensidad de uso.

Además, los mismos escritores de la época percibían que los diferentes nombres correspondían también a distintos géneros discursivos y tenían diferentes registros de uso. Así, en esos mismos años el jesuita mestizo Blas Valera, citado por el Inca Garcilaso de la Vega, señalaba:

> Muchos huvo que no se agradaron del nombre Perú, y por ende le llamaron la Nueva Castilla. Estos dos nombres impusieron a aquel gran reino y los usan de ordinario los escrivanos reales y notarios eclesiásticos, aunque en Europa y otros reinos anteponen el nombre Perú al otro (1943, I, VI, 22).

En esos mismos años, un grupo de escritores peninsulares establecidos en el Perú, conocedores de su naturaleza y costumbres, verdaderos *baquianos*, discutían el origen de los indios del Perú[1]. En ese momento aparece en la superficie de los debates el adjetivo "antártico", como un nombre quizá alternativo, aunque de breve duración, para designar los vastos territorios del Perú[2].

Cabello de Balboa escribe en el Perú su *Miscelánea antártica* e inserta este adjetivo y toda su tradición en la cultura virreinal. Entre 1586 y 1610, otros escritores peninsulares establecidos en la colonia utilizan también la palabra "antártico" en los títulos de sus libros: así en el *Parnaso antártico* (1608) de Diego Mexía y en las *Armas antárticas* (*ca.* 1609) de Juan de Miramontes Zuázola. Además, se publica en Lima en 1602 la *Miscelánea austral* de Dávalos y Figueroa, una variante de la misma geografía; y aparecen impresos en 1596 y 1608 dos sonetos a nombre de la "Academia Antártica". La actualidad de este adjetivo en el mundo colonial peruano se hace evidente, además, con la aparición de un "Caballero antártico" en las sierras andinas, quien desfila disfrazado junto con don Quijote en 1607, en una fiesta en el pueblo minero de Pausa. El propio Inca Garcilaso de la Vega, hijo de un conquistador y una *palla* o princesa incaica, cuando escribe en 1596 su genealogía paterna, se llama a sí mismo "Yndio Antártico" (Garcilaso 1951, 41). Curiosamente, después de 1610 el término desaparece de los lugares visibles de las letras coloniales[3].

---

[1] Me refiero, básicamente, a los textos de José de Acosta, sus dos primeros libros en *De procuranda indorum salute* (1577), incluidos después en su *Historia natural y moral de las Indias* (1590); Pedro Sarmiento de Gamboa, *Historia índica* (1572) y Miguel Cabello de Balboa, *Miscelánea antártica* (1586).

[2] He desarrollado los probables sentidos de la palabra "antártico" en otro trabajo (Firbas 2000).

[3] El libro más comprensivo sobre los "escritores antárticos" es el ya clásico de Alberto Tauro (1948). La bibliografía sobre Cabello de Balboa es escasísima. Es imprescindible el reciente trabajo de Sonia Rose (2000), a quien le agradezco el envío de una copia de su artículo. Hasta donde he podido investigar, el último uso de "antártico" en el título de un libro escrito en el virreinato del Perú se encuentra en la *Segunda parte del Parnaso antártico*, obra de Diego Mexía Fernangil, escrita en Potosí en 1617, pero que realmente continúa la titulación

Cuando Cabello de Balboa escribe en el Perú su *Miscelánea antártica* asume desde el título la espesura de este adjetivo. Lo antártico cifra ya el problema central del libro: averiguar el origen de los indios del Perú. El clérigo Cabello de Balboa, nacido en España y establecido en América desde 1566, explica que el bisnieto de Noé, llamado Ophir, pobló las "tierras marítimas de la India Oriental" (1951, 74), expandiéndose por aquel archipiélago sin ninguna codicia, sólo por multiplicar su descendencia. Tiempo después, continúa la *Miscelánea*, este pueblo habría atravesado las innumerables islas del Pacífico Sur hasta llegar a la Tierra Austral, y desde allí al continente sudamericano, siendo así sus primeros pobladores.

El relato de la separación y multiplicación de los primeros pueblos americanos se encuentra cargado de la temporalidad de los patriarcas bíblicos. El mismo texto compara a los descendientes del "patriarca Abrán" con aquéllos —descendientes de Ophir— que se separaron por los territorios vacíos de Norteamérica. Pero es sobre todo en el mismo tono fundacional de su narrativa que Cabello de Balboa conecta la Biblia con su propia escritura, ofreciendo su texto como suplemento o reescritura de aquélla. En la descripción de la población primitiva de lo que después se llamará la Nueva España, se lee:

> y como tenía cada uno tantas mujeres como quería, tenía tantos hijos
> cuantos deseaba; y la tierra era tan sana, y las mujeres tan facundas,
> y los hombres tan viciosos que había alguno que tenía doscientos
> hijos, y de aquellos v[e]ía a su mesa quinientos (y 600) nietos en
> duración de pocos años (ibíd., 181).

La *Miscelánea* se cierra con el relato breve de la última y nueva población del mundo antártico: la de los conquistadores españoles. Debe recordarse que aunque habían transcurrido sólo cincuenta años desde la conquista a la redacción final de la *Miscelánea*, la distancia entre esos dos tiempos era mucho más profunda y de otra naturaleza: el mundo de la conquista está ya impregnado del tiempo mítico de los patriarcas, mientras que el presente de la escritura coincide con la estabilización de las instituciones coloniales en el área andina, las asomadas de piratas, y la decapitación en la plaza del Cuzco de Túpac Amaru, último inca de la resistencia colonial.

No es posible pensar la geografía antártica de finales del siglo XVI sin transitar el Estrecho de Magallanes: allí convergen los debates, los deseos coloniales

---

de su libro de 1608. Una selección de los poemas de esta *Segunda parte* fue publicada por García Calderón (1938). Sobre la obra de Miramontes y Zuázola puede consultarse Firbas 2001.

y la imaginación poética. Por lo menos hasta 1616, la cartografía mostraba que el Estrecho era el único paso posible entre dos masas continentales: la América del Sur y el enorme territorio conjetural llamado Terra Australis.

Aunque no se suele asociar la zona del Estrecho de Magallanes con el colonialismo inglés, lo cierto es que antes de que Inglaterra mirara hacia la América del Norte, el extremo sur del continente fue la primera región en sus planes de expansión en el Nuevo Mundo. Hacia 1575 Richard Grenville (1542-1591), el mismo que diez años después llevará 100 colonos a Norte América, redactó un *Discurso* en el cual proponía descubrir las tierras al sur de la línea equinoccial. Su plan respondía a la pregunta sobre el lugar de Inglaterra en el reparto del mundo durante el siglo XVI:

> since Portugal hath attained one part of the new found world to the East, the Spaniard another to the West, the French the third to the North: now the fourth to the South is by god's providence left for England (citado por Andrews 1984, 51).

El viaje de circunnavegación de Francis Drake entre 1575 y 1580 muy probablemente seguía los planes propuestos por Grenville. Se sabe que Drake, como Grenville, se interesó por las dos costas americanas debajo de los treinta grados de latitud sur, y estuvo explorándolas por más de ocho meses antes de cometer el primer acto de piratería. Aunque la historia de este episodio está llena de secretos y vacíos, es asimismo probable que la reina Isabel promoviera indirectamente este viaje y que anhelara establecer colonias en el sur. Por otro lado, en 1579 el cosmógrafo inglés Richard Hakluyt trabajaba la idea de una conquista isabelina del Perú e imaginaba un "Reino de Magallanes" (Hakluyt 1935, I, 87; Andrews 1984, 53). En todo caso, hacia 1583 los deseos imperiales ingleses ya se habían desplazado preferentemente a la América del Norte. Sin embargo, los viajes de circunnavegación de Drake, y de Thomas Cavendish entre 1586-1588, junto con la actividad intelectual y política de Hakluyt, hicieron del Estrecho un punto central en la imaginación imperial. El estudio de la cartografía de finales de siglo sobre las zonas australes revela una pugna entre el avance inglés y las respuestas españolas, en donde se borran islas y se extienden continentes según la perspectiva de cada imperio[4].

Ya en 1569, en la primera parte de la *Araucana*, Alonso de Ercilla describe que el territorio chileno, de "gran longura", se prolonga hasta "do el mar Océano y chileno/ mezclan sus aguas por angosto seno" (1993, I, 7). Este único

---

[4] Para el estudio de la cartografía inglesa de la época en relación con el Estrecho, véanse además los trabajos de Parry, Wallis y Quinn en: Trower 1984; y Skelton 1972.

punto de contacto entre dos mares y mundos resulta emblemático. Es un lugar de encuentros y de mezclas, pero sobre todo de gran violencia: un corte en donde los vientos y aguas golpean incansablemente la geografía. La primera parte de la *Araucana* describe el Estrecho como un paso cerrado, un lugar impenetrable por la impericia de los pilotos o por razones ocultas. Ercilla sugiere que el Estrecho pudo haber desaparecido por la misma furia de la naturaleza, dejando la "secreta senda" irremediablemente escondida. Los versos de la *Araucana* insisten en el carácter opaco del Estrecho, como si transitarlo supusiera una transgresión; como si se tratara de un espacio excesivo y limítrofe, demasiado distante de la experiencia humana:

> Y estos dos anchos mares pretenden
> pasando de sus términos, juntarse,
> baten las rocas y sus olas tienden,
> mas esles impedido el allegarse;
> por esta parte al fin la tierra hienden
> y pueden por aquí comunicarse.
> Magallanes, Señor, fue el primer hombre
> que abriendo este camino le dio nombre
>
> Por falta de pilotos, o encubierta
> causa, quizá importante y no sabida,
> esta secreta senda descubierta
> quedó para nosotros escondida;
> ora sea yerro de la altura cierta,
> ora que alguna isleta, removida
> del tempestuoso mar y viento airado,
> encallando en la boca, la ha cerrado (1993, I, 8s.).

En cambio, después del viaje de circunnavegación del inglés Francis Drake, el Estrecho adquiere otro sentido en la imaginación colonial. El paso de Drake por Magallanes marca el inicio del imperialismo inglés en América. La breve aparición de Drake en el Callao en 1579 cambió la vida militar del virreinato y abrió un nuevo ciclo épico en la poesía americana. Cabello de Balboa, en su *Verdadera descripción y relación de la Provincia y Tierra de las Esmeraldas* (¿1589?), describe la inesperada noticia de la llegada del pirata como "la más inopinada y menos temida nueva que juicio humano pudiera imaginar" (1945, I, 74s.).

Desde esos años, tanto el Estrecho de Magallanes como la región de Panamá se describen como las "las dos puertas" abiertas por la ausencia del poder colonial y la presencia de piratas "luteranos" y pueblos cimarrones. Estas dos "puertas" dibujan las fronteras del territorio antártico colonial.

Desde ese espacio Cabello de Balboa escribe su *Miscelánea*. Después de narrar las migraciones de los descendientes de Noé, el texto enfrenta todavía el problema de darle "forma y apostura" al territorio antártico primitivo y patriarcal. ¿Cómo imaginarlo coherentemente y representárselo así al lector para que, más allá de un espacio de tierra, de un significante, constituya una forma cargada de significado? ¿Cuál es la "geografía" de ese mundo antártico desde la Tierra Austral hasta los montes de Panamá?

La respuesta es un tropo —cartográfico y lingüístico— con el cual Cabello de Balboa consigue visualizar el continente sudamericano como "un corpulento y robusto Gigante acostado en el mundo sobre sus pechos" (1951, 192). Con este desplazamiento desde la geografía hacia la anatomía de un cuerpo monstruoso, Cabello de Balboa descubre la naturaleza de su espacio. En principio, este desplazamiento opera en el mismo nivel que la "geografía corporal" en la emblemática y los tratados nemotécnicos, en donde el cuerpo sirve como un espacio privilegiado para enlazar lo visible con lo legible[5]. En este sentido, el gigante monstruoso describe un mapa físico cuyos miembros, huesos y venas representan cordilleras, valles y ríos. Los pueblos bárbaros habitan las cavidades del gigante como parásitos en un cuerpo monstruoso.

En la cultura del Renacimiento —y desde la Antigüedad clásica— la imagen del hombre como un microcosmos era un lugar común. En tanto que creación divina, los hijos de Adán participaban de la perfección del cosmos, y las diferentes partes del cuerpo expresaban la variedad del universo. Sin embargo, esta diversidad quedaba regida por una voluntad (humana o divina) que le daba coherencia y unidad a todo el sistema corporal o cósmico[6]. Asimismo, en los tratados políticos del renacimiento era frecuente que la imagen del cuerpo huma-

---

[5] Rodríguez de la Flor 1995, 255. El mapa de América como un gigante recuerda también ciertas figuras retóricas clásicas, como la *prosopopeya*. En el tratado de retórica de Benito Arias Montano, *Tractatus de figuris rhetoricis*, hasta hace poco inédito, se da un ejemplo de prosopopeya en que Cicerón hace hablar a Sicilia. Arias Montano explica que la prosopopeya atribuye "a cosas inanimadas personalidad y palabra, como cuando inventamos que los países, ríos o algo de ese género hablan", y luego da la cita de Cicerón: "Si Sicilia toda hablase con una sola voz, diría esto: 'Todo el oro, la plata y las riquezas [...] que tenía tú me las robaste'" (1995, 143). Podemos preguntarnos qué diría el gigante monstruoso de Cabello de Balboa si pudiera levantarse de su reposo. En la figura llamada *somatopeya* se le atribuye cuerpo a una cosa incorpórea, como cuando se representa a la Justicia, la Paz, etc. (ibíd., 149).

[6] Véase el capítulo quinto, "The Human Microcosmos", en: Heninger (1977, 144-158) y el clásico libro de Rico (1970).

no, y las jerarquías entre sus partes, sirvieran para expresar las relaciones y problemas entre los diferentes miembros del cuerpo político[7]. El cuerpo humano —en su totalidad o en partes; en su superficie o en sus misteriosas cavidades e interioridades— constituye un lugar de significación primordial, vehículo de comunicación, objeto de deseo; y no sorprende que aparezca como símil y modelo de estructura para pensar y resolver diferentes problemas.

Sin embargo, merece especial atención el hecho de que Cabello de Balboa imagine el continente sudamericano como un "monstruo" o un deforme gigante que yace de pecho, decapitado por el estrecho de Magallanes, cuya cabeza mal peinada representa la Tierra Austral. Se trata de una forma que rompe con la armonía universal, y en la cual la misma separación del tronco y la cabeza cuestiona su carácter de "cuerpo". El texto emplea los adjetivos "degollado" y "destroncado" en la descripción de la "monstruosa figura", como si el territorio mismo hubiera sido víctima de una violencia titánica. En esta imagen reverbera, entre muchas otras cosas, la mítica época de los gigantes, tan cercana siempre a los primeros relatos sobre la Tierra del Fuego y la Patagonia[8].

En 1537 el cartógrafo Johann "Bucius" Putsch publicó un grabado del continente europeo como una virgen reina, *Europa Prima Pars Terrae in Forma Virginis*, cuya cabeza coronada por Carlos V dibujaba la forma de la Península ibérica y llevaba el rótulo de "Hispania". Este mapa de Europa con forma de mujer fue luego copiado y popularizado en la *Cosmographia* de Sebastian Münster y en el *Itinerarium Sacrae Scripturae* del alemán Heinrich Bünting (1587), libro de viajes según las sagradas escrituras, tema cercano al de la *Miscelánea*

---

[7] Véase, por ejemplo, el estudio de Archambault (1967, 26, 41, 53).

[8] También en la descripción de la costa ecuatorial, en la Provincia de Las Esmeraldas, Cabello de Balboa menciona un pasado poblado de gigantes: "y habiéndonos detenido en la Punta de Santa Elena, hasta haber curiosamente mirado y considerado las notables memorias que allí se ven de los robustos gigantes que allí habitaron en los siglos antiguos, nos hicimos a la vela" (1945, I, 32). El adjetivo "robusto" aparece aquí también antepuesto a "gigante", como en la descripción del mapa de América, lo que bien puede ser un lugar común o epíteto. Lo que debe señalarse es la compleja correspondencia entre un espacio imaginario —el mundo antártico— visto desde una perspectiva de cosmógrafo y la edad mítica de los gigantes. En su mapa verbal de América, aunque parece que Cabello de Balboa describe un territorio contemporáneo, la forma del gigante transporta a los lectores a otro lugar, marcado por la distancia temporal. Por otra parte, en varias crónicas escritas en el XVI se pueden leer las descripciones de los huesos de antiguos gigantes, supuestos pobladores del Perú (Busto 1977, 50).

antártica[9]. Es posible que Cabello de Balboa haya visto alguno de estos mapas de Europa, y que su conceptualización del mundo antártico como un gigante monstruoso sea, de alguna manera, una respuesta al orden y buena apostura de la reina virgen (véase ilustración 1, p. 286).

Conviene, por lo tanto, citar en extenso la descripción de este gigante postrado. No se trata aquí de ilustrar el cuerpo social ni sus jerarquías y gobiernos, sino de *informar* sobre un espacio que la *Miscelánea* ha hecho habitable desde épocas bíblicas, pero que aún no posee la estructura de una "casa" conocida, de un espacio domesticado:

> Resta ahora que con la más claridad (y brevedad) que nos fuere posible (en tanto que la parte del mundo que dijimos se acaba de henchir de gentes, y darnos materia que tratar), digamos de la forma y apostura en que el Soberano Criador la formó (a lo menos en la que nuestra nación la halla cuando pasó a ella). Y no hallo artificio para expresar esto mejor que imaginarla un corpulento y robusto Gigante acostado en el mundo sobre sus pechos, cuya disforme y mal peinada cabeza cae hasta en 55 grados de altura al Polo Antártico, y de esta cabeza degollado el cuello por los 52 y 2 [medio], que es lo que llamamos Estrecho de Magallanes, cuya longitud corre leste oeste. De este celebro (destroncado de su lugar) nace el grande y osudo espinazo que con mal parejos nudos va haciendo y formando la gran cordillera que el Sagrado Testo (según [Arias] Montano) llama Sephar, y los nuestros los Andes. El brazo izquierdo de este monstruo (que le cae a la parte de el Levante) lo tiene estendido, y en sus músculos y coyunturas escondidas infinitas naciones bárbaras, y son sus venas grandes y espaciosos ríos que desaguan en el gran Mar Océano. Todas las ijadas de este inmenso cuerpo (que caen al lado izquierdo) están humidísimas y montosas lavadas en el agua de el mar, y Río de la Plata Paraguai [...] Sus gruesas costillas son las cordilleras que de el ñudoso espinazo de su cordillera nacen, entre las cuales se hacen hondos y húmedos valles que con canales profundas llevan innumerable suma de agua a el Mar del Norte. Deja estender su pierna izquierda hacia el Septentrión, y de su rodilla hace el cabo de San Agustín (que de aquesta tierra es la parte más

---

[9] El libro de Bünting fue traducido al alemán, inglés, danés, sueco y holandés. No he visto la edición de la *Cosmographia* de Münster que lleva el mapa en cuestión, sino la edición de Basel de 1544, pero el mapa fue copiado con ligeras variantes en varios impresos. Véase el curioso libro de Tooley (1963) en donde se reproduce el mapa.

cercana a la de Africa), recoge su espinilla y de su corva le sale el caudaloso río Marañón (no sin causa llamado Mar Dulce), viene finalmente a rematar su pie en las asperezas de Caracas [...] Volviendo a tomar el hombro derecho de este corpulento Gigante que le cae a la parte de el Poniente, lo hallamos nevado y húmedo, interrumpido de muchas ensenadas y bahías que el mar hace en él, mas en comenzando a estender su brazo (el cual tiene menos apartado de sí que el izquierdo) se van mejorando sus cielos y suelos y abarca con sus molledos muchas naciones bárbaras y belicosas. Comienzan luego sus estendidas ijadas, con una sequedad tan intensa que pocas y raras veces le alcanza un rocío [...] y la infinita multitud de gente que en esta parte habita pereciera de hambre si el Soberano Proveedor no ordenara que de entre las costillas de el lado derecho de este monstruo [...] no desaguaran (haciendo grandes y fértiles valles) muy caudalosos ríos [...] La pierna de esta monstruosa figura, no va tan apartada como la oriental [...] si no corriendo de Norte a sur, sigue el rumbo con que el brazo se comenzó a partar del hombro y se va estendiendo hasta tener por su espinilla las grandes cordilleras de Caramanta y Encerna, en donde torciendo (por no quebrarse en ninguno de los dos mares) se mete por entre ambos tomando el nombre de Capira en la tierra firme de Castilla del Oro, dejando sus muslos, corvas y pantorrillas (y más partes de su pierna) pobladas de grandísima suma de naciones diferentes en lenguas, trajes y adoraciones, aunque muy ricas de oro [...] Su osudo espinazo, de la nuca desencasado por aquel estrecho, va corriendo de el Polo Antártico hacia el Ártico, haciendo grandes y encumbradas sierras de nieve[10].

Como en los mapamundis de la tradición cristiana medieval, el mapa de Cabello de Balboa tiene principalmente una función hermenéutica; es decir, en lugar de ofrecer información práctica sobre el espacio representado propone una interpretación del mundo[11]. En contraste con esos mapamundis ordenados por la figura de Cristo y la ciudad de Jerusalén, el monstruo decapitado de la *Miscelánea* ofrece una interpretación violenta y perturbadora. Si este mapa no sirve a los propósitos prácticos de la expansión y el imperio, la figura del monstruo sirve sí

---

[10] 1951, 192-194. Cito siempre la *Miscelánea antártica* por la edición de 1951, y me tomo la libertad de darle cierta regularidad a la puntuación y ortografía.

[11] Margarita Zamora en su libro *Reading Columbus* (1993) dedica un subcapítulo a discutir la diferencia entre los portolanes medievales, mapas que servían a los fines prácticos de los viajeros y el comercio, y los mapamundis cristianos, cuya función es hermenéutica (102-117).

para seguir la ruta de un viaje por un espacio y un tiempo trascendentes, propios de la geografía mítica del cristianismo. En este sentido, los mapas y las descripciones geográficas son siempre profundamente *cronotópicos*, es decir, que se componen inseparablemente de espacio-tiempo (Bajtín 1981b). La monstruosidad, en parte, refleja uno de los problemas centrales de la narrativa de Cabello de Balboa: ¿cómo conectar la geografía antártica —saturada de la temporalidad presente de la colonización del "Nuevo Mundo"— con el mundo mítico y el tiempo de los patriarcas bíblicos?

Por otro lado, la figura del cuerpo monstruoso no resuelve el problema de la "forma y apostura" del territorio antártico, sino que lo hace más complejo. Le da sí una forma, una corporeidad, visualiza un problema y una extensión y delimita y compone un territorio. Pero esa misma descripción pormenorizada del gigante evoca los tratados anatómicos y de disección, como las *Tabulae anatomicae* (1538) de Andreas Vesalius, y éstos a su vez se relacionan con el problema del control de los cuerpos en la época de los llamados "grandes descubrimientos". Peter Mason ha señalado la proximidad entre el discurso anatómico y la geografía del colonialismo europeo durante el Renacimiento (1992, 135). Los artistas grabadores de mapas y figuras humanas diseccionadas trabajaban las inquietantes similitudes entre colonialismo y anatomía, manifestando así los íntimos contactos entre ambas prácticas.

El traslado del imperio y sus tradiciones al mundo americano opera tanto en el espacio como en el tiempo. Los mapas, las descripciones geográficas y los topónimos crean siempre un referente espacial y temporal. Además, el colonialismo no sólo borra las relaciones que los pobladores nativos tienen con la tierra, cambiándole de nombre, negándoles su derecho a la posesión, sino que a la misma vez los desplaza en el tiempo, creando asincronías y anacronismos en la misma geografía.

El nombre del Perú

La formación del nombre del "Perú" y sus esquivas etimologías evocan otras palabras del vocabulario temprano de la expansión imperial, como "caribe", "cimarrón" o "baquiano", vocablos que condensan la experiencia colonial y se resisten a una etimología estable. La imposibilidad de fijar los orígenes del sentido de la palabra "Perú" ha motivado, desde el mismo siglo XVI, una larga historia de etimologías. Desde que el término se inventa y compite con otros, "Perú" parece un tropo del discurso colonial, un uso particular del lenguaje dentro de los géneros discursivos propios de la empresa de expansión, conquista y colonización. Pensar el "Perú" desde el adjetivo "antártico" nos permite recuperar las probables tradiciones impregnadas en este nombre. La importancia del adjetivo antártico a finales del XVI y principios del XVII nos permite ahora repensar los proyectos de formación de una cultura local a partir del traslado y resemantización de antiguas tradiciones y palabras del Viejo Mundo.

En principio, conviene recordar dos cosas: 1) que el nombre del Perú está asociado desde sus primeros usos a la imaginaria línea equinoccial y está, por lo tanto, vinculado a un saber cosmográfico más que a los accidentes geográficos visibles por los conquistadores[12]; y 2) que "Perú" (o "Pirú"), hasta donde sabemos, jamás fue un término autodescriptivo de ningún grupo étnico americano ni se usó como topónimo en ninguna lengua aborigen. Esta palabra vino a borrar diferencias y a reemplazar una multitud de nombres y de gentes detrás de otros nombres. En este sentido, despojar a los nativos de su propia adscripción étnica para hacerlos "indios peruanos" significa reinventarlos e inscribirlos en otras genealogías[13].

Antes de entrar a explicar los probables contactos de la palabra *Perú* con las tradiciones del mundo antártico, conviene revisar críticamente el trabajo de Raúl Porras Barrenechea sobre el nombre del Perú, publicado en 1951 en la revista *Mar del Sur*.

En su estudio, Porras repasa las diversas hipótesis sobre el origen del nombre, las cuales se pueden esquematizar en dos grandes grupos. El primero deriva el nombre del patriarca bíblico Ophir, como puede leerse en el humanista sevillano Arias Montano, y a partir de esa autoridad, en Cabello de Balboa, Gregorio García y Francisco Montesinos. El segundo grupo, más nutrido y heterogéneo, lo conforman todos aquellos autores que derivan Perú de alguna palabra

---

[12] En 1598 fray Luis Jerónimo de Oré escribe brevemente sobre la geografía del Perú: "Pues toda esta tierra comienza desde la línea equinoccial adelante hazia el mediodía" (1992, fol. 27v.).

[13] El uso del topónimo "Birú" en la *Relación* de Pascual de Andagoya debe leerse con cuidado. Andagoya escribe en 1542 su viaje de 1522, en el cual, según nos dice, navegó hacia el sur de Panamá y llegó a la "provincia que se dice Birú" (1971, fol. 277r.). El uso de este topónimo podría bien tratarse de una "reconstrucción" de Andagoya después de la conquista del Perú. M. Maticorena ha revelado un documento de 1523 en donde se lee "Pascual de Andagoya, que fue a la provincia del Perú..." (1979, 39). Por otra parte, no he encontrado ninguna mención en los textos del XVI o XVII de ningún pueblo con el nombre "Virú". La localidad que hoy lleva este nombre en la costa Norte del Perú parece haber recibido el topónimo a finales de la colonia. Este es un asunto que aún no he podido aclarar. Por otra parte, sobre la alternancia entre "Perú" y "Pirú", José Durand señaló que la forma más antigua en los escritos del Inca Garcilaso era "Perú" (véase Durand 1949). En general, los usos de "Pirú" antes del 1550 son muy escasos. En los primeros impresos europeos no castellanos sobre el Perú, así como en la primera cartografía, se usa invariablemente "Perú".

indígena, generalmente del río "Birú" o de una tribu o un cacique del mismo nombre, ubicados imprecisamente entre la zona del golfo de San Miguel, en la actual Panamá, o en la región ecuatorial. Los autores que proponen estas etimologías son López de Gómara, Fernández de Oviedo, Garcilaso y Martín de Murúa, entre otros.

No es mi intención entrar aquí en las filiaciones entre las diversas teorías sobre el nombre "Perú". El trabajo de Porras Barrenechea cumple ese objetivo. En cambio, quiero detenerme en el Inca Garcilaso, quien elabora su hipótesis en España hacia 1596 —época en que se llama por única vez "indio antártico"— y la publica en 1609 en sus *Comentarios reales*[14]. Garcilaso explica el nombre del Perú con una breve narración. Porras, preocupado por las esencias y la verdad, despacha el relato de Garcilaso calificándolo de "conseja infantil digna de figurar en los textos menores de historia" (1951, 18), sin advertir que esa "conseja" es una reflexión sobre el acto de nombrar en el contexto de la conquista.

Garcilaso cuenta el origen de la palabra Perú con una narración breve sobre el contacto entre los españoles y un indio, ocurrido más de diez años antes de la conquista de los territorios andinos. El Inca relata que ese primer indio tenía por nombre propio "Berú" y que en su lengua, hablada por los "indios bárbaros que habitan entre Panamá y Huayaquil" la palabra "Pelú" significaba río. Al ser capturado e interrogado por los españoles, Garcilaso especula que el indio habría contestado: "Si me preguntáis cómo me llamo, yo me digo Berú, y si me preguntáis dónde estava, digo que estava en el río" (1943, I, IV, 18).

La respuesta "estaba en el río" parece un sin sentido. Los españoles encuentran y capturan al indio justamente en la orilla del río, desde donde él miraba "abobado" el paso de una embarcación española, puesta allí como celada para capturarlo. Garcilaso se demora en la descripción de esta imagen primigenia entre Berú y sus captores:

> El indio, viendo en la mar una cosa tan estraña, nunca jamás vista en aquella costa, como era navegar un navío a todas velas, se admiró grandemente y quedó pasmado y abobado, imaginando qué pudiesse ser aquello que en la mar veía delante de sí. Y tanto se embeveció y enajenó en este pensamiento, que primero lo tuvieron abraçado los que le ivan a aprender que él los sintiesse llegar, y assí lo llevaron al navío con mucha fiesta y regozijo de todos ellos (ibíd.).

Esta presa humana, el primer indio "peruano" en el relato de Garcilaso, es un ser enajenado e incapaz de actuar ante la visión del barco. Su lenguaje se reduce

---

[14] Para la cronología de los escritos del Inca, véase Durand 1962.

a la repetición de su nombre propio y su lugar en la geografía, "Berú", "Pelú"; *yo, aquí*, como si enunciara esa relación entre el indio y la tierra que la conquista borra y desconoce. Se trata, sin duda, de la narración con la cual el Inca marca el origen impropio, ajeno y viciado del topónimo; pero también es una escena fundacional de la incomprensión y las asimetrías, como lo será después la de Atahualpa y el libro en la conquista de Cajamarca. El mismo Inca enfatiza esta peculiar situación comunicativa en su relato:

> el indio comprendía que le preguntavan, mas no entendía lo que le preguntavan, y a lo que entendió qué era el preguntarle, respondió a priessa (antes que le hiziessen algún mal) y nombró su propio nombre, diziendo Berú, y añadió otro y dixo Pelú [...] Los cristianos entendieron conforme a su desseo, imaginando que el indio les havía entendido y respondido a propósito, como si él y ellos huvieran hablado en castellano, y desde aquel tiempo [...] llamaron Perú aquel riquíssimo y grande imperio, corrompiendo ambos nombres, como corrompen los españoles casi todos los vocablos que toman del lenguaje de los indios de aquella tierra (ibíd.).

Es decir, en el origen del nombre "Perú", Garcilaso ve un indio, físicamente reducido y mentalmente enajenado, quien ofrece con su lengua la materia sonora que los españoles transforman en una palabra de la conquista, borrando el *yo* y el *aquí* del indígena. Esta escena pone en primer plano el uso colonizador del acto de nombrar, lo desnuda para exponer el lugar y el cuerpo violentado y la mente enajenada del indio.

Volviendo al estudio de Porras Barrenechea, lo más novedoso de su trabajo reside en el rastreo documental de la palabra "Perú" entre los papeles relacionados a la Armada del Levante. Este era el nombre oficial en Panamá de la expedición descubridora de Pizarro y Almagro. La región por conquistar se denominaba oficialmente entre 1524 y 1527, no sin misterio, "la costa del levante".

En los documentos del primer viaje de Pizarro, realizado entre 1524 y 1525, no se menciona nunca el nombre "Perú". En cambio, aparece por primera vez hacia 1527, en las declaraciones hechas en Panamá por los soldados desertores del segundo viaje de descubrimiento. Porras encuentra en la mirada de estos soldados el origen del topónimo. La escena inicial del nombre —y de alguna manera la esencia de lo peruano para Porras— le pertenece al "pueblo de la conquista", según llama Porras a los soldados asentados en Panamá que escuchaban y veían las desventuras de los primeros viajes del "carnicero" Pizarro. Escribe Porras:

Frente a la vaguedad del nombre oficial [la armada del levante], surge entre los vecinos de Panamá, los soldados desertores de la empresa, el mote burlesco de "los del Perú", aplicados a los que iban llevados por el recogedor Almagro a morir en el marasmo del trópico, en manos del carnicero Pizarro (1951, 38).

La hipótesis de Porras no está exenta de un profundo contenido narrativo. Puede leerse como un relato en su forma mínima, en la cual los soldados picarescos y la atmósfera colonial recuerdan las tradiciones decimonónicas de Ricardo Palma. Porras opone o inserta en el mismo origen de la conquista y del nombre una mirada burlesca y una nota de humor, quizá conciliatorio. Al final de su exploración documental, Porras concluye que "Perú" no es "palabra quechua ni caribe, sino indo-hispana o mestiza" (ibíd., 39). La población indígena aporta un vago referente material —un indio, un río, un pueblo—, y el ingenio popular de la soldadesca lo modela y le da el espíritu. En cambio, en el relato del Inca Garcilaso el gesto de nombrar aparece como una usurpación del nombre propio, un acto de violencia física y corrupción lingüística.

Quizá toda especulación etimológica supone una narración. No es posible imaginar el origen de una palabra sino dentro de un relato, como parte de una circunstancia de comunicación o incomunicación. En el caso de la formación de un nombre que designa a un grupo humano, el relato etimológico puede adquirir el peso de una narración fundacional, de un mito que como un modelo en miniatura representa al objeto referido.

Frente a estos dos relatos de Garcilaso y Porras, propongo uno que asuma la incertidumbre del origen. No busco la esencia en el nombre "Perú", sino la evocación, la inestabilidad, la multiplicidad de tradiciones y posibilidades. El éxito de la palabra "Perú" en la imaginación europea no puede explicarse por un significado fijo, sino por su apertura, capacidad evocativa y poder de construcción del mundo. Al mismo tiempo, la población indígena se rehusaba a usarla (Garcilaso 1943, I, V, 19). Para ellos el término "Perú" representaba el vocabulario de la invasión, su violencia y allanamiento de las complejidades del mundo que ocupaba.

Podemos suponer que los avances de la conquista por los territorios americanos se hacían sobre la base de un muy heterogéneo arreglo de textos, desde informaciones orales de españoles e indígenas (con toda la incomprensión inherente en estos probables "diálogos"), relaciones manuscritas por otros conquistadores, portolanes y mapas dibujados en los dos lados del Atlántico, hasta impresos variados que pudieran ofrecer alguna información sobre el arte de navegar u otras geografías. Y también otros libros, como cosmografías y textos religiosos que pudieran ordenar el espacio y darle sentido en un relato mayor.

Es importante destacar el papel del libro y del mapa impreso en la imaginación de los nuevos espacios descubiertos por los europeos en América. Si bien la historia de la humanidad está llena de experiencias coloniales, la del siglo XVI es la primera en la que la letra impresa acompañó a las armas europeas. Dentro de los libros que acompañaron a la conquista, conviene señalar que durante las primeras décadas del siglo XVI, las cosmografías anteriores a los descubrimientos estaban en plena vigencia, lo cual puede notarse, por ejemplo, en la numerosa cantidad de ediciones de los *Comentarios* de Macrobio al *Sueño* de Cicerón, texto escrito en el siglo V[15].

El *Comentario al Sueño de Escipión* de Macrobio es una detallada exégesis del texto de Cicerón, a partir del cual Macrobio despliega todo su conocimiento cosmográfico. Cicerón relata el viaje en sueños de Escipión hasta las regiones celestiales de los muertos para visitar a su abuelo adoptivo, Escipión el Viejo, llamado también el Africano. Desde esa posición excepcional y omnisciente, el joven Escipión observa obsesivo la esfera terrestre, mientras su abuelo lo invita a contemplar las estrellas y a escuchar la música de las esferas. El texto se estructura desde esta tensión entre la armonía y plenitud del lugar que habita el Viejo y los deseos imperiales del joven; entre el mito y la historia.

El joven Escipión, desde las alturas, no puede sino mirar la Tierra y pensar en términos políticos. Su abuelo lo invita a contemplar el espectáculo de las esferas, pero él ve la pequeñez del planeta y la insignificancia del mismo imperio romano[16].

Cicerón inscribe su breve discurso cosmográfico en una reflexión sobre la intrascendencia de la fama terrestre, de la pequeñez de lo humano, en oposición a la gloria de la vida eterna. La Tierra, con su espacio y tiempo concretos, en nada se compara al lugar de la totalidad desde donde todo se observa. La extensión de la fama en la Tierra está no sólo limitada por el espacio habitable —una cuarta parte de su superficie, en las dos zonas temperadas e incomunicables entre sí—, sino a la linealidad del tiempo. Como recuerda el viejo Escipión, no hay fama que pueda alcanzar al pasado (Cicerón 1990, VII, [2], 75).

---

[15] La obra de Macrobio *Comentarius ex Ciceronis in Somnium Scipionis* fue escrita probablemente hacia el año 430 d.C. Los manuscritos más notables son los que se conservan en París y el Escorial. Véase la introducción de Stahl a su edición y traducción (1990, 3-65).

[16] En el texto latino se lee: "iam vero ipsa terra ita mihi parva vista est, ut me imperii nostri, quo quasi punctum eius attingimus, paeniteret" (Cicerón 1989, 22s.). En su excelente edición y traducción inglesa de los *Comentarios* de Macrobio, Stahl incluye también el texto de Cicerón. Stahl traduce: "From here the Earth appeared so small that I was ashamed of our empire, which is, so to speak, but a point on its surface" (Stahl 1990, III, [7], 72). He utilizado preferentemente la edición de Stahl para los textos de Cicerón y Macrobio.

La palabra "antártico", dicha o silenciada, va cobrando forma en estos textos que conjeturan sobre las zonas opuestas y no conocidas de la tierra. Cuando, en efecto, las navegaciones portuguesas y españolas del siglo XV y XVI exploren y hagan la guerra en los territorios del hemisferio sur, las regiones antárticas —tantas veces previstas— salen a flote desde ese mundo antiguo. Pero no emergen limpias, sino cargadas de limo y relatos diversos acumulados por siglos.

Macrobio describe la Tierra como una esfera con cuatro grandes masas insulares. Europa, Asia y el Norte de África, es decir, todo el Viejo Mundo ocupa sólo una de estas regiones. Las otras tres grandes islas son conjeturales y corresponden a un arreglo de simetrías y opuestos en el polo ártico y antártico de la esfera terrestre. En los mapas que acompañan los impresos de los *Comentarios* de Macrobio, la tierra se divide además en zonas climáticas, separadas en zonas habitables o temperadas al norte y sur del mundo; y una zona tórrida, llamada "perusta", que como una faja ardiente recorre ambos lados de la línea ecuatorial (véanse los varios facsímiles en Sanz 1966).

Se ha señalado que la imagen que presenta Macrobio de las zonas habitables de la tierra influyó en la expansión europea desde el siglo XV, e inclusive puede suponerse que Cristóbal Colón la haya tenido en cuenta al trazar la ruta de su primer viaje (Stahl 1942, 252). Al mismo tiempo, como es sabido, los nuevos descubrimientos geográficos producían también nuevas lecturas y miradas de los textos clásicos.

Una mirada oblicua en los mapas impresos de Macrobio puede leer fácilmente el nombre del Perú. Oblicua en más de un sentido: se trataría probablemente de una mirada de soldado a principios del XVI, de un lector incompetente en latín, de alguien que lee el mapa de Macrobio fuera de contexto y que quizá ve el libro con el aura de un objeto sagrado. Pero también puede ser la mirada del erudito que reconoce el "perú" como una cifra secreta dentro de una palabra latina y ve en él un signo más que anuncia y legitima la expansión europea.

La palabra "Perú" está y no está en el mapa. En sentido estricto, no es "perú", sino la voz latina "perusta" la que aparece como nombrando la zona ecuatorial de un hipotético continente antártico. "Perusta", derivado del verbo "peruro", significa literalmente quemado, consumido por el fuego. En otras palabras, la "zona perusta" es la región inhabitable por excelencia, la tierra árida, yerma, arrasada por el calor.

Los *Comentarios* de Macrobio al *Sueño* de Cicerón, se imprimieron y publicaron con mapas al menos en 12 ediciones entre 1483 y 1550. Estos mapas seguían, con algunas variantes, las ilustraciones de los manuscritos medievales de los *Comentarios*. En los impresos de los siglos XV y XVI, los mapas tienen siempre una forma circular y muestran las zonas climáticas del mundo: *frigida, temperata*, *perusta* (tórrida); y *perusta*, *temperata* y *frigida*, desde el polo ártico al antártico. Además, los mapas dibujan dos grandes islas o masas continentales divididas por un océano intermedio. Los territorios habitables corresponden a las zonas templadas de estas islas. Como ya se ha señalado, la esfera terrestre, sostiene Macrobio, está dividida en cuatro grandes islas opuestas y equidistantes entre sí. Los mapas impresos sólo muestran dos de estas islas: una de ellas corresponde al Viejo Mundo (Europa, Asia y el Norte de África) y la otra, a la tierra ignota del sur.

Las ediciones impresas de los *Comentarios* de Macrobio pudieron haber ejercido una influencia profunda, más allá de Cristóbal Colón, aunque no siempre visible, en la expansión europea durante la época de los llamados "grandes descubrimientos"[17]. Los comentarios, escritos en latín y no traducidos en lenguas modernas hasta el siglo XIX, se leerían preferentemente entre académicos, eruditos y en los talleres cosmográficos del siglo XVI. En cambio, los mapas pudieron muy bien fascinar la mirada de distintos personajes letrados y no letrados, soldados que desconocían el latín y poseían una relación indirecta con la cultura del libro. Los mapas de Macrobio debieron "leerse" muchas veces descontextualizados, ajenos a los comentarios, impregnados del aura nueva del libro impreso, como imágenes que, en efecto, desde el cielo dictaban las formas ocultas de las tierras del sur del mundo: las regiones antárticas.

Desde 1483, cuando se edita en Brescia el primer impreso de Macrobio ilustrado con el mapamundi, hasta 1527, año en que la palabra "Perú" asoma en los documentos panameños estudiados por Porras, existen por lo menos diez ediciones de Macrobio con el mapa. Desde nuestra perspectiva, la variante más notable entre estos grabados es la disposición visual de la palabra "perusta", la cual se separa y segmenta sobre el espacio de un hipotético continente del sur: "peru-sta". Así, por ejemplo, la edición florentina de 1515 bien pudo servir en Panamá para trasladar la zona "perusta" del mundo antártico hasta las tierras que se iban descubriendo al sur de la línea ecuatorial (véase ilustración 2, p. 287). La mirada oblicua que lee "perú" donde se ha grabado "perusta" —como una palabra intencionalmente rota— reconoce quizá una tierra al sur que empieza a llamarse con ese nombre.

---

[17] Sanz lista 39 ediciones del *Comentario* publicadas entre 1472 y 1607, de las cuales al menos quince llevan un mapa impreso. Este "famosísimo mapa del mundo", señala Sanz, "sin duda alguna debió repercutir en el desarrollo, y tal vez en la propia iniciación de los grandes descubrimientos transoceánicos que cronológicamente coinciden con la máxima expansión de este libro precioso del que no sabemos que haya sido traducido aún a nuestra lengua castellana" (1966, 13).

Finalmente, creo que en esa forma particular de leer la tradición del Viejo Mundo, para adaptarla a la experiencia concreta de la vida americana, podemos situar la formación de la cultura colonial, desde el punto de vista del grupo social dominante. Se trata de una cultura ejercida por un grupo de españoles y criollos asentados en América, atentos a las tradiciones más prestigiosas del imperio y, al mismo tiempo, interesados en la naturaleza y las costumbres del "Nuevo Mundo". De alguna manera, lo que llamamos "Hispanoamérica" puede así pensarse como una forma de leer y producir textos, desde un lugar excéntrico y con una mirada doble.

Bibliografía

Acosta, Joseph de. 1940 [1590]. *Historia natural y moral de las Indias*. Estudio prelimiar de Edmundo O'Gorman. México: Fondo de Cultura Económica.

Andagoya, Pascual de. 1971. *Relación mui circunstanciada de los sucesos de Pedrarias Dávila en el Reino de Tierra Firme o castilla del Oro*. En: Martín Fernández de Navarrete. *Colección de documentos y manuscriptos compilados por Fernández de Navarrete*. Edición facsimilar. Prólogo de Julio Guillén Tato. Vol. 13. Nendeln, Liechtenstein: Kraus-Thomson, 277-325.

Andrews, K. H. 1984. Drake and South America. En: Trower, 49-59.

Archambault, Paul. 1967. The Analogy of the Body in Renaissance Political Literature. En: *Bibliothèque d'Humanisme et Renaissance* 29, 21-53.

Arias Montano, Benito. 1995. *Tractatus de figuris rhetoricis, cum exempli ex sacra scriptura petitis*. Edición y traducción de Luis Gómez Canseco y Miguel A. Márquez. Huelva: Universidad.

Bajtín [Bakhtin], Mikhail. 1981a. Epic and novel. En: íd. *The Dialogic Imagination*. Traducción de Caryl Emerson y Michael Holquist. Austin: University of Texas Press, 3-40.

—. 1981b. Forms of Time and of the Chronotope in the Novel. En: íd. 1981a, 85-258.

Busto Duturburu, José Antonio del. 1977. *Historia marítima del Perú. Siglo XVI - historia interna*. Lima: Instituto de Estudios Histórico-Marítimos del Perú, t. III, vol. 1.

Cabello de Balboa, Miguel. 1951 [1586]. *Miscelánea antártica*. Introducción de Luis E. Valcárcel. Lima: Universidad Nacional Mayor de San Marcos (Instituto de Etnología).

—.1945 [*ca*.1589]. *Verdadera descripción y relación de la Provincia y Tierra de las Esmeraldas*. En: íd. *Obras*. Introducción de Jacinto Jijón y Caamaño. Vol. I. Quito: Editorial Ecuatoriana.

Cicerón, Marco Tulio. 1989. *Somnium Scipionis*. Texto, introducción y notas de Oscar Velásquez. Santiago de Chile: Pontificia Universidad Católica de Chile.

—. 1990. *Scipio's Dream [Somnium Scipionis]*. En: Macrobio, 69-77.

Durand, José.1949. Dos notas sobre el Inca Garcilaso. En: *Nueva Revista de Filología Hispánica* 3, 3, 278-290.

—. 1962. El proceso de redacción de las obras del Inca Garcilaso. En: *Annales de la Faculté des Lettres et Sciences Humaines d'Aix* 36, 247-266.

Ercilla y Zúñiga, Alonso de. 1993. *La Araucana*. Edición e introducción de Isaías Lerner. 2 vols. Madrid: Cátedra.

Firbas, Paul. 2000. Escribir en los confines: épica colonial y mundo antártico. En: José Antonio Mazzotti (ed.). *Agencias criollas. La ambigüedad colonial en las letras hispanoamericanas*. Pittsburgh: Instituto Internacional de Literatura Iberoamericana, 191-213.

—. 2001. *Escribir en los confines: poesía épica y espacio colonial. Estudio y edición de Armas antárticas de Juan de Miramontes Zuázola*. 3 vols. Tesis de doctorado inédita, Princeton University.

García Calderón, Ventura (ed.). 1938. *Los místicos. De Hojeda a Valdés*. París: Desclée de Brouwer (Biblioteca de cultura peruana, 7), 45-83.

Garcilaso de la Vega, Inca. 1943 [1609]. *Comentarios reales*. Edición de Ángel Rosenblat. 2 tomos. Buenos Aires: Emecé.

—. 1951 [1596]. *Relación de la descendencia de Garci Pérez de Vargas*. Edición de Raúl Porras Barrenechea. Lima: Instituto de Historia.

Hakluyt, Richard. 1935. *The Original Writings and Correspondence of the Two Richard Hakluyts*. Introducción y notas de E. G. R. Taylor. 2 vols. London: Hakluyt Society.

Heninger, S. K. Jr. 1977. *The Cosmographical Glass. Renaissance Diagrams of the Universe*. San Marino, Calif.: The Huntington Library.

Macrobio, Ambrosio Aurelio Teodoso. 1990. *Commentary on the Dream of Scipio*. Traducción, introducción y notas de William Harris Stahl. New York: Columbia University Press.

Mason, Peter. 1992. La lección anatómica: violencia colonial y complicidad textual. En: Sonia Rose de Fuggle (ed.). *Discurso hispanoamericano colonial*. Número monográfico de *Foro hispánico* 4, 131-155.

Mexía y Fernangil, Diego de. 1990 [1608]. *Primera parte del Parnaso antártico, de obras amatorias*. Edición facsimilar e introducción de Trinidad Barrera. Roma: Bulzoni.

Münster, Sebastian. 1540. *Cosmographia*. Basel: Heinrich Petri.

Oré, Luis Jerónimo de. 1992 [1598]. *Symbolo catholico indiano*. Edición facsimilar de Antonine Tibesar. Lima: Australis.

Parks, George B. ²1961 [1928]. *Richard Hakluyt and the English Voyages*. Introducción de James A. Williamson. New York: Frederick Ungar Publishing Co.

Parry, John H. 1984. Drake and the World Encompassed. En: Trower, 1-11.

Porras Barrenechea, Raúl. 1951. El nombre del Perú. En: *Mar del Sur* 6, 18, 2-39. [Después reeditado en 1968 como libro: *El nombre del Perú*. Lima: Talleres gráficos Villanueva.]

Quinn, David B. 1984. Early Accounts of the Famous Voyage. En: Trower, 33-48.

Rico, Francisco. 1970. *El pequeño mundo del hombre. Varia fortuna de una idea en las letras españolas*. Madrid: Castalia.

Rodríguez de la Flor, Fernando. 1995. *Emblemas: lecturas de la imagen simbólica*. Madrid: Alianza.

Rose, Sonia V. 2000. Una historia de linajes a la morisca: los amores de Quilaco y Curicuillor en la *Miscelánea antártica* de Cabello Valboa. En: Karl Kohut; íd. (eds.). *La formación de la cultura virreinal. I. Etapa inicial*. Frankfurt/Madrid: Vervuert/Iberoamericana, 189-212.

Sanz, Carlos. 1966. *El primer mapa del mundo con la representación de los dos hemisferios, concebido por Macrobio. Estudio crítico y bibliográfico de su evolución*. Madrid: Imprenta Aguirre.

Skelton, R. A. 1974. Hakluyt's Maps. En: David B. Quinn (ed.). *The Hakluyt Handbook*. Vol. 1. London: The Hakluyt Society, 48-73.

Stahl, William Harris. 1942. Astronomy and Geography in Macrobius. En: *Transactions and Proceedings of the American Philological Society* 35, 232-258.

—. 1990. Introducción. Véase Macrobio, 3-65.

Tauro, Alberto. 1948. *Esquividad y gloria de la Academia Antártica*. Lima: Huascarán.

Tooley, Ronald V. 1963. *Cosmographical Oddities or Curious, Ingenious, and Imaginary Maps and Miscelaneous Plates Published in Atlases*. London: Map Collector's Circle.

Trower, Norman J. W. 1984. *Sir Francis Drake and the Famous Voyage, 1577-1580*. Berkeley: University of California Press.

Wallis, Helen. 1984. The Cartography of Drake's Voyage. En: Trower, 121-163.

Zamora, Margarita. 1993. *Reading Columbus*. Berkeley: University of California Press.

Ilustración 1: Mapa de Europa por Sebastian Münster, Basel 1580. El diseño original es de Johann Bucius, 1537. Este mapa de Europa fue reproducido en varias ediciones de la *Cosmographia* de Münster, en 1588, 1592, 1598, 1614 y 1628 (Tooley 1963, 7). (Tomo el grabado de Tooley 1963, ilustración V).

Ilustración 2: Mapa de Macrobio, *Comentarius ex Ciceronis in Somnium Scipionis*, edición de Florencia, 1515. La misma disposición de la palabra "perv-s-ta" aparece en las ediciones de Venecia 1500 y 1513. (Tomo la reproducción de Sanz 1966, 53).

América y otras alegorías indianas en el ámbito colonial del siglo XVII: del arte efímero al teatro

Miguel Zugasti

Este trabajo se concibe como prolongación de otro anterior donde estudié la alegoría de América en el teatro barroco español hasta Calderón de la Barca (Zugasti 1998a). La recepción y adaptación en la colonia de los elementos alegórico-emblemáticos que a ella misma identifican se hizo —como en tantos otros ámbitos— a partir de los modelos propuestos en la metrópoli. Esto es, la idea de América y lo americano, su plasmación en el arte y la literatura, se codificó inicialmente en Europa, bien que a partir de gérmenes de información que llegaban de la mano de los primeros viajeros o cronistas. Tal idea se someterá luego a un proceso de fosilización o fijación de un estereotipo que irá asimilándose por la mentalidad occidental a lo largo de los siglos XVI y XVII. Segundas, terceras o cuartas generaciones de navegantes se encargarán de cerrar el círculo, implantando en América el modelo del nuevo continente que previamente llevaban aprendido desde Europa.

Explicar por tanto cómo los europeos configuraron en su mentalidad colectiva la naciente realidad americana, equivale a explicar cómo esta idea fue trasplantada sin solución de continuidad al espacio de la colonia. Para resumir este proceso me sirvo de algunos asertos ya expuestos en mi trabajo citado, que reproduzco a modo de pórtico introductorio al ulterior abordaje de algunas arquitecturas efímeras y textos dramáticos del Barroco hispanoamericano que incluyen diversas alegorías, bien de América como nuevo continente, o bien de lugares señeros como pueden ser Lima o México.

1. América en la geografía y la cartografía del siglo XVI

El exitoso viaje de Colón en octubre de 1492 abría las puertas a un mundo hasta entonces desconocido, a la vez que creaba el problema de su interpretación. Al hecho físico del descubrimiento, tal y como señala O'Gorman, le siguió un demorado proceso mental de asunción de la América recién entrevista, con lo que el pensamiento occidental tuvo que inventarse un concepto del Nuevo Mundo, aceptar el sitio de América en la configuración del cosmos (O'Gorman 1951 y 1993; Abellán 1972).

El problema se planteaba en primer lugar para los cartógrafos y geógrafos: ¿la tierra que Colón había pisado era la costa oriental de Asia (el *orbis terrarum* de que hablaba Marco Polo), o era una tierra distinta? Hoy sabemos que el Almirante murió convencido de la primera posibilidad, pero no tardaron en alzarse algunas voces críticas. El humanista italiano Pedro Mártir de Anglería, en carta del primero de octubre de 1493 dirigida al arzobispo de Braga, ya plantea sus dudas (1953-1954, carta 135), pues por la magnitud de la esfera terrestre le parece imposible que la costa asiática esté tan cerca de la española. Un mes más tarde, en carta al cardenal Ascanio Sforza, insiste en sus reparos al convencimiento de Colón y acuña la expresión *novus orbis* (ibíd., carta 138: "Colunus ille novi orbis repertor") como la definición más adecuada para algo ignoto, de lo que no se tiene constancia sino sólo frágiles indicios. Años después, en sus *Décadas*, se reafirma en tales sospechas y utiliza ya con mayúsculas el nombre del Nuevo Mundo (el título completo es: *De Orbe Novo Decades*, Alcalá de Henares, Arnaldi Guillelmi, 1516, que incluye tres décadas; y *De Orbe Novo*, Alcalá de Henares, Michaelis de Eguia, 1530, con las definitivas ocho décadas)[1].

Pero la hipótesis de Colón gozaba de muchos adeptos, y entre ellos la corona española, aunque ésta nunca dejó de planteársela como tal hipótesis y por consiguiente no se opuso a otras teorías. En el mapa levantado por Juan de la Cosa en 1500 ya consta por primera vez el Nuevo Mundo, si bien no deja de ser una prolongación de Asia. También Andrés Bernáldez y Alonso de Santa Cruz se mostraban convencidos de que habían llegado a Asia. El propio Américo Vespucio inició su tercera navegación en mayo de 1501 creyendo que la tierra entrevista era el litoral asiático, pero al intentar bordearlo por el sur para saltar al océano Índico (quería, pues, dar la vuelta al globo y regresar por el Índico siguiendo las noticias dadas por Marco Polo) se topó con que la costa se prolongaba más de lo esperado y llegaba a las regiones antárticas sin dar con el anhelado paso. A su regreso, en septiembre de 1502, medita sobre este particular y escribe varias cartas, entre ellas la llamada *El Nuevo Mundo* (¿de 1503?), donde afirma que es lícito calificar de Nuevo Mundo a las tierras por él exploradas, pues queda demostrado que en el hemisferio sur hay tierra y no sólo agua[2]. Tierra habitada incluso por más gentes y animales de los que hasta entonces se tenían noticias en Europa, Asia o África. Poco después, el cuatro de septiembre

---

[1] No obstante, el texto fijo o "canónico" mayoritariamente manejado por la comunidad científica es el de la esmerada edición de Richard Hakluyt, *De Orbe Novo Petri Martyris Anglerii Mediolanensis, Protonotarij, et Caroli quinti Senatoris Decades octo, diligenti temporum obseruatione, et utilissimis annotationibus illustratae, suoque nitori restitutae, labore et industria Richardi Hakluyti Oxoniensis Angli*, París, Guillermo Avvrey, 1587. De aquí proceden las traducciones a las lenguas modernas.

[2] Vespucio 1985, 55s.: "Días pasados muy ampliamente te escribí sobre mi vuelta de aquellos nuevos países [...], los cuales Nuevo Mundo nos es lícito llamar, porque en tiempo de nuestros mayores de ninguno de aquéllos se tuvo conocimiento".

de 1504, redacta su famosa *Lettera* (también conocida en su versión latina como las *Quatuor Americi Vesputti navigationes*) donde se concibe ya la idea de las tierras halladas como una entidad geográfica separada y distinta de Asia (Vespucio 1985, 71-115).

Esta idea se propaga (con lógicos altibajos y marchas hacia atrás) por casi toda Europa, tardando bastante más en asentarse en España[3]. En 1507 Martin Waldseemüller levanta un mapamundi donde —según la tesis de Vespucio— se aprecian las nuevas tierras como la cuarta parte del mundo, y ya se asigna el nombre de América a la zona meridional. Además la academia de Saint-Dié (Estrasburgo) acompaña la publicación de este celebérrimo mapamundi con un folleto titulado *Cosmographiae Introductio*, defendiendo la existencia de una cuarta parte del mundo que podría llamarse América en honor al sagaz Américo Vespucio. Otros estudiosos prosiguen por la misma vía: el mapamundi de Gerhard Mercator de 1538 supone el definitivo afianzamiento de estas posiciones; en la *Geografía* de Tolomeo de 1541 se añade América al final de la *Tabula Orbis*; en el simbólico *Itinerarium Sacrae Scripturae* de Heinrich Bünting, de 1582, aparecen las clásicas tres partes del mundo completando sendas hojas de un trébol, con Jerusalén en el centro y América como una zona nueva que surge tímidamente en el ángulo inferior izquierdo del mapa[4], etc. Se estaba demarcando con esto una tierra específica, independiente del resto y con nombre propio. Asistimos al nacimiento de la idea de América, a su visualización y nominación; empieza a emerger lo que O'Gorman llama "la invención de América".

---

[3] Citaré apenas un par de ejemplos: Martín Fernández de Enciso publica en 1519 la *Suma de geografía que trata de todas las partidas e provincias del mundo* (Sevilla, Jacobo Cromberger), donde abunda en detalles sobre las Indias, aunque permanece apegado a la antigua tripartición del mundo. Alonso de Santa Cruz, en el manuscrito de su *Islario general* (hacia 1540), dibuja el Nuevo Mundo como una gran isla, pero sin otorgarle la entidad de un nuevo continente, aferrado también a la idea medieval de la tripartición del planeta. Por otro lado, a la altura de 1535 las sospechas de Pedro Mártir ya habían prendido en Gonzalo Fernández de Oviedo, que era de la opinión de que las Indias estaban separadas de Asia. Ver su *Historia General y Natural de las Indias*, primera parte, proemio al libro I (1959, 7): "Quiero significar y dar a entender por verdadera cosmografía, que aquí yo no tracto de aquestas Indias que he dicho [las Indias Orientales], sino de las Indias, islas e tierra firme del mar Océano, que agora está actualmente debajo del imperio de la corona real de Castilla".

[4] Agradezco muy sinceramente a mis colegas Monique Mustapha y Louise Bénat-Tachot el aviso de la existencia de este mapa, así como el haberme proporcionado una copia a color del mismo reproducida por la Biblioteca Nacional de París en 1992, donde se halla el original (Rés. fol. 0^2 f 972, p. 4s.).

2. Primeras alegorías de América en el arte europeo: las cuatro partes del orbe

En un proceso paralelo al de la difusión y aceptación de la voz *América*, se va gestando en Europa una imagen simbólica de dicha tierra que perdurará durante siglos y de la cual hoy somos herederos. Los artistas del Renacimiento (de modo especial los manieristas flamencos y florentinos) comienzan a construir un paradigma iconológico de América que desembocará en la formulación de una alegoría muy concreta, formulación que sigue los pasos habituales de cualquiera de las frecuentes alegoresis mitológicas del siglo XVI. A grandes rasgos el simbolismo alegórico se basa en la figura de una mujer desnuda, joven, con atributos guerreros que pueden ser de tradición clásica (aljaba, flechas) o bien creados a partir de las descripciones de exploradores y navegantes (plumas, un caimán a los pies, clava brasileña, etc.).

Las escuelas pictóricas de Florencia y Amberes se apropian de inmediato de esta imagen y la extienden al campo de la ilustración. Cuadros y grabados salidos de las manos de Vasari, Zucchi o Stradano van fijando en la retina de los occidentales las primigenias estampas del nuevo continente. Antei aporta un testimonio temprano de este hecho en el pujante Renacimiento italiano, donde: "una de las primeras personificaciones de la *occidental terra ferma* integró el aparato para las bodas de Cosimo de' Medici con Eleonora de Toledo, celebradas el 29 de junio de 1539"[5]. Algo después, en 1556, en las bodas del príncipe Francisco de Toscana con Juana de Austria, también en Florencia, se asigna ya con derecho propio el nombre de América a la tierra descubierta[6]. En Amberes, a la altura de 1564, se monta un *tableau vivant* con el motivo del *theatrum mundi*, donde salen cuatro emperatrices que representan a Europa, Asia, África y América (Williams 1975, 352s.; Sebastián 1992, 16).

Se observará por tanto que la divulgación del término *América* corre parejas con la configuración y expansión de su propia imagen alegórica. El siguiente paso fue la asociación, por contigüidad, de tal alegoría con las muy conocidas de

---

[5] Antei 1988, 176, nota 3, donde remite a la *Lettera di M. Pier Francesco Giambullari, al molto Magnifico M. Giovanni Bandini*, Florencia, 1539, aparecida en *Il Commodo*. Véase también Antei 1989.

[6] Giorgio Vasari en su obra *Le vite de' più eccellenti pittori, scultori, et architettori* (Florencia, 1568), hace una *Descrizione dell'apparato per le nozze del principe D. Francesco di Toscana*, donde refiriéndose a una de las telas que decoraban el acto comenta: "Eravi ancora nelle navigazioni il peritissimo e fortunatissimo Amerigo Vespucci, poiché sì gran parte del mondo per essere stata da lui ritrovata ritiene per lui il nome di Ameriga" (en: Antei 1988, 186).

las otras tres partes del mundo (Europa, África y Asia), generándose el prototipo iconográfico de las cuatro partes del orbe. Una ajustada representación de este cuaternario —y sin duda alguna la que mayor difusión alcanzó en el Barroco— se halla en la *Iconología* de Cesare Ripa[7]. Los cuatro continentes aparecen siempre bajo figuras femeninas:

— Europa es la primera, principal y dominadora del mundo. Está sentada sobre dos cornucopias, con una corona regia en la cabeza y varios cetros y coronas a sus pies. Posee un caballo, armas, instrumentos musicales y una lechuza sobre un libro, todo lo cual muestra su supremacía en las armas, letras y artes liberales. En su diestra sostiene un templo, simbolizando que en ella radica la verdadera religión. A veces se sigue la versión mitológica del rapto de Júpiter y está montada sobre un toro.

— Asia se dibuja con una corona trenzada de flores y frutos, vestida con rico traje y joyas, portando en una mano un ramillete de especias y en la otra un humeante incensario. A su lado suele ponerse un camello.

— África se representa mediante una mujer negra y desnuda (por no ser tierra rica), de cabello rizado, con collar y pendientes de corales según uso de sus habitantes. En su diestra porta una cornucopia repleta de espigas, semejando su fertilidad frumentaria. Junto a ella un león y varias serpientes, además de un escorpión en la mano izquierda, recordando la gran cantidad de fieras que la habitan.

— América es de piel oscura y está asimismo desnuda, según usanza de sus aborígenes. Es de rostro fiero, con el cabello largo y esparcido, llevando sobre la cabeza un ornamento de plumas de colores. En las manos porta arco, flechas y un carcaj, y con sus pies aplasta un cráneo humano, lo que apunta a su belicosidad y canibalismo. Tras ella suele haber un caimán o lagarto, animal frecuente en su tierra (véase lámina I, p. 321).

Una de las imágenes más antiguas y conocidas de la alegoresis de las cuatro partes del mundo, cuya principal novedad es la inclusión de América, la hallamos en el frontispicio del *Theatrum Orbis Terrarum* de Abraham Ortelio (véase lámina II, p. 322), cuya primera edición data de mayo de 1570, y donde Adolph Mekerch en su "Frontispicii explicatio" la describe así:

La ninfa que ves en la parte inferior se llama América, de la cual no ha mucho se apoderó el audaz Vespucio cruzando el mar y abrazándola con tierno amor. Ella, olvidada de sí y de su casto pudor,

[7] Ripa 1987, II, 102-109. Recordar que la primera edición de la *Iconología* salió en Roma en 1593, sin ilustraciones, y la primera edición ilustrada es de 1603.

está sentada, desnuda por completo, excepto por la cinta con que ata las plumas de sus cabellos, la gema con que señala su frente, o las tintineantes ajorcas con que ciñe sus piernas. En la mano derecha tiene una clava de madera con la que sacrifica a los hombres obesos y bien cebados que ha capturado en la guerra, cuyos cuerpos desmembra y quema a fuego lento o cuece en una caldera. Mas cuando le aguijonea el hambre devora los miembros crudos recién cortados, todavía chorreando negra sangre y estremeciéndose bajo sus dientes: su alimento es la carne de los vencidos y su oscura sangre, crimen tan espantoso de ver como de contar. ¡Qué representación de bárbara impiedad y desprecio a los dioses! En la mano izquierda ves una cabeza humana recién cortada. He ahí asimismo el arco y las veloces flechas con las que, tensando bien el arco, inflige fatales heridas a los hombres y los mata. Después, cansada por la caza del hombre, quiere entregarse al sueño en su merecido lecho, hecho, cosa rara, como una red, y sujeto por un clavo en sus extremos; sobre él reclina la cabeza y los miembros[8].

El mundo de la pintura y el grabado se suman también a la nueva corriente cultural. Es posible que a partir de este frontispicio se elaborasen importantes cuadros y grabados alegóricos sobre América, tales por ejemplo "La pesca del corallo" (también conocido como "El descubrimiento de América") de Jacobo Zucchi (*ca.* 1575-1580), o "América", de Stradano, diseñador de la serie *Nova*

---

[8] Traducción libre. El original latino del frontispicio reza así: "Inferiore solo quam cernis AMERICA dicta est:/ Quam nuper vectus pelago Vespucius audax/ Vi rapuit, tenero nympham complexus amore./ Illa oblita sui, castique oblita pudoris/ Nuda sedet totum corpus, nisi vitta capillos/ Plumea vinciret, frontem nisi gemma notaret,/ Ambirent teretes nisi tintinnabula suras./ Lignea clava olli in dextra: qua mactat obesos/ Atque saginatos homines, captivaque bello/ Corpora, quæ discissa in frusta trementia lentis/ Vel torret flammis, calido vel lixat aheno./ Vel, si quando famis rabies stimulat mage, cruda/ Et iam cæsa recens, nigroque fluentia tabo/ Membra vorat, tepidi pavitant sub dentibus artus,/ Carnibus & miserorum & sanguine vescitur atro:/ Horrendum facinus visu, horrendumque relatu./ Quid non impietas designat barbara? quid non/ Contemptus Superum?/ Adspicis in læva fœdatum cæde recenti/ Humanum caput. En arcum celeresque sagittas,/ Queis solet, adducto dum flectit cornua nervo,/ Vulnera certa viris certamque infligere mortem./ Mox defessa hominum venatu tradere somno/ Membra volens, lectum contextum rarius instar/ Reticuli, gemino a palo quem fixit utrimque,/ Conscendit, textoque caput reclinat & artus".

Reperta, siendo los grabadores Teodoro y Felipe Galle (1589)[9]. Otras imágenes famosas fueron por ejemplo la de Felipe Galle (*ca.* 1581-1600), quien dedica a América el número 43 de sus *Personificaciones* (véase lámina III, p. 323), o la diseñada por Martin de Vos para decorar el arco triunfal de los Genoveses, levantado en Amberes en 1594 para la magna entrada en la ciudad del Archiduque Ernesto, gobernador de los Países Bajos[10].

Con el enorme desarrollo del libro y el arte del grabado (en papel, madera, cobre...), estas imágenes proliferarán en Europa en el último cuarto del siglo XVI y a lo largo de todo el XVII, pasando a formar parte de la cultura popular[11]. Su natural prolongación a América va a ser mera cuestión de tiempo, y muy poco, por cierto, pues como recuerda Stastny pinturas y tapices flamencos cruzaron el Atlántico en fecha temprana[12]. Las series iconográficas de las cuatro partes empiezan pronto a divulgarse, siendo las más conocidas las de Étienne Delaune, Jost Amman, Gerard Groenning, Jan Sadeler el Viejo, Teodoro Galle, Crispin de Passe el Viejo, Marcus Gheeraerts, Cornelis Visscher, Jacob van Meurs, Nicolaes Berchem, Paolo Farinati, Stefano della Bella y otros[13]. Se había necesitado casi un siglo para que Occidente asimilase y entreviese la importancia de la cuarta parte del mundo, para que se formase una imagen de esa nueva realidad, retraso que no deja de sorprender a los estudiosos de hoy día (Elliot 1970, 28-53).

---

[9] En primer término aparece América, mujer desnuda que se incorpora de su hamaca ante la repentina llegada de Américo Vespucio; éste porta en la mano derecha un estandarte con una cruz y en la izquierda un astrolabio. Ambos se miran con sorpresa, simbolizando el encuentro de dos mundos diferentes. El paisaje agrega nuevos elementos alegóricos: los bergantines se asocian al descubridor; los caníbales, la flora (grandes árboles), fauna (varios extraños animales), y la maza brasileña para sacrificar hombres se asocian a América.

[10] Jan Sadeler hizo el dibujo y Adrian Collaert fue el grabador. En este caso América es una mujer que cabalga desnuda sobre un armadillo, en actitud guerrera, con hacha, arco y carcaj lleno de flechas. En el paisaje del fondo hay animales extraños, indios cazando y luchas con los españoles.

[11] Un estudio muy completo de la iconografía de las cuatro partes del mundo en el arte nos lo ofrece Poeschel 1985. Interesan también los trabajos de Zavala 1981 y 1994 y López-Baralt 1990. Para el caso español véase Morales y Marín 1992, especialmente el capítulo II: "Alegoría de América", 17-25.

[12] Stastny 1965 y 1999, 229s.

[13] Véase un listado más completo, con sus reproducciones y comentarios, en Kohl 1982, 326 y ss. Se trata del catálogo de la exposición celebrada en Berlín Occidental en 1982 con motivo del segundo Festival de las Culturas Mundiales. Para estos aspectos iconográficos son muy útiles los libros de Honour 1975a y 1976, sobre todo 89-98 de este último.

3. El prototipo iconográfico de las cuatro partes del mundo en España

Este proceso de visualización de la joven América se demora algo más en España, en perfecto correlato con la tardía aceptación del nombre *América*[14], que nunca llegó a opacar del todo el de *Nuevo Mundo*. En cualquier caso cabe sostener que en la frontera entre los siglos XVI y XVII la asimilación de América como una de las cuatro partes del mundo, con su correspondiente alegoría, es un hecho. Véase al efecto la obra de Gaspar Lucas Hidalgo *Diálogos de apacible entretenimiento*[15], donde se describen los fastos con que la ciudad de Salamanca recibió al rey Felipe III y a la reina Margarita en julio de 1600. Así, entre otras muchas variedades, hubo una procesión encabezada por cuatro carros que simbolizaban las cuatro partes del mundo: tras Europa, África y Asia salió América, que desfilaba

> vestida a lo índico y desnudo, y el tocado todo de plumas de papagayos, pavos y otras plumas vistosas, y por la cintura ceñida también de grandes y vistosos plumajes, y en el escudo esta letra:
>
> El medio mundo me llaman
> y serlo entero quisiera,
> porque el mundo vuestro fuera
> (Hidalgo 1919, 294s.).

Lo importante del dato es subrayar cómo en España a la altura de 1600 está ya del todo asumida la alegoresis de las cuatro partes del orbe, motivo que reaparecerá con machacona insistencia tanto en festejos europeos como en los organizados por la colonia. Citaré, antes de saltar a Indias, un par de ejemplos españoles más, ligados ambos a los jesuitas: en 1610 se celebró una máscara en Segovia por la beatificación de Ignacio de Loyola: aparecieron los nueve de la fama (Ignacio y sus compañeros) y las alegorías de las cuatro partes del mundo por donde la Compañía extiende la fe católica; América salió vestida a lo indio, rodeada de lacayos y pajes danzando también a lo indio, con profusión de plumas,

---

[14] Muchos fueron los que se opusieron a dar por buena tal denominación (el P. Las Casas, Juan de Solórzano, fray Pedro Simón...), creándose una polémica de alcance internacional. Ver el apasionado estudio de Levillier 1948.

[15] Gaspar Lucas Hidalgo, *Diálogos de apacible entretenimiento, que contiene unas Carnestolendas de Castilla. Dividido en las tres noches del domingo, lunes y martes de antruejo*, Barcelona, Sebastián de Cormellas, 1605. Manejo edición de la BAE, 1919.

colores y cadenas de oro[16]. Más tarde, en junio de 1622, la corte madrileña conmemora la canonización de cinco santos: San Isidro de Madrid, San Ignacio de Loyola, San Francisco Javier, Santa Teresa de Jesús y San Felipe Neri. Hubo procesiones, adornos de iglesias, máscaras, luminarias, fuegos artificiales y certámenes literarios. La Compañía de Jesús organizó una máscara el día 22, en la cual desfilaron cuatro carros alegorizando a cada uno de los continentes. Abría el cortejo el de América:

> la cual venía representada en una mujer con el traje indio, sentada en un cocodrilo, sobre un carro triunfal de admirable y vistosa arquitectura. Éste y los demás carros llevaban tiros de a seis caballos escogidos y, en medio de los brutescos, tarjetas con muchos versos en alabanza de sus dos santos[17].

Le seguían después los carros de Asia, África y Europa, que a su vez precedían a otros muchos de temas profanos o mitológicos: los siete planetas y las estrellas, Diana cazadora, Mercurio, Venus, Apolo con las nueve musas, Marte, Júpiter, un coro de ángeles, etc.

4. Fasto, arte efímero y alegoría de América en el Nuevo Mundo (siglo XVII)

El fasto europeo, que se revitaliza en los siglos XVI y XVII según el modelo romano, no tarda en saltar a América con similares características y funciones celebrativas. Nacimientos de príncipes o exequias regias, entradas de virreyes o arzobispos, proclamaciones, ciclos religiosos como Navidad, Semana Santa y Corpus Christi, etc., eran ocasiones adecuadas para la organización de festejos cívico-populares que demandaban la participación y admiración de los concurrentes. La gama de entretenimientos era variada, pasando de las luminarias, fuegos artificiales, mascaradas, mojigangas, toros y cañas, hacia otras manifestaciones

---

[16] La fuente primaria es la *Relación de una máscara que entre otras fiestas se hizo en Segovia a la de la beatificación de nuestro Padre San Ignacio*; la cita Alenda y Mira en su catálogo (1903, núm. 521).

[17] Los dos santos a los que refiere son San Ignacio y San Francisco Javier, fundadores de la Compañía de Jesús y los primeros de ella en ser canonizados. La descripción de los fastos se halla en un papel suelto de Manuel Ponce titulado *Relación de las fiestas que se han hecho en esta corte a la canonización de cinco santos*, Madrid, Viuda de Alonso Martín, sin año (pero de 1622). Cito por la edición moderna de Simón Díaz 1982, 175. Otra versión antigua de las celebraciones la ofrece Fernando de Monforte y Herrera en la *Relación de las fiestas que ha hecho el Colegio Imperial de la Compañía de Jesús de Madrid en la canonización de San Ignacio de Loyola y San Francisco Javier*, Madrid, Luis Sánchez, 1622.

artísticas más depuradas como el teatro, certámenes poéticos o procesiones barrocas con profusión de gente engalanada desfilando, carros ricamente adornados con alegorías y poemas alusivos escritos en tarjetas, o incluso *tableaux vivants* con animales o personas disfrazadas. Otras formas artísticas propias de tales eventos eran las arquitecturas efímeras, plasmadas en arcos triunfales o túmulos de exequias.

4.1. El virreinato del Perú

En 1612 llegó al Perú la noticia de la muerte de Margarita de Austria, esposa de Felipe III. Fray Martín de León recoge en un típico libro de exequias los fastos limeños celebrados al efecto, gracias al cual sabemos cómo fue el túmulo erigido en su memoria[18]. Entre los lienzos y colgaduras que adornaban la composición aparecían las alegorías de las cuatro partes del mundo, ofreciendo sus tesoros a la muerte a cambio de la vida de la reina. América estaba "vestida a lo indio", con plumas, llevando como ofrenda el cerro del Potosí, insignia máxima de su riqueza. Sin salirnos de Lima, nuevos tableros pintando estas alegorías continentales aparecerán en el túmulo de Isabel de Borbón en 1645[19]. Mayor complejidad se observa en otros casos, donde se pasa de la pintura a la figura de bulto redondo; así, en 1621 se levantó el túmulo funerario por Felipe III (véase lámina IV, p. 324), ideado por Juan de Solórzano Pereira: coronando el primer cuerpo había cuatro grandes estatuas que alegorizaban las cuatro partes del orbe, dando testimonio de su pesar por la muerte del rey que a todas ellas gobernaba[20]. La idea se repite en el túmulo construido en honor de Felipe IV en 1666: en el segundo cuerpo de la arquitectura había cuatro estatuas sobre pedestales representando a las alegorías continentales, cada una de ellas además con una tarja que la identificaba (véase lámina V, p. 325)[21]. Casi lo mismo cabe decir del túmulo

---

[18] Fray Martín de León, *Relación de las exequias que el [...] virrey del Perú hizo a la muerte de la reina nuestra señora doña Margarita*, Lima, Pedro de Merchán y Calderón, 1613. Para la localización de éste y otros festejos limeños remito al excelente libro de Ramos Sosa 1992; interesan ahora las páginas 144-154.

[19] Ramos Sosa 1992, 162. La relación original corrió a cargo de Gonzalo Astete de Ulloa, *Pompa fúnebre y exequias [...] en la muerte de la reina nuestra señora doña Isabel de Borbón*, Lima, 1645.

[20] Ramos Sosa 1992, 158. No se imprimió la relación esta vez, sino que quedó manuscrita de mano del agustino fray Fernando de Valverde, *Relación de las exequias y honras fúnebres hechas [...] a don Philipo Tercero*.

[21] Ramos Sosa 1992, 168. La fuente primaria es el impreso de Diego de León Pinelo titulado *Solemnidad fúnebre y exequias a la muerte del rey [...] don Felipe cuarto*, Lima, Juan de Quevedo, 1666.

erigido para Carlos II en 1701 (véase lámina VI, p. 326): sobre los entablamientos del primer cuerpo se alzan cuatro imágenes de bulto alusivas al consabido cuaternario alegórico; América, que se puede apreciar en la parte derecha del grabado, aparece semidesnuda, con piel oscura, corona de plumas negras y amarillas, arco y carcaj[22]. Además, en la parte central del segundo cuerpo se dibujaron dos bolas del mundo que sostienen una corona real, significando el dominio de Carlos II sobre el Viejo y el Nuevo Mundo.

Pero no sólo en monumentos funerarios, también en festejos de mayor regocijo se echa mano del lenguaje alegórico. En febrero de 1672 se inauguró en Lima la hoy desaparecida iglesia de los Desamparados, muy promocionada por los jesuitas y el virrey conde de Lemos. Se organizó una solemne procesión que iba pasando junto a distintos altares y arcos triunfales, construidos por autoridades civiles, religiosas y el concurso de los gremios. Así, en la calle de los Mercaderes hallamos de nuevo el cuaternario iconográfico de los continentes, sin olvidarnos de que en la procesión desfilaron cuatro carros triunfales con las respectivas partes del mundo[23]. Otro ejemplo al caso fue la procesión que, en pro de la tesis inmaculista, discurrió por las calles de Lima en 1617: salió una cuadrilla de niños disfrazados que llevaban a la Fama, la cual iba "guiando a ciudades, países y continentes por los que se extendía la creencia de la concepción inmaculada de la Virgen. Aparecían Lima, Francia, Italia, España, América, África, Europa y Asia"[24].

Este último testimonio nos muestra un hecho fácilmente predecible: si la alegoresis de los continentes ya estaba fijada en la retina de nuestros clásicos a finales del siglo XVI o principios del XVII, por lógica tal procedimiento alegorizante habría de alternar con el referido a otras entidades geográficas menores como pueden ser los dos virreinatos o algunas de sus ciudades más destacadas, casos de México, Lima, Cuzco, Potosí, etc. Ejemplos de esta natural prolongación artística volvemos a hallarlos en las relaciones de fastos populares. En 1590 se levanta en Lima un arco triunfal para dar la bienvenida al virrey marqués de Cañete: en una de sus paredes interiores se pintó a

---

[22] Ramos Sosa 1992, 182. El libro de referencia es el de José de Buendía, *Parentación real al soberano nombre e inmortal memoria del [...] serenísimo señor don Carlos II*, Lima, José de Contreras, 1701.

[23] Ramos Sosa 1992, 245. Esta vez no hay libro impreso que relate los fastos, pues su edición se vio truncada por la cercana muerte del virrey (diciembre de 1672). Noticias dispersas facilitan José de Buendía (s.a.) y José de Mugaburu (1935).

[24] Ramos Sosa 1992, 252. Pormenores coetáneos del festejo facilita Antonio Rodríguez de León en la *Relación de las fiestas que a la inmaculada concepción de la Virgen nuestra señora se hicieron en la real ciudad de Lima*, Lima, Francisco del Canto, 1618.

un viejo venerable vestido con ropajes de inca, y sentado debajo de un árbol. Era la alegoría del Perú [...]. El vano del arco se cerraba con una puerta. En la primera de las dos hojas aparecía pintado un capitán general; con la mano derecha ayudaba a levantarse a una mujer postrada a sus pies —significando la ciudad de Lima— ataviada con vestiduras reales (Lohmann Villena 1999, 124s.).

Pasando al siglo XVII, en 1622 se celebra en Lima la proclamación de Felipe IV, construyéndose al efecto una especie de teatro o templete en cuyo centro destacaba un retrato del rey. A los lados, sobre dos columnas, se alzaban dos estatuas gigantes simbolizando a Lima y Cuzco, que ofrecían sus coronas al monarca[25]. Sobre este modelo se construye en 1666 el monumento para la proclamación de Carlos II: de nuevo se ubica en el centro el retrato del rey, flanqueado ahora por dos aborígenes (véase lámina VII, p. 327); a la derecha está el Inca, en traje de indio, ofreciendo a Carlos II una corona de oro; en el lado izquierdo aparece la Coya extendiendo una corona de flores; ambas figuras alegorizan al virreinato del Perú, que acepta gustoso el gobierno español[26]. En 1630-1631 los limeños se regocijaron por el natalicio del príncipe Baltasar Carlos; hubo comedias, desfiles, luminarias, fuegos, toros, cañas, etc. El gremio de plateros adornó seis carros alegóricos; dos de ellos nos interesan ahora de modo especial, pues contienen las alegorías del Perú y de Lima:

El segundo llevaba una figura
de un indio (que al Pirú significaba)
desnudo, por la fe de lealtad pura
con que al príncipe daba
con santa reverencia
de aqueste Nuevo Mundo la obediencia.
[...]
El quinto iba adornado de pilares
dorados sustentando la techumbre
de una dorada cumbre,

---

[25] Ramos Sosa 1992, 78. Existe una relación manuscrita de los fastos hecha por Antonio Román de Herrera Maldonado, *Relación de la proclamación de Felipe IV en Lima*; hay además un impreso del agustino Fernando de Valverde, *Relación de las fiestas que se hicieron en la Ciudad de los Reyes en el nuevo reinado de don Felipe IV*, Lima, 1622.

[26] Ramos Sosa 1992, 87. La fuente primaria es el impreso de Diego de León Pinelo *Aclamación y pendones que levantó la [...] Ciudad de los Reyes*, Lima, Juan de Quevedo y Zárate, sin año (pero de 1666).

y la ciudad de Lima
en forma de una dama puesta encima,
adornada de perlas y collares
con otras infinitas piedras bellas
(que al no ser ella sol, fueran estrellas),
con un cofre de plata allí delante
abierto que ofrecía
cuantos metales en sus minas cría
a la humana deidad del nuevo infante,
para que al turco haga viva guerra
con los ricos tesoros de su tierra[27].

Como se sabe, el joven heredero muere en 1646 malogrando todas expectativas. El reino espera el nacimiento de otro hijo de Felipe IV que asegure la sucesión. Así, en 1657 nace el príncipe deseado, Felipe Andrés Próspero. La noticia llega a América con cierto retraso y, ya en 1659, Lima se apresta a celebrar la buena nueva. Los profesores de las nobles artes como son la pintura, escultura y arquitectura confeccionan un carro alegórico del Perú semejante a una nave, que contenía dos montes, uno en proa y otro en popa: en el primero había un león coronado descansando a la sombra de un limo, y en el segundo un gigante sosteniendo sobre sus hombros la esfera terrestre; algunas venas de este Atlante, en tensión permanente, estallan y discurren hasta los pies del león en suaves hilos de plata. El significado alegórico es transparente: es el servicio que rinde el Perú con su plata a la corona española, la cual no se personifica esta vez en el rey, sino en el león coronado que se cobija junto al árbol del limo, que —recuérdese— remite emblemáticamente a la ciudad de Lima. Días después fue el gremio de plateros el que confeccionó nueve carros simbolizando a otros tantos reinos españoles; aparecían Granada, Navarra, Portugal, Castilla... pero antes que todos ellos salió el del Perú, representado en la figura de un avestruz que ofrenda sus coloreadas plumas a los reyes, nobles y capitanes españoles. La elección del ave no es casual, pues al ser todas sus plumas iguales se convirtió —desde los *Jeroglíficos* de Horapolo— en emblema de la justicia, la cual imperaría en el Nuevo Mundo tras la llegada de España. Otros elementos presentes en este carro fueron un cerro del Potosí dándose con sus vetas de plata abiertas al joven

---

[27] La descripción de los fastos corrió a cargo de Rodrigo de Carvajal y Robles, *Fiestas que celebró la Ciudad de los Reyes del Pirú al nacimiento del serenísimo príncipe don Baltasar Carlos de Austria nuestro señor*, Lima, Gerónimo de Contreras, 1632. Cito, modernizando grafías y puntuación, por la edición de López Estrada 1950, 71-73.

príncipe, y un emperador Inca sentado en su trono rindiendo también sus tesoros[28].

En el siglo XVIII sigue desarrollándose tal fasto celebrativo con similares objetivos; en aras de la brevedad citaré un único ejemplo tomado de la proclamación de Luis I, cuyos festejos limeños reproduce con gran lujo de detalles Fernández de Castro en su *Elisio peruano* (1725). Por los cuatro ángulos de la Plaza Mayor entraron a la vez las cuatro partes del mundo con sus trajes, en sendos carros: "Adornaba a la América —sobre vestido que tuvo de primoroso la afectación de lo desnudo— cantidad ordenada de vistosas plumas de varios colores; su mano y hombro ocupaban arco y aljaba dorada, y seguíala copioso número de lacayos con el mismo traje" (Fernández de Castro 1725, fol. H3r.). Días más tarde (las celebraciones se prolongaron dos meses), en otro desfile, saldría un carro engalanado de esta forma:

> En [su] popa se elevaba un regio sitial cubierto de rico paño de terciopelo carmesí, sobre que sentaba una almohada de lo mismo que recibía una rica corona de oro: a uno y otro lado, como en acción de ofrecerla, se ostentaban dos bizarras ninfas que en rostro, gala, riqueza e insignias se dieron a conocer la América y Lima (ibíd., fol. I1v.).

4.2. El virreinato de la Nueva España

Todos los ejemplos americanos vistos hasta ahora se localizan en el virreinato del Perú, pero el mismo fenómeno se aprecia en el de Nueva España, de donde citaré unos pocos testimonios, evitando prolijas reiteraciones. El más antiguo que conozco data de 1578, cuando los mexicanos engalanan sus calles con arcos, setos, enramadas… para celebrar por todo lo alto la recepción de 214 reliquias que les manda el Papa Gregorio XIII. El colegio de S. Pedro y S. Pablo erige un arco triunfal al estilo romano, con figuración de alegorías indianas; en el segundo cuerpo del arco, encima de la cornisa, se levantaban cuatro columnas que

> representaban cuatro reinos de este Nuevo Mundo, que habían venido a esta festividad trayendo presentes y dones de lo mejor y más particular que en sus tierras se cría. En los dos pilares de en medio estaban el Pirú y la Nueva España: el Pirú en figura de hombre,

---

[28] Ramos Sosa 1992, 101-105. Los fastos fueron referidos por el mercedario fray Agustín de Salas y Valdés en su *Diseño historial de los gozos ostentativos con que la regia ciudad de Lima celebró el deseado nacimiento de [...] Felipe Andrés Próspero*, Lima, Juan de Quevedo y Zárate, 1660.

lindamente vestido a la antigua, descubierta la cabeza, con tres coronas de reyes en el brazo y mano derecha, y los pies sobre un mundo y dos cabezas de herejes. La Nueva España, en figura de una muy hermosa mujer con ropas rozagantes de prosperidad, los ojos muy modestos, y en la mano derecha sus propias armas que son una tuna campestre y un águila (como arriba dije) y en la izquierda una plancha de plata mostrando su riqueza, fijados los pies sobre algunas cabezas de herejes. En los dos pilares de afuera estaban las dos provincias de Guatimala y Campeche en figuras de muy autorizadas mujeres.

Detallada noticia de los actos facilita el P. Pedro de Morales (SJ) en su *Carta al P. Everardo Mercuriano en que se da relación de la festividad que en esta insigne ciudad de México se hizo este año de setenta y ocho en collocación de las sanctas reliquias* (México, 1579)[29]. En 1640 hizo su entrada en la ciudad de México el virrey marqués de Villena. El acontecimiento destacó por el derroche económico, boato y duración —dos meses— de los agasajos, todo lo cual quedó recogido en la acostumbrada relación impresa de los hechos: *Viaje de tierra y mar, feliz por mar y tierra, que hizo el excelentísimo señor marqués de Villena* (México, 1640). En la entrada de la plaza de Santo Domingo se construyó un arco triunfal de tres cuerpos, cuyo motivo rector era la aplicación mitológica al dios Mercurio, equiparándolo en virtudes y hazañas con el recién llegado virrey. El arco disponía de ocho lienzos en cada fachada, conteniendo una de las pinturas principales la imagen de América vestida como la diosa Diana, a la cual se acerca Mercurio extendiéndole un rico vestido (Morales Folguera 1991, 113-116).

El arte funerario sigue haciendo uso de estas alegorías. Si antes mencionamos los túmulos limeños a las exequias de Felipe IV y Carlos II, otro tanto cabe decir ahora de los túmulos mexicanos erigidos en su honor. Isidro de Sariñana, catedrático de prima teología de la universidad mexicana, fue el inventor del programa iconográfico del túmulo felipino, además de plasmarlo por escrito en el *Llanto del Occidente en el ocaso del más claro Sol de las Españas* (México, Viuda de Bernardo Calderón, 1666). El monumento, instalado en el crucero de la catedral, constaba de un zócalo y tres plantas (véase lámina VIII, p. 328); nos interesa ahora el zócalo, cuadrado, de ocho pies de altura y cuarenta y cinco de lado; en cada frente había cuatro lienzos, lo que arroja un total de dieciséis, cada uno de ellos encerrando un jeroglífico que Sariñana se apresura a descifrar, siempre en clave de mostrar al monarca como prototipo del buen gobernador

---

[29] Manejo la edición crítica de Mariscal Hay 2000, cita en p. 56.

cristiano. En el primer cuadro aparecen las alegorías de América y Europa separadas por el océano (véase lámina IX, p. 329); al fondo se observa un túmulo partido en dos, significando que ambos continentes comparten el dolor y dedican por igual el monumento al rey, pues son necesarios dos mundos para elevar una pira digna de su memoria. Una nave surca el mar rumbo al Nuevo Mundo portando la luctuosa nueva; la nave lleva el mote *Tanti pronvntia lvctvs*, y todo el jeroglífico se enmarca bajo el lema *Iacere vno non poterat tanta rvina loco*; la letra que sigue —una décima— reza así:

> Discursivo infiera el llanto
> lo GRANDE de tu renombre:
> cuánto fuiste como hombre
> si como polvo eres tanto;
> tu muerte descubre cuánto,
> pues a la urna peregrina
> de tus cenizas destina
> dos mundos en que te alaben,
> y en dos mundos aún no caben
> los polvos de tu ruina[30].

En marzo de 1701 la catedral mexicana vuelve a albergar otro túmulo regio, esta vez el de Carlos II. Sobre el zócalo descansa una pirámide escalonada de cinco cuerpos, toda ella adornada con tarjas, florones y poemas; como remate final se colocaron cuatro estatuas representando a las cuatro partes del mundo, las cuales sostienen sobre sus hombros un cojín con las armas reales (véase lámina X, p. 330; América es la estatua de la izquierda)[31]. El uso de estas alegorías continentales sigue vigente en el siglo XVIII; aunque se salga de los márgenes cronológicos de este congreso citaré, de modo testimonial, el arco triunfal erigido en México en 1756 para la entrada del virrey marqués de las Amarillas: en el tercer cuerpo, en ambas fachadas, volvemos a hallar el prototipo de las cuatro partes del orbe (Morales Folguera 1991, 133-137). Un último ejemplo que aduzco es el arco que se alzó en 1771 para la entrada en México del virrey Antonio María Bucarelli: las alegorías presentes ahora son las de México, España, Sevilla y Lusitania (ibíd., 143-146).

---

[30] Véase un pormenorizado estudio iconográfico de este túmulo en Morales Folguera 1991, 200-209 y Mínguez Cornelles 1995, 89-95. Interesa también el estudio de Allo Manero 1981.

[31] Morales Folguera 1991, 210-217. La fuente clásica es Agustín de Mora, *El sol eclipsado antes de llegar al cenit*, México, 1711.

Resulta transparente que la proliferación de este tipo de fastos y su cristalización en programas iconográficos concretos conlleva un mensaje ideológico, una pedagogía inmediata: el arte efímero es un instrumento más de propaganda del poder (Bonet Correa 1983), de mantenimiento de un *status quo* donde América queda irremediablemente sometida a Europa, o lo que es lo mismo, a España y su monarquía. En todas las celebraciones oficiales de la colonia, sean del género que sean, se ensalzan los valores imperecederos del rey y de la religión católica, garantes de la prosperidad y estabilidad social en Indias. La distancia entre el Viejo y el Nuevo Mundo provoca que este último se aferre a los modelos que hereda del primero, creándose una imagen utópica de Europa, de España y del rey, que conquista y gobierna a una América tan salvaje y rica al principio como dócil después (Mínguez Cornelles 1995); una América que ofrece sus riquezas al monarca con rendida pleitesía "para que al turco haga viva guerra/ con los ricos tesoros de su tierra" (Carvajal y Robles 1950, 73), o bien "para que gobernar puedas/ en paz el mundo, señor", según reza una copla exhibida en Lima en 1659 (ver *supra*, los festejos citados por el natalicio del príncipe deseado, Felipe Andrés Próspero). Por otra parte, se ha podido apreciar cómo el uso reiterado de la alegoresis americana salta la frontera de los siglos manteniendo la esencia de sus características ideológicas, aunque iconográficamente hay cambios notables: de la desnudez inicial se pasa a otra imagen más estilizada con vistosos ropajes (compárense las láminas I y IX); no siempre se la exhibe esgrimiendo la clava o el arco; el fiero y exótico animal con que se identificaba al principio tiende a desaparecer; su inicial carácter belicoso se dulcifica u omite por completo cuando ha de rendir pleitesía a España o Europa.

5. América y otras alegorías indianas en el teatro virreinal

Hasta ahora hemos atendido al aspecto visual e iconográfico del festejo barroco, pero imagen y palabra caminan juntas en este sutil proceso de promoción y propaganda de un gobierno ideal, de una monarquía absoluta, perfecta y benévola que abraza a América como un miembro más de las Españas. Como es lógico, ni el teatro ni otras manifestaciones literarias se quedaron al margen de estos fastos urbanos, antes bien fueron ingredientes indispensables en cada uno de ellos. Desde representaciones de comedias enteras hasta simples dramatizaciones donde un personaje abría las puertas de los arcos triunfales flanqueando el paso a las comitivas; desde complejos jeroglíficos pintados en paneles y tableros de los carros, catafalcos, túmulos..., hasta hojas volanderas con poemas alusivos al hecho celebrativo que se esparcían entre el público. La fiesta barroca es el modelo máximo que se conoce de fusión de las artes: la pintura, el emblema, el jeroglífico, la música, el canto, la danza, el teatro, la poesía, la arquitectura...

van de la mano en tales conmemoraciones, todo en pro del mayor aparato y su consiguiente eficacia lúdico-pedagógica. El uso de la técnica alegorizante es un elemento más de este entramado artístico-ideológico; por consiguiente, si la alegoría es utilizada con profusión por pintores y grabadores, si se manifiesta a menudo en procesiones, desfiles y arquitecturas efímeras, también formará parte de los textos ideados al caso por dramaturgos y poetas.

En un trabajo mío anterior al que antes hice referencia (Zugasti 1998a), daba noticia de autores españoles que subieron a las tablas la alegoría de América como un personaje más, bien definido e individualizado por el público del seiscientos. Las primeras manifestaciones, en perfecto correlato con lo acontecido en el mundo del arte, van a ceñirse al estereotipado cuaternario de las partes del orbe, donde América comparte protagonismo con Europa, Asia y África. Entre los textos que pude localizar destacan diversos autos y loas sacramentales de Tirso de Molina y Calderón de la Barca[32], la comedia *Las glorias del mejor siglo* de Valentín de Céspedes y el *Entremés de las fiestas de palacio* de Moreto. Otras comedias donde asimismo aparece la alegoría de América, pero separada del resto de continentes, son *El valeroso español y primero de su casa* (o *La sentencia sin firma*) de Gaspar de Ávila y *Las palabras a los reyes y gloria de los Pizarros* de Luis Vélez de Guevara. No abordaba en mi estudio a los dramaturgos posteriores a Calderón, los cuales siguieron subiendo a las tablas las mismas alegorías americanas; véanse los textos de José de Arroyo, Bances Candamo, Antonio de Zamora y algún otro ejemplo anónimo[33].

5.1. El virreinato de la Nueva España

Las tres loas sacramentales que escribió Sor Juana abordan el tema del descubrimiento y conquista de América. Para nuestros efectos nos interesan dos de ellas, las que preceden a los autos de *El divino Narciso* y *El cetro de José*, pues en ambas aparecen alegorías americanas. Sabemos que su modelo inmediato es Calderón, pero Juana de Asbaje es la única poeta de finales del seiscientos español o americano que resiste sin merma una comparación con el genio madrileño. La

---

[32] Los autos son: *Los hermanos parecidos* (Tirso), *La semilla y la cizaña, El valle de la Zarzuela, El nuevo hospicio de pobres, La protestación de la Fe* y *A Dios por razón de estado* (Calderón). Las loas son las escritas para *La primer flor del Carmelo, Llamados y escogidos, Los encantos de la culpa* y *¿Quién hallará mujer fuerte?* (todas de Calderón).

[33] José de Arroyo, *Festejo y loa en el [...] feliz arribo de la reina nuestra señora Doña Mariana de Neoburg* (1690); Bances Candamo, auto de *El primer duelo del mundo* y loa para la comedia *Duelos de Ingenio y Fortuna*; Antonio de Zamora, *Loa del Non plus ultra*; loa anónima para la comedia *El alcázar del secreto*.

producción de Sor Juana se inserta sin violencia en el contexto festivo que vengo trazando, llegando incluso a idear el arco triunfal que levantó la catedral mexicana en 1680 para recibir al virrey marqués de la Laguna, arco que describe en su *Neptuno alegórico*[34]. No hay en este caso alegorizaciones americanas, pero sí recurre a ellas en las dos loas citadas, ejemplos máximos del género en la colonia, donde la autora vuela por encima de modelos previos para presentar una visión personalísima de la conquista.

La mejor y más comentada de estas loas es la de *El divino Narciso*[35]. Al decir de Hernández Araico: "Mayor dignidad visual y retórica que en esta loa no se les otorga a personajes indios en ningún otro texto alegórico conocido" (1999a, 327). Sor Juana expone su particular concepción dramática desde la inicial configuración de los personajes. Ya no aparecen los tres continentes clásicos a quienes se agrega la joven América[36]; ahora las *dramatis personae* van a estructurarse por parejas, equilibrando el tablado: salen primero Occidente, "indio galán, con corona" y su esposa América[37], "india bizarra, con mantas y cupiles", que participan de un tocotín junto a otros indios, todos ellos con "plumas y sonajas en las manos, como se hace de ordinario esta danza"; después saldrá la pareja oponente formada por Religión cristiana y Celo, vestidos de "dama española" y de "capitán general, armado" respectivamente. Hay, pues, dos mundos opuestos, el primitivo americano y el español que, partiendo de posturas antagónicas, confluyen al final en un mismo discurso[38].

Es una loa con un argumento muy bien definido, donde las alegorías no son estereotipos, sino que actúan, reflexionan y varían sus puntos de vista. Sor Juana

---

[34] Sor Juana Inés de la Cruz 1982, 365-447; interesa la introducción de Sabat de Rivers al *Neptuno alegórico* (ibíd., 63-71), así como su ensayo "El *Neptuno* de Sor Juana: fiesta barroca y programa político" (Sabat de Rivers 1992, 241-256; también en 1998, 243-261).

[35] La bibliografía que gira alrededor de esta magistral pieza de algo menos de 500 versos es apabullante: Bénassy-Berling 1983, especialmente el capítulo "Sor Juana y los indios"; Daniel 1985; Hill 1985; Glantz 1990; Zwack 1991; Zanelli 1994; Hernández Araico 1996; Galván 1997; Sabat de Rivers 1998, especialmente el capítulo "Apología de América y del mundo azteca en tres loas de Sor Juana", 265-307.

[36] Hernández Araico (1994, 78s.) ya apunta este cambio sustancial en el arranque de la acción.

[37] Occidente es personificación de México; recuérdese cómo Sigüenza y Góngora en su *Teatro de virtudes políticas* expresa lo siguiente: "La imperial nobilísima ciudad de México, cabeza de la occiseptentrional América". La alegoría de América identifica al resto del continente.

[38] Por cierto que este equilibrado pulso alegórico entre dos mundos que se va a desarrollar en la loa nos recuerda bastante a la ilustración madrileña del tomo *Fama y obras póstumas del fénix de México, décima musa, poetisa americana, Sor Juana Inés de la Cruz* (1700), donde aparece el retrato de Sor Juana en el centro de una compleja arquitectura barroca, flanqueado a los lados por las alegorías de Europa y América (véase lámina XI, p. 331).

plantea un problema teológico de gran calado, como es presentarnos al nuevo continente en su estado prehispánico, todavía en la fase de la Ley Natural. De ahí el arranque musical con cantos y danzas aborígenes (tocotín; Hanrahan 1970), así como la explicación de su religiosidad: son idólatras y practican sacrificios humanos; en este contexto, la loa se centra en una tradición nahua que celebra, en honor del "dios de las semillas" (Huitzilopochtli), la ceremonia del *teocaulo*, o sea, dios es comido por los indios en rito purificador. Inmersos en este estado natural están Occidente y América hasta su encuentro con Religión y Celo, que ya viven en la era de la Ley de Gracia e intentan convertirlos a la fe católica. Este encuentro es un apretado resumen del proceso de conquista y colonización: tras el obligado requerimiento (vv. 100-108) en son de paz[39], que será rechazado por los naturales, se entabla la batalla. De acuerdo con la historia, los españoles resultan ganadores, pero queda claro que se vence por la fuerza de las armas, no por la fuerza de la razón. Occidente y América han sido sometidos, mas el ejercicio de su libre albedrío es inviolable y no aceptan el cristianismo; ha habido una primera victoria militar, quedando pendiente la más importante, la religiosa.

Al lenguaje de las armas le sucederá el lenguaje de la razón y de la suavidad persuasiva. El Celo militar deja paso a la Religión, la cual inquiere nuevos detalles del dios de las semillas. Occidente le contesta así:

> Es un dios que fertiliza
> los campos que dan los frutos,
> a quien los cielos se inclinan,
> a quien la lluvia obedece;
> y, en fin, es el que nos limpia
> los pecados y después
> se hace manjar que nos brinda.
> ¡Mira tú si puede haber
> en la deidad más benigna
> más beneficios que haga
> ni yo más que te repita![40]

Religión, apoyada en la autoridad de los textos paulinos, observa que este dios de las semillas es una prefiguración del Dios verdadero con que el diablo tiene engañados a los naturales; así, apresta sus intelectivas armas para persuadirles de su error idolátrico, utilizando un lenguaje sencillo y entendible, como es el len-

---

[39] Véase al respecto Glantz 1990, 69-71.
[40] Vv. 250-260. Cito por las *Obras completas de Sor Juana Inés de la Cruz*, III (1955). Los cambios en la puntuación son míos.

guaje de los sentidos. En unos pocos versos se concentran los rudimentos del cristianismo puestos en paralelo con el rito nahua del *teocaulo*: el Dios verdadero también se da a sí mismo en carne y sangre para ser comido (Eucaristía, eje de la fiesta sacramental), puede ser tocado por los sacerdotes en el sacrificio incruento de la misa, se le puede ver tras la purificación del bautismo. Es tal la eficacia persuasiva de Religión al exponer estas noticias, que América ya siente que una "inspiración divina/ me mueve a querer saberlas" (ibíd., vv. 396s.). La conversión total tendrá efecto por la vía del sentido visual, pues en giro típico del género de la loa, los personajes pasan a ser espectadores del auto *El divino Narciso*, donde volverá a verse otra identificación entre el Narciso mitológico y la figura de Cristo. La loa termina en canto y danza, pero de naturaleza opuesta al tocotín inicial: ahora bailan juntos América y Occidente con Celo, anunciando que ya "conocen las Indias/ al que es verdadero/ Dios de las semillas" (ibíd., vv. 490-492).

En la loa para *El cetro de José* vuelve a surgir el tema de la adaptación o sublimación de ciertos ritos prehispánicos a los postulados del cristianismo. Las alegorías salen también al tablado en parejas, primero Fe y Ley de Gracia, después Ley Natural y Naturaleza. En la cronología interna de la pieza se detalla un avance respecto a la loa anterior: hace un tiempo que los españoles están en Indias y ya se ha iniciado el proceso de cristianización, de ahí que el período de la Ley Natural ceda el paso al de la Ley de Gracia. Aun así, la conversión de todos los indios no es todavía un hecho, pues quedan restos de la "era natural" que han de ser depurados por la Fe y la intervención de la Gracia: tales por ejemplo los sacrificios humanos, el canibalismo que de ellos se deriva y la poligamia. Expuestas así las cosas sale a escena Idolatría, vestida "de india", en lo que es transparente alegoría de América, pues desde los autos y loas calderonianos América e Idolatría son personajes estrechamente relacionados[41]. El eje del problema son los sacrificios humanos que Idolatría quiere seguir practicando, bajo el sofisma de que se ofrendarán a un solo dios y no a multitud de ídolos. Fe inicia entonces su tarea persuasiva para reducir con razones a Idolatría: si necesita una víctima humana que se sacrifique por los demás y les dé dilatada vida, esa víctima es Jesucristo. Para explicar en detalle el proceso de cómo Cristo se da en cuerpo y sangre a los hombres en la Eucaristía, se propone contemplar el auto de *El cetro de José*. Idolatría queda satisfecha y se termina la loa.

Un último texto sorjuaniano que puede aducirse, aunque de naturaleza muy distinta, es el *Sarao de cuatro naciones*, pieza breve que sirve de fin de fiesta o

---

[41] Ver Parker 1983 y Zugasti 1998a, 465-468.

cierre para el conjunto celebrativo de *Los empeños de una casa*[42]. Esta clase de obras cortas, con profusión de cantos y danzas cortesanos, eran muy del gusto español (Hernández Araico 1999b), destacando entre ellas las de tema nacional o étnico (Cotarelo 1911, XXXVIs.), pues permitían la exhibición de variados trajes, disfraces o instrumentos que identificaban a los pueblos. El texto de Sor Juana, enteramente cantado, es un digno ejemplo de sarao: la música se ordena en tres coros, saliendo a escena representantes de cuatro naciones (españoles, negros, italianos y mexicanos) que ensalzan las prendas de los virreyes y su joven vástago, receptores privilegiados del espectáculo. Cada nación baila y canta a su estilo, distinguiéndose entre sí por la diferente métrica y música; al final todas se unirán en las danzas del turdión y la jácara, que imprimen movimiento al conjunto.

A destacar en este *Sarao* la presencia de México (o los mexicanos), portador del elemento americano que vuelve a combinarse en grupo de a cuatro con las viejas naciones de los españoles, italianos y negros (africanos). Como es lógico, en el ámbito novohispano la alegorización de México es muy anterior a Sor Juana; un ejemplo primitivo es el *Desposorio espiritual del pastor Pedro con la Iglesia Mexicana*, de Juan Pérez Ramírez, representado ante el arzobispo Pedro Moya de Contreras en 1574. Es un texto de profunda raigambre catequética donde ya se halla una definida alegoría de la Iglesia Mexicana. A este mismo arzobispo, revestido ahora con la autoridad de primer inquisidor de Nueva España, y a este mismo tema de sus desposorios con la Iglesia Mexicana, consagra Fernán González de Eslava el tercero de sus *Coloquios*. Esta vez aparece la alegoría de Nueva España ofreciendo su corazón amoroso como presente de bodas[43]. Centrándonos en el siglo XVII, cabe mencionar la obra de Francisco Bramón *Los sirgueros de la Virgen*, publicada en México en 1620, en lo que es una de las más tempranas manifestaciones de la novela colonial. El libro se concibe como un alegato más, de los muchos que hubo en la época, en pro de la inmaculada concepción de María; el autor crea el clima festivo adecuado valiéndose de elementos dispares como lo bucólico o pastoril, cantos líricos, simbologías diversas, arcos triunfales o una representación dramática. Dicha representación es el auto de *El triunfo de la Virgen y gozo mexicano*, pieza con que acaba esta curiosa miscelánea de *Los sirgueros de la Virgen*. El auto arranca con un Prólogo o loa, al que le sigue una exposición de las asechanzas del Pecado. A continuación una apariencia muestra a la Virgen pisando la cabeza del Pecado, el cual no ha podido mancharla. Tras una mutación sale a escena la alegoría del Reino Mexicano, "gallardo mancebo [...], con galas [...], acompañado de algu-

---

[42] Sobre la compleja estructura de este festejo dramático ver Zugasti 1998b.
[43] Pueden localizarse ambos textos en el volumen recopilatorio de Solórzano (1993).

nos indios" (Bramón 1994, 86). Habla de sus minas de oro y plata ("de mis riquezas/ ofrezco parte al ínclito Felipo", ibíd.), a la vez que describe un *locus amoenus* en donde va a sentarse. Dialoga con el Tiempo y éste le comunica la gozosa noticia de la concepción inmaculada de María; sobreviene otra apariencia de la Virgen triunfante en su trono; Tiempo, antes de irse, insta al Reino Mexicano a que participe del gozo general:

> Triunfo tan alto celebra,
> gran señor, que no eres menos
> que las primeras Españas
> que dan a Dios grato incienso (ibíd., 91).

En efecto, Reino Mexicano afirma que "el alma desea/ celebrar tan sacro triunfo" (ibíd.), opinión a la cual se agregan dos ciudadanos que mantienen un breve diálogo. El auto concluye con una apoteosis festiva de complejo aparato escenográfico: salen varios zagales vestidos "con el ropaje mexicano" portando flores e instrumentos musicales autóctonos, les siguen seis caciques "con preciosísimas ropas", y tras ellos el Reino Mexicano "riquísimamente vestido con una tilma de plumería y oro, costosamente guarnecida" (ibíd., 95). Todos rinden acatamiento a la Virgen y, a los sones de la música y el canto, inician "una vistosa danza que llaman los mexicanos netotiliztle, y en nuestro vulgar mitote o tocotín" (ibíd., 96).

Caso especial es el de Agustín de Salazar y Torres; como se sabe, este autor nació en Almazán, Soria, en 1642, viajando a México a los cinco años de edad. Allí se educó y empezó a escribir, hasta que regresó a España hacia 1660, con dieciocho años. En 1664 fue el encargado de componer un festejo dramático conmemorativo del tercer cumpleaños del joven príncipe (el futuro Carlos II a partir de 1665); redacta la comedia *Elegir al enemigo* y su pertinente loa. En la loa hallamos la alegoría de América como una más de las cuatro partes del mundo. A pesar de ser un texto escrito por un español y para la corte madrileña, la crítica suele incluir a Salazar y Torres en la nómina de autores novohispanos dado que fue en México donde adquirió la base de su formación cultural. Su loa para la comedia *Elegir al enemigo* delata claras influencias calderonianas, sobre todo en el gusto de ordenar las *dramatis personae* a base de varios cuaternarios que se complementan entre sí. El motivo rector es cantar la dicha por la onomástica del regio heredero, asunto alrededor del cual se congregan las cuatro horas del día, las cuatro estaciones, los cuatro continentes y los cuatro elementos. Compárese por ejemplo con el auto de Calderón *La semilla y la cizaña*, donde en cuatro carros salen las cuatro partes del mundo, cada una cabalgando un animal diferente (elefante, león, toro y caimán); intervienen después cuatro mayorales (Judaísmo, Paganismo, Gentilidad e Idolatría) y cuatro males (Cierzo,

Ira, Niebla y Cizaña) que emponzoñan la tierra. Tanto Calderón como Salazar explotan el número cuatro a base de paralelismos y asociaciones. En la loa de este último América se relaciona con la Noche, el Invierno y el Agua:

> La Noche el pardo occidente
> a la América señala,
> al frío Invierno sus nieves
> y su cualidad al Agua[44].

Su principal aportación, tal y como se ha visto en anteriores ocasiones, es la de abrir un nuevo espacio por el que se propaga la religión católica eliminando falsas idolatrías.

5.2. El virreinato del Perú

En contraste con lo visto en México, para el caso peruano localizamos menos ejemplos de alegorías indianas y mucho más tardíos. Quizás el primero de todos sea la loa que Lorenzo de las Llamosas escribió para su comedia-zarzuela *También se vengan los dioses* (1689). En agosto de ese año llegó a Lima el nuevo virrey, D. Melchor Portocarrero, conde de la Monclova, naciéndole poco después el cuarto de sus hijos, Francisco Javier. A este natalicio dedica Llamosas la loa y todo el festejo dramático citado (loa, comedia-zarzuela en dos jornadas y sainete), del cual no hay constancia documental de cuándo se representó, pero por fortuna se conserva el manuscrito autógrafo del mismo donde se señala la fecha del 19 de diciembre de 1689, que la estimamos como de su probable estreno. En la loa aparecen las alegorías de Lima y México, que compiten entre sí por ganar la preeminencia en la veneración del infante. La presencia de las dos alegorías disputando está más que justificada, pues el conde de la Monclova fue primero virrey de Nueva España (1686-1688) y luego del Perú (1689-1705, año de su muerte); además el joven Francisco Javier fue concebido en México y nació ya en Lima, tras el viaje de los virreyes por mar. La caracterización de ambas alegorías, con la ayuda de la tramoya teatral y el vestuario, está bien lograda: Lima aparece sentada entre dos columnas con la leyenda del "Non plus ultra" y sus armas y escudo; por su parte México sale sobre un águila (significando a los aztecas, pero sin olvidar que también lo hace a los Austrias). Intervienen otros personajes alegóricos (que ahora no viene al caso especificar) y se dicta que sea Lima la primera en ofrecerse: ésta le rinde al infante (representado aquí en el Día Natalicio) un cetro y su escudo con tres coronas, lo que remite emblemáticamente a la entrega del poder (el cetro simboliza el gobierno del Perú y las tres coronas

---

[44] Cito por el tomo recopilatorio de Maldonado Macías (1992, 79).

son las que posee el escudo de Lima, tomadas de los tres Reyes Magos por el día de su fundación). Luego le toca el turno a México, que dona su corazón. Pero el movimiento dramático prosigue, pues Día Natalicio le devuelve la "fineza" a Lima otorgándole un escudo con una estrella:

> Dar a Lima pretendo
> (para paga de este timbre
> que me ha ofrecido su anhelo)
> mi estrella, con este escudo
> de el invicto dios guerrero,
> para que así mejorado
> desde hoy se admire su pecho[45].

El efectismo teatral es patente: a partir de ahora la estrella pasará a formar parte central del escudo limeño, en lo que es un claro ejemplo de cómo los elementos heráldicos y emblemáticos se ponen al servicio del juego dramático, con todo el poder de su visualidad y puesta en escena.

No repetirá Llamosas estas ni otras alegorías americanas en su teatro, pero quizás merezca la pena citar su *Manifiesto apologético*, en prosa, a favor del virrey duque de la Palata, publicado en 1692. Este virrey había fallecido en 1691 y nuestro autor escribe el apologético para airear sus virtudes como gobernante (Zugasti 2000); a su muerte —acaecida en Portobelo— no hubo túmulos ni homenajes populares, por eso Llamosas construye literariamente un Templo de la Fama donde reposaría una urna con sus restos: no falta ningún elemento arquitectónico (mármol negro, pedestales, columnas, cúpula, dosel...), incluidas dos estatuas alegóricas:

> Las gradas que conducen hasta el centro son los pasos de su religión y su lealtad. Las estatuas son ecos de sus heroicidades. Dos ninfas, que en el tarjón del frontis detienen por los rayos a un sol que se les esconde en el océano, son Europa y América, que ambiciosas le pleitean para norte de los mares en que le vieron con luces tan benignas (Llamosas 1692, 20).

Concluiré citando un par de ejemplos del siglo XVIII. En 1720, en el marco del cumpleaños del virrey y arzobispo Diego de Morcillo, estrena Pedro de Peralta Barnuevo su festejo *Afectos vencen finezas*, compuesto de loa, comedia larga, baile de *El Mercurio galante* y fin de fiesta. La loa es un testimonio más de pleitesía y aplauso al homenajeado, adonde concurren cantando variados personajes

---

[45] Cito el texto de la loa por la edición de Zugasti (1997, 585).

mitológicos y alegóricos. Entre estas alegorías tienen una fugaz aparición América y España, que salen a escena en una vistosa tramoya de vuelo custodiando al Amor: "Descúbrese el foro y aparece en el mar el Amor sobre un carro tirado de caballos marinos, acompañado de España y de la América, que le traen en medio" (Peralta Barnuevo 1937, 111). Nótese que España y América salen juntas y participan al unísono de los gozos festivos; compárese ahora con la postura que adoptará el Ciego de la Merced en el texto siguiente.

En 1748 el virrey José Manso de Velasco organiza en Lima los festejos para la proclamación de Fernando VI. Fray Francisco del Castillo, el Ciego de la Merced, compone para dicha ocasión su comedia *La conquista del Perú*, precedida de su correspondiente loa. Nos interesa ahora la loa, nueva muestra del género donde todas las personas dramáticas son abstracciones que compiten por ensalzar al nuevo monarca. La pieza abunda en el empleo de anagramas y otros rasgos de ingenio verbal, lo cual se aprecia desde el principio: las ocho letras del nombre FERNANDO generan acrósticamente la identidad de las ocho alegorías, que son Fama, Europa, Regocijo, Nobleza, Amor, Nación Peruana, Dicha y Obligación. La Música, que coordina a todas ellas, entona las alabanzas del rey, que Fama ayuda a propagar. Europa se acoge a la gozosa celebración y, tras ella, Nación Peruana, que sale vestida de india. Música agrupa a las dos en rango de igualdad:

> La Nueva Castilla
> con Europa ha hecho
> unión, celebrando
> a Fernando el sexto (Castillo 1996, 204).

Pronto surge el conflicto, pues Europa no acepta que Nación Peruana pueda amar al nuevo rey sin conocerle; tal objeción se solventa indicando que sí conoce al virrey, *alter ego* del monarca. Aun así, Europa sigue resistiéndose a ser equiparada con la Nación Peruana, pero ésta contraargumenta: si ella es Nuevo Mundo, debe ser suyo el nuevo rey; Dios creó al hombre el sexto día para dominar el orbe, luego a otro sexto —el rey Fernando— compete reinar en el Nuevo Mundo. Europa le concede la razón, pero apunta un último escollo: ella es noble y Nación Peruana es india, idea que refutará el personaje de Nobleza, aduciendo que el Perú ostenta la nobleza de los incas, la cual se mezcló pronto con preclaros linajes españoles (se cita a D. Martín de Loyola —sobrino del santo jesuita— y a su esposa la princesa inca Beatriz Clara[46], a los marqueses de Oropesa, Alcañices, condes de Almansa... siendo significativa la ausencia de los Pizarros,

---

[46] Sobre esta princesa incaica y su mención en la loa ver Chang-Rodríguez 1996.

protagonistas destacados de *La conquista del Perú*, comedia que vendrá tras la loa: recuérdese que Francisco Pizarro tuvo dos hijos con Inés Huaylas Yupangui, hermana de Atahualpa). Superadas todas las objeciones, el orgullo criollo de Nación Peruana sale reforzado tras la disputa ("Ya soy contigo tan una/ que la separación niego,/ porque la unión de la sangre/ cuasi identidad se ha hecho", Castillo 1996, 211), admitiendo Europa la paridad. A continuación las dos alegorías ya pueden dedicarse juntas a consagrar la proclamación de Fernando VI:

> A un tiempo las dos,
> tiempo ninguno perdiendo,
> le gastamos igualmente
> en el obsequio que hacemos (ibíd., 213).

Bibliografía

Abellán, José Luis. 1972. *La idea de América: origen y evolución*. Madrid: Istmo.

Alenda y Mira, Jenaro. 1903. *Relaciones de solemnidades y fiestas públicas en España*. Madrid: Sucesores de Rivadeneyra.

Allo Manero, Adita. 1981. Iconografía funeraria de las honras de Felipe IV en España e Hispanoamérica. En: *Cuadernos de Investigación. Historia* [Logroño] 7, 73-96.

Anglería, Pedro Mártir de. 1953-1954. *Epistolario*. Edición de José López Toro. 3 vols. Madrid: Góngora (Documentos Inéditos para la Historia de España, IX, X y XII).

Antei, Giorgio. 1988. La visión de América en el postrer Renacimiento. Entre asimilación y alteridad. En: *Columbeis* [Génova] 3, 175-190.

—. 1989. Iconología americana. La alegoría de América en el Cinquecento florentino. En: *Cuadernos de Arte Colonial* 5, 5-33.

Bénassy-Berling, Marie-Cécile. 1983. *Humanismo y religión en Sor Juana Inés de la Cruz*. México: UNAM.

Bonet Correa, Antonio. 1983. La fiesta barroca como práctica del poder. En: *El arte efímero en el mundo hispánico*. México: UNAM, 43-84.

Bramón, Francisco. 1994 [1620]. *Los sirgueros de la Virgen*. Edición de Agustín Yáñez. México: UNAM (Biblioteca del Estudiante Universitario, 45).

Buendía, José de. S.a. *Vida del Venerable Padre Francisco del Castillo*. Sin lugar.

Carvajal y Robles, Rodrigo de. 1950. *Fiestas que celebró la Ciudad de los Reyes del Pirú al nacimiento del serenísimo príncipe don Baltasar Carlos de Austria nuestro señor*. Edición de Francisco López Estrada. Sevilla: Escuela de Estudios Hispano-Americanos.

Castillo, Francisco del. 1996. *Obra completa*. Edición de César A. Debarbieri. Lima: Edición del autor.

Chang-Rodríguez, Raquel. 1996. La princesa incaica Beatriz Clara y el dramaturgo ilustrado Francisco del Castillo. En: *Mujer y cultura en la Colonia hispanoamericana*. Pittsburgh: Biblioteca de América-Instituto Internacional de Literatura Iberoamericana, 51-66.

Cotarelo, Emilio. 1911. *Colección de entremeses, loas, bailes, jácaras y mojigangas desde fines del siglo XVI a mediados del XVIII*. Vol. I. Madrid: Bailly-Baillière (NBAE, 17).

Cruz, Sor Juana Inés de la. 1955. *Obras completas*. Vol. III. Edición de Alfonso Méndez Plancarte. México: Fondo de Cultura Económica.

—. 1982. *Inundación castálida*. Edición de Georgina Sabat de Rivers. Madrid: Castalia.

Daniel, Lee A. 1985. The loas of Sor Juana Inés de la Cruz. En: *Letras Femeninas* 11, 42-48.

Elliott, John H. 1970. *The Old World and the New 1492-1650*. Cambridge: University Press.

Fernández de Castro, Jerónimo. 1725. *Elisio peruano. Solemnidades heroicas y festivas demonstraciones de júbilos que se han logrado en [...] Lima [...] en la aclamación de [...] Luis I*. Lima: Francisco Sobrino.

Fernández de Oviedo, Gonzalo. 1959. *Historia General y Natural de las Indias*. Edición de Juan Pérez de Tudela Bueso. Vol. I. Madrid: Atlas (BAE, 117).

Galván, Felipe. 1997. Reflexiones alrededor de la *Loa para el auto sacramental de "El divino Narciso"*. En: Ysla Campbell (ed.). *El escritor y la escena*. Vol. V. Ciudad Juárez: Universidad Autónoma, 71-78.

Glantz, Margo. 1990. Las finezas de Sor Juana: *Loa* para *El divino Narciso*. En: José Amezcua; Serafín González (eds.). *Espectáculo, texto y fiesta. Juan Ruiz de Alarcón y el teatro de su tiempo*. México: Universidad Autónoma Metropolitana-Iztapalapa, 67-75.

Hanrahan, Thomas. 1970. El tocotín, expresión de identidad. En: *Revista Ibero-americana* 36, 51-60.

Hernández Araico, Susana. 1994. El código festivo renacentista barroco y las loas sacramentales de Sor Juana: des/re/construcción del mundo europeo. En: Ysla Campbell (ed.). *El escritor y la escena*. Vol. II. Ciudad Juárez: Universidad Autónoma, 75-93.

—. 1996. La alegorización de América en Calderón y Sor Juana: *Plus Ultra*. En: *Rilce* [Pamplona] 12, 281-300.

—. 1999a. La poesía de Sor Juana y la teatralidad indígena musical: de conquista y catequesis a coreografía callejera y cortesana. En: Georgina Sabat de Rivers (ed.). *"Esta, de nuestra América pupila": Estudios de poesía colonial*. Houston: Society for Renaissance and Baroque Hispanic Poetry, 324-336. (Hay tirada aparte como número monográfico de la revista *Calíope* 4, 1998, 324-336).

—. 1999b. Mudanzas del sarao: entre corte y calles, conventos y coliseo —vueltas entre páginas y escenarios. En: Monika Bosse; Barbara Potthast; André Stoll (eds.). *La creatividad femenina en el mundo barroco hispánico: María de Zayas – Isabel Rebeca Correa – Sor Juana Inés de la Cruz*. Vol. II. Kassel: Reichenberger, 517-533.

Hidalgo, Gaspar Lucas. 1919. *Diálogos de apacible entretenimiento*. En: Adolfo de Castro (ed.). *Curiosidades bibliográficas*. Madrid: Rivadeneyra (BAE, 36).

Hill, Eladia L. 1985. Vertientes mágico-realistas en la loa de *El divino Narciso*. En: *Letras Femeninas* 11, 49-56.

Honour, Hugh. 1975a. *The New Golden Land. European Images of America from the Discoveries to the Present Time*. New York: Pantheon Books.

—. 1975b. *The European Vision of America*. Cleveland: The Cleveland Museum of Art. (Es el catálogo de la exposición "The European Vision of America" organizada en el bicentenario de los Estados Unidos).

—. 1976. *L'Amérique vue par l'Europe*. Paris: Grand Palais. (Es traducción francesa, corregida y añadida, del libro anterior).

Kohl, Karl-Heinz. 1982. *Mythen der Neuen Welt. Zur Entdeckungsgeschichte Lateinamerikas*. Berlín: Frölich & Kaufmann.

Levillier, Roberto. 1948. *América, la bien llamada*. 2 vols. Buenos Aires: Kraft.

Llamosas, Lorenzo de las. 1692. *Manifiesto apologético en que se tratan las principales materias del reino del Perú*. Sin lugar ni imprenta, pero en Madrid: Francisco Sanz.

Lohmann Villena, Guillermo. 1999. Huellas renacentistas en la literatura peruana del siglo XVI. En: Teodoro Hampe Martínez (comp.). *La tradición clásica en el Perú virreinal*. Lima: Universidad Nacional Mayor de San Marcos, 115-127.

López-Baralt, Mercedes (ed.). 1990. *Iconografía política del Nuevo Mundo*. Puerto Rico: Universidad.

Maldonado Macías, Humberto (ed.). 1992. *La teatralidad criolla del siglo XVII*. Tomo VIII de la serie *Teatro mexicano. Historia y dramaturgia*. México: Consejo Nacional para la Cultura y las Artes.

Mínguez Cornelles, Víctor. 1995. *Los reyes distantes. Imágenes del poder en el México virreinal*. Castelló de la Plana: Universitat Jaume I.

Morales, Pedro de. 2000 [1579]. *Carta del P. Pedro de Morales al P. Everardo Mercuriano en que se da relación de la festividad que en esta insigne ciudad de México se hizo este año de setenta y ocho en collocación de las sanctas reliquias*. Edición de Beatriz Mariscal Hay. México: El Colegio de México.

Morales Folguera, José Miguel. 1991. *Cultura simbólica y arte efímero en la Nueva España*. Granada: Junta de Andalucía.

Mugaburu, José (padre) y Francisco de (hijo). 1917-1918. *Diario de Lima (1640-1694)*. 2 vols. Lima: Imprenta y librería Sanmartí.

Morales y Marín, José Luis. 1992. *Iconografía del descubrimiento de América*. Valencia: Generalitat Valenciana.

O'Gorman, Edmundo. 1951. *La idea del descubrimiento de América. Historia de esa interpretación y crítica de sus fundamentos*. México: Ediciones del IV Centenario de la Universidad de México.

—. 1993. *La invención de América. Investigación acerca de la estructura histórica del Nuevo Mundo y del sentido de su devenir*. México: Fondo de Cultura Económica. (Manejo segunda edición revisada y aumentada de 1977, con reimpresión de 1993. La primera edición de este ensayo es de 1958: *La invención de América. El universalismo de la cultura de Occidente*. México: Fondo de Cultura Económica).

Parker, Alexander A. 1983. The New World in the *autos sacramentales* of Calderón. En: Karl-Hermann Körner; Dietrich Briesemeister (eds.). *Aureum Saeculum Hispanum. Beiträge zu Texten des Siglo de Oro. Festschrift für Hans Flasche zum 70. Geburtstag*. Wiesbaden: Franz Steiner, 261-269.

Peralta Barnuevo, Pedro de. 1937. *Obras dramáticas*. Edicion de Irving A. Leonard. Santiago de Chile: Imprenta Universitaria.

Poeschel, Sabine. 1985. *Studien zur Ikonographie der Erdteile in der Kunst des 16.-18. Jahrhunderts*. München: Klein.

Ramos Sosa, Rafael. 1992. *Arte festivo en Lima virreinal (siglos XVI-XVII)*. Sevilla: Junta de Andalucía.

Ripa, Cesare. 1987. *Iconología*. 2 vols. Madrid: Akal.

Sabat de Rivers, Georgina. 1992. *Estudios de literatura hispanoamericana. Sor Juana Inés de la Cruz y otros poetas barrocos de la colonia*. Barcelona: PPU.

—. 1998. *En busca de Sor Juana*. México: UNAM.

Sebastián, Santiago. 1992. *Iconografía del indio americano, siglos XVI-XVII*. Madrid: Tuero.

Simón Díaz, José. 1982. *Relaciones breves de actos públicos celebrados en Madrid de 1541 a 1650*. Madrid: Instituto de Estudios Madrileños.

Solórzano, Carlos (ed.). 1993. *Autos, coloquios y entremeses del siglo XVI*. Tomo III de la serie *Teatro mexicano. Historia y dramaturgia*. México: Consejo Nacional para la Cultura y las Artes.

Stastny, Francisco. 1965. La presencia de Rubens en la pintura colonial. En: *Revista Peruana de Cultura*, 4.

—. 1999. Temas clásicos en el arte colonial hispanoamericano. En: Teodoro Hampe Martínez (comp.). *La tradición clásica en el Perú virreinal*. Lima: Universidad Nacional Mayor de San Marcos, 223-254.

Vespucio, Américo. 1985. *El Nuevo Mundo. Viajes y documentos completos*. Madrid: Akal.

Williams, Sheila. 1975. Les ommegangs d'Anvers et les cortèges du Lord-Maire de Londres. En: Jean Jacquot (ed.). *Fêtes et cérémonies au temps de Charles Quint*. Paris: CNRS, 349-357.

Zanelli, Carmela. 1994. La loa de *El divino Narciso* de Sor Juana Inés de la Cruz y la doble recuperación de la cultura indígena mexicana. En: José Pascual Buxó; Arnulfo Herrera (eds.). *Literatura novohispana. Revisión crítica y propuestas metodológicas.* México: UNAM, 183-200.

Zavala, Huguette Joris. 1981. *La alegoría de América en el arte europeo.* México: Claustro de Sor Juana (Cuaderno 16 de la serie del Instituto de Estudios y Documentos Históricos).

—. 1994. *América inventada: fiestas y espectáculos en la Europa de los siglos XVI al XX.* Madrid/México: Turner/Ediciones del Equilibrista.

Zugasti, Miguel. 1997. Un texto virreinal inédito: loa para la zarzuela *También se vengan los dioses* de Lorenzo de las Llamosas. En: *Unum et diversum. Estudios en honor de Ángel-Raimundo Fernández González.* Pamplona: Eunsa, 553-589.

—. 1998a. La alegoría de América en el teatro barroco español hasta Calderón de la Barca. En: Concepción Reverte Bernal; Mercedes de los Reyes Peña (eds.). *Segundo Congreso Iberoamericano de Teatro: América y el teatro español del Siglo de Oro.* Cádiz: Universidad de Cádiz, 449-469.

—. 1998b. El festejo para *Los empeños de una casa* de Sor Juana Inés de la Cruz en su contexto espectacular barroco. En: Carmen Beatriz López-Portillo (coord.). *Sor Juana y su mundo: una mirada actual. Memorias del Congreso Internacional.* México: Universidad del Claustro de Sor Juana-UNESCO-Fondo de Cultura Económica, 468-476.

—. 2000. La literatura al servicio de la historia: el *Manifiesto apologético* (1692) de Lorenzo de las Llamosas al Duque de la Palata, virrey y mecenas. En: Ignacio Arellano; José Antonio Mazzotti (eds.). *Edición e interpretación de textos andinos.* Pamplona/Madrid: Universidad de Navarra/Iberoamericana/Vervuert, 65-86.

Zwack, Wolfgang. 1991. Religión indígena y noción cristiana del sacrificio: el choque de dos mundos en la "Loa para *El divino Narciso*" de Sor Juana Inés de la Cruz. En: *Voz y Letra* 2, 2, 117-143.

Lámina I: Cesare Ripa, *Iconología*, "América".

Lámina II: Abraham Ortelio, *Theatrum Orbis Terrarum*, Amberes, 1570 (edición facsímil de 1970, frontispicio).

Lámina III: Felipe Galle, "América", serie de *Personificaciones*, núm. 43, *ca.* 1581 (en: Honour 1976, 95).

Lámina IV: Túmulo de Felipe III, Lima, 1621 (en: Ramos Sosa 1992, 155).

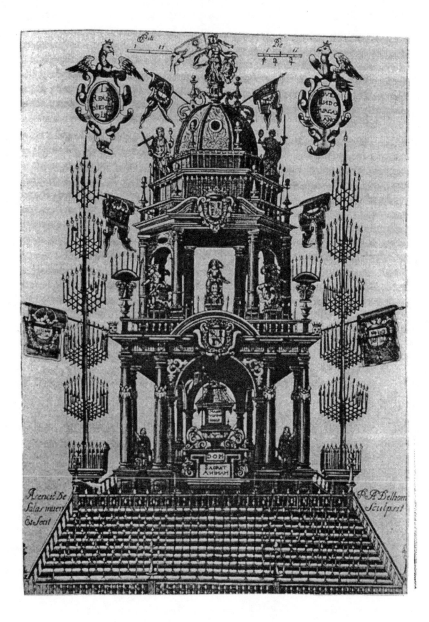

Lámina V: Túmulo de Felipe IV, Lima, 1666 (en: Ramos Sosa 1992, 169).

Lámina VI: Túmulo de Carlos II, Lima, 1701 (en: Ramos Sosa 1992, 179).

Lámina VII: Proclamación de Carlos II, Lima, 1666 (en: Ramos Sosa 1992, 83).

Lámina VIII: Túmulo de Felipe IV, México, 1666 (en: Morales Folguera 1991, 20).

Lámina IX: Túmulo de Felipe IV, México, 1666 (detalle; en: Mínguez Cornelles 1995).

Lámina X: Túmulo de Carlos II, México, 1701 (en: Morales Folguera 1991, 210).

Lámina XI: *Fama y obras póstumas de Sor Juana,* Madrid, 1700 (edición facsímil de 1995, 3).

III

LAS PIEZAS DEL ROMPECABEZAS:

AGENTES SOCIALES Y

COYUNTURAS POLÍTICAS

La universidad en la cultura novohispana del siglo XVII

Enrique González González

En 1974, Lawrence Stone hacía un urgente llamado a realizar una historia de las universidades capaz de "casar" a la historia social con la intelectual[1]. Muchos estudios verdaderamente renovadores han aparecido desde entonces en torno a universidades particulares y a grupos de éstas. Gradualmente se ha abandonado la acartonada historia institucional, interesada sólo en hacer la apología de determinado establecimiento, examinándolo de puertas adentro, y con base en documentos legales, en especial estatutos. Pero, no obstante el actual auge de los estudios sobre las universidades[2], los especialistas de campos afines como la historia de la cultura, las mentalidades o la literatura, siguen dándoles la espalda.

A mi modo de ver, los estudiosos de la cultura letrada de las colonias iberoamericanas podrían sacar gran provecho de la historia de las universidades, por varios motivos. Ante todo, porque era en las universidades donde se formaban los letrados seculares y no pocos miembros de las órdenes regulares. Por otra parte, el modelo universitario de clasificación del saber en las cinco facultades clásicas (teología, derecho eclesiástico y civil, medicina y artes) permeó a las principales instituciones de enseñanza, siendo admitido incluso en los estudios propios de las órdenes religiosas. Por lo mismo, quien desconoce el estilo universitario de cultivo e impartición de los saberes, tendrá dificultades para entender la formación escolar e intelectual de los principales autores coloniales[3]. En segundo lugar, las universidades, en tanto que cuerpos privilegiados con el monopolio para otorgar grados académicos, eran importantísimos agentes de promo-

---

[1] En "The Size and Composition of the Oxford Student Body 1580-1910"; la afirmación, referida a esa universidad en particular, tenía un alcance más vasto: "The most urgent necessity in modern research strategy is to marry intellectural history to social history" (Stone 1974, 3).

[2] La revista *History of Universities* publicada bianualmente por la Oxford University Press, recoge regularmente una amplia bibliografía sobre la materia.

[3] Al hablar de cultura en este trabajo, no remito a la llamada "cultura material" de un pueblo o civilización, ni al concepto que liga este término con el cultivo de las "bellas artes". Sin encerrarme en una definición rígida y excluyente, me referiré ante todo a la producción oral (sermones, discursos, actos públicos de conclusiones, etc.) y escrita de los letrados, individuos que, habiendo recibido una formación escolar superior a la elemental, además de conocer el latín, dominaban una de las cinco disciplinas o "facultades" impartidas por las universidades y otras instituciones docentes; en un sentido más lato, por cultura letrada entiendo aquí el conjunto de actividades, especialmente públicas, realizadas habitualmente por esos individuos en su comunidad en tanto que profesionales de dichas disciplinas.

ción social para sus graduados. Quienes carecían del apoyo colegiado de una orden religiosa, podían valerse del que la corporación universitaria brindaba a sus miembros. Por último, los archivos universitarios son auténticas minas de información biográfica acerca de personajes mal documentados fuera de ese ámbito. En ellos es factible encontrar datos sobre sus estudios y posibles grados, las fechas en que fueron estudiantes y, con suerte, alguna relación de méritos.

En las páginas que siguen, luego de una visión más que panorámica de la Nueva España del siglo XVII, me referiré a la universidad como un espacio donde se dirimían numerosos conflictos derivados de la diversidad de intereses entre la población hispana del virreinato. En la tercera y última, sugeriré algunos aspectos de la cultura novohispana cuyo tratamiento se beneficiaría de ponerse en contacto con la historia de la universidad.

1. El territorio y sus habitantes

Es un lugar común afirmar que la actual nación mexicana se debe, en mucho, a los fenómenos políticos, sociales y culturales ocurridos durante el siglo XVII; un lapso que también ha sido definido como la centuria "de la integración" y con otros rótulos análogos. A pesar de aseveraciones tan redondas, se trata del período menos estudiado de la historia virreinal, y es posible que semejantes frases sólo sirvan para encubrir un enorme vacío historiográfico. Dicho siglo —que alguien ha calificado irónicamente como nuestra "edad media"— sigue siendo definido mediante la doble vía negativa de que *ya* no se trata de la epopeya de la conquista y la aculturación, pero *todavía*, tampoco, del claroscuro de las reformas ilustradas. Por lo mismo, ese espacio de tiempo neutro ni siquiera posee cronología definida: unos autores sitúan su inicio por 1580, mientras otros aseguran que se prolonga hasta 1720 ó 1750[4]. Es cierto que cada vez aparecen nuevas investigaciones sobre tan incómodo período, pero se hallan muy lejos en volumen, y quizás en importancia, de la inmensa bibliografía dedicada al siglo XVI y a la segunda mitad del XVIII.

En espera de estudios que aporten precisiones, cifras y análisis de fondo para cada uno de los ámbitos sociales, el calificativo de "siglo de la integración"

---

[4] Por ejemplo, en la *Historia general de México. Versión 2000,* reeditada varias veces por El Colegio de México, desde 1976, el capítulo correspondiente a dicho período, de Andrés Lira y Luis Muro, se intitula "El siglo de la integración". Ocupa 54 páginas de las 1003 del volumen, y el capítulo siguiente arranca en 1750, con la declaración de que el siglo XVII se prolongaba hasta la primera mitad del XVIII. Seguimos careciendo de estudios globales sobre el XVII, más allá del clásico de Israel (1980). Para una bibliografía más actualizada, ver la incluida en su obra por Chocano Mena (2000).

resulta sugerente. Plantea la imagen de un período que, a modo de enorme crisol, entremezcla, funde y reelabora la cultura de los colonizadores con las pervivencias de las formas de vida de los pueblos autóctonos, ellos mismos en constante proceso de readaptación. Una mixtura a la que no fueron ajenas las influencias africanas y asiáticas (las últimas, a través del intercambio con Filipinas, conquistada desde 1568). A comienzos del siglo XVII, el inmenso y sinuoso territorio estaba más colonizado hacia el sur de la capital virreinal y en los caminos que llevaban al Pacífico, por Acapulco, y al Atlántico, desde Veracruz. En cambio, la frontera norte nunca se alcanzaba, en permanente expansión hacia nuevas vetas de plata. Aquí y allá surgían puestos de avanzada en medio de indios hostiles, asentamientos que originaban circuitos de productores y mercaderes de los insumos indispensables para los habitantes de los reales mineros.

A principios del siglo XVII, se había asentado la autoridad de la corona a través de sus dos brazos principales, las autoridades civiles, encabezadas por el virrey, y las eclesiásticas, con el arzobispo a la cabeza. A lo largo de la centuria, siguió afianzándose la preeminencia de la minoritaria población de origen hispano, a costa de la indígena, diezmada por las guerras de conquista, las pestes, y por la alteración de su hábitat y sus formas tradicionales de vida. A tono con una firme política metropolitana, los naturales eran compelidos a agruparse en comunidades al modo de los municipios castellanos. Las tierras así liberadas y aquellas arrebatadas sin más, permitían a la población de origen hispano cultivar grandes estancias ganaderas y haciendas agrícolas productoras, ante todo, de trigo y caña de azúcar, pronto aclimatados a la tierra, mientras que el tradicional cultivo de maíz seguía a cargo principalmente de la población autóctona. El temprano auge de las haciendas, la nueva unidad productiva, acabó por volver más anticuados, si cabe, los remanentes de la encomienda, y desplazó social y económicamente a los encomenderos que no supieron adaptarse a tiempo a las nuevas condiciones.

El expansionismo de las haciendas, casi siempre a costa de los naturales, ocasionaba inacabables pleitos por tierras y aguas, que se traducían en un constante drenaje para la menguada economía de las comunidades. Porque, lejos de ganar con el nuevo estado de cosas, los indios, ya como tributarios, como prestadores de trabajo compulsivo, o como peones asalariados en las haciendas o en las minas, eran reducidos, más que nunca, al servicio de la llamada "república de españoles". Es cierto que, según las leyes, los indígenas eran una república paralela a la de españoles, y que su supuesto fin de la segregación era defenderlos, algo que al menos les daba entidad jurídica. En cambio, la creciente masa de mestizos, mulatos y demás mezclas raciales que pululaban en las ciudades hasta el grado de dominar el paisaje humano, si creemos a los contados viajeros extranjeros, carecía de espacio jurídico propio frente a españoles e indios. Sin más opción que ganarse la vida en profesiones manuales, a modo de asalariados, o de vagos y delincuentes, la élite criolla y peninsular los veía como una permanente amenaza.

Durante toda la centuria, numerosas ciudades de españoles, no sólo las cabeceras episcopales, vivieron una inagotable fiebre edificatoria: en torno a la plaza central se alzaban catedrales o iglesias parroquiales, soportales, edificios para la administración civil, instalaciones para la provisión de agua, la colecta de granos, mansiones vivienda de las familias pudientes; mientras surgían nuevos conventos de monjas, se expandían los de frailes, a costa de las casas vecinas; se fundaban colegios y, en la capital del virreinato, la universidad real concluyó su sede durante la primera mitad de la centuria. Pero así como en las comunidades de indios era raro no encontrar a algunos españoles, en villas y ciudades, al lado de los blancos coexistían incontables indios, mulatos y castas.

En esa compleja sociedad, donde todo estaba en ebullición, donde incontables conflictos irrumpían violenta y brevemente o permanecían soterrados largo tiempo, también iban configurándose regiones, mecanismos de poder e instituciones. Es ahí donde se sitúa la universidad, erigida en 1551 para que "los naturales y los hijos de los españoles fuesen instruidos en las cosas de la Santa Fe Católica y en las demás facultades"[5]. Sin embargo, ya en 1554, a unos meses de abiertas las aulas, el virrey escribió al monarca que, dada la insuficiente madurez de los indios para la fe, no convenía, "de momento", permitirles tales estudios[6]. Semejante exclusión, que nunca sería de derecho, se mantuvo, con pocas excepciones, a todo lo largo del período colonial. Así, la universidad fue, desde sus orígenes, un coto restringido para provecho de la casta de origen peninsular, para la república de españoles. Ésta es una de las características centrales de la cultura letrada novohispana: en la práctica, el acceso a las letras y a los beneficios que de ellas derivaban quedó restringido para un solo estrato de la población, minoritario en número, pero el de mayor poder y más alta consideración social. Y si en el siglo XVI se intentó dar educación superior a los indios de la élite indígena a través del colegio de Tlatelolco, apenas abierta la universidad, el rector Bravo de Lagunas escribió al rey solicitando el cierre del colegio o, mejor, que sus rentas dejaran de aplicarse a los indios y aquél se destinara a hijos de españoles[7]. Reconvertido Tlatelolco hacia 1600 en una escuela de primeras letras, hay que

---

[5] Las cédulas de fundación, de 21 de septiembre de 1551, en Lanning 1932, 293s.
[6] Archivo General de Indias (AGI), México, 19, documento 13.
[7] Carta del 5 de mayo de 1556, en AGI, México, 68. Ver González González 1990, 82s.

esperar a mediados del siglo XVIII para asistir a nuevos intentos de dar estudios superiores a los naturales.

Pero si el estamento español constituía como tal el grupo dominante, puertas adentro se trataba de un colectivo enormemente estratificado, con no pocas tensiones en su seno.

2. La universidad. Los espacios de conflicto

Según lo arriba expuesto, queda fuera de duda qué estamento se beneficiaba en exclusiva de la universidad. Con todo, la española se hallaba lejos de ser una población homogénea y, por lo mismo, los intereses de sus miembros diferían. Desde ese punto de vista, la universidad fue, durante el período colonial, uno de los foros donde se disputaban numerosos intereses enfrentados. De entrada, las autoridades civiles, encabezadas por el virrey y la audiencia, retuvieron durante décadas el control de la institución, algo que les recriminaba acremente la potestad eclesiástica, representada por el arzobispo y el cabildo catedralicio. También las órdenes religiosas buscaban espacios de poder en la universidad, lo que las enfrentaba constantemente con los clérigos seculares, deseosos de ser los únicos dueños de Estudio General. Al propio tiempo, la universidad era un foro para dirimir la disputa tradicional entre nativos de la tierra, llamados criollos, y los recién llegados de la metrópoli. Como cabe suponer, ninguno de tales conflictos transcurría en una sola dirección. Los clérigos criollos con frecuencia se enfrentaban a un aspirante a catedrático por ser fraile además de peninsular. O podía ocurrir que las órdenes religiosas, aliadas con el virrey, cuestionaran los estatutos dictados a la universidad por el obispo Palafox en 1645, que tanto favorecían al clero secular, en su mayoría criollos. En vista de tan intrincados conflictos de intereses, conviene ir por partes.

La Universidad de México fue fundada por el rey, quien, a lo largo del período colonial, la proveyó de sustento económico mediante libramientos anuales procedentes de la real caja. El hecho de haber sido su fundador, y de constituir su principal sostén económico, le confería el derecho de patronato, es decir, potestad para regular sus actividades. Las universidades, sin ser instituciones propiamente eclesiásticas, solían inclinarse más hacia el ámbito de la iglesia debido al estatuto clerical de la mayoría de sus miembros. Así lo reconoció implícitamente Carlos I, quien, al fundar la Real Universidad de Granada en 1526, la puso al cuidado del arzobispo y no de las autoridades civiles[8]. Pero en la Nueva España de 1551, la iglesia secular estaba por consolidarse y carecía de

---

[8] González González 1995b, en especial, 309-317.

rentas suficientes, de modo que su organización y funcionamiento fueron encomendados por el príncipe Felipe al virrey y a la Audiencia. Éstos, a lo largo del siglo XVI, lograron un fuerte control de la corporación universitaria, que se extendió a casi todos los aspectos: ante todo, de 1567 al inicio del nuevo siglo, los miembros de la Real Audiencia acapararon el cargo rectoral. Además, apenas asumir el cargo, los oidores se hacían doctorar, lo que les permitía tomar parte directa en las decisiones de los claustros universitarios; tanto, que resultaba imposible aprobar medida alguna sin el beneplácito de los funcionarios reales. De igual modo, los estatutos universitarios, para tener vigencia, debían ser confirmados por el virrey. En 1580, éste ordenó al oidor Farfán una visita al Estudio General; de ahí salieron nuevos estatutos que, en gran medida, confirmaron jurídicamente lo que era una práctica cotidiana.

Un control tan estrecho de la institución como el ejercido por el virrey y la Audiencia a título de vicepatronos fue mal visto en todo tiempo por el arzobispo y el Cabildo eclesiástico, quienes consideraban la preeminencia de las autoridades temporales como mera intromisión. Tampoco los estudiantes solían aprobar el estado de cosas, en la medida que impedía a la universidad la consolidación de su vida diaria, el funcionamiento de normas estables al margen de interferencias externas y casuísticas, y la vigencia de procedimientos regulares de promoción interna.

Además del patronato particular sobre la Universidad de México, el rey gozaba del patronato eclesiástico universal en los territorios de Indias. Esto lo autorizaba a tener una incidencia directa en todos sus asuntos de *su* iglesia, al grado que toda decisión del romano pontífice tocante a los dominios americanos debía hacerse a petición de parte formulada expresamente por el Consejo de Indias o mediando autorización suya. Una de las consecuencias prácticas más relevantes del Regio Patronato era el derecho del monarca a presentar candidatos a ocupar todas las parroquias a cargo del clero secular y del regular, y para todos los puestos de los Cabildos catedralicios y los obispados. De ese modo, el monarca era dueño indisputado de los mecanismos de promoción eclesiástica, lo que lo dotaba de un poder superlativo sobre la institución, al grado de que los clérigos venían a ser, en última instancia, funcionarios de la corona, con un rango análogo al de las autoridades laicas. Al propio tiempo, el monarca dependía de la Iglesia para el control de la población de ambas repúblicas. Tanto la predicación como la red de tribunales eclesiásticos asentados a lo largo y ancho del territorio virreinal y sujetos a la autoridad de los obispos, eran instrumentos sutiles y eficaces para el mantenimiento de la paz social. De ahí que la Iglesia indiana hubiese sido, en todo tiempo, un instrumento capital para el gobierno real de las Indias. Dado que la universidad era el principal semillero de clérigos (los seminarios tridentinos nunca la suplantaron y los frailes contaban con estudios propios para formar a sus candidatos), los arzobispos tenían indudable interés por mantenerla en su ámbito de influencia, lo que ocasionaba frecuentes conflictos con los vicepatronos laicos.

El dominio real sobre la Iglesia americana era tan fuerte, que la corona se interponía entre los prelados y el papa, su autoridad jerárquica inmediata. Como se sabe, ningún mandato de Roma podía aplicarse sin el pase real[9]. Los prelados, en tanto que funcionarios delegados por el rey para la tutela del patronato, debían consultar al Consejo de Indias antes de cualquier medida tocante a edificación de iglesias, manejos financieros o remoción de individuos indeseables. Los virreyes consideraban un aspecto primordial de sus funciones cuidar que el clero regular y secular se sujetasen al patronato. En consecuencia, a cada paso interferían en las actividades de los obispos y demás eclesiásticos, muy en particular sustrayendo numerosos procesos a los tribunales episcopales en nombre de la justicia real. De su parte, la jerarquía secular vigilaba estrechamente a las autoridades laicas, no incurriesen en desacatos al regio patronato, sobre todo por la frecuencia con que eximían de muchas disposiciones reales a los frailes. Siendo la universidad una institución real, ambas autoridades contendían en celo por garantizar que en ella se observara la real voluntad.

En esa permanente disputa entre autoridades civiles y eclesiásticas por el control de la universidad en nombre del rey, los clérigos dieron la pelea definitiva a lo largo del siglo XVII. Virreyes como el marqués de Villena (1640-1642) y el duque de Alburquerque (1653-1660) sometieron la corporación a sus designios sin el menor miramiento por las normas escritas o consuetudinarias, pero, a la larga, los clérigos ganaron. Ya en 1586 el arzobispo Moya de Contreras había logrado ser nombrado visitador real de la Universidad, ordenando nuevos estatutos mediante los cuales frenar en alguna medida la omnipresencia de los oidores en el Estudio General. Estableció mecanismos de funcionamiento interno con reglas claras para la provisión de las cátedras, que en adelante sólo se adjudicarían mediante voto estudiantil. Así pretendía evitar la discrecionalidad con que las autoridades laicas tendían a nombrar los lectores de las cátedras. Los nuevos estatutos también ponían en manos de la propia universidad —y no de las autoridades virreinales, como hasta entonces— el manejo y distribución de sus rentas. De forma análoga, proveyó una serie de medidas que gozaron de gran apoyo interno por favorecer la *institucionalización* del Estudio General, pero fueron vetadas por la audiencia. Con todo, los estatutos del arzobispo pervi-

---

[9] El derecho de pase lo aplicaban los reyes de Castilla y Aragón, aun sin gozar del patronato sobre las iglesias de sus reinos; he discutido el asunto en González González 1995b, 306-309.

vieron como marco de referencia, especie de *desideratum* y, si bien de forma paulatina, sus principales capítulos fueron aprobándose cuando se daban coyunturas favorables. Un nuevo paso se dio en 1646, durante la visita de don Juan de Palafox a la universidad, pero su empeño por frenar el intervencionismo del virrey y los oidores provocó en lo inmediato una violenta reacción de ellos. Hubo que esperar al último tercio del siglo XVII para que finalmente la balanza favoreciera a la Iglesia; entonces, los doctores seculares lograron eliminar definitivamente a oidores y frailes del cargo rectoral, y se impuso una junta de votaciones para la asignación de cátedras que quedó bajo el control del arzobispo y el cabildo. A partir de entonces, el proceso de *clericalización* de la universidad, fue imparable.

Como bien se sabe, las órdenes religiosas jugaron un papel primordial en la evangelización de los naturales[10]. Efecto de ese inicial protagonismo fue que tomaran a su cargo numerosas parroquias de indios (llamadas *doctrinas*) que atendían permanentemente al modo de clérigos seculares, pero obedeciendo en exclusiva a los superiores de su orden y —en virtud del regio patronato— al virrey y la audiencia. De esta forma, cuando la jerarquía secular intentó asentarse en Indias, se topó con un territorio tomado por frailes de distintas órdenes que, sobre usufructuar las rentas eclesiásticas, se negaban en redondo a acatar la jurisdicción episcopal, confirmada por el concilio de Trento y por diversas disposiciones reales que, de una u otra forma, incumplían. Los virreyes, celosos del excesivo poder de los arzobispos, les ponían incontables tropiezos, en particular, apoyando a los frailes. Por otra parte, a medida que el siglo XVII avanzaba, desapareció la actividad evangelizadora de los frailes, con excepción de los territorios poco poblados del Norte. En consecuencia, se dedicaron a adquirir y beneficiar haciendas agrícolas y ganaderas, y a concentrar gran número de frailes, con predominio de criollos, en los conventos de las grandes ciudades. Ahí, no escaseaban los choques entre los altos jerarcas, miembros de las familias más poderosas, y el bajo clero. Durante el siglo XVI y casi todo el XVII, los frailes se negaron a pagar el diezmo de sus haciendas a las catedrales. Y si Palafox logró someterlos en su obispado de Puebla, hubo que aguardar al gobierno de fray Payo Enríquez de Rivera (arzobispo de 1668 a 1680, y virrey desde 1673), para reducirlos a obediencia. En esos mismos años, el prelado logró también que los frailes con ministerio de curas aceptaran el asentamiento de tribunales eclesiásticos en las mismas parroquias a su cargo (Pérez Puente 2001a).

---

[10] Con todo lo que requiere de revisión, el trabajo clásico sigue siendo el de Ricard (1986).

Las órdenes poseían espacios propios para la formación de sus miembros. Con todo, agustinos y dominicos y, desde el siglo XVII, los mercedarios, lucharon tenazmente por asegurarse influencia en la universidad. Pocos de ellos cursaban o se graduaban en el Estudio General, pero las órdenes, como tales, procuraban tener cierto número de doctores en el claustro, designados de entre sus miembros de más alta jerarquía, y aspiraban a presidir al menos una de las cátedras teológicas y de Artes[11]. Solía tratarse de peninsulares que, gracias al favor del virrey, eran incorporados al claustro universitario, sin contacto previo con la institución. En una comunidad como la universitaria, con abierto predominio de clérigos seculares, la presencia de frailes era vista como una intromisión, sobre todo, por el poder de que hacían gala para ganar espacios. Los mercedarios dejaron constancia en su *Crónica* oficial, redactada por Pareja alrededor de 1688, de las fortunas invertidas en sobornos para conquistar cátedras, cargo que se tenía por altamente honroso para la orden (Pareja 1882). Además, los frailes solían competir con respaldo tácito o abierto del virrey y la audiencia, lo que acentuaba el disgusto del gremio universitario y las autoridades del clero secular. Durante el siglo XVII, media docena de dignatarios agustinos y dominicos, miembros de las más poderosas familias criollas, ocuparon el rectorado (Pérez Puente 1996), con repudio del bando secular. El rechazo se incrementaba cuando los aspirantes a cargos universitarios, además de ser frailes, habían nacido en la península.

Los estudiantes universitarios procedían, excepcionalmente, de las familias más ricas y poderosas de la capital o las ciudades y reales mineros del interior. En un número mayor, pertenecían a los estratos medios de la sociedad criolla. Por fin, en vista de la gratuidad de los estudios, acudían a las aulas numerosos miembros de familias de escasos recursos. Tal fue el caso de don Carlos de Sigüenza y Góngora, quien, a pesar del *don*, era hijo de un modesto secretario de gobierno que a duras penas logró alimentar y dar mediana colocación a su numerosa prole (González González 2000). Cuanto menores fuesen los recursos económicos y sociales de los escolares, era mayor su dependencia de la universidad como medio de acceder a una carrera en la administración civil o eclesiástica. Necesitaban caminar sobre un delgado hilo, y los primeros pasos consistían en votar en las provisiones de cátedras; una mayor participación en la política universitaria ocurría si se ganaba una consiliatura; más adelante estaba la oportunidad de participar en un acto público de conclusiones o de opositar a

---

[11] Ramírez 2001. Ver también Pavón Romero/íd.1993.

una cátedra[12]. Ese precario equilibrio se venía al traste a poco que un poder externo se inmiscuyera en cualquier proceso. De ahí el interés estudiantil porque los oidores se abstuvieran de intervenir, y porque los frailes no pusiesen en juego todo el poder de su orden para sacar una cátedra a costa de los aspirantes que habían participado largo tiempo de los rituales universitarios. Y siendo en su mayoría nacidos en la tierra, los criollos veían con descontento que un recién llegado de Castilla obtuviese a la primera lo que a ellos iba costando tantos años y reiterados intentos.

Para desdicha de los estudiantes sin medios, las oportunidades de promoción interna se fueron acortando conforme avanzaba el siglo XVII. En México se adoptó, con notables restricciones, el modelo universitario de Salamanca[13]. A diferencia de la ciudad del Tormes, donde el cargo rectoral recaía siempre en un estudiante, en México se asignaba a un miembro de la élite: canónigos de la catedral, oidores, altos dignatarios de las órdenes religiosas... En México y Salamanca, junto con la designación anual de rector, se elegía a ocho consiliarios estudiantiles, con la doble función de coordinar las provisiones de cátedras y de elegir, al término de su mandato, al nuevo rector y a los subsiguientes consiliarios. En Nueva España, desde la segunda mitad del XVII, las consiliaturas fueron copadas por los doctores; paralelamente, los estudiantes fueron privados del derecho a votar las cátedras, pasando la designación a la mencionada junta presidida por el arzobispo y controlada por el cabildo. De ese modo empezó a menguar el poder de los oidores, transferido a las altas autoridades eclesiásticas. También a partir del último tercio del siglo XVII, frailes y oidores dejan, en definitiva, de ser rectores, cargo que ya no escaparía de las manos del cabildo eclesiástico. Y si los estudiantes continuaron llenando las aulas, su presencia quedó despojada de todo poder corporativo.

Aparentemente, hacia el último cuarto del siglo XVII muchas tensiones internas de la universidad quedaron resueltas en favor del partido liderado por la alta jerarquía eclesiástica, la mayor parte de cuyos miembros eran clérigos criollos con grado doctoral y activa participación en los claustros académicos. Nuevos estudios permitirán confirmar o negar esta sospecha. La pérdida de protagonismo del virrey y la audiencia, uno de los bandos que tradicionalmente compartían y disputaban espacios de poder, habría acentuado un proceso de

---

[12] Pavón Romero (1995) realiza una excelente explicación de los mecanismos internos de promoción. Ver también, Aguirre Salvador (1998).

[13] La tesis del "trasplante" de Salamanca al nuevo mundo expuesta por Rodríguez Cruz (1977) sufrió importantes matices en Peset (1985), y ha sido revisada más recientemente por varios estudiosos, como Ramírez (2001-2002).

elitización, presente desde los primeros años de la universidad. A lo largo del mismo, los estudiantes perdieron oportunidades. Pero no debió de tratarse de un fenómeno unilateral; se sabe que la matrícula no disminuye, al contrario de lo que ocurría en las universidades europeas coetáneas. El aumento de la nómina estudiantil conforme avanza el siglo XVII, y a todo lo largo del siguiente, es indicio inequívoco de que la universidad —con todo y su creciente jerarquización—, seguía siendo un espacio de oportunidades.

Desde su inicio, en la universidad se advierten dos claras salidas: la de la inmensa mayoría de estudiantes, obligados a contentarse con el grado de bachiller, relativamente económico, y la carrera, restringida a quienes tenían capacidad económica para solventar los enormes gastos de doctoramiento. Los primeros debían hacer valer su grado al pretender una parroquia, tal vez en lugar remoto, un pequeño cargo de letrado en la audiencia, o acomodo en un hospital. Los segundos, con el apoyo de una familia pudiente, contendían por las prestigiosas parroquias de la ciudad, un asiento en los cabildos eclesiásticos, la presidencia de tribunales diocesanos, cargos en el gobierno diocesano o un asiento honorario en la audiencia, que eran los únicos permitidos a los americanos previo pago de derechos.

Los letrados que acaparaban los cargos, los honores, tenían también acceso franco a la alta cultura. Un espacio compartido, mal que bien de su grado, con los altos dignatarios de las órdenes religiosas, nutridas por lo general de criollos, muchos de los cuales pasaron en su juventud por las aulas universitarias. Sin embargo, cuantos nacieron en la tierra, o los avecindados en ella de tiempo atrás, tenían fuera de su alcance los cargos máximos de oidor, de arzobispo y, por supuesto, de virrey. Esa limitación los movía a desarrollar una amplia gama de estrategias compensatorias que iban desde la manifestación expresa de desencanto hasta diversas formas de alianza con los potentados metropolitanos.

3. Universitarios, letrados y criollos

Los letrados novohispanos, y en general los de la América española, solían vivir en espacios urbanos trazados a la europea; acudían a estudiar a colegios y universidades según modelos escolares de corte europeo, basados en el cultivo de una lengua supranacional, el latín. Además de esto, en su trato diario se valían del español. Ellos mismos eran españoles "puros", aun si unas gotas de sangre indígena o negra se habían colado en su genealogía, tacha que ocultaban hasta donde podían. No obstante habitar en ciudades a la europea, el espacio inmediato resultaba mucho mayor y más diversificado que cualquiera imaginable en el viejo continente, con flora y fauna peculiares, ignoradas en los manuales de ultramar. La más dilatada peregrinación de un escolar por las aulas del Viejo

Mundo carecía de parangón con la distancia requerida para ir de los obispados de Nueva Vizcaya o Guadalajara a Yucatán, para no hablar de Lima o Charcas. Además, ese complejo y vastísimo espacio era habitado por una multitud de pueblos que sólo tenían de europeo los rasgos inducidos en ellos por los invasores. Unas comunidades con lenguas y hábitos en poco o nada asimilables a los paradigmas occidentales.

Gran número de esos nativos, lejos de vivir en selvas y confines, coexistían estrechamente con el grupo minoritario de españoles, a quienes servían; de su lado, los peninsulares a veces aprendían una lengua y algo de los "bárbaros" usos autóctonos, sobre todo en comida y medicamentos, cuando no adoptaran también ciertas creencias de orden astronómico. Por fin, los hijos de conquistadores y de emigrantes al Nuevo Mundo, siendo españoles por sangre y teniendo dominio sobre la población nativa y otros grupos sociales como los formados por negros y mulatos, eran súbditos de un monarca asentado al otro lado del océano, que les imponía a una serie de autoridades venidas de allá para ejercer unas políticas que con frecuencia contravenían los intereses locales. El mismo soberano que solía conceder a peninsulares los espacios que los hijos de la tierra reclamaban por propios en las iglesias catedrales y en la administración civil. Además, exigía tributos, quintos y alcabalas que, lejos de permanecer en la tierra para provecho de sus habitantes, debían ser embarcados en metálico a la metrópoli año con año.

La cultura letrada de los pobladores de América —llamados criollos desde muy pronto— podría pues definirse como el esfuerzo, casi siempre contradictorio y ambiguo, por asimilar tan compleja realidad y por beneficiarse de ella, fuese a costa de indios y castas, o en detrimento de los intereses de la corona y la burocracia peninsular. En tales condiciones, el "criollismo" sería la vasta gama de representaciones ideológicas y simbólicas derivadas de esa tensión permanente de los españoles americanos, sabedores, a la vez, de sus raíces europeas y de tener por patria otro continente; dueños, con plenitud de derecho, de la cultura letrada europea, y resignados a ejercerla en un confín del planeta, en la periferia de los centros de que aquella irradiaba; dotados de herramientas analíticas europeas para interpretar y asimilar una realidad que a cada paso sobrepasaba a la metropolitana en complejidad. Asimismo, miembros de un grupo que, siendo dueño de vastos territorios, vivía supeditado a los designios de una metrópoli no siempre bien informada de la realidad americana, ni demasiado celosa del bienestar de sus pobladores.

Con gran frecuencia, por lo mismo, esa cultura aparece como reivindicación de lo propio, aun si sus apologías rara vez hallaban eco en la corte. De ahí quejas y protestas porque la corona prohibía la encomienda perpetua o insistía en reservar a los peninsulares unos cargos que, a juicio de los criollos, les pertenecían tanto como la tierra. Tampoco tenían éxito los alegatos de León Pinelo, Sigüenza y Góngora, Eguiara —entre tantos otros— contra el desdén europeo que, lejos de admitir el esplendor de las academias americanas y la cantidad y calidad de sus sabios, insistía en ver al Nuevo Mundo como el reino de las tinieblas cimerias (Papy 2001). Por ello también la frustración ante sus inútiles esfuerzos por exaltar los frutos de santidad que tan generosamente producía la patria. No bastaban empeños ni dádivas para que Roma refrendara las virtudes heroicas de los venerables indianos, con excepciones tan señaladas como Rosa de Lima o Felipe de Jesús (Rubial García 1999 y Hampe Martínez 2000).

¿Cuándo y cómo fue surgiendo la conciencia criolla en el Nuevo Mundo? Sin duda a partir de los primeros memoriales que daban cuenta de la peculiaridad y vastedad de aquella geografía natural y humana, y de las primeras peticiones de los conquistadores a la corona. Se trata de una cuestión actualmente de moda[14], pero, aparte de generalizaciones y de estudios centrados en aspectos específicos, estamos lejos de haber reconstruido la compleja trama de manifestaciones orales —si por tales admitimos los sermones pronunciados—, escritas y artísticas. Como siempre, las grandes figuras y los más obvios monumentos se imponen con luz propia, pero esa misma luz estorba la visión de los otros árboles del bosque. Seguimos en espera de una periodización convincente para ese lapso tres veces centenario, durante el cual decenas de generaciones tomaron parte en la configuración de tan intrincadas formaciones sociales y culturales; nos limitamos a hablar de siglos, y aun éstos se alargan o acortan al gusto del historiador. También carecemos de censos aceptables de la enorme producción escrita y artística generada en cada uno de los dilatados territorios. Y si los escritos que alcanzaron la letra impresa han sido objeto de una atención bastante irregular y asistemática, ¿qué se puede decir de la infinidad de manuscritos que yacen en bibliotecas, archivos públicos y colecciones particulares, de los que con frecuencia no existe siquiera un mediano inventario?

Quien haya tenido algún contacto con la producción escrita virreinal, hallará, con la discutible excepción de la novela, la presencia de casi todos los géneros habituales entonces al otro lado del océano: poesía latina y castellana, comedias, tratados sobre muy variados asuntos: teológicos, especulativos, de carácter moral y político, acerca de cuestiones naturales y tocantes a asuntos prácticos, como la extracción de minerales o el aprendizaje de lenguas indígenas. Asimismo, manuales académicos para las distintas facultades, al lado de tesis y avisos de actos

---

[14] Aparte de Rubial, véase Alberro (1992 y 1999). Asimismo, para una perspectiva más allá de la Nueva España, el volumen editado por Mazzotti (2000), todos con bibliografía.

públicos de conclusiones. Tampoco faltan los libros de historia, las crónicas de órdenes regulares y de instituciones seculares, hagiografías, descripciones de santuarios con sus respectivas devociones, oraciones; noticias de fiestas, de entradas, de sucesos inusitados. Lugar especial ocupan, y no sólo por su gran número, los sermones, los elogios fúnebres, los alegatos jurídicos, los memoriales, las peticiones...

Una aproximación externa a los asuntos tratados desde tan diversos géneros por los autores novohispanos revela, muy en particular, la amplia gama de escritos reivindicatorios de la patria. En ellos se exaltaba la calidad del clima y su favorable influjo para el buen temple de la población, al menos la criolla, que, lejos de ser tarda y proclive a la pereza y la sensualidad, era despierta y de mejor natural que la peninsular. Al lado de las virtudes naturales de la tierra, se exaltaba la nobleza de la población, su gran cortesanía, el fasto de sus fiestas y procesiones, su fidelidad al monarca y a la Iglesia, el lustre de las ciudades, ennoblecidas por los grandes edificios civiles y eclesiásticos. Por supuesto, a toda hora se recordaba la gesta de la conquista, principal timbre de honra para los descendientes de quienes la realizaron. Se guardaba memoria de los varones ilustres en letras y probidad, y de los hombres y mujeres cuyas virtudes heroicas, rayanas en santidad, eran signo de la fecundidad espiritual de la tierra, hecho también atestiguado por los incontables santuarios. Y entre ellos, a partir del siglo XVII, se dio un lugar primordial al de Guadalupe, testimonio de la singular y milagrosa distinción de María para con la Nueva España.

En principio, cualquier individuo capaz de leer y escribir podía tomar la pluma para tratar los asuntos de su interés; en la práctica, los letrados eran los únicos autorizados formalmente para ese ejercicio. Disponían de eficaces mecanismos de control y censura para atajar la circulación de obras escritas por "idiotas", es decir, por ajenos al gremio[15]; peor aún, si los profanos eran indios, mujeres o individuos de profesiones "bajas". La notable excepción de Sor Juana, es la mejor muestra de las insalvables dificultades que una mujer debía afrontar para ser admitida entre los profesionales de la pluma, y no es casual que, al fin de su vida, hubiera sido obligada al silencio y a la retractación. De ahí que el análisis de la producción escrita por los autores novohispanos deba pasar, obliga-

---

[15] Chocano (2000, 363-370) se ha referido al asunto y lo ilustra convincentemente con algunos casos.

damente, por el estudio de universidades y colegios[16], los semilleros obligados de los letrados.

En buena medida, la historia de la universidad y los colegios, así los seculares como los de las órdenes religiosas, puede aportar un hilo conductor a través del dédalo de escritos legados por los autores de la época colonial. La función de la universidad —y de forma un tanto subsidiaria, la de los colegios— era doble. De una parte, formar a los hijos de españoles en los estándares de la cultura académica occidental, habilitándolos para el ejercicio de las profesiones liberales; de la otra, permitirles la obtención de un grado académico mediante el cual alegar méritos y competencia al pretender cargos civiles y eclesiásticos. De ahí que, a partir del estudio de su historia, sea posible asomar al mundo de los letrados, principales generadores de aquella cultura: quiénes y cuántos eran, dónde y con qué maestros se formaban, las instituciones que los acogían, sus posibilidades de promoción; su desempeño en el foro, en el púlpito, en la imprenta; en suma, la forma como se desarrollaba su vida profesional en las distintas esferas de actividad pública y privada.

Como se sabe, todo varón que aprendía a leer y escribir, tenía la opción a estudiar latinidad, fuese con un preceptor privado, en cualquier colegio laico, o en uno patrocinado por el clero secular o regular, e incluso en una universidad, que solía tener lectores de humanidades. En la ciudad de México, desde la llegada de los jesuitas (1572), era usual que los jóvenes acudieran al Colegio Máximo a seguir el curso completo de humanidades: gramática y retórica. Concluida la segunda disciplina, solían matricularse en la universidad, donde el preceptor de retórica los examinaba y, de aprobarlos, les extendía una "cédula" acreditando su competencia. Con el certificado en mano, tenían opción a inscribirse en la facultad "menor" de artes (lógica y filosofía), o en las "mayores" de derecho canónico y derecho civil. También podían proseguir el curso trienal de artes impartido por los jesuitas; pero si aspiraban a graduarse, debían seguir matriculados en la universidad y paralelamente acudir a las lecturas de dicha facultad[17].

Si para cursar derecho civil o canónico bastaba que los estudiantes acreditaran su examen de retórica, las otras dos facultades "mayores", teología y medicina, sólo admitían a graduados de bachiller en artes. En principio, el curso de humanidades ejercitaba a los jóvenes en la elocuencia, mientras que el de artes los

---

[16] Existen varios balances historiográficos sobre la Real Universidad: Menegus Bornemann/Pavón Romero (1987); Ramírez (1995 y 2000); González González (1995a y 1997). En relación con los colegios, Gutiérrez Rodríguez/Hidalgo Pego (1998).

[17] Pavón Romero 1995; Gonzalbo Aizpuru 1990; Ramírez González (1993).

enseñaba a argumentar lógicamente. En las facultades mayores, ya fuese en derechos, en teología o en medicina, se mostraban los fundamentos teóricos de las respectivas disciplinas y el modo de aplicar prácticamente esos principios generales para resolver casos concretos en tanto que juristas, teólogos o médicos. En las sociedades del Antiguo Régimen, las humanidades, a una con las disciplinas impartidas por las cinco facultades universitarias, eran calificadas de "liberales", es decir, propias de hombres libres. Por lo mismo, quienes las profesaban podían ganar honra con su ejercicio. En cambio, todas las disciplinas manuales: cirugía, arquitectura, pintura y análogas, eran tenidas por propias de gente baja. Si semejante discriminación implicaba ya un filtro social, las universidades aplicaban otro, al denegar el grado a quienes se les probaba que llevaban sangre "impura" o que eran ilegítimos, no importando si habían demostrado un excelente desempeño escolar. Es verdad que, conforme el fenómeno del mestizaje fue generalizándose, se tendió a disimular, pero la exigencia legal de pureza, se mantuvo vigente hasta el advenimiento de la República.

La facultad daba al estudiante la competencia en una disciplina y el título la certificaba. En consecuencia, el graduado podía declararse capaz de ejercer actividades condignas de su profesión liberal. Con todo, los escolares de escasos recursos carecían de medios para solventar los grados mayores de licenciado y doctor, notablemente más caros que el de bachiller, quedando de antemano mal situados para aspirar a los mejores cargos de una u otra jurisdicción. Por lo que hace a la civil, dado que el virrey, los oidores y los fiscales de la audiencia eran todos peninsulares, un jurista laico apenas si tenía espacios para una alta colocación. Ni siquiera abundaban opciones para los cargos medios: las varas de alcalde o las regidurías de los ayuntamientos, por ejemplo, eran proveídas por el virrey entre sus allegados o adquiridas mediante compra, y los titulares no tenían obligación de ser letrados. Por tanto, les quedaba la opción al ejercicio privado como litigantes y, entonces como ahora, unos amasaban grandes fortunas mientras otros a duras penas sobrevivían.

Al revés de lo que ocurría con las autoridades temporales, la Iglesia era un venero de cargos en todos los niveles, a excepción del arzobispado de México[18]. Esta circunstancia ayuda a entender por qué la abrumadora mayoría de estudiantes y graduados optaban por la carrera clerical, donde los aguardaban capellanías privadas, beneficios curados, juzgados eclesiásticos, asientos en cabildos catedralicios y mitras. En cuanto a los frailes, carecemos de estudios para explicar satisfactoriamente qué llevaba a un joven, o mejor, a sus padres, a optar por el

---

[18] Hubo una sola excepción, el criollo Alonso de Cuevas Dávalos, quien tomó posesión del gobierno en noviembre de 1664 y falleció el siguiente septiembre.

ingreso a una orden regular, donde, a cambio de seguridad económica, quedaban fuera del *cursus honorum* transitado por el clero secular. Sólo quienes lograban una prelacía en sus órdenes tenían expectativas de acceder al grado doctoral o a la cátedra teológica, condición casi indispensable para optar por una mitra. De ahí que la universidad no les brindara las mismas oportunidades. Cuando acudían a sus aulas, era en razón de los particulares intereses de la orden y sólo las autoridades provinciales decidían a quién enviar a matricularse, quién opositaría por una cátedra y cuántos solicitarían un grado académico, siempre dentro de las facultades de artes y de teología.

Hasta el momento, las investigaciones sobre la historia de la Universidad de México, permiten disponer de estudios cuantitativos en torno a la matrícula[19]; además, está por concluir el cómputo de los bachilleres, licenciados y doctores documentados en el archivo universitario para todo el período colonial[20]; se ha estudiado la trayectoria de numerosos catedráticos dentro y fuera de la universidad, y hay trabajos sobre carreras administrativas de graduados de las cinco facultades[21]. Se empieza también a rastrear la suerte de los graduados en las ciudades del interior y se va entendiendo mejor el papel de los colegios, así los pertenecientes a una orden religiosa o administrados por ella, como los seculares, incluidos los seminarios tridentinos[22]. En cambio, se ignora casi todo sobre la marcha de los estudios internos donde las órdenes religiosas formaban a sus futuros frailes, fuera de lo consignado en las crónicas de la época virreinal, y de unos contados estudios[23]. Esa es una de las múltiples materias aún por estudiar. Quiero concluir esta exposición apuntando a otras dos cuestiones fundamentales, entre tantas por esclarecer.

En primer lugar, está el problema de las lecturas de los letrados. Por lo que hace al ámbito académico, se supone que estudiaban a las autoridades propias de cada facultad, establecidas desde el surgimiento de las universidades: Aristóteles en la facultad de artes, Galeno en medicina, etc. Pero en la práctica, era frecuen-

---

[19] Peset/Mancebo/Peset (1987 y 2001).

[20] Es un proyecto coordinado por Pavón Romero, y en este momento se encuentra en el proceso final de compilación para publicarse en el Centro de Estudios sobre la Universidad; aparecería en papel y en CD.

[21] Se trata de diversos estudios correspondientes a los tres siglos de la universidad colonial. Para el XVI, destacan los elaborados por Pavón Romero/Ramírez (1993), y el de Pavón Romero (1995). Para el XVII, Pérez Puente (2000); de la misma, 2001b. Para el XVIII, Aguirre Salvador (1998 y 2000).

[22] Ver Gutiérrez Rodríguez (1998); Hidalgo Pego (1996); León Alanís (2001); Ríos Zúñiga (2002), y Torres Domínguez (2001).

[23] Por ejemplo, el de Beuchot (1987).

352

te el uso de *cursos* y manuales que facilitaban y mediaban el acceso a los autores canónicos. ¿Cuáles, cuándo y dónde? Es probable, además, que muchos estudiantes se limitaran a los apuntes dictados por el profesor. Seguimos en espera de investigaciones que saquen a luz semejantes prácticas. A una con los libros propiamente escolares, incontables manuscritos e impresos circulaban de mano en mano: un poseedor prestaba los suyos a un amigo, eran adquiridos directamente en una librería o en la almoneda de un difunto, o se leían en las bibliotecas corporativas de la ciudad. ¿Cuáles fueron esas lecturas paralelas en cada lugar y período, cuyo conocimiento tanto nos enseñaría acerca de las ideas circulantes en Lima, México o en cualquier otro lugar del Nuevo Mundo?

Se han ensayado muchas vías para emprender semejantes pesquisas sobre la historia del libro y la lectura[24], las cuales, lejos de excluirse, se complementan necesariamente: la reconstrucción tentativa, a partir de inventarios, de las bibliotecas conventuales, colegiales, capitulares y de otras instituciones. También está ensayándose la recuperación virtual de las colecciones reunidas por particulares, de las que dan constancia algunos testamentos; se han estudiado los registros, ante la Casa de Contratación, de libros por embarcarse a Indias, y aguardan un estudio sistemático las listas levantadas por la Inquisición al momento del desembarco. Otra fuente la aportan los inventarios declarados por los libreros ante el Santo Oficio. Una vía también indirecta y sin duda laboriosa, pero susceptible de proporcionar información muy rica, derivaría del estudio sistemático de los autores citados por los letrados indianos en sus manuscritos e impresos. Lo obtenido de unas y otras indagaciones en este campo tendría que contrastarse, pues cada fuente, en razón de su carácter, esclarece apenas un ámbito restringido. Una biblioteca conventual revelará, sin duda, una aplastante mayoría de libros en latín y de carácter, digamos, religioso. En cambio, el análisis de los libros ofrecidos directamente al público por los libreros, muestra un creciente predominio de los títulos en español, y el porcentaje de asuntos no religiosos llega a elevarse al 30 ó 40 % del total[25]. De otra parte, con independencia del género de inventarios a estudiar, se impone la evidencia de que la proporción de libros llegados de Europa se mantuvo siempre encima del 90% respecto de lo

---

[24] Para restringirme al ámbito hispanoamericano, menciono sólo a Hampe (1996), González Sánchez (1999) y Castañeda (2002).

[25] En las primicias de un estudio sobre los "Libros en venta en el México de Sor Juana y de Sigüenza y Góngora" Enrique González y Víctor Gutiérrez (en prensa) encontraron que, conforme avanzaba el siglo XVII, los libreros dejan casi de ofrecer libros latinos (impresos predominantemente en Venecia y Lyon) de asuntos sobre todo teológicos jurídicos y científicos, para dejar paso a impresos madrileños y en castellano.

producido en las prensas americanas. Por lo mismo, el estudioso que opinara que basta con estudiar los títulos emanados de las prensas locales estaría muy lejos de conocer el universo de las lecturas de los letrados criollos.

Otro de los asuntos por definir en torno a la cultura de los letrados novohispanos es el de quiénes producían obra escrita, más allá de actas notariales y registros burocráticos. Un dato a destacar, y sin duda por explicar, es el notable predominio, a lo largo del siglo XVII, de autores frailes frente a miembros del clero secular y laicos, ya se tratara de libros impresos en América o importados de ultramar. Durante el siglo XVI, uno de los tópicos más difundidos del humanismo europeo fue el de la ignorancia de los frailes, a los que Erasmo llegó a definir como simples "vientres". Es cierto que muchos religiosos aceptaron la influencia renovadora del humanismo, pero gran número de los promotores y seguidores de ese movimiento cultural fueron laicos (no pocos, casados) o clérigos seculares. Además, debido a su pasión por las letras, los humanistas promovieron una cultura más abierta a lo secular, fundada en el cultivo de los autores clásicos, y para difundirla, dieron a las prensas una exorbitante cantidad de literatura destinada a las escuelas. Parece que, a lo largo del siglo XVII, si no antes, ese mundo se fue desdibujando, así en Indias como en la península. ¿Cómo entender, entonces, el evidente predominio de libros producidos en conventos y centrados en asuntos religiosos y morales, como si la oleada secularizadora del siglo anterior no hubiera tenido lugar?

En Nueva España, como se indicó, a lo largo del siglo XVII se fue consolidando la preeminencia del clero secular sobre el regular. Los frailes abandonaron su papel protagónico en tanto que evangelizadores de los naturales, y paso a paso cedieron al empuje de los obispos, que les arrebataron numerosas doctrinas o, cuando menos, los constriñeron a ejercer como párrocos sólo mediante licencia expresa del diocesano. También acabaron por pagar diezmos del producto de sus haciendas y aceptar la jurisdicción de los tribunales diocesanos incluso en las parroquias encomendadas a frailes. La universidad también creció y se consolidó durante el siglo XVII, y si todavía a mediados de la centuria fue regida por frailes en varias ocasiones, durante los últimos treinta años, el predominio del clero secular fue casi completo. En esas circunstancias, ¿cómo se entiende que los seculares no tomaran la delantera también como autores de libros impresos? Es cierto que las órdenes, a medida que perdían terreno en la administración eclesiástica, aumentaban sus posesiones materiales y ensanchaban sus conventos en las grandes ciudades con el consiguiente aumento de numerario, en la mayoría de los casos, criollo. ¿Gracias a su riqueza y a los nexos de los provinciales con las principales familias criollas, las órdenes aumentaron su influencia política en la corte? En su imprescindible estudio sobre los letrados novohispanos, Magdalena Chocano hizo un recuento de los individuos citados como autores en la *Biblioteca* de Beristáin y que editaron al menos un libro en el siglo XVIII. Un 53% de su total son frailes, frente al 43,5% de laicos (18,5%) y clérigos seculares (25%). Dicho sea de paso, del total de frailes autores, predominan ligeramente los franciscanos (15%) sobre los jesuitas (13,5%; Chocano 2000, 180). Sería interesante, a partir de esos mismos datos, examinar si, de los totales para los cien años, un desglose por décadas revela un ascenso de los seculares. Pero, precisamente, ese es uno más de los problemas a estudiar en torno a la cultura letrada de ese siglo XVII, tan insuficientemente conocido.

Espero haber puesto de relieve que una mayor atención a las fuentes que dan cuenta de la formación de los letrados novohispanos, en particular en conventos, colegios y sobre todo la Real Universidad, aportaría un gran número de elementos novedosos para el estudio de la cultura novohispana, no sólo durante el siglo XVII. El análisis sistemático de dichas fuentes también resulta muy orientador para conocer los modelos de carreras seguidos por esos mismos letrados en los distintos ámbitos del quehacer virreinal. Pero aunque en la actualidad se han llevado a cabo muchos estudios y otros más se están realizando, la tarea dista mucho de haberse concluido.

Bibliografía

Aguirre Salvador, Rodolfo. 1998. *Por el camino de las letras. El ascenso profesional de los catedráticos juristas de la Nueva España. Siglo XVIII*. México: CESU-UNAM (La Real Universidad de México. Estudios y textos, VIII).

—. 2000. *Universidad y sociedad. Los graduados de la Nueva España en el siglo XVIII*. Tesis de doctorado en Historia, inédita. México: UNAM, Facultad de Filosofía y Letras.

Alberro, Solange. 1992. *Del gachupín al criollo. O de cómo los españoles de México dejaron de serlo*. México: El Colegio de México.

—. 1999. *El águila y la cruz. Orígenes religiosos de la conciencia criolla*. México: FCE-El Colegio de México.

Beuchot, Mauricio. 1987. *Filósofos dominicos novohispanos (entre sus colegios y la universidad)*. México: CESU-UNAM (La Real Universidad de México. Estudios y textos, II).

Castañeda, Carmen (coord.). 2002. *Del autor al lector*. 2 tomos. I. *La historia del libro en México* y II. *La historia del libro*. Guadalajara: CIESAS, CONAC y T. Miguel Ángel Porrúa.

Chocano Mena, Magdalena. 2000. *La fortaleza docta. Élite letrada y dominación social en México colonial (siglos XVI-XVII)*. Barcelona: Edicions Bellaterra.

Gonzalbo Aizpuru, Pilar. 1990. *Historia de la educación en la época colonial. La educación de los criollos y la vida urbana*. México: El Colegio de México.

González González, Enrique. 1990. *Legislación y poderes en la universidad colonial de México (1551-1668)*. 2 vols. Tesis de doctorado en Historia, inédita. Valencia: Universidad de Valencia.

—. 1995a. Fuentes mexicanas y españolas para el estudio de la universidad colonial. En: Menegus/íd., 254-268.

—. 1995b. El surgimiento de universidades en tierra de conquista. El caso de Granada (Siglo XVI). En: *Università in Europa. Le istituzioni universitarie dal Medio Evo ai nostri giorni, organizzazione, funzionamento*. Messina: Rubettino, 297-325.

— (coord.). 1996. *Historia y Universidad. Homenaje a Lorenzo Mario Luna*. México: UNAM (Centro de Estudios sobre la Universidad, Facultad de Filosofía y Letras, Instituto Dr. José María Luis Mora).

—. 1997. Los estudios sobre historia de la universidad colonial. En: *Encuentro académico. XX Aniversario del CESU*. México: CESU-UNAM, 23-47.

—. 2000. Sigüenza y Góngora y la Universidad: crónica de un desencuentro. En: Alicia Mayer (coord.). *Carlos de Sigüenza y Góngora. Homenaje 1700-2000*. Vol. I. México: UNAM, 187-231.

—; Leticia Pérez Puente (coords.). 2001. *Colegios y universidades. Del Antiguo Régimen al liberalismo*. 2 vols. México: CESU-UNAM (La Real Universidad de México. Estudios y textos, X, XI).

—; Víctor Gutiérrez Rodríguez. 2002. Libros en venta en el México de Sor Juana y de Sigüenza y Góngora. En: Castañeda.

González Sánchez, Carlos Alberto. 1999. *Los mundos del libro. Medios de difusión en la cultura occidental en las Indias de los siglos XVI y XVII*. Sevilla: Universidad de Sevilla-Diputación Provincial.

Gutiérrez Rodríguez, Víctor. 1998. Hacia una tipología de los colegios coloniales. En: Pérez Puente, 81-90.

—; Mónica Hidalgo Pego. 1998. Bibliografía sobre colegios novohispanos. En: Pérez Puente, 105-114.

Hampe Martínez, Teodoro. 1996. *Bibliotecas privadas en el mundo colonial. La difusión de libros e ideas en el Perú (siglos XVI-XVII)*. Frankfurt/Madrid: Vervuert/Iberoamericana.

— 2000. Santa Rosa de Lima y la identidad criolla en el Perú colonial (ensayo de interpretación). En: Mazzotti, 215-232.

Hidalgo Pego, Mónica. 1996. *El Real y Más Antiguo Colegio de San Pedro, San Pablo y San Ildefonso. Gobierno y vida académica 1767-1815*. Tesis para optar por el grado de maestría en historia de México por la Facultad de Filosofía y letras de la UNAM.

Historia de la universidad colonial (avances de investigación). 1987. México: CESU-UNAM (La Real Universidad de México. Estudios y textos, I).

Israel, Jonathan I. 1980. *Razas, clases sociales y vida política en el México colonial 1610-1670*. México: FCE.

Lanning, John Tate. 1932. *Reales cédulas de la Real y Pontificia Universidad de México*. México: UNAM.

León Alanís, Ricardo. 2001. *El Colegio de San Nicolás de Valladolid. Una residencia de estudiantes (1580-1712)*. Morelia: Universidad Michoacana de San Nicolás de Hidalgo.

Lira, Andrés; Luis Muro. 2000. El siglo de la integración. En: *Historia general de México. Versión 2000*. México: El Colegio de México, 307-362.

Mazzotti, José Antonio (ed.). 2000. *Agencias criollas. La ambigüedad "colonial" en las letras hispanoamericanas*. Pittsburgh: Universidad de Pittsburgh.

Menegus Bornemann, Margarita; Enrique González González (coords.). 1995. *Historia de las universidades modernas en Hispanoamérica. Métodos y fuentes*. México: UNAM.

— ; Armando Pavón Romero. 1987. La Real Universidad de México. Panorama historiográfico. En: *Historia de la universidad*, 67-80.

Papy, Ian. 2001. Lipsius Prophecy on the New World, and the Development of an American Identity at the University of Lima. En: González/Pérez, vol. II, 255-283.

Pareja, Francisco de. 1882. *Crónica de la provincia de la visitación de la Orden de Ntra. Sra. de la Merced de la Nueva España*. 2 vols. México: J. R. Barbedillo.

Pavón Romero, Armando. 1995. *Universitarios y universidad en México en el siglo XVI.* Tesis de doctorado, edición en microficha. Valencia: Universidad de Valencia.

—; Clara Inés Ramírez González. 1993. *El catedrático novohispano: oficio y burocracia en el siglo XVI.* México: CESU-UNAM (La Real Universidad de México. Estudios y textos, IV).

Pérez Puente, Leticia. 1996. El clero regular en la rectoría de la Real Universidad (1648-1668). En: González González, 435-455.

— (coord.). 1998. *De maestros y discípulos. México. Siglos XVI-XIX.* México: CESU-UNAM (La Real Universidad de México. Estudios y textos, VII).

—. 2000. *Universidad de doctores. México. Siglo XVII.* México: CESU-UNAM (La Real Universidad de México. Estudios y textos, IX).

—. 2001a. *Fray Payo Enríquez de Rivera y el fortalecimiento de la iglesia metropolitana de la ciudad de México. S. XVII.* Tesis de doctorado en Historia, inédita. México: UNAM.

—. 2001b. Los canónigos catedráticos de la Universidad de México. Siglo XVII. En: González/Pérez, vol. I, 133-161.

Peset, Mariano. 1985. Poderes y universidad de México durante la época colonial. En: José L. Peset *et al. La ciencia moderna y el Nuevo Mundo.* Madrid: CSIC, 57-84. Reimpreso en: Ramírez/Pavón 1996, 49-73.

—; María Fernanda Mancebo; María Fernanda Peset. 1987. El recuento de los libros de matrícula de la universidad de México. En: Ramírez/Pavón 1996, 171-182.

—. 2001. Aproximación a la matrícula de México durante el siglo XVIII. En: González/Pérez, vol. I, 217-240.

Ramírez González, Clara Inés. 1993. La Universidad de México y los conflictos con los jesuitas en el siglo XVI. En: *Estudis* [Valencia] 21, 39-57.

—. 1995. La real universidad de México en los siglos XVI y XVII. Enfoques recientes. En: Menegus/González, 269-297.

—. 2000. Bajo la misma corona. La historiografía sobre las universidades hispánicas y el entorno de México. En: *Miscelánea Alfonso IX.* Salamanca: Universidad de Salamanca, 53-85.

—. 2001-2002. *Grupos de poder clerical en las universidades hispánicas. Los regulares en Salamanca y México, siglo XVI.* 2 vols. México: CESU-UNAM (La Real Universidad de México. Estudios y textos, XII y XIII).

—; Armando Pavón Romero (comps.). 1996. *La universidad novohispana: corporación, gobierno y vida académica.* México: UNAM (La Real Universidad de México. Estudios y textos, VI).

Ricard, Robert. 1986 [1947]. *La conquista espiritual de México.* México: FCE.

Ríos Zúñiga, Rosalina. 2002. *La educación de la Colonia a la República. El Colegio de San Luis Gonzaga y el Instituto Literario de Zacatecas.* México: CESU-UNAM (La Real Universidad de México. Estudios y textos, XIV).

Rodríguez Cruz, Águeda María. 1977. *Salmantica docet. La proyección de la Universidad de Salamanca en Hispanoamérica.* Salamanca: Universidad de Salamanca.

Rubial García, Antonio. 1999. *La santidad controvertida. Hagiografía y conciencia criolla alrededor de los venerables no canonizados en la Nueva España.* México: UNAM-FCE.

Stone, Lawrence. 1974. The Size and Composition of the Oxford Student Body 1580-1910. En: íd. (ed.). *The University in Society.* 2 vols. Princeton: Princeton University Press, vol. I, 3-110.

Torres Domínguez, Rosario. 2002. *El Eximio Colegio de Teólogos de San Pablo de Puebla* (sus colegiales en el siglo XVIII). Tesis de maestría en historia de México, inédita. México: UNAM.

La fiesta política virreinal: propaganda y aculturación en el México del siglo XVII

Víctor Mínguez

Introducción

Uno de los instrumentos más eficaces de aculturación y propaganda empleados por las autoridades españolas en los virreinatos americanos fue la fiesta pública. Frente a las ceremonias y los festivales de las culturas indígenas prehispánicas, los españoles imponen durante el siglo XVI en el Nuevo Mundo el modelo festivo renacentista, brillante y refinado, basado en la cultura humanista surgida en Italia. A lo largo de trescientos años las celebraciones públicas contribuyeron notablemente a la occidentalización cultural de las nuevas ciudades. A través de la fiesta los súbditos criollos, mestizos e indios conocieron y asimilaron los lenguajes artísticos europeos, sus códigos simbólicos, las ceremonias y rituales del viejo continente, sus creencias y su cosmovisión y, en definitiva, contemplaron la práctica del poder. La fiesta en América se convirtió en un grandioso espejo en el que la nueva sociedad miró hacia Europa y se miró a sí misma.

En el siglo XVII la fiesta barroca se adueña de los edificios, calles y plazas de las ciudades hispanoamericanas, transformando los espacios urbanos e impactando en la población, una población predispuesta a contemplar con gusto el ostentoso espectáculo que altera agradablemente su habitual vida monótona. Existen dos universos festivos distintos aunque intensamente relacionados: la fiesta religiosa y la fiesta política. Ambos universos son instrumentos de cohesión social y de propaganda y ambos cuentan habitualmente con los mismos promotores, pues las autoridades políticas y eclesiásticas forman parte de la misma elite dirigente y sus referentes culturales y sus lealtades a la monarquía hispánica y a la Iglesia católica son comunes. Para aprovechar mejor mi tiempo y mi espacio yo voy a referirme exclusivamente a la fiesta política, donde los mensajes ideológicos son más evidentes.

En el virreinato de la Nueva España la fiesta política ofrece dos variantes fundamentales: las entradas de los virreyes y las exequias reales (Mínguez 2000). En estas celebraciones cortesanas el arte y el espectáculo se ponen al servicio de la ideología y de la propaganda. Los jeroglíficos, esculturas, poemas y pinturas que decoran los arcos de triunfo y los catafalcos efímeros son los elementos plásticos y literarios que transmiten dicha ideología. Decoraciones y ceremoniales construyen una puesta en escena deslumbrante y persuasiva cuya principal intención es asegurar la lealtad de los súbditos americanos a la monarquía hispánica.

Otras fiestas reales tuvieron menos trascendencia, pero también estuvieron presentes en el virreinato en el siglo XVII. Así por ejemplo sabemos que se celebraron en México las bodas de Carlos II y Mariana de Neoburgo en 1691 y los natalicios del infante Felipe Próspero en 1659 y del príncipe Carlos en 1662. Otros natalicios y otras bodas debieron de celebrarse igualmente, y seguro que también los cumpleaños reales y las proclamaciones. Hemos de tener presente que de muchas de las celebraciones reales no tenemos noticia pues no se editaron relaciones festivas al respecto, y la documentación archivística es igualmente fragmentaria y difícil de localizar. Por lo tanto hemos de ser conscientes que nuestro conocimiento de la fiesta política virreinal es siempre parcial, aunque estoy seguro de que lo que conocemos es suficientemente representativo de lo que fue.

El siglo XVI y los espectáculos imperiales

El siglo XVI es la centuria en que se produce en la América Hispánica el encuentro, choque y mestizaje entre la cultura renacentista europea exportada por los españoles y las culturas indígenas prehispánicas. Ambas civilizaciones contaban con una poderosa tradición festiva en la que el rito, la ceremonia y el espectáculo eran elementos subordinados a la propaganda del poder. En Mesoamérica, la fiesta era un acontecimiento presente permanentemente en las distintas culturas nativas. Posiblemente por ello su actitud fue favorable a aceptar la fiesta europea y renacentista una vez que los conquistadores españoles alcanzaron la victoria militar. Por supuesto, el mestizaje entre los dos modelos ceremoniales no fue de igual a igual: los funcionarios y clérigos españoles que implantaron las celebraciones públicas al uso en los dominios imperiales de Carlos V trasladaron sin apenas modificaciones el modelo europeo, occidentalizando desde el poder la realidad americana, y sólo limitada y paulatinamente los elementos festivos prehispánicos se integraron en la fiesta. Este proceso de europeización de las sociedades indígenas a través de la fiesta no ha sido suficientemente valorado hasta la fecha por los investigadores que analizan la aculturación de las sociedades indígenas a lo largo del siglo XVI, y que se han preocupado prioritariamente de determinar el sincretismo en las imágenes, la escritura o la oralidad. No cabe duda de que el impacto de la fiesta renacentista, con su caudal de imágenes y textos invadiendo las calles y las plazas de las ciudades recién fundadas debieron de causar una fuerte impresión entre la población nativa, ajena a la tradición cultural europea y desconocedora por tanto inicialmente de los lenguajes simbólicos y artísticos propios de la fiesta renacentista.

Ya durante el reinado del emperador Carlos V se introducen en el virreinato de la Nueva España las dos tipologías festivas que ya he mencionado como características del periodo austria: las entradas virreinales y las exequias reales. Estas dos ceremonias van a articular la fiesta política durante todo el siglo XVII, y no tendrán casi alternativa hasta que con los Borbones se desarrolle junto a ellas —pues seguirán vigentes en el siglo XVIII— la ceremonia de jura.

La entrada virreinal tiene como origen remoto las entradas reales en la Europa medieval. Estas entradas adoptarán el modelo clásico una vez que la cultura de la Antigüedad sea recuperada durante el Renacimiento italiano. El modelo definitivo queda establecido en 1535 con el viaje triunfal que emprende ese año Carlos V por Italia para celebrar la campaña victoriosa de Túnez. Tanto en el Triunfo clásico como en el Triunfo renacentista, el elemento artístico más significativo es el arco triunfal: la estructura arquitectónica efímera que cruza el desfile y que permite desplegar sobre ella programas iconográficos a través de imágenes y de inscripciones. La diferencia entre uno y otro Triunfo viene dada porque en la Antigüedad una vez concluida la ceremonia se levantaba un arco de piedra para conmemorar ésta y en la Europa del Renacimiento la construcción de arcos de piedra definitivos, como el que Luciano Laurana levanta en Nápoles para conmemorar la entrada de Alfonso el Magnánimo, será excepcional.

América nunca fue visitada por los reyes hispanos, por lo que los protagonistas de los triunfos serán los virreyes, verdaderos *alter ego* de los monarcas y principal figura política durante el dominio hispánico. Carlos V establece el virreinato de México en 1535 y el de Perú en 1542. El primer virrey del Perú, Blasco Núñez de Vela, entró el 17 de mayo de 1544. Proveniente el virrey de Trujillo, el Cabildo lo recibió a la entrada de Lima y ya en esta ocasión se levantó por lo menos un arco triunfal. Como en la Roma imperial, como en la Europa renacentista, también en América los arcos efímeros son los jalones simbólicos del itinerario ceremonial que recorren los nuevos héroes.

En el marco de la fiesta fúnebre el modelo queda establecido, y además con gran brillantez, en las exequias catedralicias del emperador Carlos V. El catafalco supuso un verdadero hito en la arquitectura y en la cultura simbólica novohispana. Por un lado su estructura revelaba una absoluta modernidad renacentista; por otro lado, los jeroglíficos que lo decoraron, inspirados muchos de ellos en el *Emblematum libellus* de Andrea Alciato (Augsburgo, 1531), denotan un claro conocimiento por parte del mentor del programa de los lenguajes simbólicos de la Europa Moderna[1]. El túmulo se levantó en la capilla de San José de los Naturales, en el atrio del convento de San Francisco. Conocemos el catafalco fúnebre, su decoración efímera y las ceremonias correspondientes gracias a la crónica del humanista Francisco Cervantes de Salazar, publicada en 1560 en la imprenta mexicana de Antonio de Espinosa con el título *Tvmvlo Imperial*, verdadero punto de arranque de la literatura festiva novohispana.

El siglo XVII: el triunfo de la cultura simbólica

Arcos triunfales y catafalcos reales fueron soporte de numerosos elementos, ornamentales y simbólicos a la vez, que dotaron de contenido ideológico a dichas estructuras arquitectónicas. Emblemas, jeroglíficos, enigmas, estatuas, relieves, pinturas, poemas e inscripciones cubrían las fachadas de estas construcciones efímeras anonadando con su elevado número al asombrado espectador que probablemente en muchas ocasiones, abrumado ante tal despliegue de retórica, renunciaría a la lectura pormenorizada de los elementos y se quedaría con la impresión global que le producía esta verdadera obra de arte total, que es el arte efímero.

Las imágenes y palabras que inundaban el edificio provisional desarrollaban fundamentalmente dos tipos de lenguajes simbólicos: el discurso emblemático y el alegórico, dos formas distintas de transmitir información pero basadas ambas en la metaforización de conceptos, dos sistemas de comunicación y difusión al servicio de la propaganda política. La cultura emblemática, una de las más genuinas creaciones de la cultura del Renacimiento italiano, tiene su punto de partida en 1419 cuando se descubren los *Jeroglíficos* de Horapolo, manuscrito griego que despertó la pasión por los jeroglíficos egipcios, ininteligibles y enigmáticos en la época y que se suponía encerraban la sabiduría de antiguos dioses revelada en su tiempo a los sacerdotes. Los intelectuales del Renacimiento muy pronto diseñaron sus propias composiciones, que constaban de una imagen enigmática, un lema, mote o sentencia, y una letra aclaratoria: había nacido el emblema, que cobró carta de madurez con la obra de Andrea Alciato, verdadero difusor de la ciencia emblemática ya mencionado anteriormente. A partir de esa fecha se publicarán cientos de libros de emblemas en todas las lenguas europeas, permaneciendo vigente el emblema hasta que los ilustrados lo cuestionen a mediados del siglo XVIII. Si en un principio el emblema fue concebido como un

---

[1] La bibliografía sobre el túmulo imperial de México es abundante, destacando los pioneros estudios de Francisco de la Maza (1946, 29-40) y Santiago Sebastián (1977). También yo me he ocupado del catafalco imperial de la catedral mexicana (Mínguez 1999b).

pasatiempo intelectual, pronto se vio su idoneidad como vehículo transmisor de una moral, de una teoría política o de una mística religiosa, y la función didáctica y propagandística se superpuso sobre el mero juego. Los jeroglíficos renacentistas dejaban así paso a los emblemas barrocos.

La aparición de la alegoría es consecutiva en el tiempo a la literatura emblemática y tiene su base en la reflexión intelectual que supuso ésta. Su punto de inicio se sitúa en la publicación del tratado iconográfico del perugino Cesare Ripa: *Iconologia* (Roma, 1593). Fueron sus fuentes principales la tradición cristiana, la cultura clásica, los bestiarios medievales y los propios libros de emblemas. Las alegorías son personificaciones humanas, generalmente de conceptos abstractos —como por ejemplo vicios y virtudes— y las podemos identificar porque se acompañan de atributos distintivos que el tratado de Ripa codificó.

Los emblemas y las alegorías exhibían motivos y elementos tomados de distintas fuentes culturales: las historias naturales clásicas y los bestiarios medievales, los blasones de la cultura caballeresca, la numismática y la medallística, la historia y la religión, etc. Un campo inagotable de inspiración para autores de emblemas y alegorías, y más ampliamente, para los mentores de programas simbólicos, fue la mitología clásica, recuperada para la cultura occidental en el Renacimiento italiano. Las historias de los dioses y héroes de la Antigüedad estuvieron presentes sobre todo en el arte político, como comprobaremos inmediatamente en el arte festivo del México virreinal, donde alcanzó un gran desarrollo. Paradójicamente la mitología tuvo escasa proyección en la pintura mexicana, circunscrita fundamentalmente a la temática religiosa. Sin embargo, y como puso de relieve Francisco de la Maza (1968) se convirtió en el asunto favorito del arte efímero mexicano al servicio del poder real, y de este modo, arcos de triunfo, catafalcos, mascaradas regias y otros soportes y espectáculos se inundaron de pinturas, esculturas y jeroglíficos paganos.

Tanto si los programas simbólicos de las decoraciones dispuestas para las fiestas políticas incorporaban elementos mitológicos o alegóricos o emblemáticos, o lo más común, una combinación de todos ellos, su diseño y disposición exigía la participación intelectual de mentores versados en estas ciencias simbólicas. En este sentido, la temprana universidad mexicana y los colegios religiosos abastecieron a la fiesta de eruditos dispuestos a dedicar su tiempo a inventar dichos programas. Para estos eruditos locales un material fundamental con el que desarrollar su trabajo eran los libros humanísticos que llegaban de Europa embarcados en navíos. Isabel Grañén ha analizado los inventarios de libros que llegaban de España a Veracruz, libros que efectivamente no son sólo teológicos, sino también de autores que reflejaban un clima humanístico e intelectual comparable a los ambientes coetáneos europeos:

> Estos libros de literatura clásica, humanística y emblemática sirvieron como repertorios de consulta para establecer paradigmas locales, ya fueran de materia amorosa, moral, espiritual o lúdica. La creación de programas iconográficos del Nuevo Mundo se hizo en base a la tradición occidental (Grañén, en prensa).

Santiago Sebastián —citando a Otis Green e Irving Leonard—, puso de relieve hace años la importante presencia de libros de emblemas en el registro comercial de libros llegados a la Nueva España. Concretamente, en el registro de 1600 figuran entre otras las emblematas de Alciato, Sambucus, Junius, Ruscelli, Camilli, Valeriano, Soto, el Horapolo y *El sueño de Polifilo* (Sebastián 1994, 59). El éxito de la cultura simbólica en la sociedad novohispana queda patente con la temprana reedición mexicana de la emblemata de Andrea Alciato, editada en el Colegio de San Pedro y San Pablo en 1577, con el título *Omnia Domini Andreae Alciati Emblemata*.

Las entradas de los héroes

No tenemos noticia sobre las entradas de virreyes en el México del Quinientos. La primera información se refiere a la llegada de fray García Gera que, en el año 1608 y proveniente de la metrópoli, realiza una primera entrada en la ciudad de México como nuevo arzobispo, y que en 1611 volverá a entrar en la ciudad como virrey (Alemán 1613). En ambas ocasiones García Gera entró en la capital del virreinato bajo arcos de triunfo provisionales. Conviene advertir que la entrada solemne en la capital del virreinato sólo es el último eslabón de un ritual mucho más amplio que se inicia con la llegada del nuevo virrey a San Juan de Ulúa y Veracruz y que se extiende a todo el itinerario que éste efectúa hasta llegar a la capital. Este viaje tiene un claro componente simbólico, pues desde Veracruz hasta la ciudad de México, la ruta coincide con la que siguió Cortés cuando conquistó el reino azteca, de manera que cada entrada de un virrey representa simbólicamente la renovación del dominio español sobre el territorio. Por ello en cada ciudad del camino el virrey es recibido triunfalmente.

Tras García Gera, y a lo largo del siglo XVII son muchos los virreyes que efectuaran su entrada heroica y triunfal en el reino de México. Todos siguen la misma ruta de Veracruz a México y participan del mismo ceremonial: entrada solemne en las ciudades bajo arcos de triunfo. Y todavía hay otro elemento común: todos los arcos son decorados con héroes y dioses de la Antigüedad grecolatina. Habitualmente, la decoración de cada arco en cada ciudad tiene como tema central un personaje del panteón clásico, de manera que se establecía un paralelismo entre las virtudes y las gestas del virrey recién llegado y de sus antepasados y determinados episodios de la vida de un dios o un héroe griego o romano. Desde 1640 a 1696 se producen numerosas entradas de virreyes. En ellas, los arcos de triunfo representan a éstos por medio de Mercurio, Prometeo, Hércules, Perseo, Marte, Ulises, Apolo, Atlas, Júpiter, Eneas, Pan, Neptuno, Castor, Pólux, Proteo, Paris y Jano. Sólo a finales de siglo aparecen héroes pertenecientes a otros panteones: en 1688 en la entrada del conde de Galve aparece Cadmo —egipcio fundador de la Tebas— y en 1691 en la entrada del virrey Ortega Montañés se representa al líder israelita Aod. En el siglo XVIII los héroes griegos seguirán remitiendo en favor de héroes bíblicos y, sobre todo, de personajes históricos de la Antigüedad.

La entrada virreinal más interesante del siglo XVII por su singularidad desde el punto de vista simbólico fue la del conde de Paredes. En parte también por que fue escrita por el poeta Sigüenza y Góngora, pero sobre todo, por su original planteamiento: el arco triunfal no se decoró con los habituales héroes griegos sino con doce reyes mexicanos de la América prehispánica como Acamapich, Quauhtemoc, Huitzilopochtli, Huitzilihuitl, Chimalpopocatzin, y otros más. El propio Sigüenza nos explica su elección:

siendo V. Ex[a]. el alto objeto â que mirava el aplauso, como pude elegir otro asunto, sino el de Reyes, quando con la sangre Real de su excelentissima Casa, se hallan oy esmaltados no solo los Lilios Franceses; sino hermoseados los Castellanos Leones, participando de ella â beneficio de estos, las Aguilas augustas de el Aleman imperio? Ni pudo Mexico menos que valiendose de sus Reyes, y Emperadores

y también "el amor, que se le deve a la Patria es causa de que despreciando las fabulas se aya buscado idea mas plausible conque hermosear esta triumphal portada" (Sigüenza 1680, 5). Estas referencias a los reyes de México y al amor debido a la patria son un claro preludio del sentimiento criollo que a partir de ahora buscará en el pasado precolombino las raíces de la todavía lejana nación mexicana.

De entre el abundante número de relaciones de entradas selecciono una que nos sirva de ejemplo de lo que fue este modelo celebraticio: la entrada del virrey don Antonio Sebastián de Toledo y Salazar, marqués de Manzera, en 1664, primero en la ciudad de Puebla de los Angeles y luego en la ciudad de México[2].

---

[2] Conocemos estas entradas gracias a dos relaciones impresas. La primera es anónima 1664; la segunda fue escrita por Alonso Ramírez de Vargas 1664.

En Puebla el Cabildo de la Catedral erigió un arco triunfal que ofreció como tema iconográfico argumental el mito de Perseo, "cuyo nacimiento noble; prosapia illustre; proceder bizarro, legacias, y ocupaciones gloriosas: apuntaron algo de los lucimientos, y timbres que adornan las prendas loables de el Señor Excellentissimo Don Antonio Sebastián de Toledo" (Anónimo 1664, 1). En las enjutas del arco se pintaron dos alegorías del Oriente y del Ocaso. Seis cuadros ubicados en la fachada del arco establecían el paralelismo entre Perseo y el nuevo virrey, representando las gestas del héroe clásico: este aparecía acompaña-do de su madre Danae y de diversas deidades olímpicas —Vulcano, Minerva y Palas—, liberaba a Andrómeda y combatía a Medusa. Remataba el arco Perseo convirtiendo en monte al rey Atlas. Esta última imagen representaba al rey Felipe IV y por ello el nuevo virrey aparecía ayudándole en la empresa de sostener el mundo. Numerosas referencias a la Catedral de Puebla, estatuas retratísticas y alegóricas y veintiséis jeroglíficos completaban la decoración del arco[3].

El arco levantado en la ciudad de México para recibir a este mismo virrey tuvo como protagonista a Eneas, que "deviendo queda siempre de nuestro Principe à las proezas, quedando las del Troyano, aunque encarecidas glorio-samente aventajadas" (Ramírez de Vargas 1664, 1). La estructura, ubicada en la entrada de la plaza de Santo Domingo, se estructuró en tres cuerpos: jónico, corintio y compuesto. Los intercolumnios de cada fachada se decoraron con diez pinturas emblemáticas que representaban las gestas del héroe: salvando a su padre Anchises, conduciendo un navío, repartiendo premios, cazando, etc. De cada uno de estos episodios se deducía una virtud política que los súbditos novohispanos descubrirían en su nuevo virrey: fortaleza, laboriosidad, beneficen-cia, diligencia, prudencia y otras similares, virtudes todas como se puede ver muy adecuadas al oficio del gobernante. Además, en cada fachada las basas de las columnas exhibieron cuatro jeroglíficos donde aparecían motivos comunes en el lenguaje emblemático insistiendo en el paralelismo entre el nuevo virrey y Eneas. El elemento conductor que permitía establecer la relación era el viaje exitoso de ambos en busca de una nueva patria: el primero hasta México, el segundo a Italia[4].

Ya de finales de siglo —1697—data la entrada del virrey José Sarmiento de Valladares en la ciudad de Puebla (Anónimo 1697). Su interés radica en que su

---

[3] Perseo fue también el protagonista del arco triunfal levantado para la entrada del virrey don Pedro Colón de Portugal y Castro en la ciudad de México (Perea/Ribera 1673).

[4] José Miguel Morales Folguera ofrece un esquema iconográfico de las dos fachadas de este arco, reconstruido a partir de las descripciones del cronista (1991, 120s.).

crónica es la única de todas las entradas del siglo XVII que aparece ilustrada con jeroglíficos. Se trata de dos curiosas composiciones, alejadas de la habitual estructura emblemática —lema, cuerpo y letra—, que recuerdan ligeramente un jeroglífico ideográfico que Polifilo descubre en el pedestal del elefante de piedra negra, en la conocida novela renacentista (Colonna 1499). El cronista los llama "coplas mudas", y los define "al modo de los pegmas, que vsavan los Egypcios" (Anónimo 1697, 10). Cada jeroglífico está dividido en varios registros horizontales en los que se han pintado diversos motivos. Cada uno de estos registros transforma en imágenes uno de los versos de la copla que acompaña al jeroglífico. Estos dos jeroglíficos decoraron el arco de triunfo diseñado por el capellán mercedario Juan de Bonilla, que eligió como motivo central al dios Jano.

Los escenarios de la muerte

Junto a las entradas virreinales el otro gran espectáculo festivo seiscentista de carácter político en los dominios americanos fueron como ya he dicho las exequias reales. Cada vez que fallecía un monarca —o una reina, o un príncipe— las ciudades organizaron ceremonias luctuosas en honor de la persona fallecida. Estas ceremonias, impulsadas por el virrey, tenían —como en Europa— una estructura eminentemente sacra y por ello se desarrollaban en los templos del Nuevo Mundo, ya fueran catedrales, o iglesias parroquiales o conventuales. Como es fácil imaginar, las exequias más importantes de las muchas que se organizaban en cada óbito real en la Nueva España, tuvieron como marco la catedral de la ciudad de México, capital del virreinato. El interés que ofrecen estas exequias es evidente: a ellas asistía la corte virreinal, el aparato efímero y la literatura fúnebre eran realizados por los intelectuales y los artistas más destacados y, evidentemente, los presupuestos para dicha solemnidad pública fueron los mayores. El segundo espacio luctuoso en importancia fue la iglesia del convento capitalino de Santo Domingo, sede del poderoso Tribunal de la Inquisición. Además, el interés que ofrecen las exequias dominicanas reside en que, en casi todos los casos, dieron lugar a relaciones impresas. Sucede algo parecido con las exequias reales celebradas en la catedral de Valladolid de Michoacán, actual Morelia: el número de relaciones impresas es también abundante.

Las exequias del primer Austria, el emperador Carlos V, como ya dije anteriormente, tuvieron lugar en una capilla del convento franciscano. De Felipe II conocemos sus honras fúnebres en la iglesia de Santo Domingo. Allí, el arquitecto Alonso Arias levantó en su interior un enorme túmulo[5].

Ya en el siglo XVII las primeras honras que nos encontramos son las organizadas por los dominicos en 1621 en honor de Felipe III[6]. El catafalco, de estructura piramidal, se decoró con una serie de doce esculturas efímeras representando a distintos reyes de la casa de Austria, constituyendo de esta manera un programa dinástico o, mejor aun, un espejo de los antepasados. No sabemos qué monarcas se representaron, pero podemos suponer sin demasiado riesgo que aparecerían Felipe III, Felipe II y Carlos I, así como diversos monarcas medievales pertenecientes a la rama centroeuropea de la casa de Austria.

En 1647 las principales ciudades del virreinato celebraron exequias por el fallecido príncipe Baltasar Carlos. En el caso de la Nueva España, Puebla, Valladolid de Michoacán y la ciudad de México. En esta última se publicaron relaciones describiendo las exequias en el convento de Santo Domingo (Anónimo 1647a) y en la Catedral (Anónimo 1647b)[7]. El túmulo catedralicio fue decorado con cuatro estatuas de reyes austrias hispanos, las cuatro virtudes cardinales y los cuatro continentes. En el centro del segundo cuerpo se situó el rapto de Ganimedes, que metafóricamente representaba al águila mexicana trasladando al cielo al príncipe fallecido.

De Felipe IV tenemos noticia de sus exequias catedralicias y dominicanas en la ciudad de México, y de las celebradas en la catedral de Valladolid de Michoacán. Las primeras dieron lugar a la crónica de exequias más interesante de todo el siglo XVII. Fue escrita por el intelectual Isidro de Sariñana y se ilustró con la lámina del túmulo y con los dieciséis jeroglíficos que decoraron su zócalo (Sariñana 1666). El catafalco, construido por Pedro Ramírez en estilo tardomanierista, fue espectacular. Constó de tres cuerpos y se decoró con numerosas esculturas efímeras. En los intercolumnios del primer cuerpo y rodeando la tumba aparecían cuatro reyes históricos —Constantino Magno, León Magno, Carlomagno y Alejandro Magno—, cuatro héroes clásicos —Jasón, Teseo, Prometeo y Jano—, y cuatro alegorías de las distintas denominaciones que ha

---

[5] Ribera Flores 1600. La descripción del túmulo y sus decoraciones fue transcrita por Francisco de la Maza (1946, 41-46).

[6] No se ha podido localizar el libro que en 1623 publicó el poeta Arias de Villalobos describiendo las exequias de Felipe III. La única documentación conocida es una breve relación manuscrita, escrita en romance por el poeta Juan Rodríguez Abril y conservada en el Archivo General de la Nación. Véase el título en la bibliografía que acompaña este trabajo (Rodríguez s.a.).

[7] José Pascual Buxó reproduce la descripción de las exequias catedralicias del príncipe Baltasar Carlos (1975, 83-96). Citado por Guillermo Tovar de Teresa (1988, 138-148).

tenido España en su historia —Cetubalia, Iberia, Hesperia y España. En el segundo cuerpo una estatua representando al rey fallecido aparecía rodeada de cuatro representaciones del rey bíblico Salomón. Finalmente, una gran estatua de la Fe remataba el tercer cuerpo. Como podemos ver el programa simbólico permitía comparar a Felipe IV con la realeza mítica, bíblica e histórica. Por su parte, las alegorías hispánicas recordaban a los súbditos americanos su pertenencia a un imperio común, independientemente del nombre que tuviera éste[8].

Respecto a las exequias de Felipe IV en la sede de la Inquisición destaco que el túmulo, construido asimismo por el arquitecto Pedro Ramírez, fue decorado con un programa simbólico que establecía un paralelismo entre el rey difunto y el rey tarquinio Numa[9]. Por su parte, las exequias de la catedral de Valladolid de Michoacán dieron lugar a una discreta pira decorada con emblemas, luces, las esculturas de las cuatro virtudes cardinales y unos relieves estofados y policromados que representaban a Carlos V y Carlos II. Por remate se colocó una estatua de la Fe (Herrera 1666).

También de Carlos II conocemos sus exequias catedralicias y dominicanas. Las exequias de la Inquisición contaron con un catafalco construido por el gran arquitecto Pedro de Arrieta. Más interesantes son sin embargo las honras desarrolladas en la catedral y la razón es el atractivo programa simbólico con que fue decorado el más bien austero catafalco. Diecinueve jeroglíficos, ubicados en el zócalo de la arquitectura, representaron al monarca fallecido como un rey solar[10]. La metáfora solar es un tópico en las representaciones simbólicas de la realeza hispánica, pero esta serie es la más completa y coherente que conocemos. Además, y afortunadamente, dichos jeroglíficos, grabados por Antonio de Castro, fueron reproducidos en la crónica de las exequias (Mora s.a.). Como he dicho el catafalco supuso una regresión arquitectónica con respecto a los modelos anteriores: una sencilla pirámide de gradas, recubierta de luces, en cuyo remate aparecían las alegorías de las cuatro partes del mundo sosteniendo la tumba.

El último catafalco real del siglo XVII, aun siendo el más sencillo de los conocidos, es también de los más interesantes: fue levantado en honor de Carlos II en 1701 en la población indígena de Coatepec. Ofrece el interés de tratarse de una estructura de corte popular, alejada de los modelos europeos: ingenua, desproporcionada, humilde pero también efectista, grandiosa y con una abundan-

---

[8] He analizado el túmulo catedralicio de Felipe IV en Mínguez 1990 y 1999b.

[9] Uribe/Núñez s.a. He estudiado este programa iconográfico en Mínguez 1990, 20-26.

[10] He analizado este catafalco en Mínguez 1990, y en Mínguez 1995, 59-85. Sobre la metáfora solar aplicada a los reyes de España trata mi último libro, *Los reyes solares. Iconografía astral de la monarquía hispánica* (2001).

te presencia de elementos simbólicos entre los que predomina la presencia de la muerte a través de calaveras, tibias cruzadas y un gigantesco esqueleto. Así lo podemos ver en un dibujo conservado en el Archivo de Indias (Sevilla).

También tenemos noticia de algún catafalco levantado en exequias reales femeninas. Pocos en realidad. Cabe suponer que en el óbito de cada reina debieron de realizarse ceremonias luctuosas y erigirse los correspondientes túmulos, pero apenas tenemos conocimiento de relaciones editadas —a diferencia de lo que sucederá en el siglo XVIII en que sí se editaron diversas relaciones y además ilustradas con grabados. Concretamente conozco dos relaciones de exequias femeninas: en 1645 la catedral de la antigua Valladolid de Michoacán celebró honras fúnebres en honor de la reina fallecida Isabel de Borbón. Fueron promovidas por el obispo fray Marcos Ramírez de Prado (Espinosa 1645). Tras un novenario fueron celebradas las exequias los días 7 y 8 de julio. La gran pira, de dos cuerpos, se pintó de colores gris y negro, y los perfiles de amarillo. En los pedestales de las ocho columnas del primer cuerpo se pintaron cuatro esqueletos y las cuatro virtudes cardinales, acompañadas todas las figuras de décimas. En los intercolumnios se colgaron retratos: a un lado Felipe IV, el príncipe y la infanta; al otro Enrique IV de Francia —padre de la fallecida—, su hermano Luis y su hijo el Delfín. Escudos reales, jeroglíficos y numerosas poesías completaron la decoración de la arquitectura.

También por esta reina se levantó un catafalco en la iglesia de Santo Domingo de la ciudad de México (Anónimo 1645). De planta cuadrada y dos cuerpos, su zócalo se decoró con pinturas y poemas. Los jeroglíficos mostraron motivos tradicionales en la emblemática: el águila mirando al Sol, el ave Fénix, la luna eclipsada, etc.[11]

Además de estas dos relaciones, tenemos noticia de una tercera pira femenina que fue proyectada —de nuevo— por Pedro de Arrieta en 1690, para las exequias de la reina Mariana de Austria en la iglesia de Santo Domingo. La traza, pintada a la acuarela y al óleo, se conserva en el Archivo General de la Nación, y fue dada a conocer por Francisco de la Maza (1946, 57-59).

La fiesta política virreinal: apoteosis del poder monárquico

Tanto las entradas triunfales de los virreyes como las exequias de los reyes fallecidos, como las restantes celebraciones de eventos de la familia real —bodas

---

[11] Además de las dos exequias isabelinas mencionadas se conocen otros dos impresos que describen las honras fúnebres organizadas por el Convento de religiosas de Jesús María en honor de esta reina. Fueron recogidos por Guillermo Tovar de Teresa (Tovar 1988, 136s.).

y natalicios—, dieron lugar en la Nueva España a brillantes espectáculos cortesanos que se sucedieron a lo largo del siglo XVII cumpliendo eficazmente varios objetivos. En primer lugar, las fiestas reales son un mecanismo de cohesión social: los distintos grupos sociales y raciales que componen la sociedad virreinal son aglutinados mediante unas ceremonias jerarquizadas que otorgan a cada miembro de cada comunidad urbana un preciso papel. En segundo lugar, la fiesta política es también un instrumento de occidentalización: a través de la fiesta las clases urbanas novohispanas descubren el arte y la literatura europea y asimilan sus lenguajes simbólicos. En tercer lugar, las celebraciones públicas de carácter político constituyen sobre todo una exaltación de la monarquía hispánica: las calles y los templos de las ciudades son los espacios donde se hace presente la lealtad de los súbditos americanos a sus reyes ultramarinos. Los arcos triunfales y los catafalcos fúnebres, así como los ritos y ceremonias que se despliegan en torno a ellos, construyen un teatro urbano en el que la propaganda y la ideología monárquica se materializa en clave apoteósica.

Bibliografía

Alemán, Mateo. 1613. *Sucesos de D. Frai García Gera arcobispo de Mejico [...]*. México: Viuda de Pedro Balli.

Anónimo. 1645. *Historico compendio de las lagrimas, qve lloró la piedad de los sentimientos, que formó la lealtad, de los svspiros, qve alentó la gratitud: de las virtvdes, que acclamó la eloqventia: en la mverte de la reyna nvestra señora Doña Ysabel de Borbon qvando el santo tribvnal de la Inqvisición en esta civdad de Mexico, con Magestuosos aparatos, y funeral Pompa le celebro honras, y le eternico la Memoria*. México: Iuan Ruyz.

—. 1647a. *Pyra sacra, memoria ardiente, real mausoleo, qve en las exeqvias. Y funeral pompa del Señor D. Balthasar Carlos de Austria. Principe Iurado de las Españas, erigió el Tribunal Santo de la Inquisicion de Mexico, en el muy Religioso y real convento de Santo Domingo de esta Ciudad. En 23 y 24 de Mayo de 1647*. S.l.s.e.

—. 1647b. *Real mavsoleo, y fvneral pompa, qve erigio el excellentissimo Señor Conde de Salvatierra, y la Real Avdiencia, desta civdad de Mexico. A las memorias del serenissimo Principe de España Don Baltassar Carlos*. México: Viuda de Bernardo Calderón.

—. 1664. *Disceño de la alegorica fabrica del arco Triumphal, que la santa iglesia cathedral de la Puebla de los Angeles erigió en aplauso del Excellentissimo Señor Don Antonio Sebastian de Toledo, Marques de Mançera.* Puebla: Imprenta de la Viuda de Iuan de Borja, y Gandia.

—. 1697. *Arco triumphal, disceno politico, consagrado en poemas, y delineado en symbolos â la feliz entrada del Excmo. Señor D. Joseph Sarmiento de Valladares [...].* Puebla: Herederos del Capitán Juan de Villa-Real.

Colonna, Francesco. 1499. *Hypnerotomachia Poliphili.* Venecia: Aldo Manucio.

Espinosa y Monçon, Martín de. 1645. *Relación breve de las solemnissimas exeqvias qve la santa Yglesia cathedral de Valladolid, provincia de Mechoacan hizo à la Inclyta, y grata memoria de la Serenissima, y Catholicissima Reyna D. Ysabel de Borbon.* México: Iuan Ruyz.

Grañén Porrua, María Isabel. [en prensa]. Creaciones emblemáticas y alegóricas en el México del Quinientos. En: *Actas del II Coloquio de Emblemática en torno a Filippo Picinelli.* Zamora: El Colegio de Michoacán.

Herrera, Bernabé de. 1666. *Solemnissimas exequas, qve la yglesia cathedral de Valladolid provincia De Mechoacan, celebró á la Inclita, y grata memoria del Catholicissimo, y Magnanimo Monarcha D. Felipe Qvarto El Grande.* México: Viuda de Bernardo Calderón.

Maza, Francisco de la. 1946. *Las piras funerarias en la historia y en el arte de México.* México: Instituto de Investigaciones Estéticas.

—. 1968. *La mitología clásica en el arte colonial de México.* México: UNAM.

Mínguez, Víctor. 1990. La muerte del Príncipe: reales exequias de los últimos austrias en México. En: *Cuadernos de Arte Colonial* 6, 5-32.

—. 1995. *Los reyes distantes. Imágenes del poder en el México virreinal.* Castellón: Diputación de Castellón-Universitat Jaume I.

—. 1999a. Los "Reyes de las Américas". Presencia y propaganda de la Monarquía Hispánica en el Nuevo Mundo. En: Agustín González Enciso; Jesús María Usunáriz Garayoa (eds.). *Imagen del rey, imagen de los reinos. Las ceremonias públicas en la España Moderna (1500-1814).* Pamplona: Eunsa.

—. 1999b. Túmulo de Carlos V en la ciudad de México. En: Joaquín Bérchez (coord.). *Los Siglos de Oro en los virreinatos de América. 1550-1700.* Madrid: Sociedad Estatal para la Conmemoración de los Centenarios de Felipe II y Carlos V, 253-255.

—. 2000. Espectáculos imperiales en tierras de indios. En: *La fiesta en la Europa de Carlos V*. Sevilla: Sociedad Estatal para la Conmemoración de los Centenarios de Felipe II y Carlos V, 235-255.

—. 2001. *Los reyes solares. Iconografía astral de la monarquía hispánica.* Castellón: Diputación de Castellón-Universitat Jaume I.

Mora, Agustín de. s.a. *El Sol eclypsado antes de llegar al zenit. Real pyra que encendió à la apagada luz del Rey N. S. D. Carlos II.* México: Iuan Ioseph Guillena Carrasco.

Morales Folguera, José Miguel. 1991. *Cultura simbólica y arte efímero en Nueva España.* Granada [?]: Junta de Andalucía.

Pascual Buxó, José. 1975. *Muerte y desengaño en la poesía barroca novohispana.* México: UNAM.

Perea Quintanilla, Miguel; Diego de Ribera. 1673. *Historica imagen de proezas, emblematico exemplar de virtudes ilustres del original Perseo: Prevenido en Oraculos Mythologicos, y decifrado en colores Poeticos.* México: Viuda de Bernardo Calderón.

Ramírez de Vargas, Alonso. 1664. *Elogio panegirico, festivo aplavso, iris politico, y diseño trivnfal de Eneas verdadero. Conqve la muy noble, y leal ciudad de Mexico, recibió al Exmo. Señor D. Antonio Sebastian de Toledo, y Salazar: Marques de Manzera.* México: Viuda de Bernardo Calderón.

Ribera Flores, Dionisio de. 1600. *Relación histórica de las Exequias Funerales de la Magestad del Rey D. Philippo II nuestro Señor. Hechas por el Santo Officio de la Inquisición.* México: s.e.

Rodríguez Abril, Juan. Manuscrito s.a. *Breve Relación de las honras que el Tribunal del Santo Oficio hizo a la muerte de Nuestro Señor y Rey don Philippo Tercero que Dios tenga en su gloria. Jueves 16 de septiembre de 1621 años.* Archivo General de la Nación de México.

Sariñana, Isidro. 1666. *Llanto de occidente en el ocaso del más claro sol de las Españas. Fvnebres demostraciones, qve hizo, pyra real, qve erigio En las Exeqvias del Rey N. Señor D. Felipe IIII. El Grande.* México: Viuda de Bernardo Calderón.

Sebastián, Santiago. 1977. *El programa simbólico del túmulo de Carlos V en Méjico.* México: Instituto de Investigaciones Estéticas.

374

—. 1994. Los libros de emblemas: uso y difusión en Iberoamérica. En: Jaime Cuadriello (dir.). *Juegos de ingenio y agudeza. La pintura emblemática de la Nueva España.* México: Museo Nacional de Arte, 56-82.

Sigüenza y Góngora, Carlos de. 1680. *Theatro de virtudes politicas, qve constituyen á vn Principe: advertidas en los Monarchas antiguos del Mexicano Imperio, con cuyas efigies se hermoseó el Arco Trivmphal, que la muy Noble, muy Leal, Imperial Ciudad de Mexico erigiò para el digno recivimiento en ella del Excelentissimo Señor Virrey Conde de Paredes.* México: Viuda de Bernardo Calderón.

Tovar de Teresa, Guillermo. 1988. *Bibliografía novohispana de arte. Impresos mexicanos relativos al arte de los siglos XVI y XVII.* México: Fondo de Cultura Económica.

Uribe, Francisco; Antonio Núñez de Miranda. s.a. *Honorario tvmvlo; pompa exeqvial, i imperial mavsoleo, que mas fina Artemisia La Fe Romana, por su Sacrosanto Tribunal de Nueva-España, erigiò, y celebrò llorosa Egeria, à su Catholico Numa, y Amante Rey, Philippo Qvarto. El Grande.* México: s.e.

Un grupo en busca de afirmación: las fiestas de los mulatos de Lima por el nacimiento de Baltasar Carlos[*]

Sonia V. Rose

La tarde del 3 de febrero de 1631, la plaza mayor de una ciudad del imperio hispánico aparece cubierta de tablados y de tiendas de campaña; en su centro cuelga una tela que representa la ciudad de Troya, con sus almenas y su gran puerta. La multitud se agolpa alrededor de la plaza intentando ubicarse, las autoridades, presentes en pleno y acompañadas de sus familias, se acomodan en los balcones de palacio para presenciar el espectáculo que está a punto de iniciarse. Ingresa entonces el primer carro triunfal, cuya hechura busca imitar el marfil, el oro y el jaspe, portador de la efigie de Felipe IV, de la del conde-duque de Olivares y de la de otros Grandes de España. A continuación, un carro en forma de navío, ingeniosa y ricamente construido, da vuelta a la plaza. De él descienden Paris y Elena y su hija Polisena y son recibidos por el rey Príamo quien, rodeado de troyanos, ha salido de Ilión a darles la bienvenida. Otros carros, otros personajes se suceden en la plaza: durante ése y los próximos días, la ciudad en pleno disfrutará de las justas y los combates entre griegos y troyanos, conocidos protagonistas de la historia del rapto de Elena. Y al cuarto día, verán ingresar por las puertas de Ilión al gigantesco caballo de madera y presenciarán la caída de la ciudad: arderán la tela y las carpas, en medio del estallido de innumerables cohetes anidados en las almenas, y desfilarán los carros triunfales al son de las chirimías llevando a los griegos vencedores y, delante de ellos, a los vencidos troyanos. Finalmente, la fiesta, que forma parte de las celebraciones por el nacimiento del príncipe Baltasar Carlos, se cerrará con corridas de toros.

Justas, toros y cañas, carros triunfales, personajes mitológicos y quema de castillos: todos los elementos de la fiesta hispánica desplegados con la ostenación y gasto propios de la época de Felipe IV. Hasta aquí, nada que llame la atención. Sólo que estas fiestas no se llevan a cabo en la corte de Madrid, sino en la de la Ciudad de los Reyes, capital del reino del Perú, y que sus protagonistas no son nobles o miembros de los gremios peninsulares, sino mulatos peruleros que las ofrecen en honor a su lejano príncipe.

El nacimiento de Baltasar Carlos (1629-1646), primer heredero varón de Felipe IV, fue ampliamente celebrado a lo largo y ancho de la entonces extendi-

---

[*] Agradezco a Juan Carlos Estenssoro Fuchs por sus comentarios.

da monarquía hispánica[1]. En una época sombría para el imperio, el nacimiento del niño parece profetizar bonanza y expandir una ola de esperanza en sus súbditos, que lo celebran organizando fiestas que serán, para el caso de las Indias, de particular brillo.

Maravall ha visto en la fiesta una de las expresiones más completas de la cultura de la monarquía absoluta, una cultura dirigida, masiva, urbana y conservadora[2]. Las tesis del estudioso español, que demuestran cómo el Barroco se sirve de la fiesta como instrumento político que le permite preservar el sistema, han dado lugar a una visión polarizada de la realidad según la cual un poder hegemónico (metropolitano o local) impone su autoridad sobre una masa subalterna que no puede sino seguir sus órdenes[3]. A esa visión reductora se opone una documentación cada vez más rica que prueba que las relaciones entre los llamados sujetos hegemónicos y los sujetos subalternos (o entre el "poder colonial" y los "colonizados") fue bastante más compleja de lo que tal dicotomía permite suponer. En todo caso, la investigación revela cada vez más la imposibilidad del poder imperial o local de imponerse y por el contrario, muestra la necesidad constante de una negociación entre todas las partes implicadas. Lo que interesa, me parece, es tratar de captar la complejidad de una situación dada, es decir, observar cómo las sociedades que surgen de la conquista, pluriétnicas en un grado nunca dado antes, manejaron en su seno la coexistencia de diferentes grupos cuyos intereses —a nivel local— coincidían o se oponían según los momentos y las circunstancias. Es igualmente importante determinar, en momentos y lugares concretos, la articulación de los distintos intereses locales o la de éstos con los de otros espacios dentro del imperio o con los de la Península.

Dentro de la serie de fiestas celebradas por el nacimiento de Baltasar Carlos por la ciudad de Lima, la que llevan a cabo los mulatos como cuerpo separado es un caso interesante y poco estudiado pues plantea una serie de interrogantes

---

[1] En lo que concierne al reino del Perú, tenemos noticia de las fiestas de Potosí y de Buenos Aires. Véase, respectivamente, Arzáns de Orsúa y Vela 1965, Libro XVII, cap. IX; y Archivo de la Nación Argentina, *Actas del Cabildo*, tomo VII, años 1629-1635.

[2] Maravall 1986, 453-498. Véase también Bonet Correa 1983. No trato aquí la teoría de la carnavalización elaborada por Mijaíl Bajtín —muy utilizada en el Hispanismo hasta hace relativamente poco— pues la misma va en una dirección diferente a la que alienta este estudio. Véase Bajtín 1984.

[3] Son numerosos los estudiosos cuyo trabajo, explícita o implícitamente, está alentado por esta visión, siendo Ángel Rama uno de los más notables (véase, por ejemplo 1984).

en lo que hace a la conformación de este grupo, su lugar en la sociedad y su relación con las autoridades locales e imperiales[4].

Si bien es cierto que la celebración de fiestas y exequias era una obligación para la ciudad, es igualmente cierto que ésta se servía de ellas para demostrar su lealtad a la corona y labrarse un lugar (o confirmar el que ocupaba) dentro del mapa de la monarquía hispánica. A nivel local, era igualmente utilizada por los grupos que la llevaban a cabo y la costeaban para mostrar la lealtad de su corporación al monarca y para ubicarse dentro del plano social de la ciudad. Un festejo tan costoso como el que llevaron a cabo los mulatos y tan nutrido por la tradición literaria y cortesano-caballeresca llama la atención, al igual que la recepción elogiosa que tiene en las fuentes que lo narran. ¿Qué nos dice la participación de los mulatos como corporación en esta celebración (y la recepción de la misma por parte de las autoridades y el público) de la sociedad en la que se mueven y de sus relaciones con el poder local? ¿Qué de la relación entre esa sociedad y la Península o, dicho de otro modo, de las modalidades de funcionamiento del sistema imperial? Se trata de grandes preguntas. En las páginas que siguen reflexionaré sobre la posición de un grupo que existe esencialmente como consecuencia de la expansión europea y que, precisamente alrededor de la época que nos ocupa, intenta constituirse como cuerpo diferenciado, buscando posibilidades de ascenso social. Intentaré mostrar, a través de un estudio de caso, la capacidad de integración de los mulatos de Lima y las modalidades de inclusión que se les ofrecen en un momento determinado. Para ello, comenzaré describiendo el desarrollo de las fiestas, a continuación examinaré las relaciones entre la población de origen africano y la de origen europeo, para pasar luego a los mulatos de Lima, su búsqueda de medios de movilidad social y el papel que jugaron las fiestas en este sentido.

Pero antes de comenzar, una palabra sobre las fuentes. Disponemos principalmente de dos[5]: la relación de las fiestas escrita en silvas por Rodrigo de Carvajal

---

[4] Dos de los trabajos que conozco las presentan como prueba de la segregación en la que era mantenida la población de origen africano en la sociedad llamada colonial (véase García Morales 1987 y Jouve Martín 2003). Ciertamente, los ejemplos de frases discriminatorias y denigrantes hacia los negros y mulatos en las fuentes que hemos utilizado abundan, pero no más que las que se encuentran en cualquier obra de la época con respecto al "vulgo" y a los "rústicos" plenamente hispánicos. La actitud de desprecio no está, pues, basada en una cuestión biológica, sino estamental, y responde a una visión de la sociedad propia del Antiguo Régimen. Me he ocupado de las fiestas desde un ángulo diferente en otra oportunidad (Rose 1999).

[5] Fernando de Montesinos les dedica un párrafo de pocas líneas (1906 [1642], I, 244).

y Robles (Lima, 1632)[6] y las páginas que le dedicara el clérigo Antonio de Suardo en su relación[7]. Del cotejo de ambas fuentes surge que la información factual se superpone a menudo, pero no siempre. Carvajal, aunque trastoca la cronología, pormenoriza, comenta y juzga mucho más que Suardo; de allí que, aunque establezco los hechos utilizando a éste, me sirva de ambas fuentes[8].

1. Lima, otra Troya: descripción de las fiestas

Las fiestas de Lima tienen lugar un año después de la venida al mundo del príncipe (el 27 de octubre de 1629), y se extienden del 3 de noviembre de 1630 al 3 de marzo de 1631: cuatro meses, pues, de los cuales 29 días no consecutivos son dedicados a los festejos. Toda la población participa en las celebraciones: autoridades civiles y religiosas, corporaciones como la Universidad y los gremios de mercaderes, confiteros, pulperos, sombrereros y gorreros, sastres, zapateros, plateros y herreros, al igual que los negros y los mulatos[9].

La fiesta de los mulatos se lleva a cabo durante cuatro días (3, 4, 5, 7 de febrero de 1631), a partir de las cuatro de la tarde los dos primeros días, y de las cinco y las siete los dos últimos. Se trata, al decir de Suardo, de "fiestas y justas reales", "representadas en el robo de Elena" (137), rematadas el día 11 por una corrida de toros[10].

El escenario es, como era habitual, la plaza mayor. Una mitad había sido cubierta con una tarima de madera para el público y la restante cercada con una

---

[6] En el presente trabajo cito por la edición de Francisco López Estrada (Carvajal 1952). Sobre Carvajal, véase más adelante.

[7] La "Relacion diaria/ de lo sucedido en la ciudad de/ Lima/ desde 15 de mayo de 629/ hasta 30 de mayo de 639/ hecha por el/ Doctor Antonio Suardo/ clerigo" fue hallada manuscrita por el padre Vargas Ugarte (gracias a la indicación de Torre Revello) en el Archivo General de Indias (legajos Lima 45, 46, 47, 48) y editada por él. Todas las citas del presente artículo provienen de dicha edición (Suardo 1936). Sobre Suardo, véase más adelante.

[8] Las fiestas de los mulatos son narradas por Carvajal en la Silva IX (vv. 1-639) y por Suardo entre las pp. 137-141 de la edición citada. En el primer caso, doy después de la cita el número de silva en romanos y el de los versos en arábigo; en el segundo, la página.

[9] Contrariamente a lo que ocurrirá con otras fiestas —tal el caso de las celebradas por el nacimiento de Felipe Próspero—, los indígenas no organizan una celebración corporativa. Es decir, no participan en tanto que grupo, sino (al igual que los mestizos) a través de los gremios dentro de los cuales se hallan insertos, como puede verse explícitamente en la fiesta de los sastres (15 de noviembre de 1630).

[10] La fiesta que ofrecen los negros al príncipe consiste en una corrida de toros, bufonesca, realizada el 14 de enero de 1631 y juegos de cañas al día siguiente. Suardo la resume en un párrafo (133) mientras que Carvajal le dedica sendas estrofas (VIII, vv. 233-283).

tela de torneo. Hacia las casas arzobispales (lado Este de la plaza), habían instalado dos tiendas de campaña, una grande y otra más pequeña y otras dos más hacia las casas del Cabildo (lado Oeste); en el centro de la plaza, junto a la fuente, habían colocado una tela que representaba a la ciudad de Troya, con una apertura para significar la gran puerta (Suardo, 137, Carvajal, IX, vv. 30-37). A continuación, doy el detalle del primer día y del cuarto, obviando el segundo y tercero pues repiten el esquema de la jornada inicial.

1er día, 4 de la tarde (Suardo, 137s.)

La representación se hace ante el virrey, los oidores de la audiencia y sus mujeres, quienes la ven desde los balcones de Palacio e, imaginamos, ante las demás autoridades civiles y eclesiásticas.

- Entra un carro triunfal "representado de marfil y oro y jaspe" con el retrato del Rey, acompañado de una guarda de arqueros y otra de alabarderos y, según Carvajal, de las efigies de quienes en la corte de Madrid normalmente acompañaban al monarca: el conde de Benavente, los duques de Osuna, Feria y Escalona, el Almirante de Castilla, el Caballerizo mayor y el conde-duque de Olivares. Acompañan al cortejo "los quatro mulatos comissarios de la fiesta".
- Entra un carro en forma de navío "muy curioso y ricamente formado", trayendo a Elena y a Paris quienes desembarcan, luego de haber dado la vuelta a la plaza, en la ciudad.
- De ella sale el rey Príamo rodeado de troyanos y da una vuelta a la plaza, en señal de regocijo, arrastrando un carro triunfal con Elena y a su hija Polisena.
- Entra Ulises y pide se devuelva a Elena; ante la negativa de los troyanos, deja la plaza y queda declarada la guerra.
- Sale de la ciudad de Troya, en un carro, Héctor rodeado de su gente; trae una tarja pintada y en ella escritos unos versos. Da vuelta a la plaza y se apea.
- Entra Aquiles en un carro, igualmente acompañado por su gente, con una tarja pintada y con versos.

4to día, el 7 por la tarde (Suardo, 140)

- Luego de haber entrado el carro del rey y de haber salido Héctor a la plaza, ingresan Aquiles, Agamenón, Menelao y Pirro trayendo el caballo de Troya.
- Hay una serie de justas entre distintos personajes.
- Salen los griegos, se retiran a su ciudad los troyanos.

- Se prende fuego al caballo de madera que está en la puerta de la ciudad; entran en ella los griegos y rescatan a Elena; sale Eneas con Anquises y Ascanio, se embarcan en el navío y huyen de la ciudad en llamas.

- Mientras la tela que representa a la ciudad y las tiendas de campaña arden, salen los troyanos "como gente vencida" delante de los griegos victoriosos, quienes se pasean en un carro triunfal en el cual va Elena. El cortejo es cerrado por el carro que lleva el Retrato Real.

Los festejos están, pues, constituidos por una máscara con desfiles de carros triunfales y alegóricos, juegos de cañas, una tramoya (el caballo de madera) y una quema de castillo[11], todo ello hilado dentro del argumento de la guerra de Troya. Como puede verse en la descripción de la fiesta, la acción se limita a dos momentos: el rapto de Elena y su llegada a Troya con Paris y la caída e incendio de la ciudad.

En cuanto a la historia, no se nos dan datos sobre quiénes la eligieron, Carvajal menciona únicamente que se la prefirió debido a lo conocida que era por todos: "Dispusieron por fiesta la aplaudida/ historia, por sabida,/ de aquel robo de Elena/ y el incendio de Troya" (IX, vv. 22-25). La popularidad y transmisión de la materia troyana dentro de la tradición culta en la Península es conocida[12]. El argumento, por otra parte, no sólo es sabido por el público, sino que permite

---

[11] Es gracias a Carvajal que sabemos que se había preparado lo que se conoce con el nombre de "castillo de fuego", es decir, una "armazón vestida de varios fuegos artificiales" (*RAE*): "Mas las fuertes almenas/ parecieron alli propias colmenas,/ no de miel, que de poluora preñadas,/ parían a vandadas,/ por enxambres de auejas susurrantes,/ mil globos de cohetes formidantes" (IX, vv. 576-581).

[12] En la Baja Edad Media circulan traducciones a lenguas vulgares de dos textos inspirados en las falsificaciones que, de la historia de la guerra de Troya, hicieran Dares y Dictis en el siglo IV, se trata de: (1) las traducciones castellana (1350) y gallega del *Roman de Troie* de Benoît de Sainte-Maure de 1160 y, (2) las traducciones castellanas de la obra de Guido delle Colonne (1287): la *Historia troyana* (1443) de Pedro de Chinchilla y la *Crónica troyana* del Canciller de Ayala. Esta última habrá de editarse con adiciones en el siglo XVI, y dará lugar a una versión versificada titulada por Menéndez Pidal *Historia troyana Polimétrica*. Sabemos igualmente que Juan de Mena había traducido la *Ilias latina* en su *Omero romançado* (aunque conocía la *Ilíada* de Homero), y que el marqués de Santillana había encargado a su hijo le tradujera del griego la *Ilíada*. Véase Lida 1975,132. La materia troyana se difundió igualmente a través del romancero en versiones juglarescas y eruditas como "El juicio de Paris" o "El robo de Elena", difundidas en pliegos y colecciones de romances del siglo XVI, tales como el *Libro de los cincuenta romances* (*ca.* 1525). En cuanto al rapto de Elena, el episodio se ha mantenido en la tradición oral sefardita de Oriente, de Marruecos y de las Islas Canarias. Véase Catalán 1986, I, 51 y 115. Agradezco a Cécile Iglesias la información sobre la difusión a través del romancero.

montar un espectáculo "total", gracias al despliegue de los carros triunfales, el colorido de los disfraces, la emoción de la trama y los simulacros militares que se engarzan naturalmente en ella.

Los personajes que participan son, además de Elena y su hija Polisena, los guerreros principales de ambos bandos: Aquiles, Agamenón, Menelao, Ayax Telamón, Ulises, Palmades por el bando griego, Héctor, Paris, Troilo, Príamo, Eneas, Anquises, Ascanio, Pantasilea, Antenor por el troyano. Se presentan disfrazados (utilizando artificiosas máscaras, según Carvajal[13]), y recitan versos. Ambas fuentes señalan únicamente el acto de recitar: del discurso de Ulises, por ejemplo, Suardo nos dice que pide la devolución de Elena, "con unos verssos muy al proposito" (137) y Carvajal y Robles que se presentó ante los troyanos y les "notificò de parte de los Griegos/ restituyesen luego la hermosura/ de Elena a su marido,/ o de no conceder este partido se apercibiessen luego/ a vna guerra mortal de sangre y fuego" (IX, vv. 131-136). Suardo, sin embargo, transcribe los versos que llevan escritos los personajes en sus tarjas o escudos y que probablemente articularan en alta voz.

La elección del tema y el desarrollo de la fiesta despierta la curiosidad sobre el grado de integración y la capacidad organizativa de quienes la llevaron a cabo (uno de los grupos más bajos dentro de la escala estamental) y sobre el tipo de sociedad que permite que tales festejos sean concebidos y realizados por tales grupos. ¿Cuál es la situación de la población de origen africano en el virreinato del Perú y cuáles fueron sus relaciones con la de origen peninsular? Examinemos esto.

2. Las relaciones peligrosas

Los datos que poseemos sobre la población de origen africano[14] permiten observar el peso demográfico de la misma[15]. En 1593, según los registros parroquiales de Lima había 6.690 "negros y mulatos" sobre una población total de

---

[13] Pantasilea y las Amazonas, por ejemplo, llevaban "[...] las caras/ con inuenciones raras/ de mascaras hermosas y hebras de oro [...]" (Carvajal, IX, vv. 345-47).

[14] Aunque no sea ideal, por razones prácticas, paso a utilizar esta denominación general que incluye: negros bozales, ladinos y criollos, mulatos y zambos, ya sean esclavos o libertos.

[15] En gran medida, y a pesar del importante trabajo que se ha hecho sobre el tráfico de esclavos, no son muchos los estudios centrados en las poblaciones de origen africano en las Indias en la época del dominio ibérico. Para el caso del Perú, contamos con los aún válidos trabajos de Lockhart 1982 [1968] y de Bowser 1974, además de los de Tardieu (entre otros, 1993) y el volumen editado por Ares Queija/Stella 2000. Véase también Clément 1987, Bernand 2000 y la síntesis de del Busto 2001.

12.790[16]. En 1600, el censo del virrey Velasco arroja 6.621 "negros y mulatos" sobre una población de 14.262 almas[17]. En 1613 el censo del marqués de Montesclaros revela la presencia de unos 10.386 negros y de 744 mulatos sobre una población de 25.154 almas[18]. En 1619 se cuentan 11.997 negros y 1.166 mulatos sobre una población total de 24.275[19]. En una época más cercana a la celebración del nacimiento de Baltasar Carlos, el virrey conde de Chinchón estima que hay unos 22.000 esclavos en Lima[20]. Por su parte, Varona de Encinillas, fiscal de la audiencia de Lima en 1629, estima en 3.000 los mulatos en la ciudad con licencia para portar armas (ibíd.). En 1636, se calcula había 13.620 negros y 861 mulatos sobre una población total de 27.394[21]. Bowser considera estas últimas cifras artificialmente bajas y calcula la población de origen africano en Lima para 1640 en 20.000 personas. A pesar de las inexactitudes inherentes a las fuentes, las mismas se muestran relativamente estables en lo que hace a la proporción de población de origen africano en la ciudad, la cual habría sido, en la primera mitad del siglo XVII, de un 40%[22].

Mas, ¿cuál fue la relación entre la población de origen africano y la de origen europeo? La misma fue, desde un comienzo, estrecha (véase Bowser 1974, 7). Ambos grupos, aunque de modo muy diferente, extranjeros en tierra americana, se vieron unidos por la necesidad. Esta situación obligó a los españoles a reconsiderar su relación con los esclavos que habían traído o adquirido y llevó a éstos a identificarse rápida y profundamente con todo lo europeo. Esto fue particular-

---

[16] "Carta del arzobispo de Lima a la corona de 8 de mayo de 1593" (en: Bowser 1974, 339). Bowser ha dedicado un apéndice a la cuestión (ibíd., 337-341: "The colored Population of Lima").

[17] El dato proviene de las "Reflexiones históricas y políticas sobre el estado de la poblacion de esta Capital", editadas en *Mercurio peruano*, 3 de febrero de 1791, 91 (Anónimo 1964, I).

[18] Véase Cook 1968 y Durán Montero 1992.

[19] "Censo eclesiástico hecho por orden del arzobispo de Lima" (en: Bowser 1974, 340).

[20] Bowser 1974, 182. La cifra propuesta por el virrey (nótese que habla exclusivamente de esclavos) sólo puede ser plausible si se incluyen las chacras aledañas a la ciudad.

[21] "Estimación del arzobispo de Lima, entregada al conde de Chinchón y remitida por éste a la corona" (en: ibíd., 341).

[22] En el censo realizado entre 1604-1610 en Trujillo y las haciendas aledañas (que arroja un total de 3.192 habitantes), la población de origen africano supera el 33% y la indígena alcanza el 37%, siendo el 29% restante blancos y mestizos (Lavallé 1999, 143). La relativa proporción (en la costa) entre la población de origen europeo y la de origen africano parece mantenerse en el tiempo: el censo mandado ejecutar por el virrey Francisco Gil de Taboada y Lemos en 1790 (en: Anónimo 1964, I, s.p.) arroja para Lima las siguientes cifras: sobre una población de 47.796, 8.960 son negros, 5.972 mulatos y 5.986 entre zambos, cuarterones y quinterones, es decir, que un 40% de la población es de origen africano.

mente cierto en el caso de la población urbana esclava o liberta al servicio de las clases acomodadas o de los oficiales artesanos y que se identificó con el mundo del amo o del patrón (con la aceptación de modos de vida, códigos y modelos culturales occidentales que ello implica). Por su parte, muchos amos o patrones depositaron una confianza particular en sus servidores o artesanos de origen africano[23]. Esto dio lugar a que, a pesar de su estatuo legal de esclavo inferior al del indio, su posición pudiese estar a menudo, en la práctica, por encima de la de los indios del común (Ares Queija 2000, 76).

El descenso demográfico de la población indígena y la legislación reguladora del trabajo de ésta hicieron crecer la necesidad de contar con la población de origen africano, ya sea como mano de obra en haciendas, obrajes o minas, para defensa de la ciudad, o como servidores. En particular en las zonas urbanas y en la costa, como hemos visto, el porcentaje de población de origen africano es igual o a veces mayor que el de los otros grupos. Sin embargo, y a pesar de la confianza extrema que el europeo depositó en ella en casos concretos, la población de origen africano, ya sea esclava o liberta, urbana o rural es percibida como una constante amenaza.

Desde mediados del siglo XVI y hasta entrado el XVII, se repiten las ocasiones cuando hay rumores de una revuelta de la población de origen africano de la ciudad de Lima. Tanto la corona como las autoridades locales intentarán hacer disminuir esa amenaza por distintos medios, entre ellos, la aplicación de las conocidas prohibiciones de portar armas (véase nota 64). Sin embargo, como es sabido, dichas prohibiciones no se cumplieron, siendo precisamente muchos de quienes las solicitan quienes tienen a sus propios guardas armados (Bowser 1974, 180).

El temor de una revuelta parece haber estado alentado por distintos factores, siendo el primero la existencia de grupos de cimarrones. Desde muy temprano (mediados de 1540), Lockhart (1982, 189s.) y Bowser (1974, 242ss.) documentan casos de cimarronaje en Lima. Para Trujillo, Lavallé (1999, 144) cita casos a partir de 1561, observando "una densidad notable en los años que van de mediados de la década 1610-1620 hasta finales de los cincuenta", años a los que corresponden un 60% de la totalidad de los casos (ibíd., 145). El nacimiento de Baltasar Carlos cae, pues, en este período de recrudecimiento del cimarronaje.

---

[23] Como lo apunta Lockhart: "Cuando los españoles conocían muy bien personalmente a los esclavos, les otorgaban el tipo de confianza absoluta que de otra manera se extendía sólo a los parientes más cercanos" (1982, 240).

Sin embargo, Bowser señala, refiriéndose a los esclavos, que éstos rara vez se levantaron contra sus amos[24]. Es verdad que las revueltas de magnitud, o casos particulares como el de las Esmeraldas (véase Rueda Novoa 2001), en la audiencia de Quito, o el caso de Yanga en la Veracruz[25], fueron contadas durante toda la época colonial. Empero, los ataques de los cimarrones en bandas de hasta cuarenta personas (principalmente contra mercaderes y quienes transitaban los caminos reales) eran una realidad tangible.

Al temor concreto a los asaltos, se unía el miedo más amplio a una alianza entre cimarrones y piratas. Tales alianzas eran un hecho y habían dado a los cimarrones establecidos en palenques el control de ciertas zonas en la costa atlántica de México y de América Central. Fue Drake el primero que selló una alianza con los cimarrones, con quienes llevó a cabo un ataque contra Venta de Cruces. Le seguirá en 1576 Oxenham quien, ayudado por los cimarrones del golfo de Urabá, construirá un navío con el cual atacará un barco español que venía sin guarda alguna de Guayaquil. El virrey Francisco de Toledo envía a Diego de Frías Trejo con una armada y Oxenham (quien ya ha sido hecho prisionero por Pedro de Ortega Valencia) será traido a Lima y quemado en 1580; los cimarrones serán, en este caso, devueltos a sus amos o repartidos. El 13 de febrero de 1579 Drake (luego de bordear el Cabo de Hornos y saquear Valparaíso) ataca barcos que se hallan frente al Callao, con lo cual se suma, a la posibilidad de agresiones por el norte, la amenaza de ataques por el sur. A partir de enero de 1587 Cavendish merodea por las costas del Pacífico llegando a Lima, luego de lo cual ataca y saquea Paita y Guayaquil; posteriormente, Hawkins se apodera de una serie de navíos frente al puerto de Valparaíso. Cavendish muere en Pernambuco y Hawkins es capturado y traído a Lima, pero sus correrías representan la virtual pero siempre presente posibilidad de una alianza entre piratas y cimarrones en territorio peruano[26]. El 17 de julio de 1615, el pirata Speilbergen se enfrenta en batalla naval a la armada que ha preparado el virrey

---

[24] Bowser: "the fact is that in this whole period, blacks took up arms against their masters only on very rare occasions" (1974, 177).

[25] Como es sabido, la revuelta acaba con la disolución del palenque en 1609 por las fuerzas del virrey luego de haberse llegado a un acuerdo: los cimarrones se comprometen a entregar a los negros fugitivos y a fundar un pueblo que funcionaría como baluarte de los españoles en aquellas serranías. Es así como, en 1618, se fundó el poblado de San Lorenzo de los Negros en las cercanías de Córdoba (actual México). Para la revuelta de las Esmeraldas ver Rueda Novoa 2001.

[26] Los piratas traían cartas de manumisión, siendo parte de su política la de cerrar alianzas con la población indígena y de origen africano. Véase Vargas Ugarte 1966, II, 297 y 348-51 y Bradley 1989, 4-6.

marqués de Montesclaros y, luego del episodio en el cual su capitán, Rodrigo de Mendoza, cañonea y hunde la Almiranta, el holandés huye hacia el norte, atacando Huarmey y Paita[27]. Es aquí donde suelta dos esclavos que había capturado en Arica. Los hombres testifican entonces que los holandeses los han estimulado a alentar una revuelta, prometiéndoles su ayuda en ella[28]. El miedo —ya mencionado— a una alianza entre los piratas y la población de origen africano podría haber cedido a comienzos del siglo XVII al no atacar los primeros efectivamente las costas del Pacífico y fundar enclaves (como habían logrado hacerlo en el Caribe). Sin embargo, es precisamente por esta época cuando se intensifica el tráfico de esclavos, con el consecuente aumento de la población de origen africano en Lima, y, con ella, de las posibilidades de cimarronaje.

Dejando de lado la cuestión del temor concreto a los ataques de los cimarrones o el virtual de una alianza suya con los piratas, amos y patrones (no sólo de origen europeo sino indígenas también) temen a sus esclavos y servidores, en gran medida por la conciencia que tienen de lo numéricamente precario de su situación[29]. Lavallé (1999, 144) documenta para Trujillo casos de violencia entre la población de origen africano y de esclavos hacia sus amos a partir de 1562. De modo más general, los diarios de Suardo (1936 [red. 1629-1639]) y de Mugaburu (1918 [red. 1640-1694]) narran numerosos casos particulares de esclavos o servidores que se rebelaban contra sus amos o patrones, llegando a matarlos, al igual que casos de violencia entre las castas[30].

Esta ambigüedad en el tratamiento de la población de origen africano se refleja tanto en la política de legislación por parte de la corona como en su aplicación en el nivel local: en ambos casos, la misma oscila entre el intento de controlarla y la conciencia de la necesidad de una alianza que genere y garantice su lealtad.

---

[27] Véase Vargas Ugarte 1971, III, 145-47; Bradley 1989, 30-48.

[28] Así lo señalará el próximo virrey, príncipe de Esquilache, en carta al rey (Vargas Ugarte 1971, III, 147 y Bowser 1974, 179s.).

[29] Para citar un caso concreto, en 1629 (precisamente en la época que nos ocupa), Varona de Encinillas, fiscal de la audiencia, señala la existencia en Lima de 3.000 mulatos armados con permiso del virrey, en un momento cuando se cuentan en 3.500 los españoles armados (Bowser 1974, 182).

[30] Durante el período de desarrollo de las fiestas, por ejemplo, una mulata da de palos, por celos, a una española en la iglesia de la Merced, hiriéndola de gravedad, el 9/XI/1630; el 28/XII una mulata dio una bofetada a una española en la iglesia de Santo Domingo; el 7/I/1631 un esclavo del Santo Oficio es prendido por haberse resistido a un alguacil de la ciudad (todo en Suardo 1936, I, 114, 129 y 131 respectivamente).

La ambigüedad queda, por otra parte, claramente expresada en la cuestión de su participación en las milicias que se proyectan crear para la defensa de la ciudad contra el ataque de piratas. La indecisión al respecto se basaba en el temor que causaba armar a una población no europea numéricamente superior a la peninsular, pues al hacerlo ésta quedaba en manos de aquélla. Esto preocupa al cabildo de la ciudad de Lima, si bien deja impertérrito al virrey marqués de Cañete, quien propone armarla en vistas a una posible emergencia (Bowser 1974, 178). Dentro del programa de defensa que traza, el marqués de Montesclaros decide, a pesar de lo anterior y luego de mucha polémica, crear milicias con gente de origen africano para la defensa de la ciudad, aunque no las arma, las milicias participan en la defensa de la ciudad en 1624, cuando Jacques L'Hermite se apodera de barcos mercantes y bloquea el puerto del Callao, habiendo aparentemente podido tomar la ciudad de haber perseverado[31]. No hay rastro de que hubiera habido ningún intento de revuelta por parte de las milicias de mulatos y negros libres[32].

El temor a la violencia individual de un esclavo que mata a su amo, a la delicuencia generada por el cimarronaje, y a una posible rebelión de la población de origen africano existe y tiene bases en la realidad (siendo su base primera, claro está, la violencia que implica la esclavitud como institución). Sin embargo, esa realidad se halla a menudo alimentada por el temor al llamado complot demográfico. Así, Martín del Barco Centenera afirma que, al encontrarse Drake frente al Callao, los esclavos escondieron las cabalgaduras de sus amos para evitar que éstos acudieran a defender el puerto[33]. Nada indica que lo anterior fuera cierto, sin embargo, los oidores de la audiencia constatan con preocupación que la población española es minoritaria y que "la que es alguna que son indios, mestizos, mulatos, negros y zambahigos no [sic] es gente de poca o ninguna confianza" (en: Vargas Ugarte 1966, II, 246). Este mismo marco de ideas alienta el pensamiento de Juan López de Velasco quien sostiene en 1574 que los "zambaigos"

---

[31] Muerto (de gota) L'Hermite, sus hombres abandonan el Callao, saquean Guayaquil y se dirigen finalmente hacia las costas del Brasil (Vargas Ugarte 1971, III, 205ss.; véase también Bradley 1989, 49-71).

[32] Bowser 1974, 179s.; Vargas Ugarte 1971, III, 56-61; 144-152.

[33] "Los negros la ocasión consideraron/ y acuerdan entre sí un ardid famoso,/ los frenos a sus amos les hurtaron,/ ardido subtil de guerra y peligroso,/ entre ellos el concierto fabricaron/ con ánimo maldito y alevoso,/ pensando que Francisco allí viniera/ y en libertad a todos les pusiera". *La Argentina y Conquista del Río de la Plata*, canto XXII (en: Vargas Ugarte 1966, II, 246).

bienen a ser la gente más peor y vil que en aquellas partes hay; de los cuales y de los mestizos, por haber tantos, vienen á estar algunas partes en peligro de desasosiego y rebelión (en: Ares Queija 2000, 83).

La ambigüedad (temor y necesidad) marca la postura de la población de origen europeo hacia la de origen africano, pero (como se ha notado en los testimonios anteriores) existe un recelo particular hacia los de sangre mezclada en general[34].

3. Los mulatos de Lima[35]

La indefinición étnica de los de sangre mezclada (y de los grupos de los que provienen) se refleja en la falta de claridad en la terminología utilizada en la documentación de la época[36]. Esto hace que sea difícil establecer sistemáticamente a quien incluye una nomenclatura determinada. En el caso que nos ocupa, nos encontramos ante dos fiestas llevadas a cabo por población de origen africano y que son llamadas por Carvajal "Fiesta de los negros" (VIII, al margen de los vv. 233s.) y "Fiesta de los mulatos" (IX, al margen de los vv. 3s.). En el primer caso, Carvajal los denomina, además de "negros", "gente de Etiopia" (VIII, v. 233), pero también "morenos" ("cada moreno vrdiò su trama", VIII, v. 249). Lo mismo ocurre con Suardo, quien utiliza indistintamente "negro" y "moreno": "A 14, los morenos hicieron sus fiestas"; "salieron hasta 30 negros a la plaza" (133). Para Carvajal, el grupo de "negros" incluye a esclavos y libertos ("los cautiuos y los horros" (VIII, v. 258) y, dentro de los primeros, a bozales ("quanta ralea/ produze la Guinea" (VIII, v. 303), que torean a pie, y a negros nacidos en tierra americana (criollos), que torean a caballo (VIII, v. 307). En cuanto al grupo que organiza el rapto de Elena, tanto Carvajal como Suardo (137ss.) se refieren a ellos como "mulatos", sin otra especificación, aunque es

---

[34] En las piezas de teatro, la mulata suele desempeñar el papel de confidente de la dama, sin embargo, ésta no puede confiar en la lealtad de aquélla y hacerlo suele tener consecuencias desastrosas (Fra Molinero 2000, 126).

[35] Utilizo "mulatos" por ser esa la denominación que se le da al grupo que celebra las fiestas por Baltasar Carlos en las fuentes de que me sirvo. Sin embargo, la mayoría de ellos eran zambos (véase nota 37).

[36] Este hecho ha sido enfatizado por Ares Queija. Un ejemplo claro de confusión es el de Juan López de Velasco al sostener que "hay muchos mulatos, hijos de negros y de indias, que se llaman zambaigos" (Ares Queija 2000, 83s.).

probable que muchos fueran zambos[37], al igual que es probable que hubiera algunos mulatos y zambos dentro del grupo denominado "negro" o "moreno". Es posible, por otra parte, que el grupo de mulatos incluyera en su mayoría personas libres: no hay ninguna referencia a los amos, como sí es el caso en la fiesta de los negros relatada por Carvajal (VIII, vv. 308-312).

El vocabulario, pues, expresa la falta de rigor que existía en la categorización de los individuos desde un punto de vista biológico, categorización que la corona intentaba llevar a cabo —tan obsesiva como infructuosamente— a través de un cuerpo de leyes, cuya aplicación fue en extremo limitada. Ya a fines del XVI se nota la imposibilidad de una separación en grupos por criterios biológicos. Dice así el jesuita José de Teruel, rector del colegio del Cuzco, en una carta de 1585: "En todo este reino es mucha la gente que hay de negros, mulatos, mestizos y otras muchas misturas de gentes y cada día crece más el número de déstos" (en: Ares Queija 2000, 84). Como lo comprueba Ares Queija, la pertenencia de una persona a un grupo depende, en la realidad,

> del contexto, de la finalidad perseguida, de la necesidad de especifi-
> cación o particularización (p.e., en el caso de disposiciones legales
> que afecten a unos u a otros), etc. [...] Estamos [...] ante la cons-
> trucción de una misma otredad, indiferenciada entre sí, donde lo
> meramente biológico, aunque referente ineludible, parece muy
> velado por la primacía de lo socio-cultural (ibíd., 84s.).

Lo biológico, pues, es el referente ineludible que sobrevive en la nomenclatura de los distintos grupos pero no es —aunque más no sea por la imposibilidad real de clasificación— el criterio de aglutinación, siendo éste el de la pertenencia social o los aspectos culturales (usos y costumbres) de la persona.

---

[37] Ares Queija señala que el término "mulato", configurado por la experiencia portuguesa y castellana en Africa, aparece en la documentación tanto para referirse a euroafricanos como a indoafricanos; "zambaigo", por su parte, comienza a utilizarse a partir de 1560 pero de manera tan esporádica, que lleva a pensar que denominaba a un grupo minoritario, cuando por los registros estudiados por la autora revelan que era todo lo contrario: "al menos en el siglo XVI, su número [el de los indo-africanos] era bastante superior al de los euro-africanos" (2000, 83). Igualmente, los datos publicados por Horacio Urteaga (que atañen a los primeros registros de bautismo de la catedral de Lima, 1538-48) permiten concluir, como lo hace Tardieu, que los zambos eran muy numerosos, puesto que de 80 niños considerados como negros, unos 50 son hijos de negro e india, siendo sólo muy pocos los que lo son de blanco e india (1987, 192). El ya citado López de Velasco indica que "mulatos hijos de españoles y de negras no ay tantos" (en: Ares Queija 2000, 83).

La posición de los mulatos, desgarrados por diversos intereses y lealtades, ha sido definida —refiriéndose a la sociedad esclavista cubana— por Alain Yacou (1994, 145):

> esclave, il aspirait d'autant plus à la liberté qu'il ne voulait pas être confondu avec le nègre, en particulier celui de l'habitation sucrière, le bossal ou le nègre de nation singulièrement; libre, il entendait d'autant plus faire corps avec l'élément blanc qu'il se devait de prendre ses distances avec les masses serviles.

Su pertenencia étnica a dos mundos por nacimiento (el del amo, situado en lo más alto de la escala, y el del esclavo, en lo más bajo) se convierte en una no pertenencia a ninguno de ellos; la eventual ventaja de ser, en ciertos casos, hijo de cristiano viejo, se ve anulada por el hecho de ser, la mayoría de las veces, ilegítimo. Situado en un intersticio más que en la coyuntura de dos espacios, carece de estatuto legal definido, siendo asimilado a mestizos y zambaigos. Como personaje literario (en el teatro, la poesía burlesca o la prosa): "el mulato y la mulata son criaturas de la duda y de la desazón" (Fra Molinero 2000, 126).

Yacou ha mostrado cómo los mulatos cubanos del siglo XVIII toman conciencia de la importancia que tienen como pieza dentro del tablero político en el cual se confrontan amos y esclavos:

> occupant pleinement la marge de manœuvre, somme toute appréciable, qui lui revenait en partage, [...] aura tôt fait de comprendre qu'il constituait en réalité un enjeu d'importance ou encore une force d'appoint déterminante dans la confrontation entre l'une et l'autre des catégories ethno-sociales dont il était lui-même issu (1994, 146).

La situación y la época son muy otras en el caso que me ocupa y decir que los mulatos de Lima toman conciencia de su importancia sería ir demasiado lejos y caer en el anacronismo. Sin embargo, se nota por esta época en ellos una búsqueda de medios de ascenso social y el deseo de crear un espacio que les sea propio. La situación de la población de origen africano urbana guarda poca relación con la de los esclavos que huyen, forman palenques y ayudan a los piratas en sus ataques contra España[38]. Contrariamente al caso de quienes se

---

[38] Recordemos que, al menos para el caso de Trujillo estudiado por Lavallé (1999) los cimarrones eran en su gran mayoría bozales (70%), y, minoritariamente, negros criollos (20%) y mulatos (10%). La razón que da Lavallé para estos porcentajes es que la población negra criolla, "más integrada a la sociedad colonial [...] sin duda gozaba de mayores complicidades dentro de la esclavitud misma y podía entender cómo utilizar a su favor los resquicios del sistema que padecían" (ibíd., 147).

convierten en cimarrones, los mulatos de Lima tienen otras posibilidades, pueden establecer nuevas solidaridades y circuitos, y labrarse como grupo un lugar dentro de la estructura social. Si bien los mulatos tienen la desventaja de vagar por ese limbo identitario mencionado por Yacou, su condición mayoritaria de libertos y urbanos les permite mejor que a otros grupos comprender los mecanismos sociales y aprender a servirse de ellos y de las zonas grises del sistema. Las fiestas que organizan por Baltasar Carlos serán corolario y clara exposición de su alto grado de asimilación, de su búsqueda de afirmación como grupo y de su recepción por parte de la elite como tal, al menos en esta coyuntura. Veamos esto de cerca.

Es en las zonas urbanas, y en particular en Lima, donde se darán las condiciones necesarias[39]. La capital es, alrededor de 1630, una ciudad que es corte, sede de autoridades civiles y religiosas y puerto principal en el cual se concentran y desde el cual se reparten las exportaciones e importaciones del extendido reino. Casi cien años después de fundada, cuenta con una universidad, varios colegios mayores y al menos una imprenta, y se encuentra en pleno florecimiento arquitectónico y artístico.

Los mulatos de Lima, muchos de ellos libres, viven en esta ciudad, trabajando como artesanos, a menudo con talleres propios en el caso de los libertos, u ocupados en tareas de servicio doméstico (amas de leche, lacayos, guardaespaldas). En este último caso, la mayoría está sirviendo a los estamentos superiores, es decir a las autoridades civiles o religiosas, los notables, los letrados, etc. Finalmente, tanto por su lugar de residencia dentro de la ciudad misma como por su lugar de trabajo (hospitales, parroquias, etc.), los mulatos (ya sea esclavos o libertos) viven en constante contacto con europeos, criollos, mestizos e indígenas[40]. Todo esto les da, obviamente, un acceso —que por supuesto no posee la población de origen africano en general— a lo que podemos llamar el fondo común occidental de tradiciones culturales. Aceptar la existencia de dicho acceso —por más indirecto que fuera— abre la puerta al estudio de aspectos ignorados y hasta cierto punto específicos de las sociedades iberoamericanas de Antiguo Régimen: la representación del rapto de Elena por los mulatos de Lima es (como ha podido observarse en la descripción ofrecida de la misma), un ejemplo claro

---

[39] En el caso de Trujillo, entre 1604 y 1610, la población de origen africano es esencialmente urbana y esclava: sobre 1.973 personas, sólo 96 trabajan en las haciendas y sólo 121 son libres (Lavallé 1999, 142s.).

[40] Sirviéndose del censo de 1613, Durán Montero (1992) ha establecido la repartición de los distintos grupos por etnia y oficio dentro de la ciudad de Lima, trazando un mapa que permite ver la convivencia física de todos ellos en el espacio urbano.

del grado de imbricación cultural en la que viven los distintos grupos que componen esta sociedad.

Dicha transmisión, adaptación y apropiación de toda una tradición fue en gran medida posible gracias a la existencia del sistema de cofradías y gremios, a través de los cuales la población participaba en las fiestas, tanto eclesiásticas como seculares. Como es sabido, la población (en nuestro caso, la de origen africano) se agrupaba, dentro de las diferentes parroquias, en cofradías, medio que permite, por su estructura misma, aceptar las diferencias de grupos particulares dentro del todo universal que es la gran familia cristiana. El padre Bernabé Cobo menciona 25 cofradías de españoles, 13 de indios y 19 de negros y mulatos (de las cuáles tres exclusivamente de estos últimos), repartidas entre prácticamente todas las órdenes que estaban instaladas en la ciudad[41]. La participación de las cofradías de negros y mulatos en las fiestas religiosas limenses está documentada desde los inicios de éstas y es muy activa durante el siglo XVII[42]. En cuanto a las fiestas seculares o monárquicas, su participación se hacía a través de los gremios dentro de los cuales se permitía a los artesanos mulatos afiliarse. Sin embargo, y sin quitar que hubiera personas de origen africano dentro de las fiestas de los otros gremios[43], las fiestas por Baltasar Carlos son la primera ocasión en que los mulatos organizan, como cuerpo separado, una celebración. Y lo hacen a través de un gremio.

Así, al narrar la última salida del carro real al final de la celebración, Carvajal señala: "con que diò fin dichoso/ a sus fiestas el gremio deste vando" (IX, vv. 625s.). El *Diccionario de Autoridades* (1726) dice que "se llama [gremio] tambien el cuerpo de algunas personas de un mismo exercicio" y da como ejemplos "el grémio de los Mercadéres, de los Sastres". Podría, pues, pensarse que Carvajal utiliza "gremio" en un sentido muy amplio, como sinónimo de "cuerpo", pero no es así: a partir de 1620, se ha permitido a los mulatos libres (y tal vez a los negros horros) organizarse en gremio[44]. El mismo debía respon-

---

[41] Cobo 1956, cap. XXXVI: "De las cofradías y demás obras pías que hay instituidas en esta ciudad". Véase también Garland Ponce 1994.

[42] Aparte de su participación mediante las cofradías, negros y mulatos tomaron parte activa como músicos en fiestas y representaciones teatrales. Tal el caso, entre otros muchos, en las fiestas realizadas en el Colegio de San Pablo de los jesuitas (véase Martin 1968, 47).

[43] Así, "diez y seis negros, bestidos en forma de salvajes" desfilan alrededor de uno de los carros presentados por el gremio de los mercaderes (Suardo, 130).

[44] "It is not clear if the guild was to include only mulattoes strictly defined or all free persons of African descent" (Bowser 1974, 412, nota 20). Su información proviene de AGI, Escribanía de Cámara 1023b, Pedro Martín Leguisamo v. gremio de mulatos, 1632, passim, documento que no hemos podido consultar.

sabilizarse de reclutar gente para las milicias de colectar las contribuciones especiales para fiestas y de recaudar el tributo.

La creación del gremio da a los miembros de las milicias, que les han permitido destacarse como cuerpo, un soporte legal e institucional. Las milicias serán, por otra parte, el medio privilegiado de avance socioeconómico, en particular en el siglo XVIII y en las guerras de la Independencia. El plan de crear milicias con población de origen africano se remonta al menos a 1591, cuando el Consejo de Indias se opone a su constitución, recordando a la corona que las cofradías de negros y mulatos han causado problemas y escándalos (en: Konetzke 1958, I, 612-14). Como se ha mencionado, fue bajo el gobierno del marqués de Montesclaros que se crearon tres compañías de mulatos y dos de negros libres (Vázquez de Espinosa 1992, II, 622) que, para 1645, habrán crecido a seis compañías (Bowser 1974, 310). Su participación leal y eficaz en 1624 en la defensa de la ciudad contra el ataque de Jacques L'Hermite estaría aun fresca seis años después, cuando el gremio organiza las fiestas por Baltasar Carlos.

La visibilidad del gremio de los mulatos en ellas es grande, al igual que lo es el despliegue de medios, sin embargo, se trata del mismo gremio que para esas fechas se declara incapaz de recaudar el tributo. La cuestión del tributo, como mostraré a continuación, es central dentro de los intentos de creación de un espacio propio por parte de los mulatos.

La discusión sobre si la población de origen africano libre estaba o no sujeta al pago del tributo databa de mucho tiempo atrás. Inicialmente, y como es sabido, sólo la república de indios estaba sometida al pago del tributo. Sin embargo, a partir del gobierno de Francisco de Toledo, se intenta someter a él a categorías que no fueron previstas en la división inicial de las dos repúblicas: negros criollos, mulatos, zambaigos y mestizos. En 1572 se emite una real cédula en la cual se ordena que los zambos estén sometidos al tributo[45], dos años después la ordenanza se extenderá a los negros y mulatos libres[46]. Desde su imposición, sin embargo, el pago del tributo por parte de la "gente de color libre" estuvo rodeado de dificultades. Las protestas son inmediatas ante lo que

---

[45] Real Cédula del 18 de mayo de 1572: "Que los hijos de negros e indias han de tributar como indios, aunque se diga que no son indios".

[46] "Real Cédula mandando que todos los negros y negras, mulatos y mulatas libres paguen tributo", Madrid, 15 de abril de 1574 (en: Bowser 1974, 368-374). La real cédula incluye a los zambaigos (en cuanto que son 50% indígenas) y a los cholos (75% indígenas). Otras cédulas repiten lo anterior, entre ellas la del 19 de abril de 1577: "Que los negros y mulatos libres vivan con amo conocido para que paguen tributo, descontándoseles de su salario".

es sentido como una vejación: el tributo es pagado por quienes fueron vencidos en la guerra, no por quienes no lo fueron. A pesar de que la real cédula será refrendada en 1590 y de los esfuerzos del virrey Luis de Velasco por cobrar el tributo[47], la población de origen africano se resiste. La situación en Lima es particularmente álgida. Los intentos de cobro dan ciertos frutos entre 1604-06, cuando se logra recoger una cantidad sustancial, pero la resistencia es tenaz, llegando los tributarios a atacar a los recaudadores. El cobro se interrumpe por falta de contratista[48]. En 1612 el virrey marqués de Montesclaros logra hacer pagar el tributo, más sólo hasta 1613, cuando expira el contrato del contratista, no pudiendo encontrarse quien lo reemplace.

El virrey príncipe de Esquilache intenta remediar la situación e imponer el pago del tributo, para lo cual comienza eximiendo en 1619 a los cuarterones y mestizos, que eran quienes más problemas habían causado y otorgando mayor autoridad a los recolectores, lo que le permite conseguir contratista por tres años. Sin embargo, las quejas son tan numerosas que el virrey se ve obligado, en 1621, a interrumpir el pago del tributo para investigar las mismas (Bowser 1974, 306). Ese mismo año, la audiencia sugiere que sea una contribución semivoluntaria, en parte en vista de las quejas, en parte como consecuencia de un donativo de 557 pesos solicitado por la corona y efectuado por negros, mulatos y zambos libres. En 1626 el Consejo de Indias devuelve la propuesta al virrey y a la audiencia, quienes, antes la imposibilidad de encontrar un contratista, dejan estar la cuestión.

En los años siguientes, las autoridades continuaron, de vez en cuando, exigiendo el pago del tributo, pero sin demasiado entusiasmo. Como lo señalaba el virrey príncipe de Esquilache en el informe que dejó al nuevo virrey, la cantidad que se puede colectar de la población de origen africano en el país es mínima; en el caso de Lima, donde valdría monetariamente la pena hacerlo no es posible, debido a la resistencia y lo que se logra cobrar no compensa el revuelo que la idea de pagar tributo provoca (Bowser 1974, 306).

Es bastante claro que la resistencia al pago del tributo tiene su raíz, no tanto en una cuestión económica sino en el estatuto que la población de origen africano

---

[47] En 1596, Velasco logra imponer el tributo en Arequipa y en Ica (lugar este último donde sólo se pudo cobrar ese año). En 1604 la imposición alcanza a Trujillo y en 1609 a Arica. Sin embargo, el éxito del cobro es en extremo limitado, prefiriendo las personas concernidas dejar la zona antes que pagar (véase Bowser 1974, 303s.).

[48] Domingo de Luna se niega, en 1606, a suceder en la tarea de recaudar el tributo a José de Rivera, alegando que los cobradores han sido atacados a punta de cuchillo por la población de origen africano que debía tributar (Bowser 1974, 304s.).

considera le corresponde dentro de la sociedad. Esto es evidente en que el gremio, como ya se ha mencionado, colecta con éxito el dinero para el donativo a la corona y reune fondos para la celebración por Baltasar Carlos pero se declara incapaz de recaudar entre sus miembros la cantidad necesaria para el pago del tributo. Viendo esto, cabe preguntarse qué papel juega la cuestión del tributo en las festividades de los mulatos y qué actitud toma la elite local ante sus reivindicaciones.

4. El apoyo coyuntural de la elite

La noticia del nacimiento real llega cuando Lima está prevenida contra un ataque de navíos holandeses[49], situación que no sólo no impide sino que incluso espolea la celebración[50]. Las fiestas tienen, pues, como contrapunto la defensa del reino contra el enemigo, defensa en la cual las milicias de negros y mulatos juegan —como lo hemos visto— papel destacado[51].

La ciudad, por su parte, decide marcar la importancia de las celebraciones, encargando el Cabildo de Lima la redacción de una relación de fiestas que verá la luz en las prensas locales de Gerónimo de Contreras[52]. La tarea recae en un

---

[49] "A primero de Noviembre [...] tubo su Excelencia dos avissos despachados por el Corregidor de Cañete, el confirmación [...] que se avian visto doce velas de enemigo sobre el Puerto de Chincha y de San Gallan" (Suardo, 110). "Y el felice de treinta/ traxo la nueua por los vagos vientos,/[...] si bien estaua el Conde cuidadoso/ en preuenir la tierra,/ para esperar la guerra/ del Olandes tyrano,/ que del Brasil se hallaua vitorioso" (I, vv. 113-130). Cabe recordar que, como alférez del valle de Majes, Carvajal había contribuido a los preparativos que se hicieran en Camaná contra el pirata Olivier de Noort, y desempeñado funciones en Arica (1605); había igualmente participado en la defensa del Callao contra Jacques L'Hermite (1624).

[50] Carvajal: "y vsando de un desden artificioso,/ por aliento de impulso soberano/ a todos alentaua/ con lo que despreciaua,/ y lo que despreciaua, preuenia,/ porque la valentia/ que arguye mas denuedo,/ es la que nunca dà portillo al miedo" (I, vv. 131-138). La misma idea se halla en el testimonio dado por el mayordomo del virrey, don Diego Pérez Gallego, en la "Relación que hizo del gobierno del virrey" (publicada en 1945). Dicha relación muestra, por otra parte, la tensión existente entre el virrey y el cabildo en lo que hace a la celebración de las fiestas. Hemos comentado esta cuestión en el artículo de 1999.

[51] Al peligro de un ataque de los piratas se unía la presión ejercida por las avanzadas portuguesas en el río Napo y por la situación en el Reino de Chile. Véase Vargas Ugarte 1971, III, 223-252.

[52] Aunque la publicación de una relación de fiestas era corriente en la Península, cabe recalcar el esfuerzo que la misma significa para Lima, sobre todo dado el elevado costo del papel. La imprenta de la ciudad (cuyos inicios al amparo de los jesuitas databan de 1583) había sacado, para 1630, unos 138 impresos. El número de relaciones de fiesta y exequias publicadas en lo que resta del siglo XVII será comparativamente importante. Véase Medina 1964 [1904-07], I.

poeta de renombre local y de cierta fama en círculos sevillanos[53], Rodrigo de Carvajal y Robles, que presenta una composición poética en silvas, las *Fiestas que celebró la ciudad de los Reyes del Perú, al nacimiento del Serenísimo Príncipe don Baltasar Carlos*. Nacido en Antequera y pasado al Perú en 1599, Carvajal permanece en su patria adoptiva más de treinta años cumpliendo tareas administrativas y militares. Poeta loado por Lope de Vega en su *Laurel de Apolo* (1630), pariente del Correo Mayor de Indias, casado dos veces con criollas de familia ilustre, fue un hombre muy cercano al poder y que funcionó plenamente dentro del engranaje local[54]. Las silvas de Carvajal, obra por encargo que le valdrá un corregimiento, funciona a dos niveles: el de la fijación local de una imagen de grandeza y (potencialmente al menos) el de la difusión de dicha imagen en la península y en el imperio.

De naturaleza, finalidad y público muy diverso a la obra anterior, es la *Relación diaria* del clérigo Antonio Suardo, que comparte sin embargo con la obra de Carvajal el no tratarse de una relación escrita *motu propio* por un individuo, sino por encargo real. En efecto, fue redactada en cumplimiento con las Reales Cédulas de 1628 y 1631, que recomiendan se siente por escrito, diariamente, lo que ocurre en el reino. En el caso de Suardo, es el virrey, el conde de Chinchón, quien le encomienda la redacción. Narración llana y sin pretensiones de los hechos que presencia o que llegan a su conocimiento, la obra de Suardo nos brinda la interpretación oficial, aquélla que se desea llegue a sus destinatarios metropolitanos, el rey y sus funcionarios[55].

La relación de fiestas es un género tenido a menos, en parte por tratarse de obras encomiásticas escritas por encargo y a menudo por autores menores, que permanecen en el nivel del estereotipo y cuyo objetivo y razón de ser hacen que

---

[53] Debía su renombre principalmente a su *Poema heroico de la conquista y asalto de Antequera* (Lima: Gerónimo de Contreras, 1627), en octavas reales; fue además autor de poesías líricas y de circunstancias.

[54] Lo que sabemos de su vida proviene de una información de servicios (AGI, Lima, 159) publicada en su totalidad por López Estrada (1952).

[55] Poco sabemos de la vida de Suardo, interesa para nuestra argumentación el hecho de que fuera un clérigo cuya labor se desarrolla en el ámbito de la curia y la corte limense. Dos documentos que cita el padre Vargas Ugarte en su edición de Suardo (1936, ix) permiten determinar que, alrededor de 1630, ejercía en Lima el cargo de Procurador ante el Arzobispado y que, para 1633, fuera probablemente cura doctrinero entre los indios Chocorbos, Yauyos y Vilcanchos. Las últimas 18 fojas del manuscrito (que abarcan del 1° de junio de 1637 al 30 de mayo de 1639) se deben a la pluma de Diego de Medrano.

sean, tanto estructural como estilísticamente, muy parecidas unas de otras[56]. Sin embargo, si dejamos de lado la cuestión de su valor como género literario, encontramos que las relaciones nos dicen mucho de una sociedad determinada en cuanto a que son su autorretrato, la imagen que voluntariamente desea proyectar de sí misma. Se trata de una imagen fugaz que, a la vez, se quiere permanente: a la arquitectura efímera de los edificios celebratorios corresponde el libro, que hace perdurable a través de la letra escrita y, a menudo, de la iconografía, lo pasajero. Como lo ha señalado Bonet Correa, las relaciones tienen "la pretensión de ser por sí mismas un monumento más, una arquitectura literaria levantada para la sempiterna memoria de tan señalado acontecimiento del que siempre el sujeto era el príncipe o monarca" (1983, 51). Sin embargo, la memoria perpetuada, más que del acontecimiento, es de la ciudad misma; la relación permite a las autoridades, a los estamentos que la componen verse actuar en la ceremonia, desplazándose por su ciudad que los contiene y de quienes es emblema: la relación es representación de una escenificación y de un orden ideal que se quiere real. Escrita para ser leida ("vista") una y otra vez por los participantes locales, fijos en toda su gloria en el espacio y en el tiempo, igualmente les permite "mostrarse" ante los otros reinos: al hacer duradero el instante fugaz, sirve tanto para rememorar como para dar testimonio a los contemporáneos y a las generaciones futuras de lo que esa sociedad fue— o quiso o creyó ser. La relación tiene, además, un destinatario real y a menudo explícito: el rey, la corte, el Consejo de Indias, ante los cuales la sociedad virreinal muestra sus calidades, sus valores y presenta sus reclamos.

En el caso que nos ocupa, ambas relaciones consagran, proporcionalmente, un espacio generoso a la narración de las fiestas de los mulatos, lo cual revela la importancia que se le da a las mismas[57].

Los mulatos son presentados en la primera estrofa de la obra de Carvajal, poniéndose de relieve aquéllo que es su esencia, la mezcla:

> A esta fiesta siguiò la de la gente
> en quien Naturaleza
> de mezcla se vistiò, mas que de gala,
> por lo que se señala

---

[56] "Obras de literatura laudatoria, en prosa unas y otras en verso y salvo raras excepciones de autor de talla, al igual que los sermones, las loas y los panegíricos, sus volúmenes forman un centón de apretados conceptos, expresados con fórmulas estereotipadas" (Bonet Correa 1983, 49).

[57] Como lo hemos visto, Carvajal dedica (como lo hace para las fiestas de los gremios), una silva completa de 639 versos (nueve folios) a la narración de la fiesta de los mulatos; Suardo, cuyas noticias son generalmente de pocas líneas, les consagra cuatro páginas.

en el variar la prospera riqueza
de su virtud potente,
aunque lo vario sea
de vna especie hermosa, y otra fea,
como en esta se vido,
que lo feo en lo hermoso confundido,
y lo hermoso en lo feo
aumenta su recreo
de ver conglutinado
lo que fue blanco y negro en noguerado (IX, vv. 1-14).

La mezcla (lo "noguerado") no es presentado como un ideal, pero sí es alabado apelando al principio de la *varietas*, uno de los principios eje del pensamiento humanista (véase de Courcelles 2001). Aunque esa variedad provenga de una parte hermosa (la blanca) y de una parte fea (la negra), la existencia de los mulatos es una prueba de la *varietas* de la naturaleza, siendo ésta a su vez una prueba del infinito poder de Dios. Los mulatos son, pues, en el poema de Carvajal, emblema de la diferencia americana. La *varietas* general del continente —su flora, su fauna, sus habitantes— habrá de convertirse en uno de los tópicos utilizados por los autores criollistas en la reivindicación de esa diferencia; es interesante, en este contexto, recordar que la obra de Carvajal aparece (dos años después) en las mismas prensas que el *Memorial de las historias del Nuevo Mundo Pirú* (Lima, Gerónimo de Contreras, 1630) de fray Buenaventura de Salinas y Córdoba, pilar del criollismo peruano[58].

En cuanto a la burla del negro, tan tópica como la del rústico y propia de la visión estamental de las sociedades de Antiguo Régimen, se concentra en los morenos y está muy presente en la relación que hace Carvajal de las fiestas que llevan a cabo los esclavos (véase nota 10). Sin embargo, la clave burlesca en la que están —aunque sólo parcialmente— escritas, corresponde al hecho de que se trata de un espectáculo bufonesco como se observa en la narración que de ellas hace Suardo:

A 14, los morenos hicieron sus fiestas al nacimiento del Principe Nuestro Señor y mandaron, por la tarde, jugar toros que no fueron muy buenos pero fueron de mucho gusto y rissa para todos, porque salieron hasta 30 negros a la plaza con capas y gorras milanesas a jugar los toros, que hicieron figuras muy ridículas y algunos dellos

---

[58] Véase Gerbi 1978, 15-24; Lavallé 1993a y 1993b.

hicieron algunas suertes de consideración en dar garrochones, con
que la fiesta vino a ser de mayor gusto que todas (133).

La burla, empero, está por completo ausente de la relación de las fiestas de los
mulatos que está narrada, tanto en Suardo como en Carvajal, en tono serio y es
siempre elogiosa[59]: se alaban los medios técnicos desplegados, ya sea en la
construcción del escenario como en la de los carros, la calidad de los versos en
tarjas y escudos, la de los músicos y la de la fiesta en general, "[...] que fue por
celebrada,/ digna de ser mirada y admirada" (Carvajal, IX, vv. 36s.)[60]. Los
mulatos superan lo que habría podido esperarse de ellos:

> Pero gente tan digna de alabança
> la de aqueste color, que el complemento
> de la celebracion deste contento
> excediò a la esperança
> que se pudo tener de su talento,
> pues desmintiò en la obra
> el temor de la falta con la sobra (ibíd., vv. 15-21).

El elogio inicial de Suardo ("se puede dezir que [las fiestas] fueron muy galanas
y costosas", 138) se repite al cerrar su relación en superlativo:

> y se salieron todos con buena orden y universal gusto de todos
> puesto estas han sido las mejores [fiestas] que se han hecho en este
> Reyno, anssi de lucimiento de galas y libreas como de dispussición
> y se dice que han costado quince mil patacones (141).

La voluntad de enaltecimiento se hace patente en los elogios y en el énfasis que
ponen ambas relaciones en el gasto en que incurrieron los mulatos. Ciertamente,
los mulatos son mostrados como una pieza más del mosaico de la sociedad
virreinal que, para uso interno y externo, para verse y para ser vista, se construye: las cualidades de su fiesta redundan en la sociedad que, indirectamente,
las genera. Sin embargo, la integración de los mulatos dentro del cuerpo social

---

[59] Para un análisis de la visión del negro en la literatura hispánica, véase Fra Molinero
(1995). Su posterior trabajo sobre los mulatos (2000) adolece del problema de tomar como una
realidad las leyes emitidas (y repetidas dado su incumplimiento) por la corona.

[60] El escenario está levantado "con tanta propiedad en la tramoya" (Carvajal, IX, v. 26);
uno de los carros —en forma de navío— es "muy curioso y ricamente formado" (Suardo, 137);
Ulises pide la paz "con unos verssos muy al propósito" (ibíd.); los músicos son "[...] vna tropa/
de tan suaues musicos clarines,/ que reclamar pudieran los delfines" (Carvajal, IX, vv. 38-40).

(aunque sea en el estamento más bajo) y la cohesión ideológica del conjunto queda clara en los versos con que Carvajal relata el final de la fiesta:

> Y llegando a la estampa refulgente
> del Rey de las Españas,
> le ofrecen por anuncio aquella historia
> de otra mayor vitoria,
> que espera el mundo ver de sus hazañas,
> para que estimulado de su exemplo
> el niño Baltasar, su descendiente,
> aprenda a ser valiente,
> y a defender el templo,
> con su Fè, de la Iglesia Militante
> para ser colocado en la Triunfante (IX, vv. 610-620).

El tema de la lealtad de los mulatos (con la que se cierra la silva de Carvajal) ha sido central en las letras de las tarjas que, del primero al cuarto día de las fiestas, portan los nueve personajes principales (Héctor, Aquiles, el Paladión, Agamenón, Menelao, Paris, Pantasilea, Pirro y Príamo). Cuatro son griegos y cinco del campo troyano, pero los mensajes de todos —no podría ser de otro modo— ofrecen una declinación del tema de la lealtad a la monarquía[61].

Dichas profesiones de lealtad al príncipe son, se dirá, inevitables, pero no por ello dejan de poner de relieve el deseo de consolidación de un pacto entre los mulatos y su rey— y el deseo de las autoridades y de la elite letrada a la cual pertenecen Suardo y Carvajal de que se consolide. Lo que está en juego en estos momentos es, como ya lo hemos señalado, la cuestión de la demanda de ser eximidos del pago del tributo pero, en un sentido mas amplio, se trata de confirmar el estatuto de los mulatos libres como grupo integrante de la sociedad. El apoyo de la elite es claro a traves de la relación de Carvajal, quien recuerda que los mulatos

> [...] fueron festejados
> de la plebeya gente,

---

[61] Así, en el primer día, Héctor trae una tarja con una letra que dice: "De griegos soy cruda muerte/ y de quien niega que el Rey/ de España, por justa ley, es mas poderoso y fuerte", mientras que en la de Aquiles se lee: "Solo a mi robusta mano/ obedeció aquesta lanza/ y yo y ella, con pujanza,/ oy, al Principe cristiano" (Suardo, 138). En el último día, Príamo trae pintado en su escudo "al Principe Nuestro Señor con corona Imperial en la cabeza y cetro en la mano y a sus pies muchas coronas de Reyes" diciendo la letra: "Todos los Reyes del mundo/ oy al principe español/ se rinden por rey y sol/ y el no conoze segundo" (ibíd., 140s.).

> y de la ilustre, con fauor mirados
> y todos admirados
> celebraron la prospera largueza
> de su leal franqueza,
> digna de que la estime el Rey de España
> por singular hazaña,
> pues de gente tan pobre como aquesta,
> los gastos que hizieron a su fiesta,
> fueron aualiados
> en mas suma, que valen de ducados (ibíd., vv. 627-639).

El elogio de Carvajal va más allá de una autocomplacencia: acentúa la admiración que la generosidad de los mulatos despierta en la ciudad en pleno —todos sus estamentos aunados—, interpreta dicha generosidad como signo de lealtad a la corona e insta a los destinatarios finales del discurso (las autoridades peninsulares) a reconocerla y recompensarla.

En 1627, aludiendo a la lealtad demostrada por las milicias de negros y mulatos en las situaciones de amenaza ya mencionadas, el gremio, respaldado por el fiscal real y por la Audiencia, solicita a la corona la condonación del tributo[62]. Lo lograron. Por real cédula de Madrid, a 16 de diciembre de 1631, es decir, algunos meses después de la celebración[63], les es otorgado a las milicias el estatuto de no tributarios.

Las autoridades locales habían llegado a pedir que la condonación afectara a toda la población de origen africano, pero la corona no estuvo dispuesta a ir tan lejos, limitándose a los miembros de las milicias. El apoyo por parte de la elite fue coyuntural, pero no por ello lo fue menos y dice mucho de la complejidad de las relaciones entre los diferentes grupos de las sociedades de Antiguo Régimen. La serie de prohibiciones con respecto a la población de origen africano libre no hacen sino apoyar el punto que he deseado demostrar. Su promulgación revela

---

[62] Bowser 1974, 307s. Véase la petición del 18 de marzo de 1627 de quienes sirven en las compañías de milicias en AGI, Lima 158 y AGI, Lima 584.20, 365v.-366v.

[63] Por decreto del 3 de diciembre de 1621 ya se había exceptuado del pago del tributo a las milicias de negros y mulatos de Piura y Paita (Bowser 1974, 413, nota 32). Hasta aquí llegarán las concesiones de la corona, que se habrá de negar, en 1648, a la petición de las milicias para la obtención el fuero, es decir, el derecho de ser juzgados por una corte militar (véase Bowser 1974, 433s.).

su empuje social, su repetición muestra su incumplimiento[64], y ambos hechos, al igual que la cuestión del tributo, ponen en claro la imposibilidad por parte de la elite de imponer arbitrariamente y la necesidad de negociar.

Conclusión

El nacimiento del príncipe Baltasar Carlos proporciona una oportunidad a los mulatos de Lima de participar en las celebraciones de la ciudad por primera vez de forma corporativa y demostrar así su lealtad a la corona. Les permiten recordarle al monarca su integración al imperio en calidad de vasallos libres del rey y reclamar por ende la excención del pago de tributo, reservado a las poblaciones conquistadas. La cuestión del tributo es, pues, central dentro de sus intentos de afirmarse como grupo diferenciado del resto y de labrarse un espacio propio dentro de la sociedad. La elite limense apoya este reclamo tal como lo muestra el permitir la participación de los mulatos en las fiestas y el que la misma fuera plasmada positivamente en las relaciones oficiales.

Las fiestas, por otra parte, nos permiten comprobar el grado de imbricación de la población mulata urbana de Lima y la eficacia con que los "subalternos" aprenden a utilizar los instrumentos de los "hegemónicos"; muestran, además, la posibilidad que proporciona dicha sociedad a grupos "subalternos" de integrarse dentro del cuerpo social a través de instituciones como los gremios, las cofradías o las milicias, medio este último, como hemos visto, privilegiado para el ascenso social. Dejan igualmente ver que la relación entre "hegemónicos" y "subalternos" está marcada por una constante negociación y por el intercambio de favores, lo que lleva a la creación de nuevas lealtades entre distintos grupos. Las fiestas de los mulatos revelan que, al empeño constante por parte de la corona de separar a los grupos étnicos en categorías y de regular las relaciones entre sus componentes, se opone una realidad heterogénea y cambiante y una sociedad urbana ciertamente no igualitaria pero en la cual están integrados y en la cual conviven los distintos grupos no peninsulares, surgidos de la expansión europea.

---

[64] Algunos ejemplos: en 1615 se emite una real cédula prohibiendo a los negros y mulatos ser tintoreros (en: Konetzke 1958, vol. II, tomo I, 189); por cédula del 7 de junio de 1621, ser escribanos y notarios (ibíd., 259). Las prohibiciones más notorias son las de portar armas (para mulatos y zambaigos) (18 de diciembre de 1568) y las suntuarias que atañen a las mujeres (por ejemplo, la del 12 de febrero de 1571: "Que las negras y mulatas horras no traigan oro, sedas, mantos ni perlas". Si son libres y casadas con españoles se les permite "unos zarzillos de oro con perlas y una gargantilla, y en la saya un ribete de terciopelo"). Estas dos últimas ordenanzas serán repetidas y ampliadas numerosas veces, por el ejemplo, por Real Cédula del 14 de abril de 1612.

Bibliografía

Anónimo. 1964 [1791]. Reflexiones históricas y políticas sobre el estado de la poblacion de esta Capital, que se acompaña por suplemento. En: *Mercurio peruano*. Edición facsimilar a cargo de Jean-Pierre Clément. Lima: Biblioteca Nacional del Perú, I, 90-97.

Ares Queija, Berta. 2000. Mestizos, mulatos y zambaigos (Virreinato del Perú, siglo XVI). En: íd./Stella, 75-88.

—; Alessandro Stella (eds.). 2000. *Negros, mulatos, zambaigos. Derroteros africanos en los mundos ibéricos*. Sevilla: EEHA.

Arzáns de Orsúa y Vela, Bartolomé. 1965. *Historia de la Villa Imperial de Potosí*. Edición, introducción y notas de Lewis Hanke y Gunnar Mendoza. 3 vols. Providence, Rh. I.: Brown University Press.

Bakhtin [Bajtín], Mikhail. 1984. *Rabelais and his World*. Trad. de Hélène Iswolsky. Bloomington: Indiana University Press.

Bernand, Carmen. 2000. *Negros esclavos y libres en las ciudades hispanoamericanas*. Madrid: MAPFRE.

Bonet Correa, Antonio. 1983. La fiesta como práctica del poder. En: VV.AA. *El Arte Efímero en el Mundo Hispánico*. México: UNAM, 45-85.

Bowser, Frederick P. 1974. *The African Slave in Colonial Peru, 1524-1650*. Stanford: Stanford University Press.

Bradley, Peter. 1989. *The Lure of Peru: Maritime Intrusion into the South Sea, 1598-1700*. New York: St. Martin's Press.

Busto Duthurburu, Antonio del. 2001. *Breve historia de los negros en el Perú*. Lima: Fondo Editorial del Congreso del Perú.

Carvajal y Robles, Rodrigo de. 1632. FIESTAS/ QVE CELEBRO LA/ CIVDAD DE LOS REYES DEL/ PIRV, AL NACIMIENTO DEL SERENIS-/simoPrincipe Don Baltasar Carlos de Austria/ nuestro señor./ A DON FRANCISCO FAVSTO FERNANDEZ DE/ Cabrera y Bobadilla, niño de dos años, y primogénito del Excelentissimo/ señor Conde de Chinchon, Virrey del Pirù./ POR EL CAPITAN D. RODRIGO DE CAR-/uajal y Robles, Corregidor, y Iusticia mayor del la Prouin-/cia de Colesuyo, por su Magestad. [Escudo] IMPRESSO EN LIMA, (A COSTA DE LA CIVDAD)/ Por Geronymo de Contreras.

—. 1952. *Fiestas de Lima por el nacimiento del Príncipe Baltasar Carlos (Lima, 1632)*. Prólogo y edición de Francisco López Estrada. Sevilla: Escuela de Estudios Hispanoamericanos/CSIC.

Catalán, Diego. 1986. *La flor de la marañuela. Romancero general de las Islas Canarias*. Madrid: Seminario Menéndez Pidal.

Clément, Jean-Pierre. 1987. Les Noirs et les mulâtres vus par les créoles péruviens de la fin du XVIIIe siècle. En: VV.AA., 151-166.

Cobo, Bernabé. 1956 [1639]. *Historia de la fundación de Lima*. En: íd. *Obras del padre Bernabé Cobo*. Madrid: Atlas (BAE, 92).

Cook, David Noble. 1968. *Padrón de indios de Lima en 1613*. Edición e introducción de N.D. Cook. Lima: Universidad Nacional Mayor de San Marcos.

Courcelles, Dominique de (ed.). 2001. *La "varietas" à la Renaissance*. Paris: École des Chartes.

Durán Montero, María Antonia. 1992. Lima en 1613. Aspectos urbanos. En: *Anuario de Estudios Americanos* 49, 171-188.

Escobedo Mansilla, Ronald. 1981. El tributo de los zambaigos, negros y mulatos libres en el virreinato del Perú. En: *Revista de Indias* 41, 163-64, 43-54.

Fra Molinero, Baltasar. 1995. *La imagen de los negros en el teatro del Siglo de Oro*. Madrid: Siglo XXI Editores.

—. 2000. Ser mulato en España y América: discursos legales y otros discursos literarios. En: Ares Queija/Stella, 123-147.

García Morales, Alfonso. 1987. Las Fiestas de Lima (1632), de Rodrigo de Carvajal y Robles. En: *Anuario de Estudios Americanos* 44, 141-171.

Garland Ponce, Beatriz. 1994. Las cofradías en Lima durante la Colonia. Una primera aproximación. En: Gabriela Ramos (ed.). *La venida del Reino. Religión, evangelización y cultura en América, siglos XVI-XX*. Cuzco: CERA Bartolomé de las Casas, 199-228.

Gerbi, Antonello. 1978. *La naturaleza de las Indias Nuevas*. México: FCE.

Jouve Martín, José Ramón. 2003. El rapto de Elena. Fiestas de mulatos en Lima por el nacimiento del príncipe Baltasar Carlos (1631). En: Carmen Ruiz Barrionuevo *et al.* (eds.). *La Literatura iberoamericana en el 2000. Balances, perspectivas y prospectivas*. Salamanca: Ediciones Universidad de Salamanca.

Konetzke, Richard. 1958. *Documentos para la historia de la formación social de Hispanoamérica, 1493-1810.* Madrid: CSIC.

Lavallé, Bernard. 1993a. Espacio y reivindicación criolla. En: íd. *Las promesas ambiguas. Criollismo colonial en los Andes.* Lima: Pontificia Universidad Católica del Perú, 105-127.

—. 1993b. Exaltación de Lima y afirmación criolla en el siglo XVII. En: ibíd., 128-141.

—. 1999. Cerros, angustias y espejismos: ser cimarrón en los valles Trujillanos durante el siglo XVII. En: íd. *Amor y opresión en los Andes coloniales.* Lima: Instituto de Estudios Peruanos/Institut Français d'Études Andines, 137-165.

Lida, María Rosa. 1975. *La tradición clásica en España.* Barcelona: Ariel.

Lockhart, James. 1982. Los negros. En: íd. *El mundo hispanoperuano, 1532-1560.* México: FCE, 218-253.

López Estrada, Francisco. 1952. Datos para la biografía de Rodrigo de Carvajal y Robles. En: *Anuario de Estudios Americanos* 9, 577-596.

López de Velasco, Juan. 1971 [1574]. *Geografía y descripción universal de las Indias.* Edición de Marcos Jiménez de la Espada. Madrid: Atlas (BAE, 248).

Maravall, José Antonio. 1986. Novedad, invención, artificio (Papel social del teatro y de las fiestas). En: íd. *La cultura del Barroco. Análisis de una estructura histórica.* Barcelona: Ariel, 453-498.

Martin, Luis. 1968. *The Intellectual Conquest of Peru. The Jesuit College of San Pablo, 1568-1767.* New York: Fordham University Press.

Medina, José Toribio. 1964 [1904-07]. *La imprenta en Lima (1584-1824).* Lima/Santiago: Biblioteca Nacional del Perú, I.

Montesinos, Fernando de. 1906 [1642]. *Anales del Perú.* Edición de Víctor M. Maúrtua. 2 vols. Madrid: Imprenta de Gabriel L. y del Horno.

Mugaburu, José y Francisco de. 1918. *Diario de Lima (1640-1694). Crónica de la época colonial.* Edición a cargo de Horacio H. Urteaga y Carlos A. Romero. 2 vols. Lima: Imprenta y Librería Sanmartí.

Oré Caballero, Fernando. 2001. Las milicias de pardos y morenos en la América Colonial. En: *La Presencia de los Negros en el Perú.* Número monográfico de *Historia y cultura* 24, 109-111.

Pérez Gallego, Diego. 1945. Relación que hizo del gobierno del virrey. Publicada por José Luis Muzquiz de Miguel en: *El Conde de Chinchón, Virrey del Perú*. Madrid: Estades, apéndice n° 29, s/p.

Rama, Ángel. 1984. *La ciudad letrada*. Hanover, NH: Ediciones del Norte.

Rose, Sonia V. 1999. Tauromachie et esprit créole: les fêtes pour la naissance de Baltasar Carlos à Lima. En: Annie Molinié-Bertrand; Araceli Guillaume-Alonso; Jean-Paul Duviols (eds.). *Des Taureaux et des hommes. Tauromachie et société dans le monde ibérique et ibéro-américain*. Paris: Presses de la Sorbonne, 151-163.

Rueda Novoa, Rocío. 2001. *Zambaje y autonomía. Historia de la gente negra de la provincia de Esmeraldas. Siglos XVI-XVII*. Esmeraldas: Taller de Estudios Históricos/Municipalidad de Esmeraldas (Colección Marejada, 1).

Suardo, Juan Antonio. 1936. *Diario de Lima de Juan Antonio Suardo (1629-39)*. Introducción y notas de Rubén Vargas Ugarte. 2 vols. Lima: Universidad Católica del Perú (Biblioteca Histórica Peruana).

Tardieu, Jean-Pierre. 1993. *L'Église et les Noirs au Pérou (XVIe-XVIIe siècles)*. Paris: L'Harmattan.

—. 1987. Marriage des Noirs et des Indiennes au Pérou des XVIe et XVIIe siècles. Craintes et réalités (deux illustrations). En: VV.AA., 183-198.

Vargas Ugarte, Rubén. 1966 y 1971. *Historia general del Perú*. 6 vols. Lima: Carlos Milla Batres. Vol. II: *Virreinato 1551-1596*; vol. III: *Virreinato 1596-1589*.

Vázquez de Espinosa, Antonio. 1992. *Compendio y descripción de las Indias Occidentales*. Edición de Balbino Velasco Bayón. 2 vols. Madrid: Historia 16.

VV.AA. 1987. *L'Indien et le Noir dans la mentalité coloniale hispano-américaine*. Número monográfico de *Les langues Néo-latines* 81e année, fasc. 2, n° 261.

Yacou, Alain. 1994. Couleur et liberté: le mulâtre libre dans la société esclavagiste de Cuba. En: *Métissages en Amérique Latine*. Número monográfico de Iberica. Nouvelle Série, 3, 145-163.

Zúñiga, Jean-Paul. 2000. 'Morena me llama...'.. Exclusión e integración de los afroamericanos en Hispanoamérica: el ejemplo de algunas regiones del antiguo virreinato del Perú (siglos XVI y XVII). En: Ares Queija/Stella, 105-122.

La Antigüedad desfila en Potosí: las fiestas de la Villa Imperial (1608, 1624, 1716)

Carmen Salazar-Soler

A partir del análisis de las fiestas que se celebraron en la Villa Imperial de Potosí en el siglo XVII e inicios del XVIII nos proponemos estudiar la traslación de ideas y formas culturales provenientes de la Antigüedad así como también su recepción en la ciudad industrial más importante de América y Europa de la época.

Preocupados por la historia cultural de la Villa Imperial de Potosí nuestro enfoque estará basado no sólo en una etnografía de las fiestas sino sobre todo en un examen de los elementos culturales de ellas que permiten analizar su papel de vía de transmisión de conocimientos y de difusor de ideas. Es por ello que nos interesa también estudiar el lugar que ocupó este bagaje clásico en el conjunto de la fiesta así como su relación con representaciones referentes a la historia local y con la sociedad colonial potosina.

Hemos escogido para el análisis tres fiestas en cuyo desarrollo encontramos elementos de la Antigüedad, que se llevaron a cabo durante el siglo XVII y principios del siglo XVIII, son fiestas tanto religiosas como civiles. La primera de ellas tuvo lugar en 1608 y se trata de un desfile de "nobles criollos", la segunda ocurrió en 1624 para festejar la canonización de San Ignacio de Loyola, por último trabajaremos con las festividades que se llevaron a cabo por la entrada del arzobispo virrey Morcillo en 1716. Hemos utilizado como fuente principal la *Historia de la Villa Imperial de Potosí* de Arzáns de Orsúa y Vela, sobre todo para las descripciones, aunque hemos trabajado con otras fuentes de la época para poder comparar y completar nuestro análisis. Por ejemplo, en el caso de la entrada del virrey Morcillo, hemos estudiado el cuadro que el pintor Melchor Pérez Holguín hizo de este acontecimiento.

Situemos el Potosí del siglo XVII en donde tienen lugar estas fiestas.

La Villa Imperial en el siglo XVII

La historia de la Villa Imperial de Potosí es inseparable de la del Cerro Rico. Basta recordar que fue fundada y poblada a raíz del descubrimiento de los ricos yacimientos argentíferos. Rememoremos entonces un poco de su historia.

Para empezar no hay que olvidar, que por lo menos la primera parte del período del siglo XVII, corresponde al boom económico de los yacimientos de Potosí. Desde 1545 hasta comienzos del siglo XVIII podemos distinguir cuatro períodos en la producción. El primero, de una duración aproximada de cinco años (1545-1550), está marcado por una aumentación muy rápida del tonelaje. El mineral, extraído de las partes muy ricas de la superficie, podía ser concentrado manualmente o fundido según los procedimientos de la época incaica. En 1550 la producción sobrepasa las 80 toneladas de plata metal. El agotamiento progresivo de los minerales más ricos genera una segunda etapa, de unos veinte años, durante los cuales los volúmenes producidos disminuyen. En 1570, son inferiores a las 30 toneladas. El tercer período —de aproximadamente 15 años— es la "edad de oro" de Potosí. Se inicia entre 1571 y 1575 y concuerda con la introducción de dos innovaciones, una técnica y la otra concerniente a la organización de trabajo. La primera consiste en la introducción y la aplicación del método de amalgamación, llamado de patio, puesto en marcha por Bartolomé Medina en 1555 en Nueva España. Este método tiene la ventaja de permitir el tratamiento de minerales más pobres en plata y de mineralogía más compleja. La segunda innovación es la imposición del sistema de la mita. El resultado es que entre 1572 y 1585, la producción anual de la plata metal se ve multiplicada por 7 u 8, y luego se estabiliza durante unos 30 años. El record anual es alcanzado en 1592 con 220 toneladas de mineral. Finalmente, a partir de 1615 hasta inicios del siglo XVIII, el tonelaje producido tiende a bajar, con excepción de ciertas aumentaciones efímeras. Hacia 1710-1730, la producción oficial cae y llega al nivel de aquellas de los años 1570[1].

A esta bonanza económica corresponde una efervescencia intelectual y técnica que se traduce en el creciente número de propuestas hechas a la Corona de mineros u otros individuos implicados en la minería de nuevos métodos y técnicas para mejorar la explotación y el beneficio de los minerales. La documentación estudiada en los archivos andinos es particularmente rica para el período comprendido entre fines del siglo XVI e inicios del XVII. Entre estos genios o inventores astuciosos encontramos a españoles o mestizos, la mayoría de ellos mineros, aunque también encontramos a miembros del clero católico. Prácticamente cada una de las órdenes religiosas presentes en Potosí ha proporcionado un inventor: el caso más sobresaliente es el de Álvaro Alonso Barba, cura español residente en Potosí, autor del tratado de metalurgia más importante del Renacimiento, *El arte de los metales, en que se enseña el verdadero beneficio de los de oro, y plata con azogue,* e inventor de un método de beneficio de minerales argentíferos (el método de Cazos)[2]. Los médicos también estuvieron

---

[1] Sobre la historia del Cerro Rico ver para los siglos XVI y XVII el libro de Bakewell (1984), y para el siglo XVII ver el estudio de Tandeter (1992).

[2] Utilizaremos en este trabajo la edición de 1962.

interesados por la minería en la época; el ejemplo más significativo es el del "Agricola Andino" Martín Valladolid, médico en la Villa Imperial, cuya trayectoria recuerda a la del autor del *Re Metallica* del cual declara además ser discípulo. El análisis de esta documentación permite apreciar el carácter de laboratorio mundial que tuvo Potosí a fines del siglo XVI y a inicios del XVII.

La prosperidad económica de la minería se traduce evidentemente en el crecimiento y desarrollo de la Villa Imperial de Potosí. Según Arzáns el censo del virrey Toledo en 1572 computó 120.000 habitantes para Potosí, esta suma incluye además de españoles, a negros, mulatos, indios y mestizos, pero esta cifra está probablemente hinchada (Hanke/Mendoza 1965, LXVIII). Otro censo oficial, realizado en 1610 indicó que había 160.000 habitantes, la cifra según Arzáns se descompone de esta manera:

> Dicen que numeraron 76.000 indios de varias provincias juntamente con los naturales de esta Villa, entrando también en este número los 5.000 de la mita, y en todos de entreambos sexos y edades; 3.000 españoles, entre grandes y pequeños, nacidos en esta Imperial Villa; 35.000 españoles criollos de todos los reinos y provincias de estas Occidentales Indias, de entreambos sexos; 40.000 españoles de los reinos de España, y extranjeros; 6.000 negros, mulatos y zambos de entreambos sexos; de diversas provincias del mundo, con que sustentaba Potosí 160.000 moradores (Arzáns de Orsúa y Vela 1965, t. I, lib. VI, cap. XIII, 286).

Si esto es así, la Villa Imperial se convierte en la ciudad industrial más importante no sólo de América sino del mundo a inicios del siglo XVII. Este censo muestra también la función de crisol que tuvo Potosí en esa época.

El *ccatu* o mercado de Potosí, fue uno de los más importantes del mundo según el cronista Cieza de León, quien ya en el siglo XVI lo describía con las siguientes palabras de admiración:

> En todo este reyno del Perú por los que por él auemos andado, que ouo grandes tianguez, que son mercados: donde los naturales constratauan sus cosas: entre los quales el más grande y rico que vuo antiguamente fue el de la ciudad del Cuzco: porque aun en tiempos de los Españoles se conosció su grandeza por el mucho oro que se compraua y vendía en él, y por otras cosas que trayan de todo lo que que se podia auer y pensar. Mas no se ygualó este mercado o tianguez ni otros ninguno del reyno al soberbio de Potossi: porque fue tan grande la contratación, que solamente entre Indios, sin entreuenir Christianos, se vendía cada día que las minas andauan prósperas

veynte y cinco y treynta mill pesos de oro: y días de más de quaren-
ta mill: cosa extraña, y creo que ninguna feria del mundo se ygulo
(sic) al trato deste mercado (Cieza de León 1983, 292).

En el mercado de Potosí no sólo se podía encontrar los productos de casi todo el
Virreinato —sabemos gracias sobre todo a los trabajos de Sempat Assadourian
(1979 y 1983), el papel capital que tuvo la minería en la creación y desarrollo de
un mercado interno—, sino que además productos de Oriente y Europa estaban
presentes en este *ccatu*.

No todo lo que llegaba a Potosí se reducía a artículos de consumo diario tales
como alimentos o vestimenta, sino que la Villa Imperial fue receptáculo de obras
de arte y piezas de teatro. El contrato más antiguo está fechado en Potosí el 9 de
abril de 1578, en el cual Juan Gaspar Salazar y Francisco Guerra el mozo,
residentes en ésta se comprometen ante Juan de Camanzas a cumplir con la
obligación que tenía Pedro Rodríguez de "traer en su ganado desde el puerto de
Arica" un conjunto de pinturas especificadas así:

ocho piezas de imágenes de pincel al óleo que son dos Ecce Homos
y dos Cristos con sus puertas, una imagen de Nuestra Señora con un
niño, y otras dos imágenes de la Magdalena y otra imagen del de
San Dunio de la Cruz, puestas todas en sus tablas grandes aderezadas todas y entregarlas en esta dicha villa a Juan de Camanzas
(Chacón 1973, 134).

Todas estas obras seguramente venían de Europa como lo afirma Chacón (ibíd.),
habiendo desembarcado inicialmente en Arica. El Museo de la Casa de la Moneda de Potosí posee una serie de pinturas de la época que dan cuenta de su
circulación entre Europa y Potosí. De igual manera, un inventario de las pinturas
de los Jesuitas de 1769, conservado en el Archivo de la Casa de la Moneda da
cuenta de esta circulación (Chacón 1959).

Tratando de pintura no podemos dejar de mencionar la presencia del italiano
Bernardo Bitti, quien fuera la máxima figura de la pintura del siglo XVI en
Potosí. Según los historiadores del arte Mesa y Gisbert (1977), Bitti junto a
Mateo Pérez de Alesio y Angelino Medoro, introdujeron en América el manierismo italiano, dejando Bitti una gran influencia en la pintura virreinal. En el
siglo XVII hay que mencionar al español fray Diego de Ocaña, quien perteneció
a la orden de San Jerónimo. En julio de 1600 se encontraba en la Villa Imperial,
donde escribió una comedia dedicada a la Virgen, y pintó una Virgen de Guadalupe para la iglesia de San Francisco. Dejó además como sabemos una crónica
ilustrada de su viaje (Ocaña 1987). No dejemos de citar a Gregorio Gamarra, el
discípulo más interesante de Bitti y, según los historiadores del arte virreinal, el

difusor de la pintura manierista en Charcas. En la segunda mitad del siglo XVII e inicios del XVIII encontramos al maestro Melchor Pérez Holguín de cuya obra nos ocuparemos más tarde (Chacón 1973; Mesa/Gisbert 1977).

A pesar de que en 1650 se inicia la decadencia de la Villa por distintas razones (entre las cuales está la devaluación de la moneda decretada por el presidente de la Audiencia Nestares) el período que va desde esa fecha hasta 1750 es la época de oro de Potosí artístico y culto. Durante ese período se construyen el convento e iglesia de las Mónicas, Santa Teresa, la torre y portada de la Compañía, San Francisco, las parroquias de indios como San Benito, San Sebastián, San Bernardo y San Lorenzo, termina este ciclo con Belén en 1753 año en que se comienza la monumental Casa de la Moneda (Mesa/Gisbert 1977, 114).

En lo que se refiere al teatro, Helmer (1960) ha estudiado un documento fechado en Potosí el 9 de agosto de 1619 que da cuenta del envío desde Europa a Potosí de treinta y una comedias, dentro de las cuales encontramos *Fuenteovejuna*. La misma autora dice que Gabriel del Río, "autor de comedias", adquirió poco antes de morir, para renovar el repertorio, ciento catorce textos dramáticos, entre antiguos y modernos, de diferentes autores. Hay que recordar, que ya en 1572 existía un corral de comedias en Potosí, y en 1616 se construyó un coliseo de comedias.

En cuanto a la poesía, ya Chacón (1973, 12) ha señalado la presencia en el siglo XVII de vates españoles tales como Luis de Ribera y Diego Mejía de Fernangil, autor del *Parnaso Antártico*. Mejía de Fernangil explicó su residencia en Potosí con estas palabras: "Me recogí en esta Imperial Villa con mi familia, como en seguro puerto [...] He desenvuelto muchos autores latinos y he frecuentado los umbrales del templo de las sagradas musas" (en: Arzáns 1965, LXVII).

La vida cultural y social de Potosí parece haber sido muy intensa sobre todo desde fines del siglo XVI y durante el XVII según las descripciones que nos han llegado:

> En lo que toca a sus grandes divertimientos, no eran huertas ni amenos jardines sino ocho casas de esgrima donde aprendían el modo de matarse. Catorce escuelas de danzas, cursadas así de hombres como de mujeres [...]. Tenía Potosí señaladamente 36 casas de juego de naipes, dados y trucos [...]. Todos los domingos y fiestas del año se representaban comedias en su gran coliseo: había cuatro compañías y ganaban los de la farsa (una tarde del día que a cada una les cabía) de entradas 2 a 3000 pesos porque cada uno que entraba pagaba 4 o 6 pesos conforme era; los balcones y asientos altos y bajos eran para los enfermos del hospital real (Arzáns de Orsúa y Vela 1965, t. II, lib. IX, cap. 8, 160).

Las fiestas

La fiesta de los nobles criollos en 1608[3]

Arzáns de Orsúa y Vela nos dice que después de haberse celebrado las fiestas de Corpus, se realizaron seis días de comedias "cuyo teatro se hizo en el cementerio de la iglesia mayor", luego se corrieron toros por espacio de otros seis días y hubo cuatro otros de torneos, justas y saraos. Asimismo "los gallardos criollos hicieron seis máscaras, dos de día y cuatro de noche". El autor continúa describiendo las entradas de los nobles criollos y sus cuadrillas, los juegos de sortija y nos dice:

> No se tardó mucho cuando por la calle de los Mercaderes oyeron gran ruido, y viendo lo que sería al punto entraron 20 centauros que parecía (muy al natural) la mitad de hombres y la otra de caballos: éstos traían arcos y flechas en las manos y estaban vestidos de pieles de animales guarnecidos con cercos de perlas; las colas de los caballos adornados con cintas y lazos de oro; en las cabezas traían unas guirnaldas de yerbas verdes. Tras de éstos venía un valeroso mancebo vestido de pieles de animales fieros, pues era la ropilla de piel de tigre (Arzáns de Orsúa y Vela 1965, t. I, lib. VI, cap. IX, 271).

Luego sigue el cronista contándonos las aventuras de este valiente que en dos ocasiones se enfrentó a fieras, en la primera luchó contra un tigre, al cual venció y obtuvo su piel y la vistió para la fiesta, y en otra a un oso:

> saliendo un día a cazar se encontró con un fiero oso, y [...] este caballero no rehusó a acometerle con el caballo y lanza, con tan buena suerte que de dos golpes le hizo dejar la vida a sus pies. De la piel de éste también quiso el valiente caballero hacer ostentación como despojo de su fuerte brazo, y así en las fiestas cubrió con dicha piel parte de sus espaldas y cabeza, y por encima de ella se puso la piel de la cabeza del oso (ibíd.).

Como sabemos, los centauros son seres monstruosos, mitad hombre, mitad caballo. Tienen el busto de un hombre y a veces las piernas, pero la parte trasera de su cuerpo a partir del busto pertenece a la de un caballo, y al menos durante la época clásica, tienen las cuatro patas de caballo y dos brazos de hombre. La

---

[3] Véase la descripción de estas fiestas en: Arzáns de Orsúa y Vela 1965, t. I, lib. VI, cap. IX: "En que se refiere la grandeza y riqueza de unas famosas fiestas que hicieron en esta Imperial Villa sus nobles criollos".

mitología dice que los centauros vivían en las montañas y en el bosque, alimentándose de carne cruda y tenían costumbres brutales (Grimal 1951, 84). Pero la escena que hemos citado, es decir los centauros y el caballero vestido con pieles de animales nos recuerdan una escena de los frescos de Ixmiquilpan, pueblo otomí, situado al noreste del valle de México, estudiados por Gruzinski (1997). En las paredes de la iglesia de este pueblo minero, en uno de los frescos que datan del último tercio del siglo XVI, unos guerreros indios —vestidos de caballeros tigres— se enfrentan con centauros griegos en medio de un decorado invadido de guirnaldas renacentistas. Si bien en la representación efímera de Potosí, los centauros no se enfrentan al caballero vestido con pieles de animales, la escena es cercana a la de la Nueva España. A diferencia de Ixmilquilpan, desconocemos a los artífices de estas representaciones, sólo sabemos que se trata de una fiesta de criollos. Como a diferencia del caso mexicano, no podemos conectar la escena a una interpretación prehispánica, y tampoco encontramos relación con una versión de moros y cristianos, privilegiamos aquí la pista renacentista. Es decir, que pensamos evoca la figura mitológica de los Centauros que luchan en contra de los Lapitas, y en concreto el episodio de la muerte del centauro Eurito y en la reacción enfurecida de sus compañeros quienes a una sola voz, se pusieron a gritar: "A las armas, a las armas"; pasaje que encontramos en las metamorfosis de Ovidio. Como lo ha demostrado ya Gruzinski en el trabajo mencionado, el lenguaje simbólico de los mitos ofrecía "sutiles, indirectos y disfrazados modos de expresar conceptos que criticaban el poder político y la autoridad del soberano" (1997, 365). Tal fue el camino que escogió Tiziano al denunciar en varias telas mitológicas el poder tiránico del rey Felipe II. Quizá podemos pensar en el caso potosino que fue una manera criolla de expresar sus críticas al poder y su opinión[4].

Volvamos a la crónica de Arzáns, quien nos describe otra entrada:

> Pusieron todos la vista en aquel ruido que se oía y vieron entrar un gran carro, que lo tiraban 12 caballos bayos, todos muy ricamente enjaezados. Sobre el carro estaba un mundo o globo muy grande esmaltado de azul, y sobre él unas nubes. Cerca de aquel globo estaba el elemento agua, que era un mar de donde salían con mucho artificio ríos de agua y se entraban en el mundo. Encima de las nubes que estaban sobre este globo venía formado el elemento del aire, y por cuatro bocas soplaban y combatían al mundo. Sobre el

---

[4] El hecho de que en el caso de la Nueva España se trate de un pueblo minero confirmaría el carácter de difusor de cultura que tenían los centros mineros coloniales.

elemento del aire estaba el del fuego, formado con tal industria y artificio que todo él ardía como un volcán, de cual salían y se oían truenos y relámpagos que caían al mundo. Fue cosa de grandísima admiración el artificio, que con cohetes y pólvora hacían que obrasen tan apreciados efectos. De las nubes que sobre el mundo estaban caía con maravilloso concierto un granizo hecho de azúcar que parecía natural. Admiró a todos la invención, la cual dio vuelta a la plaza sin cesar los elementos de hacer sus propios efectos, y parándose enfrente de los miradores del cabildo se abrió el mundo por cuatro partes y se descubrieron muchos hombres de diferentes estados (a lo que parecía) unos como que cultivan la tierra, otros cavando minas, y otros en varios entretenimientos. Estaba también un cerro de plata, que era del Potosí, sobre el cual venía sentado un caballero mozo armado de todas armas, y sobre la cola un peto cubierto de muchas joyas y perlas; las botas bordadas con mucho alfójar. En la mano diestra una lanza y en la siniestra un escudo, y en él pintado un hombre cercado de fieros animales, peñas y elementos, la letra decía "Cuan desgraciado nací, pues cielo y tierra es contra mí" (Arzáns de Orsúa y Vela 1965, t. I, lib. VI, cap. IX, 272).

Estamos frente a una representación de los cuatro elementos. A este respecto, recordemos que fue Empédocles de Agrigento (490-435 A.C.) quien afirmó que el mundo estaba hecho de cuatro elementos que son las raíces de todas las cosas. Tierra, aire, agua y fuego se unen bajo el imperio del Amor y se separan bajo el régimen del odio. La función principal de estos elementos, eternos, es garantizar la permanencia bajo el cambio y la unidad en la variedad. Aristóteles va afirmar que estos elementos no son primarios pues son el resultado de la combinación de dos cualidades contrarias. En *De la generación y la corrupción*, Aristóteles expone la formación de los cuatro elementos a partir de dos pares de cualidades tangibles —una de las cuales es activa (el calor y el frío) y la otra pasiva (lo seco y lo húmedo). El fuego es así caliente y seco; el aire caliente y húmedo; la tierra fría y seca y el agua fría y húmeda. Esas propiedades determinan las cualidades intrínsecas de los elementos. El fuego y el aire poseyendo una tendencia a subir, el agua y la tierra a descender; Aristóteles (*Las metereológicas*) asigna a cada uno de estos elementos una zona específica de arriba a abajo del mundo sublunar (Bensaude-Vincent 1999, 327).

Sabemos la difusión que tuvo esta idea de los cuatro elementos entre los humanistas, como lo demuestra la *Historia natural y moral* de Acosta, ya estudiada por numerosos especialistas y en particular por Mustapha (1989). Pero no nos alejemos de nuestras tierras altoperuanas, y pensemos en el manual de minería y metalurgia más importante del Renacimiento, *El arte de los metales*, de Álvaro Alonso Barba, redactado en Potosí a mediados del siglo XVII. Como ya lo hemos señalado en un trabajo anterior (Salazar-Soler 1997), la teoría del padre Alonso Barba sobre la generación de los metales nos recuerda a la de Aristóteles. Este filósofo expone sus ideas acerca de la formación y la naturaleza de los metales en parte final del tercer libro de las *Metereológicas*. Para él la base de la explicación es la misma que encontramos en Platón, es decir la física de los cuatro elementos y el origen de los metales en la humedad. Pero Aristóteles integra la formación de los metales dentro de la teoría de la doble exhalación, teoría metereológica.

En el trabajo anteriormente citado (Salazar-Soler 1997), ya hemos llamado la atención sobre el papel de mediador cultural que tuvo Alonso Barba, aquí sólo queremos recordar que éste fue cura de la parroquia de San Bernardo en la Villa Imperial de Potosí y antes de ello ejerció como sacerdote en la zona de Charcas. Tampoco olvidemos que fue señor de minas y como tal también estuvo en contacto permanente con la población indígena; de tal manera que podemos suponer que sus dos actividades le permitieron difundir esas ideas en el Alto Perú.

Regresemos a la fiesta de los nobles criollos; Arzáns continua su descripción diciendo:

> No tardó mucho rato cuando entró a la plaza una gran pirámide toda esmaltada de varios colores. Tras ella también entró el gran Cerro de Potosí, todo de plata, con muchas y esmaltadas listas y en ellas muchos rubíes y amatistas que parecían vetas; eran muy grandes y sobrepujaba a la pirámide. Encima del Cerro, en una silla de plata dorada, estaba un caballero armado de finas y lucientes armas y sobre ellas unas vestiduras riquísimas de telas de plata cuajada de piedras preciosas; en la mano diestra, una lanza y en la siniestra un escudo, y en él pintado el Cerro de Potosí con una letra que decía: "Esta firme maravilla los míos descubrieron; por esto a todos nos dieron lauro y fama en esta Villa". [...] Luego que llegó a la mitad de la plaza con su famosa invención, se abrió la pirámide por cuatro partes, de forma que pudo ver muy bien lo que dentro había, que eran las siete maravillas tan celebradas en el mundo, siendo una de ellas la pirámide (Cheops) entre las que hubo en Egipto, estaba el sepulcro (de) Mausoleo, los muros de Babilonia, el coloso de Rodas, el simulacro de Júpiter, el templo de Diana y el Ilión o alcázar troyano, todas obradas con gran artificio de plata dorada y esmaltada. Detrás de esta máquina venía el gran Cerro de Potosí, maravilla del mundo hecha no por mano de hombres sino por la del Creador. En

círculo del Cerro estaba un mote que decía: "Yo sí maravillo al mundo" (Arzáns de Orsúa y Vela 1965, t. I, lib. IV, cap. IX, 274s.).

Este carro podemos insertarlo dentro del marco más general de la literatura criolla apologética, que exaltaba la superioridad del Cerro Rico con respecto a las maravillas del mundo y que acordaba a los metales preciosos el papel de instrumentos privilegiados dentro de la política del monarca español, pero sobre todo en la propagación de la fe y del culto divino a través del mundo (Périssat 2000).

Siguiendo con la descripción de Arzáns encontramos representaciones de dos cuadrillas de caballeros que se enfrentan, la una encabezada por Marte y la otra por Cupido:

> En saliendo éstos entró a la plaza un alto y hermoso castillo todo dorado y con muchas banderas. Fue caminando hasta la mitad de la plaza y paró enfrente de los miradores del presidente, corregidor y cabildo adonde disparó mucha artillería. Encima de la torre del homenaje estaba el Cerro de Potosí, y encima de él un águila de oro con las alas extendidas, y abajo con letras de oro decía Non plus ultra. Los pendones del castillo eran de brocados de diversos colores, y en los cuatro cuadros había muchas cifras, enigmas y versos de Marte y Cupido. [...] Estando dentro tocaron afuera un rebato con clarines y cajas, y salieron al ruido segunda vez aquellos 30 caballeros con lanzas y adargas, tomaron sus caballos y divididos en dos cuadrillas (en la que de la una hacía cabeza el dios Cupido y de la otra el fiero Marte) trabaron una vistosa y agradable batalla (Arzáns de Orsúa y Vela 1965, t. I, lib. IV, cap. IX, 276).

Cupido, sabemos que es el dios del amor en la mitología romana, identificado al Eros griego y Marte es el dios romano identificado con la guerra. Entonces podríamos pensar que se trata de una representación de la lucha del amor y la guerra. Pero la guerra no es la única atribución de Marte. Este dios guerrero es también el dios de la primavera, porque la temporada de la guerra empieza al concluir el invierno. Es también el dios de la juventud, porque la guerra es una actividad juvenil. El es el que guía durante "la primavera sagrada" a los jóvenes que emigran desde las ciudades sabinas, para fundar nuevas ciudades o encontrar nuevos establecimientos (Grimal 1951, 277). Podemos entender quizá por qué fue representado en una fiesta de nobles criollos: ¿no evocaba acaso Marte la migración de los padres de estos criollos que fundaron la Villa Imperial de Potosí? Mas aún la comparación con la Antigüedad puede ir más lejos si proseguimos con los datos mitológicos de estos emigrantes que se dice eran frecuentemente acompañados en su ruta por un animal: el pájaro carpintero verde, o el lobo, por ejemplo, dos animales consagrados a Marte. Es así, nos dice Grimal (ibíd.), como se explica quizá el papel desempeñado por la loba, animal de Marte, en el mito de la Roma primitiva.

La descripción de Arzáns finaliza diciendo que entró luego un globo muy grande ceñido con una faja azul, y en ella unas letras de oro que decían: "El Nuevo mundo o América, cuarta parte de la Tierra". Que luego se abrió y dejo ver un mapa en madera que representaba todo lo que hay en el Nuevo Mundo o Indias Occidentales. Siguiendo una representación de escaramuzas de indios y españoles de la cual salieron vencedores los últimos. Los indios se retiraron junto con el globo.

Hay que señalar que la Antigüedad no sólo "desfila" en Potosí en carros y en "artefactos" como los descritos, sino también está presente a través de los caballeros vestidos "a lo romano":

> Tras de todos éstos entró un carro triunfal de plata dorada, tirado de ocho caballos negros. En medio del carro estaba un trono alto de plata, y en él una silla embutida toda ella de marfil sobre la cual estaba sentado el gallardo mancebo, armado, y sobre las armas un riquísimo *vestido a lo romano*, todo él bordado de oro, plata y piedras preciosas; cubría su cabeza un acerado casco y en él ceñido un laurel de preciosas esmeraldas; los plumajes que le volaban eran verdes y encarnados; en el lado izquierdo del pecho traía el hábito de Calatrava formado de rubíes (Arzáns de Orsúa y Vela 1965, t. I, lib. VI, cap. IX, 269).

> Habiéndose ido estos caballeros entró a la plaza un gallardo mozo en un brioso y muy lucido caballo. Traía *un vestido a lo romano*, todo bordado de aljófar y perlas; estaba ceñida la cintura con una ancha pretina bordada de diamantes; un rico laurel entreverado con un cintillo de oro y piedras preciosas (ibíd., cap. X, 276s.; cursivas mías).

La fiesta de 1624 por la canonización de San Ignacio de Loyola[5]

Las festividades fueron organizadas por los jesuitas, durante una tregua en la guerra entre Vicuñas y Vascongados que tuvo lugar entre 1623-1626[6]. Recordemos que los jesuitas llegaron a Potosí en 1577, y al año siguiente nos dice Chacón (1973), el virrey Toledo los mandó a echar de la Villa arguyendo que no tenían autorización para su establecimiento; pero ante los reclamos de éstos elevados hasta España, lograron que en 1580 se ordenase su retorno y se les devolviera los bienes embargados. Así empezaron su iglesia en 1581 y la terminaron en 1590. Sabemos también que el colegio de la Compañía de Jesús mantenía en la Villa Imperial una Cátedra de Gramática para la juventud, y después de su expulsión se dictó en 1767 en Madrid una cédula real para que en reemplazo de la enseñanza que impartían los jesuitas se establecieran "Estudios de primeras letras, latinidad y retórica", que fue acogida con entusiasmo por el cabildo de Potosí. Según un inventario de la época, la biblioteca de los jesuitas era una de las más ricas de la Villa, poseía 1246 obras que hacían un total de 4006 volúmenes (Chacón 1973 y Ovando 1985).

Antes de pasar a la descripción de la fiesta, precisemos algunos datos sobre la participación, financiamiento y los artífices de ella. Arzáns empieza hablando de la fastuosidad de la fiesta y de la participación en ella de la nobleza: "Todas las puertas, balcones y ventanas estaban cubiertas de brocados y telas riquísimas y el suelo de alfombras", "[...] pues la nobleza de esta magnánime Villa sin reparar en gasto alguno celebró con admirables fiestas las glorias de su canonización" (Arzáns de Orsúa y Vela 1965, t. I, lib.VII, cap. XVI, 389).

El cronista nos dice también que la fiesta fue financiada por "el nobilísimo caballero don José Lorenzana de Iñiguez, natural de la Villa Imperial hijo de un gallego y una aragonesa" (ibíd.).

Y lo más interesante aunque no poseemos los nombres, Arzáns dice que los artífices de los "arcos" y "teatros" fueron dos: "el uno de nación alemán y el otro flamenco, los cuales echaron el resto a su saber en tanta variedad y máquina de artificios admirables" (ibíd.).

Sabemos que se alzaron altares en las esquinas de las calles representando alternativamente escenas mitológicas y religiosas. Se levantaron arcos y "teatros" en las diferentes esquinas del centro de la ciudad. Estos conjuntos se unían por calles hechas enramadas y de arcos y adornos también.

---

[5] Véase la descripción de Arzáns de esta fiesta: t. I, lib. VII, cap. XVI "De cómo se hicieron solemnísimas fiestas por la canonización del gran patriarca San Ignacio de Loyola, con otros sucesos dignos de referirse en esta Historia".

[6] Véase sobre esta guerra por ejemplo el libro de Crespo 1975.

Presentamos un resumen de la fiesta donde privilegiamos evidentemente las escenas mitológicas y clásicas:

1) En la plazuela de la Cebada, San Pedro y varios papas, entre ellos Gregorio XV. En la misma plazuela, pero en otra esquina el Cerro de Potosí personificado por un viejo.

2) En la plaza de San Lorenzo, Elías en el monte Carmelo, con varios Carmelitas entre ellos Santa Teresa.

3) En la esquina de San Agustín, un globo con una doncella que representa a la Villa Imperial.

4) En la esquina Lusitana, San Benito con varios monjes.

5) En la esquina de la Lechuga sobre la plaza del Regocijo, la representación de los cuatro elementos, que ya hemos analizado en la fiesta de 1608, pero cuya representación varía:

> [...] la formada calle de árboles hasta la esquina que desemboca en la plaza del Regocijo de la calle Lusitana [...] en cuyo sitio capaz estaba puesto por sus famosos artífices la máquina de los cuatro elementos: del aire, que estaba en forma de un hombre con cuatro rostros y el cabello erizado, soplaban sus bocas furiosamente haciendo gran ruido el viento que con grandes fuelles lo formaban desde una parte oculta; el fuego estaba en forma de un caracoleado rayo ardiendo y despidiendo con artificio un incendio de llamas; la tierra era un globo de árboles, flores y animales (todos de gonces) moviéndose a todos lados; el agua era un mar adonde estaban caminando de unas parte a otras muchos navíos y varios peces que por varias partes asomaban las cabezas (ibíd., t. I, lib. VII, cap. XVI, 390s.).

6) En la esquina del hospital Real, Santo Domingo recibiendo el santo rosario de las manos de Dios y muchos santos.

7) En la esquina de la Comedia, las cuatro partes del mundo.

A partir de la segunda mitad del siglo XVI, los artistas europeos empezaron a interesarse por las representaciones alegóricas de las cuatro partes del mundo; lo cual evidentemente reflejaba la extensión del horizonte geográfico con relación al Renacimiento, pero también como lo ha señalado ya Périssat (2000, 39s.), la conciencia de la superioridad universal de Europa. En el arte efímero de las fiestas, se buscó representar alegóricamente América a través de todos los elementos "característicos de esta tierra"; los cuales podían ser desde las plumas más o menos imaginarias de sus habitantes, hasta la fauna o atributos que aludían a la naturaleza americana como por ejemplo las riquezas de oro y plata (ibíd.).

En lo que respecta a la iconografía de las representaciones de América, Gisbert (1980, 80) ha mostrado que las representaciones de este continente, en los carros triunfales que desfilaban durante el Corpus Christi podían ser de dos tipos: representaciones femeninas heredadas de las tradiciones europeas (en donde se la representaba como una mujer de cabello largo, portando plumas en la cabeza, semi desnuda, cubriéndose solamente una parte del cuerpo con una falda de plumas y acompañada de loros) o bien masculinas y vestidas.

Périssat (2000, 40s.) nos dice que en las fiestas civiles las cosas son diferentes, pues en la documentación revisada no aparece ninguna descripción masculina y vestida de América. En todas partes aparece bajo los rasgos que le han dado la iconografía inspirada de las tradiciones europeas y las descripciones realizadas por los primeros españoles de América. A partir de la segunda mitad del siglo XVI y hasta el siglo XIX, encontramos a América descrita como un personaje femenino vestido de plumas. La autora dice, que los tratados europeos de iconología de la época tuvieron un papel considerable en la propagación de tal imagen. El más divulgado tanto en Europa como en América fue el de Cesare Ripa (1987, 9s.) cuya primera aparición data de 1603. América está representada coronada de plumas, sosteniendo un arco y una flecha, y semi desnuda.

En el caso de Potosí, América es descrita: "debajo de riquísimos doseles las cuatro partes del mundo en forma de bellísimas señoras con vestidos propios al traje de sus regiones, los cuales estaban cubiertos de preciosas piedras y perlas, menos América, que estaba desnuda sin cubrir la honestidad" (Arzáns de Orsúa y Vela 1965, t. I, lib. VII, cap. XVI, 390). Mesa y Gisbert (1977, 304) señalan la existencia de un cuadro en la Casa de la Moneda en Potosí que puede orientar acerca de la representación estética del tema, que es un poco posterior y representa la Coronación de la Virgen en presencia de las cuatro partes del Mundo.

8) En el cementerio de la Merced, San Francisco recibiendo los estigmas y otros santos.

9) En la plazuela del Rayo:

> Adonde estaba un hermoso teatro cubierto por encima de ricas telas y en 12 ricas sillas estaban las 12 sibilas (Pérsica, Líbica, Délfica, Cumea, Cumana, Samia, Tiburtina, Helespóntica, Egipcia, Eritrea, Cimea, y Carmena), todas con riqueza y distinción de traje; la disposición, el modo, sus sentencias y verdades con letras de oro escritas, que todo causaba alegría y admiración pues (como templados órganos para la poesía) la misma verdad (que es Dios) profetizó cosas milagrosas por ellas en confirmacion de la fe catolica (Arzáns de Orsúa y Vela 1965, t. I, lib. VII, cap. XVI, 391).

Originalmente Sibila era el nombre de una sacerdotisa encargada de dar a conocer los oráculos de Apolo. A estas sacerdotizas se les atribuía el don de la profecía. En tiempos de los Padres de la Iglesia, la tradición cristiana se apoderó de las Sibilas para convertirlas en anunciadoras de la venida de Cristo. Y ésta es la escena que aparece según la descripción de Arzáns, representada en la fiesta. Este tema de las profecías de las Sibilas fue muy difundido durante el Renacimiento, y fue vulgarizado por los impresos y los grabados. La representación de las Sibilas en las artes del virreinato del Perú es reiterada. Según los historiadores del arte Mesa y Gisbert (1977), éstas aparecen en el siglo XVII y vuelven a reaparecer a comienzos del siglo XVIII en la fiesta que estudiaremos a continuación, la entrada del virrey Morcillo. En el siglo XVII, además de en 1626, las encontramos en Copacabana ornando el nicho central del retablo mayor hecho por el escultor indígena Sebastián Acosta Tupac Inca, quien firma y fecha dicho retablo en 1618. En dicho nicho principal destinado a la Virgen encontramos bustos de Sibilas de media talla (ibíd.). Las encontramos más tarde en el convento de San Francisco; según Chacón (1973, 105) hacia 1640 las pinturas que decoraban el interior de la iglesia hacían un total de setenta y siete, indicándose 13 de la vida de San Francisco, repartidas en la capilla mayor y en el coro, otras 13 de Sibilas y 14 pequeñas de apóstoles. En el cuerpo de la iglesia estaban 30 extensos lienzos de los apóstoles y santos franciscanos, 3 de pontífices, 2 de San Francisco, uno de la Purísima y otro de los mártires del Japón. El tema fue muy popular en toda América durante los siglos XVI y XVII. Es conocida ya la Casa del Deán en Puebla con los frescos que las representan estudiados por Francisco de la Maza (1954 y 1968) y posteriormente por Serge Gruzinski (1994). Francisco de la Maza, estudia además de este ejemplo las Sibilas de Acolmán.

10) En el hospital de San Juan de Dios, San Agustín, patrón del Cerro Rico.

11) En la esquina del juego de pelota:

> Adonde estaba un hermosísimo teatro, y en él Apolo con su cítara en las manos y las nueve musas sentadas en ricas sillas. Todas estas hermosas ninfas estaban con instrumentos músicos en las manos, y en unas tarjas que a sus pies estaban iban escritos sus nombres con letras de oro, y en verso se declaraban los regocijos en que cada una preside. Sus nombres eran Terpsícore, Polimnia, Euterpe, Urania, Calíope, Clío, Melpómene, Talía y Erato (Arzáns de Orsúa y Vela 1965, t. I, lib. VII, cap. XVI, 391).

Una revisión de la tradición clásica echa luces sobre el por qué de la elección de esta representación. Esta tradición dice que las musas son hijas de Mnemosine y Zeus, y son nueve hermanas fruto de nueve noches de amor. Según otras tradiciones son hijas de otros personajes. Estas diversas genealogías son simbólicas y se refieren a las concepciones filósoficas sobre la primacía de la música en el Universo. Las musas, nos dice Grimal (1951, 304), no son sólo las cantantes divinas, sino que presiden al Pensamiento, bajo todas sus formas: elocuencia, persuasión, sabiduría, historia, matemáticas, astronomía. Hesíodos pondera sus cualidades: son ellas que acompañan a los reyes y les dictan palabras persuasivas, las necesarias para apaciguar las querellas y restablecer la paz entre los hombres. Ellas les dan el don de la dulzura, que los hace ser amados por sus sujetos (ibíd.). El canto más antiguo de las musas es aquél que entonaron después de la victoria de los Olímpicos contra los Titanes, para celebrar el nacimiento de un nuevo orden. Éste quizá sea también el mensaje que se quiso enviar representándolas en Potosí[7].

Existían dos grupos principales de musas (Grimal 1951, 304): las de Tracia, y las de Beocia situada sobre las pendientes del Helicón. Las primeras están relacionadas con el mito de Orfeo y el culto a Dionisios. Las musas de Helicón son consideradas como directamente dependientes de Apolo, es éste que dirige sus cantos alrededor de la fuente de Hipocrene. Esta es la escena representada en la fiesta que nos ocupa.

A partir de la época clásica, se impuso el número de 9 (que son las que aparecen en la representación potosina) y se admite por lo general la lista siguiente: Calíope, a quien se le atribuye la poesía épica; a Clío la historia; a Polimnia la pantomima; a Euterpe la flauta; a Terpsícore, la poesía ligera y la danza; a Erato la lírica coral; a Melpómene la tragedia; a Talía la comedia; a Urania la astronomía (ibíd.).

12) En la otra esquina de la pelota, San Pedro Nolasco.

13) En la esquina de los Herreros en "cuyo crucero estaba un teatro y en él cuatro bellísimas estatuas que representaban a las tres diosas de la pretensión de la hermosura sobre la manzana de oro, que eran Palas, Venus y Juno, y la cuarta era del rey Paris, constituido por juez de la contienda" (Arzáns de Orsúa y Vela 1965, t. I, lib. VII, cap. XVI, 391). Se trata pues de la representación del Juicio de Paris, juicio que se encuentra en el origen de la guerra de Troya.

---

[7] Encontramos también una representación de las musas en la procesión organizada por la Universidad de San Marcos en 1656 cuando celebró el patronazgo y la jura de la Ciudad de los Reyes a favor de la pura y limpia Concepción de Nuestra Señora, celebración estudiada por Mujica (1999, 210).

Recordemos brevemente el episodio de la leyenda de Paris. Durante la boda de Tetis y Peleo, cuando estaban reunidos todos los dioses, Iris (la Discordia) lanzó una manzana de oro en medio de ellos, diciendo que debía ser otorgada a la más bella de las tres diosas: Atenea, Hera y Afrodita. Como nadie quiso decidir entre las tres, Zeus encargó a Hermes llevar a las tres diosas a Ida en donde Paris juzgaría el debate. Cuando Paris vio aproximarse a las diosas tuvo miedo y quiso huir. Pero Hermes lo persuadió ordenándole, en nombre de Zeus, desempeñar el papel de árbitro. Así cada una de las diosas argumentó su propia causa; prometiéndole su protección y dones particulares si juzgaba en favor de cada una de ellas. Hera le prometió todo el imperio de Asia, Atenas le ofreció la sabiduría y la victoria en todos los combates. Afrodita se contentó de prometerle el amor de Elena de Esparta. Paris decidió que Afrodita era la más hermosa (Grimal 1951, 347).

Éste ha sido un tema muy versado por los poetas y ha sido igualmente retomado por escultores y pintores. Generalmente se representaba a Paris como un pastor en medio de un escenario silvestre, cerca de una fuente. No sabemos si ésta fue la representación que se hizo en Potosí.

14) En el cementerio de San Francisco, San Francisco de Paula.

15) En una de las esquinas de la calle Imperial o de los sastres:

> Donde en su crucero estaba un gran teatro y en él varios dioses y diosas de los gentiles sentados en ricas sillas, teniendo en las manos unas tarjas escritas en ellas con letras de oro sus nombres y lo que inventó cada uno: Júpiter, el labrar vasos de barro; Neptuno, el arte de marear; Vulcano, el labrar hierro; Apolo, la música; Minerva, el tejer; Diana, la caza; Juno, el vestido; y Ceres, la agricultura. Enfrente estos fingidos dioses estaban otros bultos puestos en pie que (no siendo deidades) inventaron otras artes y provechos semejantes también con sus nombres y lo que inventaron: Homero, la poesía heroica; Zenón, la dialéctica; Córax, la retórica; siracusanos, los provechos de las abejas de miel, y la cera Aristeo; el sembrar, Tritólemo; las leyes, Licurgo Espartano; Solón ateniense, la forma de letras; los números y medidas, Palamedes. Todos los trajes eran variados, ricos y hermosos, que todo causaba admiración (Arzáns de Orsúa y Vela 1965, t. I, lib. VII, cap. XVI, 392).

Años más tarde, durante las fiestas por el príncipe Baltasar Carlos que se llevaron a cabo en Lima en 1630-1631, encontramos también el desfile de carros con dioses de la Antigüedad y sus atributos; sólo que en el caso limeño cada dios desfila en un carro por separado[8]. En la procesión organizada por la Universidad de San Marcos en 1656 cuando se celebró el patronazgo y la jura de la Ciudad de los Reyes a favor de la pura y limpia Concepción de Nuestra Señora, encontramos igualmente a las artes liberales desfilando, seguidas de las ciencias universitarias, y a continuación los dioses de la Antigüedad (Mujica 1999).

16) En la esquina del empedradillo entrando a la plaza del Regocijo, San Ignacio.
17) En la esquina del tambo, Los Incas.
18) En la esquina del cementerio de Santo Domingo, San Juan de Dios.
19) En la esquina de la Compañía, los reyes de España desde Fernando el Católico hasta Felipe IV.

Sabemos que pasados otros dos días se dio principio a los regocijos de la plaza y se continuaron por otros 14 días de toros, comedias, saraos, sortija, máscaras, justas y torneos.

Un dato interesante es que muchos de estos "teatros" fueron realizados con estatuas de bulto, en otros no se especifica y como dicen Mesa y Gisbert (1977, 305) tal vez hay que pensar en personas que representaban un cierto papel, ya que se hace difícil creer que para una fiesta se hicieran tantas tallas. Consta que fueron de talla las figuras de los conjuntos 1, 2, 4, 5, 7, 8, 10, 13, 16, y 17[9].

Muchos de los elementos de esta fiesta nos hacen pensar en la obra de Homero y en este sentido nos permite reflexionar sobre otras de las vías de transmisión de la cultura clásica, la literatura. Historiadores como Lohmann Villena (1999), y aquellos que se han encargado de estudiar las bibliotecas peruanas coloniales, como Hampe (1996) y Guibovich (1984-85) han mostrado ya la circulación efectiva de obras de escritores de la Antigüedad en el virreinato del Perú, durante los siglos XVI y XVII. Recordemos aquí solamente datos concernientes al Alto Perú. Sabemos por ejemplo que en 1592 Juan Ruiz Cabeza de Vaca se hace cargo, para conducir hasta Potosí y La Plata (en donde la pondría a la venta), de una consignación de libros que incluía las obras de Suetonio, de Cicerón, de Terencio, de Quinto Curcio y de Lucano (Lohmann Villena 1999, 121).

Volvamos a evocar aquí la figura de Diego Mejía de Fernangil de quien sabemos que estuvo en Lima desde por lo menos 1590. Como lo ha señalado

---

[8] Véase la descripción de estas fiestas de Juan Antonio de Suardo (1936 [1629-1639]) y de Rodrigo de Carvajal y Robles (1632). Han sido estudiadas por García Morales 1992 y Rose 1999 y el artículo en este mismo volumen.

[9] Estos autores se preguntan también qué fue de las representaciones paganas, pues han desaparecido, en cuanto a las religiosas se supone irían a parar a los templos potosinos.

Riva-Agüero (1962), fue un hombre que viajó ampliamente por Indias: en 1593 recorrió la ruta que llevaba hasta Potosí; en 1596 lo encontramos embarcándose rumbo a la Nueva España; volvió a Potosí en 1600, en 1602, en 1605 y definitivamente en 1612. Como "mercader de libros" estuvo asociado con Juan de Sarria, el librero de Alcalá de Henares, así como con su hijo. Fue traductor de la las *Heroídas* de Ovidio y autor de poesía mística. Al parecer se embarcó para ir a la Península en 1608 para activar personalmente la impresión del *Parnaso Antártico*, cuya licencia de impresión había sido extendida en 1604 (Lohmann Villena 1999, 126s.).

Las fiestas por la entrada del virrey Morcillo en 1716

Para esta fiesta contamos con la descripción de Arzáns de Orsúa y Vela[10], así como también el cuadro realizado por Melchor Pérez Holguín y la descripción oficial debida a la pluma del agustino Fray Juan de la Torre (1716) como lo manifiesta Arzáns de Orsúa y Vela en su propio recuento del acontecimiento: "a petición de la Villa escribió la relación desta entrada, recebimiento, y fiestas de su Exca. Para la Ciudad de los reyes; que quisiera mi corta pluma parte del colmo de la suya para adorno destos reglones" (Arzáns de Orsúa y Vela 1965, t. III, lib. X, cap. 41, 48).

Echemos una mirada rápida sobre la persona del virrey Morcillo. Fray Diego Morcillo Rubio de Auñón, nació en 1642 en Villa Robledo de la Mancha, provincia de Albacete. Sabemos de él, que entró en su juventud en la orden de los trinitarios, fue años más tarde nombrado Provincial de su Orden, predicador del Rey y teólogo de la Junta de la Concepción Inmaculada. Luego se trasladó a Indias, donde ocupó la silla episcopal de La Paz desde 1709 hasta 1711 (Mesa/ Gisbert 1977). Ese año fue nombrado arzobispo de Charcas y estando desempeñando estas funciones en la Plata fue nombrado virrey interino del Perú, por lo cual debió marchar hacia Lima desde las tierras altas. Este fenómeno resultaba excepcional en la historia del virreinato, si se tiene en cuenta que los virreyes solían desembarcar en el puerto norteño de Paita y desde allí marchaban hacia la capital. Este hecho explica en parte la importancia de las festividades en Potosí, a pesar que la Villa Imperial atravesaba una coyuntura de crisis (Wuffarden 1999-2000).

---

[10] Arzáns de Orsúa y Vela 1965, t. III, lib. X, cap. 41: "De cómo se continuaban las calamidades de esta villa en varias maneras, solemnidad bautismal que en esta villa se hizo de unos indios convertidos a nuestra santa fe. Recibe con lucidas y costosas fiestas al ilustrísimo, reverendísimo y excelentísimo señor virrey arzobispo de La Plata, y los voltarios sucesos en la prosecución de su viaje hasta recibirse en la Ciudad de los Reyes".

En lo que se refiere a la pintura, se trata del óleo sobre lienzo de 230 x 600 cms. que sobre la entrada del virrey Morcillo por encargo pintó el célebre maestro Melchor Pérez Holguín, y que se conserva actualmente en el Museo de América en Madrid[11]. La identidad de los comitentes figura en la leyenda inferior, aunque parcialmente borrada, es posible inferir que se traba de los miembros del cabildo potosino. Aparentemente la obra se realizó para remitirse a España y específicamente a Toledo, cuyo nombre aparece inscrito en la parte superior, debajo del escudo y la mitra de Morcillo (1999-2000, 146-148).

Según Wuffarden (ibíd.), no debe descartarse la intervención del propio Morcillo o de su entorno inmediato en esta obra. Se conoce, según el autor, la afinidad de Morcillo hacia manifestaciones locales de la cultura visual: en 1725 por ejemplo, cuando éste desempeñaba el Arzobispado de Lima, alentó el programa iconográfico del clérigo Alonso de la Cueva sobre la sucesión de los reyes incas y españoles. Esto, además de estar ya familiarizado con la iconografía incaica colonial gracias en parte a su amistad con el marqués de Valleumbroso, aristócrata cuzqueño que le obsequió, siendo todavía virrey, una serie de retratos de incas y ñustas pintados por Agustín Navamuel.

En el cuadro de Holguín, sin embargo, no aparecen las comparsas incaicas, que conocemos a través de la obra de Arzáns, y privilegia el lado español de la fiesta (Wuffarden 1999-2000, 147). El eje argumental del cuadro es el paso del cortejo por la actual calle de Hoyos, delante de la iglesia parroquial de San Martín. Esta es la escena que podemos leer en la crónica de Arzáns cuando este comienza su descripción diciendo:

> Estando ya medianamente las prevenciones hechas, pues en tan corto tiempo no pudo esta magnífica Villa desempeñarse como quisiera, el día sábado 25 de abril a las 3 de la tarde llegó a esta Villa el ilustrísimo excelentísimo señor fray Diego con gran acompañamiento de los señores oydores don Gregorio Núñez, don Baltasar de Lerma, don Francisco de Sagardía, y don Juan Bravo; el Conde del Portillo; don Juan de Ocampo, secretario de despachos que nombró su Excelencia Ilustrísima con otros muchos caballeros y los corregidores de varias provincias, y juntamente del venerable estado eclesiástico muchos doctores y maestros y los curas de varios pueblos (Arzáns de Orsúa y Vela 1965, t. III, lib. X, cap. 41, 46).

---

[11] El pintor Mechor Pérez Holguín nació en Cochabamba hacia 1655-1660, aunque pasó la mayor parte de su vida en Potosí y allí desarrolló su vida artística hasta su muerte en 1732 probablemente. Sobre la vida y obra de este gran pintor véase Mesa/Gisbert 1977.

Estos personajes que con el virrey llegaron son los que estan colocados junto al arco (parte baja derecha) en el cuadro.

Sobre los arcos dice Arzáns:

> Teníanle hecho dos arcos triunfales, se fabricaron con indecible presteza, aunque grandísima fortuna por la brevedad del tiempo [...] el primero y principal una cuadra más arriba de la parroquia de San Martín fuera ya del poblado al oriente desta Villa en el mismo camino y entrada de las provincias de arriba de orden y obra compósita, pues se vieron en ella las otras cuatro juntas como ser corintia, jónica, dórica y toscana, aunque las cuatro columnas principales eran salomónicas. A un lado (que fue el derecho) de una de las naves colaterales estaba la silla y cojín para descanso de su Excelencia, y al otro lado dos niños con vestiduras a propósito que significaban la Unanimidad y Liberalidad, virtudes muy propias de esta Imperial Villa (ibíd., t. III, lib. X, cap. 41, 47).

Luego, nos dice Arzáns, venían hasta ciento veinte arcos de plata labrada. Y después otro arco triunfal.

Volvamos al cuadro de Holguín, en la entrada de Morcillo se ven escenas mitológicas y profanas en lienzos colgados al paso del virrey y que dentro del lenguaje cultista de la época, aludían a los méritos políticos y personales del nuevo virrey (Wuffarden 1999-2000, 147). Los cuadros son siete. La caída de Ícaro, Eros y Anteros, Mercurio y Argos, la fábula de Endimión, el Coloso de Rodas, la muerte, Eneas y Anquises escapando de Troya.

Se puede interpretar la caída de Ícaro como una advertencia contra la soberbia, el cuadro de Mercurio y Argos como la necesidad de ser diligentes y estar siempre vigilantes. El lienzo sobre Endimión evoca quizás el amor. El cuadro de Eneas y Anquises alude probablemente al amor filial y a la protección de lo más preciado en la vida. Los otros temas no son tan fáciles de interpretar y los historiadores del arte Mesa y Gisbert (1977, 306) nos dicen que quizá el Coloso de Rodas aluda a la necesidad de actividad edilicia[12].

---

[12] Recordemos las leyendas. Ícaro era el hijo de Dédalo y de una esclava de Minos llamada Naucrate. Dédalo y su hijo Ícaro fueron encerrados por Minos en un laberinto por haber enseñado a Ariadne el medio por el cual Teseo podía encontrar su camino en el laberinto. Pero Dédalo fabricó para él y su hijo unas alas, que fijó con cera en ambas espaldas. Luego los dos volaron. Antes de partir Dédalo recomendó a su hijo no volar muy bajo pero tampoco muy alto. Ícaro, lleno de orgullo, no escuchó los consejos de su padre, y subió tan cerca del sol que la cera se derritió y el imprudente cayó al mar, que desde ese entonces se llama Mar Icáreo (Grimal 1951, 224).

La leyenda de Eneas y Anquises la encontramos en el arco triunfal que se erige en Lima en 1590 en honor del virrey don García de Mendoza. En una de las puertas del arco aparece pintado Eneas con Anquises sobre sus hombros. En la parte superior una inscripción decía: *Honor honusque paternum* (Honra y carga paternal) y otra letra decía: "Padre y honra llevas junto/ Carga bienaventurada:/ Mas para tí reservada". Anquises portaba en su mano una leyenda: *Pietas filiorum* (Piedad de hijo). En el caso limeño, como lo ha señalado Ramos Sosa (1992, 58), "no era más que una personificación 'a la antigua' del virrey don García y su padre el virrey don Andrés".

La exposición ceremonial de pinturas en la calle aparece también documentada en la serie cuzqueña del Corpus Christi, en la cual por tratarse de una fiesta religiosa los cuadros son sobre santos y vírgenes. Por otro lado, nos dice Wuffarden (1999-2000, 147), los temas de los cuadros que cuelgan de las paredes en la entrada de Morcillo recuerdan el tipo de pintura profana cultivada al mismo tiempo en el Cuzco por artistas como Carlos Sánchez Medina.

Sigamos con el cuadro de Holguín. Alrededor del cortejo se disponen no sólo los participantes y espectadores de la ceremonia, sino que el pintor ha incluido

---

En lo que concierne a la escena de Mercurio y Argos. Mercurio, dios romano identificado al Hermes griego, protege particularmente a los comerciantes. Después de su helenización, fue representado como el mensajero de Júpiter. En algunas leyendas es considerado como el intérprete de la voluntad divina. Argos tenía según unos, un solo ojo, según otros tenía cuatro; dos miraban hacia adelante y los otros hacia atrás. Otras versiones le atribuyen una infinidad de ojos repartidos en todo el cuerpo. La leyenda cuenta que Hera le encargó cuidar la vaca Io de la cual estaba celosa; para lo cual Argos amarró el animal a un olivo del bosque sagrado de Micenas. Gracias a sus múltiples ojos podía vigilarla, pues sus ojos dormían por mitad: tenían siempre tantos abiertos como cerrados. Pero Hermes recibió de Zeus la orden de liberar a Io, su amante. Las leyendas varían sobre la forma como lo hizo: unas veces se cuenta que mató a Argos de una piedra lanzada desde lejos, otras se dice que lo hizo dormir tocándole una flauta, otras que lo hizo caer en un profundo sueño mágico gracias a su vara divina. En todas las versiones de todas maneras Hermes mató a Argos (ibíd., 50).

La leyenda más célebre sobre Endimión es aquella que se refiere a sus amores con la Luna (Selena). Endimión a quien se representaba como un pastor joven y de gran belleza suscitó en la Luna un amor violento que los unió. A pedido de ésta, Zeus había prometido a Endimión concederle un deseo, Endimión escogió dormir eternamente; y así lo hizo quedándose eternamente joven. Según algunas versiones fue durante este sueño que la Luna lo vio y se enamoró de él. Según la leyenda Endimión dio cincuenta hijas a su amante (ibíd., 137).

La leyenda dice que cuando Troya fue tomada por los griegos, Eneas dejó la ciudad en medio de las llamas del incendio cargando en sus hombros a su viejo padre Anquises, a su hijo en sus brazos y llevándose los dioses más preciados de Troya, los Penates y el Paladión (ibíd., 138).

dos recuadros que remiten a otros momentos de la fiesta: la recepción del virrey en la plaza mayor y la "mascarada" que por la noche ofrecieron allí los mismos mineros.

Detengámonos en la mascarada, Arzáns la describe así:

> Esta misma noche le hicieron los famosos minadores del Cerro una lucida y costosísima máscara [...]. Venía por delante don Andrés de la Torre Montellano, alcalde mayor de minas, [...] con 20 pajes de hacha y galanas libreas, y don Domingo Serrano, excelente minador, natural de esta villa [...]. Luego se les seguía la Fama en un arrogante caballo con paramentos y cimeras muy vistosos, preciosa gala y clarín en la mano. Tras de ella se seguían los 12 famosos héroes que celebra la Fama, entrando en este número el césar Carlos V, don Juan de Austria y el Cid, todos armados con petos y morriones acerados, lanzas y adargas en las manos, preciosas bandas, sobrevestas y plumas que les volaban, sobre briollos caballos y plateados jaeces. Luego se seguían las 12 sibilas con trajes de riquísimas telas muy propias, sacados de antiguas pinturas, con tarjas en las manos y en ellas sus nombres y profecías, y las cubiertas de los caballos de brocados y cintas de tela, y como escogieron mancebos de hermosos rostros pareció muy a lo natural, brillando a la luz de tanta hacha [...], sus galas y joyas, preciosas piedras y perlas. Seguíanse luego algunos de la casa otomana, con riquísimos turbantes, almalafas y demás traje apropiado, sobre caballos ricamente encubertados. Luego se seguían señalados héroes de la ilustre casa de Austria, que sobre caballos ricamente enjaezados venían de dos en dos [...]. Seguían después los etíopes con su rey coronado, con muy preciosas galas y jaeces. Tras ellos venían otras muchas ninfas, galanes y damas con muy ricos vestidos, y tras de ellos un carro triunfal con agradable música de varios instrumentos. Debajo del dosel estaba un hermoso niño que hacía a su excelencia con vestiduras preciosas, sentado en su silla con bastón en las manos. En el carro a sus pies estaba el Cerro de Potosí con sus propios colores, y en el resto seis niños vestidos de ángeles y otro en figura de niña indiana, o princesa de los ingas, con ricas vestiduras a su uso (Arzáns de Orsúa y Vela 1965, t. III, lib. X, cap. 41, 49s.).

Continúa relatando como llegó el carro casi enfrente del virrey y las autoridades:

> se detuvo aquel hermoso carro y entonó la música con gran destreza y melodía, y en particular el que hacía papel de princesa indiana ala-

banzas a su excelencia ilustrísima, y luego representaron dos niños que hacían a Europa y América: la una manifestaba haberle sido su oriente y dádole su cuna, y la otra sus dignidades episcopales y gobierno como allá en el pueblo israelítico lo fueron Moisés y Aarón todo en verso elegantísimo, obra del reverendo padre maestro fray Juan de la Torre, prior de San Agustín, que tuvo grandes aplausos de estas excelentes obras.

A la mitad de aquella loa cantada salió de la boca de una mina de aquel Cerro, dispuesta al propósito, un indiecillo vestido a la propiedad de cuando labran las minas, con su costal de metal [...] a las espaldas, su montera y vela pendiente de ella (como lo hacen de las minas a la cancha a vaciar el metal) y así lo hizo derramando del costal oro y plata batida, y se tornó a entrar con linda gracia, que dio mucho gusto esta representación a su excelencia, oidores y demás forasteros.

Acabada la loa tornó a caminar el carro, y luego se siguieron otros papeles, como el sol, luna y otros planetas, todos en caballos con ricos aderezos y galas, y tras éstos muchas y varias figuras de máscara ya ridículas, ya graciosas, ya misteriosas, en gran número y cada una con seis, ocho o 10 pajes con hachas de cera, y por último iba en una de las andas uno de los ingas o rey del Perú con sus ccoyas [...] debajo del dosel, con gran majestad y riqueza de apropiados trajes (ibíd., 50).

Comentemos los diferentes elementos de la mascarada. Encontramos entremezclados elementos de diferentes tradiciones culturales. Como lo han señalado Mesa y Gisbert (1977, 194), las figuras de Carlos V, Juan de Austria y el Cid, muestran una extraña mezcla de leyenda medieval con historia del Renacimiento. Luego sigue el cortejo de Sibilas, de las cuales ya nos hemos ocupado, y príncipes árabes, una reminiscencia medieval. Con los Etíopes, nos dicen los autores ya citados, se vuelve a la leyenda y a la tradición caballerescas que durante la Edad Media "puso en relieve este extraño imperio" (ibíd.). Luego tenemos al Cerro Rico y la representación de un mitayo, símbolo por excelencia del trabajo en las minas.

Llama la atención la presencia de un grupo de personajes que representan el Sol, la Luna y otros planetas y que pensamos aluden a la idea tan difundida en la época, como ya lo hemos mostrado en otro trabajo (Salazar-Soler 1997), de una correspondencia entre los planetas y los metales.

En efecto, una idea que circulaba en los siglos XVI y XVII es la de la relación existente entre los astros y los metales. Tanto los filósofos de la Antigüedad como los alquimistas afirmaban que la intervención del firmamento era necesaria en la generación de los metales y creían en la existencia de una relación estrecha entre los planetas y los metales. El filósofo neoplatónico Proclus escribía ya entonces:

el oro natural, la plata o cada uno de los metales, así como las otras substancias, son engendradas en la tierra bajo la influencia de ciertas divinidades celestes y sus emanaciones. El Sol produce el oro, la Luna la plata, saturno el plomo y marte el fierro (en: Hutin 1951, 75. La traducción es mía).

Los alquimistas distinguieron siete metales, dos perfectos o inalterables —oro y plata— y cinco imperfectos —cobre, hierro, estaño, plomo y mercurio (argen vivo)—, simbolizados respectivamente por Venus, Marte, Júpiter, Saturno y Mercurio. Durante la Edad Media esta idea cobró mucha importancia y se mantuvo en vigencia durante los siglos posteriores:

El Berbüchlein (1505) recuerda las tradiciones según las cuales los astros rigen la formación de los metales. La plata crece bajo la influencia de la Luna. Y los filones son más o menos argentíferos según su situación en relación a la dirección "perfecta" marcada por la posición de la Luna [...]. El mineral de oro crece por supuesto, bajo la influencia del Sol: "Según la opinión de los sabios, el oro es engendrado de un azufre el más claro posible y bien purificado y rectificado en la tierra, bajo la acción del cielo, principalmente del sol, de manera que no contenga más ningún humor que pueda ser evaporado por el fuego..." [...]. El Berbüchlein explica igualmente el nacimiento de los minerales de cobre bajo la influencia del planeta Venus, el del fierro por la influencia de Marte, y el del plomo por la influencia de Saturno[13].

Esta idea sobre la influencia de los astros en la generación de los metales es aceptada por algunos españoles en el Nuevo Mundo, tal como el padre Cobo, autor de la *Historia del Nuevo Mundo* (1653) quien afirmaba a propósito de los minerales:

---

[13] Eliade 1977, 40. El *Bergbüchlein* es un texto atribuido a Colbus Fribergius y publicado en Ausburgo en 1505. Se trata de un libro importante que da cuenta del conjunto de tradiciones mineras de finales de la Edad Media y que es citado por Agrícola, el gran médico y químico del siglo XVI, en su *Re Metallica* (1530-1550).

Siete son las diferencias específicas en que se divide todo género de metales; conviene a saber: oro, plata, azogue, cobre, hierro, estaño y plomo; en la generación de cada uno de los cuales influye un planeta, comunicándole su fuerza y actividad cada a aquél metal con quien tiene más analogía y afinidad. El oro recibe del Sol, todas sus buenas cualidades que tiene, sobre la plata predomina la Luna; Mercurio cuya naturaleza es influir mudanza, tiene especial cuidado del azogue, y así entreambos son bulliciosos e inconstantes; al cobre asiste Venus; al hierro, Marte; al estaño, Júpiter, y finalmente al plomo, el pesado y frío Saturno (Cobo 1964, 136).

Si bien como hemos visto, encontramos huellas de ciertas concepciones alquímicas o de la Antigüedad en Alonso Barba, el minero de Potosí se opone por el contrario a estas ideas de la correspondencia entre los planetas y los metales (Salazar-Soler 1997). Expone así en su obra dos razones que las contradicen: primero, el descubrimiento en los montes de Bohemia de un octavo metal, el bismuto, que él considera entre el estaño y el plomo, siguiendo en esto a Agrícola, que fue el primero en distinguir el bismuto como un metal particular, y luego la ausencia de una correspondencia entre el número de planetas y el de los metales:

Ni el ser solamente siete los planetas (cuando queramos atribuir algo a la subordinación y concordancia que entre ellos y los metales se imagina) es cosa cierta hoy, pues con los instrumentos visorios o de larga vista, se observan otros más. Véase el tratado de Galileo de Galilei de los satélites de Júpiter, y se hallará el número y movimiento de estos planetas nuevos, advertido con observaciones muy curiosas (Alonso Barba 1962, 38).

Ya hemos explicado en otra parte (Salazar-Soler 1997) a que se debe la diferencia de apreciación de estos dos representantes de la iglesia. Cobo era un naturalista que poseía un conocimiento general sobre los minerales, y a pesar de haber recorrido algunas minas y haber residido en Oruro, no se especializó en el estudio de los mismos. Por el contrario Alonso Barba consagró su vida a las minas y a la metalurgia y estaba muy al día en la literatura que trataba sobre los fenómenos naturales, como lo demuestran sus referencias al bismutum de Agrícola y al *Siderius Nuncius* de Galileo (publicado en 1611 y en el que recoge el resultado de estudios sobre los satélites de Júpiter).

Regresemos una vez más al cuadro. En la parte baja del cuadro dos personajes comentan la grandeza del acontecimiento, un anciano dice a una mujer: "hija pilonga as bisto junto tal marabilla" y ella responde "Alucho en ciento i tantos años no e visto grandeza tamaña". Son tipos callejeros y sus frases provienen del habla coloquial local. Wuffarden (1999-2000, 148) señala que su papel recuerda al de los "grasiosos del teatro español, cuyo ingenio, en apariencia espontáneo, contribuía a reforzar algún aspecto del argumento". El autor nos dice también que el recurso había sido usado antes por los pintores cuzqueños del Corpus, a través de aquella colorida picaresca que, ocasionalmente, lanzaba vítores a los curacas indígenas en medio de la procesión.

Por último, Holguín decidió incluir un autorretrato que aparece en el primer plano inferior; está de pie, sosteniendo la paleta y pincel como si estuviese en plena labor. A su lado, dice Wuffarden, una pluma y un pliego escrito parecen sugerir un cierto paralelo entre la pintura y la escritura, "lo que complementa con la actitud perfectamente compuesta de Holguín" (ibíd.).

Como ya lo hemos mencionado, hay que recordar que el contexto de las festividades en honor del virrey Morcillo es uno de crisis. Ello se traduce en las fiestas y podemos apreciarlo si comparamos la entrada del virrey con las festividades de 1624. En la entrada del virrey ya no vemos la multiplicidad de arcos y teatros de 1626, aunque en el desfile están presentes algunos temas como el de las Sibilas, los reyes Incas, los reyes de España, y la representación del Cerro Rico. Sin embargo, hay algunas modificaciones que como lo han señalado Mesa y Gisbert (1977, 305), son más bien de forma. Tomemos el caso de las Sibilas, en 1624 el grupo es estático, levantado en una esquina, en 1716 es una cabalgata. Además sabemos que los trajes de las Sibilas, representadas en esta ocasión por mancebos a caballo, estaban sacados de "antiguas pinturas" (Arzáns de Orsúa y Vela 1965, t. III, lib. X, cap. 41, 49).

Comentario final

A través del análisis de las fiestas en Potosí en el siglo XVII, poniéndolas en relación con la historia local y los otros componentes de la cultura que se desarrolló en la Villa Imperial, vemos cómo la Antigüedad opera como uno de los ejes mayores del pensamiento del Renacimiento que se trasladó al Perú en el siglo XVI. La Antigüedad funciona como un núcleo, una configuración alrededor de la cual se condensan, se cristalizan y se organizan una multitud de interpretaciones y se generan obras de arte.

En nuestro análisis del traslado de la Antigüedad a Potosí no nos hemos limitado a estudiar las formas o representaciones que desfilaban en la Villa Imperial al momento de las fiestas, sino que hemos recurrido al estudio de pinturas, textos literarios o científicos que permiten dar cuenta de la globalidad del fenómeno. Numerosos son nuestros vacíos, si bien para algunas ideas o conceptos podemos retrazar las raíces y seguir las huellas de su introducción en el virreinato peruano y más concretamente en Potosí, para otras en cambio podemos reconocer el origen mas nos falta encontrar la vía exacta de transmisión.

En ciertas ocasiones en el afán de explicar el por qué de la elección de tal o cual tema mitológico hemos explorado las leyendas en todas sus versiones para encontrar quizá la reinterpretación potosina de los mitos de la Antigüedad. Pues como lo ha señalado Stastny (1999, 247s.), a pesar de que el arte barroco es retórico por excelencia y en América los temas clásicos se integran como "figuras de composición alegórica, a menudo de una erudición vacua y de uso casi automático, pero que satisfacen las necesidades de expresión del sistema", no obstante, ocasionalmente, "los temas clásicos son reinterpretados con una libertad sorprendente y aplicados a fines totalmente desusados que rompen los esquemas convencionales del decorum del Viejo Mundo".

En cuanto a los agentes culturales, son también múltiples: podemos citar a los jesuitas naturalmente así como a los miembros de las otras órdenes religiosas, pero no olvidemos a los señores de minas, a los artífices y arquitectos de lo que se ha llamado "arte efímero".

Llama la atención en las fiestas analizadas, el hecho de que la participación indígena se limite a la autorrepresentación (es decir indígenas que desfilan como mitayos, o que representan, como en la entrada del virrey Morcillo, al trabajador indígena del Cerro) y no representen escenas mitológicas, o por lo menos no aparece indicado en las fuentes. Para encontrar una explicación a este hecho sería necesario ampliar el análisis a otras fiestas y a otros siglos y la comparación con otras ciudades.

Finalmente quisiéramos subrayar el papel que jugó Potosí, como centro cultural a partir del cual se difundieron formas culturales hacia los confines del Imperio. En este sentido el presente trabajo forma parte de uno más amplio sobre una historia cultural de la Villa Imperial de Potosí.

Bibliografía

Acosta de Arias Schreiber, Rosa María. 1997. *Fiestas coloniales urbanas (Lima-Cuzco-Potosí)*. Lima: Otorongo.

Alonso Barba, Álvaro. 1962 [1640]. *El arte de los metales, en que se enseña el verdadero beneficio de los de oro, y plata con azogue. El modo de fundirlos todos y como se han de refinar, y apartar unos de otros*. Potosí: Colección de la Cultura Boliviana.

Arzáns de Orsúa y Vela, Bartolomé. 1965. *Historia de la Villa Imperial de Potosí*. Edición de Lewis Hanke y Gunnar Mendoza. 3 tomos. Providence: Brown University Press.

Assadourian, Carlos Sempat. 1979. La producción de la mercancía dinero en la formación del mercado interno colonial. El caso del espacio peruano, siglo XVI. En: Enrique Florescano (ed.). *Ensayos sobre el desarrollo económico de México y América Latina*. México: FCE, 223-292.

—. 1983. *El sistema de la economía colonial. Mercado interno, regiones y espacio económico*. México: Nueva Imagen.

Bakewell, Peter. 1984. *Mineros de la montaña roja*. Madrid: Alianza Editorial.

Bensaude-Vincent, Bernadette. 1999. Elémént. En: Dominique Lecourt (coord.). *Dictionnaire d'histoire et philosophie des sciences*. París: PUF, 326-329.

Carvajal y Robles, Rodrigo de. 1632. *Fiestas que celebró la Ciudad de los Reyes del Perú, al nacimiento del Serenísimo Príncipe Don Baltasar Carlos*. Lima: Gerónimo de Contreras.

Cieza de León, Pedro de. 1983 [1553]. *Crónica del Perú*. Lima: Fondo editorial de la PUCP.

Chacón, Mario. 1959. *Documentos sobre arte colonial en Potosí*. Potosí: Universidad Tomás Frías.

—. 1973. *Arte virreinal en Potosí*. Sevilla: Escuela de Estudios Hispanoamericanos.

Cobo, Bernabé. 1964 [1653]. *Historia del Nuevo Mundo*. 3 tomos. Madrid: Atlas (BAE, 91-92).

Crespo, Alberto. 1975. *La guerra entre Vicuñas y Vascongados*. La Paz: Ed. Juventud.

Eliade, Mircea. 1977. *Forgerons et alchimistes*. Paris: Flammarion.

García Morales, Alonso. 1992. Las fiestas de Lima (1632) de Rodrigo de Carvajal y Robles. En: *Anuario de Estudios Americanos* 44, 141-171.

Gisbert, Teresa. 1980. *Iconografía y mitos indígenas en el arte*. La Paz: Gisbert y Cia.

—. 1983. La fiesta y la alegoría en el Virreinato Peruano. En: *El arte efímero en el mundo hispánico*. México: UNAM, 145-190.

—; José de Mesa. 1997. *Arquitectura andina*. La Paz: Embajada de España en Bolivia.

Grimal, Pierre. 1951. *Dictionnaire de la mythologie grecque et romaine*. París: PUF.

Gruzinski, Serge. 1994. *L'aigle et la Sibylle. Fresques indiennes du Mexique*. París: Editions de l'Imprimerie Nationale.

—. 1997. Entre monos y centauros. Los indios pintores y la cultura del Renacimiento. En: Berta Ares Queija; Serge Gruzinski (eds.). *Entre dos mundos. Fronteras culturales y agentes mediadores*. Sevilla: CSIC, 349-372.

Guibovich, Pedro. 1984-85. Libros para ser vendidos en el virreinato del Perú a fines del siglo XVI. En: *Boletín del Instituto Riva-Agüero* 13, 94-107.

Hampe Martínez, Teodoro. 1996. *Bibliotecas privadas en el mundo colonial*. Frankfurt/Madrid: Vervuert/Iberoamericana.

— (comp.). 1999. *La tradición clásica en el Perú virreinal*. Lima: Sociedad Peruana de Estudios Clásicos/Fondo editorial UNMSM.

Hanke, Lewis. 1956-57. The 1608 Fiestas in Potosi. En: *Boletín del Instituto Riva-Agüero* 3, 107-128.

—; Gunnar Mendoza. 1965. Bartolomé Arzáns de Orsúa y Vela: su vida y su obra. En: Arzáns, t. I, xxvii-clxxxi.

Helmer, Marie. 1960. Apuntes para la historia del arte en la Villa Imperial de Potosí (1603-1797). Potosí: Apartado de la *Revista del Instituto de Investigaciones Históricas*, Universidad Tomás Frías de Potosí.

Hutin, Serge. 1951. *L'alchimie*. París: PUF (Que sais-je?).

Lohmann Villena, Guillermo. 1999. Huellas renancentistas en la literatura peruana del siglo XVI. En: Hampe, 115-128.

Maza, Francisco de la. 1954. Las pinturas de la casa del Deán en Puebla. En: *Artes de México*. México: UNAM, 15-35.

—. 1968. *La mitología clásica en el arte colonial de México.* México: UNAM.

Mesa, José de; Teresa Gisbert. 1977. *Holguín y la pintura virreinal en Bolivia.* La Paz: Edit. Juventud.

Mujica, Ramón. 1999. "Dime con quien andas y te diré quién eres". La cultura clásica en una procesión sanmarquina de 1656. En: Hampe, 191-222.

Mustapha, Monique. 1989. *Humanisme et Nouveau Monde. Études sur la pensée de José de Acosta.* Tesis de Estado. Universidad de la Sorbonne Nouvelle, Paris III.

Ocaña, Diego. 1987. *A través de la América del Sur.* Madrid: Historia 16.

Ovando-Sanz, Guillermo. 1985. Dos bibliotecas coloniales de Potosí. En: *Fuentes para la historia de la Iglesia en Bolivia: una guía preliminar.* La Paz: CEHILA, CEPROLAI, 156-166.

Périssat, Karine. 2000. *L'Amérique mise à l'honneur. L'exaltation du Pérou dans les fêtes royales à Lima (XVIIe-XVIIIe siècles).* París: Université de la Sorbonne Nouvelle, Paris III, Centre de Recherche sur l'Amérique Espagnole Coloniale (Travaux et Documents, 2).

Ramos Sosa, Rafael. 1992. *Arte festivo en Lima virreinal.* Sevilla: Junta de Andalucía.

Ripa, Cesare. 1987 [1643]. *Iconologie où les principales choses qui peuvent tomber dans la pensée touchant les vices sont représentées.* Traducción de Jean Baudoin. París: Aux amateurs des livres.

Riva-Agüero, José de la. 1962. Diego Mexía de Fernangil y la Segunda Parte del *Parnaso Antártico.* En: íd. *Obras Completas.* Lima: Instituto Riva-Agüero, II, 107-163.

Rose, Sonia V. 1999. Tauromachie et esprit créole: les fêtes pour la naissance de Baltasar Carlos à Lima. En: Annie Molinié-Bertrand; Araceli Guillaume-Alonso; Jean-Paul Duviols (eds.). *Des Taureaux et des hommes. Tauromachie et société dans le monde ibérique et ibéro-américain.* Paris: Presses de la Sorbonne, 151-163.

Salazar-Soler, Carmen. 1997. Álvaro Alonso Barba: Teorías de la Antigüedad, alquimia y creeencias prehispánicas en las Ciencias de la Tierra en el Nuevo Mundo. En: Berta Ares Queija; Serge Gruzinski (eds.). *Entre dos mundos. Fronteras culturales y agentes mediadores.* Sevilla: CSIC, 269-296.

Stastny, Francisco. 1999. Temas clásicos en el arte colonial hispanoamericano. En: Hampe, 223-254.

Suardo, Juan Antonio de. 1936. *Diario de Lima (1629-1639)*. Publicado con introducción y notas por Rubén Vargas Ugarte. 2 vols. Lima: C. Vásquez.

Tandeter, Enrique. 1992. *Coacción y mercado. La minera de plata en el Potosí colonial, 1692-1826*. Buenos Aires: Editorial Sudamericana.

Torre, Juan de la. 1716. *Aclamación festiva de la muy noble Imperial Villa de Potosi, en la dignissima promocion del Exmo. Señor maestro don fray Diego Morzillo Ruvio y Auñón, arzobispo de las Charcas, al govierno de estos Reynos del Perú*. Lima: Franscisco Sobrino.

Wuffarden, Luis Eduardo. 1999-2000. La entrada del virrey arzobispo Morcillo en Potosí. En: Joaquín Bérchez (ed.). *Los Siglos de Oro en los virreinatos de América. 1550-1700*. Madrid: Sociedad Estatal para la Conmemoración de los Centenarios de Felipe II y Carlos V, Museo de América, 146-148.

Fernando de Valverde y los monstruos andinos: criollismo místico en el peregrinaje a Copacabana

José Antonio Mazzotti

1. Introducción

El poco leído poema *Santuario de Nuestra Señora de Copacabana en el Perú*, publicado en Lima en 1641 por el agustino Fernando de Valverde, es mucho más que la simple continuación de una tradición glorificadora de las virtudes y milagros de la Virgen erigida a orillas del lago Titicaca. Ya en 1621 otro agustino criollo, fray Alonso Ramos Gavilán, había exaltado la gesta redentora de la madre de Cristo en Copacabana, y poco después la segunda parte póstuma de la *Crónica moralizada* (1653), del también agustino fray Antonio de la Calancha, a cargo de Bernardo de Torres, se dedicaría con análogo fervor a relatar los orígenes del culto mariano en el altiplano andino. Sin embargo, las operaciones discursivas de Valverde exceden largamente la mera documentación histórica y la apología religiosa, según veremos.

Mi lectura del extenso y enigmático poema estará orientada, por un lado, a examinar cómo en la conformación del texto se dan desplazamientos simbólicos y perspectivas más complejas que las de las crónicas agustinas; por el otro, intentará encuadrar su representación del espacio y la sociedad andinos como parte de un movimiento más particular, el de la llamada militancia criolla. Este último tema, como ya sabemos, ha sido desarrollado en detalle por Bernard Lavallé (1993) para explicar los conflictos en el interior de diversas órdenes religiosas entre criollos y peninsulares. Se constata nuevamente en el proceso de canonización de Santa Rosa de Lima, en que se hace visible toda una estrategia de autoafirmación criolla, paralela a la del poder económico y político que ese grupo llegó a tener durante el siglo XVII, como ha demostrado Hampe Martínez (1998). Mi lectura, sin embargo, no intenta sólo reconstruir los avatares externos al poema de Valverde que sirvan para su contextualización. Más bien, este producto singular de las letras virreinales será, sobre todo, objeto de un análisis interno de sus figuras y perspectivas. Me interesará especialmente exponer la forma en que el imaginario criollo se desarrolló en una lengua de prestigio y en un registro, el de la poesía mística, aparentemente vinculado sólo a una experiencia de carácter íntimo e individual.

2. Misticismo y criollismo

Sería muy difícil hacer aquí un recuento de la poesía mística escrita en tiempos virreinales en el Perú, no sólo por la complejidad de algunas de las obras conocidas (la *Cristiada* de Diego de Hojeda, por ejemplo, o la inédita *Segunda Parte del Parnaso Antártico*, de Diego Mexía), sino debido también al carácter fragmentario de esa producción, agravado por su mayoritaria condición incógnita en archivos conventuales. La selección hecha en 1938 por Ventura García Calderón bajo el título *Los místicos*, dentro de su Biblioteca de Cultura Peruana, que incluye fragmentos desde Hojeda hasta José Manuel Valdés, cubre parcialmente la necesaria recopilación del caso, pero no agota el conjunto por su obvio carácter de antología. Asimismo, la relación entre criollismo y misticismo es aún tema que presenta numerosos vacíos, aunque en los lustros recientes algunos historiadores han podido echar luz sobre personajes y obras específicas (véase Iwasaki 1993, 1994, 1995; Millones 1993), ampliando nuestro conocimiento sobre la compleja red de negociaciones políticas y discursivas entre fuero civil y religioso para la expresión cultural de un sobrepujante grupo de criollos que a lo largo del XVII alcanzaron cierto grado de poder económico y administrativo en el contexto virreinal.

No es mi intención agotar aquí la vastedad del problema. Sobre todo porque Fernando de Valverde es ya por sí solo un caso problemático en tal sentido. Fue considerado por Bravo Morán como "el segundo escritor peruano de la colonia [después del Inca Garcilaso] y uno de los más ilustres de la literatura española" (en: Mendiburu 1935, 200), y se le suele recordar más por su magistral *Vida de Nuestro Señor Jesucristo, Dios y Hombre, Maestro y Redentor del Mundo*, impresa en Lima en 1657 e incluida como obra paradigmática del género en el *Diccionario de Autoridades* de 1725, que por cualesquiera de sus otras obras.

Sin embargo, su misticismo abarca no sólo la elección de un género ampliamente establecido y prestigioso, como es el de las vidas de Cristo (género en el cual, ya en verso, Hojeda había contribuido en 1611). También abarca la exploración por un género poético híbrido, el de la épica pastoril, según él la llama, en el poema sacro *Santuario de Nuestra Señora de Copacabana*, que ahora nos ocupa[1]. Y dentro de él, la presentación de diversos seres de la mitolo-

---

[1] Declara Valverde en su "Prólogo" al poema que, al volver a Lima en 1637 de su experiencia en Copacabana el año anterior, se vio en el dilema de conjugar acciones grandiosas, como el establecimiento de la imagen mariana y sus milagros, con personajes vulgares, como los campesinos que protagonizan el poema. Opta parcialmente por el modelo de la Égloga VIII de Virgilio, donde se "hallará entre pastoriles sencillezes elogios de Octaviano los mayores" (1641, f.s.n.). Sin embargo (aunque la Égloga VIII está dedicada realmente en sus primeros

gía clásica, como tritones, sirenas y gigantes, para representar divinidades andinas. Curiosamente, según veremos, algunas de estas representaciones mitológicas coinciden con formas del imaginario colla sólo recientemente estudiadas desde la iconografía, como en el último libro de Teresa Gisbert (1999, esp. 117-148), pero merecedoras también de un análisis desde la perspectiva de los estudios literarios.

Para comenzar, aclaremos que la trama del poema es relativamente sencilla. A lo largo de dieciocho silvas o cantos, los pastores indígenas Graciano, Adamio y Megerino, junto con otros, se van acercando a la imagen de la Virgen de Copacabana en accidentado itinerario. Como es de suponer, el ascenso hacia el santuario a orillas del Titicaca será el correlato geográfico de la purificación espiritual que los pastores irán experimentando al aproximarse a la imagen divina y al mejor conocimiento de la "verdadera" fe. Hay una obvia intención celebratoria del triunfo de la religión cristiana sobre la idolatría indígena. Los ya mencionados Ramos Gavilán y Calancha incurren en gestos parecidos al proclamar la santidad de la orden agustina desde que tomó a su cargo la doctrina de Copacabana, sustituyendo a los dominicos en 1589 (Villarejo 1965, 75; Salles-Reese 1997, 134). De este modo, se proclaman fieles guardianes y difusores de la fe en tierras donde el paganismo campeaba hasta no hacía mucho. Y, sin llegar a la paranoia, esos criollos bien podían sospechar que muchas ceremonias idolátricas seguirían practicándose debido a los indicios continuos que en la primera mitad del siglo ofrecía la gran escalada extirpadora. De hecho, Ramos Gavilán nos cuenta cómo aun poco antes de 1621 se seguían realizando sacrificios humanos en la región (Ramos Gavilán 1976, 49-51 y 65).

La imagen de la Virgen, originalmente de la Candelaria y luego ya simplemente identificada con el lugar de su culto, fue labrada en 1583 por Francisco Tito Yupanqui, un indio humilde que luego de empeñosos esfuerzos, aunados a los de su cacique Alonso Viracocha Inga, logró convencer a las autoridades eclesiásticas de la viabilidad de establecer una cofradía en Copacabana y de la idoneidad de su escultura (ibíd., 115-120). Ese dato no debe sernos indiferente. No sólo es un indígena peruano el autor material de la imagen, sino que el lugar

---

versos al elogio de Cayo Asinio Polion, protector de Virgilio, y no de Octavio, según anota Hidalgo (en: Virgilio 1897, 319), Valverde deslinda entre personaje insigne y acciones insignes, que son las que propiamente ocuparán las preocupaciones del poema. Así, su *Santuario* será "como vna quinta essencia de lo Epico, y Bucolico" (1641, f.s.n.): épico por la acción de la Virgen de "fundar en el Perù el Imperio de la Fè, y la Gracia" (ibíd.), y pastoril por ser Adamio, el protagonista, un simple campesino colla, que convierte y salva a sus idólatras compañeros de peregrinaje, Adamio y Megerino, gracias a la mediación de la Virgen.

442

elegido para su aposentamiento tiene una importancia simbólica fundamental en la historia andina desde tiempos preincaicos. Como ha explicado Salles-Reese (1997, caps. 2-4), hay por lo menos tres grandes ciclos narrativos en la región: el ciclo colla, que propone la supremacía del ídolo lacustre Copacabana[2]; el ciclo incaico, que impone el culto al Sol y relata cómo Túpac Inca Yupanqui erigió en la isla homónima uno de sus adoratorios más importantes en el imperio; y luego el ciclo cristiano, que determina el triunfo del culto mariano, hasta hoy vigente. La celebración agustina de la Virgen de Copacabana coincide con la política general de transformación identitaria tan inherente al proceso de dominación española. Por eso, qué mejor que la superposición arquitectónica y simbólica en un lugar tan sagrado y venerado por la población indígena para mostrar la superioridad de la fe cristiana.

En ese itinerario cruzado de canciones de alabanza a la Madre de Cristo y de meditaciones teológicas por parte de Graciano (como hijo de la Gracia), hacen también su aparición una serie de monstruos que emergen del fondo del lago, simbolizando las fuerzas infernales aún pujantes por reestablecer su reino en tierras andinas e impedir el paso a los viajeros. Son muchos los personajes fantasiosos que pululan por el poema, en clara confirmación de que el barroco gongorino ha llegado a tierras de América con todo su abigarramiento mitológico, y aun más[3]. Este peregrinaje, asimismo, está constantemente intervenido por ángeles que luchan con "los monstruos del Peruvio rebelados" (Valverde 1641, f. 177), reproduciendo escenas e imágenes bíblicas, pero también de raigambre mitológica andina. Es, precisamente, uno de esos monstruos, la serpiente gigantesca que muerde el peñón del lago Titicaca, una imagen del demonio que coincide con una de las lacustres divinidades collas (véase Gisbert 1999, 133). Teresa Gisbert (ibíd.) se ha referido también a la aparición de serpientes en ídolos como los de Ilave y Yunguyo, que muestran el culto viborezno desde tiempos prehispánicos. Las serpientes, apunta Gisbert, siguiendo a Bouyse-Cassagne, simbolizan el paso de la estación seca a la húmeda y viceversa, por ser animales que se esconden bajo tierra durante el verano andino, y reaparecen

---

[2] Ramos Gavilán ofrece la etimología de "lugar donde se ve la piedra [sagrada]" (1976, 102). Describe el ídolo como una piedra con rostro humano, sin cuerpo ni extremidades. Gisbert propone, por su lado, una identificación de Copacabana con alguna divinidad de origen puquina identificable como pez-mujer (1999, 101s.).

[3] Se suele afirmar que el gongorismo tiene su primera manifestación escrita americana en el *Poema de las Fiestas [...] de los Veintitrés Mártires del Japón [...]*, publicado en Lima en 1630, bajo la pluma del franciscano criollo Juan de Ayllón. Desgraciadamente, el único ejemplar conocido del poema de Ayllón se perdió en el incendio de la Biblioteca Nacional de Lima en 1943.

solamente con las primeras lluvias de agosto y setiembre (ibíd., 91-93). Así, su relación con el rayo, las tormentas y otros fenómenos naturales es sinecdótica por naturaleza. Dichos fenómenos se vinculan a su vez con seres superiores como Illapa y Wiracocha. Este último dios, si recordamos lo ilustrado por Ramón Mujica (1996, 108ss.), aparece constantemente rodeado de seres alados, según se puede apreciar en los grabados de la llamada Puerta del Sol del centro arqueológico principal de Tiahuanaco. La mención viene al caso por los ángeles que Valverde incluye en su poema a manera de intermediarios entre la Virgen y los peregrinos. Incluso se le otorga el rango de protector del Perú a Haniel. Dentro del tratamiento de este tópico, hay que entender que los seres alados no eran completamente extraños a la iconografía indígena prehispánica.

Ahora bien, tales paralelismos entre seres mitológicos andinos y seres de la tradición occidental nos hacen pensar en un programa alternativo de sincretismo, que no es extraño a las prácticas de evangelización de algunas órdenes religiosas desde su llegada al Nuevo Mundo. No entraré en detalles sobre dichas prácticas, pues ya existe abundante bibliografía en relación con el tema (Ricard 1995, 414-417; Alberro 2000; Borges 1960, 156; Gisbert 1980, cap. 2). Interesa más centrarnos en determinados pasajes del poema que pueden iluminar aun mejor sus sinuosas relaciones con el movimiento general del criollismo militante y a la vez con la constitución de una subjetividad colectiva que bien merecería recibir el nombre de nacionalismo étnico pre-ilustrado, con el sentido limitado y selectivamente ancestral que el concepto de nación tenía en la época. Me baso aquí en la diferenciación que Anthony Smith (1986, Introducción) propone entre un nacionalismo moderno, hijo de la Ilustración, proveniente del desarrollo de las burguesías en Europa occidental, en contraposición con un nacionalismo dinástico y de prolongadas solidaridades intra-étnicas, como habría ocurrido con la identidad colectiva de la Europa oriental y algunas sociedades asiáticas.

Salvando las distancias y pasando al Perú y otra vez al poema que nos ocupa, observemos que dos indicios para la revelación de un imaginario americanista y criollista en Valverde consisten, por un lado, en los modelos literarios asignados al poema y, por el otro, en la noción de una peculiar forma de entender la *translatio deorum*. Valverde se encarga desde su "Prólogo" de dilucidar la dificultad de narrar acciones grandiosas "no en Roma, no en Madrid, no en Lima, ni en otra ciudad populosa, sino en Copacauana, vn desdichado pueblo de Indios Collas, que son de los mas barbaros, y torpes del Perù" (Valverde 1641, f.s.n.). Por eso, dada la altura de los acontecimientos narrados y la humildad de los protagonistas, Valverde se decide por el género de la épica bucólica, aunque confiesa que guardará rasgos más cercanos a la épica debido a la acción particular de la trama. Ésta no es otra que la fundación "en el Perù del Imperio de la

Fé, y la Gracia" (ibíd.) por parte de la Virgen, es decir, la extirpación de la idolatría, ilustrada en la transformación espiritual de los pastores viajeros. Así, como en los poemas clásicos, en que siempre hay una divinidad (la Virgen, en este caso) que patrocina al protagonista, el Graciano de Valverde "es el Aquiles desta Iliada, el Vlises desta Odissea, y el Eneas desta Eneyda" (ibíd.). A tan prestigiosa lista habría que añadir otra mención, la de los argonautas, mito poetizado desde Apolonio de Rodas en el siglo III a. C. y su imitador Cayo Valerio Flaco en el siglo I de nuestra era[4].

El héroe múltiple, portador de la fe cristiana, fortalece la creación de un paradigma de heroicidad amparado en lo que sin duda constituye la mejor justificación de la conquista y la presencia española, es decir, la evangelización. El Eneas indígena es prueba palpable de la legitimidad del proceso de transformación identitaria de los pueblos dominados. Graciano aparecerá, en el plano espiritual, superando a Pizarro en el militar, el cual, en la Silva Sétima, es considerado nada menos que por encima de los héroes romanos conquistadores del Viejo Mundo[5].

Estas genealogías heroicas (por un lado, la del convertido pastor colla Graciano y por la otra la del conquistador extremeño) se reúnen en la mirada del criollo que las articula como partes de un todo coherente. Los reclamos lascasistas de la obra son constantes, pese a que el elogio de la conquista en abstracto podría parecer incoherente. En típica postura que autolegitima sus reclamos,

---

[4] La alusión es explícita en la Silva Décima: "Espacios no pequeños de el camino/ ya con sus huellas consagrado auian/ los de vellon mas aureo sacros Tyfes/ graue teatro haciendo de sus ansias/ en metro aprissionadas, lago y montes" (Valverde 1641, f. 144).

[5] La consideración de Pizarro como Eneas hispano merecedor de un canto épico se da por lo menos desde Buenaventura de Salinas en 1630. En su *Memorial de historias del Nuevo Mundo Pirú* exclama a los catedráticos de San Marcos: "De Piçarro, que nauegò por entre perlas del Sur, y corriò por sedientos arenales dãdo fuerça a sus trabajos, y possession a su esperança, y animosamente se arrojò a quitar de la frente, y manos de Atagualpa el supremo señorio de la America, arroxandola a los pies del cetro, y sobre los ombros Catolicos de España. Apenas se oye su nombre en el Pirú, apenas se cuentan sus hazañas, ni se pondera su coraje, y valentia. [¿]Quien a sabido referir las singulares, y no creydas hazañas destos Conquistadores, a quienes la desecha fortuna del mar, y tierra hizo exploradores de los frutos, y riquezas del Pirú? [¿]Que Virgilio Español a tomado a su cargo esta nauegacion, como el otro, que cantò la de Eneas, por el Mar Tirreno? [¿]Que Valerio Flaco de aquesta insigne Vniversidad de los Reyes a querido celebrar el bellozino de oro, que hallaron tantos Iasones, y mares nauegados por tantos Argonautas valerosos?" (Salinas 1630, f. s. n.). El reclamo es atendido por Pedro de Peralta en su *Lima fundada* de 1732, forjando a partir de ella la imagen de un Eneas fundador de la Ciudad de los Reyes, que implícitamente se convierte así en la Roma del Nuevo Mundo.

muchos criollos asumían la defensa de la población indígena frente a los abusos de corregidores y oficiales de la Corona. Y esto debido en parte a que durante las décadas posteriores a 1532, se van desarrollando tres traslaciones que filtran y afinan la transformación identitaria de los españoles nacidos en Indias.

En primer lugar, la llamada *translatio imperii*, que asegura el traspaso y reproducción de las instituciones y fueros de Castilla a los nuevos reinos de Ultramar, y que tiene un matiz más bien político y administrativo, como es visible en las *Cartas de relación* de Hernán Cortés.

En segundo lugar, la *translatio studii*, que identifica la alta cultura europea, y específicamente el petrarquismo, como producto ampliamente mejorado en los ingenios americanos y baquianos, según demuestran los estudios de Alicia de Colombí-Monguió sobre la Academia Antártica y el "Discurso en loor de la poesía" de 1608 (2000).

Sin embargo, paralela a estas dos primeras traslaciones identitarias, cuyo correlato es la superación y desarrollo de los modelos europeos iniciales, un sector del clero reivindicó la traslación de las divinidades, anexando y domesticando de esta manera las epistemes americanas a una sola concepción universalista y trascendentalista de su labor providencial. Las ninfas y nereidas, como había declarado la anónima autora del "Discurso en loor de la poesía", se habían trasladado al mundo antártico, lo mismo que Apolo, dios de la poesía, con la entrada de España en el Nuevo Mundo. Para los evangelizadores, sin embargo, ese traslado se había dado desde mucho antes y era altamente sospechoso, pues constituía señal también de la presencia del Demonio, y requería de cuidado en su presentación si no se superponía a ella la traslación de las imágenes divinas de la cristiandad[6]. Así, paganismo y cristianismo encuentran su espacio de violencia y tensión y sirven para fijar los marcos conceptuales de las campañas de extirpación de idolatrías, como señalan Duviols (1971), Millones (1990), Borges (1970) y Mills (1997), entre otros.

---

[6] El debate sobre el estatuto demoniaco del antiguo paganismo europeo se consolida con la doctrina agustiniana, que propone que los oráculos e ídolos de la antigüedad eran herramientas del demonio, los cuales, como ángeles caídos, aún guardaban algunos conocimientos vedados a los hombres, y por eso los mantenían confundidos. Véase, por ejemplo, la *Ciudad de Dios* (Agustín 1614, II, 1 y IX, 22). Los mismos criterios se extienden al siglo XVI, en que encontramos demonizaciones del panteón incaico desde Pedro de Cieza hasta José de Acosta, por lo menos.

3. Serpientes y gigantes

Las serpientes descomunales, los monstruos azules y la alegoría del lago Titicaca como anciano cerúleo (llamado Terebino por Valverde, quizá en alusión al Valle Terebinto en que David venció a Goliat, hoy nombre de una ciudad en Bolivia) son parte de un imaginario que no excluye a otros gigantes. Me referiré específicamente a dos pasajes en que el ideario criollista revela su jerarquización de la totalidad social del virreinato.

Los ejemplos que pueden servirnos para ilustrar estas ideas son las Silvas Decimoquinta y la Decimoctava, en que aparecen, respectivamente, Túpac Inca Yupanqui y un "Rey Perú", alegorización este último del territorio andino en forma de gigante cobrizo[7].

En la Silva quince, los peregrinos se encuentran con el gigante Túpac Yupanqui, quien habría mandado edificar el Templo del Sol en el lago Titicaca y ordenado la adoración al demonio a través de la imagen del astro celeste. El monólogo de Túpac Yupanqui se prolonga por numerosos versos en los cuales se ufana de las conquistas territoriales realizadas durante su mandato, para luego confirmar que al Sol "fundele Adoratorio el mas costoso,/ que el mismo Sol à visto en los passeos,/ que han dado sus gallardos deuaneos" (Valverde 1641, f. 237). A partir de tal confesión de idolatría comienza la disminución moral de los incas a la que el texto apunta:

> Yo dediqué a sus aras la alta Huaca
> de aquel isleño monte Titicaca:
> alli en rojas corrientes
> almas le daba en sangre de inocentes:
> que si a millares nos influye vidas,
> con el Sol compitiò mi asunto heroico,
> en holocausto nueuo
> virgines vidas consagrando a Febo (ibíd., f. 237v.).

De modo que los sacrificios humanos aparecen de manera multitudinaria y como causa de orgullo, lamentándose el gigante de la suerte que ha corrido el culto al sol en tiempos coloniales:

> ¿Como de pesadumbre no reuiento:
> como siendo Iupangue, Inga, consiento,
> que en las Aras de el Sol una hembra flaca
> mande en Copacauana, y Titicaca? (ibíd., f. 236)

---

[7] Extraigo los siguientes párrafos, editándolos, de Mazzotti 1996, 181-186.

La "hembra flaca", evidentemente, será la Virgen a la que los pastores van buscando en su romería, y cuya rubia belleza será minuciosamente descrita en el canto siguiente.

Lo que importa destacar es que Túpac Yupanqui aparece como idólatra no arrepentido, lo que implícitamente establece la ilegitimidad espiritual de los incas en el gobierno del mundo andino. De ahí que la siguiente imagen resulte no menos reveladora: una vez aparecida la Virgen en todo su esplendor, los pastores la contemplan extasiados, mientras comienzan a desfilar ante ella diversas figuras que le rinden pleitesía a lo largo de la Silva dieciocho. Pasan así siete monarcas que representan los distintos reinos de la América meridional (Castilla del Oro, Nuevo Reino de Granada, Quito, Chile, Tucumán, Paraguay y Brasil), seguidos por el mayor de todos ellos, el Rey Perú, a quien rodean dos princesas, Lima y Cuzco, flanqueada cada una por seis damas que a su vez representan sendas ciudades importantes —costeñas y serranas— del territorio andino.

Ya en la Silva dieciocho, el Rey Perú no es sino una personificación de la totalidad de la población del virreinato, y es por eso crucial su representación como una sola entidad en la cual se reconoce la importancia mayoritaria de los grupos indígenas. De este modo, el Rey Perú aparece descrito como "un soberbio Monarca [...]/ [de] color trigueño adusto, rostro graue,/ y en el regio cabello parecia/ que rizada la plata le nacia" (ibíd., f. 280), con lo cual se va haciendo poco a poco evidente su identificación como un indígena de colosales proporciones, que inmediatamente después se nos revela como inca por tener "borla bermeja en la seuera frente/ timbre de Reyes Ingas eminente" (ibíd., f. 280-280v.).

Al presentarse a María, el Rey Perú se describe a sí mismo como "indio tan inculto" (ibíd., f. 281v.) que osa hablar ante ella para explicarle los motivos de su resistencia inicial hacia los españoles. Se refiere, así, el Rey Perú a las atrocidades de la conquista ("sonome a esclavitud el rudo zelo/ de tus Enbaxadores,/ en quienes vi crueldades, vi furores", ibíd., f. 282v.), y renueva la antigua crítica de las acciones de Pizarro como empresa puramente militar, colocando la labor de los predicadores por encima de cualquier recompensa material. Los ecos lejanos del lascasismo se dejan oír a través del personaje indígena, a pesar de que, en este caso, la condena hacia los españoles se haga no en función de una reivindicación de la dignidad y el derecho de los nativos, sino, como pronto veremos, en función de una agenda pro-criolla muy clara.

Por eso, el reconocimiento del Perú como personaje fundamentalmente indígena no impide que ostente entre su corte a sus dos hijas principales, las ciudades de Lima y Cuzco, según mencioné. Conviene detenernos en los pasajes relativos a la descripción de ambas urbes a fin de comparar el tratamiento y el lugar específicos que se les otorga dentro del conjunto espacial y cultural del virreinato. De Lima dice la voz poética central como primera descripción: "sus fulgores/ en candidos albores/ mejorò de la nieue Castellana/ nacida en Cordillera Peruuiana" (ibíd., f. 280v.). Más adelante, el Rey Perú se encarga de presentar a su hija, la princesa Lima, ante la Virgen María, y la describe en las siguientes palabras:

> Esta Princesa, que a mi diestro lado
> se te postra, es aquella inclita Lima
> Metropoli opulenta de mi clima:
> su alabança mas propia
> es que en la gran ciudad Madrid se copia:
> sucedele el blason de Corte mia,
> despues que mejor[é] de Monarquia (ibíd., f. 287v.).

La comparación con Madrid, si bien coloca a Lima en condición de émula de la capital de la corte española, al mismo tiempo la hace ciudad principal y centro del nuevo reino. Es justamente esta condición la que facilita la referencia a su clima y a sus habitantes en los siguientes elogiosos términos:

> Halaga a su gentio
> de el apacible clima el blando zelo,
> donde el calor regala, adula el frio:
> ingenios le destila el cielo puro
> enfrenando aun al fiero Arturo:
> con tan benignas nobles influencias
> hijos produce fertil generosos,
> que a sus padres retratan belicosos (ibíd.).

Estos "hijos" de Lima, es decir los criollos, herederos también de los fieros conquistadores a quienes antes, sin embargo, el Rey Perú había criticado, son presentados más adelante como "de galantes Dioses hijos suyos/ de astros refulgentes/ honras [que] al cielo acrecentò lucientes" (ibíd.), con lo cual se reafirma la superioridad y mejoramiento de los criollos en relación con sus ancestros peninsulares. Esto se explica, además, por la tendencia a "elevar" a los personajes de un poema a fin de otorgarles carácter heroico y, por lo tanto, dignidad en el tratamiento épico[8].

---

[8] Para aquellos años, el sentido de un poema "heroico" se definía por la colocación de los personajes principales en las esferas aéreas de la divinidad, según decía fray Jerónimo Román (1595, f. 293v.). Concepto similar expresa Diego Mexía en la *Primera Parte del Parnaso antártico* (1608, f. 7v.).

Frente al centro y grandeza espiritual que representan Lima y sus descendientes, la princesa Cuzco aparece en posición aminorada, precisamente en función de su pasado idólatra. Dice el Rey Perú:

> Esta que al lado tierno
> de el coraçon te traygo,
> es la famosa, si humillada Cuzco,
> que con triunfos, y renombre eterno
> sirvio de Corte a mis soberbios Ingas,
> y a su mas jactancioso deuaneo
> que en Peruntinas sierras Palanteo[9].

Así, el Rey Perú reconoce la grandeza perdida, pero también la ferocidad del régimen incaico "por la ambicion de sus cruentos Reyes" (ibíd.), como se describe más adelante. Y gracias a la redención recibida con la aceptación de la fe cristiana, Cuzco, la antigua capital idólatra y asiento de las "crueldades" de los incas, pasa a mejorar de condición: "oy la que tu le das Real corona/ mas timbres, mas trofeos, y mas lauros/ augmenta a mi persona" (ibíd., f. 290).

En tal sentido, se avala la idea anteriormente expuesta de una dinastía incaica idólatra y demoniaca, que sólo bajo la sujeción de la "república de españoles" podía redimirse de su pasado e integrarse como parte de la corte del Rey Perú. Éste, a su vez, adquiere dignidad política a partir de su aceptación y adoración de la Virgen, transfiriendo sus respetos a la calidad de los "hijos" de Lima como los habitantes consumados de todo el reino.

4. Conclusiones

Como muchos criollos de su momento, vemos que Valverde propone una evidente focalización pro-criolla y anti-incaica, que utiliza esta vez no documentos ni crónicas explícitamente citadas, sino los caminos de la alegoría religiosa y las hipérboles propias del Barroco. En esa formulación del imaginario criollo, sin embargo, es donde mejor puede verse la eficacia del lenguaje tropológico, que se desliga del prurito documentalista de historiadores como Ramos Gavilán y Calancha para declarar a través de otras formas de conocimiento los alcances de su propia autodefinición como grupo dentro del conjunto social.

Por eso la abundancia americana, expresada por el letrado huanuqueño Francisco Fernández de Córdoba en el prólogo de la *Historia* de Ramos Gavilán,

---

[9] Ibíd., f. 289v. Palanteo o Palante: hijo de Evando, rey legendario del Lacio, y compañero de Eneas, muerto por Turno, rey de los rútulos.

fuente básica del poema de Valverde, se encarga de reinvindicar el espacio americano como antesala de una defensa de la altura moral de sus habitantes criollos. Fernández de Córdoba había dicho en el prólogo (fechado el 8-IX-1620):

> Bien le puso [Dios] al Oriente el árbol de la vida, y a este Occidente, riquezas y gloria. Digo riquezas porque en este Perú se han hallado las mayores del mundo, donde las hipérboles son verdades llanas y las exageraciones testimonios claros de los ojos. [...]. Todo es fábula allí [en el Viejo Mundo], y aquí todo es verdad. Los arroyos de este Reino dan pepitas de oro riquísimo, sus cerros plata, y tanta que de sólo el de Potosí parece increíble a quien le ve, que haya dado de sus entrañas tantas barras, que ocuparan limpias, sitios de dos montes grandes como él [...] (en: Ramos Gavilán 1976, 7s.).

Pero lo importante es reiterar que la abundancia material del Perú se completa con la no menos grandiosa imagen de sus habitantes criollos:

> Pues la gloria que tiene [el Perú] es gloriosa (digo de hijos Criollos) de felicísimos ingenios, de increíble agudeza, de industria rara, y de fecundidad elocuente, es numerar las estrellas del firmamento, por ser como ellas claros, y en número tantos; pues los hombres de valor para gobierno y armas, togas y arneses: no se alcanza a decir, la agudeza para los ardides, presteza en la ejecución, madurez en los consejos, pecho en las dificultades como [en] los Araucos experimentan, a pesar de sus monstruosos bárbaros. Y a fe de entender de esto que hacen más de su parte los hijos de este Reino, porque ni tienen rey que los mire, aliente o premie, por estar tan lejos de sus ojos y tan remoto de sus manos, y así se exceden a sí mismos, siendo hijos de la nobleza mejorada con su valor, y siendo más aventajados en esta transplantación, que fueron en su nativo plantel, de donde resulta gran hermosura del trono de su gloria temporal, tan llena de merecimientos cuanto digna de premios, no alcanzados por falta de la ventura (que esta tiene a muchos hijos, y nietos de conquistadores pobres, y arrinconados) (ibíd., 8).

Es a partir de esta postura dual de reclamo y autoalabanza que se articula una visión ordenadora, de la cual forman parte resemantizada los numerosos monstruos y gigantes del poema de Valverde. El criollismo alcanza en esta expresión mística y literaria uno de sus momentos más claros, que bien merece una reconsideración más detallada por parte de los interesados en el fenómeno criollista y copabanesco dentro de los estudios literarios. Esperamos, así, poder dar mayor lugar a esa reconsideración en trabajos futuros.

Bibliografía

Agustín, San. 1614. *La ciudad de Dios del glorioso doctor de la Iglesia, S. Agustin... traduzidos de latín en romance por Antonio de Reys y Roças*. Madrid: Juan de la Cuesta.

Alberro, Solange. 2000. La emergencia de la conciencia criolla: el caso novohispano. En: José Antonio Mazzotti (ed.). *Agencias criollas. La ambigüedad "colonial" en las letras hispanoamericanas*. Pittsburgh: Instituto Internacional de Literatura Iberoamericana, 55-72.

Ayllón, Juan de. 1630. *Poema de las Fiestas que hizo el Convento de San Francisco de Jesús de Lima a la Canonización de los Veintitrés Mártires del Japón, Seis Religiosos y los Demás Japoneses familiares que les ayudaban: Declarados de Su Santidad por Religiosos de la Tercera Orden de Nuestro Seráfico Padre San Francisco*. Lima: [Francisco Gomez Pastrana].

Borges, Pedro, O.F.M. 1960. *Métodos misionales en la cristianización de América. Siglo XVI*. Madrid: CSIC.

Calancha, Antonio de la. 1639. *Chronica moralizada del Orden de San Agustín en el Perú*. Barcelona: Pedro de Lacavallería.

Colombí-Monguió, Alicia de. 2000 [1996]. El "Discurso en loor de la poesía", carta de ciudadanía del humanismo sudamericano. En: *"Discurso en loor de la poesía"*. Estudio y edición de Antonio Cornejo Polar, nuevamente editado con una introducción por José Antonio Mazzotti. Berkeley: Latinoamericana Editores, 217-237.

Duviols, Pierre. 1971. *La lutte contre les religions autochtones dans le Pérou colonial, "l'extirpation de l'idolâtrie", entre 1532 et 1660*. Lima/París: IFEA/Éditions Ophrys.

García Calderón, Ventura (comp.). 1938. *Los místicos. De Hojeda a Valdés*. París: Biblioteca de Cultura Peruana.

Gisbert, Teresa. 1980. *Iconografía y mitos indígenas en el arte*. La Paz: Gisbert y Cía.

—. 1999. *El paraíso de los pájaros parlantes. La imagen del otro en la cultura andina*. La Paz: Plural.

Hampe Martínez, Teodoro. 1998. *Santidad e identidad criolla. Estudio del proceso de canonización de Santa Rosa*. Cuzco: Centro de Estudios Regionales Andinos Bartolomé de las Casas.

Iwasaki Cauti, Fernando. 1993. Mujeres al borde de la perfección: Rosa de Santa María y las alumbradas de Lima. En: *Hispanic American Historical Review* 73, 581-614. Reproducido en: Millones 1993, 71-110.

—. 1994. Vidas de santos y santas vidas: hagiografías reales e imaginarias en Lima colonial. En: *Anuario de Estudios Americanos* 51, 47-64.

—. 1995. Luisa Melgarejo de Soto y la alegría de ser tu testigo, Señor. En: *Histórica* [Lima] 19, 219-250.

Lavallé, Bernard. 1993. *Las promesas ambiguas. Ensayos sobre el criollismo colonial en los Andes*. Lima: Fondo Editorial de la Pontificia Universidad Católica del Perú.

Mazzotti, José Antonio. 1996. La heterogeneidad colonial peruana y la construcción del discurso criollo en el siglo XVII. En: íd.; U. Juan Zevallos Aguilar (coords.). *Asedios a la heterogeneidad cultural. Libro de homenaje a Antonio Cornejo Polar*. Philadelphia: Asociación Internacional de Peruanistas, 173-196.

Mendiburu, Manuel de. 1935. *Diccionario histórico biográfico del Perú*. Lima: Librería e Imprenta Gil (La entrada sobre Valverde se encuentra en vol. XI, 197-203).

Mexía de Fernangil, Diego. 1990 [1608]. *Primera Parte del Parnaso Antártico de Obras Amatorias*. Edición facsimilar e introducción de Trinidad Barrera. Roma: Bulzoni Editore.

—. [1619]. *La Segunda Parte del Parnaso Antártico de Divinos Poemas*. Manuscrito Esp. 369 de la Biblioteca Nacional de París, 195ss.

Millones, Luis. 1993. *Una partecita del cielo. La vida de Santa Rosa de Lima narrada por don Gonzalo de la Maza, a quien ella llamaba padre*. Lima: Editorial Horizonte.

— (comp.). 1990. *El retorno de las huacas: estudios y documentos del siglo XVI*. Lima: Instituto de Estudios Peruanos y Sociedad Peruana de Psicoanálisis.

Mills, Kenneth. 1997. *Idolatry and its Enemies: Colonial Andean Religion and Extirpation, 1640-1750*. Princeton: Princeton University Press.

Mujica Pinilla, Ramón. 1996 [1992]. *Ángeles apócrifos en la América virreinal.* 2ª edición corregida y ampliada. Lima: FCE.

Ramos Gavilán, Alonso. 1976 [1621]. *Historia de Nuestra Señora de Copacabana.* 2ª edición. La Paz: Empresa Editora Universo.

Ricard, Robert. 1995 [1947]. *La conquista espiritual de México.* México: FCE.

Roman, Hyeronimo. 1595 [1575]. República de las Indias Occidentales. En: *Repúblicas del Mundo.* Vol. 3. Salamanca: Juan Fernández.

Salinas y Córdoba, Buenaventura de. 1630. *Memorial de historias del Nuevo Mundo Pirú.* Lima: Gerónimo de Contreras.

Salles-Reese, Verónica. 1997. *From Viracocha to the Virgin of Copacabana. Representation of the Sacred at Lake Titicaca.* Austin: University of Texas Press.

Smith, Anthony D. 1986. *The Ethnic Origins of Nations.* Londres: Basil Blackwell.

Torres, Bernardo de [y Antonio de la Calancha]. 1653. *Chronica Moralizada del Orden de San Agustín en el Perú.* Segundo volumen. Lima: Jorge López de Herrera.

Valverde, Fernando de. 1641. *Santuario de Nuestra Señora de Copacabana en el Perú. Poema Sacro.* Lima: Luis de Lyra.

—. 1872 [1657]. *Vida de Nuestro Señor Jesucristo, Dios y Hombre, Maestro y Redentor del Mundo.* 5ª edición. Madrid: Imprenta de los Sres. Rojas.

Villarejo, Avencio. 1965. *Los agustinos en el Perú y Bolivia (1548-1965).* Lima: Ausonia.

Virgilio Marón, Publio. 1897. *Églogas y Geórgicas.* Traducción de Félix M. Hidalgo y Miguel Antonio Caro. Madrid: Librería de la Viuda de Hernando.

Lorenzo de las Llamosas y el pensamiento criollo en el Perú a fines del siglo XVII

José Antonio Rodríguez Garrido

A fines de 1690, tras haber ejercido durante seis años el cargo de virrey del Perú, el duque de la Palata, Melchor de Navarra y Rocafull, dejaba las costas del territorio que había gobernado para volver a España. Junto a él se embarcaba un joven criollo a quien el saliente virrey había ofrecido su protección: Lorenzo de las Llamosas. El duque de la Palata no volvería, sin embargo a ver su tierra de origen: al llegar a Portobelo fue aquejado de unas fiebres altas y falleció pocos días después. Tampoco el joven criollo volvería a ver la suya, pues siguiendo a la familia del difunto duque continuó su rumbo hacia Madrid.

La temprana salida del Perú, cuando tenía aproximadamente veinticinco años de edad, y el carácter marcadamente cortesano de su producción son probablemente la causa del escaso interés que la figura y los escritos de Lorenzo de las Llamosas han despertado entre los investigadores del periodo colonial peruano. Si bien las primeras referencias a su producción teatral por Lohmann Villena en 1941 y luego la publicación de algunos de sus textos por Vargas Ugarte en 1945 permitieron que el nombre de Lorenzo de las Llamosas ocupara un modesto (y no siempre bien considerado) lugar en los manuales del teatro hispanoamericano, hubo que esperar prácticamente hasta la década de 1990 para que aparecieran nuevas contribuciones de interés sobre él.

El hecho de que la mayor parte de su producción haya sido escrita en el Viejo Mundo y de que sólo una de sus obras trate directamente de asuntos vinculados al Perú (el *Manifiesto apologético*, relación del gobierno del virrey duque de la Palata) podría hacer dudoso el lugar de Lorenzo de las Llamosas dentro de la historia de las ideas del Perú colonial. Sin embargo, en este trabajo intentaré mostrar que tanto esta obra como la comedia *También se vengan los dioses*, escrita en Lima en 1689, son un testimonio principal de la posición de la elite criolla frente al poder virreinal en las últimas décadas del siglo XVII.

Un rápido recuento de la producción de Lorenzo de las Llamosas permitirá situar la peculiaridad de las dos obras en que pretendo detenerme. Aunque el propio autor recordaba haber escrito en su juventud un poema en homenaje a los años del rey Carlos II por encargo del virrey duque de la Palata, no hay vestigios de esta obra[1]. El primero de sus trabajos conservado es la comedia *También se vengan los dioses*, obra escrita en 1689 para celebrar el nacimiento en el Perú de un hijo del recién llegado virrey Melchor de Portocarrero y Lasso de la Vega, conde de la Monclova, sucesor del duque de la Palata en el gobierno del Perú. Estas dos obras iniciales, el desaparecido poema juvenil y la conservada comedia palaciega, señalan el marco en que se habrá de desarrollar la producción de Lorenzo de las Llamosas: el ámbito cortesano al amparo de un noble mecenas. Seguramente también hay que situar entre los años pasados en el Perú, aunque de fecha incierta, la composición del poema heroico *Demofonte y Filis*, sobre los trágicos amores entre Demofonte, hijo de Teseo, y Filis, reina de Tracia. Sin embargo la atribución de esta obra a Lorenzo de las Llamosas es todavía asunto en discusión. Las dudas proceden de la compleja y aún no bien estudiada transmisión de su texto y del hecho de que muchas de sus octavas coinciden total o parcialmente con las de otra "epopeya amorosa", la de José Bermúdez de la Torre titulada *Telémaco en la isla de Calipso*, escrita esta con seguridad en Lima durante los cuatro años finales del gobierno del conde de la Monclova (muerto en 1705). A este asunto volveré a referirme en las líneas siguientes de este trabajo. Más allá de estos tres títulos, el resto de la producción de Lorenzo de las Llamosas se desarrolla en el Viejo Mundo.

A pesar de la muerte de su protector en el camino de vuelta a España, Llamosas no tardó al parecer en establecer pronto los vínculos que le permitieron recibir ciertos encargos de la corte real. Su vinculación todavía en este tiempo con la familia del difunto duque de la Palata en los años inmediatamente posteriores a su llegada a Madrid se muestra en el *Epitalamio* escrito en 1692 para celebrar el matrimonio de una de sus hijas[2]. Ese mismo año aparece también, seguramente en las prensas madrileñas, el *Manifiesto apologético* —la relación panegírica del gobierno del virrey duque de la Palata[3]. Tal obra puede entenderse

---

[1] Llamosas se refiere en dos oportunidades a esta composición: en el prólogo "Al que leyere" del *Manifiesto apologético* (1692), donde declara que la obra fue compuesta por orden del duque de la Palata, y en un pasaje de la *Ofrenda política* (1695, 3), donde declara que tenía "poco más de veinte años" cuando la escribió. De este par de datos se deduce que tal poema debió de escribirse entre los años de 1682 y 1688, que son aquellos en los que el duque de la Palata pudo presidir como virrey del Perú un homenaje a Carlos II en el día de su nacimiento. Por tanto, la fecha del nacimiento de Llamosas podría situarse aproximadamente entre 1661 y 1667. Lohmann Villena (1945) da como fecha aproximada el año de 1665, pero esto sólo puede aceptarse como un cálculo promedio.

[2] El único ejemplar conocido por mí de esta obra se encuentra en la Biblioteca Nacional de Lisboa y está mutilado. Aparece mencionado por primera vez en Zugasti (2000, 73).

[3] Véase al respecto el estudio bibliográfico efectuado por Zugasti (2000).

también como un último servicio prestado a la familia de su antiguo protector, pues, según señaló Margaret E. Crahan (carta dirigida a L. Hanke y citada por él en 1979-80, 9n.), la aparición de este impreso coincide con las protestas de la esposa del fallecido duque por las multas impuestas a la familia tras el juicio de residencia de aquél. La obra, sin embargo, buscaba también obtener el amparo real, pues así se desprende de la dedicatoria del libro a la reina Mariana. Algún efecto debió lograr, pues ese año de 1692 se le encomendó a Llamosas la comedia para la celebración del cumpleaños del monarca Carlos II, el 6 de noviembre. Se trata de la "fiesta real representada y cantada" *Amor, industria y poder*, que fue publicada de inmediato.

En 1695 Llamosas se hallaba al servicio del marqués de Jódar como secretario y ayo de su hijo, para quien escribió la *Ofrenda política*, libro destinado a guiar la formación del joven noble. En 1698 —tras haber recorrido Italia, Inglaterra, Holanda, los Países Bajos y Francia—, escribe, a pedido del marqués de Laconi, encargado de los festejos al monarca, una nueva comedia para el cumpleaños de Carlos II, *Destinos vencen finezas*, de cuya música se encarga Juan de Navas. En 1700, con el cargo de teniente de la Comisión de los Festejos Reales, contribuye con un poema en el volumen de la *Fama y obra póstuma de Sor Juana Inés de la Cruz*, preparado por José Ignacio de Castorena y Ursúa.

El destino de Las Llamosas en los años siguientes es más incierto, así como las razones por las cuales en 1704 estaba preso, por orden del nuevo monarca, Felipe V, en la cárcel de corte de Valladolid. En este encierro escribió unas *Reflexiones políticas y morales sobre la historia de Ansuero Artajerjes, rey de Persia*, conjunto de comentarios políticos en torno a la biografía de este personaje, que no llegaron nunca a la imprenta[4]. Esta prisión ha dado pie a pensar que el criollo peruano simpatizó con la causa de los Austrias en el delicado tema de la sucesión de la Corona de España tras la muerte de Carlos II (Vargas Ugarte). La conjetura, sin embargo, carece de mayor apoyo documental y la obra que menciono a continuación contribuiría más bien a desvanecer su validez. En 1705, por último, Llamosas publica en París un *Pequeño panegírico* al monarca Luis XIV a través de la protección del duque de Alba, embajador del rey de España. Se desconocen la fecha y las circunstancias de su muerte[5].

[4] Se conserva en manuscrito en la Biblioteca Nacional de Madrid, Ms. 9989.
[5] La reseña bibliográfica más completa de la producción de Lorenzo de las Llamosas se halla en Zugasti 1999, 403-405, complementada en 2000 con la inclusión del *Epitalamio*. Los datos sobre la biografía de Llamosas proceden de Lohmann Villena 1945, 296-303 y Vargas Ugarte 1950, V-XXXI. Zugasti 1997, 556-563 (resumido en íd. 1999, 400-403) recoge y amplía las noticias proporcionadas por estos autores. Fuera de la edición de las piezas breves

La carencia de documentos impide conocer con certeza la repercusión de la obra de Llamosas en el entorno de la corte virreinal de Lima. Existe, sin embargo, al menos un par de indicios textuales que permitirían comprobar que los escritos que dejó allí antes de su partida fueron leídos y aprovechados por los letrados del entorno cortesano y, de esta manera indirecta, su obra conectaría con la producción posterior de textos de contenido criollo. Ambos indicios proceden del *Telémaco en la isla de Calipso* de José Bermúdez de la Torre, el prolífico escritor limeño que fuera rector de la Universidad de San Marcos en varias oportunidades.

Tal como se ha señalado líneas arriba, esta obra, escrita a imitación de las *Aventuras de Telémaco* de Fénelon, presenta una coincidencia abrumadora de versos y octavas enteras con el *Demofonte y Filis*. El estudio más detallado de estas coincidencias ha sido el efectuado por Eduardo Hopkins Rodríguez, quien concluye que "*Demofonte y Filis* no es más que una caprichosa construcción elaborada a partir del poema *Telémaco en la isla de Calipso*" (1976, 126). Esta afirmación se basa en el análisis comparativo entre las correspondencias entre las dos obras, efectuado a partir de criterios estilísticos y retóricos. El crítico demuestra la mayor perfección formal de las versiones procedentes del poema de Bermúdez, lo cual apuntaría a considerar el *Demofonte y Filis* como una refundición poco afortunada de la obra de aquél. Asimismo resalta lo poco fiable de la atribución del *Demofonte* a Llamosas, ya que de las noticias proporcionadas por su moderno editor, el historiador Rubén Vargas Ugarte, se desprende que sólo uno de los cuatro manuscritos que han transmitido la obra indica tal autoría y este con un encabezamiento en que no se declara el título del poema ("Poesías que se hallaron entre las alhajas apreciables de D. Lorenzo Llamosas")[6].

---

de las Llamosas emprendida por Zugasti (1997 y 1999), la obra de las Llamosas que más atención ha merecido recientemente por parte de la crítica es su comedia *Destinos vencen finezas*, sobre el mito de Dido y Eneas: Rina Walthaus estudió la adaptación realizada por Llamosas del episodio de la *Eneida* en su festejo palaciego; por su parte, Juan José Carreras ubicó la edición extraviada de la música de Juan de Navas para esta comedia y efectuó su estudió bibliográfico e histórico. Esta comedia ha sido reeditada recientemente como parte de una antología del teatro virreinal peruano (Silva-Santisteban 2000, 411-559).

[6] Citado en Vargas Ugarte 1950, XXXs.; en general sobre los manuscritos ubicados del *Demofonte y Filis*, véase ibíd., XXIX-XXXI. Otro de los problemas es que sólo uno de estos, el denominado Velasco (por su original poseedor, el Padre Juan de Velasco), lleva fecha, y esta resulta bastante tardía: 13 de noviembre de 1730. Llamosas dejó Lima a fines de 1690 y, por tanto, de ser el autor del *Demofonte*, este debió de ser escrito antes de ese año. Respecto de los criterios editoriales practicados por Vargas Ugarte, hay que señalar que son más que discutibles. Además de la carencia de cualquier intento de establecer la filiación de los testimo-

No es mi propósito entrar aquí en una discusión pormenorizada sobre el problema de la atribución del *Demofonte* a Lorenzo de las Llamosas; pero sí resulta pertinente, para los objetivos de este trabajo, añadir un nuevo indicio textual que demuestra que Bermúdez no sólo tuvo acceso a las obras de Llamosas, sino que además aprovechó versos que son indiscutiblemente suyos en su epopeya amorosa, lo cual inclinaría a pensar que también hizo lo mismo con el *Demofonte y Filis* y que este poema también pertenece a la pluma de Llamosas. Si la compleja transmisión de dicha obra puede arrojar dudas sobre la autoría de aquel y sobre la anterioridad de su composición respecto de la epopeya de Bermúdez, puede afirmarse en cambio que el *Telémaco* contiene otros versos que sí son, con absoluta certeza, de la pluma de Llamosas. Se trata de las octavas 6, 7 y 8 del Canto I del *Telémaco*, procedentes respectivamente de las octavas reales 2, 8 y 6 de la Dedicatoria al conde de la Monclova del manuscrito (autógrafo en opinión de Miguel Zugasti 1997, 568) de la comedia *También se vengan los dioses* escrita por Llamosas en 1689. El *Telémaco*, también dedicado al conde de la Monclova, no puede ser anterior a 1701, pues en el Canto IV, una nota del autor a la estrofa 129 convierte la "relación poética de las heroicas prendas de Telémaco" en una "descripción alegórica" (1998, 136) de las virtudes de Felipe V, cuya proclamación en Lima como rey de España se produjo en octubre de 1701[7]. Bermúdez copia versos íntegros de Llamosas; otras veces sus-

---

nios, suprime a su gusto octavas del poema (cf. 1950, XXXI). Lamentablemente los cuatro manuscritos que Vargas Ugarte consigna son de difícil acceso y, por tanto, al tener que basarse en su dudosa edición, toda afirmación crítica sobre el texto de esta obra resulta, por el momento, necesariamente provisional. Antonio Alatorre se manifiesta también en contra de la atribución del poema a Llamosas sobre la base del "abrumador testimonio de los incontables manuscritos, portugueses sobre todo, en que figura el nombre de su verdadero autor, frei Antonio de Chagas (llamado en el siglo Antonio da Fonseca Soares)" (1980, 463 n.). Según informa Vargas Ugarte, el Padre Juan de Velasco consigna en el manuscrito que poseía la atribución del *Demofonte* a este autor (a quien llama fray Antonio de las Llagas), pero se declara contrario a esta opinión (1950, XXI). El asunto, como se ve, es complejo y exige un estudio filológico más detallado. Por su parte, el *Telémaco en la isla de Calipso* de Bermúdez de la Torre ha sido editado por primera vez en años recientes por César A. Debarbieri, a partir del manuscrito único que se conserva en la Biblioteca Nacional de Lima. Además del mencionado artículo de Hopkins Rodríguez, es de interés sobre esta obra el trabajo de José Navarro Pascual. La presentación de Debarbieri a su edición es, en cambio, de escasa utilidad. Particularmente su explicación sobre las coincidencias entre los poemas de Llamosas y de Bermúdez (en: Bermúdez 1998, 14) resulta particularmente abstrusa.

[7] El *Telémaco* debió de ser compuesto después de esta fecha y antes de setiembre de 1705, cuando muere en Lima el conde de la Monclova, a quien se dedica la obra como virrey del Perú; sin embargo, el manuscrito conservado está fechado en 1728.

tituye algunas palabras por sinónimos o efectúa cambios menores que mantienen el sentido original; en otros casos, escribe versos nuevos, pero aún así, mantiene a veces las palabras que marcan la rima en el poema de Llamosas[8].

Lo que me interesa aquí resaltar de estas relaciones textuales es que sin duda el manuscrito de *También se vengan los dioses* y seguramente también el de *Demofonte y Filis* formaban parte del archivo con el que un autor como Bermúdez de la Torre trabajaba en Lima a inicios del siglo XVIII. No sabemos si el nombre de Llamosas, quien había partido hacia España en 1690, se había borrado de la nómina de escritores criollos del Perú por olvido o por envidia[9]. En cualquier caso, sus obras, conservadas seguramente en la biblioteca del palacio virreinal, fueron vistas como piezas de interés y aprovechadas por un autor como Bermúdez, miembro de la elite de escritores criollos del entorno de la corte virreinal. Ello invita a reconsiderar la obra de Llamosas en ese contexto.

---

[8] A manera de ejemplo transcribo la coincidencia más radical, que se comprueba entre la estrofa 6 del Canto I de Bermúdez y la estrofa 2 de la dedicatoria de Llamosas. Ambas estrofas hacen alusión a la mutilación del brazo derecho del virrey ocurrida en la batalla de las Dunas de Dunquerque. En ambos casos, la estela que deja la sangre marca el camino que guía al autor hacia el amparo del virrey. En el texto de Llamosas, el pasaje es particularmente coherente con su contexto, pues los versos corresponden a la voz del discurso y se destinan al pensamiento del autor, quien se dirige "a ver a vuestra excelencia en el suntuoso alcázar de la fama" (de allí que se hable en segunda persona): "Esa vía de estrellas salpicada/ (centellas de aquel brazo peregrino/ cuya púrpura hizo desatada/ émulo vano a algún humor divino)/ es la que guía con su luz sagrada/ al alcázar que busca tu destino,/ pues diestra que se adora sin ejemplo/ es su índice, es su estatua, y es su templo" (Llamosas, "Dedicatoria panegírica" al conde de la Monclova de la comedia *También se vengan los dioses*, est. 2). "Esa senda de estrellas salpicada,/ centellas de aquel brazo diamantino,/ cuya púrpura hizo desatada/ émulo vano a algún humor divino:/ es la que guía con su luz sagrada/ el asilo que busca mi destino;/ pues diestra que se admira sin ejemplo,/ si del valor fue víctima, hoy es templo" (Bermúdez de la Torre, *Telémaco en la isla de Calipso*, canto I, est. 6). Junto con el *Demofonte y Filis*, Vargas Ugarte editó en el mismo volumen la comedia *También se vengan los dioses*. También en este caso mutiló el texto a su parecer y no reprodujo las dedicatorias del manuscrito, razón por la cual los críticos anteriores no pudieron advertir estas otras coincidencias. El manuscrito de esta comedia se conserva actualmente en la Biblioteca Nacional de Madrid (Ms. 14842). La obra ha sido nuevamente editada por César A. Debarbieri (2000) de manera más completa. Miguel Zugasti prepara a su vez otra edición de la pieza.

[9] Me parece poco probable que se ignorara por completo en la sede del virreinato peruano que en dos ocasiones su pluma había proporcionado la comedia para la celebración en la corte madrileña de los años del rey Carlos II. De otro lado, hay indicios de la circulación en Lima de la *Fama y obras póstumas* de Sor Juana Inés de la Cruz (Madrid, 1701), en la que se incluía un poema de Llamosas (he podido ver en esta ciudad un ejemplar de este libro que seguramente procede de los antiguos fondos coloniales).

Del conjunto diverso que compone la producción de Lorenzo de las Llamosas, tanto la comedia *También se vengan los dioses* como el *Manifiesto apologético* pueden, en mi opinión, ser leídas como expresión del pensamiento criollo en relación con el poder de la Corona y del virrey. Probablemente las vicisitudes posteriores de la biografía de Llamosas no sólo desvincularon a su autor de los sucesos en el virreinato peruano, sino que además las nuevas condiciones de mecenazgo redefinieron asimismo el contenido de su escritura. En cambio, los dos textos escritos entre 1689 y 1692 están directamente vinculados a acontecimientos que obligaban a un posicionamiento de los criollos.

La comedia *También se vengan los dioses*, escrita con motivo del nacimiento en Lima de Francisco Javier Portocarrero Lasso de la Vega, hijo del virrey conde de la Monclova, se conserva en un cuidado manuscrito que incluye, además del festejo completo (loa, comedia y sainete), las dedicatorias al virrey y a su esposa, doña Antonia de Urrea. El manuscrito está firmado el 19 de diciembre de 1689, y si el virrey aceptó la propuesta del festejo, la obra debió ser representada en los meses siguientes[10]. El nuevo virrey había hecho su entrada en Lima en agosto de ese año y, en cierto sentido, la pieza constituía, por lo tanto, también un saludo a la nueva autoridad. El *Manifiesto apologético*, por su parte, debió de escribirse poco después de la llegada de Llamosas a España en 1691, y se publicó al año siguiente. En él Llamosas ofrecía una detallada y elogiosa relación del proceder del anterior virrey, el duque de la Palata, en los diferentes campos de gobierno.

A pesar de las notables diferencias en los géneros a las que cada una de las obras corresponde, ambas comparten el objetivo de representar la autoridad del virrey. En este trabajo, quiero centrar mi atención fundamentalmente en un elemento simbólico del que Llamosas se sirve para este fin y, de este modo, llamar la atención sobre las estrategias que es necesario desplegar para percibir los alcances del pensamiento criollo durante el virreinato.

Dado que buena parte de este pensamiento se expresa en el marco de la cultura cortesana, es imprescindible considerar las peculiaridades que este contexto impone en la comunicación entre los productores del texto y la autoridad a la que se dirige. Las obras surgidas en este ámbito (poemas, piezas teatrales, relaciones...) presentan obligatoriamente una recreación simbólica de la grandeza de

---

[10] Susana Hernández Araico (1996, 1998, 2001) ha dedicado varios trabajos al estudio de la teatralidad y la significación histórica de esta comedia y su respectiva loa. La autora pone en duda que la obra de Llamosas haya sido representada en el Perú (1996, 323s.). Discuto su opinión sobre este tema en mi libro sobre el teatro cortesano en Lima durante el virreinato, de próxima aparición.

la figura de poder en términos siempre panegíricos. Esta cualidad ha sido sin duda la razón del desprestigio en que estas composiciones cayeron en la crítica de los siglos XIX y XX, en particular en el campo de las letras hispanoamericanas. Vista sencillamente como un conjunto de piezas serviles en alabanza a la autoridad, la literatura cortesana de los virreinatos americanos ha quedado reducida muchas veces a mero testimonio de efemérides imperiales, desprovista de mayor trascendencia u originalidad. Sin embargo, más allá de este rasgo obvio, es posible reconocer en varios casos el desarrollo de un pensamiento político más complejo que se sirve de la estrategia de la simbolización para poder expresarse.

En primer lugar, la producción de discursos en el espacio de la corte debe entenderse como una forma de acceso a los mecanismos del poder. En tal medida, en el caso concreto de la producción colonial, su desarrollo mayoritario en vinculación con este espacio y la creciente participación en él de escritores criollos, sobre todo desde la segunda mitad del siglo XVII, es una manifestación de los intentos de participación de éstos en la estructura del poder colonial. En segundo lugar, toda recreación simbólica del poder ofrece siempre la posibilidad de recomponer su organización, aunque —en el caso de la literatura de corte— ello sólo es admisible en la medida en que se cumpla con el reconocimiento y la exaltación de ese poder. La literatura colonial cortesana aprovecha de esta posibilidad ampliamente en varias oportunidades. En el caso peruano, es posible trazar una línea desde Llamosas hasta Peralta que muestra cómo a través de los códigos dados por la tradición para la representación de la autoridad, los escritores criollos expresaron sus demandas y propusieron un reordenamiento del poder colonial[11].

En las líneas que siguen quiero proponer el análisis de un motivo simbólico que Llamosas elabora por igual tanto en su comedia escrita en Lima, particularmente en la loa para el espectáculo, como en su relación del gobierno del duque

---

[11] He analizado en otras oportunidades los recursos simbólicos de que se sirven autores criollos como Pedro de Peralta en el contexto de las celebraciones imperiales.

de la Palata publicada en Madrid[12]. Se trata del empleo de la figura emblemática del sol para representar al virrey[13].

La loa de *También se vengan los dioses* está organizada en dos partes. La primera de ellas sigue el esquema habitual de disputa entre dos miembros, que se resuelve por la intervención de un tercero. En este caso, la disputa se establece entre los personajes de Lima y México sobre a quién corresponde el mérito de cantar el nacimiento de Francisco Javier, el hijo de los condes de la Monclova, dado que éste, aunque nacido en Lima, había sido engendrado en México. El enfrentamiento en la loa se presenta como una disputa cortesana entre las dos ciudades sobre los derechos de preeminencia en el festejo que asisten a una u otra.

Esta disputa aparece enmarcada por un coro que abre la loa y que la atraviesa como estribillo proclamando la analogía del nacimiento de Francisco Javier con la aparición de un nuevo astro:

> La luz más brillante,
> el astro más nuevo,
> aplaudan rendidos
> las esferas, los astros, los dioses, los cielos
> (1950b, loa, vv. 1-4).

La elección de la imagen de un nuevo astro para representar al recién nacido añade un matiz a esta disputa. La preeminencia en rendir homenaje a Francisco Javier supone también el derecho a gozar la influencia de sus luces. Al argumen-

---

[12] El texto de la loa de *También se vengan los dioses* ha sido publicado por Zugasti (1997), quien prepara una edición completa del festejo teatral. Remito en las citas a esta edición de la loa, aunque cotejo el texto con el del manuscrito de la Biblioteca Nacional de Madrid. Algunos errores de lectura que aparecen en la edición de 1997 (el más grave de ellos, la transcripción de "rimar" en lugar de "Rímac", nombre del río que atraviesa la ciudad de Lima, en el verso 80) han sido corregidos por él mismo en su edición en curso de preparación, la cual he tenido la oportunidad de consultar. También Zugasti anuncia la edición del *Manifiesto apologético*. Véase su estudio sobre esta obra (2000). Esta obra se halla también incluida en el tomo de obras de Llamosas preparado por Debarbieri.

[13] Resumo a continuación parte de un texto más amplio sobre la comedia *También se vengan los dioses*, que procede de mi libro sobre el teatro cortesano en Lima entre fines del siglo XVII e inicios del siguiente, de próxima publicación. El espacio aquí disponible me obliga a reducir aquí mi argumentación al análisis del motivo solar en la loa de *También se vengan los dioses* y en el *Manifiesto apologético*, y a dejar de lado, por el momento, un estudio más pormenorizado tanto de la comedia como de las dedicatorias que encabezan el manuscrito, así como de otros elementos simbólicos (la correspondencia entre el escudo de la ciudad de Lima y la autoridad del virrey sobre todo) en estas obras.

tar Lima su privilegio, lo hace desplegando una correspondencia entre el nacimiento del nuevo astro (Francisco Javier) y la presencia del nuevo sol (el virrey). Para el uno Lima sirve de firmamento, así como para el otro, las aguas

> de su río sirven de espejo:
> Yo soy la ninfa luciente
> del Rímac, honor supremo
> cuyas ondas hoy le sirven
> al más claro sol de espejo.
> Este que en mí ha amanecido,
> sacro flamante lucero,
> porque a este día no pueda
> presidir incasta Venus,
> por darme su oriente vino
> celando sus rayos bellos
> como que sólo naciese
> para hacerme firmamento (ibíd., vv. 79-90).

México, por su parte, reclama en su favor que, por haberse engendrado allí
Francisco Javier, le corresponde su primer lucimiento:

> Mis amantes influencias
> a su luz oriente fueron,
> pues en los celestes rayos
> no hay jurisdición de tiempo;
> de sus primeros influjos
> me hizo la fortuna dueño,
> pues sólo impiden las nubes
> a los ojos los reflejos (ibíd., vv. 105-112).

El argumento con que la Razón pone fin a la disputa concediendo a Lima la
preeminencia, con la aceptación de México, es justamente el hecho de que Lima
"[...] precede atendiendo/ en gozar sus rayos bellos" (ibíd., vv. 267-269). La
presencia del nuevo astro, o del sol, y la recepción directa de sus beneficios es,
pues, lo que resuelve la discusión y concede a Lima un lugar prioritario en el
festejo. La propuesta puede parecer meramente convencional, pero ¿qué significado tenía, en el contexto del virreinato peruano hacia 1689, este énfasis en el
beneficio de las "luces" que emanaban de la presencia del virrey y su familia?

Las proyecciones políticas que la imagen de un astro luciente, en particular
el sol, tenía en la época se hallaban bastante codificadas y estaban difundidas no
sólo a través de la literatura, sino también visualmente por medio de los libros
de emblemas y el arte efímero. Una tradición bastante asentada hacía del sol la

representación de la figura de autoridad, en particular del príncipe ideal. El lucimiento de sus rayos solía representar aspectos como la función nutriente y protectora del príncipe sobre los vasallos o la justicia distributiva. El propio Llamosas, al escribir en Madrid pocos años después su *Manifiesto apologético* (1692) en alabanza del anterior virrey, el difunto duque de la Palata, recordará que "muchos políticos han hecho a este planeta [el sol] original de Príncipes" (1692, 1) y delineará por igual la elogiosa relación del gobierno del duque sobre esta correspondencia.

Para la época en que Llamosas escribe en Lima su comedia, sin embargo, la imagen del sol había sido apropiada particularmente como emblema del rey por distintas monarquías europeas. En el caso concreto de la monarquía española, la representación del monarca, especialmente durante los reinados de Felipe IV y de Carlos II, había quedado adscrita al emblema solar, y así lo comprueban los arcos triunfales y túmulos funerarios levantados en relación con sus reinados (véase Mínguez 1991). La representación que Llamosas propone del virrey como un sol y de su hijo como un astro, no puede ser considerada fuera de este contexto.

Al adscribir la imagen solar, un emblema propio del monarca, a la figura del virrey se robustecía al menos simbólicamente, su posición en el orden colonial. La propuesta de un virrey sol supone en verdad la explicitación de un rasgo esencial de las estructuras de poder que rigen las sociedades cortesanas en el régimen monárquico absolutista. En éstas, la presencia física del monarca es fuente de autoridad y, por tanto, la cercanía física a su persona es una forma esencial de participación en el poder, tal como establece Norbert Elias en su célebre estudio de la sociedad cortesana. En tal sentido, el texto de Llamosas sugiere una representación de la sociedad virreinal como una sociedad cortesana donde el virrey ha pasado a ocupar una posición, en el plano simbólico, próxima a la del monarca. Por supuesto, en contra de esa concepción exagerada de la autoridad del virrey, podrían oponerse hechos específicos que mostrarían sus limitaciones (bastaría con recordar que el virrey era sometido a un juicio de residencia al final de su mandato, lo cual lo equiparaba más a un ministro que a un auténtico *alter ego* del rey). Sin embargo, no es aquí la descripción del poder real del virrey lo que me interesa, sino la construcción simbólica (en buena parte idealizada) que una obra como la de Llamosas sugiere.

El cotejo aquí con el *Manifiesto apologético*, la obra escrita por Llamosas pocos años después de *También se vengan los dioses* en reseña elogiosa del gobierno del duque de la Palata, puede ayudar a entender el alcance político de las imágenes astrales propuestas en la loa de la comedia y a comprender, en su contexto histórico, lo que suponía "gozar sus rayos bellos". En el *Manifiesto apologético*, dedicado a la reina Mariana, Llamosas vuelve a elaborar la imagen del virrey sobre la correspondencia con el emblema solar. La comparación que aquí desarrolla, a lo largo de toda la obra, entre el virrey y el sol sirve esta vez para presentar ante la Corte Real una noción de la autoridad del virrey.

De un lado, la elaboración simbólica que la obra propone intenta convencer de los servicios a la Corona prestados por el duque de la Palata durante su gobierno ("Començó zelando el Patrimonio del Dueño que le dio Autoridad", Llamosas 1692, fol. 7v.). Pero además, tal como implícitamente se proponía en *También se vengan los dioses*, el *Manifiesto apologético* defiende la propuesta de una autoridad plena del virrey. Lo hace abiertamente al tratar el proceder del duque de la Palata en lo relativo al Patronato Real. Llamosas expone con breve-dad, pero también con seguridad, que el derecho de que goza el Rey de España en el Patronato de Indias era "autoridad, que traslada su Magestad en las Copias de sus virreyes, para que la gozen inseparable, y absoluta" (ibíd., fol. 3v.). La afirmación se hace en relación a la controversia de jurisdicción de poderes que enfrentó al virrey y al Arzobispo de Lima, Melchor de Liñán y Cisneros[14]. Si en este punto, donde se había llegado a un litigio bien conocido por la Corona, el texto expresa una breve pero enfática defensa de la autoridad del virrey, más velada es la referencia a otro aspecto de esa misma autoridad puesta igualmente en entredicho por aquellos años y que, a mi parecer, es también un implícito sobre el cual están construidos tanto el festejo teatral de 1689 ofrecido en Lima al conde de la Monclova, como la relación panegírica del gobierno de su antece-sor, el duque de la Palata, presentada a la reina en 1692.

Durante los años en que el duque de la Palata gobierna el Perú, se produce el primer cambio en la política de la Corona sobre la distribución de los cargos y oficios de Indias. Hasta entonces el reparto de éstos fue atributo del virrey, pero hacia la década de 1680 este poder se concentra en la Corte de Madrid. El vi-rrey, por tanto, dejó de ser la instancia ante la cual los vasallos americanos podían tramitar tales mercedes. La medida trajo como consecuencia un paulatino incremento de la posesión de estos cargos en manos de peninsulares advenedi-zos, quienes llegaban a los territorios americanos con un nombramiento tramit-ado y adquirido en España. En cambio, los criollos descendientes de los antiguos conquistadores vieron cada vez más reducidas sus posibilidades de adquirir tales cargos, a causa del costo que implicaba el viaje, la estadía en la metrópoli y los trámites allí. Esta circunstancia marcó sin duda un hito en la evolución del pensamiento criollo en América. A partir de este momento, a la consabida

---

[14] El propio duque de la Palata reseña la controversia y expone sus argumentos en su *Relación* (en: Hanke 1979-80, VI, 32-63).

defensa del ejercicio intelectual en el Nuevo Mundo que había caracterizado a los textos criollos desde la primera mitad del siglo XVII, se unirá muchas veces una argumentación en favor de los derechos de la elite criolla a gozar de los beneficios económicos derivados de los cargos de la administración colonial.

La pérdida del derecho del virrey a decidir los repartos de cargos y oficios en los territorios a su cargo fue objetada tanto por el duque de la Palata como por el conde de la Monclova. Ambos dirigieron escritos a la Corona en que enfatiza- ban la necesidad de que el virrey mantuviera este atributo a riesgo de ver minada la autoridad que, como representante del monarca, le correspondía. En la *Relación* a su sucesor, el duque de la Palata señala que al tener todos que acudir a Madrid para tramitar los oficios "se enflaquece la autoridad de estos cargos [los de virrey]" (en: Hanke 1979-80, VI, 123). En este debilitamiento, veía el duque una circunstancia que ponía en riesgo el orden colonial: al no poder recibir los vasallos americanos premio de quien los gobierna directamente —argumenta—

> no les queda otro motivo que el de vasallaje para respetar y atender
> una imagen que tiene 3.000 leguas distante el original, y este respeto
> si no se hiela, se entibia cuando no puede acalorarse con la esperan-
> za del premio (ibíd., 124).

Con argumentos semejantes, el conde de la Monclova dirigió a Madrid diversas cartas, entre los años en que fue virrey de Nueva España y los primeros meses de su gobierno en el Perú, encaminadas a convencer a la Corona de la conve- niencia de que el virrey recuperara el derecho al nombramiento de cargos y oficios. En su caso, fue aun más allá y dejó el mando en México sin haber concedido la posesión de todos los cargos nombrados en Madrid, en espera de una revocación por parte de la Corona[15].

El 15 de junio de 1690 escribe desde Lima al Rey una larga misiva en que incluye los traslados de otras suyas anteriores (México, 15 de enero de 1688 y Lima, 28 de setiembre de 1689), para asegurarse de que todas sus cartas sobre este tema sean recibidas (I, 28-43). En ellas, el conde insinúa que la nueva política sobre este punto no sólo perjudica la imagen de autoridad del virrey, sino que también arriesga finalmente la del monarca a quien aquel representa "en parte tan remota" (ibíd., 39). A semejanza del duque de la Palata, aunque enfatizando aun más la constitución de la autoridad en el Antiguo Régimen sobre la correspondencia entre premio y castigo, Monclova advierte al Monarca "que

---

[15] Se menciona esta circunstancia en la carta del propio conde de la Monclova a la que aludo de inmediato (en: Moreyra y Paz-Soldán /Céspedes del Castillo 1954, I, 29).

se arriesga el acierto de las operaciones ajustadas que deuo practicar en el Real servicio de V. M. si el premio de mi mano no suaviza la justicia que deuo obsseruar" (ibíd.).

En la misma carta, el virrey expone y defiende la necesidad de que los descendientes de los primeros pobladores y conquistadores españoles reciban estos cargos para poder "mantenersse con decencia" (ibíd.) y advierte sobre los méritos de aquellos que no pueden ir a la Corte a tramitar beneficios (ibíd., 40). Como se ve, la opinión de los virreyes en estos documentos coincidía con las pretensiones de la elite criolla. En torno al tema de la distribución de los cargos y oficios, se teje seguramente uno de los pactos más importantes de la historia política colonial entre el virrey y los grupos locales de poder.

Al escribir el *Manifiesto apologético* en Madrid y dirigirlo a la reina Mariana, Llamosas no podía aludir abiertamente a un asunto en que la Corona había decidido imponer un criterio que no compartían sus representantes en el Nuevo Mundo. No por ello, sin embargo, dejó de aprovechar la circunstancia que le ofrecía la escritura del texto para representar ante la Corona lo que constituía no sólo la opinión política del duque de la Palata, sino también el interés de la sociedad criolla. La titulada "Noticia XIII" del *Manifiesto apologético* está destinada a exponer las "Honras a la nobleza" (es decir, a la nobleza del Perú) otorgadas por el fallecido virrey. En ella Llamosas no menciona abiertamente que las nuevas disposiciones de la Corte privaran al virrey de continuar concediendo tales honras. Sin embargo, como texto dirigido a las instancias más altas del poder y, por tanto, organizado según una retórica de sobreentendidos e insinuaciones, aquella sección debe ser leída en relación con la titulada "Operación VII", la cual incluye una digresión en que se vincula el tema de la fidelidad de los vasallos del Nuevo Mundo con el otorgamiento de premios por parte de la autoridad:

> en las docilidades de los Coraçones, que alientan en aquel Clima, *los agrados son las prisiones mas seguras para sus alvedrios*. El premio lo reciben como don, y en su lealtad, aun del mayor agravio, toman satisfacion solo con callar quexosos, y sufrir en su retiro. Symbolo puede ser su fee de la fidelidad, pues mudandole Copias cada cinco Años, distante del Sacro Original tres mil leguas, mudan con igual firmeza *el culto a la representacion* (1692, 10, cursivas mías).

Llamosas se sirve en buena parte de las ideas expresadas por el duque de la Palata en su *Relación* (véase supra); pero aparecen algunos aspectos novedosos en la argumentación que conviene resaltar. De un lado, el texto insiste en la importancia de la autoridad del virrey, porque sólo en el reconocimiento de ella pueden los vasallos ultramarinos rendir la fidelidad al lejano monarca: la lejanía del virreinato respecto del centro metropolitano demuestra el valor de la lealtad de aquellos vasallos, pero la ausencia del monarca obliga a que la reverencia se manifieste en la figura del representante. De otro lado, es significativa la aparición de términos como *agravio* y *queja*, opuestos a *agrado*, en un contexto en que se declara el tema de la fidelidad al monarca. El pasaje también delinea, de este modo, una situación crítica de las relaciones entre los vasallos americanos y la autoridad de la Corona: a la fidelidad que liga a aquéllos con ésta, no se corresponde la otra dirección del pacto: el beneficio —el agrado— de la Corona hacia sus lejanos vasallos.

La equiparación entre el virrey y el sol desarrollada a lo largo del *Manifiesto apologético* le permitía a Llamosas justamente exponer el principio de la justicia distributiva que define al gobernante ideal, y que asimismo constituye una de las bases de la fidelidad de los vasallos hacia aquél: "Como es Eco de este Planeta la claridad, ha de ser en la presencia de los Príncipes el enriquecer" (ibíd., 15). En esta cita (una de las primeras frases de la sección del libro dedicada a las "Honras a la Nobleza"), se enuncia el difícil tema de los beneficios a la elite local; pero asimismo la mención a la "presencia del Príncipe" insinúa tácitamente la ausencia del monarca en el apartado Nuevo Mundo y la necesidad de reforzar por ello la figura de su representante.

La reciente disposición de la Corona que privaba al virrey de la posibilidad de otorgar aquellos beneficios sólo se alude en dicha sección implícitamente al afirmar que no tuvo el duque "la paga de quedar gustoso" (ibíd.) en premiar como hubiera deseado a los miembros de la nobleza local. A pesar de sus silencios —quizás por ellos mismos— este texto explica, en buena medida, por qué Llamosas elige un símbolo tan asociado al monarca —el sol— para delinear ante la Corona el gobierno de su representante: más que una mera hipérbole, aquella elección suponía una propuesta política.

El estudio del símbolo solar elaborado ricamente en estas dos obras puede así servir de pie para reconsiderar el lugar que Lorenzo de las Llamosas ocupa en el corpus de la literatura colonial, frente a autores como Peralta y Bermúdez de la Torre. El joven poeta y dramaturgo que abandona su patria al concluir el año de 1690 dejaba allí unos textos producidos en medio del debate en torno a la posición de la elite criolla en el engranaje del poder colonial, textos que seguramente habrían de ser leídos y reaprovechados por ese grupo en los años posteriores.

Bibliografía

Alatorre, Antonio. 1980. Para leer la *Fama y obras pósthumas* de Sor Juana Inés de la Cruz. En: *Nueva Revista de Filología Hispánica* 29, 428-508.

Bermúdez de la Torre y Solier, Pedro José. 1998. *Telémaco en la isla de Calipso*. Edición y presentación de César A. Debarbieri. Lima: Pontificia Universidad Católica del Perú (Colección "El Manantial Oculto").

Carreras, Juan José. 1995. 'Conducir a Madrid estos moldes': producción, dramaturgia y recepción de la fiesta teatral *Destinos vencen finezas* (1698/99). En: *Revista de Musicología* 17, 1-2, 1-143.

Elias, Norbert. 1996. *La sociedad cortesana*. México: Fondo de Cultura Económica.

Hanke, Lewis (ed.). 1979-80. *Los virreyes españoles en América durante el gobierno de la Casa de Austria. Perú*. Vols. 6 y 7. Madrid: Atlas (BAE, 285-286).

Hernández Araico, Susana. 1996. Festejos teatrales mitológicos de 1689 en la Nueva España y el Perú de Sor Juana y Lorenzo de las Llamosas (una aproximación crítica). En: José Pascual Buxó (ed.). *La cultura literaria en la América virreinal*. México: Universidad Nacional Autónoma de México, 317-326.

—. 1998. La teatralidad de las fiestas barrocas del peruano Lorenzo de las Llamosas. En: Ysla Campbell (ed.). *El escritor y la escena*. Vol. 6. Ciudad Juárez: Universidad Autónoma, 135-147.

—. 2001. Reivindicación de la loa a *También se vengan los dioses* de Lorenzo de las Llamosas, una joya virreinal. En: Pascual Buxó, 333-356.

Hopkins Rodríguez, Eduardo. 1976. Un problema de atribución en literatura colonial peruana: *Demofonte y Filis* y *Telémaco en la isla de Calipso*. En: *Letras* 48, 84-85, 121-134.

Llamosas, Lorenzo de las. 1692. *Manifiesto apologético*. [Madrid]: [Francisco Sanz].

—. 1950a. *Obras*. Edición de Rubén Vargas Ugarte. Lima: Studium (Clásicos Peruanos, 3).

—. 1950b. *También se vengan los dioses*. En: íd. 1950a, 139-215.

—. 2000. *Obra completa y apéndice*. Edición de César A. Debarbieri. Lima: César A. Debarbieri.

Lohmann Villena, Guillermo. 1945. *El arte dramático en Lima durante el virreinato*. Madrid: Consejo Superior de Investigaciones Científicas.

Mínguez, Víctor. 1994. Los emblemas solares, la imagen del príncipe y los programas astrológicos en el arte efímero. En: Santiago Sebastián López (ed.). *Actas del I Simposio Internacional de Emblemática* (Teruel, 1 y 2 de octubre de 1991). Teruel: Instituto de Estudios Turolenses, 209-255.

Moreyra y Paz-Soldán, Manuel; Guillermo Céspedes del Castillo (eds.) 1954-55. *Virreinato peruano. Documentos para su historia. Colección de cartas de virreyes. Conde de la Monclova*. 3 vols. Lima: Lumen.

Navarro Pascual, José. 1970-71. Un poema narrativo de la Colonia: *Telémaco en la isla de Calipso*. En: *Humanidades. Revista de la Facultad de Letras de la Pontificia Universidad Católica del Perú* 4, 213-239.

Pascual Buxó, José (ed.). 2001. *La producción simbólica en la América colonial*. México: Universidad Nacional Autónoma de México.

Rodríguez Garrido, José Antonio. 2000. Lo que no ha de poder expresar la voz: Poesía y emblemática en el arco triunfal de Pedro de Peralta para la proclamación en Lima de Luis I (1724). En: Rafael Zafra; José Javier Azanza (eds.). *Emblemata Aurea. La emblemática en el arte y la literatura del Siglo de Oro*. Madrid: Akal, 353-365.

—. 2001. Mutaciones del teatro: la representación en Lima de *Amar es saber vencer* de Antonio de Zamora en las fiestas por la coronación de Luis I (1725). En: Pascual Buxó, 371-402.

Silva-Santisteban, Ricardo. 2000. *Antología general del teatro peruano*. Lima: Pontificia Universidad Católica del Peru, 411-559.

Vargas Ugarte, Rubén. 1950. Ver Llamosas.

—. 1950b. "Introducción" a Lorenzo de las Llamosas. Ver Llamosas, xiv-xviii.

Walthaus, Rina. 1989. Dido en el teatro español de fines del siglo XVII: *Destinos vencen finezas* y *finezas vencen destinos*. En: Javier Huerta Calvo; Harm den Boer; Fermín Sierra Martínez (eds.). *El teatro español a fines del siglo XVII: historia, cultura y teatro en la España de Carlos II*. Amsterdam: Rodopi, 369-381.

Zugasti, Miguel. 1997. Un texto virreinal inédito: loa para la zarzuela *También se vengan los dioses* de Lorenzo de las Llamosas. En: *Unum et diversum. Estudios en honor de Ángel-Raimundo Fernández González*. Pamplona: EUNSA, 553-589.

472

—. 1999. Edición crítica del teatro cómico breve de Lorenzo de las Llamosas: "El astrólogo" (sainete) y "El bureo" (baile). En: José Antonio Rodríguez Garrido; Ignacio Arellano (eds.). *Edición y anotación de textos coloniales hispanoamericanos*. Navarra: Universidad de Navarra/Madrid: Iberoamericana/Frankfurt: Vervuert, 399-439.

—. 2000. La literatura al servicio de la historia: el 'Manifiesto apologético' (1692) de Lorenzo de las Llamosas al duque de la Palata, virrey y mecenas. En: Ignacio Arellano; José Antonio Mazzotti (eds.). *Edición e interpretación de textos andinos*. Pamplona: Universidad de Navarra/Madrid: Iberoamericana/Frankfurt: Vervuert, 65-86.

¿"Añoranza de la metrópoli" o expresión de una conciencia criolla? *El Bernardo o Victoria de Roncesvalles* de Bernardo de Balbuena

Verena Dolle

I. La posición excéntrica del *Bernardo*

Cuando se habla del proceso de formación de la cultura virreinal, tema principal de este volumen, se debe también tomar en cuenta la poesía épica, género literario altamente valorado durante los siglos XVI y XVII[1]. Se la designa genéricamente con el término poco definido de "épica americana" o "épica colonial", concepto que engloba por un lado la épica escrita en tierra americana y, por otro, la europea de temática "América/Indias". La mencionada épica americana trata en su mayoría de temas históricos, a saber, la Conquista (épica de asunto histórico) con dos localizaciones geográficas principales: Chile y México[2]. La conquista de Chile fue descrita en la epopeya modélica de Ercilla, que alcanzó el renombre de epopeya nacional (española), como la de Camões con sus *Lusíadas* en Portugal[3]. Junto a ellas, se encuentran otras epopeyas sobre la conquista del Río de la Plata, del Caribe y de Nueva Granada[4]. Mientras que el significado para la formación de la cultura virreinal de estas epopeyas históricas es obvio, hallamos dos subgéneros épicos que no muestran esto de manera tan directa[5]: me refiero a la épica religiosa y la de asunto fantástico-medieval; éstas mucho menos mumerosas que aquéllas: tan sólo tres frente a 21 de temática histórica y siete de temática religiosa[6].

---

[1] El tema del presente artículo es parte de mi tesis de habilitación en preparación sobre la temática de la conquista en la épica americana.

[2] Piñero Ramírez 1998, Peña 2000 y Avalle Arce 2000 ofrecen, aunque sin un planteamiento específico de la cuestión, una visión de conjunto de las obras pertenecientes a la épica americana.

[3] Sobre la relación entre ambas, véase el libro de Nicolopulos 2000. Cf. el artículo de Dieter Janik en este mismo volumen sobre la "materia de Arauco".

[4] Cf. la visión de conjunto en Avalle Arce 2000, 45s.

[5] Así, Giuseppe Bellini niega rotundamente la pertenencia del *Bernardo* a la épica americana: "Sea como fuere, el poema no tiene nada que ver con la épica americana" (1997, 127), opinión ésta de la que disiento, como se verá a continuación.

[6] Cuando se toma en consideración la fecha de publicación, las cifras se reducen un poco: fueron publicadas en la época las siete obras de temática religiosa, dos de temática fantástico-medieval y 14 de temática histórica, el resto se ha conservado en manuscrito.

El Bernardo (publicado en 1624 en Madrid), poema que nos ocupa aquí, es una de estas epopeyas fantástico-medievales escritas en tierra americana (por autores criollos o que pasaron gran parte de su vida allá) que se destacan por el hecho singular de que no tratan el tema supuestamente más próximo (como sí lo hacen los poemas épicos históricos), sino que se dedican a lo remoto: la historia medieval o los mitos de España[7]. A pesar de su origen novohispano, a primera vista *El Bernardo* no se diferencia de las obras metropolitanas que se inspiraron en el *Orlando furioso* de Ariosto. Constituye, como anota Chevalier, el punto final de una serie de obras escritas a partir de 1555, es decir, seis años después de la traducción española de Ximénez de Urrea. Dichas obras experimentaron un claro auge en la década de los años 1580 y perseguían una cierta finalidad patriótica, concretamente mediante el énfasis en las hazañas de los héroes españoles, en contraposición con los héroes percibidos como franceses del *Orlando* de Ariosto y Boiardo[8].

---

[7] Además de *El Bernardo*, existen el *Poema del asalto y conquista de Antequera*, poema de ciudad liberada inspirado en Tasso del antequerano Rodrigo de Carvajal y Robles (1627) y *El Vasauro*, poema de linajes de Pedro de Oña, conservado en manuscrito fechado en 1635; cf. Piñero Ramírez 1998, 185. La epopeya fantástica de Balbuena (24 cantos, 5000 octavas) narra la historia de Bernardo del Carpio —persona ya mencionada en las crónicas medievales— desde su primera aparición en el Canto III como un joven valiente y bravo hasta la batalla de Roncesvalles y la victoria sobre Rolando y sus paladines en el último canto. El poema contiene innumerables héroes además de los protagónicos, una acción principal entretejida de numerosos argumentos secundarios, con luchas, encantamientos, diferentes escenarios como grutas, castillos bajo tierra, un viaje en nave aérea a América, etc. El hecho se sitúa temporalmente —excepto la visión prospectiva al tiempo de la conquista— en la época de soberanía de Alfonso el Casto (791-842). Cf. asimismo los resúmenes sumario y detallado de Van Horne 1927, 34-44 y 45-101.

[8] Así lo dejaron traslucir los autores de las primeras obras españolas basadas en el *Orlando*, Espinosa (*Segunda parte de Orlando*, Zaragoza, 1555) y Garrido de Villena (*El verdadero successo de la famosa batalla de Roncesvalles*, Valencia, 1555). En este proceso y dentro del ámbito de la producción de las epopeyas rolandianas en España se manifiesta la estilización progresiva de Bernardo del Carpio, conocida figura de las crónicas y del Romancero (sobre Bernardo del Carpio como héroe en el Romancero cf. *Primavera y flor de romances* 1945, 93-102 y el agrupamiento de varios romances en el *Romancero General* 1945, 417-439; sobre el papel ya sobresaliente que le está asignado en las crónicas (el Tudense, el Toledano, *Primera Crónica General*) cf. Milá y Fontanals 1959, 209-240). Este personaje aparece durante el transcurso del siglo XVI cada vez más elaborado, tipificando claramente las rencillas bélicas entre Francia y España de la segunda mitad de siglo XVI (cf. sobre la temática del *Bernardo* y la relación con el contexto contemporáneo Chevalier 1966, 122-127). Resulta interesante observar, opina Chevalier, que el número de víctimas francesas aumenta durante el siglo XV y la primera mitad del XVI, el encuentro entre ambas naciones se torna más importante y la

Sin embargo, lo que distingue la obra de Balbuena de sus predecesores peninsulares y la vincula directamente al modelo de Ariosto y, además, a las epopeyas de temática americana, son las referencias explícitas al descubrimiento y conquista de América (a menudo, tal y como es habitual en este genéro, en forma de una profecía retrospectiva)[9], hecho que ha permitido que la obra no haya caído en el olvido, como lo menciona Avalle Arce (2000, 12).

En cuanto a esas referencias a América se pueden distinguir dos tipos: 1. breves alusiones de una octava dentro de las profecías de la grandeza española venidera. Así la ninfa Iberia nombra, a Ferraguto, nueve héroes y capitanes españoles presentados en su lienzo, desde Nuño Belchides hasta Juan de Austria, y también a Hernán Cortés como descubridor y conquistador[10].

---

identidad de los guerreros más precisa, al mismo tiempo que la historia del vasallo rebelde va desapareciendo progresivamente (1966, 124). El punto culminante de la producción sobre Bernardo se alcanza en la década de 1580 con Agustín Alonso, Barahona de Soto y un desconocido licenciado de nombre Castro Gallo (cuyo texto no se conservó), pues, según Chevalier: "Plus que jamais, le Léonais exerce un attrait profond sur les imaginations poétiques dans les années 1580. [...] Les exploits de Bernard préfigurent la grandeur de l'Espagne moderne" (ibíd., 203). En las *Hazañas de Bernardo* (1585, cf. ibíd., 196s.) de Alonso, Bernardo se convierte en el personaje principal, sin que le sea asignado ningún descendiente ilustre, lo cual sucede por primera vez en la obra de Barahona de Soto, *Las lágrimas de Angélica* de 1586, en la cual Bernardo pertenece a los Girones (ibíd., 221). Sobre el tema de la genealogía en Balbuena y del elogio de los Castros, que, no obstante, no ocupa un gran espacio, cf. ibíd., 371.

[9] Eso no quiere decir que estas obras no contienen referencias contemporáneas según la tradición del género, sino que las mismas no se refieren al Nuevo Mundo. Así, por ejemplo, se pueden observar saltos temporales entre la Edad Media y la época contemporánea en la obra de Espinosa, el elogio de soberanos contemporáneos y una mención a la unión de Felipe II con María Tudor por Garrido de Villena (cf. Chevalier 1966, 107-129). Ariosto se refiere al descubrimiento de América y a las hazañas de Carlos V en el Canto XV, 18-36 del *Orlando Furioso*, canto añadido en la edición de última mano de 1532, siendo ésta la primera mención de dicho evento en la épica (cf. Kristal 1999).

[10] "Aquel por tantos mares venturosos/ En pequeños bajeles engolfado,/ Es Hernando Cortés, quien en mil colosos/ Su nombre ser merece eternizado:/ Descubrirán sus ojos venturosos,/ Y rendirá su esfuerzo afortunado/ Otro mundo, otro cielo y otro polo;/ Que es poco para él un mundo solo" (Lib. II, 165a, 1); también Lib. IV, 179a, 5, donde el ángel custodio de España anuncia a los demonios que quieren destruirla que ésta obtendrá un nuevo mundo en recompensa por su fe católica: "Antes á su católico monarca/ Un nuevo mundo ha dado, y nueva gente/ Donde corra su ley, y ponga marca/ Desde el alba á las sombras del poniente;/ Y una ignota nacion, que ahora embarca/ El feo Caron sobre su lago ardiente,/ Despierte con su luz á nueva vida,/ Del mortal sueño en que la veo dormida". Las citas del *Bernardo* provienen de la hasta ahora única edición completa de 1945 (BAE, 17). La única

2. referencias dentro de la trama de acción del viaje aéreo por el mundo hasta América que hace el mago francés Malgesí junto con tres guerreros, el rey persa Orimandro, el paladín francés Reinaldos y el gigante Morgante.

El viaje empieza en el Lib. XV (302b, 6); interesantes para nuestra perspectiva son los libros XVI (descripción de Francia y España, anunciación del descubrimiento de un mundo nuevo (313a, 7; 315a, 5s.) tanto como la "monarquía mundial" (311b, 7); discusión de concepciones del mundo actual y futura (314b, 8-315a, 4), XVIII (viaje a América de paso por la Luna, donde se nombran una serie de lugares desde Patagonia, Brasil, los Andes, Potosí, Chile, Cuzco, Quito, Panamá, Nicaragua, Tabasco y Guatemala (331b, 3-7) hasta el territorio de México donde las menciones se hacen un poco más detalladas (ibíd., b, 1-8-332a, 2) y referencias al lugar de redacción de la obra por el yo-poético (ibíd., a, 3-5). El viaje se termina con un aterrizaje forzado por las fuerzas mágicas de un mago residente en un volcán entre "Tlascala y Méjico", Tlascalan (ibíd., 332a, 5-b, 6). Aquí empieza el episodio "mexicano" del poema propiamente dicho, con descripciones de la cueva del mago, de la subida a la cumbre del volcán, una referencia a autóctonos que bailan y un monólogo del mago Tlascalan (ibíd. 332b, 7-335b, 4). En el Lib. XIX (336a,1-340b, 5) este último presenta partes de la historia precortesiana tlaxcalteca, la Conquista (esas 18 octavas comprenden una unidad bastante completa cuyo tema central son las hazañas de Cortés, 336a, 4-337a, 3), la futura historia de España hasta los Reyes Católicos, y después, el descubrimiento por Colón (otra unidad bastante completa de 16 octavas con referencias a la fortuna tornadiza de Colón, 339b, 3-340a, 8). Después de haber mencionado a Carlos V ("Un sol que al mundo dé en vuelta prolija/ Lumbre y amor, honor y miedo al suelo,/ Y a su ley santa en riendas de oro atilde/ Al soberbio aleman y al indio humilde". Ibíd., 340a, 9) el episodio (y con eso, las referencias a América) se termina abruptamente con la muerte de Tlascalan —sea por las fuerzas mágicas de Malgesí, sea por un terremoto (ibíd., 340b, 2-5)— y el despegue del grupo.

Lo que propongo a continuación, es una relectura del *Bernardo* dedicada a las cuestiones siguientes: ¿Qué se puede deducir de los pasajes del *Bernardo* relativos al Nuevo Mundo y su conquista sobre la formación de la cultura virreinal a principios del siglo XVII? ¿Qué imagen de España, de su proceder en el Nuevo Mundo y de las relaciones entre ambos se ofrece? Para ello, me serviré —parcialmente— de la terminología de los estudios coloniales recientes, centrándome, primero, en la presentación de la Conquista (II) y, segundo, en la relación entre Nuevo y Viejo Mundo, entre periferia y metrópoli (III). Por último, quisiera plantear la cuestión del motivo que tuvo el autor para tratar este tema, aparentemente tan exótico y, en relación a ello, lo que se puede derivar de eso en cuanto a una posible expresión de una conciencia criolla (IV).

Antes de pasar al poema que nos ocupa, quisiera esbozar brevemente el estado actual de la investigación sobre Balbuena. A pesar de que el aspecto de

---

edición más moderna es la de Jitrik 1988, pero sólo comprende extractos. Cito indicando libro, número de página, columna y estrofa de la correspondiente columna.

las referencias americanas en su obra se menciona casi constantemente, prácticamente no existe ningún trabajo específico sobre el tema[11]. En cambio, en los estudios sobre la epopeya de Balbuena se tratan los siguientes puntos principales:

Como ya lo hemos indicado, hay cierto consenso sobre el contenido ideológico del poema —y sobre los que comparten dicha temática— en lo que hace a la intención patriótica de la lucha entre Bernardo y Rolando como representación de los enfrentamientos entre España y Francia en el siglo XVI, subrayándose en dichos poemas la superioridad de aquélla en el plano militar y moral[12]. En *El Bernardo* se manifiesta, según Rojas Garcidueñas (1958, 145s.), una concepción providencial de la historia común a la época del autor, según la cual la conquista árabe de España es interpretada como un castigo divino por los errores españoles y la de las Indias como el instrumento que permitirá a sus habitantes acceder a la salvación. Triviños, a su vez, sostiene que la soberanía mundial de España y la conquista del Nuevo Mundo legitiman el mito de nación elegida y al mismo tiempo muestran claramente que Francia es indigna para tal función: "En la España de los siglos XVI y XVII, cuando esta nación intenta imponer su dominio en el mundo, la función ideológica del texto consiste justamente en contribuir a defender y difundir el mito legitimador de los propósitos imperiales"[13].

La mayoría de los estudios sobre Balbuena tratan la cuestión de su pertenencia a un supuesto Manierismo (teñido de influencias americanas) o, dado el caso, al Barroco[14]. Más recientemente, intentan ver hasta qué punto se manifiesta en

---

[11] Excepto por algunas páginas de las monografías sobre Balbuena de Van Horne y Rojas Garcidueñas. Cabe advertir que, al indicar las ideas principales del *Bernardo*, Van Horne ni siquiera menciona la palabra clave Indias ni América ni Conquista, pero sí se refiere varias veces a México como lugar de residencia del autor (por ej. bajo "Science" y "Nature" 1927, 120s.; 127) aunque le denomina "truly Spanish poet", ibíd., 123). Rojas Garcidueñas (1958, 146-149) sólo se refiere a las vistas panorámicas de México y deja de lado las referencias a Colón, Cortés y los autóctonos.

[12] Cf. Chevalier 1966, ver nota 8 arriba; Triviños 1981a, 102; Avalle Arce 2000, 91.

[13] Triviños 1981b, 116s. Triviños (1981a y b) supone que el carácter estabilizador del sistema del *Bernardo*, que propugna los mitos imperiales de dominio y grandeza imperial, es el causante del poco interés que ha despertado la obra en la investigación moderna. No obstante, esto no puede resultar decisivo, pues dicha intención puede ser atribuida también a la *Araucana* y en principio a toda epopeya sobre hazañas nacionales y héroes (sobre la tematización de la grandeza imperial en la *Araucana* cf. por ejemplo Goic 1996 y Kristal 1999).

[14] Sobre esto, cf. Picón Salas 1944, Pascual Buxó 1993, 211s., sobre Manierismo y Barroco, Triviños 1981a/b, Sabat-Rivers 1994, Roggiano 1998, Pierce 1968, Chevalier 1966, Rojas Garcidueñas 1958, Rodilla 1996, Van Horne 1927. Bechara (1998, 141) se declara en contra de la idea de un estilo barroco americano. Sobre *imitatio* y *emulatio* de modelos europeos, cf. Moraña 1994b.

la obra un punto de vista específicamente novomundano e identifican señales de una conciencia criolla[15] más que en el *Bernardo*, en el poema menos voluminoso de Balbuena, la *Grandeza mexicana* de 1604[16].

También se intenta probar una supuesta americanidad en el *Bernardo*, basándose para ello en las descripciones paisajísticas y en la biografía del autor— habiendo ya Van Horne indicado lo sugestivo de tal interpretación[17]. Así, Pfandl interpreta las mencionadas descripciones como representaciones de un paisaje genuinamente español, mientras que Menéndez Pelayo, más moderado y prudente, habla de „un no sé qué de original y exótico"[18]. Rojas Gracidueñas men-

---

[15] Existe una cierta tendencia (cf. Mazzotti 2000c, 157, n. 8; Sabat-Rivers 1994, 64) a ver como criollo a Balbuena a causa de su prolongada estancia en las Indias y por haber estado relegado —como lo estuvieron en ciertos aspectos los criollos— y no haber alcanzado un cargo relevante. Empleado de esta manera, la acepción del término "criollo" tiene un fundamento "más bien social y legal, antes que estrictamente biológico" (Mazzotti 2000b, 11).

[16] Moraña (1994c, 32-35) postula una conciencia criolla para la *Grandeza mexicana* de Balbuena y habla en general de una conciencia de originalidad y heterogeneidad como características identificadoras de una conciencia criolla. Cf. para este tema también Sabat-Rivers (1994, 62s.) quien constata cierta conciencia de ser americano y de identificación con México —rasgos de un discurso "anti-hegemónico"— en la *Grandeza mexicana* y el *Compendio apologético* de Balbuena, pero admite al mismo tiempo su carácter "ambiguo y contradictorio". Ya Menéndez Pelayo habló en relación a la *Grandeza mexicana* del "nacimiento de la poesía americana" (1948, I, 52); cf. también Mazzotti (2000b, 14), quien apunta que las "descripciones superlativas de ciudades o territorios americanos revelan más bien el perfil psicológico de sus autores, su *locus* subjetivo de enunciación, y, consecuentemente, su constitución como sujeto de discurso y como sujeto social".

[17] En cuanto a algunas descripciones de montañas españolas, Van Horne anota (1927, 127): "It is tempting to assume here that Balbuena had in mind the Mexican mountains by which he was surrounded. If so he furnishes an exception to the general practice followed by poets who lived in the New World, but were impressed by human activity and classical or renaissance convention, rather than by the virgin nature around them". Los datos biográficos sobre la vida del autor son muy escasos hasta 1610, fecha de su llegada a Jamaica. A partir de entonces, y hasta su muerte en 1627 como obispo de Puerto Rico (cargo ejercido desde 1623), la documentación es más abundante. Consecuencia del carácter indirecto de la documentación en la primera etapa son las dos diferentes versiones de su traslado a Nueva España: los dos esbozos biográficos más recientes, basándose en estudios anteriores, sostienen que llegó cuando tenía dos o 20 años (González Boixo 1989, 9s. y Jitrik 1988, 12 respectivamente). Hay concordancia en cuanto al viaje a España en 1606, donde se quedó hasta 1610. Fue nombrado abad de Jamaica el 29 de abril de 1608, había obtenido el grado de doctor en Sigüenza hacia 1607/08 y trató entonces de publicar el *Bernardo* por primera vez.

[18] Ménendez Pelayo 1948, I, 48. Pfandl: "El *Bernardo* es un fantástico canto triunfal sobre la historia y la grandeza de España, penetrado del paisaje español en todas las descripciones de tierras fabulosas" (1952, 575). Sin embargo, Rojas Garcidueñas advierte que se trata de un

ciona por una parte el carácter arbitrario de dichas descripciones paisajísticas y, por otra, señala el único elemento americano concreto y tangible a su parecer, a saber, la topografía, por la que se descubren claramente no sólo los "imprecisos conocimientos geográficos" sino también los "sitios [de] importancia" de la época. José Joaquín Blanco indica la discrepancia entre las informaciones auto-biográficas y la norma literaria: "esos paisajes (Michoacán, Jalisco, Nayarit, Sinaloa) apenas se registran en su obra, más proclive a las normas librescas que a los datos de la realidad" (1989, 206). No obstante, según Sabat-Rivers aparecen "a cada paso escenas que, no importa con qué mundos se identifiquen, nos traen el recuerdo de playas, islas, costas y climas de América" (1994, 67). Pero esta afirmación tan general no está respaldada por ninguna prueba concreta.

Se hace patente por estos ejemplos que todos los comentarios citados dejan traslucir más la intención del crítico que el significado concreto del texto y demuestran que mediante las descripciones paisajísticas, un género textual fuertemente tópico, no se puede aclarar realmente la cuestión de una "conciencia criolla" o americana de Balbuena. En cambio, un factor que parece más prometedor, por no estar basado en meras especulaciones de un significado poco claro, es la tematización, por una parte, de la Conquista y, por otra, la de la relación entre el Nuevo Mundo y su madre patria, España.

II. Conquista y conquistas en el *Bernardo*

Para destacar el punto principal de mi intéres, ¿cómo está plasmada la conquista del territorio americano en nuestro texto y cuál es su relación con la actualidad política de entonces, el conflicto entre Francia y España?, he procedido de la manera siguiente: he analizado tanto la conquista americana como todas las tomas de posesión de territorio tematizadas al igual que dos pasajes que propongo leer como marco teórico del asunto, a saber, uno sobre el buen soberano y otro sobre la "guerra justa".

Si conquista no sólo es entendida como la del territorio americano, sino también en un sentido más amplio como toma de posesión de cualquier territorio ajeno, resulta evidente que la misma aparece ejemplificada en el *Bernardo* en

---

paisaje deliberadamente imaginado, más o menos arbitrario y que Balbuena visitaría España por primera vez después de haber acabado el *Bernardo* (1958, 145, n. 135). Balbuena representa para Bechara (1998, 147) una "naturaleza importada", no un paisaje americano. Picón Salas es partidario de la tesis de un barroco americano y ve a Balbuena como su mayor representante, lo llama su "Ariosto tropical", con características típicas como exotismo y exuberancia, también referidas a sus representaciones de la naturaleza (1944, 146s.).

varios episodios protagonizados por diferentes actantes cuyas motivaciones difieren. A saber:

actantes no-españoles:

— conquista árabe de España motivada por la codicia[19];
— intentos franceses de conquista de España motivados también por la codicia[20];
— toma de posesión (o intentos de hacerlo) del territorio tlaxcalteca por los aztecas (Lib. XIX);

actantes españoles (o aliados con ellos):

— invasión visigoda de España;
— "colonización" de la cuenca mexicana a manos de los tlaxcaltecas;
— "colonización" del Nuevo Mundo a manos de los españoles;
— proyecto de contraconquista del norte de África y de conquista de toda la cuenca mediterránea a manos de Juan de Austria (no llevado a cabo a causa de su pronta muerte)[21].

Sumariamente, sin entrar en detalle, cabe destacar un elemento común en esta presentación: las conquistas del primer grupo están motivadas por una codicia material y, cuando fueron exitosas, como la árabe, son explicadas —por un esquema providencial— como castigo divino por los pecados españoles, y se oponen a las motivadas por causas superiores del segundo grupo, donde hallamos dos procederes de carácter similar, las "colonizaciones", como veremos más abajo.

Antes de pasar concretamente a las conquistas ejercidas en tierra americana, quisiera tratar los dos pasajes que, a mi modo de ver, forman un cierto marco teórico dentro del que debe situarse la temática de la conquista, y, más aún, que deben incluso leerse como comentarios de procederes contemporáneos practicados por los poderes europeos: en el primero, tomado de la última parte de la epopeya (Lib. XXII, 371), se esbozan los rasgos del buen soberano y cómo (no) practicar una política expansionista, en el segundo, tomado del comienzo (Lib.

---

[19] Los moros bajo el rey de Argel, Rodamonte, son "codiciosos de saco y partija" (Lib. I, 149a, 2).

[20] En el consejo de guerra de los francos señala el sabio Malgesí que las riquezas de España, su "rico y fertil suelo/ [...] puede con sus venas de oro/ Dar codicia" (Lib. III, 173a, 7). Este objeto de codicia se traslada al presente contemporáneo del Nuevo Mundo, cuya riqueza el mago autóctono enfatiza una y otra vez (ver abajo).

[21] "Tú [Juan de Austria] solo á mil regiones poderosas/ Pusieras yugo y freno concertado,/ Desde donde se hiela el fiero escita,/ Adonde el abrasado mauro habita" (Lib. II, 165a, 6).

II, 157), se refiere el origen de los godos en España —de cuyo linaje desciende el héroe principal, Bernardo del Carpio— junto con la apreciación explícita de su proceder como "justo".

En el primer pasaje, el consejo de guerra de Francia aconseja sobre las medidas a tomar contra España tras un sueño de Carlomagno cargado de presagios negativos. En ese momento hace su aparición Montesinos, enviado del emperador español Alfonso I a la corte francesa, quien ya había puesto de relieve anteriormente su identidad española[22]. Él desaconseja claramente la guerra contra los españoles, pues ésta significaría "dar rendida España á Berberia" (ibíd., a, 9). Si debe haber guerra, que sea entonces contra los infieles[23]. En seguida, Montesinos esboza el ideal del soberano sabio y bueno que no debe dejarse dominar por sus afectos ni su ambición:

> El desnudar el alma de ambiciones,/ Mostrar la saña y cólera medida,/ Y en freno de oro gobernar pasiones,/ Dando á las leyes con la suya vida,/ Es propio de cesáreos corazones,/ Del pecho real la senda mas sabida:/ Esto es ser rey, reinar en sí primero,/ O *sea el reino un lugar ó el mundo entero* (ibíd., a, 10, cursivas mías).

El autocontrol del Emperador, según Montesinos, es esencial e independiente de que el reino sea minúsculo y fácil de abarcar o bien comprenda un imperio entero. Con ello se hace referencia no sólo a Carlomagno, a Francia y al soberano francés de aquella época, Enrique IV (1589-1610), sino a todo soberano, incluido el español y su pretensión de soberanía mundial.

Además del comportamiento adecuado del buen soberano, Montesinos esboza también algunas reglas de expansión y conquista, reglas que están dentro de las referencias a la política actual y contemporánea y que son muy francas:

---

[22] Eso es un hecho esencial para el mensaje ideológico del *Bernardo*: se advierte que Montesinos encuentra, luego de regresar a España, a Dios, y con ello, implícitamente, la fe verdadera, y que él se reconoce en esa patria: "aunque de Flándes vengo/ De España soy, por español me tengo" (Lib. XXII, 371a, 3). El anacronismo de la declaración, en cuanto al plano de la acción, acentúa los problemas que España tuvo con Flandes a finales del siglo XVI y principios del XVII; de modo que en el momento de ser amenazada la unidad del imperio español europeo, evidentemente pareció necesario evocar esa unidad y enfatizar la cualidad de España de dar y asegurar una identidad común. Asimimo, cabe destacar que este pasaje no deja traslucir ninguna toma de posición que sería explícitamente novomundana, sino que la idea superior de la patria española permanece más bien intacta.

[23] Ibíd., a, 8. Van Horne (1927, 96) indica que este punto de vista —la preferencia de luchar contra árabes antes que contra cristianos—, ya se encuentra en Ariosto (*Orlando furioso*, c. XV, 99).

> Mas pensar que el soberbio cetro de oro,/ La ardiente mitra y la
> imperial corona/ Tengan su majestad en el tesoro/ Más que en el
> pecho heróico y real persona;/ Que sea más rey quien del cristiano
> ó moro/ Mas reinos gana y cetros amontona,/ Es tiránico abuso, es
> desatino,/ De la grandeza y majestad indino[24].

La verdadera majestad de un rey o emperador estriba en las características del
personaje "de pecho heroico", por lo que no viene justificada por insignias o
posesiones materiales. No reside, pues, —y esto no puede ser demasiado enfatizado— en la acumulación de reinos extranjeros. No hay aspecto más claro en el
Bernardo que esta crítica a una conquista ininterrumpida y acumulativa de reinos
cristianos y no cristianos[25]. No obstante, a fin de que no se sospeche una crítica
al soberano español, se elogia a Alfonso el Casto como encarnación de una
"prudencia rara" (Lib. XXII, 371a, 6) y también se lo describe como "armado
de prudencia *en vez de* acero" (Lib. V, 197b, 7s., cursivas mías). Este atributo
descarta directamente el segundo rasgo constitutivo del ideal heroico tópico,
sapientia et fortitudo —sobre el que hablaré más adelante en relación a Cortés—
y pone de relieve el primero.

Al no ser considerados dignos de un soberano sabio estos deseos de expansión, en este pasaje se atribuye, en primer lugar, una derrota moral a los franceses contemporáneos, que ponían en peligro la supremacía de España. En segundo lugar, se hace alusión a la cuestión de la legitimidad de una conquista territorial desenfrenada. Esta cuestión forma parte de un debate que se plantea de modo
sistemático a partir de los años 1530 en España sobre el hecho de si es legítimo
o no ocupar los territorios descubiertos, es decir, la ética de la conquista y
vinculado con ello, la problemática de la guerra justa o injusta. Esta problemática se encuentra reflejada en las *Relectiones de Indis* de Francisco de Vitoria y

---

[24] Ibíd., b, 1. Resultaría exagerado, sin duda, suponer una crítica explícita a las numerosas
guerras de España en Europa en las octavas citadas porque, como mostraremos más adelante,
se atribuyen a la patria intereses superiores y una misión espiritual. No obstante, no quisiera
descartar esta posible lectura —que hace evidente el vacío en la argumentación de Balbuena—
porque, de hecho, la referencia al destinatario "España" podría verse a través de la expresión
"mundo entero", pues España era en aquella época la única potencia mundial europea.

[25] La idea de una contraconquista española del reino árabe, que resonaba en el elogio de
Juan de Austria y la queja por su muerte prematura (ver nota 21), caería también bajo esta
crítica de la expansión que hace Montesinos, pero no vuelve a ser mencionada.

en las discusiones entre Las Casas y Sepúlveda en las Juntas de Valladolid[26]. Asimismo, por motivos pragmáticos, fue tema principal de discusión entre los pensadores de teoría política europeos durante la segunda mitad del siglo XVI. Pero volvamos a nuestro texto: aquí, es Orlando quien representa lo contrario al tipo del buen soberano mesurado esbozado por Montesinos. Orlando no puede medir ni sus afectos ni su ambición, es descrito como arrogante, desenfrenado y colérico (cf. Lib. XXII, 371b, 4) y formula la idea de que los actos del soberano no pueden ser por definición injustos[27]. Con estas palabras se hace referencia a un concepto de soberanía preabsolutista y maquiavélico basado en un monopolio de la violencia y la guerra, que pasa por alto todo el debate sobre la legitimidad de hacer la guerra y la concepción de títulos legítimos e ilegítimos desarrollada, por ejemplo, por Francisco de Vitoria[28].

Mientras que en este pasaje se critican falsos o ilegítimos deseos de expansión, en clara alusión al gran adversario de la España de entonces (siglo XVI-XVII), Francia, el pasaje sobre los visigodos que trataré a continuación, constituye su polo opuesto, exponiendo un proceder justificado.

La actuación de los visigodos en la época de las invasiones germánicas está insertada en el *Bernardo* en el mismo esquema providencial dentro del cual se interpretan la Reconquista y la Conquista de América, rasgo que ya puede destacarse en las primeras interpretaciones historiográficas del proceder y éxito de los visigodos en España por Juan de Biclaro e Isidoro de Sevilla. Esta actuación es designada expresamente por Balbuena como una "guerra justa": los godos, reputados de ser valientes (cf. Lib. II, 157a, 1), no migraron por ansias

---

[26] Para un esbozo de esta discusión iniciada por fray Antonio de Montesinos en 1511 hasta las discusiones universitarias sistemáticas en los años 1530 cf. los artículos en *La ética de la Conquista de Amé*rica 1984; para el tratamiento de esta cuestión por los humanistas y los escolásticos españoles véase Kohut (en prensa).

[27] "Que no habrá guerra injusta si la abona/ La grave autoridad de tal persona [= César]" (Lib. XXII, 371b, 9). Según Maquiavelo, ciertas características son importantes para un gobierno exitoso, pero no es necesario poseerlas, sino que es suficiente fingirlas. El exitoso tratado antimaquiavélico español, más cercano a los ideales cristianos y que se opuso a esta idea, fue el de Ribadeneyra (en varias ediciones en latín (1595) y en romance (1601): *Tratado de la religión y virtudes que debe tener el príncipe cristiano para gobernar y conservar sus estados* (cf. sobre la mesura de los afectos auténtica o fingida Maquiavelo 1981, cap. XVIII, 68s. y Ribadeneyra 1601, 459s.).

[28] Fisch (1984, 170) señala que a principios del siglo XVII, Grotius (*De jure belli*, 1625) aúna en gran parte teoría política y práctica y sustituye el concepto de guerra justa por el de guerra formal, en cuanto que los requisitos de esta última son el liderazgo de un soberano y la entrega de una declaración bélica formal. En torno a la discusión española sobre la posición jurídica internacional de los territorios transatlánticos, cf. Fisch 1984, 209-246.

de conquista, sino con intentos pacíficos al oeste europeo (es decir, la Península Ibérica) en busca de una nueva tierra —"región prometida por el cielo" (ibíd., a, 2)—, como lo sugiere el pasaje siguiente:

> No salieron con pechos ambiciosos/ A solo hacer alarde de valientes; Mas con la *paz* pidiendo, aunque briosos,/ En que habitar lugares suficientes: No guerra, campos piden anchurosos,/ Del *gran derecho* usando de las gentes;/ Que el pueblo que en su tierra no cabia,/ Que se llegue permite á la vacia.// Negó el Imperio la *demanda justa*,/ Y la inquietud parió desasosiego;/ Que es *hacer guerra justa de la injusta*,/ Negar lo justo de un humilde ruego[29].

Cabe destacar aquí los epítetos de demanda y guerra, a saber, justa e injusta, y la nominalización "lo justo", pues legitiman la expansión gótica al oeste pasando por alto cualesquiera aspectos violentos que hubo en la realidad y destacando más los aspectos del sistema federativo romano en cuanto a la toma de tierra[30]. Este pasaje, que designa un proceder justo y bien fundado, empezando por el léxico utilizado, está, a mi modo de ver, estrechamente relacionado con el citado anteriormente y determina los límites entre una guerra injusta de conquista —que se atribuye a los franceses— y una guerra, o, dicho de una manera más neutral, un "proceder justo" —que se atribuye a los españoles. Esta relación con la época contemporánea resulta aún más evidente cuando se tiene en cuenta que los reyes castellanos se entendían como causahabientes de sus precursorses godos, con derechos jurídicos derivados de ellos[31]. Merece destacar el hecho de que este pasaje contiene otra referencia a la actualidad española: el argumento alegado en el texto para justificar el proceder godo (pedir tierra para poblarla) es obviamente muy similar a la argumentación de Francisco de Vitoria sobre los títulos legítimos de la Conquista de América. En sus *Relectiones de Indis* de 1539, Vitoria cita la libertad de asentamiento y comercio como primer título jurídico

---

[29] Lib. II, 157a, 3, cursivas mías. Sobre los ensayos de explicar y legitimar el éxito visigodo, es decir la instalación de su reino, a pesar de no ser católicos sino, al prinicipio, arianos, cf. Bronisch 1998, 47-52. Cabe destacar que Balbuena emplea este mismo motivo de la valentía de los visigodos como ya lo hizo Isidoro de Sevilla, pasando por alto la cuestión de su religión.

[30] Cf. sobre la idealización de los godos también Messmer 1960.

[31] Cf. Fisch 1984, 47 con más referencias bibliográficas.

legítimo de soberanía sobre América y sus pobladores[32] de modo que podemos hablar de ciertos paralelos estructurales entre ambos procederes.

Se podría incluso concluir que la posterior expansión española transatlántica es entendida como la continuación del movimiento al oeste comenzado por los visigodos, y, como éste, como ejecución del plan providencial divino. En otras palabras, la expansión gótica al oeste y la ocupación de la Península Ibérica a las que se alude aquí pueden ser interpretadas como prefiguración de la expansión castellana al otro lado del Atlántico.

Después de haber analizado el marco teórico, nos dedicaremos a las conquistas de y en territorio americano. En los pasajes sobre el Nuevo Mundo de los libros XVIII y XIX del *Bernardo* hallamos, haciendo caso omiso de los catálogos geográficos que ya mencioné arriba, tres temas principales: la actuación de Colón, la de Cortés y la situación de los tlaxcaltecas.

Cabe advertir primero que estos pasajes revelan una cierta ambivalencia: por una parte, se enfatiza la riqueza del Nuevo Mundo (p.ej. Lib. XIX, 339b, 10); por otra, se descarta meticulosamente cualquier motivación material —que, como hemos indicado, se critica del entonces rival de España, Francia. De este modo, se hace caso omiso de la intención original de Colón de encontrar una nueva ruta hacia Asia al igual que se desmiente cualquier ansia material o de aprovechamiento por su parte. En su lugar se sugiere como motor del descubrimiento el plan divino de incorporar el Nuevo Mundo al imperio español para la evangelización de sus habitantes sirviéndose de Colón[33]. Lo que destaca aún más el papel

---

[32] Cf. Fisch 1984, 216 y Vitoria 1967, 78 (De Indis I 3, 1): "Hispani habent ius peregrinandi in illas provincias et illic degendi" ("derecho a recorrer aquellos territorios y a permanecer allí") y en cuanto al comercio ibíd., 80 (De Indis I 3, 2): "Licet hispanos negotiari apud illos".

[33] "[El cielo] Hará volar con soberanos fines/ Del ligurio Colón los pensamientos,/ Que, mudando los hombres en delfines,/ Domará el mar y enfrenará los vientos; A llegando á las playas y confines/ Que á este incógnito mundo dan cimientos,/ Alegres,viendo su encubierta gente,/ Della cargados volverán á oriente" (339, 2,3). La primera tematización de Colón como héroe de una epopeya (en lengua latina) aparece, según Gil (1983, 230s.), gracias al italiano Gámbara en el año 1581 (*De nauigatione Christophori Columbi libri quattuor*), y posteriormente en la *Columbeide* de Julio César Stella (1589, cf. Yruela Guerrero 1992, 187). Pascual (1992, 182s.) supone que los españoles no tenían interés en elevar a Colón, un extranjero, a la categoría de héroe, siendo como es la epopeya un género patriótico casi por definición. La alusión al destino cambiante y a la ingratitud hacia Colón (Balbuena 1945, Lib. XIX, 339b, 9) se torna más comprensible con la referencia al "merecido" sucesor del descubridor, su bisnieto Nuño Colón, duque de Veragua y marqués de Jamaica en la época en que Balbuena residió en la isla (cf. ibíd., 340a, 4s.) y se revela pues como referencia autobiográfica. Nuño Colón, conde de Gelves, era el nieto de Isabel, hermana del primer duque Diego Colón, hijo de Cristóbal, y casada con Jorge Alberto de Portugal.

positivo y pacífico de Colón en este plan, es el discurso del sabio Tlascalan en que se refiere a él como "blanca paloma,/ Pronóstico de paz á nuestra guerra", es decir obviamente para la guerra entre los tlaxcaltecas y los mexicas (Lib. XIX, 339b, 6). Pasando por alto cualquier exactitud histórica —por supuesto, Colón nunca llegó a Mesoamérica— esta referencia pone de relieve la interpretación estrictamente providencial y, a la vez, largamente simplificadora y reducida del conjunto "América" presentada aquí.

Como único conquistador se menciona, casi por antonomasia, a Hernán Cortés[34]. Tampoco a él se le adscribe ninguna codicia, sino que, por el contrario, se resalta su victoria sobre los aztecas, conquistadores ilegítimos, ocupadores de un territorio ajeno y llenos de las mismas faltas que los franceses. Cortés se convierte, mediante sus actos, en promotor de la paz, de modo similar a Colón. Aun cuando el proceder de Cortés parece legítimo y razonado en este trasfondo, también se puede observar que en la descripción de su toma de posesión del imperio azteca no se menciona casi ninguna acción de guerra, lo que hubiera dejado demasiado claro el carácter de conquista violenta. Lo que está destacado, sin embargo, es la astucia y audacia de Cortés, puesta de relieve en los episodios del barrenar de su flota y el transporte de los bergantines[35]. Además, se refiere a sus capacidades estratégicas y su temeridad: con gran habilidad consigue ganar como aliados a quienes en un principio le fueran hostiles y logra vencer a un enemigo bastante superior en número[36]. Cabe destacar que, contrariamente al modelo de Ariosto, que tacha el progreso de la técnica armamentística de anticaballeresco[37], no se menciona la superioridad española en este respecto: hacerlo

---

[34] Del mismo modo ocurre en el intertexto más importante de la obra de Balbuena, el *Orlando furioso* (c. XV, estr. 27). Sobre las representaciones literarias de Cortés en el siglo de oro cf. Reynolds 1978.

[35] "Barrenar de su flota el frágil leño/[...] hecho fué osado.// [...] ni el abrir ciego postigo/ Al mejicano pantanoso cieno/ Con bergantines y chalupas puestas/ De diez mil hombres en las corvas cuestas:/ [...] Desta hazaña [= captura de Moctezuma] iguala el fundamento" (ibíd., 336b, 8; 10-337a, 1). El episodio del barrenar las naves es retomado por muchos escritores de la época (cf. Reynolds 1978, 105-114), mientras que el de los bergantines no ha sido tratado tanto. Para el tratamiento de este episodio en las crónicas y los poemas épicos hasta Balbuena véase mi artículo (en prensa).

[36] "Ya de un Cortés caudillo el pecho honroso/ Premio á mis ricas esperanzas siento,/ Y la gloria del hecho mas famoso/ Que caber pudo en cuerdo atrevimiento:/ Insigne hazaña de ánimo brioso/ Será dar velas al mudable viento,/ Y embestir bravo, desde el mar profundo,/ Con un tasado campo los de un mundo" (Lib. XIX, 336b, 7).

[37] Cf. Ariosto 1991, IX, estr. 88-91. Murrin (1994) investiga la relación de las epopeyas renacentistas con el mundo militar de la época, es decir, en qué medida éstas tematizan las técnicas de lucha, los avances en armamento etc. o permanecen estancadas en un ideal heroico anacrónico.

menguaría la virtud de los hispanos e infringiría las reglas de la descripción bélica en la epopeya. Más bien, Cortés y su hueste aparecen virtualmente desarmados y mucho más indefensos de lo que estuvieron en la realidad[38]. Por el contrario, su enemigo es descrito como más poderoso y más cruel, poniéndose el acento en su hábito antropofágico[39].

No obstante, el clímax, en el sentido de la virtud heroica, se alcanza con la captura de Moctezuma, descrita como

> heroica hazaña, en quien se agota/ El largo discurrir del seso humano,/ Mayor que armar ni barrenar la flota,/ Ni dar asalto al reino mejicano/ Será entre un pueblo inculto y gente ignota,/ Con fuerza humilde y desarmada mano,/ Su monarca prender, ceñirle hierros,/ Y castigar en él fingidos yerros.
> [...] ¿Qué huésped se arrojara á tanto exceso/ Con suceso feliz, que excede y pasa/ A los que en árduos hechos por famosos/ El mundo estatuas levantó y colosos? (ibíd., 336b, 9-337a, 2).

El topos de la *sapientia et fortitudo* —la virtud, según Maquiavelo—, designa el saber reconocer el momento adecuado en el que una acción puede ser útil y eficiente[40]. Cortés posee este don, de modo que sus acciones parecen bastante "pacíficas" y no demasiado violentas ("con fuerza humilde y desarmado mano")[41]. Pero estas hazañas extraordinarias sobrepasan todo lo recogido por la

---

[38] Cf.: "¡Bella osadía, con campo tan pequeño/ Quererse quedar solo y desarmado" (ibíd., b, 8).

[39] "En medio de enemigos tan esquivos/ Que se suelen comer los hombres vivos!" (ibíd.). Hay que recordar que este hábito sirve para justificar un proceder en contra de los indios que lo pratican en la *Relectio de Indis* de Vitoria (cf. 1967, 93, quinto título legítimo).

[40] Cf. Maquiavelo 1981, cap. VI, 29s. *Il principe* de 1513 (primera impresión póstuma, en 1532) desempeñó un papel decisivo en el concepto de virtud que debe poseer el soberano durante el siglo XVI, a saber, combinar virtud y fortuna, aprovechando la ocasión ofrecida por esta última.

[41] Sabat-Rivers critica en este contexto que las hazañas de Cortés fueran descritas como elaboraciones de la imaginación y ve ahí una devaluación de la persona histórica. Al mismo tiempo, supone —en el pasaje citado arriba— algo ambiguo e inconscientemente irónico a través de la pregunta retórica en la descripción de Cortés. Sin embargo, descuida el topos de la *sapientia et fortitudo* como características importantes en la descripción literaria de un héroe (1994, 67s. y Curtius 1993, 179-184); cf. por el contrario la tesis de Triviños, según la cual todas las hazañas españolas citadas sirven para demostrar la grandeza española: "las hazañas de Hernán Cortés en el Nuevo Mundo, por ej., evidencian que el heroísmo no es privativo de Bernardo, sino cualidad típica de los guerreros españoles" (1981b, 111).

memoria cultural en estatuas o representaciones, así lo sugiere el texto en un topos de superación[42].

La falta de violencia y el proceder justo se hallan también en los pasajes sobre el otro que no es enemigo como Moctezuma y los aztecas, sino amigo o aliado durante la Conquista, los tlaxcaltecas. En este contexto cabe resaltar el paralelismo entre los tlaxcaltecas y los españoles, porque, primero, ambos tienen que defenderse contra opresores y usurpadores injustos (mexicas, franceses), quienes, poseídos de vanagloria, son llevados por bajas motivaciones. Segundo, a los primeros se atribuye una razón legítima para su propia expansión, a saber un proyecto de civilización, por lo menos según la descripción de la historia de México y los tlaxcaltecas por el sabio Tlascalan. En ella, aparecen los mismos adjetivos para españoles y tlaxcaltecas— también estos últimos son un "pueblo valiente" y llevan la civilización a una "encubierta gente"[43].

La imagen positiva de los tlaxcaltecas está acentuada aún más en el episodio donde éstos son percibidos por el grupo de viaje durante su estancia en la cueva del mago indígena Tlascalan como en una escena de teatro. Se los describe bailando, alegrándose de antemano, a saber, siete siglos antes, de la llegada del Cristianismo (si suponemos los fines del siglo VIII como tiempo de acción):

> A este real mirador un fresco llano/ De pomposo teatro le servía,/ Donde un alegre pueblo en traje ufano/ Con placenteros bailes se extendía [...]
> Aquí el gran rayo está de una centella/ Que ha de encenderse de la luz de Cristo,/ Y á la alegre venida de su aurora,/ Aquellas gentes hacen fiesta ahora (Lib. XVIII, 334b, 2 y 8).

Es importante prestar atención a la narración del momento festivo: resulta evidente que los indígenas no son percibidos ya como un peligro. Para los europeos que mantuvieron un contacto directo con los indígenas en la primera mitad del siglo XVI, sin embargo, este contacto resultaba temible y angustioso, en especial en las fiestas (con baile, música, consumo de drogas o la costumbre

---

[42] Este pasaje es el segundo lugar en el cual el narrador incluye el elogio de Cortés y la necesidad de recordar sus actos. (El primer pasaje se encuentra en el Lib. II, 165a, 1: "Aquel [...]/ En pequeños bajeles engolfado/ Es Hernando Cortés, que en mil colosos/ Su nombre ser merece eternizado").

[43] "Leyes dió al Nuevo Mundo de su mano" (Lib. XIX, 336a, 8). Esta motivación de un grupo precolombino y su paralelismo con los españoles recuerdan la descripción de la expansión inca como proyecto civilizador que prefigura el de los españoles en los *Comentarios reales* del Inca Garcilaso.

por aquel entonces desconocida de fumar y embriaguez colectiva)[44]. En este pasaje, en cambio, los epítetos son positivos sin excepción ("alegre", "ufano", "placentero") y la imagen es idílica, sin sombra de matices despectivos o amenazadores, y sin entrar en detalles[45]. Lo pagano, lo extraño, aparecen meramente funcionalizados en relación con la Conquista, el futuro y la religión. Este pasaje expresa la sugerente idea y la autoimagen positiva por parte de los españoles de que, contrariamente a las guerras europeas y a la resistencia de los grupos atacados, esta "conquista" no responde a un proyecto militar agresivo basado en la codicia, sino al plan divino, que se cumple con el consentimiento de los grupos afectados.

El análisis de la tematización de la Conquista de América y otras conquistas ha puesto de relieve que si bien se dejan traslucir algunos matices críticos en cuanto a la teoría de la expansión y toma de posesión de territorios ajenos, estos no son aplicables a la Conquista del Nuevo Mundo. En cuanto a ésta, resulta obvio en el *Bernardo* que el papel de España (también el de los visigodos y de los tlaxcaltecas) se distingue profundamente del de Francia: España lleva a cabo un plan divino, un proyecto justo y civilizador, mientras que Francia está sólo movida por motivaciones bajas y materiales. Después de haber destacado estas diferencias y la autoimagen tan positiva de España, analizaré a continuación la relación intraespañola entre Nuevo y Viejo Mundo en el *Bernardo* en cuanto a rasgos de una conciencia criolla.

III. La relación Nuevo-Viejo Mundo: ¿un juego de jerarquías?

Los estudios dedicados a la emergencia de una conciencia criolla novohispana o americana suelen concentrarse en la cuestión de las relaciones entre Nuevo y Viejo Mundo, entre virreinato y metrópoli —y su potencial superioridad o inferioridad, respectivamente—, que se pueden destacar en los textos contemporáneos[46]. Aplicando este criterio al poema que nos ocupa, se puede comprobar que dichas relaciones aparecen mencionadas en primer plano en dos ocasiones: la primera se refiere a la cristianización de las Indias y su riqueza material y la

---

[44] Cf. Fernández de Oviedo 1992, 46s., e íd. 1959, V, 413-418 y las observaciones de Bénat-Tachot 1996, II, 434-439.

[45] Cabe recalcar que esta imagen positiva y global del "otro" cambia considerablemente con el contacto directo del autor con éste, lo que dejan traslucir los pasajes con tintes autobiográficos; así en el Lib. XIX (340a, 5) el narrador se refiere a las ventajas materiales de Jamaica, pero critica las malas cualidades de sus habitantes, "ociosa y descuidada gente".

[46] Cf. Adorno 1988 y Moraña 1994c.

segunda, a la discusión de concepciones medievales del mundo y de representaciones de parajes extraños y desconocidos.

En repetidas ocasiones se alude al provecho material que obtuvo España de sus posesiones y se elogia al Nuevo Mundo como territorio fructífero, rico en minerales. Al mismo tiempo, el mago Tlascalan, como representante de las Indias, caracteriza la relación entre ambos continentes de la manera siguiente:

> Comprarémos entónces (¡cosa extraña!) / El cielo con la escoria de la tierra,/ El desengaño y luz con lo que engaña,/ La eterna paz con la mudable guerra:/ Daremos plata humilde y oro á España/ Por la divina religion que encierra/ Como en limpio granero; que es mancilla/ Sembrar si no está limpia la semilla[47].

En esta estrofa, teñida de contrastes, se oponen lo material y lo espiritual como elementos de trueque entre España y las Indias. Mas no se trata de una relación a nivel igual, sino con rasgos jerárquicos, a saber, una cierta dominancia del Nuevo Mundo, a mi modo de ver. Es que en el pasaje citado se aprecia claramente que, en última instancia, el Nuevo Mundo se beneficia más que el Viejo del intercambio. Tras la evangelización, pues, hallamos, en cierta manera, una superioridad espiritual del Nuevo Mundo con respecto a la tierra madre, España: aquél, exento de codicia, da generosamente sus riquezas naturales a la metrópoli, y, a cambio de éstas recibe un pago mejor, espiritual: la fe católica pura. Por el contrario, España recibe los objetos materiales, del "engaño" en esta terminología, que pueden incitar a la codicia y representar un peligro potencial, como lo había puesto de relieve ya la primera descripción de las nuevas tierras en el libro XVI, donde se enfatiza su posibilidad de aprovechamiento material:

> Verán [las banderas victoriosas de España] nuevas estrellas en el cielo,/ Nuevos árboles, plantas y animales,/ Y lleno un abundante y fértil suelo/ De ricas pastas, de ásperos metales,/ De perlas, plata y oro *un dulce anzuelo,/ Que con su cebo pesca hombres mortales,/*

---

[47] Lib. XIX, 336a, 6. Las intercalaciones entre paréntesis deben ser entendidas como comentarios del yo-poético, como en el episodio del águila, donde el narrador imagina su fama poética ("¡extraño caso!", Lib. XX, 347b, 3). De ahí podemos concluir que Tlascalan y el yo-poético no se encuentran muy alejados el uno del otro y que: 1. el yo-poético se identifica (o se puede identificar) con la posición del mago autóctono, 2. el yo-poético adopta una postura crítica no sólo en relación con la conquista, sino también en relación con la codicia material de España. Merece añadir el hecho de que en esta estrofa se encuentra la única referencia explícita general a los sucesos violentos durante el proceso de conquista, la "mudable guerra", referencia normalmente suprimida como acabamos de ver.

De cuyo gran tesoro sus armadas/ Cada año a España volverán cargadas[48].

Pero, en oposición a otros grupos étnicos y religiosos mencionados en el poema que se dejaban, por así decir, "pescar", parece que España queda exenta de este peligro. Aunque el texto no lo desarrolla explícitamente, eso se puede (o, para el lector contemporáneo, debe) deducir de los numerosos pasajes que ponen de relieve la limpieza religiosa de España: ella mereció el descubrimiento y la explotación posterior del nuevo continente por ser la única potencia europea capaz de evangelizarlo, pues al contrario que Francia, sacudida por las guerras de religión y el protestantismo, conservó una fe intacta. Así se desprende de la alusión al futuro en la estrofa 5 del Lib. XIX[49] —cuyo narratario es claramente el francés Malgesí— y de las metáforas bíblicas del grano y del granero empleadas varias veces[50]. Por eso, España se muestra al mismo tiempo inmune contra todas esas tentaciones de heterodoxia y codicia, a las que sucumben otros grupos como, por ejemplo, los árabes (con su conquista del territorio español) y los franceses[51].

---

[48] Lib. XVI, 315a, 6, cursivas mías. Cf. también Lib. XVIII, 331b, 3: "segundo [orbe]/ Que hoy á España tributa y da barata/ La sangre de sus venas vuelta en plata".

[49] "Cuando tu patria en nuevas opiniones/ La religion verá que ahora profesa,/ Y en la fe sospechosa y sus razones,/ Muchas confesará que hoy no confiesa,/ De España los católicos pendones,/ Y el primer papa en ellos por empresa,/ En señal que es el agua de su fuente,/ A dar luz bajarán á nuestra gente" (Lib. XIX, 336a, 5). Cabe mencionar el hecho de que en este pasaje encontramos la Conquista eufemizada: no se habla de individuos como actantes, sino de la nación española en general como sujeto, y esto desplazado metonímicamente a los "católicos pendones".

[50] Aparte del pasaje ya citado, cf. Lib. XIX, 339b, 2: "Y ambos [Isabel y Fernando], deshecho ya el morisco bando,/ Del todo limpia su española silla:/ Y por tan santos medios acribando/ El cielo su católica semilla,/ Su luz abrirá el alba á nuestra gente,/ Y el sol dará en los mundos del poniente" (cf. también la referencia al final de la Reconquista, Lib. XVI, 315a, 4: "Entonces se verá que, aunque colgada/ La tierra tenga el aire [...] en firme globo de igualdad perfeta;/ Y llegará esta edad de oro cargada/ El día que España a hierro y fuego meta/ La grave carga que ahora le hace guerra/ Y de una ley y un Dios haga su tierra"). Los numerosos pasajes que destacan la limpieza religiosa de España ponen en duda la tesis de Triviños según la cual el contraste entre Francia y España en el *Bernardo* no radica en la fe, sino en la ambición, los vicios y la virtud (cf. 1981b, 110).

[51] En lugar de una crítica de la Conquista de América y una huida de la situación actual hacia una época precolonial —como supone Sabat-Rivers (1994, 65)— *El Bernardo* presenta más bien una advertencia de las tentaciones a las que los europeos podrían sucumbir a la vista de las riquezas materiales del nuevo continente.

La superioridad indicada arriba por parte del Nuevo Mundo se encuentra también en otra faceta de la relación entre las dos partes del imperio español, faceta que resulta influida claramente por experiencias empíricas. Éstas se manifiestan en la conversación con rasgos didáctico-informativos que sobre las diversas concepciones del mundo en vigor sostienen el mago francés Malgesí y sus invitados —el paladín francés Reinaldos, el gigante Morgante y el rey persa Orimandro— durante su viaje aéreo en navío por todas las partes del mundo hasta llegar a América y a Tlaxcala, habiendo pasado por la Luna.

El motivo del viaje con rasgos utópicos (con medios de transporte tradicionales o inventados) posee una larga tradición desde la Antigüedad, pero en este relato su tratamiento se diferencia esencialmente del de los textos anteriores[52]. Mientras que en éstos el cambio de ubicación significa también traslado a un mundo desconocido (una especie de contramundo, o sea el Más allá, el submundo, tal el caso de Eneas, o la Luna, como en el *Orlando furioso*), aquí se invierte el orden de sucesión: el traslado se efectúa desde un sitio imaginario desconocido, la Europa fantástico-exótica medieval, hacia un sitio conocido por el autor, a saber, Nueva España, donde él redacta su texto, como lo dejan traslucir las intercalaciones del narrador una y otra vez[53]. Es decir, hasta cierto punto, cuando se habla de América, no se trata de un trasmundo sino de una visión de lo conocido, las Indias, desde la cual se mira hacia la lejana y exótica Europa —infiltrada en el discurso del mago francés Malgesí que sirve de guía— para mostrar también la grandeza española, sobre todo al paladín francés quien "[enderezaba] a ver un nuevo mundo,/ Que á hallarse vendrá y á ser ganado/

---

[52] Como modelos literarios para la cueva de Tlascalan (Lib. XVIII, 139-146) menciona Chevalier 1966, 386 los dos siguientes: la *Farsalia* de Lucano (VI, 670-680) y la *Araucana* de Ercilla (XXIII, 49-54). El viaje en navío mismo está inspirado naturalmente en el de Astolfo y el de San Juan a la Luna en el *Orlando furioso* (XXXIV, 68-72) y en el viaje de Renaud, Richardet y del demonio Astaroth en el *Morgante* de Pulci (XXV, 200-288). Cf. además el viaje de Eneas al submundo de Virgilio. Un estudio detallado del paralelismo con Ariosto y Boiardo lo ofrece Van Horne 1927, 87-89. Sobre la interpretación alegórica de los participantes como Entendimiento, Memoria y Voluntad cf. Pierce 1948-1950, 208-211 y Chevalier 1966, 384s. Chevalier constata al final el fracaso de las interpretaciones alegóricas del sentido (ibíd., 385): "Le sujet du B. ne permettait à vrai dire [...] qu'une perspective d'ordre nationaliste et providentialiste: l'identification du combat franco-espagnol avec une lutte entre le Bien et le Mal". Rodilla (1996b) se dedica a las "representaciones medievales de trasmundo" en el *Bernardo*, las moradas encantadas de hadas etc. y no considera, pues, el viaje a América.

[53] Ver abajo, p. 495.

Cuando sus golfos abrá el mar profundo"[54]. Esta relación entre lo conocido y lo exótico se hace patente en el diálogo sobre las diversas concepciones del mundo: en las preguntas de Orimandro a Malgesí y en las respuestas de este último se tematizan las concepciones medieval y futura (desde el punto de vista de la fábula) de la tierra, así como las zonas que se consideran habitables (cf. Lib. XVI, 314b, 6) y los seres fabulosos:

> Y para hacer mas mundo en lo restante/ Otras varias quimeras componia [¿"otro sabio"?],/ De sombrios centauros y dragones,/ Pigmeos menudos, y anchos patagones (ibíd., 315a, 2).

Las representaciones de seres fabulosos son, no obstante, según la respuesta de Malgesí, "fábulas del vulgo [...],/ Que tiene por error verlas dudadas;/ De ignorancia engendradas [...]/ Y con la larga edad acreditadas" (ibíd., 315a, 3). Lo exótico y lo fantástico, como resultado de un imaginario (europeo) y de una mala información, se hacen evidentes en dicha respuesta[55] y se deja traslucir la imagen de América como lugar donde ambos aspectos se sitúan[56]. Además, en esta respuesta se insinúa la superioridad del sujeto colonial en cuanto a la verdadera concepción del mundo. Este pasaje está basado, a mi modo de ver, en las experiencias del autor residente en las Indias, que se distancia de esas representaciones no fundadas en la realidad. En cierto modo, se trata de la inversión de la relación entre la Europa/España científica, lugar tradicional del saber, y la peri-

---

[54] Lib. XV, 302b, 9. Al constituir el grupo de esas nacionalidades, Balbuena duplica y concretiza, a mi modo de ver, los destinatarios de su mensaje ideológico: ya en el primer nivel de la acción los actores franceses son confrontados con la futura grandeza e imperio mundial de España, los cuales no ponen en duda.

[55] En este punto cabe tomar en cuenta un comentario de Zamir Bechara (1998, 149s.) en el que indica que el supuesto 'exotismo' del Nuevo Mundo no aparece en las obras de poetas de las colonias como Balbuena o Domínguez Camargo —quienes hacen caso omiso de los temas americanos tales como lo indígena, lo negro, lo mestizo, la naturaleza— sino en las de poetas europeos como Góngora. Bechara concluye: "lo que para Góngora y muchos autores del siglo de oro español es exótico, carece de ese peculiar sentido para los habitantes de la América Hispánica". Si aplicamos esta idea al campo americano, el exotismo estaría entonces representado por Europa, exotismo que Balbuena presenta en forma de la epopeya fantástico-medieval.

[56] Cf. también este pasaje al respecto: "Volverá a renacer el siglo de oro,/ Con el que sudará el suelo fecundo, Y de sus ricas naves el tesoro/ Gemir el golfo hará del mar profundo;/ Y estos dioses sin alma, que hoy adoro [Tlascala habla],/ Piedra á ser volverán en nuestro mundo [= América],/ Y en el suyo las nuevas maravillas/ Nuevos asombros parirá el oillas" (Lib. XIX, 339b, 5). Sobre el topos del siglo de oro que aparece ya en la primera descripción de América por Colón cf. Gil 1989, 186-191.

feria novomundana: el saber razonado, empírico, se hace corresponder a ésta, mientras que "las fábulas del vulgo" corresponden al (desinformado) centro europeo.

Si bien se pueden destacar, como acabamos de ver, algunos matices en cuanto a la relación entre Nuevo y Viejo Mundo elevando el primero —ligeramente— a la primera posición, resultaría exagerado atribuir al texto una conciencia explícita de diferencia que sobrepasaría lo ya indicado y que pondría en duda básicamente la hegemonía de la metrópoli[57]. Pero lo que sí se puede destacar en el texto es otra jerarquía situada, definitivamente, por encima, y que superpone aún el juego y la puesta en tela de juicio de las relaciones entre Nuevo y Viejo Mundo. Me refiero a las ideas sobre la fama y las abundantes referencias al carácter efímero de todo renombre, cómo veremos a continuación.

Es que varios pasajes del texto ponen de relieve la relación entre lo vivido —en un sentido muy amplio— y lo narrado. Resulta evidente que lo único que puede mantener la fama nacional y la memoria de sus héroes —siempre sujetas a (o amenazadas por) lo efímero de la fama— no es la fuerza política de un soberano o la grandeza de una nación, sino el poeta/artista, que conserva las hazañas correspondientes en su obra para la memoria colectiva. Eso se hace patente en el episodio de las cenizas de Bernardo, quien habría sido olvidado si no se hubiera conservado el libro con el relato de sus hazañas, lo cual lleva al yo-narrador a escribir su obra:

> [...] hallaron hecho tierra/ El que ántes era asombro de los hombres,/ Porque del que asombró vivo en la guerra,/ De que sea polvo tú tambien te asombres// [...] un nuevo aliento/ Divino ó natural nació en mi pluma,/ Para hacer, conforme á mi talento,/ Del grande libro una pequeña suma (Lib. XVII, 320b, 8 y 321a, 4).

Así, se trata del único medio, según el narrador, de recordar y transmitir los acontecimientos pasados destinados al olvido. De este modo, la narración supera la realidad y alcanza en última instancia el más alto puesto de valoración: "Que sobrepuja/ A la verdad la historia dibujada" (Lib. XXIV, 395b, 4). Este carácter preponderante del arte, como "undercurrent of meaning" (Edgar Allan Poe)

---

[57] La conciencia de un sentimiento de inferioridad —postulada por Mazzotti para el ser criollo— o de diferencia aparece como indicadora de una relación de hegemonía vs. subalternidad. Cf. en este punto Bechara (1998, 147): "Parece que, inicialmente, muy pocos de nuestros escritores coloniales son conscientes de pertenecer a un mundo distinto al peninsular, de formar parte de otra realidad y de poseer una visión del mundo totalmente diferente a la óptica de los españoles y europeos".

siempre amenaza con subvertir y poner en duda la declaración superficial de la superioridad española y el efecto de la Providencia (que ha dado a España como recompensa el Nuevo Mundo y permitido con ella la obtención de nuevos cristianos). Por último, hay que añadir que esta hegemonía del arte está acompañada de la referencia explícita al lugar en cuya proximidad escribió la obra, el "gran volcán de Jala" (Lib. XVIII, 332a, 2-4). Así, el yo-poético se sitúa *expresis verbis* en el Nuevo Mundo y consigue —al menos transitoriamente— con ese tema medieval hacer de una región marginal en lo que a producción literaria se refiere (orientada según los cánones clásicos europeos), un centro de arte y de producción artística.

IV. La fascinación por el asunto medieval y lo exótico europeo

Después de que la épica novohispana del siglo XVI o, más ampliamente, la épica americana sustituyó al caballero medieval por el conquistador y se consagró a la temática de la conquista en forma histórica[58], Balbuena es el primer autor que vivió en las colonias de fines del siglo XVI y principios del XVII que eligió otro argumento, y ligado a ello, otra figura principal, el caballero heroico-fantástico. La pregunta sobre la motivación que llevó a Balbuena a escribir tal epopeya ha abierto un gran espacio para numerosas especulaciones. ¿Responde la elección del tema a una expresión del frecuentemente citado "retardo" de las colonias, que habrían reaccionado con un cierto retraso a las tendencias de la metrópoli[59]? ¿Responde el recurso a la grandeza y fama nacional del pasado a un momento en el que la propia época se siente como decadente? ¿Desempeña la evocación de la lucha de carácter caballeresco y de un sentimiento patriótico contra un enemigo externo el papel de defensa contra tendencias centrípetas? ¿O simplemente se sitúa en la lista de imitaciones del *Orlando* para beneficiarse todavía de su fama?

---

[58] Peña entiende la poesía épica del siglo XVI como afán de "reivindicación del criollo, y de su adalid Cortés, imitando paradigmas clásicos", y como mezcla de la "pretensión artística y la intención pragmática" (2000, 42), sosteniendo además que "adquiere identidad propia al tratar el fenómeno de la Conquista y recrear el personaje del caballero transmutado en conquistador" (ibíd., 45).

[59] Cf. en este asunto Moraña 1994c, 40, que ve un "retardo" como "marca de marginalidad" característica del discurso criollo —y también de Balbuena—, no sólo desde la perspectiva temporal sino también espacial. Sin entrar en la temática de la posible diferencia entre la metrópoli y la periferia novohispana y en base a las características inmanentes al género, Chevalier (1966, 395s.) ya había señalado que el *Bernardo* estaba pasado de moda en 1624 y que los "valeurs épiques" del Ariosto habían sido superados.

Peña, que quiere reconocer mucho de la persona de Balbuena en la obra (cf. 1996, 249), apunta a motivos personales en la elección del tema: se trataría, pues, de una proyección de su propia identidad, pues escoge un personaje que lleva su mismo nombre y el de su padre y que, como él, es ilegítimo. Piñero Ramírez (1998, 185) interpreta la elección del tema como expresión de una "añoranza de la metrópoli". Por su parte, Concha (1976, 48) y, de acuerdo con él, Sabat-Rivers, ven en esta elección un *ersatz* y huida de la situación contemporánea, además del deseo de que la conquista jamás hubiera sucedido. Sabat-Rivers enfatiza en su interpretación del mago americano que éste, como reportero y profeta del grupo de viaje europeo, pertenece a los tlaxcaltecas, pobladores de aquellas tierras anteriores a los mexicas y los españoles. De ello concluye una superioridad de los indígenas, es decir, de los precolombinos frente a los europeos[60]. Aunque su tesis sea sugestiva, a mi modo de ver, desatiende el hecho de que, primero, el mago Tlascalan parece ser vencido al final por su concurrente europeo, lo que termina su superioridad anterior, segundo, que este mundo tlaxcalteca es uno de idolatría, por lo tanto opuesto a las convicciones católicas de Balbuena. A mi parecer, el autor tuvo otras motivaciones para escoger este escenario: en el plano argumental el autor siente que debe garantizar en primer lugar una cierta plausibilidad en la elección de Tlascalan y del mago, pues los personajes no emprenden un viaje temporal, sino espacial por el "Medioevo", y por eso, se mueven en una época "precortesiana". La razón de mayor peso, sin embargo, que hace evidente que no se trata de un deseo de evasión sino de un refuerzo de la argumentación, es el hecho de que los tlaxcaltecas son imprescindibles en el *Bernardo* para justificar el proceder español, pues Cortés no los "conquista" sino que los "libera" de sus agresores, los aztecas[61]. Al hacerlo, Balbuena sitúa en primer plano la "buena acción" de los españoles, eliminando así cualquier crítica a una ideología de conquista motivada por la codicia.

Existe en primer lugar una respuesta intraliteraria a la pregunta sobre la motivación de Balbuena que está relacionada con el desarrollo de los valores poéticos y la revalorización de la imaginación[62]. Blanco (1989, 212) apunta como

---

[60] "Es un modo de colocar al mundo americano anterior a la Conquista por encima de ésta, rasgo evasivo concurrente al que señalamos antes al hablar de *El Bernardo*" (1994, 70).

[61] Así lo sugiere el texto de Balbuena que se refiere más bien a la situación en la Mesoamérica precortesiana desde la segunda mitad del siglo XV (y no a la en el siglo VIII) hasta la llegada de los españoles, cuando Tlaxcala era independiente, aunque amenazada permanentemente por los aztecas (cf. Prem 1989, 39-44).

[62] Cf. el prólogo de Balbuena, en el cual el autor concede prioridad absoluta a la imaginación y se aleja decididamente de la "historia verdadera" en obras de ficción porque eso "no es sugeto de poesía" (1945, 141). Asimismo, escribe Tasso en el primer *Discorso* (1594, 1587,

motivo para la elección del tema —y éste me parece el más convincente— la ambición artística personal del autor, que lo lleva a la elección de un tema nada cercano y, desde su punto de vista, exótico por partida doble: espacial y temporalmente. Un tema histórico como el de la conquista —el más elegido de la época de redacción del *Bernardo* todavía, por lo menos en la épica americana, como por ejemplo en el *Peregrino indiano* (1599) de Saavedra Guzmán o en la *Mexicana* (1594) de Lobo Lasso de la Vega— hubiera resultado para Balbuena, autor tan influido por Aristóteles y Tasso, demasiado limitado y por eso poco digno de consideración. Por otra parte, él se encuentra en un proceso de *aemulatio* de los clásicos antiguos y de los modelos italianos y españoles y aspira a un tema de grandeza nacional. En este contexto, se hace patente que complementa lo que su modelo, Ariosto, había excusado por medio del topos de la indescriptibilidad[63] y que ofrece, en concreto, una descripción del universo y de América, evocando nombres de lugares en sus catálogos.

En segundo lugar, existe una respuesta política a la pregunta de la elección del tema: la figura legendaria de Bernardo como vencedor de Roncesvalles ha resultado idónea desde las crónicas y el Romancero hasta la época contemporánea de Balbuena para describir la situación correspondiente. En nuestro caso se trata del conflicto con Francia y sus pretensiones, si no de soberanía mundial, por lo menos de supremacía europea y de demostrar la virtud española, el papel providencial que desempeña España contrariamente a Francia y su aptitud para este papel. Eso se hace patente, sobre todo, en la tematización de las diversas conquistas y su marco teórico, el de la guerra justa.

Volviendo a nuestra pregunta inicial de la motivación de Balbuena tenemos que constatar que de ambas respuestas no se puede deducir una conciencia de diferencia de los novohispanos con respecto a los europeos. Pero lo que sí se puede deducir y lo que informa sobre la conciencia novohispana de Balbuena (claro está que no puedo hablar sino de un individuo y lo que se deja traslucir en su poema épico) es, a mi modo de ver, lo siguiente: además de los argumentos (poético y político) alegados arriba, se puede suponer que los conquistadores no

---

presentado antes del 1570 en Ferrara): "Ma l'istorie de' tempi né molto moderni né molto remoti non recano seco la spiacevolezza de' costumi, né della *licenza di fingere* ci privano. Tali sono i tempi di Carlo Magno e d'Artù e quelli ch'o di poco successero o di poco precedettero" (1964, 10). Del mismo modo, Tasso se deslinda claramente de la osadía y del peligro de pretender escribir sobre las acciones de Carlos V, por ejemplo, de otra manera que vistos y experimentados por los testigos oculares e históricos. Eso restringe, según él, de modo notable, la imaginación, tan importante y decisiva para la epopeya.

[63] "Veggio Hernando Cortese, il quale a messo/ nuove città sotto i cesarei editti,/ e regni in Oriente sí remoti,/ ch'a noi, che siamo in India, non son noti" (1991, c. XV, estr. 27).

le resultan ya tan interesantes en una época en la cual se consolida y consigue florecer la sociedad novohispana. Los valores de la creación literaria han cambiado, como el prefacio de Balbuena a su poema lo pone de relieve francamente, pero, a la vez, el poema épico deja traslucir todavía el deseo del autor de estabilizar su propia identidad. Las intercalaciones del yo-poético, las referencias a su identidad y al lugar de redacción de la obra, creo, muestran que su conciencia de sí mismo como escritor novohispano es (todavía) susceptible de ser cuestionada, hasta tal punto que se puede distinguir en Balbuena una percepción de diferencia en cuanto a la metrópoli.

Para terminar: el *Bernardo* es una obra ambigua. Por una parte, no me parece ser expresión de una mera "añoranza de la metrópoli", sino una obra que busca entrar en competición literaria con las de la Península, sin por ello ser "expresión de una conciencia criolla" en un sentido estrictamente dicotomizado. Por otra parte, es prueba de la *virtus* española y en ella es clara la conciencia de Balbuena de formar parte de esa patria y de ese imperio. El *Bernardo* lleva facetas, pues, matices de esa conciencia que preferiría definir como conciencia de una diferencia: un sentimiento de cierta superioridad en cuanto al saber sobre el Nuevo Mundo y su pretendido "desinterés" material, y la curiosidad por lo exótico y lo curioso, lo que consecuentemente está situado desde su punto de vista en la Europa medieval. Por último, si en este texto existe una especie de hegemonía, es hegemonía del artista y de la obra de arte frente a la vida y a la historia, y este artista, de nombre Bernardo de Balbuena, escribe sobre la fama de la nación española.

Bibliografía

Adorno, Rolena. 1988. El sujeto colonial y la construcción cultural de la alteridad. En: *Revista de crítica literaria latinoamericana* 14, 28, 55-68.

Ariosto, Ludovico. 1991 [1532]. *Orlando furioso*. Edición de Marcello Turchi. Milano: Garzanti.

Avalle Arce, Juan Bautista. 2000. *La épica colonial*. Pamplona: Ediciones Universidad de Navarra.

Balbuena, Bernardo de. 1945 [1624]. *El Bernardo o Victoria de Roncesvalles*. En: *Poemas épicos*. Vol. I. Madrid: Atlas (BAE, 17), 137-399.

—. 1988. *El Bernardo*. Estudio introductorio y selección de Noé Jitrik. México: SEP.

—. 1971. *La grandeza mexicana y Compendio apologético en alabanza de la poesía*. Estudio preliminar de Luis Adolfo Domínguez. México: Porrúa (Sepan cuantos, 200).

—. 1989 [1608]. *Siglo de oro en las selvas de Erífile*. Edición, introducción y notas de José Carlos González Boixo. Xalapa [Veracruz]: Universidad Veracruzana.

Bechara, Zamir. 1998. Barroco de Indias. En: Petra Schumm (ed.). *Barrocos y Modernos. Nuevos caminos en la investigación del Barroco iberoamericano*. Frankfurt a.M./Madrid: Vervuert/Iberoamericana, 141-161.

Bellini, Giuseppe. 1977. Presenze italiane nell'opera de Balbuena. En: *Storia delle relazioni letterarie tra l'Italia e l'America de lingua spagnola*. Milano: Cisalpino-Goliardica, 39-44.

—. 1997. *Nueva historia de la literatura hispanoamericana*. 3ª edición corregida y aumentada. Madrid: Castalia.

Bénat-Tachot, Louise. 1996. *Les représentations du monde indigène dans la Historia general y natural de Gonzalo Fernández de Oviedo*. 2 vols. París. Tesis de doctorado.

Blanco, José Joaquín. 1989. *La literatura en la Nueva España*. Vol. 1: *Conquista y Nuevo Mundo*. México: Cal y Arena.

Bronisch, Alexander Pierre. 1998. *Reconquista und Heiliger Krieg. Die Deutung des Krieges im christlichen Spanien von den Westgoten bis ins frühe 12. Jahrhundert*. Münster: Aschendorff.

Chevalier, Maxime. 1966. *L'Arioste en Espagne (1530-1650). Recherches sur l'influence du Roland furieux*. Bordeaux: Féret & Fils.

Concha, Jaime. 1976. La literatura colonial hispano-americana: problemas e hipótesis. En: *Neohelicón* 4, 1-2, 31-50.

Curtius, Ernst Robert. [11]1993 [1948]. *Europäische Literatur und lateinisches Mittelalter*. Tübingen/Basel: Francke.

Dolle, Verena. 2003. "Con bergantines y chalupas puestas de diez mil hombres en las corvas cuestas". Verdad histórica y ficción en el episodio de los bergantines cortesianos. En: *Iberoromania* N° 58.

Fernández de Oviedo, Gonzalo. 1959. *Historia natural y general*. Edición de Juan Pérez de Tudela. 5 vols. Madrid: Atlas (BAE, 117-121).

—. 1992 [1526]. *Sumario de la natural y general historia de las Indias.* Madrid: CEGAL.

Fisch, Jörg. 1984. *Die europäische Expansion und das Völkerrecht. Die Auseinandersetzungen um den Status der überseeischen Gebiete vom 15. Jahrhundert bis zur Gegenwart.* Stuttgart: Steiner.

Gil, Juan. 1983. La épica quiñentista y el descubrimiento de América. En: *Anuario de estudios americanos* 40, 203-251.

—. 1989. *Mitos y utopías del Descubrimiento: I. Colón y su tiempo.* Madrid: Alianza.

—; José María Maestre (eds.). 1992. *Humanismo latino y descubrimiento.* Sevilla/Cádiz: Universidad.

Goic, Cedomil. 1996. Poetización del espacio, espacios de la poesía. En: Pascual Buxó, 13-25.

González Boixo, José Carlos. 1989. Introducción. En: Balbuena, 7-52.

Kohut, Karl. En prensa. Guerre et paix dans la philosophie de l'humanisme et la scolastique espagnoles. En: Annie Molinié; Alexandra Merle; Jean-Paul Duviols (eds.). *Guerre et paix en Espagne et en Amérique. De la Reconquête aux guerres d'indépendence.* Paris: Presses de l'Université de Paris-Sorbonne.

Kristal, Efraín. 1999. La historia imperial de España en el *Orlando Furioso* y *La Araucana.* En: Sybille Große; Axel Schönberger (eds.). *Dulce et decorum est philologiam colere. Festschrift für Dietrich Briesemeister zu seinem 65. Geburtstag.* Berlin: DEE, 1667-1677.

Madrigal Iñigo, Luis. 1992. *Grandeza mexicana* de Bernardo de Balbuena. En: *Versants* [Ginebra] 22, 23-38.

—. ³1998 [1982]. *Historia de la literatura hispanoamericana.* Vol. I: *Epoca colonial.* Madrid: Cátedra.

Maquiavelo, Nicolás. ³1981 [1976]. *Il Principe e le opere politiche.* Milano: Garzanti.

Mazzotti, José Antonio (ed.). 2000a. *Agencias criollas. La ambigüedad "colonial" en las letras hispanoamericanas.* Pittsburgh: IILI.

—. 2000b. Introducción. En: íd. 2000a, 7-35.

—. 2000c. Resentimiento criollo y nación étnica: el papel de la épica novohispana. En: íd. 2000a, 143-160.

Menéndez Pelayo, Marcelino. 1948 [1911]. *Historia de la poesía hispanoamericana*. 2 vols. Madrid: CSIC (Obras completas, 27-28).

Messmer, Hans. 1960. *Hispania-Idee und Gothenmythos. Zu den Voraussetzungen des traditionellen vaterländischen Geschichtsbildes im spanischen Mittelalter.* Zürich: Fretz & Wasmuth.

Milá y Fontanals, Manuel. 1959. *De la poesía heroico-popular castellana.* Barcelona: CSIC.

Moraña, Mabel (ed.). 1994a. *Relecturas del Barroco de Indias.* Hanover, NH: Ediciones del Norte.

—. 1994b. Introducción. En: íd. 1994a, i-xii.

—. 1994c. Apologías y defensas: discursos de la marginalidad en el Barroco hispanoamericano. En: íd. 1994a, 31-58.

Murrin, Michael. 1994. *History and Warfare in Renaissance Epic.* Chicago: University Press.

Nicolopulos, James. 2000. *The Poetics of Empire in the Indies. Prophecy and Imitation in* La Araucana *and* Os Lusíadas. University Park, PA: Pennsylvania State University Press.

Pascual Barea, Joaquín. 1992. Las primeras alusiones al Descubrimiento en la poesía latina de Sevilla. En: Gil/Maestre, 171-183.

Pascual Buxó, José. 1993. Bernardo de Balbuena: el arte como artificio. En: Luis Cortest (ed.). *Homenaje a José Durand.* Madrid: Editorial Verbum, 189-215.

Peña, Margarita. 1996. Epic Poetry. En: Roberto González Echevarría; Enrique Pupo-Walker (eds.). *The Cambridge History of Latin American Literature.* Vol. 1. Cambridge: University Press, 231-259.

—. 2000. Peregrinos en el Nuevo Mundo: tradición épica y manifestaciones novohispanas. En: Karl Kohut; Sonia. V. Rose (eds.). *La formación de la cultura virreinal. I: La etapa inicial.* Frankfurt a.M./Madrid: Vervuert/Iberoamericana, 41-57.

Pfandl, Ludwig. [2]1952 [1933]. *Historia de la literatura nacional española en la edad de oro.* Traducido por Jorge Rubió Balaguer. Barcelona: Gili.

Picón Salas, Mariano. 1944. *De la conquista a la independencia*. México: FCE.

Pierce, Frank. 1945. *El Bernardo* de Balbuena, a baroque fantasy. En: *Hispanic Review* 13, 1-23.

—. 1948-1950. L'allégorie poétique au XVIe siècle. Son évolution et son traitement par Bernardo de Balbuena. En: *Bulletin Hispanique* 51, 4, 381-406 y 52, 3, 191-228.

—. 1968. *La poesía épica del siglo de oro*. Versión española de J. C. Cayol de Bethencourt. 2ª edición revisada y aumentada. Madrid: Gredos.

Piñero Ramírez, Pedro. ³1998 [1982]. La épica hispanoamericana colonial. En: Madrigal, 161-188.

Prem, Hanns J. 1989. *Geschichte Altamerikas*. München: Oldenbourg.

Primavera y flor de romances. 1945 [1856]. Editado por Fernando José Wolf y Conrado Hoffmann. Reeditatado por Marcelino Menéndez Pelayo. *Antología de poetas líricos castellanos*. T. VIII. Santander: Aldus.

Reynolds, Winston A. 1978. *Hernán Cortés en la literatura del siglo de oro*. Madrid: Centro iberoamericano de cooperación.

Ribadeneyra, Pedro de. 1601. *Tratado de la religión y virtudes que debe tener el príncipe cristiano para gobernar y conservar sus estados*. Madrid: Luis Sánchez.

Rodilla, María José. 1996a. La *Poética* de Aristóteles y la épica colonial. En: José Pascual Buxó (ed.). *La cultura literaria en la América virreinal*. México: UNAM, 33-42.

—. 1996b. Representaciones medievales de trasmundo en *El Bernardo* de Balbuena. En: William von der Walde (ed.). *Caballeros, monjas y maestros en la Edad Media*. México: UNAM, 549-557.

Roggiano, Alfredo A. 1994. Para una teoría de un Barroco hispanoamericano. En: Moraña 1994a, 1-15.

—. ³1998 [1982]. Bernardo de Balbuena. En: Madrigal, 215-224.

Rojas Garcidueñas, José. 1958. *Bernardo de Balbuena. La vida y la obra*. México: UNAM.

Romancero General o colección de romances castellanos anteriores al siglo XVIII. 1945. Recogidos, ordenados, clasificados y anotados por Agustín Durán. 2 vols. Madrid: Atlas (BAE, 10, 16).

Sabat-Rivers, Georgina. 1994. El Barroco de la contraconquista: primicias de conciencia criolla en Balbuena y Domínguez Camargo. En: Moraña 1994a, 59-95.

Tasso, Torquato. 1964 [1594]. *Discorsi dell'arte poetica e del poema eroico*. Edición de Luigi Poma. Bari: Laterza & Figli.

Triviños, Gilberto. 1981a. Bernardo del Carpio desencantado por Bernardo de Balbuena. En: *Cuadernos Americanos* 236, 3, 79-102.

—. 1981b. Nacionalismo y desengaño en *El Bernardo* de Balbuena. En: *Acta Literaria* [Concepción, Chile] 6, 93-117.

Van Horne, John. 1927. „*El Bernardo" of Bernardo de Balbuena. A Study of the Poem with Particular Attention to its Relations to the Epics of Boiardo and Ariosto and to its Significance in the Spanish Renaissance*. Urbana: University of Illinois Press (University of Illinois Studies in Language and Literature, 27, 1).

—. 1940. *Bernardo de Balbuena. Biografía y crítica*. Guadalajara [México]: Imprenta Font.

Vitoria, Francisco de. 1967 [1539]. *Relectio de Indis o Libertad de los indios*. Edición crítica bilingüe por Luciano Pereña y José Manuel Pérez Prendes. Madrid: CSIC (Corpus Hispanorum de Pace, 5).

—. 1981. *Relectio de iure belli o paz dinámica*. Edición por Luciano Pereña y otros. Madrid: CSIC (Corpus Hispanorum de Pace, 6).

VV.AA. 1984. *La ética en la Conquista de América*. Madrid: CSIC (Corpus Hispanorum de Pace, 25).

Yruela Guerrero, Manuel. 1992. La edad de oro: raíces diversas de la épica colombina del XVI en lengua latina. En: Gil/Maestre, 185-197.

EPÍLOGO

En los comienzos de la teoría colonial
La *Disputatio de Indiarum iure* de Juan de Solórzano Pereira

Karl Kohut

La fama y la obra

Hoy en día, cuando las olas de las teorías poscoloniales han inundado la crítica literaria latinoamericana, tal vez no carece enteramente de interés volver la mirada hacia atrás e indagar en los comienzos de la teoría colonial. Haciendo esto, inevitablemente nos topamos con la obra jurídica indiana de Juan de Solórzano Pereira que consta de dos volúmenes latinos (*De Indiarum iure* de 1629 y *De iusta Indiarum Occidentalium gubernatione* de 1639) y de una versión española posterior, aparecida an 1647 bajo el título de *Política indiana*[1]. Esta obra monumental goza de una fama sólida como el documento más importante del pensamiento imperial y colonial español. "The most outstanding work of Spanish colonial jurisprudence", escribe John H. Parry; "the most systematic juridical formulation of the problems of legitimisation of dominion in the seventeenth century [...], which enjoyed an unrivalled prestige in the official and legal circles in the Indies for a century and a half", Mario Góngora. James Muldoon, por su parte, subraya la extensión temporal y espacial de la fama de Solórzano al escribir que su obra "remained a standard authority on the problems of imperial governance as late as the early nineteenth century", tanto en Europa como en los aún jóvenes Estados Unidos. José Antonio Maravall, finalmente, —para terminar con un autor español— ve en Solórzano al escritor más importante en relación con la teoría política del estado español en Indias en el ámbito del siglo XVII[2]. En vista de esta fama, llama la atención la escasez de estudios dedicados a la obra solorciana. "[...] Solórzano is not widely known in the twentieth

---

[1] En este artículo, cito la primera parte de *De Indiarum iure* según la edición de 1994-2001 en cuatro tomos, indicando tomo y página; hay que advertir que el 2° tomo consta de dos partes. Puesto que se trata de una edición bilingüe que hace fácil el cotejo con el original, cito generalmente la traducción española y sólo excepcionalmente el original latino. Cito la *Política indiana* (en adelante PI) según la edición en la BAE, 1972. La portada interior de la edición original de la *Política indiana* lleva la fecha de 1648 (Torre Revello 1929, VIIIs.).

[2] Parry 1966, 276; Góngora 1975, 62; Muldoon 1994, 9; Maravall 1948/1953, 421; podríamos añadir los juicios de Hanke 1959, 92 y García Añoveros 1999, 19s. Cf. Muldoon (ibíd.), quien menciona algunos de estos juicios.

century", escribe James Muldoon[3], cuyo libro puede considerarse como precursor de un renovado interés en la obra del eminente jurista, siendo la expresión más importante de éste la edición bilingüe de la primera parte de su obra en los años 1994 a 2001. Puesto que generalmente se leía y citaba solamente la versión española, esta edición recupera la versión latina y reivindica de modo particular la importancia de su primera parte que es —según Jesús Bustamante García (2001, 17)— "la más original y también la más ignorada actualmente".

La obra, como lo recuerda Solórzano en la dedicatoria a Felipe IV de *Política indiana*, se debe a un preciso encargo real:

Por mandado del Rey D. Phelipe III. nuestro Señor, Padre de V.M. (que está en gloria) pasé á las Indias Occidentales con plaza de Oídor de la Real Audiencia de Lima en el Perú, el año de M.DC.X. y se me ordenó, que atendiese, y escribiese todo lo que juzgase concerniente, y conveniente á su Derecho, y Govierno, fiando del buelo de mi humilde pluma, empresa que requeria otra que le tuviese más levantado[4].

Solórzano se dedicó fielmente, en los años de su estadía en el virreinato del Perú, entre 1610 y 1627, a la tarea que el rey le había encargado. Así escribe, en un memorial dirigido al Rey desde Huancavelica, el 8 de abril de 1618, que ha "trazado y compuesto", en sus ratos libres, "unos libros Latinos, en que a mi parecer, se juntan y tratan todos los puntos dignos de consideracion que se suelen y pueden ofrecer en las materias del govierno y justicia destas Indias Occidentales". Para la redacción de estos libros ha revisado "las cédulas, provisiones, cartas, instrucciones y ordenanças, que V. Magestad y los señores Reyes sus antecessores han mandado librar y despachar para estas provincias"[5].

---

[3] 1994, 8. Aparte del libro de Muldoon, cabe señalar las publicaciones de Torre Revello 1929, Ayala 1946, Leturia 1948, Levene 1948, Malagón/Ots Capdequí 1965, Pérez de Tudela 1971 y Barrero García 1992, así como el estudio preliminar de Miguel Ángel Ochoa Brun a la edición de la *Política indiana* (1972) y los ocho estudios preliminares a la edición 1994-2001 del *De Indiarum iure*, de Baciero, Barrero García, Bustamante García, Cantelar Rodríguez, García Añoveros 1994 y 1999, García y García, y Pereña.

[4] PI, I, 5; cf. Pereña 1994, 20-22 con más datos.

[5] Cf. la impresión del Memorial en III, 50s. Paralela a la obra de Solórzano es la de Antonio León Pinelo quien publicó, en 1623, un *Discurso sobre la importancia, forma y disposición de la Recopilación de Leyes de las Indias Occidentales [...]*. Entre los estudiosos no hay un consenso en cuanto a la autoría de la *Recopilación* de 1680/81, es decir, si es el fruto de la colaboración entre ambos hombres, o si, por el contrario, se trata de dos empresas paralelas, cayendo el mérito de la compilación de 1680, según unos, exclusivamente en

La publicación de los mencionados libros latinos se realizó, finalmente, en 1629 bajo el título *Disputatio de Indiarum iure*, dos años después de la vuelta de su autor a España[6]. Empero, estas cédulas y documentos que había reunido y revisado en los años anteriores, constituirán la materia sólo de la segunda parte de 1639. La materia de la primera parte es, por el contrario, una defensa apasionada de las posesiones españolas en el Nuevo Mundo y del dominio de los mares contra los poderes europeos. Si en términos jurídicos, el encargo real se refirió al derecho civil, Solórzano lo amplió, tal como lo explica al comienzo del segundo libro, a una mezcla de derecho civil y derecho canónico con una buena dosis teológica[7]. En realidad, la materia de estos libros pertenece más bien al terreno del derecho internacional, disciplina que estaba en este entonces en plena formación y cuyas bases habían sido echadas por los teólogos y juristas salmantinos en el siglo anterior[8]. Hablando del primer libro, Solórzano concede que ha "desempeñado más bien el papel de historiador o cosmógrafo que el de jurisconsulto" (II, 1, 34/5), constatación que puede extenderse a los otros libros.

Podemos suponer que Solórzano consideraba lo internacional como un fundamento imprescindible para lo nacional. En otras palabras, le habrá parecido necesario defender el derecho de la corona española a sus posesiones ante los poderes europeos antes de dedicarse a la legislación interna. Así, escribe al final del primer libro: "Y a quienes preparamos el tratado de la defensa y consolidación del derecho de nuestros reyes en la ocupación y retención de este mismo

---

Solórzano y, según otros, en León Pinelo (Almeyda 1956, VIII-XI); ver, además, Lohmann Villena 1953, LIX-LXVI; 1956, 57, 99, 101, 332; Medina 1956 y Ochoa Brun 1972, XXXVII-XXXIX. Según Manzano Manzano, habría habido en los comienzos una cierta rivalidad entre los dos; en los años posteriores, sin embargo, Solórzano habría abandonado la recopilación para dedicarse a su propia obra jurídica, para reaparecer en 1635/36 como revisor de la obra de León Pinelo (1973, 19a y 35-37). Por eso, "todas las cábalas de algunos modernos historiadores sobre la continuación por Solórzano de sus anteriores trabajos recopiladores (los hechos en Lima), son completamente gratuitas, carecen en absoluto de fundamento" (1973, 32a nota). Para la historia de las leyes en la América Hispana en general, ver Tau Anzoátegui 1992a y b.

[6] Para los detalles de la impresión ver Ochoa Brun 1972, XXVIII-XXXII y Pereña 1994, 20-28.

[7] "Así pues, por exigencia en la organización de la materia, vamos a establecer un discurso nomocanónico (es decir, mezcla de Derecho Civil y Derecho Canónico) y también en gran parte teológico" (II, 1, 35).

[8] En la versión española, Solórzano da prioridad a la materia de la segunda parte, resumiendo brevemente el contenido de la primera. Para una comparación más detallada de las distintas versiones, ver Ochoa Brun 1972, XXXII-XXXVI.

Mundo, se nos reconocerá haber logrado no poco, si hemos reforzado estos cimientos de la llamada divina" (I, 565).

Aparte del aspecto metodológico, esta posición se explica por la situación internacional a comienzos del siglo XVII en la cual el dominio real de la corona Española se vio contestado, tanto en el orden jurídico como factual por los nuevos poderes europeos[9]. Solórzano se hace eco de esta situación al comienzo del segundo libro al escribir que tratará de defender la autoridad y majestad de los reyes españoles, socavada —en materia de la conquista— por extranjeros y gente mal informada (II, 1, 36/7). Veinte años más tarde, en la *Política indiana*, es mucho más expresivo:

> [Tocaré brevemente] los títulos, causas y razones, con que se pueden justificar estos descubrimientos, conquistas y ocupaciones [...] No porque sea necesario andar inquiriendo, y calificando la Justicia de los Reynos, yá de antiguo adquiridos, y entablados [...].
>
> Sino por satisfacer á tantos Hereges, y Escritores mal afectos á nuestra Nacion, que [...] nos ladran, y muerden: y mezclando, segun lo acostumbran, muchos supuestos falsos á su modo con algunos, que puedan parecer verdaderos, se llevan tras sí el aplauso del vulgo ignorante, y acreditan su nombre con ofensa del nuestro (I, 87s.).

Lecturas

El carácter histórico, político e ideológico del primer volumen abre el camino a diferentes lecturas. En un largo artículo de 1971, Juan Pérez de Tudela y Bueso presentó una "aproximación a un tema jurídico desde la metodología del historiador general". Por mi parte, lo que presento en este artículo es una lectura basada en la metodología de la crítica literaria en el sentido amplio que incluye la historia de las ideas.

En principio, un acercamiento a Solórzano desde el punto de la crítica literaria en el sentido estricto es justificable en cuanto que lo literario no es ajeno a su obra ni a su persona. En efecto, ha caído en un olvido casi completo el hecho de que este autor gozó, en su época, de una sólida fama literaria, lo que atestigua el lugar que le concede Lope de Vega en su *Laurel de Apolo*, donde escribe del "doctor Solórzano":

---

[9] Para la situación internacional de este momento, ver Strading 1981 y Elliott 1986.

O si del otro polo le trujeras,
De quien tan altamente escribe y mira
Que entre severas leyes
De los sacros consejos de los reyes
Al verde laurel aspira[10].

En el "otro polo", es decir, el Perú, se apreciaban igualmente las dotes poéticas de Solórzano, como lo revela un poema de Miguel Fernández Talauera, que se halla en un cancionero peruano de las primeras décadas del siglo XVII:

Sapientísimo Solórzano
mapa del fuero y derecho
qu'en las escuelas de Atenas
tenéis preminente asiento,
si descubrís como Cadmo
el oro de vuestro pecho
mi pretención será rica
si vuestro auxilio meresco[11].

Los versos tanto de Lope como de Fernández Talauera son ambiguos: ¿pretenden que Solórzano aspiró "al verde laurel" con su obra jurídica, o hablan de dos dimensiones de su personalidad, una jurídica, y otra poética? No hay que olvidar que Solórzano compuso además un libro de emblemas en el que se fusionan sus venas literaria y política. Sea como fuere, la obra jurídica indiana de Solórzano muestra visiblemente las huellas del amante de las letras (cf. Rodríguez Moñino 1966).

Sin restar importancia al aspecto literario (en el sentido estrecho) de su obra, el objetivo de este artículo es más bien un análisis del trasfondo ideológico de la obra. Así, la hipótesis que intentaré demostrar es que la teoría imperial y colonial que Solórzano elabora en la primera parte del *De Indiarum iure* se caracteriza por la oposición entre el pensamiento mítico y el racional. La primera parte del original latino constituirá, pues, el centro de este artículo, y sólo en algunos casos extenderé el campo de análisis a la versión española.

Con este enfoque sigo, hasta cierto punto, la investigación reciente, cuyo interés se ha desplazado —como dije antes— a la primera parte del original

---

[10] Lope de Vega 1950 [1630], 209.
[11] Chang-Rodríguez 1983, 44. El cancionero, que contiene tres poemas más relacionados con Solórzano, fue encontrado por Antonio Rodríguez Moñino en 1947 en el Rastro madrileño y editado por Raquel Chang-Rodríguez en 1983.

latino[12]. Sin embargo, me apartaré de esta corriente en cuanto mi estudio abarcará los tres libros de esta parte, mientras que la investigación reciente tiende a limitarse al segundo, considerado de lejos como el más importante. Así, García Añoveros considera el primer libro —dedicado al descubrimiento— como mera introducción, y el tercero —dedicado a la retención— como epílogo a la parte central[13]. Es cierto que el segundo libro es —y de lejos— el más extenso de los tres, y el tercero —otra vez de lejos— el más corto. Pero esta relación cuantitativa encubre una estructura ascendente dentro de la cual el tercer libro es culminación y clímax. Por lo demás, los tres libros se distinguen por su dimensión temporal. Tal como lo ha indicado Ayala (1946, 77), los dos primeros libros son retrospectivos, mientras que el tercero está dedicado al presente. En este sentido, el tercer libro constituye un adelanto a la segunda parte de 1639, que tratará de la gobernación de las Indias[14]. Sin embargo, los dos primeros libros de la primera parte son retrospectivos sólo en tanto que se refieren a hechos y discusiones del pasado, pero no lo son en cuanto que retoman y discuten la materia desde la perspectiva del presente, es decir, las primeras décadas del siglo XVII. El primer libro es histórico y retoma esta vasta masa de textos reunidos bajo la denominación genérica de "crónicas". El segundo libro es jurídico-teológico-político y retoma las discusiones del siglo anterior sobre la justificación de la conquista. En otras palabras, podemos decir que la obra retoma hechos e ideas del siglo XVI a la luz de la conciencia de la primera mitad del siglo XVII.

Cuestiones de método

Antes de entrar en la materia de los tres libros mismos parece oportuno analizar brevemente el método de Solórzano. Este es dialéctico en tanto que el autor discute los argumentos en favor y en contra de un problema, terminando con la síntesis. Este esquema, que parece ser auténticamente escolástico, sin embargo no lo es, por lo menos no en el sentido tradicional de la escuela —es suficiente comparar la obra de Solórzano con la de un predecesor ilustre en materias jurídicas, Domingo de Soto. La argumentación de Solórzano es extensiva y dis-

---

[12] Llamo "primera parte" de la obra al primer tomo del *De Indiarum*, aparecido en 1629. Esta primera parte se divide en tres libros, "De inquisitione", "De acquisitione" y "De retentione Indiarum".

[13] García Añoveros 1999, 19; cf., entre otros, Muldoon 1994, 25. Los dos trabajos son —haciendo abstracción de su extensión—, hasta la fecha, los estudios más importantes sobre este libro; cf., además, Baciero 1994, 69-90.

[14] En el cap. 8 del tercer libro de la primera parte, Solórzano esboza el contenido y la estructura de la segunda que aparecerá en 1639 (III, 469-473).

cursiva, frente a la argumentación lacónica de los escolásticos, y más bien podríamos comparar su método con el procedimiento de un juicio, con los alegatos del fiscal y del defensor, y el fallo del juez al final. En estos alegatos, Solórzano se apoya ampliamente en la literatura jurídica, histórica y literaria anterior:

> Así pues, poniendo manos a la obra, es preciso en primer lugar ver qué es lo que en este punto han aportado otros antes de mí, para dar a cada uno la gloria que le corresponde [...]. Pues siempre he tenido por costumbre dar a cada uno lo suyo, por mínimo que sea, y preferir confesar lo que he aprovechado de otros antes que ser sorprendido en hurto (II, 1, 37).

El toque personal que asoma en este pasaje se vuelve más manifiesto en la solución de las cuestiones tratadas: "En dicho asunto trato al fin de proponer mi opinión con criterio libre y cristiano, como es de rigor", escribe en un lugar (II, 1, 321). El yo del autor constituye el eje de la argumentación.

El empeño del autor por reunir el más grande número posible de fuentes confiere a su obra un aspecto altamente científico pero conlleva, en la práctica, serios defectos. El más visible de ellos —pero menos grave en cuanto a la materia— es de orden estilístico en tanto que carga el texto con interminables listas de autores y obras. Baste un solo ejemplo: "Quod multis rationibus defendunt et extollunt Petrus Malferitus (inter *Consilia* Mandelli, vol II, cons. 769, n. 17), Marquardus de Susanis (in *Tract. De iudae. et infidel.* I p., cap. 14 in princip.), Petrus Bellinus (in *Tract. De bello* II part., tit. 11) [...]", y siguen unos veinte autores más, siempre con los títulos (aunque abreviados) de sus obras, acompañados a menudo por la referencia a los lugares precisos (I, 382). El número impresionante de obras citadas da la impresión, como escribe Barrero García, de "exhaustividad total" pero, también y sobre todo para el lector moderno, de "farragosidad y confusión"[15]. Más importante es el hecho de que Solórzano cita sin criterio visible fuentes más o menos fidedignas e importantes, "sin preocuparse demasiado de la exactitud y del alcance real de sus testimonios" y, a veces, pretende incluso lo opuesto de lo que dice la fuente citada, lo que es de mayor importancia en las referencias a Vitoria y la escuela de Salamanca[16].

---

[15] Barrero García 2000, 15; la investigadora ha contado, sólo en el libro segundo, "cerca del millar de nombres propios a cuya autoría corresponden algunos centenares más de títulos" (ibíd.); para el tercer libro, han sido identificados 538 autores de 702 obras (Pereña 1994, 32).
[16] Para el manejo que hace Solórzano de sus fuentes, cf. Pereña 1994, 35s. y Barrero García 2000 quienes sostienen que este manejo no satisface las exigencias modernas.

"Falta coherencia y rigor científico. Se impone la lógica política", juzga tajantemente Pereña (1994, 35s.).

Empero, Solórzano no se limita a señalar los autores y las obras que ha utilizado, sino que inserta en su texto largas citas. Entre éstas llaman particularmente la atención las citas literarias con las que el autor salpica a veces profusamente el texto y que forman una contraparte amena al tedio de las listas bibliográficas. Es en estas citas donde más se muestra el amante de las letras, imbuido de una vasta cultura humanista. Empero, Solórzano utiliza estas citas no como mero adorno sino que les confiere la función de prueba complementaria, identificando a los poetas con los vates. Así, escribe que "no es nuevo que los poetas y otros autores han proferido con este modo de hablar y vaticinar palabras que después, sin saberlo ellos mismos, las vemos cumplidas" (I, 450/1-452/3). Y en la *Política indiana* advierte al lector:

> Y si por el contrario en algunos puntos hallares algo del ornato de buenas letras, no debes asimismo notarlo, ó despreciarlo como superfluo, pues el propio dote y fin de los árboles, es llevar fruto, y vemos que quiso la naturaleza, que este se acompañase con hojas, y flores, y lo mismo han de tener los estudios en sentencia de Justo Lipsio (PI, I, 18).

Este "afán de erudición" que es, según palabras de Ayala (1946, 62), "uno de los méritos y uno de sus defectos, tiene una trascendencia ideológica". Podemos añadir que las citas literarias profusas insertan la problemática político-historica concreta en un contexto universal. Virgilio, Horacio, Séneca y muchos otros más se convierten de este modo en profetas de lo que iba a ser el gran imperio español.

Libro 1: *De inquisitione Indiarum*

Siendo Solórzano un hombre metódico, no puede extrañar que empiece por los comienzos, es decir, el descubrimiento. En tanto que su argumentación se nutre de la cronística del siglo anterior, su empresa podría considerarse paralela a la de Antonio de Herrera, cuya obra se cuenta, por lo demás, entre sus fuentes más importantes. Empero, las obras de ambos autores son opuestas, tanto por sus metas como por sus métodos. Mientras que la obra de Antonio de Herrera puede considerarse como la suma de la cronística en tanto que reúne, acumula y sintetiza las crónicas anteriores (insertando muchas veces pasajes enteros de diversos autores), la de Solórzano se sirve de la cronística como andamiaje para construir su argumentación cuya única meta es la de justificar y defender la actuación de la corona española en el descubrimiento de las Indias.

La piedra de toque de esta defensa ya aparece en la frase que abre el libro, frase sumamente solemne que resume la materia de la obra a la manera de la épica, solemnidad que resalta más en la versión original:

> Deo volente et iuvante de iustitia et iure dicturus, qua potentes pariter ac catholici Hispaniarum reges et domini nostri numquam sine gloriae et laudis titulis nominandi, occidentales et meridionales Novi huius —ut vocant— Orbis provincias et longe ac late patentia regna inquirere ec acquirere potuerunt et acquisita retenere, necnon de legitimis peculiaribusque sanctionibus, quibus eadem regna divino numine parta tuentur et moderantur; arbitror e re esse, si quaedam prius de ipsorum nomine, situ et inventione tractaverim[17].

Escondida en esta larga y ceremoniosa frase se encuentra la constatación central: "eadem regna divino numine parta" o, en la traducción española, "estos mismos reinos adquiridos por disposición divina". A esta frase introductoria corresponden los cuatro versos con los cuales cierra el libro:

> Mundo igual al que en vano había deseado Alejandro Magno
> ha otorgado Dios a tus méritos;
> véncelo, gobiérnalo en paz, muéstrale las estrellas,
> enséñale a sacrificar al Dios eterno (I, 612/3).

El descubrimiento de las Indias se debe a una "llamada divina" ("divina vocatio", I, 564/5) y es el fruto de la admirable providencia divina: "Est enim in hoc, ut in reliquis, Dei providentia summe admirabilis" (I, 600/1). Los reyes españoles, por su parte, se mostraron dignos de la gracia divina por "su continuo empeño" de conducir a los pueblos bárbaros del Nuevo Mundo hacia la fe católica. Este mérito es tanto más grande cuanto que la acción de los reyes tuvo lugar "en un tiempo en el que mayores eran las tempestades levantadas contra la Santa Iglesia de Dios por los herejes y los enemigos suyos" (ibíd.). Solórzano concede que esta gran empresa ha sido manchada por la actuación de "hombres vulgares" que pasaron a las Indias movidos "por afán de riquezas y [que] empeñados en su conquista infligieron muchos males a los desgraciados indios" (I,

---

[17] "Con el beneplácito y ayuda de Dios voy a hablar de la justicia y derecho, que asistieron a nuestros poderosos al par que católicos reyes de las Españas y señores nuestros, merecedores siempre de ser nombrados con títulos de gloria y alabanza, para poder descubrir y adquirir y, una vez adquiridas, retener las provincias occidentales y meridionales de este así llamado Nuevo Mundo y sus reinos de dimensiones amplísimas. Hablaré también de las leyes y ordenanzas particulares, con que se tutelan y gobiernan estos mismos reinos adquiridos por disposición divina" (I, 44/5).

608/9); pero los reyes quedan impolutos por estas calumnias motivadas por la
envidia (I, 606/7-612/3). Por eso, "no debe parecernos extraño que Dios Óptimo
Máximo haya ensalzado la majestad y el poder de los reyes españoles" (I, 604/5)
que pudieron considerar, justificadamente, las ventajas temporales por "cosa
accesoria" (I, 608/9).

Empero, Solórzano no se contenta con la aserción teórica de la "llamada
divina" de España, sino que la cimienta con argumentos sacados del Antiguo
Testamento, basándose en aquel que sostiene que Dios suele "echar mucho
tiempo antes los fundamentos de los grandes acontecimientos" (I, 564/5). Puesto
que el descubrimiento de las Indias constituye un acontecimiento de suma importancia para la historia de la Iglesia (argumento que recuerda la frase jubilosa del
prólogo de López de Gómara), "no es creible que la Escritura Divina [...] no
haya vislumbrado algo, por los oráculos de los profetas, del descubrimiento,
conversión y sometimiento de un mundo tan grande" (I, 542/3). Así, Solórzano
enumera y discute una serie de pasajes del Antiguo Testamento que profetizarían
la elección de los españoles, y se precia de ser el primero en haberlos expuesto
todos y "examinado uno a uno" (I, 564/5). Así cita pasajes del salmo 71 y de los
profetas Isaías, Abdías y Sofonías (I, 542/3-564/5), sin olvidarse de la historia
de Tubal que anexa a un pasaje de Isaías (I, 559). Solórzano va tan lejos como
para pretender que estas profecías fueron el principal motivo por el cual Dios
dispersó a los judíos entre todas las naciones: "para que al leer los gentiles en
los libros de los judíos los vaticinios de los profetas que expusieran los cristianos
al predicar el Evangelio, entendieran que no se trataba de puros inventos de los
cristianos" (I, 564/5).

Solórzano descarta la muy discutida hipótesis de que el evangelio haya sido
predicado antes de la venida de los españoles, empezando con los apóstoles
mismos. El capítulo 14, dedicado a esta cuestión, constituye el último en una
serie de cuatro capítulos en los que trata de probar que los españoles fueron los
primeros en llegar a las Indias. Esta argumentación racional complementa la
ideológica, destinada a probar la legitimidad de las aspiraciones de la corona
española. Solórzano discute detalladamente y descarta los argumentos que sostienen que los antiguos tuvieron noticias del Nuevo Mundo, al igual que aquéllos
que sostienen que la Biblia lo mencione explícitamente, negando, de modo particular, la identificación de Ophir o Ophira, por parte de Arias Montano, con
éste[18]. Ya antes Solórzano había descartado la leyenda del piloto ignoto (I,
170/1s.) para dejar incólume la fama de Colón. De este modo, Solórzano puede
"afirmar con razón que la gloria de los españoles en el primero y verdadero

---

[18] Caps. 11-14, I, 376/7-534/5; para Arias Montano y Ophir, veáse I, 468/9-484/5.

descubrimiento y conocimiento de mundo tan grande permanece intacta" (I, 446/7).

Las argumentaciones paralelas, la ideológica y la racional, desembocan en un elogio solemne de España y de los españoles con el que cierra el libro primero. A cada uno, concede, le parece su propia patria como más grande y gloriosa que las otras, pero España se distingue de todos los otros países en tanto que su preeminencia es reconocida incluso por autores extranjeros:

> Esto no obstante, poco temo que alguien rechace como casero y patriotero mi testimonio para ensalzar y celebrar a nuestra gloriosísima España, cuando también los autores extranjeros a menudo la ennoblecen y la proclaman del todo venturosa por todos los dones de su cielo y tierra, por el valor de sus naturales, su ingenio y constancia en las fatigas y le conceden el primer puesto entre todas las naciones del mundo (I, 574/5).

Entre los títulos de gloria, tienen particular importancia "el descubrimiento de este Nuevo Mundo, su conversión y conquista" (ibíd.); obra de héroes, siendo el primero entre ellos Cortés. Este "hombre superior" —sostiene erróneamente— nació el mismo año que Lutero, "como si, por la providencia de Dios, quedara resarcido abundantísimo", por su actuación, "el daño que habría de recibir la Iglesia con la maldad de aquél" (I, 182/3). Cortés aventaja, por la grandeza de su hazaña, a los más grandes héroes de la Antigüedad. Algo menos enfático resulta el elogio de Francisco Pizarro, a pesar de que Solórzano no duda en llamarlo "héroe" (I, 186/7). En resumidas cuentas, "la industria, valor y constancia del pueblo español" superan los trabajos de Hércules (I, 180/1 y 166/7), aserción que ya constituía un tópico de la cronística del siglo anterior. Aunque no lo sostenga explícitamente, parece claro que Solórzano considera a los españoles como pueblo elegido de Dios, y a sus hechos en el Nuevo Mundo, como los "gesta dei per hispanos" —para retomar el lema francés de los siglos XII y XIII, los "gesta dei per francos".

Libro 2: *De acquisitione Indiarum*

Si Solórzano había establecido, en el primer libro, que el descubrimiento de las Indias por los españoles se debió a una "llamada divina", pasa ahora a probar dicha pretensión, analizando detalladamente la legitimidad de diez títulos en la adquisición de las tierras indianas. Al igual que en el primer libro, se apoya en un impresionante número de autores, de los cuales destaca al principio unos 40. Entre éstos, si bien confiere particular importancia a Las Casas (II, 1, 40/1-44/5), el verdadero punto de referencia parecen ser Vitoria y la llamada "Escuela de Salamanca". En su *Relectio de Indis*, el dominico había discutido los títulos legítimos e ilegítimos de las posesiones españolas[19], esquema que retoma Solórzano, si bien con importantes cambios.

Nuevamente podemos distinguir dos líneas de argumentación, ideológica una, racional la otra tomando esta última aquí un carácter más jurídico-moral que en el primer libro. La primera línea es, en su esencia, teocéntrica. El punto de partida es la aserción de que Dios es el autor y el actor de todas las cosas en el cielo y en la tierra[20]. Si Solórzano puede probar que Dios ha concedido las Indias a los reyes de España, ya nadie podrá dudar que éstos "tuvieron y tienen título justo y legítimo para descubrir, convertir y gobernar a los indios del Nuevo Mundo" (II, 1, 66/7). Es esta prueba, pues, a la que Solórzano dedica este segundo libro, contra los ataques de los extranjeros y los heréticos (cf. II, 1, 36/7).

El primer título de la concesión divina de las Indias a los reyes de España lo constituyen las profecías en el Antiguo Testamento, con lo que retoma un punto que ya había discutido en el primer libro (II, 1, 66/7-76/7), pero que complementa ahora con un vaticinio de Justo Lipsio (II, 1, 64/5-66/7), así como con los vaticinios aztecas y peruanos que anunciaron la venida de los españoles (II, 1, 76/7-84/5). Solórzano fortalece este título con otro "que deriva del impulso divino, de la inspiración o revelación" (II, 1, 90/1). La prueba más fehaciente de que "los reyes de España, sus capitanes y gente militar y los religiosos fueron, al parecer, movidos por impulsos e inspiraciones divinos al descubrimiento, conversión y sometimiento de este Mundo" (II, 1, 94/5) lo constituyen los numerosos milagros que acompañaron estos hechos. Solórzano se opone así a Vitoria, quien había negado la existencia de estos milagros, y a otros que habían admitido sólo unos pocos (II, 1, 126/7), narrando, en una serie de cortos relatos, algunos milagros llamativos. Empero, más significativo que la muchedumbre de estos milagros le parece ser la convicción de muchos autores de que casi la totalidad de las victorias de los españoles se lograron milagrosamente, así como sólo el "don milagroso" de las lenguas hizo posible la predicación del evangelio (II, 1, 140/1 y 156/7).

Solórzano retoma el hilo teocéntrico de su argumentación en el décimo título, es decir, la donación papal por parte de Alejandro VI. Es precisamente este título

---

[19] Para la discusión extensa de los títulos, ver Muldoon 1994 y, más brevemente, Baciero 1994 y García Añoveros 1999 . En cuanto a las discusiones del siglo XVI, sobre todo Vitoria y Soto, me sirvo de mis artículos de 1997 y [2004].

[20] "Deus omnium rerum est auctor et actor, aeterna et providamens, quae caelorum perennes orbes, quae syderum inaequaeles cursus, quae elementorum alternas vices, quae denique omnes res superas, inferas temperat, moderatur, gubernat" (II, 1, 58/59).

—que había sido declarado ilegítimo por Vitoria[21] y la mayoría de los teológos de la Escuela de Salamanca— que remata el edificio argumentativo de Solórzano. El mismo se basa en la llamada teoría de las dos espadas, es decir, del supremo poder espiritual y temporal del Papa que defiende contra sus detractores:

> Pero yo todavía, ellos no obstante, estimo con mucho más ajustada a la verdad y generalizada la opinión contraria afirmativa que establece en el Romano Pontífice la autoridad y el poder de las dos espadas, me refiero a la espiritual y a la temporal; no sólo el poder indirecto sino también el directo. Y por lo mismo le concede supremo poder y jurisdicción en todos los reinos y provincias de fieles e infieles, cuando lo exige una causa justa (II, 2, 350/1).

Dudar del poder y jurisdicción temporal del Papa es, pues, herético[22]. Como prueba del poder temporal del Papa, Solórzano menciona dos episodios históricos. En 1569, Pío V

> quitó a la Reina Isabel, mediante la constitución que empieza *Regnans in excelsis*, el Reino de Inglaterra por sus detestables herejías y errores y dio poder a los príncipes cristianos para someterlo por las armas y ocuparlo. Después Sixto V el año 1588 adjudicó este mismo Reino y el de los Bretones a Felipe II, el Rey católico de España (II, 2, 316/7).

Raras veces el carácter ideológico de la argumentación solorciana se trasluce tan visiblemente como en este lugar. ¿Era consciente Solórzano del abismo que se había abierto entre las aspiraciones de la corona española y la realidad política?

Sea como fuere, para el jurista nunca hubo una acumulación parecida de "justas y legítimas causas" como en la conquista de las Indias (II, 2, 410/1). Unidas, las bulas papales constituyen una base jurídica inquebrantable que los heréticos atacan sin perspectiva de éxito (II, 2, 412/3 y 470/1). Para dar fuerza a su argumento, Solórzano cita *in extenso* las bulas de Alejandro VI, Adriano VI y Calixto III, así como el requerimiento (II, 2, 412/3-438/9). Los reyes españoles pudieron, pues, someter "por las armas las tierras de los infieles [...] con licencia y autoridad del Pontífice" (II, 2, 356/7).

---

[21] Cf. la *Sectio secunda, De titulis non legitimis* (Vitoria 1580, 218-247).

[22] II, 2, 290/1-292/3 y 446/7. Solórzano repite varias veces su firme convicción del poder temporal del Papa (II, 2, 440/1, 442/3, 448/9, 450/1, 458/9). A pesar de este "papismo" extremo, el segundo volumen de su obra fue puesto al Índice en 1642; cf. Leturia 1959.

La línea teocéntrica de la argumentación es interrumpida por una línea jurídico-moral en la cual Solórzano analiza el derecho de los españoles a someter a los indios por las armas. A pesar de que los dos primeros títulos se basan en la voluntad de Dios —nos dice— esta nunca se revela a los humanos con certeza absoluta. Además, los designios divinos pueden ser contrarrestados por los pecados de los hombres. Por ello, Solórzano considera imprescindible fortalecer los títulos anteriores con títulos adicionales que probarían que las guerras en las Indias han sido justas —materia sumamente intricada y compleja que había sido discutida intensamente por los teólogos y juristas del siglo anterior y cuya complejidad e importancia se vislumbra ya en el número de páginas que el autor dedica a ella.

Tres son las causas que pueden justificar la guerra: la barbarie, la infidelidad e infracciones del derecho natural. En cuanto a la barbarie, Solórzano retoma la división de los pueblos bárbaros en tres clases que remonta a la *Summa theologica* de Santo Tomás y que llegó a los teólogos y juristas del siglo XVI por el comentario a la *Suma* del Cayetano[23], siendo Acosta la fuente inmediata a la que se refiere Solórzano. Según esta clasificación, pertenecerían a la primera clase Japón, China y la mayoría de las provincias de la India Oriental, a la segunda, Nueva España, Perú y Chile y, en la tercera y última,

> [...] otros innumerables pueblos y regiones de este Nuevo Mundo, que resultan ser salvajes y semejantes a las fieras, sin apenas tener un adarme de sensibilidad humana, sin ley, sin rey, sin alianzas, sin una magistradura y organización política determinadas, con cambio reiterado de residencia o, cuando la tienen fija, se parece más a una cueva de fieras o aprisco de ganado (II, 1, 322/3).

Solórzano sigue a sus fuentes en sus conclusiones sobre la justificación de la guerra en relación a las tres clases de bárbaros. Si bien en cuanto a la primera, no le queda duda que no se puede "invocar ningún título justo y legítimo para someterlos y gobernarlos", admite para "los bárbaros de la segunda clase un cierto dominio y otro más pleno y absoluto sobre los de la tercera" (II, 1, 324/5 y 332/3). A continuación, concretiza la fórmula vaga de "un cierto dominio" puntualizando que los indios de la segunda clase no son capaces de gobernarse a sí mismos ni a sus estados de manera "satisfactoria y organizada", tal como es el caso de hombres que sufren de "deficiencia mental". Por eso, le parece imprescindible confiar a los reyes españoles su administración y la jurisdicción suprema sobre ellos, "para tutelarlos y adoctrinarlos, con la finalidad añadida de

---

[23] Santo Tomás, *Secunda secundae*, quaestio X, art. 8; Cayetano 1593, 29r.; Soto 1564, vol. III, 430b-431b. Me refiero en este punto a mis artículos de 1997 y [2004].

poder gobernar también y contener a sus propios españoles residentes entre los indios". Por otra parte, los indios de esta clase "deberían permanecer libres y dueños de sus haciendas" (II, 1, 336/7-338/9).

En lo que toca a los indios de la tercera clase, Solórzano se aparta de —e incluso se opone a— la opinión común de los teólogos y juristas del siglo anterior. Sería difícil encontrar pasajes similares al citado en las discusiones del siglo XVI, sobre todo cuando Solórzano compara a los indios de esta clase con hombres "enteramente locos o dementes" (II, 1, 342/3). A pesar de que la barbarie de los indios habría justificado que los reyes españoles hubieran recurrido a medidas drásticas, insiste en "lo mucho que ha brillado la piedad de nuestros reyes y su celo y caridad en proteger a los indios" (II, 1, 346/7). Es instructivo notar que el jurista Solórzano apoya este juicio en la obra del cronista Herrera que de este modo se convierte en filtro y se interpone entre el autor y la realidad.

En oposición a la barbarie, la infidelidad no le parece a Solórzano ser causa legítima para atacar y someter a estos pueblos con el uso de la fuerza. Después de una extensa discusión de los argumentos en pro y en contra, concluye con el juicio anterior, que remonta a Inocencio III (II, 366/7 y 396/7). Se trata, sin embargo, de una conclusión vacilante en tanto que las reflexiones del autor dejan entrever una cierta perplejidad e incertidumbre de las cuales parece ser consciente al admitir que la causa es ambigua ("in re adeo ambigua"), de modo que no se puede criticar ni a los partidarios de un juicio ni a los del otro, ni a los que quedan indecisos (II, 1, 384/5). Empero, la negación de la infidelidad como causa legítima queda invalidada cuando Solórzano llega a la predicación de la fé y la obligación de los infieles de escucharla, lo que discute en los títulos siete y ocho. A pesar de que admite que la misión "por las armas y el terror" provoca "la blasfemia y el terror", concluye que se puede "declarar guerra justa" si los infieles ponen obstáculos a los misioneros (II, 2, 120/1 y 232/3). Puesto que la Iglesia tiene el poder y la obligación de llevar el evangelio a todos los pueblos, "se volvería por lo mismo inútil o imposible este poder y esta obligación, si no se pudiera presionar a todos los infieles a escuchar los pregoneros del mismo Evangelio" (II, 2, 218/9). Empero, ¿qué implica "presionar"? La palabra admite una vasta gama de interpretaciones.

Con la tercera causa, las infracciones al derecho natural, Solórzano vuelve a pisar terreno más firme. Como tales, enumera la tiranía, la violencia, la homosexualidad, la antropofagia y, como vicio mayor, la idolatría (II, 1, 414/5-450/1). La inclusión de la idolatría lo lleva a mezclar este título con el anterior, como queda claro cuando cita la doctrina de muchos teólogos quienes sostuvieron que "todo idólatra se ha de considerar hereje" (II, 1, 454/5). Resumiendo los vicios de los indios escribe:

Sería necesario llenar un volumen normal, si pretendiéramos referir puntualmente el número de sus vicios, la amplia extensión que alcanza en este mundo vastísimo la fiereza de estos indios, la monstruosidad de sus ritos y, finalmente, la tiranía de sus leyes y señores (II, 1, 466/7).

Con esto, Solórzano llega al punto decisivo de su argumentación puesto que es ahora cuando debe enfrentarse con los teólogos y juristas de más prestigio del siglo anterior, quienes

enseñan expresamente que no es posible, ni siquiera con la autoridad del Pontífice, hacer la guerra a infieles no sometidos a príncipes cristianos, por más que padezcan la opresión de un tirano, sirvan a los ídolos, y cometan los delitos más perversos y abominables contra la ley y la razón naturales; incluso, si requeridos a que se abstengan de esos desórdenes, rehúsan hacerlo (II, 1, 510/1).

Solórzano cita a los autores que defendieron esta tesis, entre ellos, Las Casas, Vitoria, Soto, Báñez, Acosta y Molina. En la discusión de sus argumentos, es interesante observar que Solórzano extiende el campo, incluyendo a los romanos y otros pueblos del viejo mundo que habían incurrido en los mismos vicios que los indios (II, 1, 534/5-544/5). Empero, ni el prestigio ni la autoridad de estos autores le impide a oponerse a ellos:

Pero si no sólo se encuentra en los infieles idolatría sino también una cruel y desenfrenada tiranía, voracidad de carne humana y cruentos y execrables sacrificios de inocentes como los que antes hemos demostrado que se daban y nuestros indios practicaban habitualmente, entonces tengo por opinión más verdadera y probable la de aquéllos que admiten la guerra contra todos los infieles con el fin de terminar con tales injusticias y opresiones, aunque no sean súbditos nuestros ni pidan nuestra ayuda por la distancia en que viven y aunque se consideren contentos con su suerte[24].

En la media frase que cierra el pasaje, Solórzano resume los argumentos que los autores del siglo XVI habían considerado decisivos para tachar de ilegítimas las guerras contra los indios: los infieles que no son súbditos de príncipes cristianos, que no solicitan su ayuda y que además están contentos con su destino, no pueden ni deben ser sometidos por las armas. Tanto en éste como en otros pun-

---

[24] II, 1, 552/3. Solórzano repite su veredicto varias veces, cf. 560/1, 572/3, 574/5, insistiendo en la legitimación eclesiástica (cf. 466/7, 560/1 y 572/3).

tos más, el pensamiento de Solórzano se opone al del siglo anterior. La argumentación jurídico-moral lleva a la misma conclusión que la ideológica o, mejor dicho, la ideología se infiltra en la argumentación jurídico-moral.

Esta primacía de la argumentación ideológica se hace particularmente visible en la discusión del noveno título que toca la autoridad del rey español en tanto que emperador romano. Solórzano cita y discute los argumentos que obran en favor, citando en particular las cédulas y provisiones reales de Carlos V de los años 1519, 1520, 1523 y 1535 en las que declara "que todas las provincias de dichas Indias descubiertas y por descubrir deben considerarse anexas, como se dice vulgarmente, e incorporadas al Reino y dominio de Castilla y León" (II, 2, 252/3). Empero, todas estas declaraciones le parecen ser "de poca o nula utilidad"[25]. Sin la donación papal, los reyes españoles no hubieran tenido derecho alguno a conquistar el Nuevo Mundo.

Libro 3: *De retentione Indiarum*

Al comienzo del tercer libro, Solórzano matiza la conclusión que acabo de citar basándose en la prescripción adquisitiva o usucapión:

> Aunque fallasen todas las razones anteriores, hoy en día, como dijimos más arriba, con el correr de los años la religión y comunidad de españoles e indios está siendo ya una sola y constituida bajo la protección y gobierno de un mismo y común Rey español (III, 356/7).

A fin de cuentas, los reyes españoles no han hecho sino repetir las acciones de todos los imperios pasados y presentes, aprovechando una oportunidad que se les ofrecía (III, 342/3). Después de cientos de páginas, Solórzano termina acudiendo a la *Realpolitik*, la fuerza de lo existente, con lo que desenmascararía las previas argumentaciones jurídicas, morales y religiosas como puramente ideológicas.

Empero, Solórzano abandona rápidamente el campo de la realidad política al defender las posesiones españolas (y portuguesas) contra las aspiraciones de los poderes europeos. La piedra de escándalo es el *Mare liberum* (1608) de Hugo Grocio quien había defendido la libertad de los mares contra los portugueses. Desde luego, este libro tiene igualmente un trasfondo ideológico en tanto que defiende las aspiraciones coloniales de los holandeses. Al comienzo del segundo libro, Solórzano escribe que ha oído hablar de la obra de Grocio que "exhalaba un olorcillo a mano y persona de autor herético" (II, 1, 50/1); ahora, llevado por

---

[25] II, 2, 280/1; cf. 268/9 y 278/9.

el hilo de su argumentación, se ocupa más detalladamente de él, a pesar de que tampoco ahora parece haberlo tenido en sus manos sino que lo conoce sólo a través del *De iusto Imperio Lusitanorum asiatico* (1625), de Serafín de Freitas[26]. Grocio habría negado los títulos tanto de la donación papal como de la usucapión y, sobre todo, el dominio absoluto de los portugueses sobre los mares y litorales[27]. Solórzano basa la refutación de Grocio en cuatro argumentos: (1) la donación papal incluía "los mares de las Indias y el derecho a prohibir en ellos la navegación de otros"; (2) el dominio del mar pertenece al que gobierna la costa que ése baña; (3) "los bienes que son comunes pasan a manos del primer ocupante"; puesto que los reyes españoles fueron los primeros en hacer a traversar estos mares y ocupar el territorio de las Indias, son ellos quienes tienen el dominio sobre estas tierras y mares; (4) los españoles "se encuentran en una *quasi* [sic] posesión y uso de forma continua e ininterrumpida", y "la prescripción centenaria es más fuerte que la inmemorial"[28].

La concisión del capítulo está en oposición directa a su importancia. Puesto que Solórzano escribía en el período de la unión de las coronas española y portuguesa, su argumentación vale tanto para las Indias Occidentales como las Orientales y los mares aledaños. Traduciendo lo anterior a la realidad política, Solórzano pretende nada menos que el dominio absoluto de España sobre la casi totalidad de los mares. Los otros poderes europeos tendrían acceso a los mares y los territorios adyacentes sólo por concesión de la corona española. Desde luego, esta pretensión tiene poco o nada que ver con la realidad política de estos años en los que el dominio español se encontraba ya debilitado por la acción de las otras naciones europeas y, en lo que hace a las Indias, en particular por la emprendida a través de los piratas. España ya no disponía de los medios para defender sus pretensiones por las armas, y la argumentación de Solórzano es un intento de salvaguardar en la teoría jurídica lo que ha dejado de ser defendible en la realidad.

A pesar de la importancia de la política exterior, es la interior la que realmente interesa a nuestro autor. Y es en este aspecto que reside gran parte de la

---

[26] Así aparece en III, 286/7. Un fuerte indicio para la sospecha que Solórzano no tenía el libro de Grocio en sus manos es el hecho de que lo cita siempre como "autor desconocido", a pesar de que el nombre del autor aparece en la portada de la edición de 1618. Grocio, por su parte, habría seguido las huellas de Fernando Vázquez de Menchaca, tal como subraya Solórzano varias veces.

[27] III, 290/1. Cf. Grocio 1978 [1618], 24-27. Grocio defiende sobre todo el derecho de los holandeses al libre acceso a los mares para su comercio con las Indias Orientales contra los portugueses.

[28] III, 292/3, 296/7, 304/5, 310/1.

importancia de este último libro. En él, Solórzano retoma las cuestiones de la actuación de los españoles y de la imagen de los indios, y la manera en que lo hace permite interpretar su pensamiento bajo una nueva luz. En los dos primeros libros, la imagen de los indios que proporciona era extremadamente negativa; además, había mencionado sólo someramente u obviado los excesos españoles que están en la base de la leyenda negra. Ahora en cambio trae a la palestra y discute extensamente tres acusaciones por parte de los protestantes y envidiosos ("novati et invidi"): (1) el motivo de la conquista no fue la evangelización, sino la codicia; (2) los codiciosos buscaban la guerra y no la paz; (3) los españoles no tuvieron derecho de someter a los indios, aunque éstos "hubieran sido perversos y tiranos"[29]. En oposición a los dos libros anteriores, Solórzano no se limita a una negación apasionada de las acusaciones insistiendo en la herejía de sus autores, sino que discute ampliamente los excesos españoles, refiriéndose incluso a la *Brevísima* de Las Casas. Sólo en un punto sigue siendo inquebrantable al eximir a los reyes de toda crítica, manteniendo que ellos siempre actuaron dentro de los límites del derecho divino y humano[30].

Así llega a la cuestión de la libertad de los indios, cuestión que declara explícitamente como "coronamiento de este libro" (III, 418/9) y que podemos considerar, por extensión, como coronamiento de toda la primera parte[31]. Solórzano defiende la libertad de los indios contra los intentos de esclavizarlos y señala sin ambages la condición miserable en la cual son tenidos, la cual considera peor que el cautiverio de los judíos en Egipto: mientras que éstos "crecieron y se multiplicaron sobremanera [...], los indios casi en el mismo plazo de tiempo han sido arrasados y exterminados en su mayor parte" (III, 474/5). Por consiguiente, exhorta en pasajes conmovedores al rey y a los españoles y extranjeros residentes en las Indias a

> que tengan con estos indios un trato humanitario y bondadoso, que se abstengan de los agravios, extorsiones y vejaciones que se suelen causar a estos desgraciados, teniendo como objeto de su atención y desvelos el ministerio de la predicación y propagación de la fe por encima de todas las riquezas[32].

---

[29] III, 372/3, 378/9, 398/9. Para un estudio comparativo de las diferencias ideológicas entre las naciones europeas, ver Seed 2001.
[30] Ver en especial el cap. 2 (III, 248/9-276/7) y III, 440/1-446/7 y 460/1. Otra vez Solórzano cita *in extenso* cédulas reales.
[31] Cf. la discusión extensa de la visión solorciana del indio por García Añoveros 1994.
[32] III, 472/3; cf. 476/7-484/5.

El término lógico de estos pasajes es la oración solemne con la cual cierra el libro y, con esto, el primer volumen de su obra:

> Dios aparte de nosotros esta desgracia [es decir, la exterminación de los indios] y, compadecido de la causa y de la suerte tanto de los españoles como de indios, ayude y dé unidad a ambas repúblicas y las conserve en su santa fe y religión libres de pecados, injusticias y escándalos, para que, conforme al deseo de San Pablo, en la Iglesia Católica hay un solo cuerpo y un solo espíritu, como una sola es la esperanza de la vocación a la que han sido llamados. Amén (III, 484/5).

Una teoría imperial y colonial

Según palabras de Luciano Pereña (1994, 25), Solórzano asumió la representación oficial de la defensa de la corona contra las acusaciones de los poderes europeos: "Solórzano parecía la voz de la Corona". El *De Indiarum iure* constituye, en este sentido, un arma ideológica en la lucha contra los poderes europeos dentro del proceso de la expansión colonial europea. Si bien fueron las armas propiamente dichas y la fuerza económica las que decidieron, al fin y al cabo, esta lucha de varios siglos, no hay que menospreciar las pugnas ideológicas que forman el trasfondo de las bélicas y económicas.

Empero, la primera parte de *De Indiarum iure* es mucho más que un mero alegato de la defensa sino que constituye una etapa decisiva en el desarrollo de las teorías coloniales. Desde luego se trata de una teoría elaborada desde la perspectiva española en defensa del imperio hispánico contra los ataques desde el extranjero, sean éstos políticos, religiosos o morales; defensa con un aspecto de política exterior —la hegemonia sobre los territorios descubiertos y los mares— y uno de interior, es decir, la constitución de la sociedad en los territorios conquistados.

Si dejamos aparte la dimensión ideológica de la teoría solorciana, quedamos con una concepción imperial calcada sobre el modelo romano[33]. Como ya lo mencioné, Solórzano sostiene que los reyes españoles no hicieron sino seguir la ley de casi todos los imperios del mundo, aprovechando la oportunidad de ensanchar su territorio cuando se les ofrecía la oportunidad (III, 342/3). El imperio romano es, de modo igual, el modelo de la integración de los nuevos territorios en los de la metrópoli. Empero, ¿cuál es el motivo de esta expansión?

---

[33] Solórzano es "teórico del Imperio español y defensor de la posición privilegiada de España en el mundo", escribe Ayala (1946, 492).

Los hay explícitos e implícitos. En cuanto a los primeros, es uno solo: la evangelización y, en segundo lugar, la civilización y la cultura que constituyen una unidad indisoluble. "Solórzano encuentra en la acción civilizadora y salvadora (evangélica) de la expansión europea su máxima y más pura legitimación", escribe Jesús Bustamante García (2001, 25). Una vez más Solórzano remonta a los romanos, elogiados por San Agustín y otros autores "por haber domado con la guerra a pueblos bárbaros y haberlos traído a la ley natural y a una norma civilizada de vida" (II, 1, 244/5). En cuanto a los motivos implícitos, sobresale el económico, el cual no cabe dentro de la concepción altamente ideologizada de la expansión española. Es importante notar que este motivo aparece sólo raras veces a lo largo del volumen. La explotación de las Indias y de los indígenas aparece sólo en tanto que abominable pecado de los españoles (que, desde luego, va en contra de la política real). "Las ventajas temporales" fueron "cosa accesoria" de la propagación de la fe (I, 608/9), y en la *Política indiana* incluso sostendrá "que muchas mayores fueron las expensas, y gastos de estas conversiones, que sus provechos"[34]. De este modo, España aparece como sucesora legítima del Imperio Romano, sucesora que supera a su modelo en tanto que Roma llevó la ley natural y la civilización a los pueblos dominados, mientras que España llevó además y en primer lugar la fe católica.

Queda la cuestión de si la obra está escrita desde una perspectiva metropolitana o si, por el contrario, muestra signos de una conciencia criolla —al fin y al cabo, Solórzano pasó más de tres lustros en el virreinato del Perú, y fue durante ese largo período que redactó la obra. Al parecer, el oidor había ganado rápidamente la estima de las autoridades locales, tal como lo revelan las palabras del virrey marqués de Montesclaros en una carta del 20 de abril de 1611 dirigida al rey: "le tengo por sugeto de muchas letras, de extraordinario caudal, y capacidad de entendimiento, ajustado en su proceder y deseoso de acertar"[35]. Los poemas del cancionero limeño citados al comienzo hacen ver la estima de que gozaba en los círculos literarios. Además, se casó con Clara Paniagua de Loaysa y Trexo, hija de una ilustre familia local. A pesar de estos indicios, que hacen suponer que estaba bien insertado en la sociedad limeña, nunca dejó de añorar la patria lejana, y se quejó de que el rey no apreciara suficientemente sus méritos,

---

[34] PI, I, 119. Esta discrepancia entre la concepción ideológica y la realidad económica ya era un rasgo recurrente de las discusiones españolas del siglo XVI sobre la conquista.
[35] Cit. según Torre Revello 1929, 16s.; cf. Ayala 1946, 46, y Miró Quesada 1962, 146s.

manteniéndole alejado de la corte madrileña, en un excurso personal dentro del primer libro[36].

Empero, su estadía de casi dos décadas en el Perú dejó profundas huellas en su vida, hasta tal punto que podemos formular que si bien siguió sintiéndose español en el Perú, no se olvidó del Perú estando en España. Décadas más tarde, en la *Política indiana*, defiende a los criollos contra algunos —sobre todo ciertos religiosos— que sostienen que éstos "degeneran tanto con el Cielo y temperamento de aquellas Provincias, que pierden quanto bueno les pudo influir la sangre de España, y apenas los quieren juzgar dignos del nombre de racionales" (PI, I, 442). Contra tal opinión sostiene:

> Si vale algo mi afirmación, puedo testificar de vista, y de ciertas oídas de nuestros Criollos, que en mi tiempo, y en el pasado han sido insignes en armas, y letras, y lo que más importa en lo sólido de virtudes heroycas, egemplares, y prudenciales, de que me fuera fácil hacer un copioso catálogo[37].

Es de notar que, en la primera parte de la obra latina, faltan pasajes de este tipo; sin embargo, se asoma de vez en cuando un cierto orgullo local, por ejemplo, cuando antepone el Nuevo Mundo al Viejo:

> Y José de Acosta y Antonio de Herrera llegan abiertamente a la conclusión de que se aventaja en casi todo y de que este Nuevo Mundo se ha de anteponer al antiguo. Yo no tendría dificultad en suscribir esta tesis, si estuviera tan cultivado y poblado como el antiguo, porque en su extensión enorme y clima apacible e harto superior, por lo que se ha dicho; y lo es en abundancia de aguas, fuentes, lagunas y asombrosos ríos navegables (I, 248/9).

Solórzano no duda en anteponer al Nuevo Mundo en lo que toca la naturaleza, aunque exprese la necesidad de poblarlo y cultivarlo.

Lo anterior nos lleva a plantearnos la cuestión de su visión de la sociedad virreinal. La piedra de toque es su visión de los indios, que parece cambiar de modo radical entre los dos primeros y el tercer libro. Si juzgáramos sólo por aquéllos, Solórzano parecería repetir y sintetizar las peores opiniones sostenidas sobre los indios a lo largo del siglo anterior. En el tercer libro, por el contrario,

---

[36] I, 220/1-222/3. Ayala (1946, 47) menciona "algunos desagradables incidentes" que harían más comprensibles el deseo de Solórzano de volver a España.

[37] PI, I, 444; para la aparición de la conciencia criolla en el virreinato del Perú, ver Lavallé 1982.

vemos una postura opuesta: Solórzano los respeta y en repetidas ocasiones amonesta tanto a los criollos como al rey a cuidar de ellos. Sin embargo, la oposición entre ambas posiciones no es absoluta sino relativa y se explica fácilmente por el hecho de que habla de ellos en dos estados diferentes: en los dos primeros libros, se refiere a los indios en el estado natural, antes de la conversión; y en el tercero, en el estado cristiano, después de ella, como escribe refiriéndose explícitamente a San Pablo: "Ahí hay ya un hombre nuevo, y digo nuevo porque en el bautismo se ha despojado del hombre que era antes; no hay hombre ni mujer, griego ni judío, circunciso ni incircunciso, extranjero ni bárbaro, esclavo ni libre: no, lo es todo y para todos Cristo, y todos somos uno en Cristo" (III, 432/3). Su visión del indio en el estado natural es menos étnicamente discriminatoria de lo que pueda parecer, sino corresponde más bien a la concepción cristiana pesimista en cuanto al hombre natural viciado por el pecado original, concepción mezclada con la fe en el papel civilizador de la cultura. Así aparece en un argumento que hace suyo:

> En segundo lugar, aun establecido que los indios no son bestias ni deben ser tratados como bestias, sin embargo, es innegable que comparados con los nuestros y los demás europeos les cabe el nombre de bárbaros a todos los hallados por españoles y portugueses en sus viajes marítimos y en sus expediciones terrestres, por cuanto son ajenos a la luz del evangelio y alejados además en su mayoría de las instituciones humanas[38].

Esta visión no se limita al mundo americano sino que incluye igualmente al español. Así, en un pasaje del primer libro Solórzano señala el ejemplo de algunos cristianos que habían huído, ante la invasión musulmana, a las Hurdes, donde habían sido descubiertos recientemente. Después de un aislamiento de casi ocho siglos, comenta Solórzano: "Eran ya tan bárbaros y tan olvidados estaban de su origen, que casi no les quedaba huella alguna de cristianos" (I, 330/1). Es cierto que podemos detectar, incluso en el tercer libro, un cierto paternalismo o, para parafrasear una frase de Orwell, todos eran libres, pero los españoles lo eran más. Por un lado, sostiene que hay que dejar a los indios "en su antigua y natural libertad" (III, 430/1); por otro, sin embargo, le parece natural y lógico que los españoles y criollos reinen en las sociedades virreinales; lo opuesto —el dominio de los indios sobre los españoles— le parece sencillamente impensable[39].

---

[38] II, 1, 320/1; cf. "un modo de vida cristiano y verdaderamente civilizado" (II, 1, 334/5).

[39] "Por tanto, una vez que la república de indios y españoles comenzó a tener una existencia conjunta a instalarse un modo de vida cristiano y verdaderamente civilizado, fue también conveniente y necesario establecer que el gobierno fuera de nosotros sobre ellos y no de ellos

Teniendo en cuenta lo anterior, ¿cómo imagina, pues, la convivencia entre indios y españoles? Una vez más, nos topamos con una aparente oposición. Por un lado, sostiene que "el gobierno y conservación de españoles e indios aparecen entretejidos con múltiples conexiones y vínculos recíprocos" y que los españoles no podrían abandonar las Indias sin "cometer pecado grave" (III, 346/7). Algo más adelante repite que "con el correr de los años la religión y comunidad de españoles e indios está siendo ya una sola y constituida bajo la protección y gobierno de un mismo y común Rey español" (III, 356/7). Por otro lado, ruega en la oración final que Dios "dé unidad a ambas repúblicas"[40]. El "hombre nuevo" citado antes no excluye que haya amos y subordinados, e incluso —bajo ciertas condiciones— esclavos[41]. Esta ambigüedad entre una sociedad dividida en dos repúblicas y una sin divisiones se prolonga en la *Política indiana*, donde recomienda que los españoles admitan una sola lengua y que requieran una homogeneidad en "el trage, y modo de vestir", siguiendo en esto el modelo romano "porque siempre asimismo, juntamente con el Idioma, dieron sus trages y costumbres los vencedores á los vencidos, como por palabras expresas lo dicen Cornelio Tácito, y Aurelio Prudencio, hablando de los Romanos" (PI, I, 403). Admite los matrimonios mixtos entre españoles e indias, e indios y españolas, "para la población de estas Provincias, su aumento, conservación y buena correspondencia que se desea entre Indios y Españoles" (PI, I, 403s.). Por otro lado, cuenta a los indios entre los "miserables" que necesitan una particular protección[42]. Sólo un análisis detallado de la segunda parte latina y de la *Política*

---

sobre nosotros, toda vez que todos los indios, como hemos indicado, no sólo los de la tercera clase, sino también los de la segunda, son mucho más débiles y menos ilustrados que los españoles, aunque den alguna muestra de juicio" (II, 1, 334/5).

[40] III, 484/5; cf. "la república de indios y españoles" en la cita de la nota anterior. El concepto de las "dos repúblicas" debe haber sido común a principios del siglo XVII, lo que hace intuir el memorial que el virrey marqués de Montesclaros redactara para su sucesor, el principe de Esquilache, con fecha del 12 de diciembre de 1615, amonestándolo "que todo el cuidado de su gouierno se a de emplear en bien de las dos republicas indios, y españoles" (16v.); cf. la introducción de Rolena Adorno a la publicación en internet del manuscrito de la Biblioteca Real de Copenhague (GkS 589, 2°; «www.kb.dk/elib/mss/mendoza/note-esp.htm»). Debo este dato a un artículo reciente de Raquel Chang (2003, nota 27); cf. Latasa Vassallo 1997, 257-321.

[41] III, 432/3. Solórzano discute el problema de la esclavitud extensamente en el cap. 7 del tercer libro (III, 412/3-462/3).

[42] PI, libro 2, cap. 28 (I, 417-429). Cf. García Añoveros 1994, 175: "Para Solórzano el indio es un hombre distinto e inferior al español, no por su naturaleza humana, que es la misma, sino por su barbarie, miseria y falta de madurez cristiana". Cabe señalar en este contexto que la segunda parte de 1639 fue censurada "por *exagerar* [sic] el libro los malos tratos que los españoles hacían a los indios" (Pereña 1994, 39).

indiana podría determinar la postura de Solórzano hacia el concepto de las dos repúblicas, que será fijado jurídicamente en la *Recopilación* de 1680/81[43], a pesar de que ya no correspondía a una realidad.

Queda, finalmente, la cuestión del lugar de la teoría imperial solorciana en el contexto del desarrollo de las teorías coloniales. Ayala (1946, 97) subraya el carácter retrógado de su obra, sobre todo en el contexto de la donación papal, argumento que había sido descartado por Vitoria y otros autores del siglo XVI y en el cual Solórzano basa toda su argumentación. Lo mismo vale para otros argumentos, entre ellos, los de la guerra justa. En este sentido, Vitoria y los autores de la llamada Escuela de Salamanca parecen estar más cerca de nosotros que Solórzano. Por otro lado, Muldoon sostiene —en el contexto de la situación actual de los países africanos— que la teoría solorciana adelanta cuestiones cuya vigencia empezamos sólo ahora a vislumbrar:

> The optimistic expectation that decolonization would automatically lead to the creation of western-style states has been frustrated. The hard questions that the Spanish were asking four hundred years ago are being asked again. Are there universal standards of humane existence? What, if any, universal human rights do all people possess? Do developed states have any moral obligation or any right to impose universal standards of behavior on other peoples? Perhaps Grotius was not so modern after all and Vitoria, Solórzano, and their contemporaries had a clearer understanding of what the expansion of Europe overseas would ultimately mean in terms of international and intercultural relations (Muldoon 1994, 176).

¿Retrógrada o moderna? La teoría imperial y colonial de Solórzano es ambas a la vez. Si bien el lado extremadamente conservador de su obra lo ancla firmemente en el contexto histórico de su época, son la radicalidad de sus preguntas y la riqueza de su pensamiento las que lo relacionan con nuestro presente. Empero, el resultado más importante de este estudio de su teoría me parece ser el reconocimiento de la tensión que la caracteriza, tensión entre la visión ideológica de la situación española y de su papel en el mundo y la realidad política, tanto en su aspecto exterior como interior.

---

[43] Cf. Magnus Mörner y Renate Pieper/Iris Luetjens en el *Handbuch* 1994, 464 y 581.

532

Bibliografía

Fuentes

Cancionero peruano del siglo XVII. 1983. Estudio preliminar, edición y bibliografía de Raquel Chang-Rodríguez. Lima: Pontificia Universidad Católica del Perú, Fondo Editorial.

Grotius, Hugo. 1978 [1618]. *Mare liberium sive de iure quod Batavis competit ad Indicana Commercia dissertatio.* Neudruck der Ausgabe Leiden 1618. — John Selden: *Mare clausum seu de dominio maris libri duo.* Neudruck der Ausgabe London 1635. Mit einer Einführung zu beiden Schriften von Friedhelm Krüger-Sprengel. Osnabrück: Biblio Verlag.

León [Pinelo], Antonio. 1956 [1623]. *Discurso sobre la importancia, forma y disposición de la Recopilación de Leyes de las Indias Occidentales que en su Real Consejo presenta el Licenciado Antonio de León.* Estudios biobibliográficos por José Toribio Medina. Prólogo de Aniceto Almeyda. Santiago de Chile: Fondo Histórico y Bibliográfico José Toribio Medina.

Solórzano Pereira, Juan. 1629. *Disputatio de Indiarum Iure sive de iusta Indiarum Occidentalium inquisitione, acquisitione et retentione, tribus libris comprehensa.* Matriti: Apud Franciscum Martínez.

—. 1639a. *Tomus alter de Indiarum Iure sive de iusta Indiarum Occidentalium gubernatione, quinque libris comprehensus.* Matriti: Apud Franciscum Martínez.

—. 1639b. *Traducción de la Dedicatoria Real y Epístolas Proemiales del segundo tomo del Derecho y Gobierno de las Indias Occidentales [... por Gabriel Solórzano y Paniagua].* Madrid: Francisco Martinez.

—. 1994. *De Indiarum iure (Liber III: De retentione Indiarum).* Edición por Carlos Baciero y otros. Madrid: CSIC (Corpus Hispanorum de Pace, 2a serie, 1).

—. 1999. *De Indiarum iure (Liber II: De acquisitione indiarum) (cap. 1-15).* Edición por Carlos Baciero y otros. Madrid: CSIC (Corpus Hispanorum de Pace, 2a serie, 5).

—. 2000. *De Indiarum iure (Liber II: De acquisitione indiarum) (cap. 16-25).* Edición por Carlos Baciero y otros. Madrid: CSIC (Corpus Hispanorum de Pace, 2a serie, 7).

—. 2001. *De Indiarum iure (Liber I: De inquisitione Indiarum).* Edición por Carlos Baciero y otros. Madrid: CSIC (Corpus Hispanorum de Pace, 2a serie, 8).

—. 1647. *Política indiana. Sacada en lengua castellana de los dos tomos del derecho i govierno mvnicipal de las Indias Occidentales qve mas copiosamente escribio en la latina el Doctor Don Ivan de Solorzano Pereira [...]*. Madrid: Diego Diaz de la Carrera.

—. 1736-1739. *Política indiana*. Corregida e ilustrada con notas por el Lic. Francisco Ramiro de Valenzuela. Madrid.

—. s.a. [1930]. *Política indiana*. Corregida, é ilustrada con notas por el Licenciado Don Francisco Ramiro de Valenzuela. [Prólogo de José María Ots Capdequí]. 5 vols. Madrid/Buenos Aires: Compañía Ibero-Americana de Publicaciones.

—. 1972. *Política indiana*. [Corregido e ilustrado por Francisco Ramiro de Valenzuela]. 5 vols. Madrid: Atlas (BAE, 252-256).

—. 1996 [1647]. *Política indiana*. Edición por Francisco Tomás y Valiente y Ana María Barrero. Prólogo de Francisco Tomás y Valiente. 3 vols. Madrid: Biblioteca Castro [I. L. I-II; II. L. III-IV; III. L. V-VI; Índices].

—. 1653. *[...] Emblemata centvm, regio politica [...]*. Madrid: Domingo García Morras.

—. 1987 [1653]. *Emblemas regio-políticos de Juan de Solórzano*. Madrid: Eds. Tuero.

—. 1676. *Obras posthvmas [...]*. Zaragoza: Herederos de Diego Dormer.

Soto, Domingo de. 1967-1968 [1556]. *De iustitia et iure Libri decem. De la justicia y del derecho en diez Libros*. Edición facsimilar de la hecha por D. de Soto en 1556, con su versión castellana correspondiente. Introducción histórica e teológico-jurídica por el Dr. P. Venancio Diego Carro, O.P. Versión española del P. Marcelino González Ordóñez, O.P. 5 vols. Madrid: Instituto de Estudios Políticos. Sección de Teólogos Juristas.

Vega Carpio, Félix Lope de. 1950 [1630]. *Laurel de Apolo*. En: íd., *Colección escogida de obras no dramáticas*. Edición por Cayetano Rosell. Madrid: Atlas (BAE, 38), 185-229.

Vio, Thomas de [el Cayetano]. 1593 [1519]. *Secvnda secvndae Svmmae Theologiae Doctoris Angelici S. Thomae Aquinatis. Cvm Commentarijs [...] Thomae de Vio [...]*. Venetiis: Apud Dominicum Nicolinum, & Socios.

Vitoria, Francisco de. 1580 [1557]. *Relectiones tredecim*. Ingolstadii: ex officina Vveissenhorniana apud Vvolfangvm Edervm.

Estudios

Adorno, Rolena. 2003 [?]. Relación de Don Juan de Mendoza y Luna, el marqués de Montesclaros, virrey del Perú, a su sucesor (GkS 589, 2°). «www.kb.dk/elib/mss/mendoza/note-esp.htm»

Almeyda, Aniceto. 1956. Prólogo. Ver León Pinelo, VIII-XIX.

Ayala, Francisco Javier de. 1946. *Ideas políticas de Juan de Solórzano*. Sevilla: Publicaciones de la Escuela de Estudios Hispano-Americanos de Sevilla.

Baciero, Carlos. 1994. Fundamentación filosófica de la defensa de la corona ante Europa. Estudio preliminar. En: Solórzano Pereira, 63-109.

Barrero García, Ana María. 1992. Solórzano Pereira y la Ciencia jurídica de su tiempo. En: Joaquín Salcedo Izu (coord.). *Homenaje a Ismael Sánchez Bella*. Pamplona: Servicio de Publicaciones de la Universidad de Navarra, 111-138.

—. 2000. Las fuentes literarias. Estudio preliminar. En: Solórzano Pereira, 15-28.

Bustamante García, Jesús. 2001. Historia y ciencia para el derecho de una monarquía. Estudio preliminar. En: Solórzano Pereira, 17-37.

Cantelar Rodríguez, Francisco. 1994. El patronato regio de Indias en Solórzano Pereira. Estudio preliminar. En: Solórzano Pereira, 193-205.

Chang-Rodríguez, Raquel. 1983. Ver *Cancionero peruano*.

—. 2003. ¿Virreyes virtuosos? El juicio de Guaman Poma de Ayala. En: *Iberoromania* N° 58.

Elliott, John H. 1986. *The Count-Duke of Olivares: The Statesman in an Age of Decline*. New Haven: Yale University Press.

García Añoveros, Jesús María. 1994. La idea, "status" y función del indio en Juan de Solórzano Pereira. Estudio preliminar. En: Solórzano Pereira, 111-175.

—. 1999. Los títulos de la posesión de las Indias de la Corona Española. Estudio preliminar. En: Solórzano Pereira, 19-29.

García y García, Antonio. 1994. El derecho común medieval en la argumentación de Juan de Solórzano Pereira. Estudio preliminar. En: Solórzano Pereira, 177-191.

Góngora, Mario. 1975. *Studies in the Colonial History of Spanish America*. Cambridge: Cambridge University Press.

Handbuch der Geschichte Lateinamerikas. I. Mittel-, Südamerika und die Karibik bis 1760. 1994. Edición por Horst Pietschmann. Stuttgart: Klett-Cotta.

Hanke, Lewis. 1959. *Aristotle and the American Indians. A Study in Race Prejudice in the Modern World.* Bloomington: Indiana University Press.

Kohut, Karl. 1997. Domingo de Soto et l'Amérique. Violence et droit dans sa pensée juridique et théologique. En: Jean-Paul Duviols; Annie Molinié-Bertrand (eds.). *La violence en Espagne et en Amérique (XVe-XIXe siècles).* Actes du Colloque international *Les raisons des plus forts.* Paris: Presses de l'Université Paris-Sorbonne (*Ibérica*, N.S. 9), 119-129.

—. [2004]. Guerre et paix dans la philosophie de l'humanisme et la scolastique espagnoles. En: Annie Molinié-Bertrand; Alexandra Merle; Jean-Paul Duviols (eds.). *Guerre et paix en Espagne et en Amérique. De la Reconquête aux guerres d'indépendance.* Actes du Colloque international 10, 11 et 12 octobre 2002. Paris: Presses de l'Université Paris-Sorbonne (en prensa).

Krüger-Sprengel, Friedhelm. 1978. Alte und neue Konflikte um die Regel von der Freiheit der Meere. En: Grotius, V-XLIV.

Latasa Vassallo, Pilar. 1997. *Administración virreinal en el Perú: Gobierno del marqués de Montesclaros (1607-1615).* Madrid: Centro de Estudios Ramón Areces.

Lavallé, Bernard. 1982. *Recherches sur l'apparition de la conscience créole dans la vice-royauté du Perou.* 2 vols. Lille: Université de Lille III.

Leturia, Pedro de. 1959. Antonio Lelio de Fermo y la condenación del "De Indiarum iure" de Solórzano Pereira. En: íd. *Relaciones entre la Santa Sede e Hispanoamérica. I. Época del Patronato (1493-1800).* Caracas: Sociedad Bolivariana de Venezuela, 335-408 (1ª publ. en: *Hispania Sacra* I (1948), 1-35; II (1949), 1-41).

Levene, Ricardo. 1948. *En el tercer centenario de "Política indiana" de Juan de Solórzano Pereira.* Buenos Aires: Imprenta de la Universidad (Facultad de Derecho y Ciencias Sociales de la Universidad de Buenos Aires. Instituto de Historia del Derecho Argentino. Conferencias y Comunicaciones, XX).

Lohmann Villena, Guillermo. 1953. *Antonio de León Pinelo: El gran canciller de Indias.* Estudio preliminar, edición y notas de G.L.V. Sevilla: Escuela de Estudios Hispano-Americanos de Sevilla, XI-CLI.

Malagón, Javier; José María Ots Capdequí.1965. *Solórzano y la política indiana.* México: Fondo de Cultura Económica.

Manzano Manzano, Juan. 1973. El proceso recopilador de las Leyes de Indias hasta 1680. Estudio preliminar. En: *Recopilación de leyes de los Reynos de las Indias*. Vol. I. Madrid: Eds. Cultura Hispánica, 9-67.

Maravall, José Antonio. 1953. La teoría política del Estado español en Indias. En: *Historia de España. Estudios publicados en la Revista* Arbor. Madrid, 417-421 (*Arbor*, n° 25, enero 1948).

Medina, José Toribio. 1956. Estudios biobibliográficos sobre Antonio de León Pinelo. Ver León Pinelo, 1-108.

Miró Quesada S., Aurelio. 1962. *El primer virrey-poeta en América (Don Juan de Mendoza y Luna, Marqués de Montesclaros)*. Madrid: Gredos.

Muldoon, James. 1994. *The Americas in the Spanish World Order. The Justification for Conquest in the Seventeenth Century*. Philadelphia: University of Pennsylvania Press.

Ochoa Brun, Miguel Ángel. 1972. Vida, obra y doctrina de Juan de Solórzano y Pereyra. Estudio preliminar. En: Solórzano Pereira, vol. 1, XIII-LXIX.

Ots Capdequí, José María. 1972. Prólogo. En: Solórzano Pereira, vol. 1, LXXI-LXXV.

Parry, J[ohn] H. 1966. *The Spanish Seaborne Empire*. London: Hutchinson.

Pereña, Luciano. 1994. Defensor oficial de la Corona. Estudio preliminar. En: Solórzano Pereira, 19-61.

Pérez de Tudela y Bueso, Juan. 1971. La política indiana y el político Solórzano (aproximación a un tema jurídico desde la metodología del historiador general). En: *Revista de Indias* 31, 77-170.

Rodríguez Moñino, Antonio. 1966. Manuscritos literarios peruanos en la biblioteca de Solórzano Pereira. En: *Caravelle* 7, 93-125.

Seed, Patricia. 2001. *American Pentimento. The Invention of Indians and the Pursuit of Riches*. Minneapolis: University of Minnesota Press.

Strading, R. A. 1981. *Europe and the Decline of Spain. A Study of the Spanish System, 1580-1720*. Boston: Allen & Unwin.

Tau Anzoátegui, Víctor. 1992a. *Casuismo y sistema. Indagación histórica sobre el espíritu del Derecho indiano*. Buenos Aires: Instituto de Investigaciones de Historia del Derecho.

—. 1992b. *La Ley en América Hispana. Del Descubrimiento a la Emancipación.* Buenos Aires: Academia Nacional de la Historia.

Torre Revello, José. 1929. *Ensayo biográfico sobre Juan de Solórzano Pereira.* Con apéndices bibliográfico y documental. Buenos Aires: Imprenta de la Universidad.

Sobre los autores

Giuseppe Bellini
* 1923 en Isorella (Italia). *Libero Docente* en Literatura Hispanoamericana y sucesivamente catedrático de la misma disciplina en la Universidad de Venecia, más tarde en la de Milán y encargado de cursos en la Universidad Católica de la misma ciudad. Doctor *honoris causa* por las Universidades de Salamanca y Perpignan. Director de varias revistas. Obras recientes: *Amara America meravigliosa. La cronaca delle Indie tra storia e letteratura* (Roma 1995); *Nueva historia de la literatura hispanoamericana* (Madrid 1997); *Re, dame e cavalieri, rustici, santi e delinquenti. Studi sul teatro spagnolo e americano del Secolo Aureo* (Roma 2001).

Dietrich Briesemeister
* 1934 en Altena (Westfalia, Alemania), Profesor Emérito de la Universidad de Jena. Ex-Director del Instituto Iberoamericano de Berlín y ex-Presidente de la Asociación Alemana de Hispanistas (1987-99) y de la de Lusitanistas. Numerosas publicaciones sobre literatura portuguesa, española, iberoamericana y neolatina colonial, entre ellas "El latín en la Nueva España", en: *Historia de la literatura mexicana*, vol. 2: *La cultura letrada en la Nueva España del siglo XVII*, ed. Raquel Chang-Rodríguez, México: Siglo XXI/UNAM 2002, 524-548.

Rolando Carrasco Monsalve
* 1969 en Arica (Chile). Candidato al grado de Dr. Phil. en la Friedrich-Schiller-Universität Jena y académico de la Universidad de Chile. Entre sus publicaciones se cuentan diversos ensayos sobre literatura colonial, aparecidos en México y Alemania, además de su reciente trabajo *Bibliografía Selecta: El discurso utópico en la crítica hispanoamericana colonial* (Berlin: Ibero-Amerikanisches Institut, 2002).

Raquel Chang-Rodríguez
Catedrática Distinguida de Literatura y Civilización Hispanoamericanas en la Graduate School y en el City College de la City University of New York (CUNY). En 1992 fundó la revista interdisciplinaria *Colonial Latin American Review*. Publicaciones recientes: *Hidden Messages. Representation and Resistance in Andean Colonial Drama* (Bucknell University Press, 1999) y la edición de *La cultura letrada en la Nueva España del siglo XVII* (Siglo XXI/UNAM, 2002), a la cual contribuyó con el capítulo sobre lírica.

540

Verena Dolle

* 1964 en Meschede (Alemania). Cursó estudios de filología románica, literatura comparada y musicología en Aquisgrán, París (Sorbonne Nouvelle), Bonn y Bochum. Se doctoró con la tesis *Tonschrift. Die Romane Robert Pingets in der Spannung zwischen Stimme und Schrift* (Tübingen 1999). Actualmente es Profesora Asistente en la Universidad Católica de Eichstätt y prepara su tesis de habilitación sobre el tema de la conquista de la Nueva España en la épica "americana".

Paul Firbas

* 1968 en Lima (Perú). Se graduó en letras por la Pontificia Universidad Católica del Perú (1992), obtuvo su maestría en la Universidad de Notre Dame (1995) y el doctorado en la Universidad de Princeton (2001), con una tesis sobre el poema *Armas antárticas* de Juan de Miramontes Zuázola. Próximamente publicará una edición crítica y anotada de este poema. Sus artículos sobre el mundo colonial han aparecido en distintas publicaciones. Desde el año 2001 es Profesor Asistente de Literatura Hispanoamericana en la Universidad de Princeton.

Enrique González González

* 1951 en México. Doctor en Historia por la Universidad de Valencia, España. Investigador del Centro de Estudios sobre la Universidad y Profesor de la Universidad Nacional Autónoma de México. Ha publicado, entre otros, *Joan Lluís Vives. De la excolástica al humanismo* (Valencia 1987), *Los diálogos de Vives y la imprenta. Fortuna de un manual ecolar renacentista* (con Victor Gutiérrez, Valencia 1999) y coordinado *Historia y Universidad. Homenaje a Lorenzo Mario Luna* (México 1996), *Universidades y colegios de la colonia a las leyes de reforma* (con Leticia Pérez Puente, México 2001). Actualmente coordina una historia de la Universidad Colonial y su disolución en el siglo XIX.

Carlos Alberto González Sánchez

* 1963 en Sevilla (España). Profesor Titular de Historia Moderna en la Universidad de Sevilla. Lleva unos 14 años investigando el impacto de la imprenta en Europa y la difusión, a través de los libros, de la cultura occidental en las Indias de la Alta Modernidad. Algunas de sus publicaciones son: *Dineros de ventura. La varia fortuna de la emigración a Indias (siglos XVI-XVII)* (Sevilla 1995); *Sevilla, Felipe II y la Monarquía Hispánica* (Sevilla 1999); *Los mundos del libro* (Sevilla 1999); *Orbe tipográfico* (en prensa) y *Grafías del imaginario. Representaciones culturales en España y América* (en prensa).

João Adolfo Hansen
* 1942 en Cosmópolis (Brasil). Prof. *Livre docente MS5* en áreas de Literatura Brasileira e Estudos Comparados de Literaturas de Língua Portuguesa, Universidade de São Paulo. Livros: *Alegoria: Construção e Interprecação da Metáfora* (São Paulo ²1987); *A Sátira e o Engenho: Gregório de Matos e a Bahia do Século XVII* (São Paulo 1989); *Carlos Bracher. A Mineração da Alma* (São Paulo 1997); *O O. A ficção da literatura em* Grande Sertão: Veredas (São Paulo 2000).

Dieter Janik
* 1939 en Neudek (Bohemia). Catedrático de Literaturas Románicas de la Johannes Gutenberg-Universität Mainz. Sus campos de investigación son las literaturas hispanoamericanas. Ha publicado, entre otros: *Die spanische Eroberung Amerikas: Akteure, Autoren,Texte. Eine kommentierte Anthologie von Originalzeugnissen* (con Wolf Lustig, Frankfurt ²1992); *Die Anfänge einer nationalen literarischen Kultur in Argentinien und Chile. Eine kontrastive Studie auf der Grundlage der frühen Periodika* (1800-1830) (Tübingen 1995) y editado *La literatura en la formación de los Estados hispanoamericanos* (*1800-1860*) (Frankfurt 1998).

Karl Kohut
* 1936 en Olmütz (Moravia). Catedrático de Filología Románica y director del Centro de Estudios Latinoamericanos de la Universidad Católica de Eichstätt. Editor (con Hans-Joachim König) de las publicaciones de este centro, *americana eystettensia* y (con Sonia V. Rose) de la colección Textos y estudios coloniales y de la Independencia. De 1992 a 1998 fue presidente de la Asociación Alemana de Investigación sobre América Latina (ADLAF). Sus campos de trabajo son el humanismo español y portugués de los siglos XV y XVI, la cultura iberoamericana de los siglos XVI-XVIII y la literatura latinoamericana del siglo XX.

Pedro Lasarte
Peruano, se doctoró por la Universidad de Michigan en 1982, y actualmente es Profesor Asociado en la Universidad de Boston. Es autor de *Sátira hecha por Mateo Rosas de Oquendo a los cosas que pasan en el Pirú, año de 1598. Estudio y edición crítica* (Madison: Hispanic Seminary of Medieval Studies, 1990). Es miembro de la junta directiva de la Society for Renaissance and Baroque Hispanic Poetry y pertenece a los comités editoriales de la *Revista Iberoamericana y Colonial Latin American Review*.

Luisa López Grigera
* 1926 en La Coruña (España). Profesora Emérita de la Universidad de Michigan, Ann Arbor. Campos de investigación: Historia de la lengua, literatura española e hispanoamericana, especialmente siglos XV, XVI y XVII, retórica. Último libro: *Anotaciones de Quevedo a la* Retórica *de Aristóteles* (Salamanca 1998). Correspondiente de la Academia Argentina de Letras.

José Antonio Mazzotti
Peruano, se doctoró en Literatura Colonial Latinoamericana por la Universidad de Princeton en 1993. Ha publicado *Coros mestizos del Inca Garcilaso: Resonancias andinas* (Lima 1996); *Poéticas del flujo: migración y violencia verbales en el Perú de los 80* (2002) y editado *Asedios a la heterogeneidad cultural: Libro de homenaje a Antonio Cornejo Polar* (con U. J. Zevallos Aguilar, Philadelphia 1996), *Edición y anotación de textos andinos* (con I. Arellano, Madrid 2000) y *Agencias criollas* (Pittsburgh 2000). Actualmente es Profesor Asociado en el Departamento de Lenguas Romances de la Universidad de Harvard y desarrolla investigaciones sobre la poesía virreinal peruana y la diáspora literaria andina en los Estados Unidos.

Victor Mínguez
* 1960 en Valencia (España). Doctor en Historia del Arte por la Universidad de Valencia y Profesor Titular de Historia del Arte en la Universidad Jaume I. Es Vicepresidente de la Sociedad Española de Emblemática y Secretario del Centro de Investigaciones de América Latina de la Universidad Jaume I. Sus campos de investigación son el análisis de la fiesta y el arte efímero, la imagen del poder, la cultura emblemática y la iconografía colonial. Es autor de numerosos libros y artículos sobre estas materias y ha participado en más de treinta congresos y simposios nacionales e internacionales.

Carmen de Mora
Española, Catedrática de Literatura Hispanoamericana de la Universidad de Sevilla. Sus investigaciones se centran en Literatura Hispanoamericana Colonial y Contemporánea. Ha editado numerosas obras, entre ellas *Las Siete Ciudades de Cíbola. Textos y documentos sobre la expedición de Vázquez Coronado* (1992) y *La Florida* del Inca Garcilaso; su libro más reciente se titula: *Escritura e identidad criollas. Modalidades discursivas en la prosa hispanoamericana del siglo XVII* (Amsterdam 2001).

Monique Mustapha
Francesa, Catedrática de Literatura y Civilización Hispanoamericanas en la Université de Nice-Sophia Antipolis. Sus campos de trabajo son el Humanismo hispanoamericano y la Historia de mentalidades. Doctorada con una Tesis de Estado sobre el pensamiento político, religioso y científico del padre Acosta (Université de la Sorbonne Nouvelle, Paris III), ha publicado varios estudios sobre instituciones coloniales y sobre el Perú en tiempos del virrey Toledo, así como sobre historiografía indiana. Está preparando actualmente con otros colegas una edición crítica de la *Historia general de las Indias* de F. López de Gómara.

Ineke Phaf-Rheinberger
Neerlandesa, su enseñanza e investigación se han desarrollado en Leiden (Países Bajos), Berlín (Alemania) y en el College Park (Maryland, EE.UU.). Ha publicado *Novelando La Habana* (1990); editado *La presencia criolla en el Caribe y América Latina* (1996); y coeditado *A History of Caribbean Literature*, vol. 2: *Dutch-speaking area* (2001).

José Antonio Rodríguez Garrido
Peruano, doctorado por la Universidad de Princeton, es Profesor Titular en la Pontificia Universidad Católica del Perú. Ha publicado numerosos trabajos sobre literatura colonial, entre ellos *Retórica y tomismo en Espinosa Medrano* (Lima 1994) y *Edición y anotación de textos coloniales hispanoamericanos* (con I. Arellano, Madrid 1999).

Sonia V. Rose
Peruana. Doctorada por la Universidad de la Sorbonne-Nouvelle (1991) con la tesis *Afin qu'il y ait mémoire de moi. Sens et structure dans l'*Historia verdadera de la conquista de la Nueva España de *Bernal Díaz del Castillo*. Fue Profesora Titular en la Universidad de Leiden (Países Bajos) y se desempeña actualmente como Profesora Titular en la Universidad de Paris-Sorbonne. Es coeditora de la colección Textos y estudios coloniales y de la Independencia. Su investigación se centra en la historia intelectual española e indiana durante el Antiguo Régimen, en particular en la cultura letrada y su relación con el poder. Ha editado *Discurso colonial hispanoamericano* (Amsterdam 1992) y, con K. Kohut *Pensamiento europeo y cultura colonial* (Madrid 1997) y *La formación de la cultura virreinal. I. La etapa inicial* (Madrid 2000).

Elke Ruhnau
* 1951 en Bad Godesberg (Alemania). Antropóloga y nahuatlata. Encargada de cursos de lengua y etnohistoria nahuatl en la Universidad Libre de Berlín. Ha publicado *Die politische Organisation im vorspanischen Chalco* (Hamburg 1988); con Claus Deimel: *Jaguar und Schlange. Der Kosmos der Indianer in Mittel- und Südamerika* (Berlín 2000); y traducido, editado y anotado Domingo de San Antón Muñon Chimalpahin Quauhtlehuanitzin, *Diferentes Historias Originales*, 2 vols. (2001).

Carmen Salazar-Soler
Peruana, antropóloga, investigadora en el Centro Nacional de Investigación Científica de Francia (CNRS), especialista en la historia del mundo minero andino. Sus investigaciones se sitúan tanto en el campo de la antropología social y religiosa como en el de la historia de las ciencias y técnicas. Principales publicaciones: *Diccionario de términos mineros en América española (siglos XVI-XIX)* (en colaboración con F. Langue, París 1993); *Visions baroques, visions indiennes: les métissages de l'inconscient* (en colaboración con S. Gruzinski, A. Molinié-Fioravanti y J.M. Sallmann, París 1992).

Miguel Zugasti
* 1962 en Vidaurre (Navarra, España). Doctorado en Filología Hispánica por la Universidad de Navarra donde enseña actualmente. Miembro fundacional del GRISO (Grupo de Investigación del Siglo de Oro) de la misma universidad. Su lista de publicaciones comprende libros (en su mayoría ediciones críticas de textos áureos) y artículos sobre autores como Tirso de Molina, Calderón de la Barca, Lope de Vega, Vélez de Guevara, Alonso Remón, Juan Cortés de Tolosa, etc. Otros temas de interés: cuentística medieval, presencia de América y lo americano en la cultura hispánica, con trabajos sobre Lorenzo de las Llamosas, Sor Juana Inés de la Cruz, Juan de Palafox y César Vallejo.

Índice de ilustraciones

Índice onomástico

Meo Zilio, Giovanni 25, 26, 30, 32, 33, 36
Mercator, Gerhard 291
Mercuriano, Everardo 73, 78, 115, 303, 318
Meregalli, Franco 21, 36
Merle, Alexandra 500, 535
Mesa, José de 410, 420, 421, 424-427, 430, 433, 436, 437
Messmer, Hans 484, 501
Mestre Sanchís, Antonio 175
Metge, Bernat 85
Métraux, Alfred 41
Meurs, Jacob van 295
Mexía de Fernangil, Diego 25, 36, 266, 284, 411, 424, 437, 440, 448, 452
Mignolo, Walter D. 223, 224, 227, 241, 256
Milá y Fontanals, Manuel 474, 501
Milhou, Alain 18
Millares Carlo, Agustín 22, 36, 225, 238
Millones, Luis 440, 445, 452
Mills, Kenneth 445, 452
Mínguez Cornelles, Víctor 16, 73, 78, 304, 305, 318, 329, 359, 362, 369, 372, 373, 465, 471, 542
Miramontes y Zuázola, Juan de 31, 36, 266, 283
Miró Quesada S., Aurelio 162, 174, 527, 536
Mistral, Gabriela 23
Moctezuma [veáse Motecuhzoma]
Mörner, Magnus 531
Molina, Antonio de 51
Molina, Cristóbal de 248
Molina, Luis de 522
Molina, Tirso de 306
Moliniè-Bertrand, Annie 405, 437, 500, 535
Moncayo, Pedro 123
Monclova, Melchor de Portocarrero y Lasso de la Vega, conde de la 140, 141, 312, 456, 459-461, 466-468
Moner, Michel 85, 97
Monforte y Herrera, Fernando de 297

Montalvão, marqués de 45
Montemayor, Jorge de 28
Montero Díaz, Santiago 228, 238, 241
Montesclaros, Juan de Mendoza y Luna, marqués de 31, 32, 382, 385, 386, 392, 393, 527, 530, 534, 536
Montesinos, Antonio de 483
Montesinos, Fernando de 377, 404
Montesinos, Francisco 275
Montpensier, mademoiselle de 46
Montúfar, Alonso de 159
Mora, Agustín de 304, 369, 373
Mora, Carmen de 11, 14, 81, 90, 542
Moraes, Rubens Borba 193, 204
Morales, Francisco 240
Morales, Pedro de 73, 78, 303, 318
Morales Folguera, José Miguel 303, 304, 318, 328, 330, 366, 373
Morales y Marín, José Luis 295, 318
Morales Valerio, Francisco 235, 241
Moraña, Mabel 477, 489, 495, 501, 502
Morcillo Rubio de Auñón, Diego 313, 407, 421, 425-428, 433, 434, 438
Moreto y Cabaña, Agustín 147, 306
Moreyra y Paz-Soldán, Manuel 467, 471
Morínigo, Marcos A. 124
Motecuhzoma 486-488
Motolinía, Toribio de Benavente 13, 225, 226, 231-234, 236
Moya de Contreras, Pedro 310, 341
Münster, Sebastian 271, 272, 284, 286
Mugaburu, Francisco de 318, 385, 404
Mugaburu, José de 299, 318, 385, 404
Muhana, Adma Fadul 42, 65
Mujica Pinilla, Ramón 422, 424, 437, 443, 453
Muldoon, James 507, 508, 512, 518, 531, 536
Mundy, Barbara 245, 258
Muñoz, Diego 231, 238
Muñoz, Juan Bautista 100
Muro, Luis 336, 356
Murra, John V. 247, 257, 258
Murrin, Michael 486, 501

teci
Textos y estudios coloniales y de la Independencia

1. Teodoro Hampe Martínez: *Bibliotecas privadas en el mundo colonial. La difusión de libros e ideas en el virreinato del Perú (siglos XVI-XVII)*. 1996

2. Jean-Pierre Clément: *El* Mercurio Peruano, *1790-1795*. Vol. I: Estudio. 1997

3. Jean-Pierre Clément (ed.): *El* Mercurio Peruano, *1790-1795*. Vol. II: *Antología*. 1998

4. Karl Kohut; Sonia V. Rose (eds.): *Pensamiento europeo y cultura colonial*. 1997

5. Francisco de Serra Canals: *El Perito incógnito y el Curioso aprovechado. Tratado de minería inédito del Virreinato del Río de la Plata*. Estudio preliminar, transcripción y glosario por Edberto Oscar Acevedo. 1999

6. Karl Kohut; Sonia V. Rose (eds.): *La formación de la cultura virreinal*. Vol. I: *La etapa inicial*. 2000

7. Pedro Menéndez de Avilés. *Cartas sobre la Florida*. 2002

8. Karl Kohut; Sonia V. Rose (eds.): *La formación de la cultura virreinal*. Vol. II: *El siglo XVII*. 2004